jQuery von Kopf bis Fuß

Wäre es nicht wunderbar, wenn es ein Buch gäbe, das mir hilft, jQuery zu lernen und dabei mehr Spaß macht als ein Besuch beim Zahnarzt? Aber das ist vermutlich nur ein Traum...

Ryan Benedetti
Ronan Cranley

Deutsche Übersetzung von
Jørgen W. Lang

Beijing • Cambridge • Farnham • Köln • Sebastopol • Tokyo

Die Informationen in diesem Buch wurden mit größter Sorgfalt erarbeitet. Dennoch können Fehler nicht vollständig ausgeschlossen werden. Verlag, Autoren und Übersetzer übernehmen keine juristische Verantwortung oder irgendeine Haftung für eventuell verbliebene Fehler und deren Folgen. D.h., wenn Sie beispielsweise ein Kernkraftwerk unter Verwendung dieses Buchs betreiben möchten, tun Sie dies auf eigene Gefahr.

Alle Warennamen werden ohne Gewährleistung der freien Verwendbarkeit benutzt und sind möglicherweise eingetragene Warenzeichen. Der Verlag richtet sich im Wesentlichen nach den Schreibweisen der Hersteller. Das Werk einschließlich aller seiner Teile ist urheberrechtlich geschützt. Alle Rechte vorbehalten einschließlich der Vervielfältigung, Übersetzung, Mikroverfilmung sowie Einspeicherung und Verarbeitung in elektronischen Systemen.

Kommentare und Fragen können Sie gerne an uns richten:

O'Reilly Verlag
Balthasarstr. 81
50670 Köln
E-Mail: kommentar@oreilly.de

Copyright der deutschen Ausgabe:
© 2012 by O'Reilly Verlag GmbH & Co. KG
1. Auflage 2012

Die Originalausgabe erschien 2011 unter dem Titel
Head First jQuery bei O'Reilly Media, Inc.

Bibliografische Information Der Deutschen Nationalbibliothek
Die Deutsche Nationalbibliothek verzeichnet diese Publikation in der Deutschen Nationalbibliografie; detaillierte bibliografische Daten sind im Internet über *http://dnb.d-nb.de* abrufbar.

Übersetzung und deutsche Bearbeitung: Jørgen W. Lang
Lektorat: Volker Bombien, Köln
Korrektorat: Eike Nitz, Köln
Satz: Ulrich Borstelmann, Dortmund
Umschlaggestaltung: Karen Montgomery, Sebastopol & Michael Oreal, Köln
Produktion: Andrea Miß, Köln
Belichtung, Druck und buchbinderische Verarbeitung: Media-Print, Paderborn

ISBN 978-3-86899-189-5

Dieses Buch ist auf 100% chlorfrei gebleichtem Papier gedruckt.

Wir widmen dieses Buch den JavaScript-Jedi-Meistern:
John Resig (Schöpfer und führender Entwickler der jQuery-Bibliothek),
Douglas Crockford, David Flanagan und Brandon Eich.

Für meine drei Wunder: Josie, Vin und Shonna.

Ryan

Für Caitlin und Bono: Danke für alles!

Ronan

Die Autoren

Ryan Benedetti hält einen »Master of Fine Arts«-Abschluss der Universität Montana im Fach Kreatives Schreiben. Er arbeitet als Webentwickler und Multimedia-Experte an der University of Portland. Er arbeitet mit jQuery, Flash, ActionScript, der Adobe Creative Suite, Liferay Portal, der Jakarta Velocity Templating-Sprache von Apache und mit Drupal.

Sieben Jahre lang war Ryan Abteilungsleiter für Informationstechnologie und Computerentwicklung am Salish Kooteni College. Davor arbeitete er als Autor und Experte für Informationssysteme für ein Forschungsprogramm zu Bächen, Flüssen und Feuchtgebieten für die School of Forestry der University of Montana.

Ryans Gedichte wurden in *Cut Bank* und Andrei Codrescus *Exquisite Corpse*. veröffentlicht. Seine Freizeit verbringt er mit Malen, dem Zeichnen von Cartoons, dem Spielen der Blues-Mundharmonika und dem Üben von Zazen. Seine besten Momente verbringt er mit Tochter, Sohn und seinem Liebling Shonna in Portland, Oregon. Außerdem hängt er gerne mit seinen »tierischen« Freunden Rocky, Munch, Fester und Taz ab.

Ronan Cranley arbeitete nach seinem Umzug von Dublin, Irland, im Jahr 2006 für die University of Portland, Oregon. Hier hat er sich vom Webentwickler zum Senior Webenwickler/Systemmanager und schließlich zum stellvertretenden Direktor für Web- und administrative Systeme entwickelt.

2003 machte er am Dublin Institute of Technology seinen Bachelor mit Auszeichnung. Während seiner Collegezeit, in seiner vorigen Position bei ESB International in Dublin, wie auch bei seiner aktuellen Arbeit für die University of Portland hat Ronan an einer Vielzahl von Projekten in PHP, VB.NET, C# und Java mitgewirkt. Hierzu gehört unter anderem ein clientseitiges GIS-System, ein selbstgebautes Content Management System, ein Terminkalender-System und ein jQuery/Google Maps-Mashup.

Wenn er nicht gerade Frontend-Web-Applikationen erstellt, administriert er den SQL-Server der Universität. In seiner Freizeit verbringt Ronan viel Zeit auf dem Fußball- oder Golfplatz, oder er hängt mit seiner Frau Caitlin und ihrer englischen Bulldogge Bono herum und versucht, so viel wie möglich vom pazifischen Nordwesten der Vereinigten Staaten mitzubekommen.

Über den Übersetzer dieses Buchs

Jørgen W. Lang lebt und arbeitet als Übersetzer, Webdesigner und Musiker irgendwo zwischen Frankreich und Dänemark. Wenn er nicht gerade ein Buch für O'Reilly übersetzt oder an einer Website schraubt, ist er vermutlich wieder mal irgendwo auf Tournee, zum Beispiel mit seinem Trio DÁN (www.danmusic.de) oder mit dem KlangWelten-Festival (www.klangwelten.com). Sie erreichen Jørgen per E-Mail unter jwl@worldmusic.de.

Ergänzende Bücher von O'Reilly

HTML5 & CSS3

Durchstarten mit HTML5

HTML & XHTML – kurz & gut

Canvas – kurz & gut

JavaScript – Das umfassende Referenzwerk

HTML5 Cookbook

Weitere Bücher aus unserer Von-Kopf-bis-Fuß-Reihe

Mobiles Web von Kopf bis Fuß

Webdesign von Kopf bis Fuß

HTML mit CSS & XHTML von Kopf bis Fuß

JavaScript von Kopf bis Fuß

PHP & MySQL von Kopf bis Fuß

C# von Kopf bis Fuß

Datenanalyse von Kopf bis Fuß

Entwurfsmuster von Kopf bis Fuß

Java von Kopf bis Fuß

Netzwerke von Kopf bis Fuß

Objektorientierte Analyse und Design von Kopf bis Fuß

Programmieren von Kopf bis Fuß

Python von Kopf bis Fuß

Servlets & JSP von Kopf bis Fuß

Softwareentwicklung von Kopf bis Fuß

SQL von Kopf bis Fuß

Statistik von Kopf bis Fuß

Inhaltsverzeichnis (Zusammenfassung)

	Einführung	xxiii
1	jQuery: Die ersten Schritte, *Webpage-Action*	1
2	Selectors and Methods: *Grab and Go*	35
3	jQuery Events and Functions: *Making Things Happen on Your Page*	75
4	jQuery Web Page Manipulation: *Mod the DOM*	123
5	jQuery Effects and Animation: *A Little Glide in Your Stride*	175
6	jQuery and JavaScript: ~~Luke~~ *jQuery, I Am Your Father!*	215
7	Custom Functions for Custom Effects: *What Have You Done for Me Lately?*	253
8	jQuery and Ajax: *Please Pass the Data*	291
9	Handling JSON Data: *Client, Meet Server*	325
10	jQuery UI: *Extreme Form Makeover*	371
11	jQuery and APIs: *Objects, Objects Everywhere*	411
i	Leftovers: *The Top Ten Things (We Didn't Cover)*	447
ii	Set Up a Development Environment: *Get Ready for the Big Times*	461

Inhaltsverzeichnis (jetzt aber richtig)

Einführung

Ihr Hirn und jQuery. Da sitzen Sie nun und versuchen, etwas zu lernen. Gleichzeitig will Ihr Hirn Ihnen einen Gefallen tun, indem es dafür sorgt, dass vom Gelernten nichts hängen bleibt. Ihr Hirn denkt: »Besser Platz für wichtige Sachen lassen, zum Beispiel, welche wilden Tiere man besser vermeidet und ob man nackt Snowboarden sollte.« Wie können Sie Ihr Hirn davon überzeugen, dass Ihr Leben davon abhängt, jQuery zu können?

Für wen ist dieses Buch gedacht?	xxii
Metakognition: Nachdenken übers Denken	xxv
Machen Sie sich Ihr Gehirn untertan	xxvii
Lies mich	xxviii
Die technischen Gutachter	xxxii
Danksagungen	xxxiii

Der Inhalt

1 jQuery: Die ersten Schritte

Webpage-Action

Ihre Webseiten sollen mehr können.

Mit HTML und CSS kennen Sie sich schon recht gut aus. Jetzt wollen Sie auch die Skriptprogrammierung erlernen. Dabei wollen Sie aber nicht den Rest Ihres Lebens mit dem Schreiben von Code verschwenden. Sie brauchen eine Skriptbibliothek, mit der Sie Webseiten ganz nach Bedarf verändern können. Und weil wir uns gerade etwas wünschen, soll sie am besten auch noch mit AJAX und PHP zusammenarbeiten. Außerdem sollten drei Zeilen Code ausreichen, wo andere clientseitigen Sprachen fünfzehn brauchen. Reines Wunschdenken, meinen Sie? Ganz und gar nicht! Es wird Zeit, dass Sie jQuery kennenlernen.

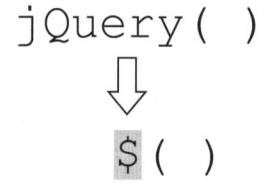

Webseiten mit mehr »Wumms«	2
HTML und CSS sind OK, aber …	3
… möge das Skript mit Ihnen sein	4
Willkommen bei jQuery (und JavaScript)!	5
Ein Blick in den Browser	7
Die versteckte Struktur einer Webseite	8
jQuery macht das DOM einfacher	9
Wie geht *das* denn?	11
jQuery wählt Elemente genauso aus wie in CSS	13
(Aus-)Wahlverwandtschaften: Stil und Skript	14
jQuery-Selektoren, stets zu Diensten	15
jQuery in der Übersetzung	16
Ihre erste jQuery-Aufgabe	20
Die HTML- und CSS-Dateien vorbereiten	24
Immer herein …	26
Möge der Fade mit Ihnen sein	27
Sie haben die Kampagne gerettet. Bravo!	30
Ihr jQuery-Werkzeugkasten	33

Der Inhalt

Selektoren und Methoden

2 Einpacken und Mitnehmen

jQuery hilft Ihnen, Elemente einer Webseite auszuwählen

und alles mögliche damit anzustellen. In diesem Kapitel beschäftigen wir uns mit jQuery-Selektoren. Wir schnappen uns Elemente einer Seite und benutzen Methoden, um bestimmte Dinge mit den Elementen anzustellen. Wie ein riesiges Buch voller Zaubersprüche hilft uns die jQuery-Bibliothek, tonnenweise Sachen bei Bedarf zu verändern. Bilder können verschwinden und wieder auftauchen. Wir können einen bestimmten Textteil auswählen und seine Schriftgröße animieren. Und damit genug geredet. Suchen Sie sich ein paar Elemente aus und los geht's!

Freudensprünge	36
Was sind die Projektanforderungen?	37
div-ertimento	39
Ein Click-Event unter der Lupe	42
Bauen Sie die click-Methode in Ihre Seite ein	45
Werden Sie spezifischer	47
Elemente mit Klasse	48
Elemente ID-entifizieren	49
Die Webseite verdrahten	52
Gleichzeitig auf unserer Liste	55
Speicherplatz anlegen	56
Verschiedene Dinge verketten	57
Zur selben Zeit im Code …	58
Die Nachricht mit der append-Funktion in die Seite einfügen	59
Das funktioniert schon ganz gut, aber …	61
Gib mir $(this)	63
$(this) bei der Arbeit	64
Gutes Gelingen mit remove	66
Nachkommen-Selektoren für mehr Tiefe	67
Jetzt sind Sie dran, Freudensprünge zu machen	73
Ihr jQuery-Werkzeugkasten	74

Der Inhalt

3

jQuery-Events und -Funktionen
Dinge auf Ihrer Seite geschehen lassen

Mit jQuery ist es einfach, eine Webseite mit Action und Interaktivität zu versehen. In diesem Kapitel zeigen wir Ihnen, wie Sie Ihre Seite dazu bringen, auf Aktionen von Leuten zu reagieren. Indem Ihr Code auf die Aktionen der Benutzer reagiert, kann das Niveau Ihrer Website deutlich steigen. Außerdem sehen wir uns an, wie Sie wiederwendbare Funktionen erstellen können. Dadurch brauchen Sie den Code nur einmal zu schreiben, können ihn aber beliebig oft benutzen.

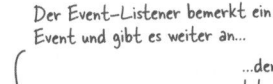

Der Event-Listener bemerkt ein Event und gibt es weiter an...

...den JavaScript-Interpreter, der ermittelt, was bei den jeweiligen Events getan werden soll...

Ihre jQuery-Fähigkeiten sind wieder einmal gefragt	76
Der Geldmensch hat irgendwie recht ...	77
Ereignisreiche Seiten	79
Hinter den Kulissen eines Event-Listeners	80
Ein Event binden	81
Events auslösen	82
Ein Event entfernen	86
Die Elemente der Reihe nach durchgehen	90
Ihre Projektstruktur	96
Die Dinge funktions-fähig machen	100
Die Innereien einer Funktion	101
Anonyme Funktionen	102
Benannte Funktionen als Event-Handler	103
Variablen an eine Funktion übergeben	106
Funktionen können auch Werte zurückgeben	107
Benutzen Sie Bedingungen, um Entscheidungen zu treffen	109
Noch mehr Hilfe für die Freudensprünge-Aktion	113
Methoden zum Ändern von CSS	115
Ein hover-Event hinzufügen	117
Sie haben es fast geschafft ...	119
Ihr jQuery-Werkzeugkasten	122

var pts = 250;

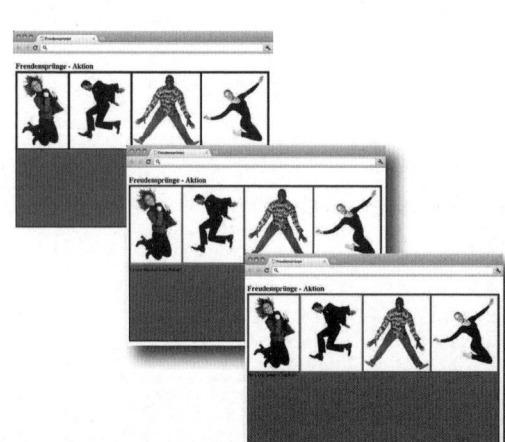

Der Inhalt

Webseiten mit jQuery manipulieren
Mod the DOM

4

Dass die Seite fertig geladen ist, heißt nicht, dass sie deshalb die gleiche Struktur behalten muss. In Kapitel 1 haben wir bereits gesehen, wie beim Laden einer Seite das DOM aufgebaut wird, um die Struktur der Seite zu erstellen. In diesem Kapitel wollen wir sehen, wie man sich in der DOM-Struktur auf- und abbewegt. Wir werden Ihnen zeigen, wie man mit der Hierarchie der Elemente und mit Eltern-Kind-Beziehungen arbeitet, um die Seitenstruktur nach Bedarf mit jQuery zu verändern.

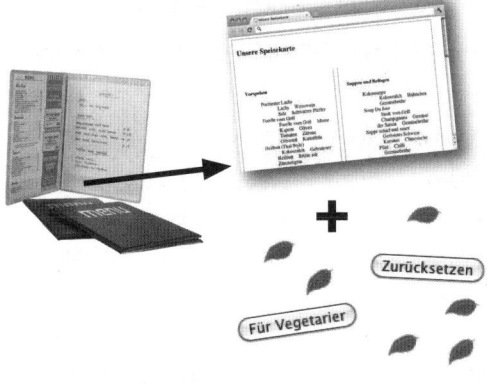

Das Webville-Restaurant hätte gerne eine interaktive Speisekarte	124
Die vegetarische Version	125
Elemente mit Klasse	130
Knöpfen Sie sich die Dinge vor	133
Was kommt jetzt?	135
Im DOM-Baum herumklettern	140
Traversal-Methoden bewegen sich im DOM	141
Methoden verketten, um weiter zu klettern	142
Variablen können auch Elemente speichern	149
Schon wieder dieses Dollarzeichen	150
Die Speichermöglichkeiten mit Arrays erweitern	151
Elemente in einem Array speichern	152
Elemente mit replaceWith verändern	154
Wie kann replaceWith uns helfen?	155
Denken Sie voraus, bevor Sie replaceWith benutzen	157
replaceWith funktioniert nicht in jeder Situation	158
HTML-Inhalte in das DOM einfügen	159
Die Auswahl mit Filtermethoden einschränken (Teil 1)	161
Die Auswahl mit Filtermethoden einschränken (Teil 2)	162
Der Hamburger kommt zurück	165
Wo ist das Rind (ähh ... Fleisch)?	166
Ein fleischiges Array	167
Die each-Methode kann eine Schleife über ein Array ausführen	168
Das war's ... oder?	171
Ihr jQuery-Werkzeugkasten	174

Der *Inhalt*

5 jQuery-Effekte und -Animationen
Vom Gleiten und Schreiten

Die Fähigkeit, Dinge auf Ihrer Webseite passieren zu lassen, ist schön und gut, aber wenn Sie es nicht schaffen, das Ganze auch noch cool aussehen zu lassen, werden die Leute Ihre Site nicht benutzen wollen. Und genau da kommen jQuery-Effekte und -Animationen ins Spiel. In diesem Kapitel lernen Sie, wie Sie Elemente mit fließenden Übergängen versehen können, bestimmte wichtige Teile von Elementen anzeigen oder verstecken können, oder ein Elemente vergrößern und verkleinern können – und das alles vor den Augen Ihrer Benutzer. Sie werden außerdem sehen, wie Sie Animationen in bestimmten zeitlichen Abständen ablaufen lassen, um Ihrer Seite ein sehr dynamisches Aussehen zu geben.

DoodleStuff braucht eine Web-Applikation	176
Werden Sie zum Monstermacher	177
Der Monstermacher braucht ein Layout und Positionierung	178
Etwas mehr Struktur und Stil	181
Die Schnittstelle anklickbar machen	182
Den Blitz-Effekt umsetzen	187
Wie animiert jQuery Elemente?	188
Ein- und Ausblendeffekte animieren die CSS-Eigenschaft opacity	189
Bei den slide-Funktionen geht es um die Höhe	190
Die Fade-Effekte anwenden	192
Effekt-Methoden miteinander verketten	193
Funktionen zeitgesteuert wiederholen	194
Bauen Sie die Blitz-Funktionen in Ihr Skript ein	197
Selbstgemachte Effekte mit animate	199
Was animiert werden kann und was nicht	200
animate Stile nach und nach	202
Von wo nach wo genau?	205
Elemente absolut und relativ bewegen	206
Dinge durch die Kombination von Operatoren relativ bewegen	207
Bauen Sie die animate-Funktion in Ihr Skript ein	209
Und ganz ohne Flash!	212
Ihr jQuery-Werkzeugkasten	214

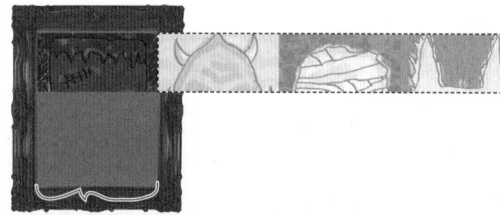

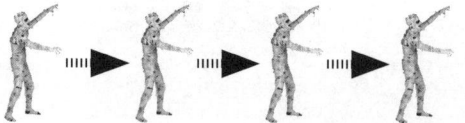

jQuery und JavaScript
6 ~~Luke~~ jQuery, Ich bin dein Vater!

Alles kann jQuery nicht alleine tun. Auch wenn jQuery eine JavaScript-Bibliothek ist, kann es nicht alles, was seine Ursprungssprache kann. In diesem Kapitel werden wir uns mit einigen JavaScript-Fähigkeiten befassen, die für die Erstellung fesselnder Websites gebraucht werden. Wir werden sehen, wie jQuery diese Merkmale nutzen kann, um eigene Listen und Objekte zu erstellen und darüber Schleifen auszuführen, wodurch Ihr Leben ein gutes Stück leichter wird.

Frischer Wind für die Head First Lounge	216
In Objekten ist das Speichern noch schlauer gelöst	218
Eigene Objekte bauen	219
Mit Konstruktoren wiederverwendbare Objekte erstellen	220
Objekte benutzen	221
Die Seite ersetllen	222
Die Rückkehr der Arrays	225
Auf Arrays zugreifen	226
Arrayelemente aktualisieren und hinzufügen	227
Eine Aktion nochmal durchführen (und nochmal und nochmal …)	229
Die Nadel im Heuhaufen finden	232
Zeit für Entscheidungen … wieder einmal!	239
Vergleichsoperatoren und logische Operatoren	240
jQuery zum Aufräumen benutzen …	246
Etwas mehr Nervenkitzel, bitte …	250
Ihr jQuery-/JavaScript-Werkzeugkasten	252

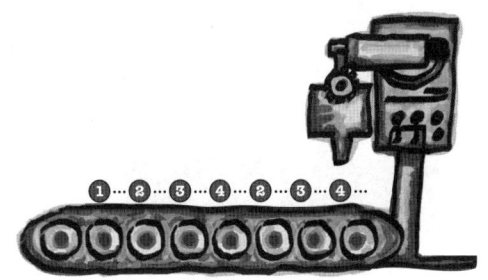

Der Inhalt

7
Eigene Funktionen für Ihre Effekte
Tu doch mal was für mich!

Kombinieren Sie jQuery-Effekte mit JavaScript-Funktionen, um Ihren Code – und damit Ihre Web-Applikation – effizienter, effektiver und noch *leistungsfähiger* zu machen. In diesem Kapitel werden Sie sehen, wie Sie Ihre jQuery-Effekte durch die Verwendung von **Browser Events** und **zeitgesteuerten Funktionen**, sowie die **Organisation und Wiederverwendbarkeit** Ihrer selbst erstellten JavaScript-Funktionen verbessern können.

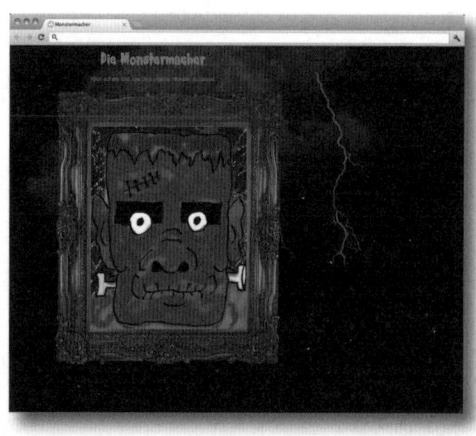

Ein Sturm braut sich zusammen	254
Wir haben eine Monster-Funktion geschaffen …	255
Mit dem window-Objekt die Kontrolle über zeitgesteuerte Effekte übernehmen	256
Mit onblur und onfocus auf Browser-Events reagieren	259
Timer-Methoden sagen Ihren Funktionen, wann sie ausgeführt werden sollen	263
Schreiben Sie die Funktionen blitze_anhalten und blitze_starten	266
Neue Funktionen für die Monstermacher	274
Noch mehr Zufall	275
Sie kennen die aktuelle Position schon …	276
… und auch die Funktion zufallszahl_erzeugen	276
Dinge relativ zur aktuellen Position bewegen	280
Die Monstermacher, Version 2 ist ein Hit!	289
Ihr jQuery-Werkzeugkasten	290

setTimeout()

setInterval()

delay()

Der *Inhalt*

jQuery und Ajax

8
Gib' doch mal die Daten rüber

CSS- und DOM-Tricks mit jQuery machen schon Spaß, aber irgendwann müssen Sie Informationen (oder Daten) von einem Server abfragen und darstellen. Möglicherweise wollen Sie sogar bestimmte Teile einer Seite mit den Informationen vom Server aktualisieren, ohne hierfür die ganze Seite neu laden zu müssen. Und da kommt Ajax ins Spiel. In Kombination mit jQuery und JavaScript sind auch diese Dinge möglich. In diesem Kapitel lernen Sie, wie Sie mit jQuery Ajax-Abfragen an den Server schicken können und was Sie mit den zurückgegebenen Antworten anfangen können.

Bringen Sie das Bit to Byte-Rennen ins neue Jahrhundert	292
Ein Blick auf die Seite des letzten Jahres	293
Jetzt wird's dynamisch	296
Das ALTE Web trifft das NEUE Web	297
Ajax verstehen	298
Was ist Ajax?	298
Der X-Faktor	299
Daten mit der ajax-Methode abfragen	304
XML-Daten parsen	306
Funktionen zeitgesteuert aufrufen	310
Selbstreferenzierende Funktionen	311
Mehr vom Server abfragen	314
Wie spät ist es?	315
Zeitgesteuerte Events auf der Seite abschalten	320
Ihr jQuery-/Ajax-Werkzeugkasten	324

Der Inhalt

9

handling JSON data
Darf ich vorstellen: Client – Server

Das Lesen von Daten aus einer XML-Datei ist zwar sehr nützlich, immer bringt's das aber auch nicht. Mit einem effizienteren Format (JavaScript Object Notation, auch bekannt als JSON), kann der Datenaustausch mit dem Server deutlich erleichtert werden. Außerdem lässt JSON nicht nur leichter erzeugen, sondern auch lesen. Mit Hilfe von jQuery, PHP und SQL werden Sie lernen, eine Datenbank anzulegen, um darin Informationen zu speichern, die Sie später mit JSON auslesen und mit Hilfe von jQuery auf dem Bildschirm darstellen können. Für Web-Applikationen ist das eine echte Supermacht.

Die MegaCorp-Marketingabteilung von Webville kennt kein XML	326
XML-Fehler bringen die Seite zum Absturz	327
Die Daten über eine Webseite eingeben	328
Was tun mit den Daten?	331
Daten vor dem Versand formatieren	332
Daten an den Server schicken	333
Daten in einer MySQL-Datenbank speichern	335
Eine Datenbank zum Speichern der Läuferinformationen verwenden	336
Anatomie einer INSERT-Anweisung	338
Mit PHP auf die Daten zugreifen	341
Auf dem Server mit POST-Daten umgehen	342
Datenbankverbindungen mit PHP	343
Daten per SELECT aus der Datenbank abfragen	345
Daten mit PHP abfragen	347
JSON hilft	350
jQuery + JSON = Großartig	351
Ein paar PHP-Regeln ...	352
(Noch) ein paar PHP-Regeln ...	353
Ausgaben mit PHP formatieren	354
Auf Daten im JSON-Objekt zugreifen	361
Datensäuberung und -validierung in PHP	364
Ihr jQuery-/Ajax-/PHP-/MySQL-Werkzeugkasten	369

Der Inhalt

10
jQuery UI
Formulare aufwerten

Das Web lebt und stirbt mit den Daten seiner Benutzer. Das Einsammeln von Nutzerdaten ist keine Kleinigkeit und kann für Webentwickler ziemlich zeitaufwändig werden. Wie jQuery die Effizienz von Ajax-, PHP- und MySQL-Webapplikationen steigern kann, haben wir schon gesehen. In diesem Kapitel geht es um die Verwendung von jQuery für die Optimierung von Formularelementen für die Dateneingabe. Und wenn wir schon dabei sind, gibt es auch gleich noch eine gesunde Menge jQuery UI, der offiziellen UI-Bibliothek für jQuery mit dazu.

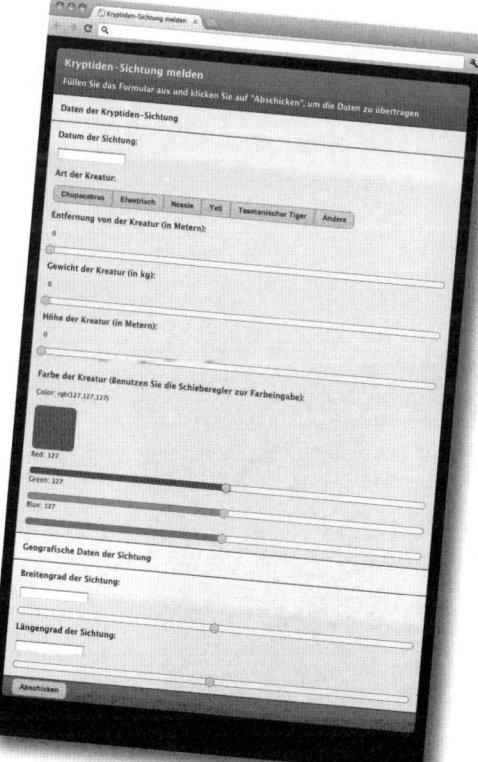

Cryptozoologists.org muss neu gestaltet werden	372
Pimpen Sie Ihr HTML-Formular	373
Durch jQuery UI Zeit und Kopfschmerzen beim Programmieren sparen	376
Was ist im jQuery UI-Paket enthalten?	380
Ein Kalender-Widget zur Eingabe des Sichtungsdatums erstellen	381
jQuery UI hinter den Kulissen	382
Widgets können über Optionen angepasst werden	383
Die Radiobuttons ansprechender gestalten	386
Nummerische Werte über einen Schieberegler eingeben	390
Computer mischen Farben aus Rot, Grün und Blau	399
Die palette_aktualisieren-Funktion erstellen	402
Und noch etwas …	406
Ihr jQuery-Werkzeugkasten	410

Der Inhalt

11
jQuery und APIs
Objekte, nichts als Objekte!
Selbst ein talentierter Entwickler wie Sie kann nicht alles alleine machen …

Wir haben gesehen, wie wir jQuery-Plugins wie jQuery UI oder die Tab-Navigation in unsere Seiten einbinden können, um Web-Applikationen zu verbessern. Die nächste Entwicklungsstufe besteht darin, Werkzeuge aus dem Internet und Informationen von Größen wie Google, Twitter oder Yahoo! zu verwenden. Hierfür brauchen wir aber etwas … mehr. Diese Firmen stellen ihre Dienste über APIs (application programming interfaces, Programmierschnittstellen) zur Verfügung, die Sie auf Ihrer Seite nutzen können. In diesem Kapitel werden wir uns mit einigen Grundlagen der Arbeit mit APIs befassen. Als Beispiel benutzen wir die beliebte Google Maps API.

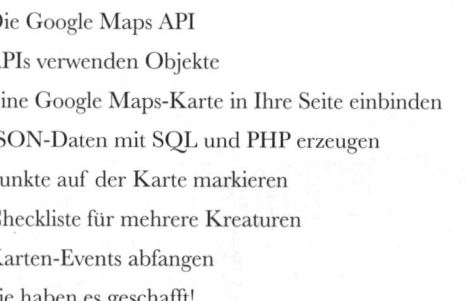
Hallo! Ich bin ein Marker. Freut mich, dass Sie mich bemarkt, Verzeihung, be*merkt* haben. Sie haben mich sicher schon einmal gesehen, oder?

Wo ist Nessie?	412
Die Google Maps API	414
APIs verwenden Objekte	415
Eine Google Maps-Karte in Ihre Seite einbinden	417
JSON-Daten mit SQL und PHP erzeugen	420
Punkte auf der Karte markieren	424
Checkliste für mehrere Kreaturen	428
Karten-Events abfangen	438
Sie haben es geschafft!	442
Ihr jQuery API-Werkzeugkasten	445

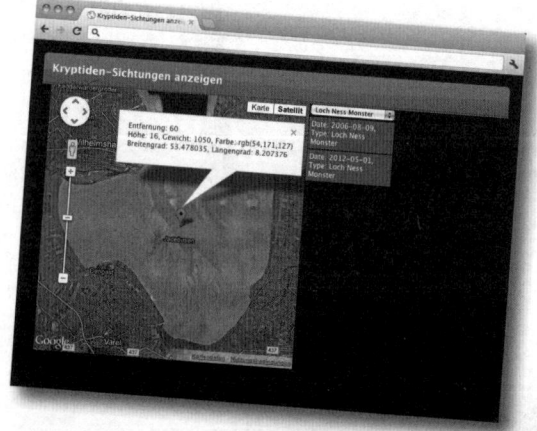

Übrig gebliebenes
Die 10 wichtigsten Dinge (die wir nicht behandelt haben)

Trotz der vielen Dinge in diesem Buch konnten wir nicht alles behandeln. Es gibt noch jede Menge weiterer guter Dinge in jQuery und JavaScript, die einfach nicht mehr in dieses Buch gepasst haben. Wir möchten Ihnen hier zumindest davon erzählen, um Sie auf die anderen Facetten von jQuery vorzubereiten, die Ihnen unterwegs begegnen können.

#1. Jede Einzelheit der jQuery-Bibliothek	448
#2. jQuery CDNs	451
#3. Der jQuery-Namensraum: die noConflict-Methode	452
#4. jQuery-Code debuggen	453
#5. Fortgeschrittene Animationen: Warteschlangen	454
#6. Formulareingaben auf Gültigkeit überprüfen	455
#7. jQuery UI-Effekte	456
#8. Eigene jQuery-Plugins schreiben	457
#9. Fortgeschrittenes JavaScript: Closures	458
#10. Templates	459

Eine Entwicklungsumgebung einrichten
Bereit für große Zeiten

Sie brauchen einen Ort, an dem Sie Ihre neuen PHP-Fähigkeiten ausprobieren können, ohne Ihre Daten im Web preiszugeben. Es ist prinzipiell eine gute Idee, Ihre PHP-Applikation an einem sicheren Ort zu entwickeln, bevor sie auf die (WW)Welt losgelassen wird. In diesem Anhang finden Sie eine Anleitung zur Installation eines Webservers sowie von MySQL und PHP, damit Sie einen sicheren Ort zum Üben und Arbeiten haben.

Eine PHP-Entwicklungsumgebung einrichten	462
Herausfinden, was schon installiert ist	462
Haben Sie einen Webserver?	463
Ist PHP installiert? Welche Version?	463
Ist MySQL installiert? Welche Version?	464
Den Webserver starten	465
Apache-Installation … Fortsetzung	466
PHP-Installation	466
PHP-Installationsschritte	467
PHP-Installationsschritte … Fortsetzung	468
MySQL installieren	468
Arbeitsschritte zur Installation von MySQL unter Windows	469
PHP unter Mac OS X einrichten	474
Arbeitsschritte zur Installation von MySQL unter Mac OS X	474

Einführung

Wie man dieses Buch benutzt

Einführung

Hier beantworten wir die brennende Frage:
»Und? Warum STEHT so was in einem Buch über jQuery?«

Wie man dieses Buch benutzt

Für wen ist dieses Buch gedacht?

Wenn Sie die folgenden Fragen alle mit »ja« beantworten können:

1. Haben Sie bereits Erfahrung mit Webentwicklung und Webdesign? *— Es ist auf alle Fälle hilfreich, wenn Sie bereits etwas Scripting-Erfahrung haben. Erfahrung mit JavaScript ist hilfreich, aber keine Voraussetzung.*

2. Möchten Sie wichtige jQuery- und JavaScript-Konzepte **lernen**, **verstehen**, **sich daran erinnern** und sie *anwenden*, damit Ihre Webseiten interaktiver und spannender werden?

3. Ziehen Sie eine **anregende Partyunterhaltung einer trockenen, langweiligen Vorlesung** vor?

…dann ist dieses Buch für Sie.

Wer sollte eher die Finger von diesem Buch lassen?

Wenn Sie *eine* dieser Fragen mit »Ja« beantworten müssen …

1. Haben Sie **noch absolut keine** Erfahrung in der Webentwicklung? *— Eine ausgezeichnete Einführung in die Web-Entwicklung finden Sie in HTML mit CSS & XHTML von Kopf bis Fuß. Nach dem Lesen sind Sie in jQueryville herzlich willkommen.*

2. Entwickeln Sie bereits Web-Applikationen oder Websites und suchen Sie nach einem *Referenzbuch* zu jQuery?

3. Haben Sie Angst, **etwas Neues auszuprobieren**? Würden Sie sich lieber einer Wurzelbehandlung unterziehen, als Streifen und Karos auf einmal zu tragen? Sind Sie der Meinung, dass man ein technisches Buch nicht ernst nehmen kann, wenn ein Yeti darin vorkommt?

… dann ist dieses Buch nicht das richtige für Sie.

[Anmerkung aus dem Marketing: Dieses Buch ist für alle Leute mit einer Kreditkarte. Bargeld geht zur Not auch.]

Wir wissen, was Sie gerade denken.

»Wie kann *das* ein ernsthaftes Buch zu jQuery sein?«

»Was sollen all die Abbildungen?«

»Kann ich das auf diese Weise wirklich *lernen*?«

Und wir wissen, was Ihr *Gehirn* gerade denkt.

Ihr Gehirn lechzt nach Neuem. Es ist ständig dabei, Ihre Umgebung abzusuchen, und es *wartet* auf etwas Ungewöhnliches. So ist es nun einmal gebaut, und es hilft Ihnen zu überleben.

Heutzutage ist es weniger wahrscheinlich, dass Sie von einem Tiger verputzt werden. Aber Ihr Gehirn hält immer noch Ausschau. Man weiß ja nie.

Also, was macht Ihr Gehirn mit all den gewöhnlichen, normalen Routinesachen, denen Sie begegnen? Es tut alles in seiner Macht Stehende, damit es dadurch nicht bei seiner *eigentlichen* Arbeit gestört wird: Dinge zu erfassen, die wirklich *wichtig* sind. Es gibt sich nicht damit ab, die langweiligen Sachen zu speichern, sondern lässt diese gar nicht erst durch den »Dies-ist-offensichtlich-nicht-wichtig«-Filter.

Woher *weiß* Ihr Gehirn denn, was wichtig ist? Nehmen Sie an, Sie machen einen Tagesausflug und ein Tiger springt vor Ihnen aus dem Gebüsch: Was passiert dabei in Ihrem Kopf und Ihrem Körper?

Neuronen feuern. Gefühle werden angekurbelt. *Chemische Substanzen durchfluten Sie.*

Und so weiß Ihr Gehirn:

Dies muss wichtig sein! Vergiss es nicht!

Aber nun stellen Sie sich vor, Sie sind zu Hause oder in einer Bibliothek. In einer sicheren, warmen, tigerfreien Zone. Sie lernen. Bereiten sich auf eine Prüfung vor. Oder Sie versuchen, irgendein schwieriges Thema zu lernen, von dem Ihr Chef glaubt, Sie bräuchten dafür eine Woche oder höchstens zehn Tage.

Da ist nur ein Problem: Ihr Gehirn versucht Ihnen einen großen Gefallen zu tun. Es versucht, dafür zu sorgen, dass diese *offensichtlich* unwichtigen Inhalte nicht knappe Ressourcen verstopfen. Ressourcen, die besser dafür verwendet würden, die wirklich *wichtigen* Dinge zu speichern. Wie Tiger. Wie die Gefahren des Feuers. Oder dass Sie nie wieder in Shorts snowboarden sollten.

Und es gibt keine einfache Möglichkeit, Ihrem Gehirn zu sagen: »Hey, Gehirn, vielen Dank, aber egal, wie langweilig dieses Buch auch ist und wie klein der Ausschlag auf meiner emotionalen Richterskala gerade ist, ich *will* wirklich, dass du diesen Kram behältst.«

Wie man dieses Buch benutzt

Wir stellen uns unseren Leser als einen aktiv Lernenden vor.

Also, was ist nötig, damit Sie etwas *lernen*? Erst einmal müssen Sie es *aufnehmen* und dann dafür sorgen, dass Sie es nicht wieder *vergessen*. Es geht nicht darum, Fakten in Ihren Kopf zu schieben. Nach den neuesten Forschungsergebnissen der Kognitionswissenschaft, der Neurobiologie und der Lernpsychologie gehört zum *Lernen* viel mehr als nur Text auf einer Seite. Wir wissen, was Ihr Gehirn anmacht.

Einige der Lernprinzipien dieser Buchreihe:

Bilder einsetzen. An Bilder kann man sich viel besser erinnern als an Worte allein und lernt so viel effektiver (bis zu 89 % Verbesserung bei Abrufbarkeits- und Lerntransferstudien). Außerdem werden die Dinge dadurch verständlicher.

Außerdem poppt das Bild des pelzigen Freundes einfach so auf. Kannst du dafür sorgen, dass er stattdessen langsam eingeblendet wird?

Text in oder neben die Grafiken setzen, auf die sie sich beziehen, anstatt darunter oder auf eine andere Seite. Die Leser werden auf den Bildinhalt bezogene Probleme dann mit doppelt so hoher Wahrscheinlichkeit lösen können.

Verwenden Sie einen gesprächsorientierten Stil mit persönlicher Ansprache. Nach neueren Untersuchungen haben Studenten nach dem Lernen bei Tests bis zu 40 % besser abgeschnitten, wenn der Inhalt den Leser direkt in der ersten Person und im lockeren Stil angesprochen hat statt in einem formalen Ton. Halten Sie keinen Vortrag, sondern erzählen Sie Geschichten. Benutzen Sie eine zwanglose Sprache. Nehmen Sie sich selbst nicht zu ernst. Würden Sie einer anregenden Unterhaltung beim Abendessen mehr Aufmerksamkeit schenken oder einem Vortrag?

Bringen Sie den Lernenden dazu, intensiver nachzudenken. Mit anderen Worten: Falls Sie nicht aktiv Ihre Neuronen strapazieren, passiert in Ihrem Gehirn nicht viel. Ein Leser muss motiviert, begeistert und neugierig sein und dazu angeregt werden, Probleme zu lösen, Schlüsse zu ziehen und sich neues Wissen anzueignen. Und dafür brauchen Sie Herausforderungen, Übungen, zum Nachdenken anregende Fragen und Tätigkeiten, die beide Seiten des Gehirns und mehrere Sinne einbeziehen.

Ziehen Sie die Aufmerksamkeit des Lesers auf sich – und behalten Sie sie. Wir alle haben schon Erfahrungen dieser Art gemacht: »Ich will das wirklich lernen, aber ich kann einfach nicht über Seite 1 hinaus wach bleiben.« Ihr Gehirn passt auf, wenn Dinge ungewöhnlich, interessant, merkwürdig, auffällig, unerwartet sind. Ein neues, schwieriges, technisches Thema zu lernen, muss nicht langweilig sein. Wenn es das nicht ist, lernt Ihr Gehirn viel schneller.

Sprechen Sie Gefühle an. Wir wissen, dass Ihre Fähigkeit, sich an etwas zu erinnern, wesentlich von dessen emotionalem Gehalt abhängt. Sie erinnern sich an das, was Sie bewegt. Sie erinnern sich, wenn Sie etwas fühlen. Nein, wir erzählen keine herzzerreißenden Geschichten über einen Jungen und seinen Hund. Was wir erzählen, ruft Überraschungs-, Neugier-, Spaß- und Was-soll-das?-Emotionen hervor und dieses Hochgefühl, das Sie beim Lösen eines Puzzles empfinden oder wenn Sie etwas lernen, was alle anderen schwierig finden. Oder wenn Sie merken, dass Sie etwas können, was dieser »Ich-bin-ein-besserer-Techniker-als-du«-Typ aus der Technikabteilung nicht kann.

Metakognition: Nachdenken übers Denken

Wenn Sie wirklich lernen möchten, und zwar schneller und nachhaltiger, dann schenken Sie Ihrer Aufmerksamkeit Aufmerksamkeit. Denken Sie darüber nach, wie Sie denken. Lernen Sie, wie Sie lernen.

Die meisten von uns haben in ihrer Jugend keine Kurse in Metakognition oder Lerntheorie gehabt. Es wurde von uns *erwartet*, dass wir lernen, aber nur selten wurde uns auch *beigebracht*, wie man lernt.

Wir nehmen aber an, dass Sie wirklich etwas über die mobile Webentwicklung lernen möchten, wenn Sie dieses Buch in den Händen halten. Und wahrscheinlich möchten Sie nicht viel Zeit aufwenden. Und Sie wollen sich an das *erinnern*, was Sie lesen, und es anwenden können. Und deshalb müssen Sie es *verstehen*. Wenn Sie so viel wie möglich von diesem Buch profitieren wollen oder von irgendeinem anderen Buch oder einer anderen Lernerfahrung, übernehmen Sie Verantwortung für Ihr Gehirn. Ihr Gehirn im Zusammenhang mit diesem Lernstoff.

Der Trick besteht darin, Ihr Gehirn dazu zu bringen, neuen Lernstoff als etwas wirklich Wichtiges anzusehen. Als entscheidend für Ihr Wohlbefinden. So wichtig wie ein Tiger. Andernfalls stecken Sie in einem dauernden Kampf, in dem Ihr Gehirn sein Bestes gibt, um die neuen Inhalte davon abzuhalten, hängen zu bleiben.

Wie bringen Sie also Ihr Gehirn dazu, jQuery für so wichtig zu halten wie einen Tiger?

Da gibt es den langsamen, ermüdenden Weg oder den schnelleren, effektiveren Weg. Der langsame Weg geht über bloße Wiederholung. Natürlich ist Ihnen klar, dass Sie lernen und sich sogar an die langweiligsten Themen erinnern *können*, wenn Sie sich die gleiche Sache immer wieder einhämmern. Wenn Sie nur oft genug wiederholen, sagt Ihr Gehirn: »Er hat zwar nicht das *Gefühl*, dass das wichtig ist, aber er sieht sich dieselbe Sache *immer und immer wieder* an – dann muss sie wohl wichtig sein.«

Der schnellere Weg besteht darin, **alles zu tun, was die Gehirnaktivität erhöht**, vor allem verschiedene *Arten* von Gehirnaktivität. Eine wichtige Rolle dabei spielen die auf der vorhergehenden Seite erwähnten Dinge – alles Dinge, die nachweislich helfen, dass Ihr Gehirn *für* Sie arbeitet. So hat sich z. B. in Untersuchungen gezeigt: Wenn Wörter *in* den Abbildungen stehen, die sie beschreiben (und nicht irgendwo anders auf der Seite, z. B. in einer Bildunterschrift oder im Text), versucht Ihr Gehirn herauszufinden, wie die Wörter und das Bild zusammenhängen, und dadurch feuern mehr Neuronen. Und je mehr Neuronen feuern, umso größer ist die Chance, dass Ihr Gehirn mitbekommt: Bei dieser Sache *lohnt* es sich aufzupassen und vielleicht auch, sich daran zu erinnern.

Ein lockerer Sprachstil hilft, denn Menschen tendieren zu höherer Aufmerksamkeit, wenn ihnen bewusst ist, dass sie ein Gespräch führen – man erwartet dann ja von ihnen, dass sie dem Gespräch folgen und sich beteiligen. Das Erstaunliche daran ist: Es ist Ihrem Gehirn ziemlich *egal*, dass die »Unterhaltung« zwischen Ihnen und einem Buch stattfindet! Wenn der Schreibstil dagegen formal und trocken ist, hat Ihr Gehirn den gleichen Eindruck wie bei einem Vortrag, bei dem in einem Raum passive Zuhörer sitzen. Nicht nötig, wach zu bleiben.

Aber Abbildungen und ein lockerer Sprachstil sind erst der Anfang.

Wie man dieses Buch *benutzt*

Das haben WIR getan:

Wir haben **Bilder** verwendet, weil Ihr Gehirn auf visuelle Eindrücke eingestellt ist, nicht auf Text. Soweit es Ihr Gehirn betrifft, sagt ein Bild *wirklich* mehr als tausend Worte. Und dort, wo Text und Abbildungen zusammenwirken, haben wir den Text *in* die Bilder eingebettet, denn Ihr Gehirn arbeitet besser, wenn der Text *innerhalb* der Sache steht, auf die er sich bezieht, und nicht in einer Bildunterschrift oder irgendwo vergraben im Text.

Wir haben **Redundanz** eingesetzt, d.h. dasselbe auf *unterschiedliche* Art und mit verschiedenen Medientypen ausgedrückt, damit Sie es über *mehrere Sinne* aufnehmen. Das erhöht die Chance, dass die Inhalte an mehr als nur einer Stelle in Ihrem Gehirn verankert werden.

Wir haben Konzepte und Bilder in **unerwarteter** Weise eingesetzt, weil Ihr Gehirn auf Neuigkeiten programmiert ist. Und wir haben Bilder und Ideen mit zumindest *etwas* **emotionalem** *Charakter* verwendet, weil Ihr Gehirn darauf eingestellt ist, auf die Biochemie von Gefühlen zu achten. An alles, was ein *Gefühl* in Ihnen auslöst, können Sie sich mit höherer Wahrscheinlichkeit erinnern, selbst wenn dieses Gefühl nicht mehr ist als ein bisschen **Belustigung, Überraschung oder Interesse.**

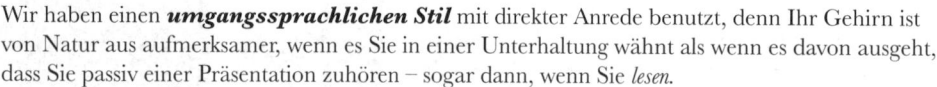

Wir haben einen **umgangssprachlichen Stil** mit direkter Anrede benutzt, denn Ihr Gehirn ist von Natur aus aufmerksamer, wenn es Sie in einer Unterhaltung wähnt als wenn es davon ausgeht, dass Sie passiv einer Präsentation zuhören – sogar dann, wenn Sie *lesen*.

Wir haben mehr als 80 **Aktivitäten** für Sie vorgesehen, denn Ihr Gehirn lernt und behält von Natur aus besser, wenn Sie Dinge *tun*, als wenn Sie nur darüber *lesen*. Und wir haben die Übungen zwar anspruchsvoll, aber doch lösbar gemacht, denn so ist es den meisten Lesern am liebsten.

Variable   **Array**

var a = 42;   var v = [2, 3, 4]

Wir haben **mehrere unterschiedliche Lernstile** eingesetzt, denn vielleicht bevorzugen *Sie* ein Schritt-für-Schritt-Vorgehen, während jemand anders erst einmal den groben Zusammenhang verstehen und ein Dritter einfach nur ein Codebeispiel sehen möchte. Aber ganz abgesehen von den jeweiligen Lernvorlieben profitiert *jeder* davon, wenn er die gleichen Inhalte in unterschiedlicher Form präsentiert bekommt.

Wir liefern Inhalte für **beide Seiten Ihres Gehirns,** denn je mehr Sie von Ihrem Gehirn einsetzen, umso wahrscheinlicher werden Sie lernen und behalten und umso länger bleiben Sie konzentriert. Wenn Sie mit einer Seite des Gehirns arbeiten, bedeutet das häufig, dass sich die andere Seite des Gehirns ausruhen kann; so können Sie über einen längeren Zeitraum produktiver lernen.

Kamingespräche

Und wir haben **Geschichten** und Übungen aufgenommen, die **mehr als einen Blickwinkel repräsentieren,** denn Ihr Gehirn lernt von Natur aus intensiver, wenn es gezwungen ist, selbst zu analysieren und zu beurteilen.

Wir haben **Herausforderungen** eingefügt: in Form von Übungen und indem wir **Fragen** stellen, auf die es nicht immer eine eindeutige Antwort gibt, denn Ihr Gehirn ist darauf eingestellt, zu lernen und sich zu erinnern, wenn es an etwas *arbeiten* muss. Überlegen Sie: Ihren *Körper* bekommen Sie ja auch nicht in Form, wenn Sie nur die Leute auf dem Sportplatz *beobachten*. Aber wir haben unser Bestes getan, um dafür zu sorgen, dass Sie – wenn Sie schon hart arbeiten – an den *richtigen* Dingen arbeiten. Dass Sie **nicht einen einzigen Dendriten darauf verschwenden,** ein schwer verständliches Beispiel zu verarbeiten oder einen schwierigen, mit Fachbegriffen gespickten oder übermäßig gedrängten Text zu analysieren.

Wir haben **Menschen** eingesetzt. In Geschichten, Beispielen, Bildern usw. – denn *Sie sind* ein Mensch. Und Ihr Gehirn schenkt *Menschen* mehr Aufmerksamkeit als *Dingen*.

Einführung

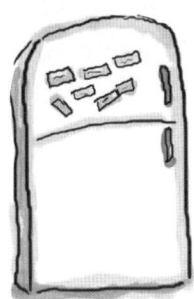

Und das können SIE tun, um sich Ihr Gehirn untertan zu machen

So, wir haben unseren Teil der Arbeit geleistet. Der Rest liegt bei Ihnen. Diese Tipps sind ein Anfang; hören Sie auf Ihr Gehirn und finden Sie heraus, was bei Ihnen funktioniert und was nicht. Probieren Sie neue Wege aus.

Schneiden Sie dies aus und heften Sie es an Ihren Kühlschrank.

---

① Immer mit der Ruhe. Je mehr Sie verstehen, umso weniger müssen Sie auswendig lernen.

Lesen Sie nicht nur. Halten Sie inne und denken Sie nach. Wenn das Buch Sie etwas fragt, springen Sie nicht einfach zur Antwort. Stellen Sie sich vor, dass Sie das wirklich jemand *fragt*. Je gründlicher Sie Ihr Gehirn zum Nachdenken zwingen, umso größer ist die Chance, dass Sie lernen und behalten.

② Bearbeiten Sie die Übungen. Machen Sie selbst Notizen.

Wir haben sie entworfen, aber wenn wir sie auch für Sie lösen würden, wäre das, als würde jemand anderes Ihr Training für Sie absolvieren. Und *sehen* Sie sich die Übungen *nicht einfach nur an*. **Benutzen Sie einen Bleistift.** Es deutet vieles darauf hin, dass körperliche Aktivität *beim* Lernen den Lernerfolg erhöhen kann.

③ Lesen Sie die Abschnitte »Es gibt keine dummen Fragen«.

Und zwar alle. Das sind keine Zusatzanmerkungen – *sie gehören zum Kerninhalt!* Überspringen Sie sie nicht.

④ Lesen Sie dies als Letztes vor dem Schlafengehen. Oder lesen Sie danach zumindest nichts *Anspruchsvolles* mehr.

Ein Teil des Lernprozesses (vor allem die Übertragung in das Langzeitgedächtnis) findet erst statt, *nachdem* Sie das Buch zur Seite gelegt haben. Ihr Gehirn braucht Zeit für sich, um weitere Verarbeitung zu leisten. Wenn Sie in dieser Zeit etwas Neues aufnehmen, geht ein Teil dessen, was Sie gerade gelernt haben, verloren.

⑤ Trinken Sie Wasser. Viel.

Ihr Gehirn arbeitet am besten in einem schönen Flüssigkeitsbad. Austrocknung (zu der es schon kommen kann, bevor Sie überhaupt Durst verspüren) beeinträchtigt die kognitive Funktion.

⑥ Reden Sie drüber. Laut.

Sprechen aktiviert einen anderen Teil des Gehirns. Wenn Sie etwas verstehen oder Ihre Chancen verbessern wollen, sich später daran zu erinnern, sagen Sie es laut. Noch besser: Versuchen Sie, es jemandem laut zu erklären. Sie lernen dann schneller und haben vielleicht Ideen, auf die Sie beim bloßen Lesen nie gekommen wären.

⑦ Hören Sie auf Ihr Gehirn.

Achten Sie darauf, Ihr Gehirn nicht zu überladen. Wenn Sie merken, dass Sie etwas nur noch überfliegen oder dass Sie das gerade erst Gelesene vergessen haben, ist es Zeit für eine Pause. Ab einem bestimmten Punkt lernen Sie nicht mehr schneller, indem Sie mehr hineinzustopfen versuchen; das kann sogar den Lernprozess stören.

⑧ Aber bitte mit *Gefühl*!

Ihr Gehirn muss wissen, dass es *um etwas Wichtiges geht*. Lassen Sie sich in die Geschichten hineinziehen. Erfinden Sie eigene Bildunterschriften für die Fotos. Über einen schlechten Scherz zu stöhnen, ist *immer noch* besser, als gar nichts zu fühlen.

⑨ Gestalten Sie etwas!

Wenden Sie, was Sie hier lernen, in Ihrer täglichen Arbeit an. Nutzen Sie es, um Entscheidungen für Ihre Projekte zu fällen. Tun Sie etwas, um über die Übungen und Aktivitäten in diesem Buch hinaus Erfahrungen zu sammeln. Alles, was Sie brauchen, ist ein Stift und ein Problem, das einer Lösung bedarf… ein Problem, das von den Werkzeugen und Techniken profitieren könnte, die Sie hier kennen lernen.

Sie sind hier ▸

Wie man dieses Buch benutzt

Lies mich

Das ist ein Lehrbuch, kein Referenzwerk. Wir haben ganz bewusst alles weggelassen, was dem Erlernen der Dinge in die Quere kommen könnte, die wir am jeweiligen Punkt des Buchs behandeln. Bei der ersten Lektüre sollten Sie unbedingt am Anfang beginnen, weil das Buch voraussetzt, was Sie dort gesehen und gelernt haben.

Wir erwarten, dass Sie HTML und CSS beherrschen.

Wenn Sie mit HTML und CSS nicht vertraut sind, schaffen Sie sich ein Exemplar von *HTML mit CSS & XHTML von Kopf bis Fuß* an, bevor Sie mit der Lektüre dieses Buchs beginnen. Ein paar wichtige CSS-Selektoren werden wir hier zwar behandeln, aber bitte erwarten Sie nicht, hier alle Grundlagen zu CSS zu lernen.

Wir erwarten nicht, dass Sie sich mit JavaScript auskennen.

Schon klar, dass diese Meinung etwas seltsam erscheint. Wir sind aber tatsächlich der Meinung, dass Sie jQuery lernen können, ohne vorher etwas über JavaScript zu wissen. Etwas JavaScript müssen Sie kennen, um jQuery schreiben zu können. Diese wichtigen Grundlagen bringen wir Ihnen aber zusammen mit dem jQuery-Code bei. Wir haben tiefes Vertrauen in das jQuery-Motto: Weniger schreiben. Mehr tun.

Wir fordern Sie auf, mehr als einen Browser mit diesem Buch zu benutzen.

Wir möchten Sie ermuntern, Ihre Seiten mit mindestens drei verschiedenen aktuellen Browsern zu testen. Hierdurch bekommen Sie Erfahrung im Erkennen der Unterschiede zwischen den verschiedenen Programmen und im Erstellen von Seiten, die in unterschiedlichen Browsern gut funktionieren.

Dieses Buch heißt nicht »Browser-Entwicklerwerkzeuge von Kopf bis Fuß« …

… aber wir erwarten, dass Sie wissen, wie man sie benutzt. Wir empfehlen Google Chrome, den Sie unter der Adresse *http://www.google.com/chrome* herunterladen können. Weitere Informationen zu weiteren Browsern und den passenden Entwicklerwerkzeugen finden Sie auf den folgenden Seiten:

Google Chrome	*http://code.google.com/chrome/devtools/docs/overview.html*
Firebug für Firefox	*http://getfirebug.com/wiki/index.php/FAQ*
Safari	*http://www.apple.com/safari/features.html#developer*
Internet Explorer 8	*http://msdn.microsoft.com/en-us/library/dd565628(v=vs.85).aspx*
Internet Explorer 9	*http://msdn.microsoft.com/en-us/ie/aa740478*
Dragonfly für Opera	*http://www.opera.com/dragonfly/*

Wir erwarten, dass Sie über dieses Buch hinausgehen.

Wenn Sie etwas neues lernen, schließen Sie sich am besten einer Gemeinschaft von Lernenden an. Wir sind der Meinung, dass die jQuery-Gemeinschaft eine der besten und aktivsten Gruppen in der Welt der Technologie ist. Weitere Informationen finden Sie unter http://www.jquery.com.

Die Aktivitäten sind NICHT optional.

Die Übungen und Aktivitäten sind keine Zusätze. Sie sind ein wesentlicher Bestandteil des Buchs. Einige sollen Ihr Gedächtnis unterstützen, andere Ihr Verständnis wecken, und wieder andere werden Ihnen helfen, das Gelernte anzuwenden. ***Überspringen Sie die Übungen nicht.*** Allein die Kreuzworträtsel *müssen* Sie nicht machen, sind aber eine gute Möglichkeit, Ihrem Hirn eine Chance zu geben, über die Wörter und Begriffe, die Sie gelernt haben, in einem anderen Kontext nachzudenken.

Die Redundanz ist beabsichtigt und wichtig.

Eines der Dinge, das ein Von Kopf bis Fuß-Buch so anders macht, ist, dass wir möchten, dass Sie die Sache wirklich verstehen. Und wir möchten, dass Sie, wenn Sie das Buch durchgearbeitet haben, behalten, was Sie gelernt haben. Die meisten Referenzbücher zielen nicht auf Behalten und Erinnern ab, aber in diesem Buch geht es ums Lernen, deswegen werden Ihnen manche Konzepte auch mehrfach begegnen.

Die Kopfnuss-Übungen haben keine Antworten.

Für manche dieser Übungen gibt es keine richtige Lösung, und bei anderen gehört es zum Lernprozess der Kopfnuss-Aktivitäten, dass Sie selbst überlegen, ob und wann Ihre Lösungen richtig sind. Bei einigen Kopfnuss-Übungen finden Sie Hinweise, die Sie in die richtige Richtung lenken.

Software-Anforderungen

Um jQuery-Code schreiben zu können, brauchen Sie einen Texteditor, einen Browser, einen Webserver (dieser kann auch lokal auf Ihrem Rechner installiert sein) und die jQuery-Bibliothek.

Als Texteditoren empfehlen wir für Windows PSPad, TextPad, or EditPlus (notfalls können Sie aber auch den Editor benutzen). Als Texteditor für den Mac empfehlen wir TextWrangler (oder seinen großen Bruder BBedit). Linux liegen bereits von Haus eine ganze Reihe von Texteditoren bei. Wir sind uns sicher, dass wir Ihnen darüber nichts zu erzählen brauchen.

Wenn Sie Webentwicklung betreiben möchten, brauchen Sie auch einen Webserver. Für die hinteren Kapitel (9,10 und 11) finden Sie die nötigen Informationen zur Installation von PHP und MySQL in Anhang ii. Am besten machen Sie das jetzt sofort. Im Ernst, springen Sie zu Anhang B, folgen Sie den Anweisungen und kommen Sie dann hierher zurück. Wir warten solange. Versprochen!

Außerdem brauchen Sie einen Browser und die dazugehörigen Entwicklerwerkzeuge. Bitte lesen Sie hierzu die vorige Seite. Es ist garantiert keine Zeitverschwendung, zu lernen, wie man die JavaScript-Konsole in den Entwicklerwerkzeugen von Google Chrome benutzt. Dies ist Ihre erste Hausaufgabe.

Zum Schluß brauchen Sie natürlich auch die jQuery-Bibliothek. Auf der nächsten Seite erfahren Sie, wo Sie sie herbekommen.

Wie man dieses Buch benutzt

jQuery herunterladen

Jetzt geht's los. Rufen Sie die jQuery-Website auf und laden Sie die Bibliothek für die Arbeit mit diesem Buch herunter.

Schritt eins:

Öffnen Sie den Browser Ihrer Wahl und rufen Sie diese Adresse auf: *http://www.jquery.com*.

Schritt zwei:

Finden Sie den Abschnitt mit der Überschrift »Grab the Latest Version!« Danach markieren Sie das Ankreuzfeld neben »Production.«

Schritt drei:

Klicken Sie den »Download jQuery«-Button.

Schritt vier:

Die nächste Seite sieht ungefähr so aus wie diese Abbildung.

Speichern Sie die Seite in einem Ordner mit dem Namen *js* auf Ihrer Festplatte.

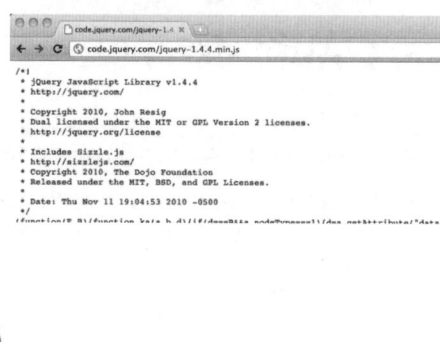

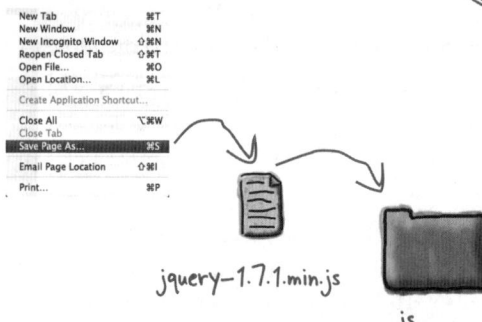

Was ist der Unterschied zwischen der »Production«- und der »Developement« (Entwickler)-Version?

Die **Production**-Version von jQuery ist speziell für die schnellere Ausführung auf einem Webserver komprimiert. Die **Development**-Version ist für Entwickler gedacht, die sich mit den Innereien der jQuery-Bibliothek vertraut machen und diese erweitern wollen. Wenn Sie die jQuery-Engine näher kennenlernen wollen, besorgen Sie sich beide Versionen.

xxx   *Einführung*

Einführung

Ordnerstruktur

Nachdem Sie sich den Beispielcode von der Website zu diesem Buch (*http://www.oreilly.de/catalog/hfjqueryger*) heruntergeladen und entpackt haben, sehen Sie für jedes Kapitel eine bestimmte Ordnerstruktur. Für Kapitel 3 sieht das zum Beispiel so aus:

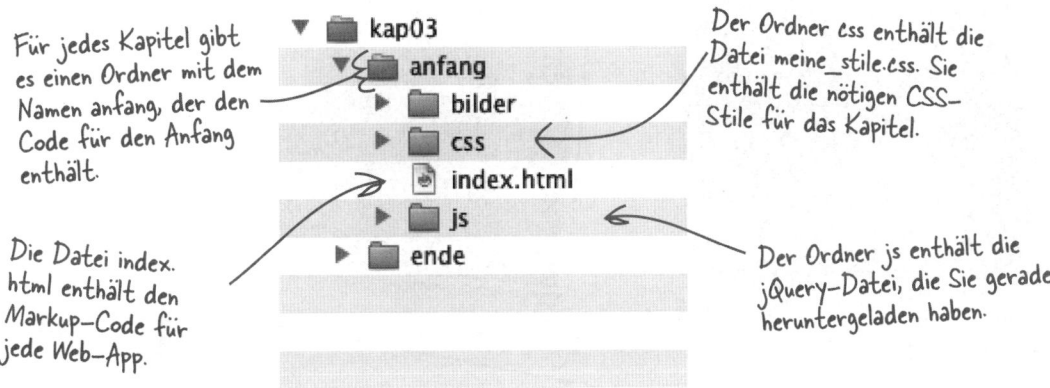

Ordner mit dem Namen *ende* enthält den fertigen Code für das jeweilige Kapitel. Nach Möglichkeit sollten Sie hier nichts ändern. Benutzen Sie ihn nur, um etwas nachzusehen.

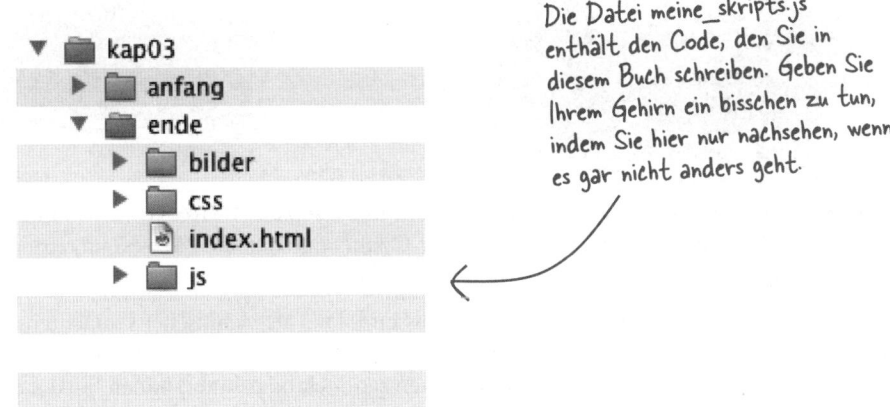

Sie können die jQuery-Bibliothek natürlich auch für eigene Projekten benutzen. Um Ihnen die Arbeit zu erleichtern, liegt im Ordner js bereits eine Kopie. Allerdings sollten Sie für zukünftige Projekte wissen, wo Sie sie Bibliothek herbekommen. jQuery wird regelmäßig aktualisiert.

Sie sind hier ▶

Das Gutachter-Team

Die technischen Gutachter

Jim Doran arbeitet als Software-Entwickler an der John Hopkins University in Baltimore, Maryland. Er unterrichtet JavaScript am Community College von Baltimore County und hält auf Web-Konferenzen Vorträge zu jQuery. In seiner Freizeit bloggt er unter *http://jimdoran.net* über seine Kunst und spielt in einer Schülermannschaft der Roller Derby League.

Bill Mietelski war schon für viele Von Kopf bis Fuß-Titel als technischer Gutachter tätig. Gegenwärtig arbeitet er als Software-Entwickler an einer der führenden Universitätskliniken in der Gegend von Chicago, wo er mit biostatistischer Forschung zu tun hat. Wenn er nicht gerade Daten sammelt oder hütet, finden Sie ihn auf dem örtlichen Golfplatz, wo er hinter kleinen weißen Bällen herläuft.

Lindsey Skouras ist Rechtsanwältin in der Gegend von Washington DC. Sie hat sich das Programmieren mit Hilfe der Von Kopf bis Fuß-Bücher in der Freizeit selbst beigebracht. Daneben liest sich gerne, arbeitet handwerklich, besucht Museen und verbringt Zeit mit ihrem Mann und ihren Hunden.

Paul Barry ist Informatik-Dozent am Institute of Technology in Carlow, Irland. Paul ist Mitherausgeber für das *Linux Journal*, für das er auch schreibt. Neben weiteren technischen Publikationen ist er außerdem Autor von *Python von Kopf bis Fuß* und Mitautor von *Programmierung von Kopf bis Fuß*. Wenn er die Zeit findet, berät er kleine und mittlere Unternehmen, sowie Startups bei Software-Entwicklungsprojekten.

Danksagungen

Unserer Lektorin:

Danke (und herzlichen Glückwunsch!) an Courtney Nash, die uns dazu gebracht hat, das bestmögliche Buch zu schreiben. Sie musste eine große Menge E-Mails, Fragen, Vorträge und manchmal auch schlechte Laune ertragen. Sie blieb uns während des gesamten Buchs treu und vertraute uns bedingungslos.

Courtney Nash

Das O'Reilly-Team:

Danke an Lou Barr, die es mit ihrer schnellen, exzellenten und fabelhaften Arbeit geschafft hat, dass dieses Buch wirklich gut aussieht.

Vielen Dank an Laurie Petrycki dafür, dass wir dieses Buch schreiben durften. Ryan erinnert sich gerne an das Von Kopf bis Fuß-Training in Boston. Er wird die wunderbare, familiäre Athmosphäre nicht vergessen, die Laurie dort geschaffen hat.

Danke auch an **Karen Shaner und an das gesamte Team der technischen Gutachter.**

Ryan wird nicht vergessen, wie eines Tages die Von Kopf bis Fuß-Reihe im Buchladen entdeckt hat. Danke an Kathy Sierra und Bert Bates dafür, dass sie die Neuronen von Geeks überall auf dieser Welt zum Leuchten bringen. Danke an Bert, weil er uns aus dem Closure-Sumpf gezogen hat und uns half, die ganze Sache etwas objekt-iver zu betrachten. :)

Vielen Dank an Tim O'Reilly, der die Vision hatte, für alle Zeiten die besten Bücher für Geeks herauszugeben!

Lou Barr

Ronans Freunde und Familie:

Ein besonderes Dankeschön an meine Frau Caitlin, die mit ihren Designfähigkeiten und allem was mit Adobe zu tun hat, dabei half, dieses Buch wahr werden zu lassen. Und natürlich für ihre Geduld – ohne Dich hätte ich das nicht geschafft! Vielen Dank auch an alle, die uns beide bei dieser Aufgabe unterstützt haben, meine großartigen Nachbarn, unsere Keller-Kollegen von der University of Portland, meine verständnisvollen Fußballteams und Golfkumpel. Danke auch an meine Familie drüben in Irland für Ihre Unterstützung und Ermutigungen. Am meisten danke ich Ryan Benedetti, meinem großartigen Mitautor, Kollegen und Freund. Danke für diese Reise und Gelegenheit. Es war eine ziemliche Erfahrung.

Ryans Freunde und Familie:

Danke an meine Tochter Josie, meinen Sohn Vinny und meine Verlobte Shonna, die an mich glaubte und mich während der Arbeit an diesem Buch auf so viele Arten unterstützt hat. *Ti amo, i miei tre miracoli.* Ich liebe jeden von Euch, meine drei Wunder!

Vielen Dank auch an meine Eltern, meinen Bruder Jeff und meine Nichten Claire und Quinn. Danke an meine Keller-Kollegen und das WAS-Team an der University of Portland, namentlich Jenny Walsh, Jacob Caniparoli und das »Tuesday morning tech team« (ihr wisst, wer ihr seid!). Danke an Caitlin Pierce-Cranley für ihre ausgezeichneten Designfähigkeiten. Danke an meinen Kumpel, den »Irish Ninja« (auch bekannt als Ronan Cranley), der mit seinen ausgezeichneten jQuery-, JavaScript- und PHP-Fähigkeiten, seinem Humor und einer unglaublichen Einstellung zur Arbeit zu diesem Buch beigetragen hat.

1 jQuery: Die ersten Schritte

Webpage-Action

Vielleicht gibt es hier drin etwas, das meine Webseiten interaktiver macht.

Ihre Webseiten sollen mehr können. Mit HTML und CSS kennen Sie sich schon aus. Als Nächstes möchten Sie lernen, wie man Skripten verwendet – aber bitte ohne dass dafür der Rest Ihres Lebens draufgeht. Sie wünschen sich eine Skriptbibliothek, die Webseiten nach Bedarf ändern kann. Sie soll mit AJAX und PHP funktionieren. Dinge, für die Sie in anderen Skriptsprachen 15 Zeilen Code brauchen, sollen in drei Zeilen ausgedrückt werden. Reines Wunschdenken? Keineswegs! Was Sie brauchen, ist jQuery.

Die Dinge auf den Weg bringen

Webseiten mit mehr »Wumms«

Sie wissen bereits, wie man gut aussehende Webseiten erstellt: mit sauberem, gültigem HTML und CSS. Statische Webseiten sind aber einfach nicht mehr angesagt. Die Leute wollen Webseiten, die sich ihren Bedürfnissen anpassen. Sie wollen Action, Interaktion und jede Menge coole Effekte.

Spitzen Sie Ihren Bleistift

Wollen Sie mehr Kontrolle über Ihre Webseiten und größeren Nutzen für Ihre Besucher? Kreuzen Sie alles Zutreffende in dieser Liste an:

☐ Elemente dynamisch hinzufügen, ohne die Seite neu laden zu müssen

☐ Menüeinträge ändern, wenn der Benutzer die Maus darüber bewegt

☐ Benutzer informieren, wenn ein Formularfeld fehlt

☐ Bewegungen und fließende Übergänge für Text und Bilder

☐ Daten nur bei Bedarf von einem Server laden

Die ersten Schritte

HTML und CSS sind ja schön und gut, aber ...

HTML und CSS eignen sich gut, um eine Seite mit Struktur und Stil zu versehen. Nach dem Rendern der HTML-Seite ändert sie sich aber nicht mehr – sie ist *statisch*.

Was passiert, wenn Sie das Aussehen der Seite ändern wollen? Wenn Sie etwas entfernen oder hinzufügen wollen? Entweder müssen ein paar richtig fiese CSS-Verrenkungen ausführen oder einfach eine neue Seite laden. Und das wird schnell hässlich. Warum? Weil Sie mit HTML und CSS eigentlich nur festlegen, wie die Seite aussehen soll.

1 Wenn jemand eine URL in die Adresszeile des Browsers eingibt, fordert dieser die passende Seite vom Server an.

2 Der Server findet die gewünschte(n) Seite(n) und schickt sie an den Browser.

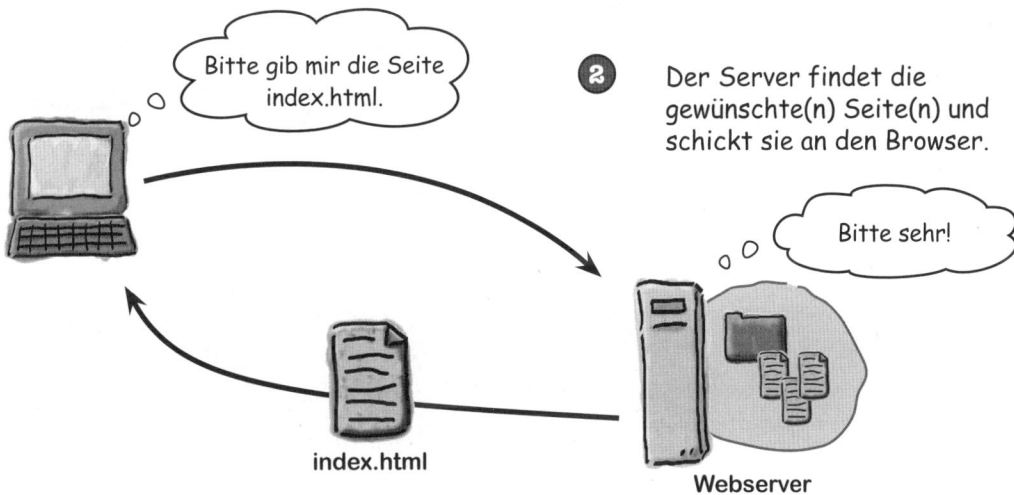

3 Basierend auf der vom Server gelieferten Datei baut (»rendert«) der Browser eine passende Darstellung der Seite.

Der Browser lädt die Seite und zeigt sie dem Benutzer an.

Sie sind hier ▸

... möge das Skript mit Ihnen sein

Wenn Sie Ihre Website bei Bedarf ändern wollen, ohne dass die Seite neu geladen wird, müssen Sie mit dem Browser kommunizieren. Aber wie soll das gehen? Mit einem HTML-Tag namens `<script>`.

Sehr gute Frage. Vergessen Sie nicht, dass HTML eine Markup-Sprache ist, mit der Sie die Struktur des Dokuments festlegen.

Und Cascading Style Sheets (CSS) steuern das Aussehen und die Position dieser Elemente. Mit HTML und CSS bestimmen Sie, wie eine Webseite aufgebaut ist und dargestellt wird. Aber keines von beiden kann die Seite mit Verhalten versehen. Was Sie dafür brauchen, ist eine Skriptsprache. Zum Beispiel jQuery.

/ Die ersten Schritte

Willkommen bei jQuery (und JavaScript)!

Die Sprache, in der wir uns mit dem Browser unterhalten, heißt JavaScript. Jeder Browser besitzt einen eingebauten JavaScript-Interpreter. Er nimmt die Anweisungen zwischen den `<script>`-Tags entgegen und übersetzt sie in verschiedene Aktionen, die auf der Webseite ausgeführt werden.

> Der Benutzer hat etwas angeklickt!!

> Hallo Browser, kannst Du mir kurz mal das Element da aktualisieren?

Der JavaScript-Interpreter »lauscht« auf bestimmte Ereignisse, zum Beispiel Mausklicks.

Der JavaScript-Interpreter kann dem Browser auch Anweisungen geben.

Wenn Sie dem Interpreter Anweisungen geben wollen, müssen Sie eigentlich JavaScript sprechen. Aber keine Sorge – genau da kommt jQuery ins Spiel. jQuery ist eine spezielle JavaScript-**Bibliothek** zum Ändern von Webseiten nach Bedarf (»on the fly«). Unten sehen Sie ein Beispiel.

jQuery ist eine JavaScript-Bibliothek zum spontanen Ändern von Webseiten.

✎ Spitzen Sie Ihren Bleistift

Das Skript unten ändert eine Webseite dynamisch. Lesen Sie jede Zeile und überlegen Sie mit dem Wissen, das Sie bereits über HTML und CSS haben, was hier wohl passiert. Danach schreiben Sie auf, was der Code Ihrer Meinung nach tut. Wenn Sie sich bei einer Zeile nicht sicher sind, ist es völlig okay, wenn Sie einfach raten. Ein Feld haben wir schon für Sie ausgefüllt.

```
<script>
$(document).ready(function(){

  $("button").click(function(){
      $("h1").hide("slow");
      $("h2").show("fast");
      $("img").slideUp();
  });
});
</script>
```

	Wenn das Webdokument bereit ist, führe die folgenden Schritte aus.

Sie sind hier ▸

Lösung

Spitzen Sie Ihren Bleistift
Lösung

Das unten stehende Skript ändert eine Webseite dynamisch. Lesen Sie jede Zeile und überlegen Sie mit dem Wissen, das Sie bereits über HTML und CSS haben, was hier wohl passiert. Danach schreiben Sie auf, was der Code Ihrer Meinung nach tut. Wenn Sie sich bei einer Zeile nicht sicher sind, ist es völlig okay, wenn Sie einfach raten. Ein Feld haben wir schon für Sie ausgefüllt.

Code	Erklärung
`<script>`	
`$(document).ready(function(){`	Wenn das Webdokument bereit ist, führe die folgenden Schritte aus.
`$("button").click(function(){`	Wenn ein Button angeklickt wird, tu das Folgende:
`$("h1").hide("slow");`	Alle h1-Elemente der Seite sollen langsam ausgeblendet werden.
`$("h2").show("fast");`	Alle h2-Elemente der Seite sollen schnell eingeblendet werden.
`$("img").slideUp();`	Alle img-Elemente sollen sich nach oben bewegen und verschwinden.
`});`	Beende die Klick-Funktion.
`});`	Beende die document ready-Funktion.
`</script>`	

Aber wie weiß der Browser, was er verschieben oder verstecken soll? Ich habe die Seite gar nicht neu geladen.

Gute Frage. Das wirkt irgendwie wie Zauberei, richtig?

Betrachten wir die Seite einmal aus Browsersicht – und zwar, wie jQuery die Seite *im* Browser verändert.

Ein Blick in den Browser

Jetzt ist der richtige Moment, den Vorhang aufzuziehen, um zu sehen, was tatsächlich passiert, wenn der Browser eine Webeite darstellt. Der Browser verwendet das Document Object Model (DOM), um aus einfachem HTML-Markup und CSS-Code eine anklickbare Seite aufzubauen – inklusive Text, Bildern, Videos und der anderen Dinge, die wir uns gerne ansehen.

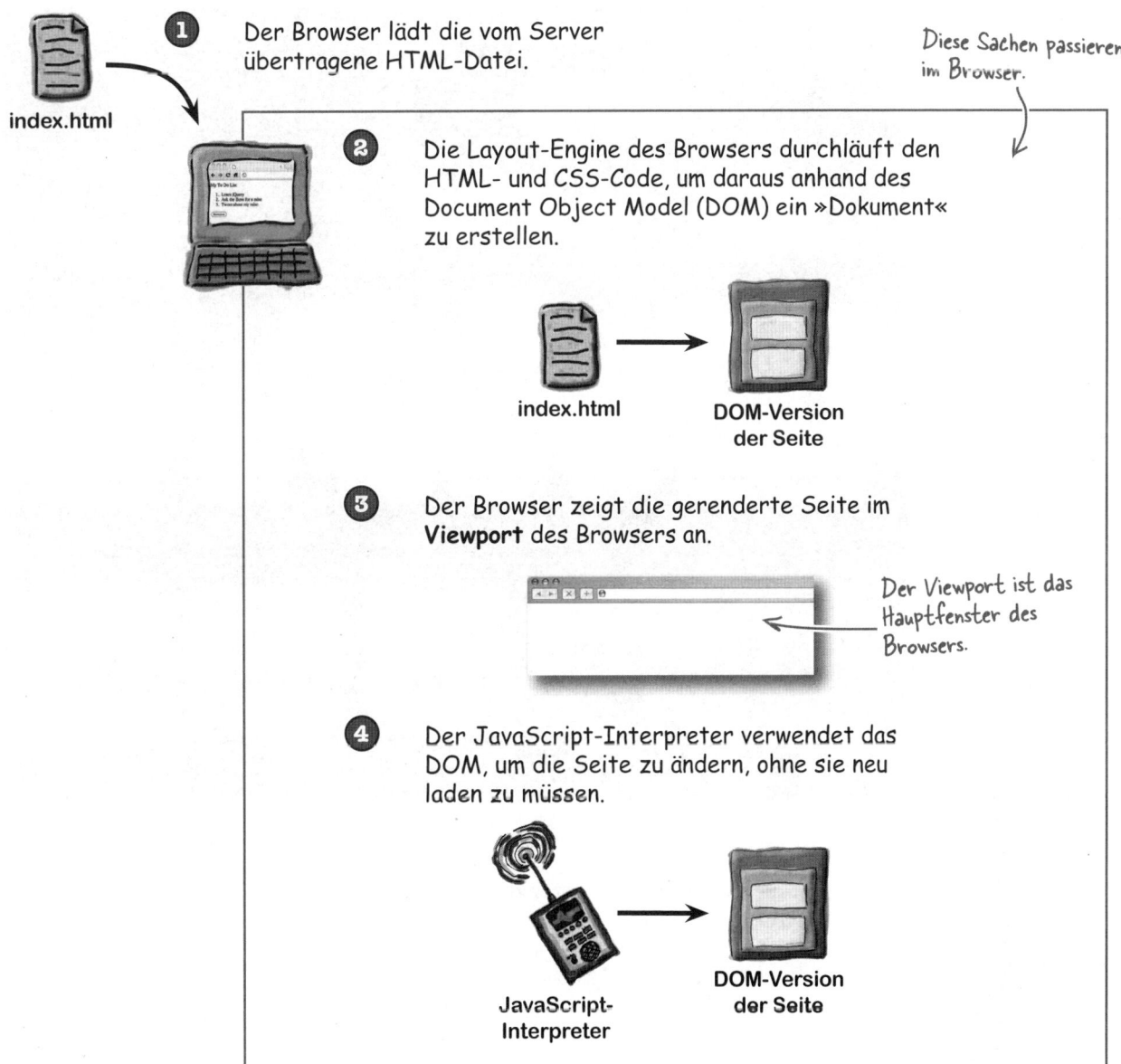

① Der Browser lädt die vom Server übertragene HTML-Datei.

index.html

Diese Sachen passieren im Browser.

② Die Layout-Engine des Browsers durchläuft den HTML- und CSS-Code, um daraus anhand des Document Object Model (DOM) ein »Dokument« zu erstellen.

index.html → DOM-Version der Seite

③ Der Browser zeigt die gerenderte Seite im **Viewport** des Browsers an.

Der Viewport ist das Hauptfenster des Browsers.

④ Der JavaScript-Interpreter verwendet das DOM, um die Seite zu ändern, ohne sie neu laden zu müssen.

JavaScript-Interpreter → DOM-Version der Seite

Sie sind hier ▸

Das DOM-Skelett

Die versteckte Struktur einer Webseite

Im Laufe der Jahre hat das DOM stark zu beigetragen, dass HTML, CSS und JavaScript effizient miteinander funktionieren. Es stellt ein standardisiertes Skelett bereit, das alle modernen Browser nutzen, um das Stöbern im Web effektiver zu machen. Viele Leute stellen sich das DOM als Baum vor: Es hat eine Wurzel und Äste, anderen Enden sich »Nodes« (Knoten, Blätter) befinden. Alternativ können Sie sich das Ganze auch als Röntgenbild vom Aufbau der Seite vorstellen.

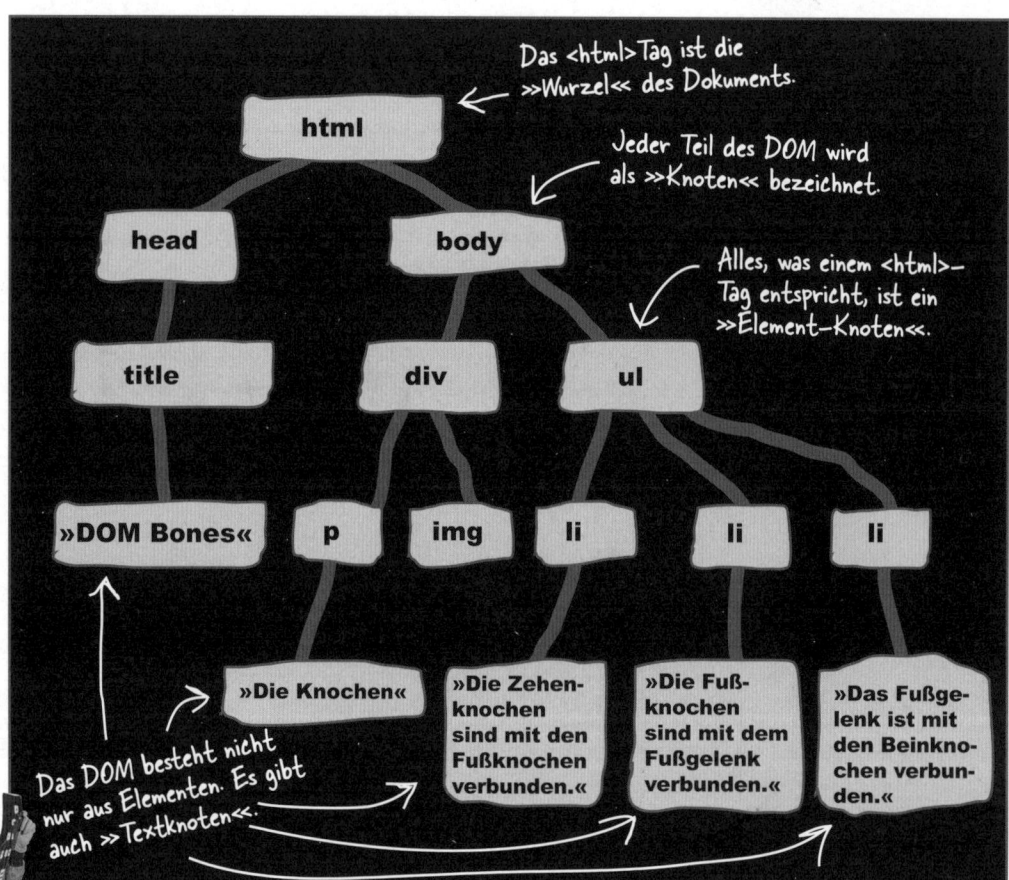

Ein Röntgenbild zeigt dem Arzt, was mit der verborgenen Struktur des Körpers los ist. Wie ein Röntgenbild bildet das DOM die verborgene Struktur ab. Im Gegensatz zu einem Röntgenbild können JavaScript und jQuery das DOM jedoch verwenden, um die *Struktur der Seite zu verändern*.

jQuery macht das DOM einfacher

Das DOM kann komplex und einschüchternd wirken. Zum Glück für uns vereinfacht jQuery die Arbeit damit. Vergessen Sie nicht: jQuery *ist* JavaScript, allerdings in einer viel besser zugänglichen Form. jQuery macht es wesentlich leichter, das DOM zu kontrollieren. Nehmen wir einmal an, wir wollen den HTML-Code im *einzigen* p-Element (Absatz) unserer Seite ändern.

Die JavaScript-Methode | Der jQuery-Weg

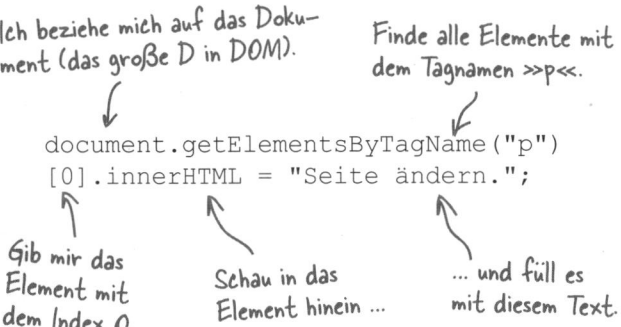

Oder wir wollen den HTML-Code in *fünf* p-Elementen unserer Seite ändern:

Führ eine Schleife über die Anzahl der Elemente aus, die ich ändern möchte.

```
for (i = 0; i <= 4; i++)
{
    document.getElementsByTagName("p")
[i].innerHTML="Seite ändern.";
}
```

Gib mir das gewünschte Element.

Weil jQuery CSS-Selektoren verwendet, können wir das Gleiche schreiben wie oben.

```
$("p").html("Seite ändern.");
```

Eine der großen Stärken von jQuery liegt darin, dass Sie mit dem DOM arbeiten können, ohne jedes einzelne Detail zu kennen. Hinter den Kulissen verrichtet weiterhin JavaScript die groben Arbeiten. Im Verlauf dieses Buches werden Sie lernen, JavaScript und jQuery zusammen zu benutzen. In Kapitel 6 erfahren Sie mehr über die Beziehung von jQuery zu JavaScript und werden dabei gleich noch Ihre JavaScript-Kenntnisse ein bisschen aufmotzen. Im Augenblick reicht jQuery für die Arbeit mit dem DOM aber völlig aus.

Dann lassen Sie uns mal eine kleine Spritztour mit jQuery machen, OK?

Auf die Plätze, fertig, Code

Auf die Plätze, fertig, Code!

Geben Sie den folgenden Code in einen Texteditor ein und sichern ihn. Danach öffnen Sie die Datei mit Ihrem Browser und probieren die Buttons aus. (Ein Blick auf den Code schadet nicht. Und wenn Sie dabei noch herausbekommen, was hier passiert – umso besser!)

```html
<!DOCTYPE html>
<html><head> <title>jQuerys wundersame Reise ins DOM-Land</title>
<style>
      #aendern {
      position: absolute;
      top: 100px;
      left: 400px;
      font: 24px arial;}

      #auf #ab #farbe #weg {
      padding: 5px;}
</style>
<script src="scripts/jquery-1.7.1.min.js"></script>
</head>
<body>
      <button id="auf">Nach oben</button>
      <button id="ab">Nach unten</button>
      <button id="farbe">Farbe wechseln</button>
      <button id="weg">Weg/Wieder da</button>

      <div id="aendern">Ich will Veränderung!</div>
      <script>
            $(document).ready(function() {
                  $("#auf").click( function() {
                        $("#aendern").animate({top:30},200);
                  });// auf: Ende
                  $("#ab").click( function() {
                        $("#aendern").animate({top:500},2000);
                  });// ab: Ende
                  $("#farbe").click( function() {
                        $("#aendern").css("color", "purple");
                  });// farbe: Ende
                  $("#weg").click( function() {
                        $("#aendern").toggle("slow");
                  });// weg: Ende
            });// document.ready: Ende
      </script>
</body>
</html>
```

index.html

Die ersten Schritte

Wie geht *das* denn?

Nicht schlecht, wie jQuery die Seite verändern kann, was? Hierbei ist es wichtig, daran zu denken, dass der **ursprüngliche HTML- und CSS-Code dabei nicht verändert wird**, wenn Sie Buttons anklicken. Aber wie macht jQuery das? Zum Beispiel so:

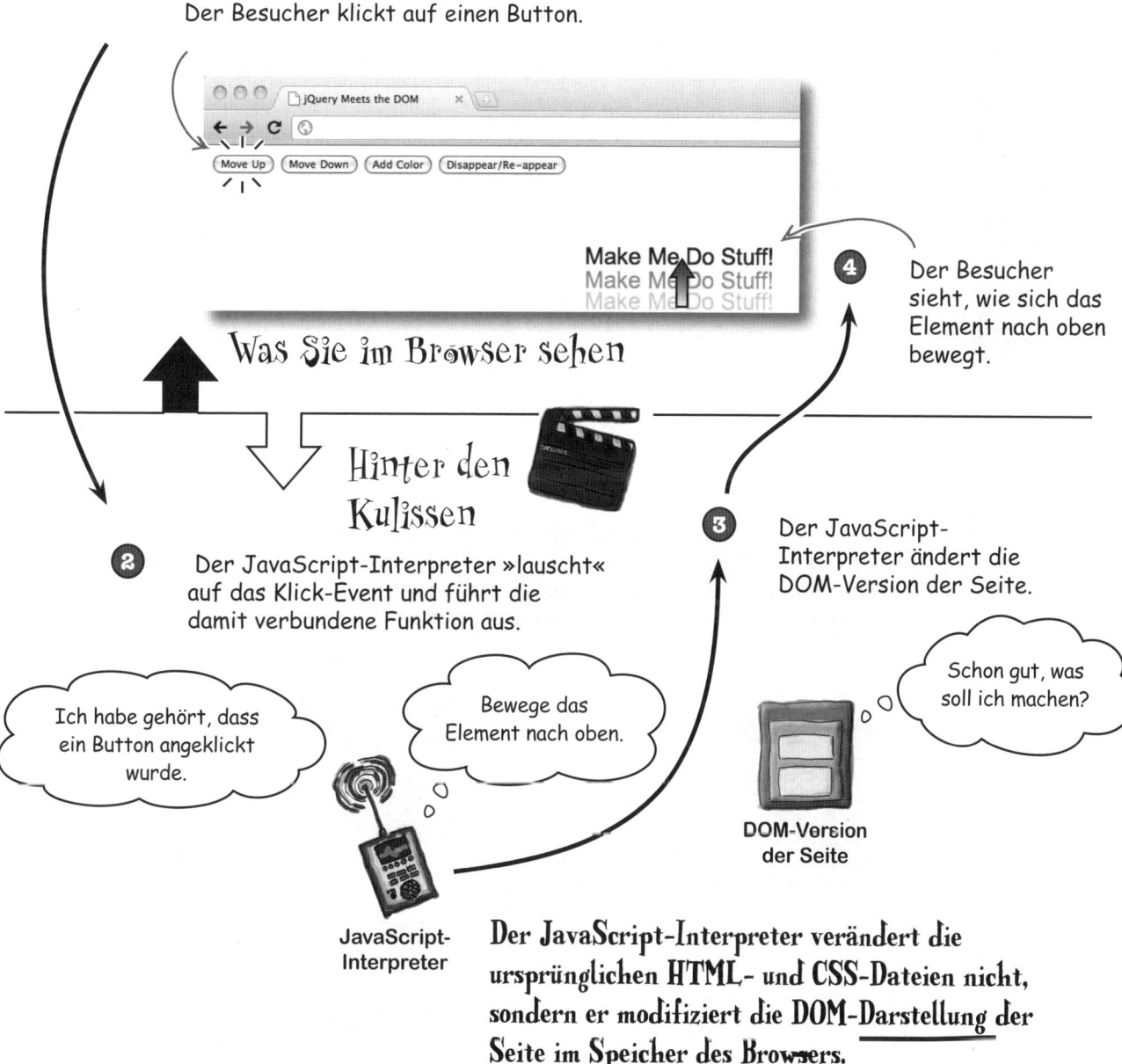

Sie sind hier ▶

jQuery-Funktionen

> Was sollen die ganzen Dollarzeichen im Code?

Das Dollarzeichen steht für das Geld, das Sie mit Ihren neu erworbenen jQuery-Fähigkeiten verdienen werden. Nur Spaß. Immerhin bringt das Dollarzeichen in der Welt von jQuery die Brötchen auf den Tisch.

Willkommen zur jQuery-Funktion (und ihrer Abkürzung)

Das Dollarzeichen mit den runden Klammern ist der Kurzname für die jQuery-Funktion. Dadurch müssen wir nicht bei jedem Funktionsaufruf »jQuery()« schreiben. Die jQuery-Funktion wird oft auch »jQuery-Wrapper« genannt.

```
jQuery( )
```

Das hier ist die jQuery-Funktion. Ihre Aufgabe ist es, für Sie die Elemente in den runden Klammern zu holen.

Das hier ist die jQuery-Abkürzung. Anstelle der sechs Zeichen, aus denen »jQuery« besteht, brauchen Sie nur eins zu schreiben.

```
$ ( )
```

Der kurze und der lange Name stehen für das Gleiche: den großen Codeblock, der als jQuery bekannt ist. Wir werden in diesem Buch mit der Abkürzung arbeiten. Hier sehen Sie drei verschiedene Dinge, mit denen Sie die jQuery-Funktion füttern können.

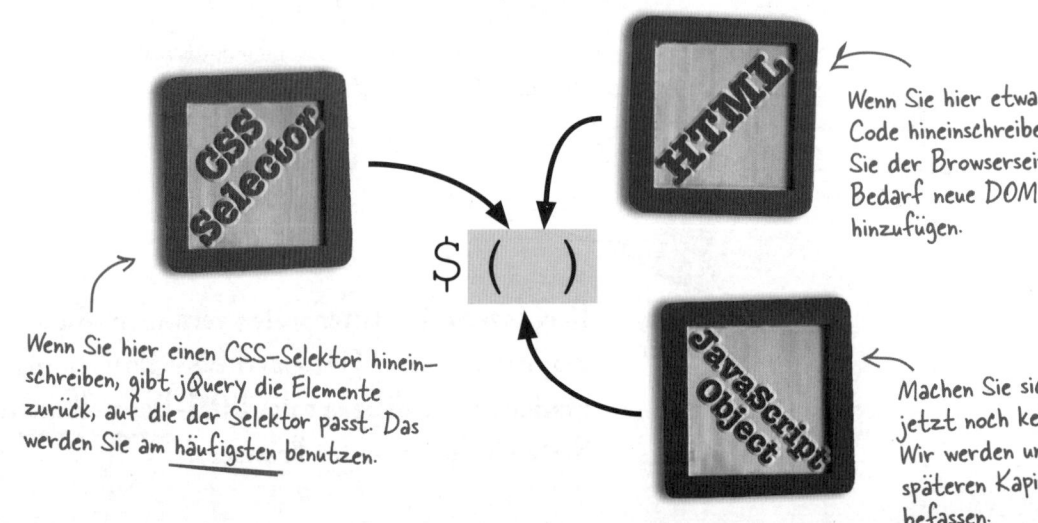

Wenn Sie hier einen CSS-Selektor hineinschreiben, gibt jQuery die Elemente zurück, auf die der Selektor passt. Das werden Sie am <u>häufigsten benutzen</u>.

Wenn Sie hier etwas HTML-Code hineinschreiben, können Sie der Browserseite nach Bedarf neue DOM-Elemente hinzufügen.

Machen Sie sich hierüber jetzt noch keine Sorgen. Wir werden uns erst in späteren Kapiteln damit befassen.

jQuery wählt Elemente genauso aus wie CSS

Sie wissen schon viel mehr über jQuery, als Sie denken. Die Hauptsache ist: Sie wählen alles in jQuery mit **Selektoren** aus – mit den gleichen Selektoren, die Sie auch in CSS verwenden. Für den Fall, dass Sie sich mit CSS-Selektoren nicht so gut auskennen, gibt es hier ein wenig Nachhilfe.

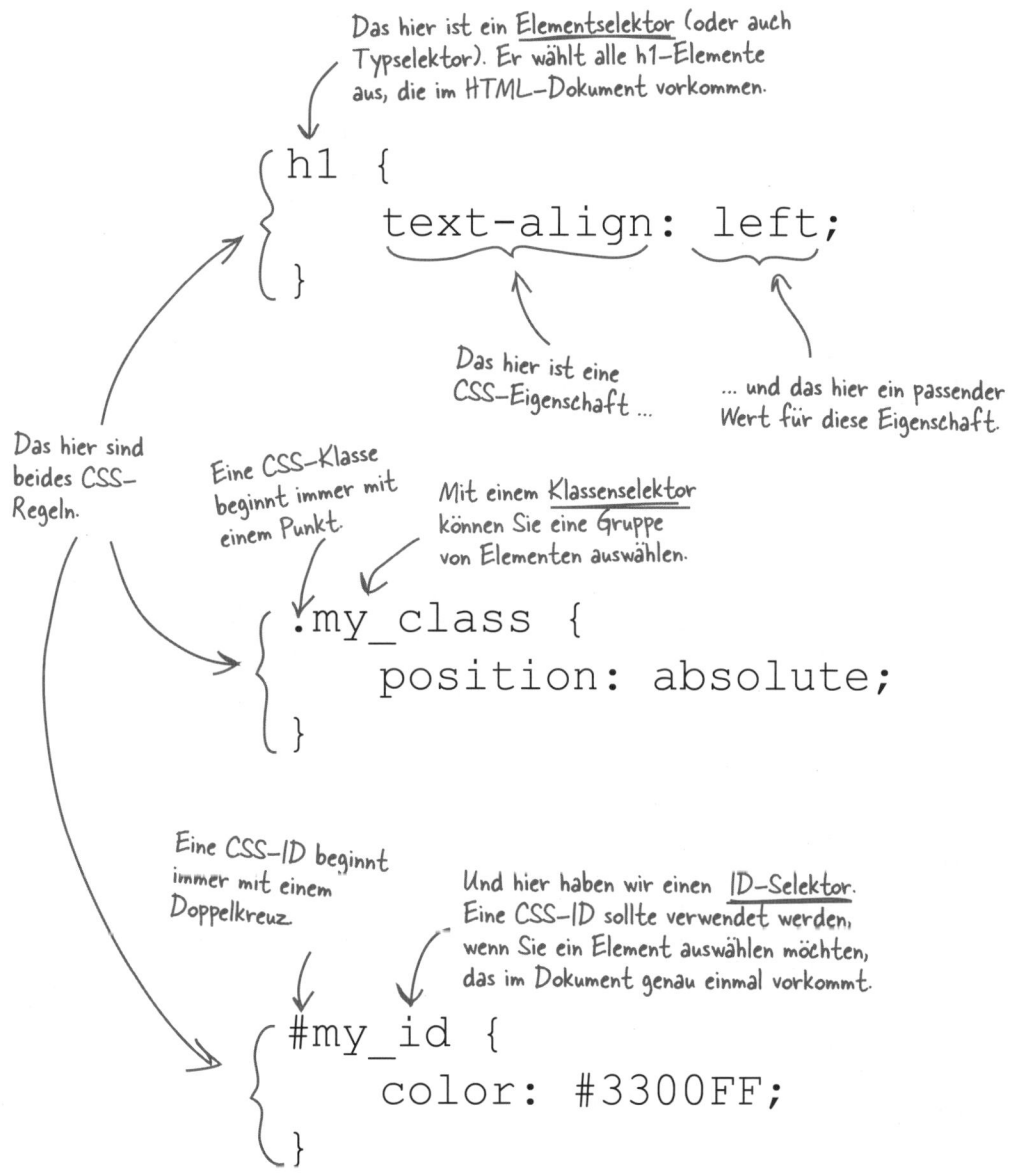

Erhöhen Sie Ihren *Stil-Quotienten*

(Aus-)Wahlverwandtschaften: Stil und Skript

Das Tolle an jQuery ist, das es die gleichen CSS-Selektoren verwendet, mit denen Sie sonst die Gestaltung Ihrer Seite steuern. Hier werden sie allerdings benutzt, um Elemente der Seite *zu manipulieren*.

CSS-Selektor

Elementselektor
```
h1 {
    text-align: left;
}
```

Klassenselektor
```
.meine_klasse{
    position: absolute;
}
```

ID-Selektor
```
#meine_id {
    color: #3300FF;
};
```

jQuery-Selektor

jQuery Elementselektor — Methode
```
$("h1").hide();
```
Hiermit werden alle h1-Elemente auf der Seite versteckt.

jQuery Klassenselektor — Methode
```
$(".meine_klasse").slideUp();
```
Verschiebt alle Elemente nach oben, die mit der CSS-Klasse meine_klasse markiert sind.

jQuery ID-Selektorr — Methode
```
$("#meine_id").fadeOut();
```
Und diese jQuery-Anweisung blendet das Element mit der CSS-ID meine_id langsam aus.

CSS-Selektoren wählen Elemente aus, um ihnen Stile zuzuweisen; jQuery-Selektoren wählen Elemente aus, um sie mit Verhalten auszustatten.

Sie werden in Kapitel 2 und im Rest dieses Buches noch öfter Selektoren und Methoden kombinieren.

jQuery-Selektoren, stets zu Diensten

Wie der Name schon ahnen lässt, geht es bei jQuery hatupsächlich um **Abfragen** (»queries«). Sie fordern mit einem Selektor etwas an, und der JavaScript-Interpreter bittet das DOM, es zurückzugeben. Das funktioniert sogar mit verschachtelten Elementen. Als Nächstes wollen wir mal einen jQuery-Selektor auseinandernehmen, um zu sehen, wie er funktioniert.

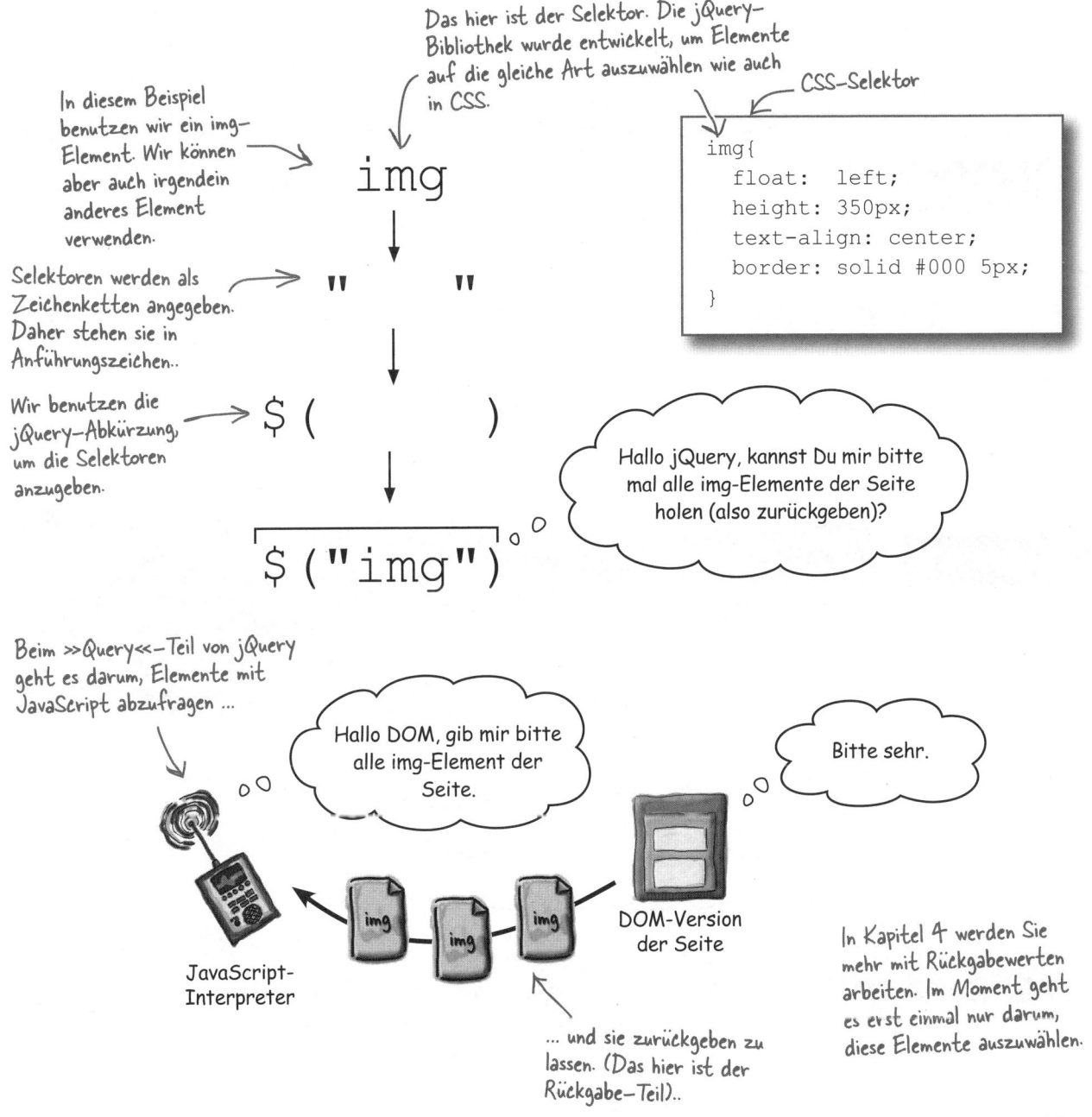

Parlez-vous jQuery?

jQuery in der Übersetzung

Damit Sie sehen, wie einfach es ist, jQuery zu lernen, haben wir hier ein paar wichtige Redewendungen für Sie, die bei einer Reise nach DOM-Land nützlich sein können.

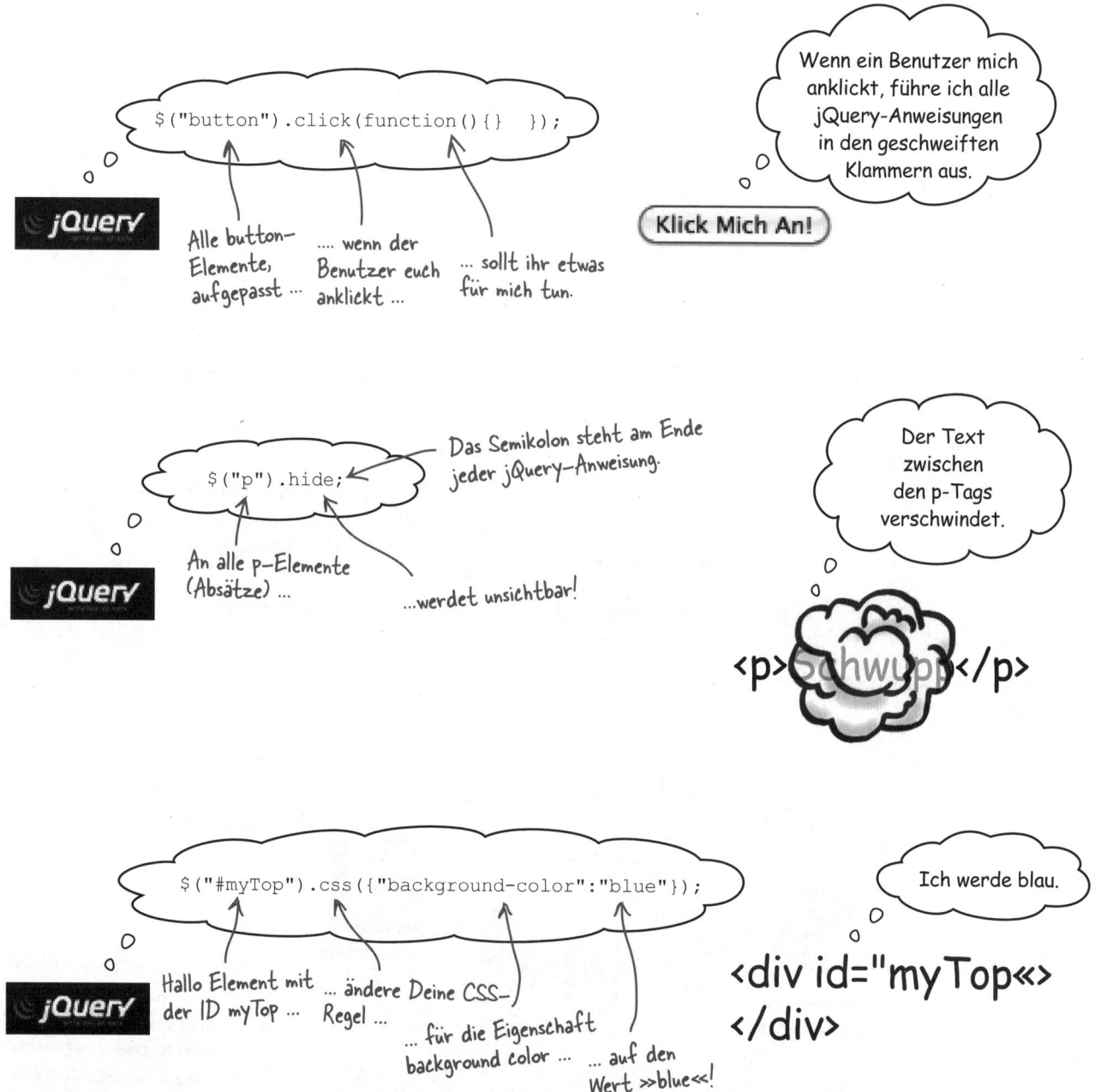

Die ersten Schritte

SEIEN Sie der Browser

Ihr Job ist es, Browser zu spielen und die HTML-Elemente (links) einzukreisen, auf die sich die jQuery-Anweisung (rechts) auswirkt.

jQuery-Anweisung	HTML-Elemente

`$("p").hide();`	`<p>Eines Morgens, als Gregor Samsa von bösen Träumen geplagt erwachte ...</p>`
	
	`<p>bemerkte er, dass er sich in seinem Bett in ein furchtbares Insekt verwandelt hatte.</p>`
	
	`<p>Er lag auf seinem panzerartigen Rücken, und wenn er seinen seinen Kopf ein wenig hob ...</p>`

`$("span.Italienisch").toggle();`	`<span class="Italienisch">Nel Mezzo del cammin di nostra vita</span>`
	
	`<span class="Englisch">In the middle of this road called "our life"</span>`
	
	`<span class="Italienisch">mi ritrovai per una selva oscura</span>`

`$("p#meintext").show();`	`<p id="meintext">Eines Morgens, als Gregor Samsa von bösen Träumen geplagt erwachte ...</p>`
	
	`<p id="meintext">bemerkte er, dass er sich in seinem Bett in ein furchtbares Insekt verwandelt hatte.</p>`
	
	`<p>Er lag auf seinem panzerartigen Rücken, und wenn er seinen seinen Kopf ein wenig hob ...</p>`

Sie sind hier ▶

SEIEN Sie der Browser: Lösung

Ihr Job ist es, Browser zu spielen und die HTML-Elemente einzukreisen (links) auf die sich die jQuery-Anweisung (rechts) auswirkt. Hier unsere Lösung.

jQuery-Anweisung   HTML-Elemente

`$("p").hide();`

- `<p>Eines Morgens, als Gregor Samsa von bösen Träumen geplagt erwachte...</p>`
- `<p>bemerkte er, dass er sich in seinem Bett in ein furchtbares Insekt verwandelt hatte.</p>`
- `<p>Er lag auf seinem panzerartigen Rücken, und wenn er seinen seinen Kopf ein wenig hob ...</p>`

`$("span.Italienisch").toggle();`

- `<span class="Italienisch">Nel Mezzo del cammin di nostra vita</span>`
- `<span class="Englisch">In the middle of this road called "our life"</span>`
- `<span class="Italienisch">mi ritrovai per una selva oscura</span>`

`$("p#meintext").show();`

- `<p id="meintext">Eines Morgens, als Gregor Samsa von bösen Träumen geplagt erwachte ...</p>`
- `<p id="meintext">bemerkte er, dass er sich in seinem Bett in ein furchtbares Insekt verwandelt hatte.</p>`
- `<p>Er lag auf seinem panzerartigen Rücken, und wenn er seinen seinen Kopf ein wenig hob ...</p>`

Die ersten Schritte

Es gibt keine Dummen Fragen

F: Warum soll man extra jQuery-Anweisungen schreiben, wenn es doch auch nur JavaScript verwendet? Reicht JavaScript selbst denn nicht aus?

A: JavaScript ist für eine Menge Sachen hervorragend geeignet – besonders für die Manipulation des DOM. Es ist aber auch ziemlich komplex, und die Manipulation des DOM auf der untersten Ebene ist alles andere als einfach. Und genau da kommt jQuery ins Spiel: Es versteckt viele der komplexen Dinge, die bei der Arbeit mit dem DOM auftreten können, und macht die Erstellung von Effekten supereinfach. (jQuery wurde übrigens von John Resig entwickelt. Weitere Informationen zu ihm finden Sie unter der Adresse *http://ejohn.org/about*.)

F: Warum taucht in jQuery andauernd diese seltsame Dollarzeichen auf?

A: Das Dollarzeichen ist eine Abkürzung, damit Sie nicht andauernd »jQuery« schreiben müssen. Wenn Sie zusätzlich mit anderen clientseitigen Skriptsprachen arbeiten, kann die Verwendung von `jQuery()` dabei helfen, Namenskonflikte zu vermeiden.

F: Ihr habt, glaube ich, schon einmal von »client-seitigem Skripting« gesprochen. Was war das nochmal genau?

A: Webentwickler bezeichnen den Browser gern als *Client*, weil er Daten von einem Webserver entgegennimmt. Eine clientseitige Skriptsprache gibt dem Browser hinter den Kulissen Anweisungen, während mit einer serverseitigen Sprache Anweisungen an den Server übergeben werden können. Mehr zu diesem Thema finden Sie in den Kapiteln 8 und 9.

F: Wo kommt das DOM eigentlich her?

A: Gute Frage. Webentwickler und -designer waren die Inkonsistenzen zwischen verschiedenen Browsern irgendwann einfach leid. Sie wollten einen einheitlichen Standard haben, mit dem Webseiten in beliebigen Browsern mit Verhalten und Interaktion ausgestattet werden können. Zusammen mit den verschiedenen Interessengruppen entwickelte das World Wide Web Consortium (W3C) deshalb diesen Standard. Weitere Informationen dazu finden Sie beispielsweise unter *http://w3.org/dom*.

F: Wenn ich jQuery herunterladen möchte, gibt es eine Produktions- und eine Entwicklerversion. Wo ist der Unterschied?

A: Die Produktionsversion ist *minifiziert*, das heißt, eine Menge unnötiger Zeichen wurde einfach weggelassen. Dadurch läuft der Code schneller, ist aber natürlich auch schwerer zu lesen. In der Entwicklerversion sind die Leerzeichen und Zeilensprünge noch enthalten, wodurch sie viel besser lesbar ist. Sie ist für diejenigen gedacht, die gern im Code herumstochern oder ihn möglicherweise sogar erweitern möchten. (Schließlich ist jQuery Open Source.)

jQuery ist die Rettung

Ihre erste jQuery-Aufgabe

Gerade haben Sie Ihre neue Stelle als Webdesigner bei der Kleintierrettung von Webbingen angetreten. Das Marketingteam will seine jährliche Spendenkampagne mit einer Neugestaltung der »Helfen Sie unseren pelzigen Freunden«-Website beginnen. Sie haben einen Screenshot aus dem letzten Jahr bekommen und dazu Anweisungen, welche Änderungen vorzunehmen sind.

Natürlich will niemand gleich an seinem ersten Tag das Marketing im Stich lassen. Schließlich wollen Sie diese Leute nicht gegen sich aufbringen. Dann wollen wir mal sehen, was sich machen lässt …

Spitzen Sie Ihren Bleistift

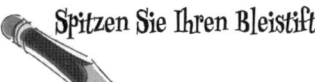

Bevor Sie die Seite mit jQuery-Funktionen versehen, wollen wir erst einmal sehen, ob HTML- und CSS-Code in Ordnung sind. Dafür haben wir die unten stehenden Dateien der letztjährigen Kampagne bekommen. Schreiben Sie neben die Elemente, was sie Ihrer Meinung nach tun müssen, um die vom Marketing gewünschten Funktionen einzubauen.

```
<!DOCTYPE html><html> <head>
<title>Kampagne: "Pelzige Freunde".
jQuery-Machbarkeitsstudie</title>
<link rel="stylesheet" type="text/
css" href="styles/mein_stil.css">
</head>
<body>
<div id="freund_anzeigen">
<a href="#">Unsere pelzigen Freunde
brauchen Ihre Hilfe!
<img src="bilder/freund.jpg">
</a>
</div>
```

Dieser a-Tag hat CSS-Regeln für »hover« und »active«. Wenn sich der Mauszeiger über dem Link befindet, soll das Bild erscheinen.

index.html

```
a:link img, a:visited img {
display:none;
}

a:hover img, a:active img {
display:block;
}
a{
text-decoration:none;
color: #000;
}
```

mein_stil.css

Lösung

Spitzen Sie Ihren Bleistift
Lösung

Bevor Sie die Seite mit jQuery-Funktionen versehen, wollen wir erst einmal sehen, ob HTML- und CSS-Code in Ordnung sind. Dafür haben wir die unten stehenden Dateien der letztjährigen Kampagne bekommen. Schreiben Sie neben die Elemente, was sie Ihrer Meinung nach tun müssen, um die vom Marketing gewünschten Funktionen einzubauen. Hier sehen Sie unsere Antworten. Machen Sie sich keine Gedanken, wenn Ihre nicht genau mit unseren übereinstimmen.

```html
<!DOCTYPE html><html> <head>
<title>Kampagne: "Pelzige Freunde".
jQuery-Machbarkeitsstudie</title>
<link rel="stylesheet" type="text/
css" href="styles/mein_stil.css">
</head>
<body>
<div id="freund_anzeigen">
<a href="#">Unsere pelzigen Freunde
brauchen Ihre Hilfe!
<img src="bilder/freund.jpg">
</a>
</div>
```

index.html

Dieser a-Tag hat CSS-Regeln für »hover« und »active«. Wenn sich der Mauszeiger über dem Link befindet, soll das Bild erscheinen.

Das Bild des Hundes ist vom a-Tag umgeben. Das Bild soll erst erscheinen, wenn der Benutzer den Link im Anker-Tag (a) anklickt.

```css
a:link img, a:visited img {
display:none;
}

a:hover img, a:active img {
display:block;
}
a{
text-decoration:none;
color: #000;
}
```

mein_stil.css

Dieser CSS-Selektor ändert den Wert der Eigenschaft display der eingebetteten Grafik auf »none«, so dass sie beim Laden der Seite nicht zu sehen ist.

Wenn der Benutzer den Mauszeiger über den Link bewegt oder ihn anklickt, wird der Wert der Eigenschaft display in »block« geändert«.

Die ersten Schritte

Dann können wir also einfach loslegen und die gesamte Funktionalität mit jQuery schreiben, oder?

Das könnten Sie schon, aber das bringt leicht Unordnung in die Sache.

Bevor Sie sämtliche vom Marketingteam gewünschten Effekte mit jQuery umsetzen können, müssen wir nachsehen, ob wir auch alle für die Magie von jQuery nötigen Werkzeuge beisammen haben. Wie Sie bereits wissen, besteht die Hauptaufgabe von jQuery darin, HTML-Elemente zu manipulieren. Das heißt, dass wir eine gute *Struktur* brauchen. Um die Elemente anzusprechen, verwendet jQuery die gleichen Selektoren wie CSS. Das heißt, dass auch die *Stile* sauber definiert sein müssen.

Wenn Sie über die Struktur nachdenken, ist es immer gut, noch einmal zu überlegen, was Sie eigentlich bauen wollen. Das Marketingteam hätte gern ein Bild, das von oben kommend eingeblendet wird, sobald ein Besucher den Link »pelzigen Freund des Tages anzeigen« anklickt. Welche Änderungen am HTML- und CSS-Code sind dafür nötig?

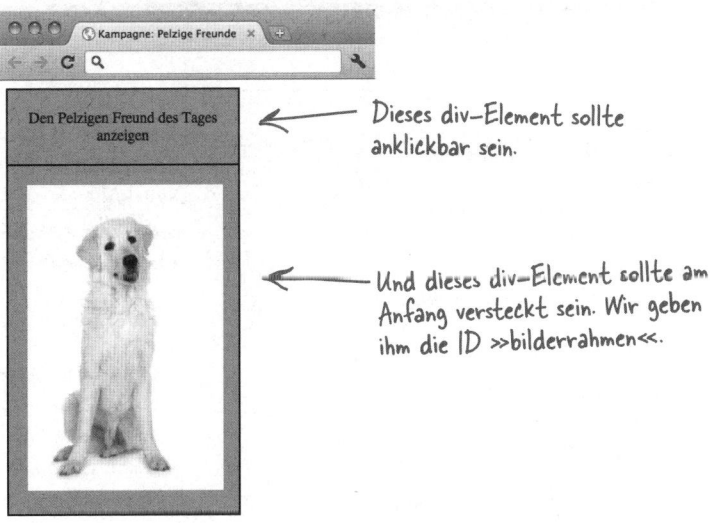

Dieses div-Element sollte anklickbar sein.

Und dieses div-Element sollte am Anfang versteckt sein. Wir geben ihm die ID »bilderrahmen«.

Sie sind hier ▶

Bringen Sie Ihr Haus in Ordnung

Die HTML- und CSS-Dateien vorbereiten.

Bevor Sie anfangen, jQuery-Anweisungen zu schreiben, sollten Sie kurz überlegen, was in den HTML- und CSS-Dateien noch anzupassen ist. Öffnen Sie die jQuery-Dateien für Kapitel 1. (Sofern Sie das noch nicht getan haben, werfen Sie auf jeden Fall noch einen Blick auf den Abschnitt »Wie man dieses Buch benutzt« in der Einleitung.) Öffnen Sie den Ordner *Begin* für das erste Kapitel. Danach fügen Sie den Code, der unten fettgedruckt erscheint, wie hier gezeigt in die Dateien ein.

Tun Sie das hier!

```html
<!DOCTYPE html>
<html><head>
  <title>Kampagne: Pelzige Freunde</title>
  <link rel="stylesheet" type="text/css" href="styles/mein_stil.css">
</head>
<body>
  <div id="klickMich">Den pelzigen Freund des Tages anzeigen</div>
  <div id="bilderrahmen">
    <img src="bilder/freund.jpg">
  </div>
  <script src="scripts/jquery-1.6.2.min.js"></script>
  <script>
    $(document).ready(function(){
      $("#clickMe").click(function() {
      
      });
    });
  </script>
</body>
</html>
```

Das wird unser anklickbares div-Element. Damit die Darstellung zum »bilderrahmen« passt, verwenden wir die gleichen CSS-Regeln.

Das hier ist das »bilderrahmen«-div. Es soll sich langsam öffnen, um das Bild des »pelzigen Freundes« anzuzeigen.

Verschachteln Sie das Bild freund.jpg im »bilderrahmen«.

index.html

```css
#clickMe {
    background: #D8B36E;
    padding: 20px;
    text-align: center;
    width: 205px;
    display: block;
    border: 2px solid #000;
}
#picframe {
    background: #D8B36E;
    padding: 20px;
    width: 205px;
    display: none;
    border: 2px solid #000;
}
```

Diese Regel steuert die Darstellung des »klickMich«-divs, damit es genauso aussieht wie der »bilderrahmen«.

Für das »bilderrahmen«-div erhält die Eigenschaft display den Wert none, damit es beim Laden der Seite nicht zu sehen ist.

mein_stil.css

Die ersten Schritte

jQuery unter der Lupe

Nachdem die HTML- und CSS-Dateien vorbereitet sind, können wir jetzt den Code zwischen den `<script>`-Tags genauer untersuchen.

> Sobald es geht, beginne ich mit der Ausführung des Codes in den geschweiften Klammern!

Das DOM

Hallo, DOM ... ↓ ... sobald Du fertig geladen bist ... ↓ ... möchte ich, dass Du etwas für mich tust. ↓

```
$(document).ready(function(){
```

Hier ist der ID-Selektor für das klickMich-div.

```
    $("#clickMe").click(function()
```

Der Punkt trennt den Selektor-Teil vom Methoden-Teil.

Durch die Verbindung des klickMich-Buttons mit dem click-Event macht dieser Code den Button anklickbar.

```
    {
```

Zwischen diesen geschweiften Klammern steht der Code, der ausgeführt wird, wenn der Button angeklickt wird (der sogenannte »Codeblock«).

```
    });
```

Dieses Semikolon bezeichnet das Ende unserer jQuery-click-Anweisung. Deshalb wird es auch »Terminator« genannt.

```
});
```

Dieses Semikolon beendet die jQuery-ready-Funktion.

 Entspannen Sie sich

Hier gibt es vermutlich eine Menge neuer Begriffe.

Wir werden uns bald genauer mit Events, Methoden und Funktionen befassen.

Schiebung

*Aber die Seite **macht** doch noch gar nichts.*

Sie haben recht. Unsere HTML- und CSS-Dateien sind fertig. Jetzt brauchen wir etwas jQuery.

Das `bilderrahmen-div` soll von oben kommend eingeblendet werden. Glücklicherweise haben die jQuery-Entwickler einige *Effekte* vorbereitet, mit denen die gewünschten visuellen Änderungen umgesetzt werden können: *Slides* (Verschiebungen) und *Fades* (Einblendungen). Weiter unten im Buch gibt es ein ganzes Kapitel, das sich nur mit Effekten befasst (Kapitel 5). Machen Sie sich also keine Sorgen, wenn Sie jetzt nicht jedes kleine Detail durchschauen. Jetzt wollen wir aber erstmal ein bisschen schieben und einblenden.

Immer herein ...

Als Erstes wollen wir dafür sorgen, dass das Bild sichtbar wird, als würde es nach unten geschoben. Genau das wollte der Marketingchef schließlich von uns. Die Verschiebung lässt sich in jQuery auf drei Arten umsetzen:

`$("div").slideUp();`   `$("div").slideDown();`   `$("div").slideToggle();`

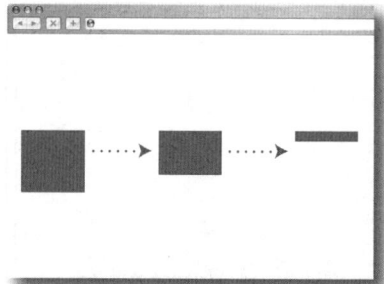 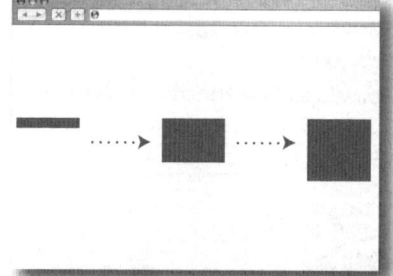 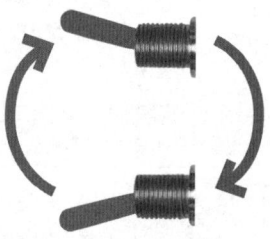

Die Funktion slideUp ändert die CSS-Eigenschaft height für das Element, bis der Wert bei 0 angelangt ist. Danach wird das Element versteckt.

Die Methode slideDown ändert auch die Eigenschaft height. Hier wird aber der Wert 0 so lange erhöht, bis er der Angabe im Stylesheet entspricht.

Die Funktion slideToggle besagt: »Wenn es oben ist, schieb es nach unten; wenn es unten ist, schieb es hoch.«

Die ersten Schritte

Möge der Fade mit Ihnen sein

Das Bild soll außerdem nach und nach sichtbar werden. Auch dafür gibt es eine passende jQuery-Methode mit dem Namen *fade*. Die fade-Methoden haben starke Ähnlichkeit mit denen für Verschiebungen. Es gibt `FadeIn`, `FadeOut`, `FadeTo` und `FadeToggle`. Im Augenblick wollen wir aber nur `FadeIn` verwenden. Damit können wir steuern, wie durchscheinend ein HTML-Element sein soll.

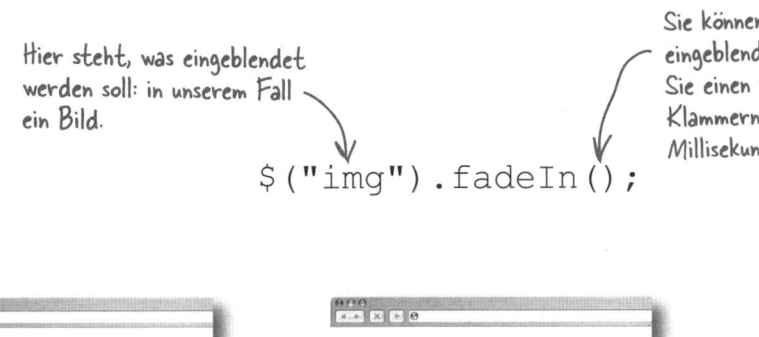

Hier steht, was eingeblendet werden soll: in unserem Fall ein Bild.

Sie können festlegen, wie schnell eingeblendet werden soll, indem Sie einen passenden Wert in die Klammern schreiben, typischerweise in Millisekunden (ms).

Wenn ein Element eingeblendet wird, nimmt seine Transparenz immer mehr zu, bis vollkommen opak ist.

 **KOPF-NUSS**

Was meinen Sie, wie viele jQuery-Anweisungen gebraucht werden, um den gewünschten Effekt zu erzielen?

Schreiben Sie die Anweisungen probeweise auf einen Notizzettel. Wenn Sie sich nicht sicher sind, schreiben Sie es zuerst auf deutsch auf. Danach können Sie Ihr Hirn darin trainieren, in jQuery zu denken.

Sie sind hier ▸

Das war ja einfach

Das ist schon alles?

Erstaunlicherweise werden gerade einmal **zwei Zeilen** jQuery-Code benötigt, um die gewünschten Effekte zu erzielen. Vermutlich wird Ihnen langsam klar, warum so viele Leute jQuery mögen. Erweitern Sie ihre Datei *index.html* einfach um die beiden fettgedruckten Zeilen und freuen Sie sich über das Ergebnis.

Tun Sie das hier!

```
<!DOCTYPE html>
<html>
  <head>
    <title>Kampagne: Pelzige Freunde</title>
    <link rel="stylesheet" type="text/css" href="styles/mein_stil.css">
  </head>
  <body>
    <div id="clickMe">Pelzigen Freund des Tages anzeigen</div>
    <div id="bilderrahmen">
    <img src="bilder/freund.jpg">
    </div>
    <script src="scripts/jquery-1.6.2.min.js"></script>
    <script>
      $(document).ready(function(){
        $("#clickMe").click(function() {

          $("img").fadeIn(1000);
          $("#bilderrahmen").slideToggle("slow");

        });
      });
    </script>
  </body>
</html>
```

In jQuery ist es wichtig, die Effekte so nacheinander ablaufen zu lassen, dass sie sich dabei nicht in die Quere kommen. Wir werden uns im Laufe des Buches noch weiter mit diesem Thema befassen.

Zuerst wird der Einblendeffekt für das Bild ausgeführt.

Wir haben noch etwas in die Klammern geschrieben, um die Effekte ein bisschen aufzumotzen. Mehr dazu erfahren Sie in Kapitel 5.

index.html

Die ersten Schritte

TESTFAHRT

Jetzt können Sie die Seite in einem Browser Ihrer Wahl öffnen, um zu sehen, ob alles wie gewünscht funktioniert.

Hier klicken..

Das Bild sollte von oben kommend eingeblendet werden.

Testen Sie die Funktionen mit mehreren Browsern.

jQuery sollte in allen Browsern auf die gleiche Weise funktionieren. Das muss aber noch nicht heißen, dass die Regeln in Ihrer CSS-Datei oder auf die Seitenelemente angewandte dynamische Stile das auch tun!

Sie sind hier ▸ **29**

Hundekreuzritter

Sie haben die Kampagne gerettet. Bravo!

Glückwunsch! Schon ein paar kleine Änderungen am HTML- und CSS-Code und zwei Zeilen jQuery haben ausgereicht, um Ihre Aufgabe zu erledigen. Denken Sie nur mal an all die kleinen Hundewelpen, die Sie damit gerettet haben …

Wow, das sieht gut aus! Und dann noch so schnell.

Die Kampagne wird sehr gut angenommen. Das bedeutet mehr Geld, um Tiere zu retten. Danke!

Die ersten Schritte

jQuery-Kreuzworträtsel

Und jetzt ist es Zeit, sich zurückzulehnen und Ihrer linken Hirnhälfte etwas zu tun zu geben. Es ist ein einfaches Kreuzworträtsel. Alle Lösungswörter stammen aus diesem Kapitel.

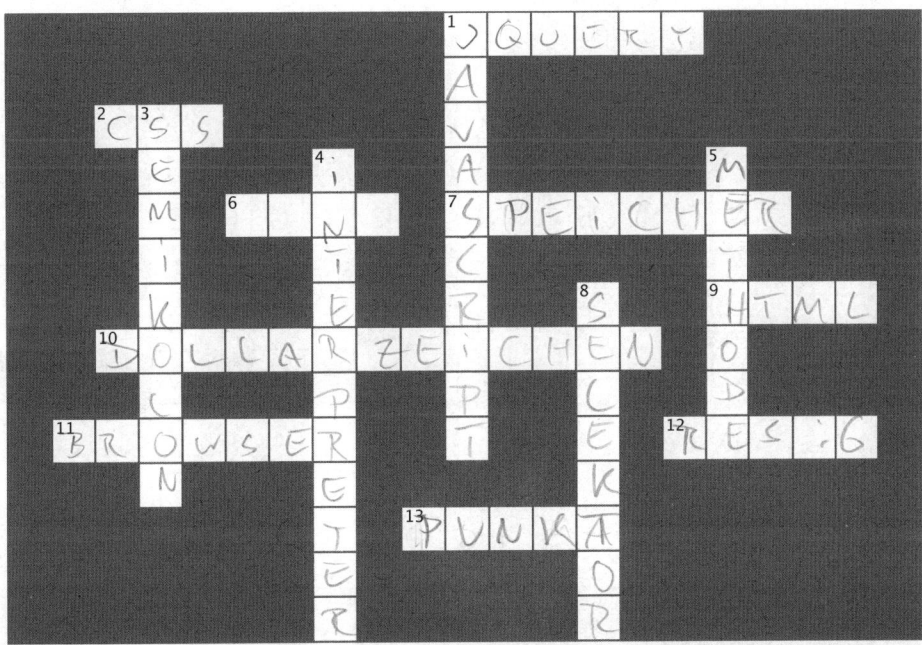

Waagerecht

1. Auf komplexe Interaktionen und vielseitige visuelle Effekte spezialisierte JavaScript-Bibliothek.
2. Versieht eine Website mit Stilen.
6. Diese CSS-Deklaration sorgt dafür, dass ein Element beim Laden der Seite nicht angezeigt wird: display: _____.
7. Nachdem ein Browser eine Seite vom Server geladen hat, lädt er sie in seinen _____.
9. Diese Art von Datei erzeugt die Struktur einer Webseite.
10. Name des Zeichens, das für die jQuery-Kurzschrift-Methode benutzt wird.
11. Mit diesem Programm können Sie testen, ob Ihre jQuery-Skripte funktionieren.
12. Der Nachname des Schöpfers von jQuery, John _____.
13. Name des Zeichens, mit dem ein jQuery-Selektor und eine jQuery-Methode voneinander getrennt werden.

Senkrecht

1. Die Sprache, in der jQuery geschrieben ist.
3. Der Name des Zeichens, mit dem eine jQuery-Anweisung beendet wird.
4. Der JavaScript-_____ übersetzt Ihre Anweisungen in verschiedene Aktionen auf der Seite.
5. Hiermit haben Sie es zu tun, wenn paar runder Klammern auf ein Schlüsselwort folgen.
8. Wird von jQuery verwendet, um ein Element in der Seite zu finden und zurückzugeben.

Sie sind hier ▶ **31**

jQuery-Kreuzworträtsel-Lösung

jQuery-Kreuzworträtsel: Lösung

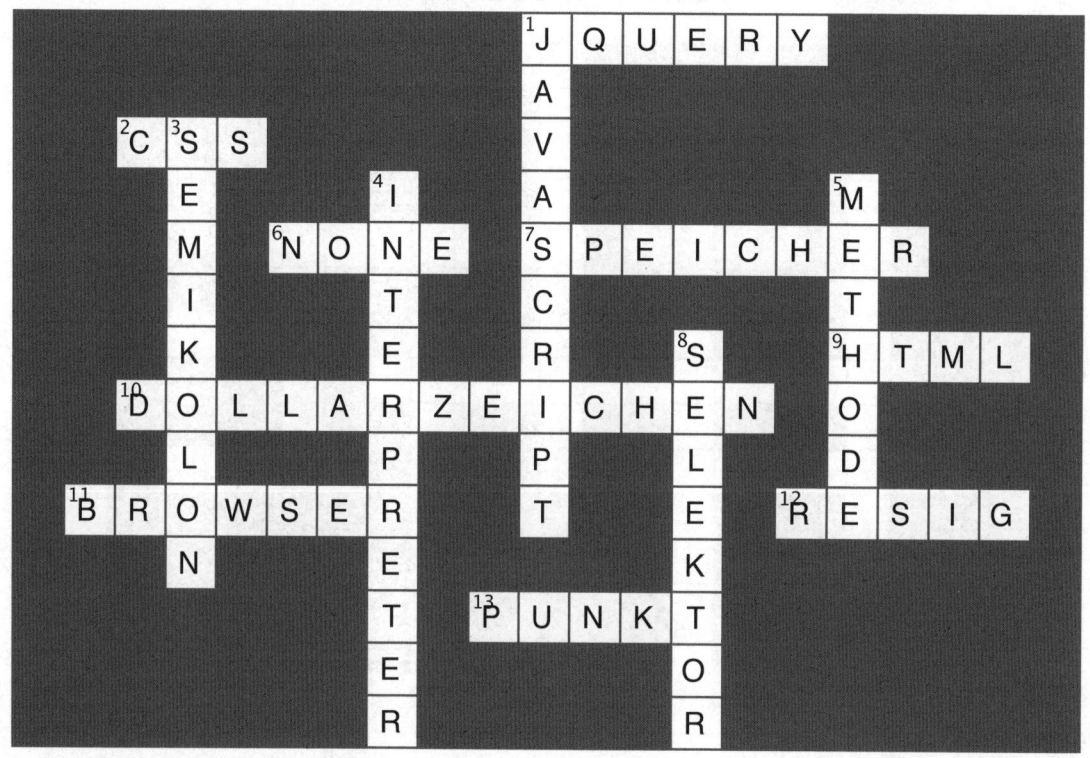

Die ersten Schritte

Ihr jQuery-Werkzeugkasten

Damit haben Sie Kapitel 1 abgeschlossen. In Ihrem Werkzeugkasten befinden sich jetzt die jQuery-Grundfunktion, Selektoren, click-Events und der Einblendeffekt.

Die jQuery-Funktion

Hiermit können Sie Elemente einer HTML-Seite auswählen und bearbeiten.

Dank der Abkürzung $ brauchen Sie nicht ständig »jQuery« zu schreiben.

Die jQuery-Funktion kann mit Selektoren, schlichtem HTML und sogar mit JavaScript-Objekten umgehen.

Selektoren

jQuery wählt die Elemente auf die gleiche Weise aus wie CSS: mit Selektoren.

Dabei können Sie so ziemlich jedes HTML-Element als Selektor verwenden.

Einblendeffekte

Sobald Sie ein Element ausgewählt haben, können Sie es auf verschiedene Arten mit den Funktionen FadeIn, FadeOut, FadeTo und FadeToggle ein- (und aus-)blenden.

Die Geschwindigkeit des Effekts können Sie steuern, indem Sie in die runden Klammern am Ende der Anweisung einen Wert (in Millisekunden) schreiben.

Sie sind hier ▸

2 Selektoren und Methoden

Einpacken und mitnehmen

> Oh Baby, meine Selektoren und Methoden würden Deinen Seitenelementen so gerne mal zeigen, was sie alles können ...

jQuery hilft Ihnen dabei, Seitenelemente auszuwählen und damit alle möglichen Dinge anzustellen. In diesem Kapitel werden wir uns in die Selektoren und Methoden von jQuery vertiefen. Mit jQuery-Selektoren können Sie die Elemente einer Seite auswählen; mit Methoden können Sie Sachen mit den Elementen anstellen. Wie ein mächtiges Buch voller Zaubersprüche lässt uns die jQuery-Bibliothek tonnenweise Dinge ganz nach Bedarf verändern. Wir können Bilder einfach so verschwinden und wieder auftauchen lassen. Wir können einen bestimmten Textteil auswählen und eine Änderung seiner Schriftgröße animieren. Na, dann wollen wir uns mal ein paar Webseiten einpacken und loslegen.

Die Sache spricht sich rum

Freudensprünge

Eine Freundin, die professionelle Porträtfotografin ist, schickt Ihnen eine E-Mail, in der sie Sie um Hilfe bittet. Sie möchte eine Werbeaktion mit dem Motto »Freudensprünge« durchführen, bei der die Besucher ihrer Website die Bilder günstiger bekommen können. Und Sie sollen dafür sorgen, dass die Werbeaktion online funktioniert.

Von: **Emily**
Betreff: **»Freudensprünge«-Werbeaktion**

Hallo,

In einem Tweet schreibst Du, dass Du jetzt mehr interaktive Webprojekte machst. Vielleicht kannst Du mir auch bei ein paar interaktiven Sachen für meine »Freudensprünge«-Werbeaktion auf meiner Website helfen. Die Besucher sollen vor dem Bezahlen die Möglichkeit bekommen, einen Rabatt zu erhalten, damit sie sich mehr auf der Website umsehen (und hoffentlich auch mehr kaufen).

Die Seite sollte aus vier Abschnitten bestehen, die jeweils ein Bild enthalten. Es soll eine Nachricht angezeigt werden, die lautet: »Ihr Rabatt beträgt (einen zufälligen Wert zwischen 5 und 10 Prozent)«. Wenn ein Benutzer auf die Abschnitte klickt, soll die Nachricht darunter angezeigt werden. Klickt der Benutzer noch einmal, soll die alte Nachricht verschwinden und eine neue angezeigt werden.

Ich habe Dir einen Entwurf angehängt, damit Du weißt, wie das Ganze aussehen soll.

Kannst Du mir helfen?

Emily

Selektoren und Methoden

Was sind die Projektanforderungen?

Emily ist eine tolle Fotografin, aber ihre Anfrage ist noch ziemlich konfus. Wir wollen uns die E-Mail einmal genauer ansehen, um herauszubekommen, was sie eigentlich genau will. Bevor Sie überhaupt daran denken, jQuery-Code zu schreiben, müssen Sie sich absolut klar darüber sein, was die Projekt- bzw. Kundenanforderungen sind.

Spitzen Sie Ihren Bleistift

Nehmen Sie die Anforderungen aus der E-Mail und machen Sie daraus eine Liste der Dinge, die Ihre Webapplikation können soll. Diese Liste soll Ihnen dabei helfen, die Kundenanforderungen zu erfüllen.

Aufgabenliste:

1. Zufallszahl erzeugen

2. Nachricht einblenden

3. Nachricht ausblenden

4.

5.

Das Umwandeln der *Kundenanforderungen* in *Projektanforderungen* ist eine wichtige Fähigkeit, die mit Übung und Zeit immer besser wird.

Das bleibt haften

Sie sind hier ▸

Lösung

Lösung

Nehmen Sie die Anforderungen aus der E-Mail und machen Sie daraus eine Liste der Dinge, die Ihre Webapplikation können soll. Diese Liste soll Ihnen dabei helfen, die Kundenanforderungen zu erfüllen.

Aufgabenliste:

1. Die Seite soll aus vier Abschnitten bestehen. Jeder Abschnitt enthält eines von vier »Freudensprünge«-Bildern.

2. Die Abschnitte sollen anklickbar sein.

3. Wir brauchen eine Nachricht, die lautet: »Ihr Rabatt beträgt«, gefolgt von einem zufälligen Rabatt (zwischen fünf und zehn Prozent).

4. Wenn ein Besucher auf einen dieser Abschnitte klickt, soll die Nachricht unter dem Foto dieses Abschnitts erscheinen.

5. Wenn der Benutzer noch einmal klickt, soll die letzte Nachricht verschwinden und eine neue Meldung angezeigt werden.

> Klasse! Jetzt, wo wir die die Projektanforderungen kennen, können wir ja direkt mit dem Schreiben von jQuery beginnen.

Immer ruhig Blut. Nichts überstürzen.

Es ist immer eine gute Idee, die Anforderungen für ein jQuery-Projekt genau zu kennen. Aber bevor uns in die Arbeit stürzen, wollen wir zuerst einmal die Struktur und Stile der Seite vorbereiten. Einige dieser Dinge kennen Sie vielleicht noch aus Kapitel 1. Bei dieser Aufgabe gibt es sogar noch mehr zu tun, bevor Sie mit dem Schreiben von jQuery anfangen können.

div-ertimento

Zu Beginn wollen wir die vier anklickbaren Bereiche der Seite erstellen. Am besten benutzen wir dafür <div>-Tags. Das hilft uns auch gleich beim Strukturieren der Seite, weil div-Elemente Blockelemente sind. Mithilfe von CSS-Stilen können wir div-Elemente außerdem dazu bringen, genau das zu tun, was wir wollen.

ÜBUNG

Öffnen Sie Ihren Texteditor und erstellen Sie die benötigten HTML- und CSS-Dateien. Unten sehen Sie ein Grundgerüst, bei dem allerdings noch ein paar Elemente fehlen. Fügen Sie die folgenden Elemente an den richtigen Stellen ein und haken Sie die benutzten Elemente gleichzeitig ab:

- [✓] Ein Tag zum Einbinden der jQuery-Bibliothek, Version 1.71
- [ ] Ein <div>-Tag mit der ID kopfteil
- [ ] Ein <div>-Tag mit der ID hauptteil
- [✓] Platzieren Sie innerhalb jedes div im hauptteil-div jeweils ein anderes Bild (die Bilder finden Sie unter *www.thinkjquery.com/chapter02/images.zip*).

```
<html>
  <head>
    <title>Freudensprünge</title>
    <link href="css/mein_stil.css" rel="stylesheet">
  </head>
  <body>
    <div kopfteil>
        <h2>Freudensprünge - Aktion</h2>
    </div>
    <div hauptteil>
        <div><img src="bilder/sprung1.jpg"/></div>
        <div> Bild 1 </div>
        <div> Bild 2 </div>
        <div> Bild 3 </div>
    </div>
    jQuery
    <script ></script>  </body>
</html>
```

index.html

```
div{
    float:left;
    height:245px;
    text-align:left;
    border: solid #000 3px;
}
#kopfteil{
    width:100%;
    border: 0px;
    height:50px;
}
#hauptteil {
    background-color: grey;
    height: 500px;
}
```

mein_stil.css

Übungslösung

LÖSUNG ZUR ÜBUNG

Öffnen Sie den Texteditor Ihrer Wahl und erstellen Sie die benötigten HTML- und CSS-Dateien. Unten sehen Sie ein Grundgerüst, bei dem allerdings noch ein paar Elemente fehlen. Nachdem Sie die folgenden Dinge eingebaut haben, sollte die Seite wie unsere Lösung aussehen.

- ☑ Ein Tag zum Einbinden der jQuery-Bibliothek, Version 1.71
- ☑ Ein `<div>`-Tag mi der ID `kopfteil`
- ☑ Ein `<div>`-Tag mit der ID `hauptteil`
- ☑ Platzieren Sie innerhalb jedes `div` im `hauptteil`-div jeweils ein anderes Bild.

Ihre HTML- und CSS-Dateien sollten jetzt so aussehen.

```html
<html>
  <head>
    <title>Freudensprünge</title>
    <link href="css/mein_stil.css" rel="stylesheet">
  </head>
  <body>
    <div id="kopfteil">            ← Ein div-Element mit der ID kopfteil
        <h2>Freudensprünge - Aktion</h2>
    </div>
    <div id="hauptteil">           ← Ein div-Element mit der ID hauptteil
        <div><img src="images/sprung1.jpg"/></div>
        <div> <img src="bilder/sprung2.jpg"> </div>
        <div> <img src="bilder/sprung3.jpg"> </div>
        <div> <img src="bilder/sprung4.jpg"> </div>
    </div>
    <script src="scripts/jquery-1.7.1.min.js"></script>
    <script > </script>  </body>
</html>
```

Die div-Elemente für die Bilder

Die jQuery-Bibliothek einbinden

index.html

```css
div{
    float:left;
    height:245px;
    text-align:left;
    border: solid #000 3px;
}
#kopfteil {
    width:100%;
    border: 0px;
    height:50px;
}
#hauptteil {
    background-color: grey;
    height: 500px;
}
```

mein_stil.css

Selektoren und Methoden

PROBEFAHRT

Öffnen Sie die Seite in einem Browser Ihrer Wahl, um nachzusehen, ob alles in Ordnung ist. Das gibt Ihnen die Gelegenheit, herauszufinden, wie die Seite funktionieren soll.

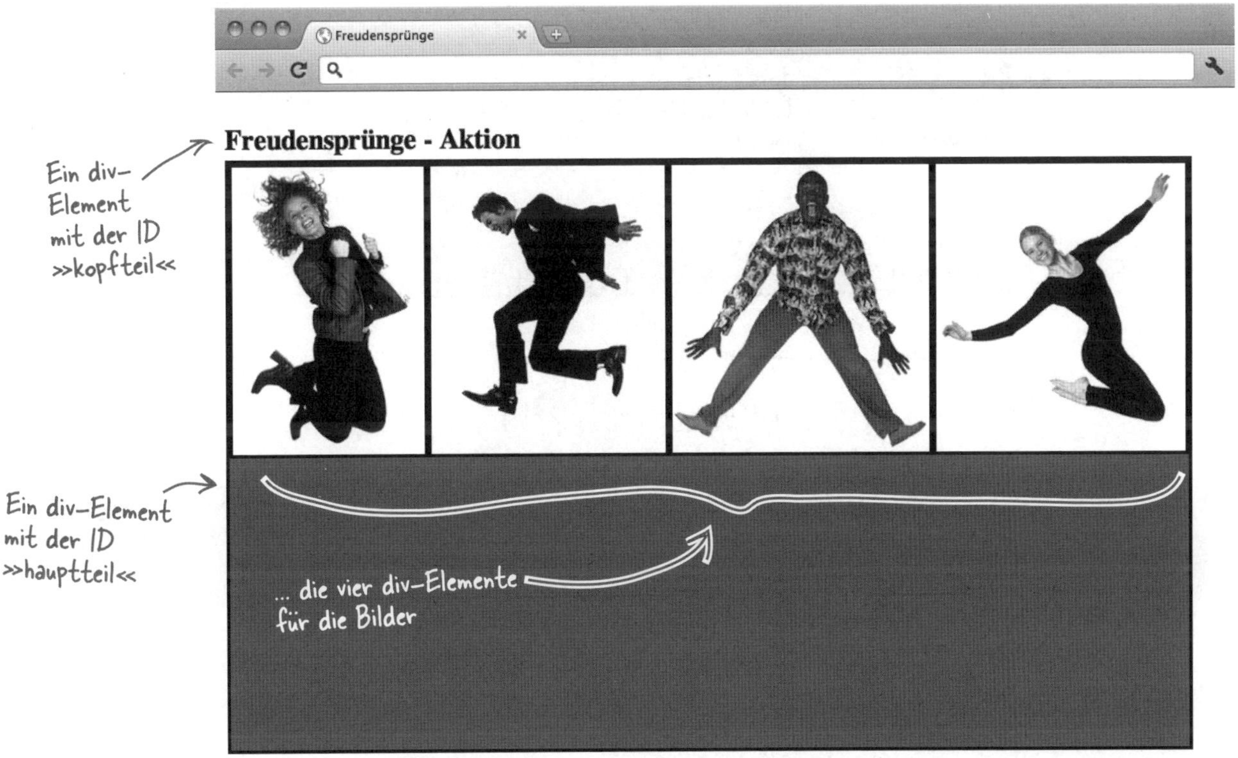

Ein div-Element mit der ID »kopfteil«

Freudensprünge - Aktion

Ein div-Element mit der ID »hauptteil«

... die vier div-Elemente für die Bilder

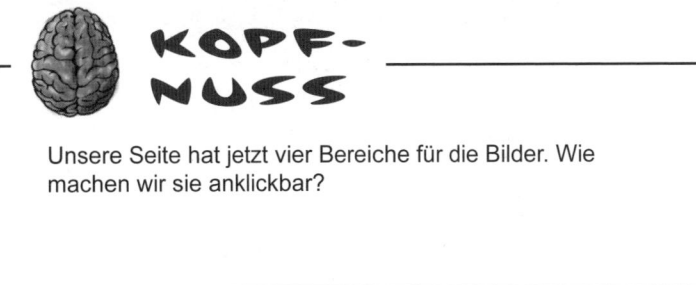

KOPF-NUSS

Unsere Seite hat jetzt vier Bereiche für die Bilder. Wie machen wir sie anklickbar?

Sie sind hier ▸ 41

Lassen Sie's klicken

Ein Click-Event unter der Lupe

Wie wir gesehen haben, ist es ganz einfach, ein Element mit jQuery anklickbar zu machen.

Wenn Sie ein Seitenelement anklicken, wird auf der Seite ein *Event* ausgelöst. Außerdem kann eine *Funktion* ausgeführt werden. Wir werden uns später genauer mit Events und Funktionen beschäftigen. Im Moment wollen wir nur wissen, wie ein **Click**-Event für einen Absatz oder einen `<div>`-Tag funktioniert.

Das ist das Element, das wir mit einem Click-Event versehen wollen.

Hier sagen wir dem JavaScript-Interpreter, dass p-Elemente etwas tun sollen, wenn wir sie anklicken.

Eine Funktion ist eine Möglichkeit, das, was getan werden soll, zu sammeln.

```
$("p").click( function() {
    alert("Wer da?");
});
```

Die Funktion befindet sich innerhalb der runden Klammern, die zum Click-Event gehören. Dadurch wir die Funktion ausgeführt, wenn der Benutzer den Absatz anklickt.

Die öffnende geschweifte Klammer beginnt einen neuen Code-»Block«. Ein Block hat Ähnlichkeit mit einem Absatz: Er enthält Anweisungen, die zusammengehören.

Hier benutzen wir die alert-Anweisung, um zu testen, ob unsere Funktion korrekt aufgerufen wurde.

Der Text in den Anführungszeichen wird in einem neuen Fenster angezeigt.

Wir verwenden schließende geschweifte Klammern, um einen Code-»Block« zu beenden.

42   Kapitel 2

jQuery-Codemagneten

Bewegen Sie die Magneten, um den Code zu schreiben, der Ihre `div`-Elemente anklickbar macht. Wurde ein `div` angeklickt, verwenden Sie die JavaScript-Funktion alert, um den Text »Sie haben mich angeklickt.« anzuzeigen. Ein paar Magneten haben wir bereits für Sie platziert.

```
<script>
$(document.ready(function(){
    $("div").alert("Sie haben mich angeklickt.");
});
</script>
```

Magneten:
- alert
- div
- function()
- {
- $(document)
- ");
- function()
- </script>
- ").
- });
- ("
- click(
- {
- .ready(

Code-Magneten: Lösungen

jQuery-Codemagneten: Lösung

Bewegen Sie die Magneten, um den Code zu schreiben, der Ihre `div`-Elemente anklickbar macht. Wurde ein `div` angeklickt, verwenden Sie die JavaScript-Funktion alert, um den Text »Sie haben mich angeklickt.« anzuzeigen.

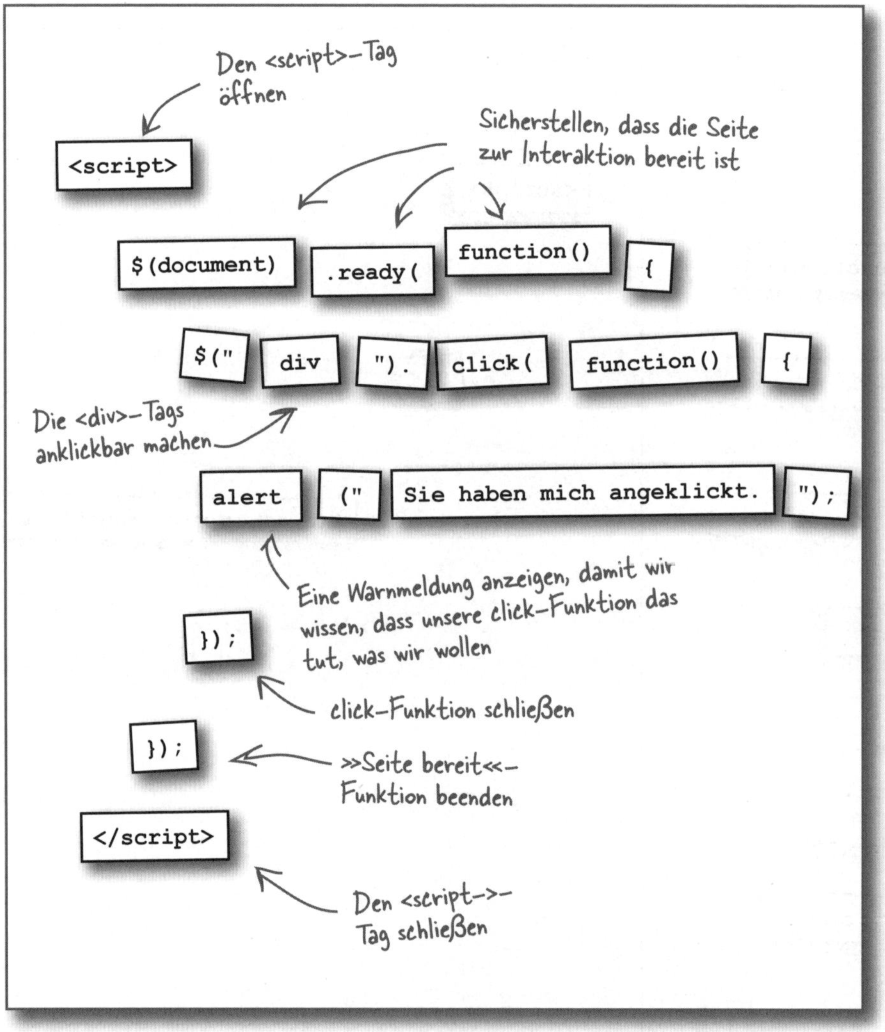

```
<script>                              ← Den <script>-Tag öffnen

                                      ↙   ↓   ↘  Sicherstellen, dass die Seite
                                                 zur Interaktion bereit ist
    $(document)   .ready(   function()   {

        $("   div   ").   click(   function()   {
                ↑
        Die <div>-Tags
        anklickbar machen

            alert   ("   Sie haben mich angeklickt.   ");
              ↑
              Eine Warnmeldung anzeigen, damit wir
              wissen, dass unsere click-Funktion das
        });   tut, was wir wollen
              ← click-Funktion schließen

    });   ← »Seite bereit«-
          Funktion beenden

</script>   ← Den <script->-Tag schließen
```

Bauen Sie die click-Methode in Ihre Seite ein

Aktualisieren Sie Ihre HTML-Datei mit dem Code, den Sie in der Magnetenlösung auf der vorigen Seite zusammengebaut haben. Vergessen Sie nicht, den Code mit <script>-Tags zu umgeben.

Tun Sie das hier

```
<!DOCTYPE html>
<html>
  <head>
  <meta charset="utf-8" />
    <title>Freudensprünge</title>
    <link href="css/mein_stil.css" rel="stylesheet">
  </head>
  <body>
    <div id="kopfteil">
      <h2>Freudensprünge - Aktion</h2>
    </div>
    <div id="hauptteil">
      <div><img src="bilder/sprung1.jpg"/></div>
      <div><img src="bilder/sprung2.jpg"/></div>
      <div><img src="bilder/sprung3.jpg"/></div>
      <div><img src="bilder/sprung4.jpg"/></div>
    </div>
    <script src="scripts/jquery-1.7.1.min.js"></script>
    <script>
      $(document).ready(function() {
        $("div").click(function() {
          alert("Sie haben mich angeklickt.");
        });//Ende der click-Funktion
      });//Ende "Dokument bereit"
    </script>
  </body>
</html>
```

Schreiben Sie diese Zeilen zwischen die <script>-Tags, damit die div-Elemente anklickbar werden.

Die alert-Funktion öffnet ein neues Fenster in Ihrem Browser, das die Warnmeldung enthält. Wenn wir den Code um neue Dinge wie Variablen und Funktionen erweitern, benutzen wir diese Funktion zum Überprüfen der Ergebnisse.

Manche Programmierer benutzen diese Kommentare, um die verschiedenen Klammern unterscheiden zu können. Das ist eine Frage des Programmierstils. Sie können selbst entscheiden.

indcx.html

Probefahrt

PROBEFAHRT

Öffnen Sie die Seite in einem Browser Ihrer Wahl, um zu sehen, ob alles in Ordnung ist. Wenn Sie auf den Bildern herumklicken, sollten Sie jetzt die Warnmeldung sehen.

Hier ist die Warnmeldung, die Sie hinzugefügt haben. Wie Sie sehen, funktioniert die click-Funktion.

> Richtig. Aber die Warnmeldung erscheint, egal wo ich hinklicke. Warum?

Hmmm, das ist ein Problem.
Sieht aus, als gäbe es hier ein bisschen zu viel anzuklicken. Am besten werfen wir nochmal einen Blick auf das click-Event.

Der JS-Interpreter hat genau das getan, was wir ihm gesagt haben: Er hat <u>alle</u> div-Elemente ausgewählt ...

... und sie mit einer click-Methode versehen.

```
$("div").click( );
```

Tatsächlich müssen Sie nicht einmal eines der Bilder anklicken, damit die Warnmeldung angezeigt wird. Auf unserer Seite gibt es mehrere ineinander verschachtelte `div`-Elemente. Das heißt, eigentlich könnten Sie sogar zwei Warnmeldungen erhalten. Offensichtlich müssen wir jQuery deutlicher sagen, was es hier tun soll.

Werden Sie spezifischer

Das Problem besteht darin, dass unsere Auswahl zu ungenau war. Wie können wir aber die vier inneren div-Elemente auswählen und das umgebende div dabei ignorieren? Aus Kapitel 1 wissen Sie, dass jQuery-Selektoren CSS-Klassen und -IDs verwenden. Das heißt, wir können die Elemente genauer bezeichnen, indem wir sie mit Klassen und IDs versehen.

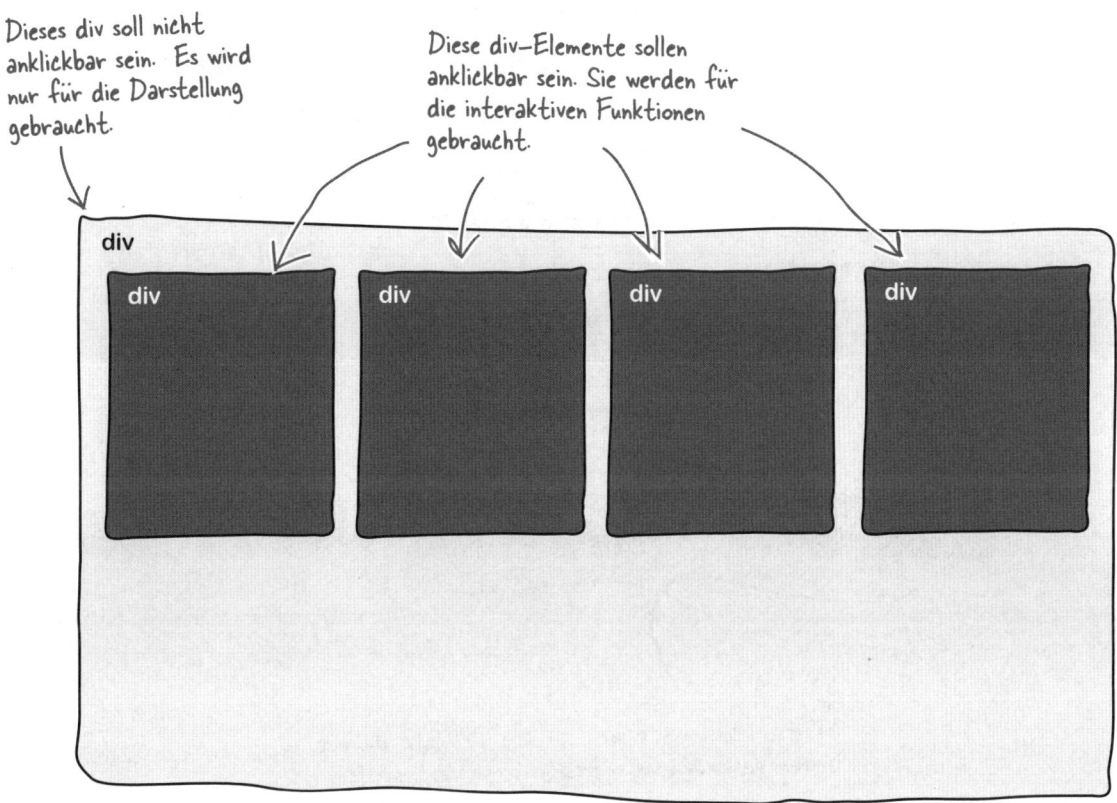

Was ist hier besser geeignet, um die oben stehenden div-Elemente auszuwählen? CSS-Klassen, CSS-IDs oder eine Kombination aus beiden? Warum?

Klassenbester

Elemente mit Klasse

In CSS werden Klassen verwendet, um Elemente zu gruppieren und sie mit gemeinsamen Stildefinitionen zu versehen. Klassen können einem oder mehreren Elementen auf der Seite zugewiesen werden. In jQuery können wir denselben Klassenselektor verwenden, um genau diese Elemente mit jQuery-Methoden zu beeinflussen. Sowohl in CSS als auch in jQuery werden Klassen mit einem Punkt gekennzeichnet. Dadurch ist es besonders einfach, Ihrem Code etwas Klasse zu verleihen.

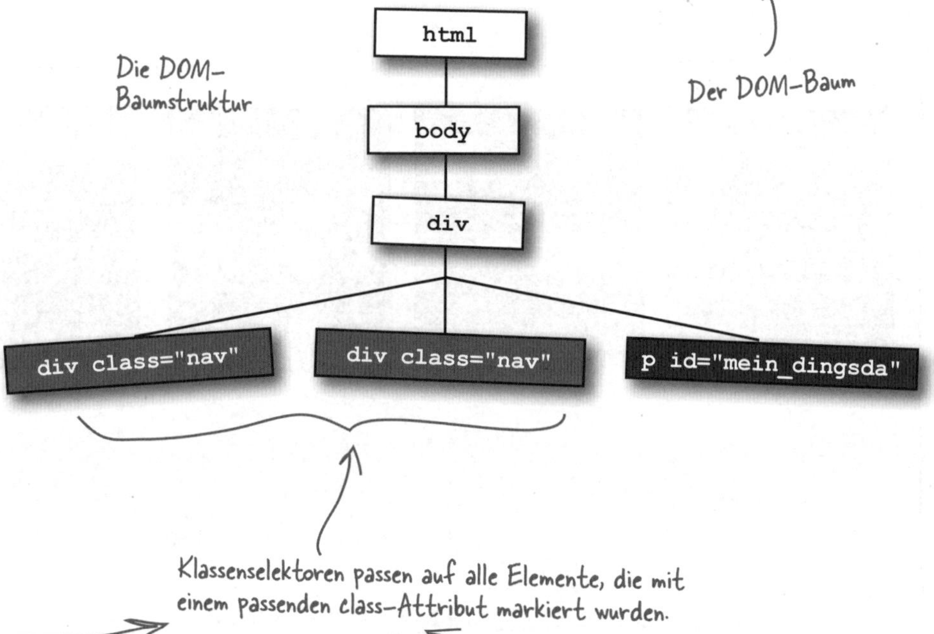

Die DOM-Baumstruktur

Der DOM-Baum

```
html
 └ body
    └ div
       ├ div class="nav"
       ├ div class="nav"
       └ p id="mein_dingsda"
```

Klassenselektoren passen auf alle Elemente, die mit einem passenden class-Attribut markiert wurden.

```css
.nav {
    display: block;
    border: solid #00f 1px;
    width: 100%;
}
```

CSS-Code

```javascript
$(".nav").click( function(){
    alert("Sie haben mich angeklickt!");
});
```

jQuery-Code

Selektoren *und* **Methoden**

Elemente ID-entifizieren

Mit einem ID-Selektor kann man ein einzelnes Seitenelement identifizieren. In jQuery wie in CSS verwendet man das #-Symbol, um einen ID Selektor zu kennzeichnen. ID-Selektoren sind praktisch, wenn Sie ein ganz bestimmtes Element herauspicken wollen oder es nur ein Element dieser Art in der Seite gibt, zum Beispiel einen Kopf- oder Fußteil.

ID-Selektoren passen auf genau ein Element.

```
#mein_dingsda {
    display: block;
    border: 0px;
    height: 50%;
}
```
CSS-Code

```
$("#mein_dingsda").
slideToggle("slow");
```
jQuery-Code

WER MACHT WAS?

Kreuzen Sie in der jeweiligen Spalte an, wofür Sie Klassen benutzen können und wofür IDs. Vergessen Sie nicht, dass Sie Klassen und IDs manchmal für dieselbe Aufgabe verwenden können.

	Klasse	ID
Kann ein Seitenelement eindeutig identifizieren		☒
Kann ein oder mehrere Seitenelemente identifizieren	☒	
Kann browserübergreifend von einer JavaScript-Methode verwendet werden, um ein Element zu identifizieren	(☒)	☒
Kann benutzt werden, um einem Element Stile zuzuweisen	☒	☒
Mehrere davon können einem Element zugewiesen werden	☒	

Sie sind hier ▶

Wer macht was: *Lösung*

Wer macht was? Lösung

Kreuzen Sie in der jeweiligen Spalte an, wofür Sie Klassen benutzen können und wofür IDs. Vergessen Sie nicht, dass Sie Klassen und IDs manchmal für dieselbe Aufgabe verwenden können.

	Klasse	ID
Kann ein Seitenelement eindeutig identifizieren	☐	☑
Kann ein oder mehrere Seitenelemente identifizieren	☑	☐
Kann browserübergreifend von einer JavaScript-Methode verwendet werden, um ein Element zu identifizieren	☐	☑
Kann benutzt werden, um einem Element Stile zuzuweisen	☑	☑
Mehrere davon können einem Element zugewiesen werden	☑	☐

Es gibt keine Dummen Fragen

F: Was ist ein *Block*-Element?

A: Blockelemente erscheinen innerhalb ihres Elternelements als rechteckige Objekte, nach denen automatisch ein Zeilenumbruch eingefügt wird. Außerdem können Außenabstände, Höhe und Breite unabhängig von den umgebenden Elementen festgelegt werden.

F: Warum steht der `<script>`-Tag am Ende der Seite, direkt vor dem `</body>`-Tag? Ich dachte, sowas muss immer zwischen den `<head>` `</head>`-Tags stehen.

A: Ja, so war das auch lange Zeit (und für manche Leute ist das immer noch so).

Allerdings gibt es mit Skripten das Problem, dass sie parallele Downloads im Browser blockieren. Es können zwar mehrere Bilder gleichzeitig auch von unterschiedlichen Servern geladen werden. Sobald Ihr Browser aber auf einen <script>-Tag trifft, kann er sich nur noch um das Skript kümmern. Diese Seite kann also schneller geladen werden, wenn Sie das Skript erst am Ende des Dokuments einbinden.

F: Was hat es mit dieser JavaScript-Warnmeldung eigentlich auf sich?

A: Unsere Warnmeldungen sehen zwar nicht gerade schön aus, aber sie dienen aus verschiedenen Gründen einer guten Sache. Eigentlich ist die JavaScript-Warnung nur ein simples Fenster, das eine Nachricht enthält. Der Text in den runden Klammern wird in der Warnmeldung angezeigt. Soll die Meldung einen Textstring (z. B. »Hallo Welt«) enthalten, müssen Sie diesen mit Anführungszeichen umgeben. Soll dagegen der Wert einer Variablen ausgegeben werden, geben Sie den Namen der Variablen ohne Anführungszeichen an. Sie können Variablenwerte und Textstrings auch mit einem Pluszeichen (+) kombinieren. Vermutlich haben Sie diese Warnmeldungen schon öfter gesehen, ohne darüber nachzudenken – zum Beispiel, wenn Sie ein benötigtes Formularfeld nicht ausgefüllt haben. Hier benutzen wir die Warnungen eher zum Testen und zur Fehlersuche. Das geht natürlich auch noch wesentlich robuster. Weiter unten im Buch werden Ihnen zeigen, wie das geht.

Kamingespräche

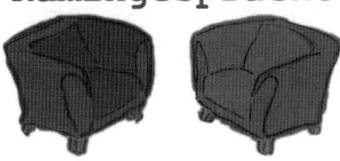

Unser heutiges Thema: **CSS- und jQuery-Selektoren sprechen über ihre Unterschiede.**

CSS-Selektor:

Hallo, jQuery-Selektor. Schön, dass Du gekommen bist, um allen zu sagen, dass Du Deine gesamte Existenz mir zu verdanken hast.

Ja sicher habe ich Stil. Aber ich kann auch eine Menge, zum Beispiel kann ich im Handumdrehen das Aussehen von Dingen ändern.

Was kannst Du denn, das ich nicht kann?

Ja, sehr beeindruckend. Was soll denn das heißen, Du »gibst Elemente zurück«?

Das ist nichts Besonderes. Ich kann auch alle Elemente verändern, die ich auswähle. Wenn Du willst, kann ich allen Elementen einen magentafarbenen Hintergrund geben. Soll ich? Und vergiss nicht, dass Deine gesamte Macht von meiner Selektor-Engine stammt.

Tja, ich muss zugeben, das klingt ziemlich cool.

jQuery-Selektor:

Ein Großteil meiner Fähigkeiten basiert tatsächlich auf Deiner Art, Elemente auszuwählen. Allerdings geht es mir eher um Verhalten als um Stil. Du sitzt doch bloß rum und lässt die Dinge schick aussehen. Bei mir dagegen passiert richtig was.

Ich will Dir gar nicht absprechen, dass Du Webseiten auch nützlich sein kannst. Du hast Deinen Job, nämlich das Aussehen von Elementen zu ändern. Meine Aufgabe ist eine andere.

Meine Aufgabe ist es, Elemente zu finden und zurückzugeben, damit eine Methode sie weiterverarbeiten kann.

Sagen wir mal, jemand benutzt mich, um alle Absätze in einer Seite auszuwählen. Ich hole mir die Absätze und halte sie bereit, damit eine jQuery-Methode etwas mit ihnen machen kann, wenn sie will.

Deine Selektor-Engine verleiht mir eine Menge Fähigkeiten. Ein großer Teil von dem, was ich kann, stammt aber von JavaScript. Vergiss nicht das »Query« in meinem Namen. Ich kann den Browser nach einem Element fragen, es festhalten und es an eine jQuery-Methode weitergeben. Die kann das Element zum Beispiel quer über die Seite bewegen oder sogar verschwinden lassen.

Stimmt. Aber Du hast auch Recht. Ohne Dich wäre das nicht möglich.

Die Webseite verdrahten

Klassen und IDs tauchen in allen drei Bereichen einer Webseite auf, die wir uns in Kapitel 1 angesehen haben: in Struktur, Stilen und Skript. Mit Selektoren können Sie diese Ebenen miteinander *kurzschließen*, so dass sie alle zusammenarbeiten. HTML stellt dafür das Grundgerüst (d. h. Elemente und ihre Attribute) bzw. die **Struktur** der Webseite bereit. CSS sorgt für die **Stildefinitionen**, also die Darstellung und Positionierung der Elemente. JavaScript und jQuery sind für das **Verhalten** und die Funktionen dieser Elemente zuständig.

Angenommen, wir hätten ein Bild, für das wir die Methode slideUp verwenden wollen. Das Bild erhält die Klasse *diaschau*:

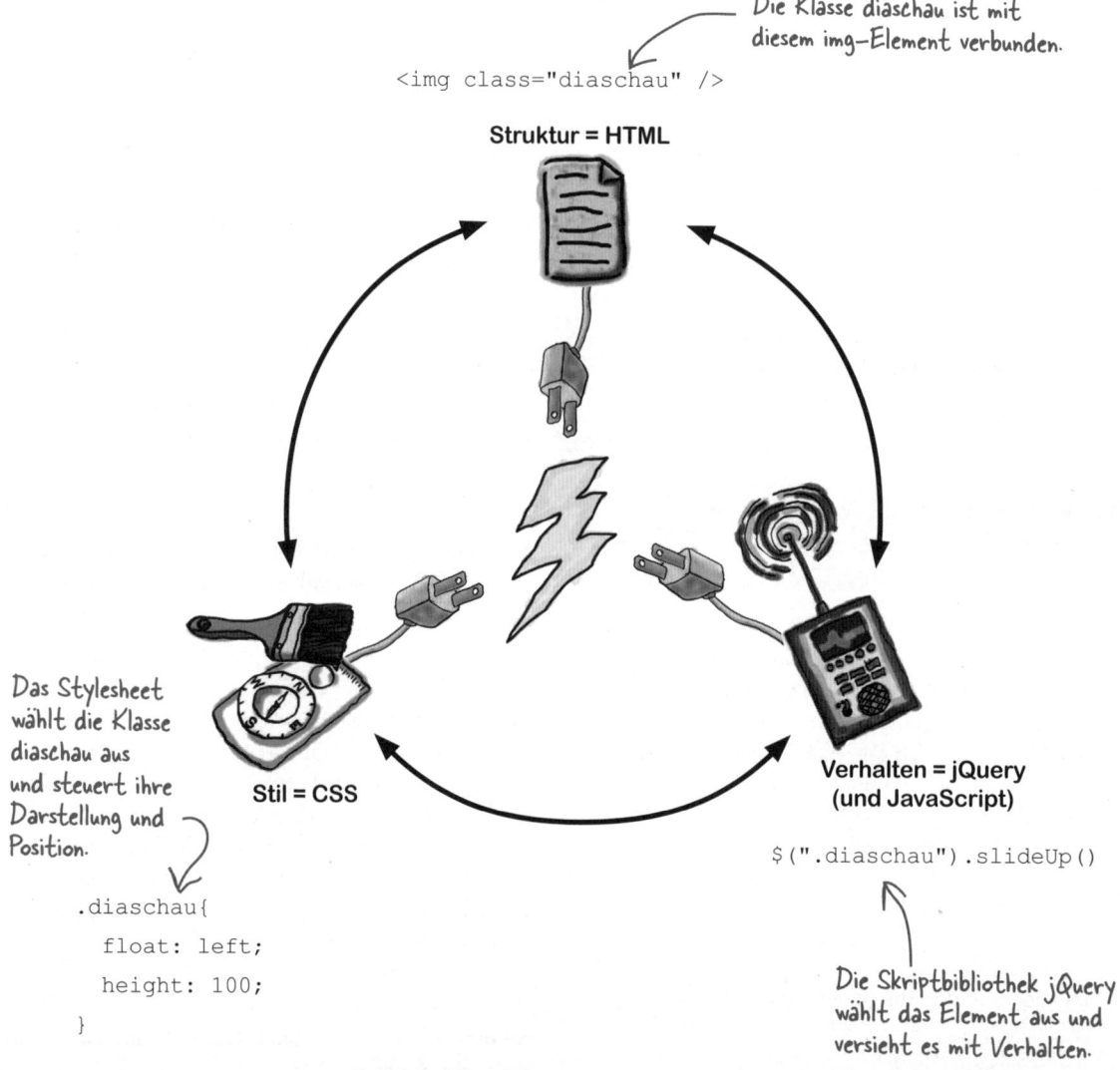

Selektoren und Methoden

Spitzen Sie Ihren Bleistift

Bauen Sie Struktur, Stile und Skript Ihrer Seite so um, dass nur die vier `div`-Elemente, die die Bilder enthalten, anklickbar sind. Erstellen Sie in der CSS-Datei eine Klasse mit dem Namen `ratespiel` und wenden Sie diese auf den HTML-Code und das Skript an. Anscheinend hat auch eines der `div`-Elemente sein ID-Attribut verloren. Kriegen Sie heraus, welches Element das ist und wie es sich reparieren lässt?

```css
div{
  float:left;
  height:245px;
  text-align:left;
  border: solid #000 3px;
}
#kopfteil {
  width:100%;
  border: 0px;
  height:50px;
}
#hauptteil {
  background-color: grey;
  height: 500px;
}
.................height:245px;.................
.........................................
```

mein_stil.css

```html
<html>
  <head>
    <title>Freudensprünge</title>
    <link href="css/mein_stil.css" rel="stylesheet">
  </head>
  <body>
    <div id="kopfteil">
      <h2>Freudensprünge - Aktion</h2>
    </div>
    <div ............................>
      <div ............................><img src="bilder/sprung1.jpg"/></div>
      <div ............................<img src="bilder/sprung2.jpg"/></div>
      <div ............................><img src="bilder/sprung3.jpg"/></div>
      <div ............................><img src="bilder/sprung4.jpg"/></div>
    </div>
    <script src="scripts/jquery-1.7.1.min.js"></script>
    <script>
      $(document).ready(function() {
        $("............................").click(function() {
          alert("Sie haben mich angeklickt.");
        });
      });
    </script>
  </body>
</html>
```

index.html

Lösung

Spitzen Sie Ihren Bleistift
Lösung

Versehen Sie alle `div`-Elemente, die zum Verstecken des Rabattcodes benutzt werden, mit der Klasse »ratespiel«. Aktualisieren Sie auch Ihren Selektor, damit er diese Klasse benutzt, und bauen Sie ihn in Ihre CSS-Datei ein. Es war übrigens das `div`-Element mit der ID »hauptteil«, dem sein ID-Attribut abhandengekommen ist.

```css
div{
   float:left;
   height:245px;
   text-align:left;
   border: solid #000 3px;
}
#kopfteil {
   width:100%;
   border: 0px;
   height:50px;
}
#hauptteil {
   background-color: grey;
   height: 500px;
}
.ratespiel {
   height: 245px;
}
```

mein_stil.css

```html
<html>
  <head>
    <title>Freudensprünge</title>
    <link href="css/mein_stil.css" rel="stylesheet">
  </head>
  <body>
    <div id="kopfteil">
      <h2>Freudensprünge - Aktion</h2>
    </div>
    <div   id="hauptteil"   >
    <div   class="ratespiel"   ><img src="bilder/sprung1.jpg"/></div>
    <div   class="ratespiel"   ><img src="bilder/sprung2.jpg"/></div>
    <div   class="ratespiel"   ><img src="bilder/sprung3.jpg"/></div>
    <div   class="ratespiel"   ><img src="bilder/sprung4.jpg"/></div>
    </div>
    <script src="scripts/jquery-1.7.1.min.js"></script>
    <script>
      $(document).ready(function() {
        $("   .ratespiel   ").click(function() {
          alert("Sie haben mich angeklickt.");
        });
      });
    </script>
  </body>
</html>
```

Hier müssen Sie die Klasse für das Ratespiel einbauen. Die Höhe entspricht der Höhe der Bilder in den Kästen, damit auch alles gut zusammenpasst.

Verbinden Sie nur die Klasse ratespiel mit der click-Methode, nicht alle div-Elemente.

index.html

Selektoren und Methoden

Gleichzeitig auf unserer Liste

Lassen Sie uns kurz einen Blick auf unsere Aufgabenliste werfen, damit wir Emilys Anforderungen nicht aus den Augen verlieren.

- ☑ Die Seite soll aus vier Abschnitten bestehen. Jeder Abschnitt enthält eines von vier »Freudensprünge«-Bildern.
- ☑ Die Abschnitte sollen anklickbar sein.
- ☐ Wir brauchen eine Nachricht, die lautet: »Ihr Rabatt beträgt«, gefolgt von einem zufälligen Rabatt (zwischen fünf und zehn Prozent).
- ☐ Wenn ein Besucher auf einen dieser Abschnitte klickt, soll die Nachricht unter dem Foto dieses Abschnitts erscheinen.
- ☐ Wenn der Benutzer noch einmal klickt, soll die letzte Nachricht verschwinden und eine neue Meldung angezeigt werden.

> Das war ja einfach. Wir haben die Liste schon zur Hälfte abgearbeitet. Die nächsten Punkte sehen eigentlich auch nicht so schlimm aus. Wir werden etwas Text und eine Zahl erzeugen. Das kann ja nicht so schwer sein.

Jedenfalls nicht besonders schwer.

Damit dem Benutzer die Nachricht angezeigt werden kann, müssen ein paar Dinge passieren. Vergessen Sie nicht, dass die Meldung für verschiedene Besucher der Site unterschiedlich aussehen kann.

KOPF-NUSS

Sie müssen irgendwie eine Nachricht erstellen und sie irgendwo speichern, damit sie den Besuchern angezeigt werden kann. Wie machen Sie das?

Sie sind hier ▸

Die Sache im Auge behalten

Speicherplatz anlegen

Die nächste Anforderung auf unserer Liste besteht darin, den Text anzuzeigen, der bei jeder Ausführung unseres Skripts gleich bleibt: »Ihr Rabatt beträgt«. Daneben müssen wir eine Zahl speichern, die sich **verändern** kann, je nachdem, wie hoch der Rabatt ist. Diese Information muss die ganze Zeit zur Verfügung stehen, während unser Skript läuft. Also braucht die Seite eine Möglichkeit, diese Information irgendwie zu speichern. Für das Speichern von veränderlichen Informationen (oder Daten) sind **Variablen** wie geschaffen. In jQuery verwenden wir dafür JavaScript-Variablen.

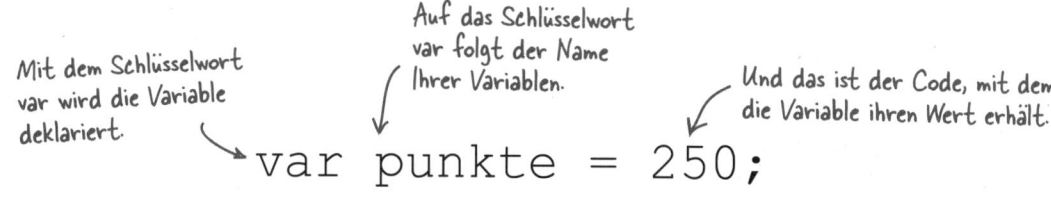

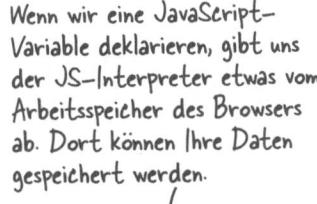

Wenn wir später an die gespeicherten Daten wollen, können wir die Variable einfach mit ihrem Namen ansprechen.

Verschiedene Dinge verketten

Bei vielen jQuery-Skripten müssen verschiedene Arten von Daten gespeichert werden: Zahlen, Text oder wahr/falsch-Werte. Besonders wenn wir verschiedene Meldungen an unsere Besucher ausgeben wollen, müssen dabei die Daten zusammen mit HTML-Code ausgegeben werden. Dadurch werden Ihre Webseiten noch leistungsfähiger. Aber wie kann man die Variablen mit anderen Werten kombinieren? Dafür gibt es die **Verkettung** (engl. concatenation). Stellen Sie sich vor, Sie wollen den Highscore eines Videospiels in einer Variablen mit dem Namen punkte speichern, und dieser Spielstand soll dem Gewinner dann angezeigt werden.

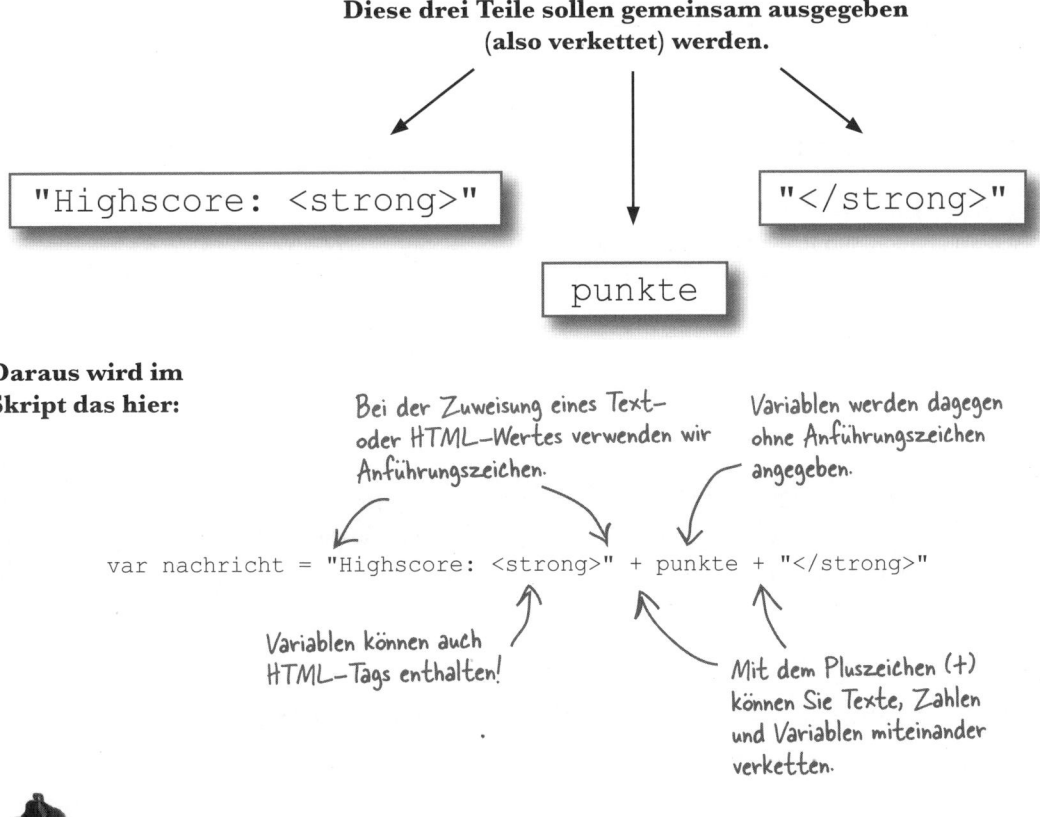

Übung

Hier sehen Sie den JavaScript-Code, mit dem Sie eine Variable namens `rabatt` erzeugen können. Sie enthält eine zufällige Zahl zwischen 5 und 10. Schreiben Sie den Code für eine Variable mit dem Namen `rabatt_nachricht`, der die Nachricht und die zufällige Variable enthält. Sorgen Sie dafür, dass die Rabattnachricht innerhalb eines Absatzes (p-Elements) erscheint.

```
var rabatt = Math.floor((Math.random()*5) + 5);
```

var rabatt_nachricht = "Sie haben " + rabatt + " Prozent Rabatt"

Übungslösung

LÖSUNG ZUR ÜBUNG

Hier sehen Sie den JavaScript-Code, mit dem Sie eine Variable namens `rabatt` erzeugen können. Sie enthält eine zufällige Zahl zwischen 5 und 10. Schreiben Sie den Code für eine Variable mit dem Namen `rabatt_nachricht`, der die Nachricht und die zufällige Variable enthält. Sorgen Sie dafür, dass die Rabattnachricht innerhalb eines Absatzes (p-Elements) erscheint.

Keine Sorge. Wir erklären die Math- und random-Funktionen in Kapitel 3.

```
var rabatt = Math.floor((Math.random()*5) + 5);
```
var rabatt_nachricht = "<p>Ihr Rabatt beträgt "+ rabatt +"%</p>";

Zur selben Zeit im Code ...

Jetzt, wo Sie eine Variable haben, in der Sie die verkettete Rabattnachricht speichern können, brauchen Sie nur noch den Code zwischen den `<script>`-Tags zu aktualisieren. Damit wollen wir uns jetzt beschäftigen.

Tun Sie das hier!

```
<script>
  $(document).ready(function() {

    $(".ratespiel").click( function() {


    var rabatt = Math.floor((Math.random()*5) + 5);
    var rabatt_nachricht = "<p>Ihr Rabatt beträgt "+ rabatt+"%</p>";
    alert(rabatt);


    });
  });
</script>
```

Neue JavaSript-Variablen erstellen

Wir verpacken die Variable rabatt in unsere Warnmeldung, um zu überprüfen, ob sie auch tut, was wir wollen.

index.html

Die Nachricht mit der append-Funktion in die Seite einfügen

Die Nachricht ist so weit fertig, aber wie können wir sie unterhalb des angeklickten Bildes anzeigen lassen? Wenn Sie sich vorstellen, dass die neue Nachricht in die Seite *eingefügt* wird, bietet Ihnen jQuery verschiedene Möglichkeiten, genau das zu tun. Einige der nützlichsten Methoden stellen wir Ihnen in Kapitel 4 vor. Im Moment reicht uns aber die append-Funktion.

```
<p>Mit jQuery kann ich Sachen in die HTML-Seite
einfügen, ohne sie neu laden zu müssen.</p>
```

Diese jQuery-Anweisung weist den JS-Interpreter an, den Inhalt zwischen den Anführungszeichen an jeden Absatz anzuhängen.

```
$("p").append(" <strong>Mich zum Beispiel.</strong>");
```

Wenn Sie das Skript ausführen, erscheint der fettgedruckte Text auf Ihrer Seite.

Mit jQuery kann ich Sachen in die HTML-Seite einfügen, ohne sie neu laden zu müssen. **Mich zum Beispiel.**

Im DOM sieht der HTML-Code jetzt so aus.

```
<p>Mit jQuery kann ich Sachen in die HTML-Seite einfügen,
ohne sie neu laden zu müssen.</p> <strong>Mich zum
Beispiel.</strong>
```

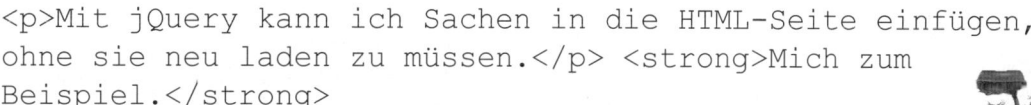

Benutzen Sie Ihr bisheriges Wissen über Selektoren und Ihren neuen Fähigkeiten in der Verkettung von Dingen, um den Code zu schreiben, mit die Variable rabatt an das ratespiel-Element angehängt werden kann.

....

Übungslösung

LÖSUNG ZUR ÜBUNG

Das Einfügen einer neuen Nachricht in die Webseite ist wirklich nicht schwer:

$("ratespiel").append(rabatt_nachricht);

append ist eine jQuery-Methode. Mit Methoden können Sie in jQuery verschiedene Aufgaben erledigen.

Es gibt keine Dummen Fragen

F: Gibt es bei der Benennung von Klassennamen irgendwelche Einschränkungen?

A: Klassennamen müssen mit einem Unterstrich (_), einem Bindestrich (-) oder einem Buchstaben (a-z) beginnen. Danach kann eine beliebige Anzahl von Unterstrichen, Bindestrichen, Buchstaben oder Ziffern (0-9) folgen. Einen Haken gibt es noch: Ist das erste Zeichen ein Bindestrich, muss das zweite ein Buchstabe oder ein Unterstrich sein, und der Name muss mindestens zwei Zeichen lang sein.

F: Gibt es bei der Benennung von Variablen auch Beschränkungen?

A: Ja. Variablen dürfen nicht mit einer Ziffer beginnen. Sie dürfen außerdem keine mathematischen Operatoren (+ * - ^ / ! \), Leerzeichen oder Interpunktionszeichen enthalten. Unterstriche sind dagegen erlaubt. Außerdem dürfen Variablen nicht den gleichen Namen haben wie JavaSript-Schlüsselwörter (wie `window`, `open`, `array`, `string`, `location`). Bei Variablennamen wird zwischen Groß- und Kleinschreibung unterschieden.

F: Wie viele Klassen kann ich einem Element zuweisen?

A: Eine Obergrenze ist in den Standards nicht definiert. In der wirklichen Welt liegt das Limit bei etwa 2.000 Klassen pro Element. Das sollte in den meisten Fällen ausreichen.

F: Gibt es eine Möglichkeit, alle Elemente einer Seite auf einmal auszuwählen?

A: Ja. Verwenden Sie als Selektor einfach ein Sternchen (*), um alle Elemente gemeinsam auszuwählen.

F: Angenommen, ich versehe meine Elemente mit einer Klasse oder ID, ohne irgendwelche Stile zu definieren. Hat das dann Auswirkungen auf die Browserdarstellung?

A: Nein. Browser haben keine Standarddarstellung für Klassen oder IDs. Einige Browser behandeln bestimmte Elemente unterschiedlich. Es macht aber keinen Unterschied aus, ob ihnen Klassen oder eine ID zugewiesen wurde.

Selektoren und Methoden

PROBEFAHRT

Öffnen Sie die Seite in einem Browser Ihrer Wahl und überprüfen Sie, ob alles richtig funktioniert. Achten Sie besonders darauf, dass die Rabattvariable tut, was sie soll.

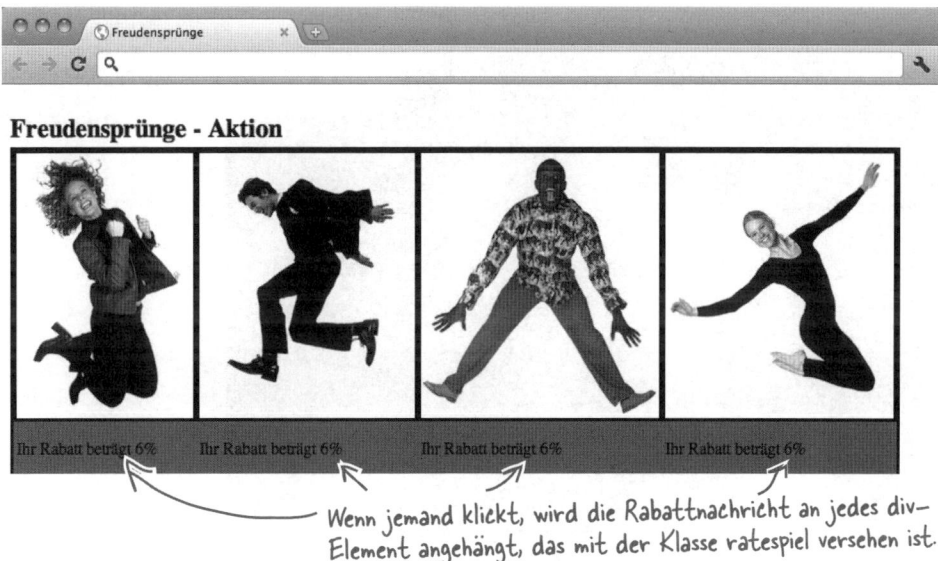

Wenn jemand klickt, wird die Rabattnachricht an jedes div-Element angehängt, das mit der Klasse ratespiel versehen ist.

Das funktioniert schon ganz gut, aber ...

Die Variable `discount` erzeugt eine Zufallszahl. Diese wird auch – wie erwartet – mit der Nachricht auf unserer Seite verkettet. Allerdings gibt es eine unerwartete Nebenwirkung: Der Rabatt wird in jedem div-Element angezeigt. Das sollte nicht sein. Also, was ist schiefgelaufen?

```
<script>
  $(document).ready(function() {
    $(".ratespiel").click( function() {
      var rabatt = Math.floor((Math.random()*5) + 5);
      var rabatt_nachricht = "<p>Ihr Rabatt beträgt "+ rabatt + "%</p>";
      alert(rabatt_nachricht);
      $(".ratespiel").append(rabatt_nachricht);
    });
  });
</script>
```

Hiermit wird die click-Funktion aufgerufen, damit alle Elemente mit der Klasse ratespiel anklickbar sind.

Hiermit wird die Variable getestet.

Unser Selektor ist genau genug, um eine Klasse anzusprechen. Trotzdem werden alle div-Elemente mit dieser Klasse ausgewählt.

Die Variable `rabatt` soll **nur** an das div-Element angehängt werden, das auch tatsächlich angeklickt wurde. Wie können wir nur dieses Element auswählen, ohne die anderen dabei zu beeinflussen?

Sie sind hier ▸ 61

In einer perfekten Welt

Kapitel 2

Gib mir $(this)

In diesem Kapitel haben wir uns bislang mit jQuery-Selektoren befasst und damit, wie sie Elemente zurückgeben, die von jQuery-Methoden verwendet werden. Oft möchten wir möglichst genau angeben, welche Elemente ausgewählt werden. Wenn es um Genauigkeit geht, ist der einfachste Selektor oft $(this), also »dieses Element«. (Sie müssen sich dafür nur das englische »this« merken.) Mit dem $(this)-Selektor haben wir eine einfache Möglichkeit, auf das *aktuelle* Element zu verweisen.

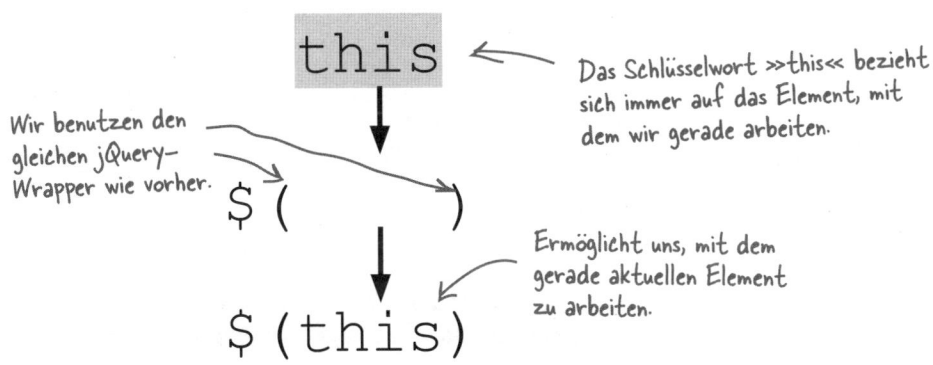

Die Bedeutung von $(this) hängt immer vom **Kontext** ab. Anders gesagt: $(this) bedeutet immer etwas anderes, je nachdem, wo und wann Sie es benutzen. Der **beste** Ort für die Benutzung ist innnerhalb einer jQuery-Funktion, die ausgeführt wird, wenn eine jQuery-Methode aufgerufen wurde.

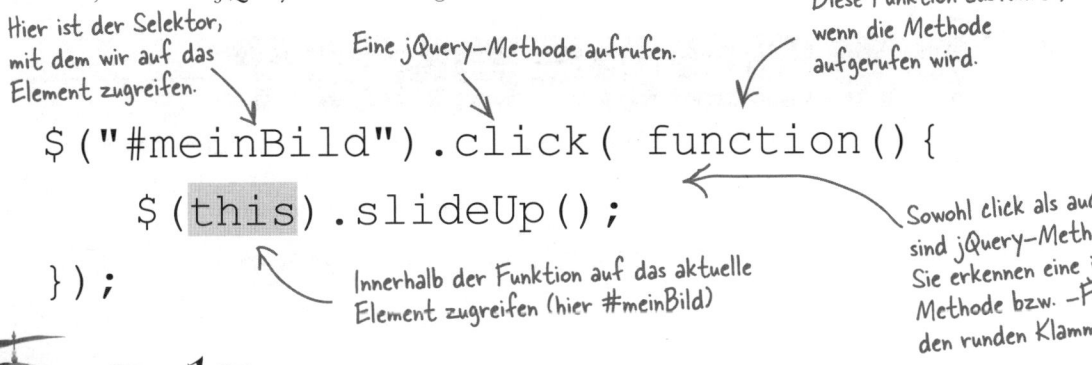

Freak-Futter

this oder $(this) ?

In JavaScript steht »this« für ein beliebiges DOM-Element, mit dem wir in unserem Code gerade arbeiten wollen. Durch das Hinzufügen von $() können wir mit jQuery-Methoden auf dieses DOM-Element zugreifen.

$(this) ist genial

$(this) bei der Arbeit

Wir wollen sehen, ob $(this) uns bei der Lösung unseres Problems behilflich sein kann. Bauen Sie $(this) in Ihren Code ein, wie unten fettgedruckt hervorgehoben.

Tun Sie das hier!

```
<script type="text/javascript">
  $(document).ready(function() {

    $(".ratespiel").click( function() {

      var rabatt = Math.floor((Math.random()*5) + 5);
      var rabatt_nachricht = "<p>Ihr Rabatt beträgt "+ rabatt +"%</p>";
      alert(rabatt_nachricht);
      $(this).append(rabatt_nachricht);

    });
  });//Ende $(document).ready
</script>
```

Hiermit sagen wir, dass der Rabatt nur an das gerade angeklickte Ratefeld angehängt werden soll.

index.html

PROBEFAHRT

Öffnen Sie die Seite im Browser Ihrer Wahl und überprüfen Sie, ob alles richtig funktioniert. Achten Sie besonders auf die Warnmeldung, um sicherzustellen, dass die Rabattvariable korrekt ist. Klicken Sie mehrere Male, um zu sehen, ob auch die Zufallszahl, die an die Rabattvariable angehängt wird, tut, was wir wollen.

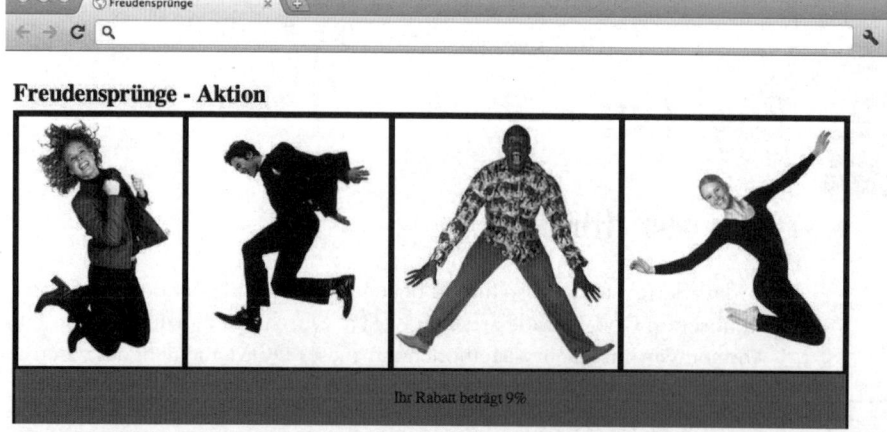

Selektoren und Methoden

Gute Frage!

Sie bringt uns zum letzten Schritt unserer Aufgabenliste:

- ☑ Die Seite soll aus vier Abschnitten bestehen. Jeder Abschnitt enthält eines von vier »Freudensprünge«-Bildern.
- ☑ Die Abschnitte sollen anklickbar sein.
- ☑ Wir brauchen eine Nachricht, die lautet: »Ihr Rabatt beträgt«, gefolgt von einem zufälligen Rabatt (zwischen fünf und zehn Prozent).
- ☑ Wenn ein Besucher auf einen dieser Abschnitte klickt, soll die Nachricht unter dem Foto dieses Abschnitts erscheinen.
- ☐ Wenn der Benutzer noch einmal klickt, soll die letzte Nachricht verschwinden und eine neue Meldung angezeigt werden.

Was meinen Sie, wie man die letzte Nachricht entfernen kann?

Sie sind hier ▶

Hin und Weg

Gutes Gelingen mit remove

Wie werden wir die letzte Nachricht wieder los? Und wie können wir eine neue erstellen? Klar! Mit der remove-Methode. Per remove können wir eines oder mehrere Elemente aus der Seite entfernen. Nehmen wir als Beispiel eine einfache Seite mit einer Aufgabenliste und einem Button.

① Links sehen Sie die Browseransicht und rechts den HTML-Code, der die Liste definiert.

Browseransicht

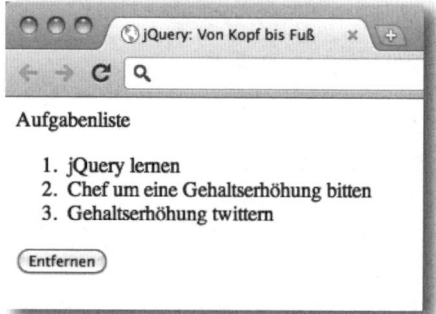

HTML-Ansicht

```
<div>Aufgabenliste</div>
<ol>
    <li>jQuery lernen</li>
    <li>Chef um eine Gehaltserhöhung bitten</li>
    <li>Gehaltserhöhung twittern</li>
</ol>
<button id="entfernen">Entfernen</button>
```

② Und hier ist der Code für den Button, der sämtliche Listeneinträge entfernt:

```
$("#entfernen").click(function(){
    $("li").remove();
});
```

remove ist eine weitere jQuery-Methode. Stellen Sie sich jQuery-Methoden als Verben vor: Sie sind für die Handlungen auf der Webseite zuständig.

③ Nachdem jQuery seine Arbeit beendet hat, sehen wir uns die Seite und den HTML-Code noch einmal an. Und tatsächlich: Alle Listeneinträge sind verschwunden — sogar im HTML-Code!

Browseransicht

HTML-Ansicht

```
<div>Aufgabenliste</div>
<ol>
</ol>
<button id="entfernen">Entfernen</button>
```

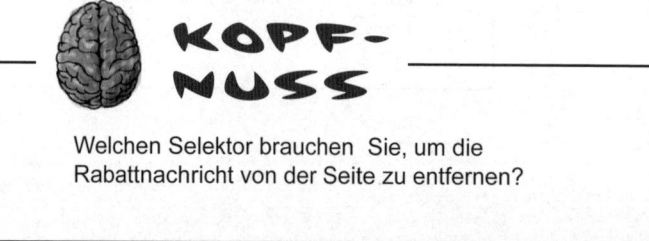

KOPF-NUSS

Welchen Selektor brauchen Sie, um die Rabattnachricht von der Seite zu entfernen?

Selektoren *und* **Methoden**

Nachkommen-Selektoren für mehr Tiefe

Die CSS-Nachkommen-Selektoren funktionieren auch in jQuery. Und für unseren Zweck sind sie genau das Richtige. Mit Nachkommen-Selektoren können wir *Beziehungen zwischen Elementen* angeben. Wir können Kind-, Eltern- und Geschwisterelemente auswählen.

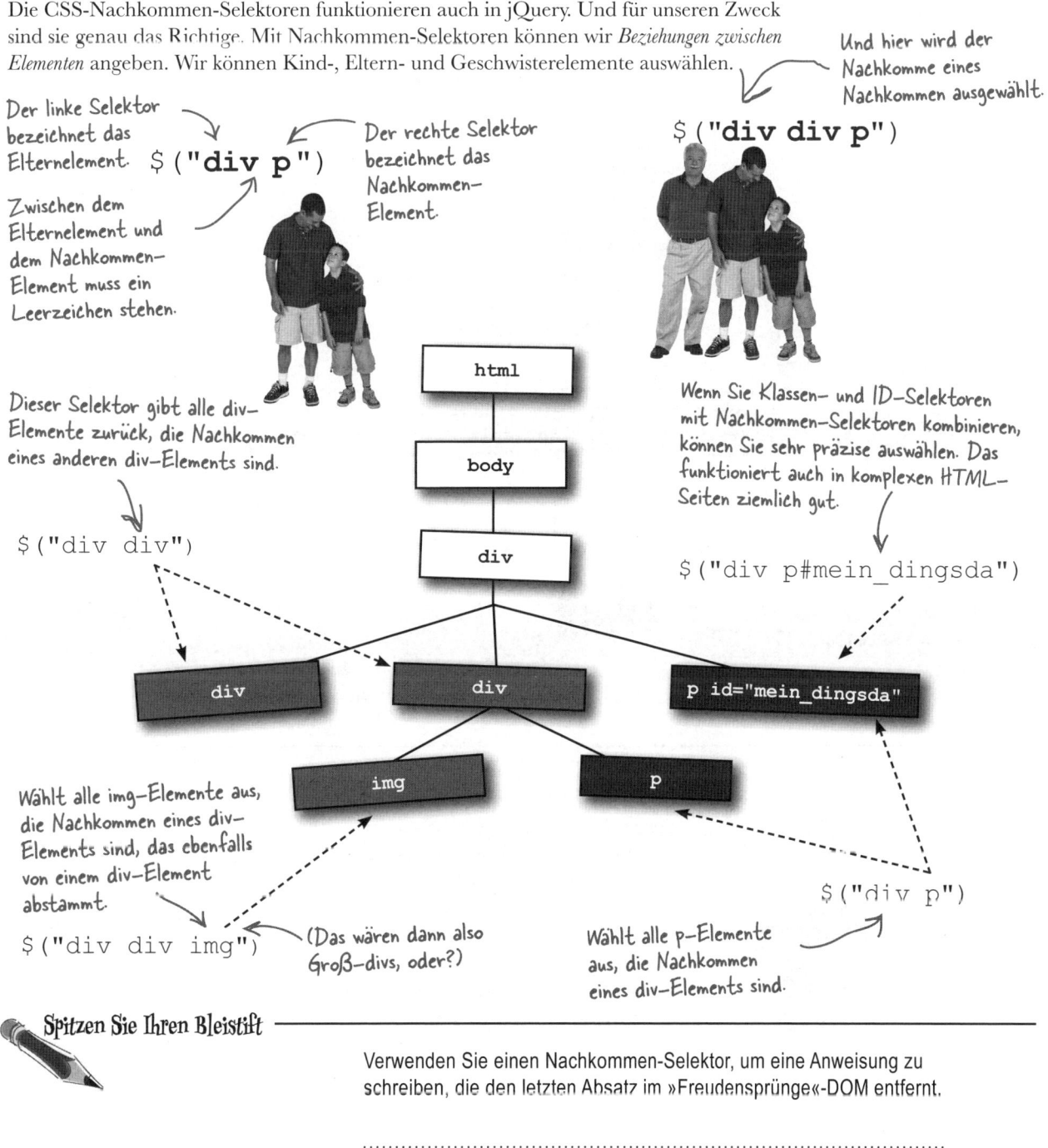

Der linke Selektor bezeichnet das Elternelement. `$("div p")`

Zwischen dem Elternelement und dem Nachkommen-Element muss ein Leerzeichen stehen.

Der rechte Selektor bezeichnet das Nachkommen-Element.

Und hier wird der Nachkomme eines Nachkommen ausgewählt.

`$("div div p")`

Dieser Selektor gibt alle div-Elemente zurück, die Nachkommen eines anderen div-Elements sind.

`$("div div")`

Wenn Sie Klassen- und ID-Selektoren mit Nachkommen-Selektoren kombinieren, können Sie sehr präzise auswählen. Das funktioniert auch in komplexen HTML-Seiten ziemlich gut.

`$("div p#mein_dingsda")`

Wählt alle img-Elemente aus, die Nachkommen eines div-Elements sind, das ebenfalls von einem div-Element abstammt.

`$("div div img")`

(Das wären dann also Groß-divs, oder?)

Wählt alle p-Elemente aus, die Nachkommen eines div-Elements sind.

`$("div p")`

✏️ **Spitzen Sie Ihren Bleistift**

Verwenden Sie einen Nachkommen-Selektor, um eine Anweisung zu schreiben, die den letzten Absatz im »Freudensprünge«-DOM entfernt.

....

Sie sind hier ▶

Spitzen Sie Ihren Bleistift Lösung

Beginnen Sie mit dem Klassenselektor für `.ratespiel`, gefolgt von einem Nachkommen-Selektor für `p`-Elemente, um auf den von jQuery hinzugefügten Absatz zuzugreifen. Danach verwenden Sie die `remove`-Methode, um alle `p`-Elemente zu entfernen, die sich innerhalb eines Elements mit der Klasse `.ratespiel` befinden.

```
$(".ratespiel p").remove();
```

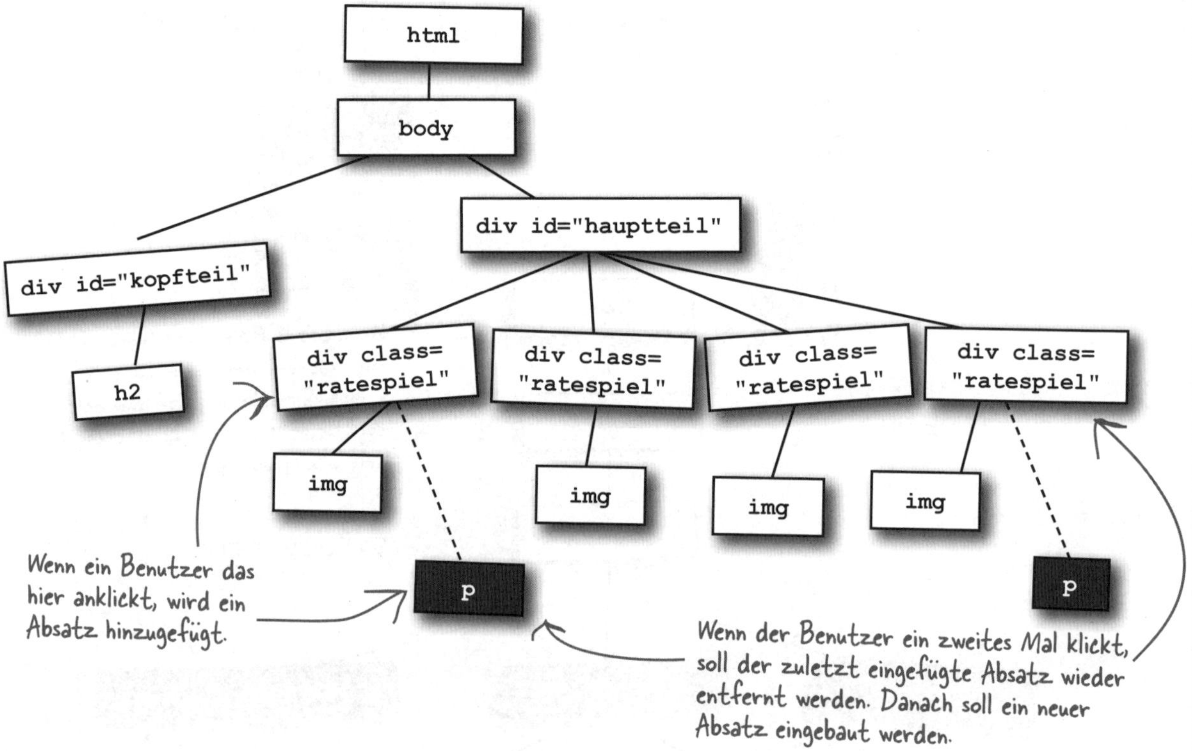
html
body
div id="kopfteil"
div id="hauptteil"
h2
div class= "ratespiel"
div class= "ratespiel"
div class= "ratespiel"
div class= "ratespiel"
img
img
img
img
p
p
Wenn ein Benutzer das hier anklickt, wird ein Absatz hinzugefügt.
Wenn der Benutzer ein zweites Mal klickt, soll der zuletzt eingefügte Absatz wieder entfernt werden. Danach soll ein neuer Absatz eingebaut werden.

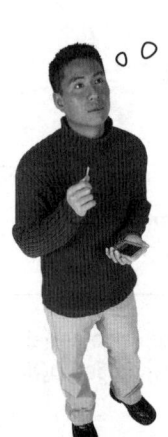

Jetzt kann ich also nach Lust und Laune Elemente einbauen und wieder entfernen. Ist es wichtig, wann und wo ich das mache?

Ja, die Reihenfolge, in der Sie Elemente einfügen oder entfernen, spielt eine wichtige Rolle.

Sie können ein Element nicht entfernen, bevor Sie es hinzugefügt haben, oder?

Spitzen Sie Ihren Bleistift

Sie sollen entscheiden, wo die `remove`-Anweisung hingehört. Schreiben Sie die Anweisung auf die Zeile 1, 2 oder 3. Danach sollten Sie erklären, warum Sie die Anweisung gerade dorthin geschrieben haben. Überlegen Sie, *wann* der Absatz enternt werden muss. Danach benutzen Sie das Ausschlussverfahren, um den richtigen Platz für die Aufgaben zu finden.

```
<script>
  $(document).ready(function() {

    1. ............................................................................................................

    $(".ratespiel").click( function() {

    2. ............................................................................................................

      var rabatt = Math.floor((Math.random()*5) + 5);
      var rabatt_nachricht = "<p>Ihr Rabatt beträgt "+ rabatt+"%</p>";
      alert(rabatt);
      $(this).append(rabatt_nachricht);

    3. ............................................................................................................

    });
  });
</script>
```

index.html

Warum ich der Meinung bin, dass die Anweisung hierhin gehört:

....

....

....

....

....

Lösung

Spitzen Sie Ihren Bleistift
Lösung

Sie sollen entscheiden, wo die `remove`-Anweisung hingehört. Schreiben Sie die Anweisung auf die Zeile 1, 2 oder 3. Danach sollten Sie erklären, warum Sie die Anweisung gerade dorthin geschrieben haben. Überlegen Sie, *wann* der Absatz enternt werden muss. Danach benutzen Sie das Ausschlussverfahren, um den richtigen Platz für die Aufgaben zu finden.

```
<script>
  $(document).ready(function() {
    1. ..................................................................................................
    $(".ratespiel").click( function() {
        $(".ratespiel p").remove();
    2. ..................................................................................................
      var rabatt = Math.floor((Math.random()*5) + 5);
      var rabatt_nachricht = "<p>Ihr Rabatt beträgt "+ rabatt+"%</p>";
      alert(rabatt);
      $(this).append(rabatt_nachricht);
    3. ..................................................................................................
    });
  });
</script>
```

index.html

Warum ich der Meinung bin, dass die Anweisung hierhin gehört:

Die remove-Anweisung kann nicht auf Zeile 1 stehen, weil sich dann außerhalb der click-Funktion für das Ratespiel befände. Sie kann auch nicht auf Zeile 3 stehen, weil sie dann das p-Element entfernen würde, das gerade vorher erst eingefügt wurde. Ich möchte die zuletzt erzeugte Rabattnachricht entfernen, bevor eine neue erzeugt wird. Also benutze ich die remove-Anweisung als erste Zeile des Codeblocks (in den geschweiften Klammern) für die click-Funktion.

Die Reihenfolge und das Timing Ihrer jQuery-Aufrufe sind wichtig!

Das gilt besonders, wenn Sie Ihren Besuchern etwas Wichtiges mitteilen müssen und diese Nachricht danach wieder entfernt werden soll. Mehr zu Reihenfolge und Timing erfahren Sie in Kapitel 5.

Es gibt keine Dummen Fragen

F: Manchmal sind die gerade per remove entfernten Elemente im Quellcode noch zu sehen. Warum?

A: Viele Browser führen eine zusätzliche Serverabfrage durch, wenn Sie die Option »Quelltext anzeigen« ausgewählt haben. Werzeuge zum Untersuchen des DOM (wie die Entwicklerwerkzeuge von Google Chrome oder Firebug für Firefox) sollten Ihnen dagegen das DOM anzeigen, das auch für die Darstellung der Seite verwendet wird.

F: Was haben die Methoden `Math.floor` und `Math.random` zu bedeuten?

A: Die Methode `floor` rundet eine Zahl auf den nächsten ganzzahligen Wert ab und gibt das Ergebnis zurück. Die Methode `random` gibt eine Zufallszahl zwischen 0 und 1 zurück. Wenn wir das Ergebnis einer anderen Zahl multiplizieren, erhalten wir immer eine Zahl zwischen null und dem Multiplikator.

F: Wo kommt `$(this)` her?

A: In vielen objektorientierten Programmiersprachen ist `this` (oder `self`) ein Schlüsselwort, das in Instanzmethoden verwendet wird. Es bezeichnet das Objekt, an dem die gerade ausgeführte Methode aufgerufen wurde.

F: So. Ich kann jetzt einen zufälligen Rabatt anzeigen, wenn jemand ein Bild anklickt, und ihn wieder entfernen, wenn ein anderes Bild angeklickt wird. Das ist aber sicher noch nicht alles, oder?

A: Richtig. Sie haben uns erwischt. Das ist eigentlich nur das erste Puzzleteil. Die Leute müssen auch in der Lage sein, den Code zu benutzen, wenn sie zur »Kasse« gehen, um ihre Fotos zu bezahlen. In den Kapiteln 8 bis 10 werden wir uns eingehender mit dieser Art von Funktionalität beschäftigen.

*Probe**fahrt***

PROBEFAHRT

Bauen Sie die gerade geschriebene Codezeile in Ihre *index.html*-Datei ein. Danach öffnen Sie die Seite mit Ihrem Browser und überprüfen, ob alles nach Wunsch funktioniert. Klicken Sie mehrere Male. Damit können Sie sicherstellen, dass auch die Zufallszahl, die wir der `rabatt`-Variablen angehängt haben, tut, was wir wollen. Außerdem können Sie so feststellen, ob die alten Rabattwerte auch korrekt entfernt werden.

Jetzt sind Sie dran, Freudensprünge zu machen.

Herzlichen Glückwunsch! Sie haben alle Anforderungen erfüllt – die Kampagne funktioniert.

- ☑ Die Seite soll aus vier Abschnitten bestehen. Jeder Abschnitt enthält eines von vier »Freudensprünge«-Bildern.
- ☑ Die Abschnitte sollen anklickbar sein.
- ☑ Wir brauchen eine Nachricht, die lautet: »Ihr Rabatt beträgt«, gefolgt von einem zufälligen Rabatt (zwischen fünf und zehn Prozent).
- ☑ Wenn ein Besucher auf einen dieser Abschnitte klickt, soll die Nachricht unter dem Foto dieses Abschnitts erscheinen.
- ☑ Wenn der Benutzer noch einmal klickt, soll die letzte Nachricht verschwinden und eine neue Meldung angezeigt werden.

Von: **Emily**
Betreff: **Re: »Freudensprünge«-Werbeaktion!**

Vielen Dank, dass Du Dir so viel Arbeit für mich gemacht hast. Meine Website ist jetzt viel besser.

Ich hoffe, den Leuten gefallen meine Fotos genauso gut wie mir meine neue Seite!

--
Emily

> P. S.: Ich habe Dir ein Selbstporträt von mir mit meiner Fotoausrüstung angehängt. Ich habe es aufgenommen, als ich die neue Webseite gesehen habe ... Wenn Du errätst, was ich gerade mache, gibt es aber keine Belohnung.

Ihr jQuery-Werkzeugkasten

Sie haben Kapitel 2 abgeschlossen. Jetzt enthält Ihr jQuery-Werkzeugkasten auch die Grundlagen von jQuery-Selektoren und -Methoden.

$(this)

Wählt das »aktuelle« Element aus.

Die Bedeutung von $(this) ändert sich im Code, je nachdem, wo es gerade benutzt wird.

jQuery-Methoden

Methode – Eine jQuery-Methode ist wiederverwendbarer Code, der in der jQuery-Bibliothek definiert wird. Methoden werden verwendet, um bestimmte Dinge in jQuery und JavaScript zu erledigen. Stellen Sie sich eine Methode wie ein Verb vor – es geht immer darum, irgendetwas mit der Webseite zu tun.

.append – Fügt das angegebene Element in das DOM ein. Es wird immer am Ende des aufrufenden Elements eingefügt.

.remove – Entfernt das Element aus dem DOM.

Selektoren

$(this) – Wählt das aktuelle Element aus.

$("div") – Wählt alle div-Elemente der Seite aus.

$("div p") – Wählt alle p-Elemente aus, die sich innerhalb eines div-Elements befinden.

$(".meine_klasse") – Wählt alle Elemente aus, die das class-Attribut meine_klasse tragen.

$("div.meine_klasse") – Wählt nur die div-Elemente aus, deren class-Attribut den Wert »meine_klasse« hat. (Verschiedene Elemente können dieselbe Klasse verwenden.)

$("#meine_id") – Wählt das Element aus, dessen id-Attribut den Wert »meine_id« hat.

3 jQuery-Events und -Funktionen
Dinge auf Ihrer Seite geschehen lassen

Mit jQuery ist es einfach, eine Webseite mit Action und Interaktivität zu versehen. In diesem Kapitel zeigen wir Ihnen, wie Sie Ihre Seite dazu bringen, auf Aktionen von Leuten zu reagieren. Indem Ihr Code auf die Aktionen der Benutzer reagiert, kann das Niveau Ihrer Website deutlich steigen. Außerdem sehen wir uns an, wie Sie wiederwendbare Funktionen erstellen können. Dadurch brauchen Sie den Code nur einmal zu schreiben, können ihn aber beliebig oft benutzen.

Erbsen zählen

Wieder sind Ihre jQuery-Fähigkeiten gefragt

Emily war mit der Arbeit, die Sie für ihre »Freudensprünge«-Aktion geleistet haben, sehr zufrieden. Jetzt hat sie sich mit ihrem Buchhalter getroffen und möchte, dass Sie noch ein paar Änderungen vornehmen.

> Von: **Emily**
> Betreff: **RE: »Freudensprünge«-Aktion**
>
> Hey,
>
> die Werbeaktion im Web hast Du gut hinbekommen. Ich habe mich jetzt mal mit meinem Finanzmenschen getroffen und wir haben uns die Erfolgszahlen der Aktion angesehen.
>
> Mein Buchhalter hat ein paar Änderungen an der App vorgeschlagen, um die Verkäufe noch zu steigern.
>
> Die Besucher sollten weiterhin aus vier Optionen wählen können, um einen Rabatt zu erhalten. Allerdings sollte es jedesmal der gleiche Rabatt sein. Mein Buchhalter empfiehlt, den Besuchern 20 Prozent von ihrem Einkauf zu erlassen. Dass soll die Kunden dazu bringen, mehr zu kaufen.
>
> Die Besucher sollen allerdings nur eine Chance bekommen, den Rabattcode zu finden, der bei jedem Besuch unter einem anderen Bild versteckt sein soll. Wenn ein Besucher den Code beim Anklicken eines Bildes findet, soll er auf dem Bildschirm angezeigt werden, bevor er die Seite wieder verlässt. Falls er den Code nicht gefunden hat, soll das Bild hervorgehoben werden, wo der Code versteckt war.
>
> Meinst Du, Du bekommst das genauso gut hin wie den ersten Teil?
>
> --
> Emily Saunders
> jumpforjoyphotos.hg

Für sein Profil hat Emily ein paar Fotos von ihrem Buchhalter gemacht. Sie konnte ihn aber nicht dazu bringen, Freudensprünge zu vollführen. Aber vielleicht helfen Ihre Änderungen ja …

Der Geldmensch hat irgendwie recht ...

Dadurch, dass sich immer nur hinter einem Bild ein Rabattcode verbirgt, muss Emily nicht so viele Rabatte gewähren. Gleichzeitig sorgt sie auf diese Weise dafür, dass die Leute auf ihrer Seite mehr klicken. Es scheint so, als ob die neuen Features *alle* etwas mit Klicken zu tun hätten.

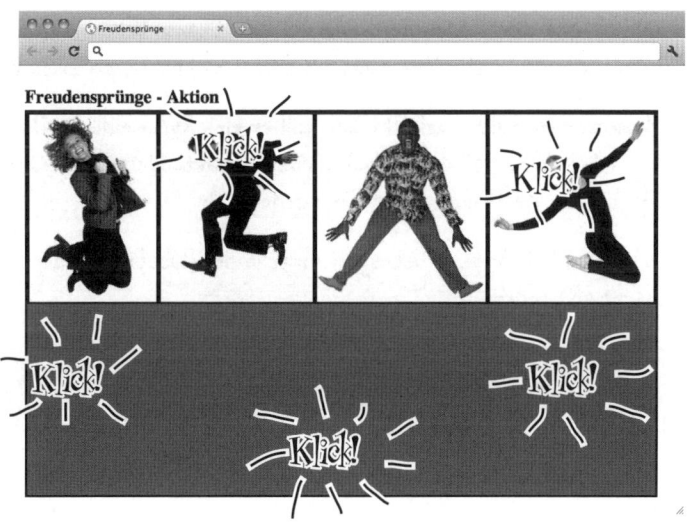

Es ist Zeit für eine neue Anforderungsliste. Sie wissen, was zu tun ist: Sehen Sie sich Emilys E-Mail noch einmal an und picken Sie sich alle neuen Features heraus, die sie haben möchte. Schreiben Sie in verständlichem Deutsch auf, wie Sie die Anforderungen verstanden haben.

Anforderungen:

Lösung

Spitzen Sie Ihren Bleistift
Lösung

Anforderungen:

Es ist Zeit für eine neue Anforderungsliste. Sie wissen, was zu tun ist: Sehen Sie sich Emilys E-Mail noch einmal an und picken Sie sich alle neuen Features heraus, die sie haben möchte. Schreiben Sie in verständlichem Deutsch auf, wie Sie die Anforderungen verstanden haben.

- Die Bilder sollten bei jedem Laden der Seite in einer anderen (zufälligen) Reihenfolge angezeigt werden.

- Die Besucher sollten nach dem Laden der Seite nur eine Chance bekommen, den Rabattcode zu finden. Wir müssen die Besucher also davon abhalten, mehr als einmal zu klicken, um einen besseren Rabatt zu bekommen.

- Nachdem der Benutzer ein Feld angeklickt hat, soll er eine Rückmeldung erhalten, ob es das richtige Feld war oder nicht. Hat der Besucher einen Rabattcode gefunden, soll dieser angezeigt werden, damit er bei der Bestellung eingegeben werden kann.

- Der Rabatt soll immer 20 Prozent betragen. Anstelle des Rabatts soll dem Besucher ein Rabattcode angezeigt werden.

Was unsere Lösung im Moment macht

Was unsere Lösung tun soll

KOPF-NUSS

Sie wissen bereits, wie Sie einen Klick auf einer Seite auslösen können. Aber wie lässt sich sicherstellen, dass ein Besucher das nur einmal tun kann?

In den vorigen Kapiteln haben Sie außerdem erfahren, wie man Code ausführen lässt, wenn etwas angeklickt wird. Können Sie sich denken, wie uns das bei der Lösung helfen kann?

Ereignisreiche Seiten

Bei unserer »Freundensprünge«-Applikation geht es hauptsächlich um Klicks. In jQuery und JavaScript wird ein Klick als *Event* (Ereignis) bezeichnet. (Es gibt noch eine ganze Menge anderer Events. Für unseren Zweck wollen wir uns aber erst einmal nur auf die Klicks konzentrieren.) Ein Event ist ein Mechanismus, der es ermöglicht, ein Stück Code auszuführen, wenn etwas Bestimmtes auf der Seite passiert (wie beispielsweise das Anklicken eines Buttons). Der Code wird in einer *Funktion* ausgeführt. Duch Funktionen wir Ihr jQuery effizienter und besser wiederverwendbar. Wir werden uns in einer Minute genauer mit Funktionen beschäftigen. Vorher wollen wir uns aber ansehen, wie ein click-Event tatsächlich funktioniert.

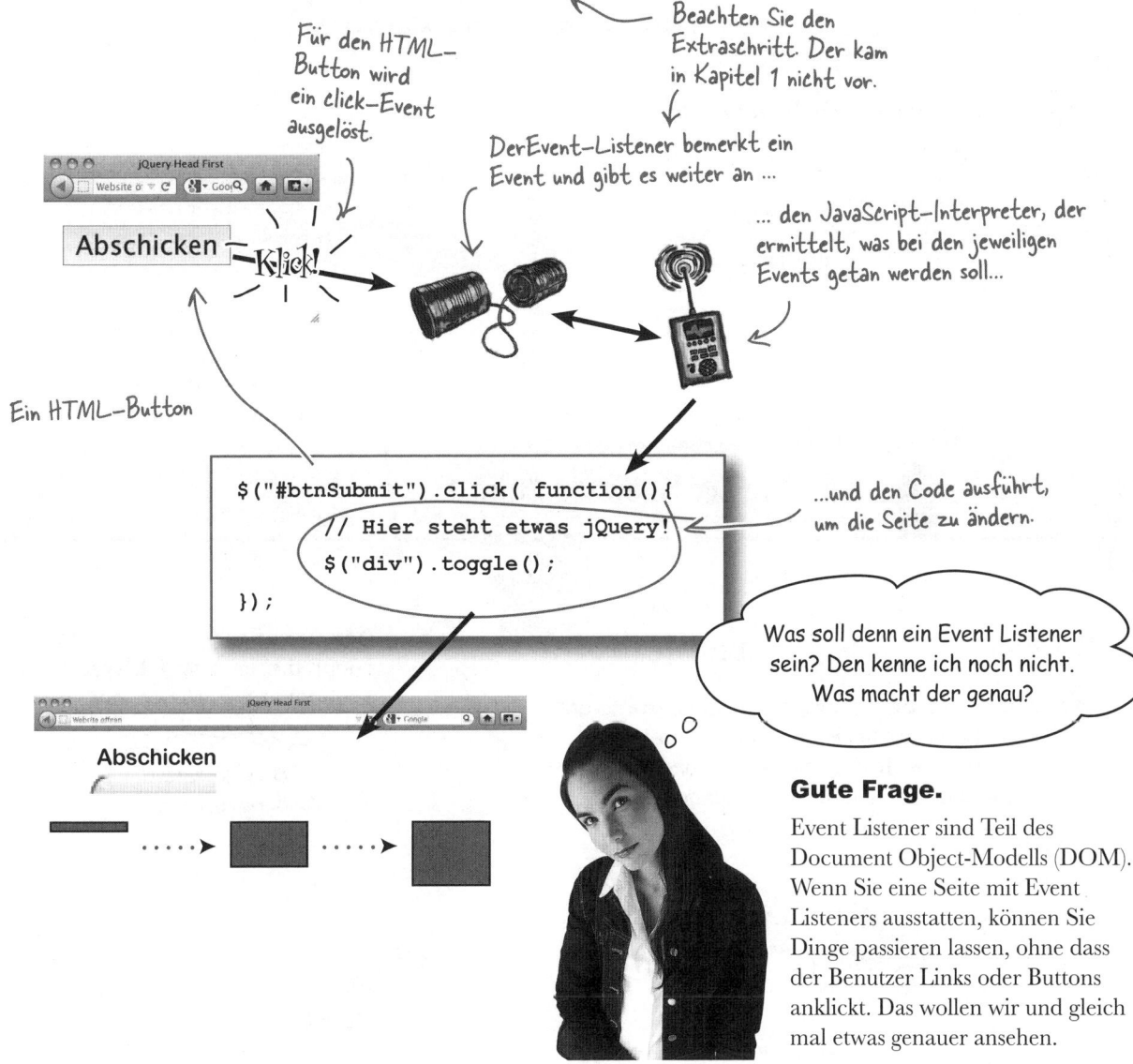

Was soll denn ein Event Listener sein? Den kenne ich noch nicht. Was macht der genau?

Gute Frage.

Event Listener sind Teil des Document Object-Modells (DOM). Wenn Sie eine Seite mit Event Listeners ausstatten, können Sie Dinge passieren lassen, ohne dass der Benutzer Links oder Buttons anklickt. Das wollen wir und gleich mal etwas genauer ansehen.

Licht, Kamera, Events

Hinter den Kulissen eines Event Listeners

Durch Event Listeners merkt der Browser, wenn sich auf der Seite etwas ereignet (der Benutzer eine Aktion ausführt). Dadurch kann er (der Browser) dem JavaScript-Interpreter mitteilen, ob es etwas zu tun gibt oder nicht.

Mit jQuery können Sie auf einfache Weise *jedes beliebige Element* mit Event Listenern versehen. Die Benutzer können also auch andere Dinge anklicken, nicht nur Bilder und Links.

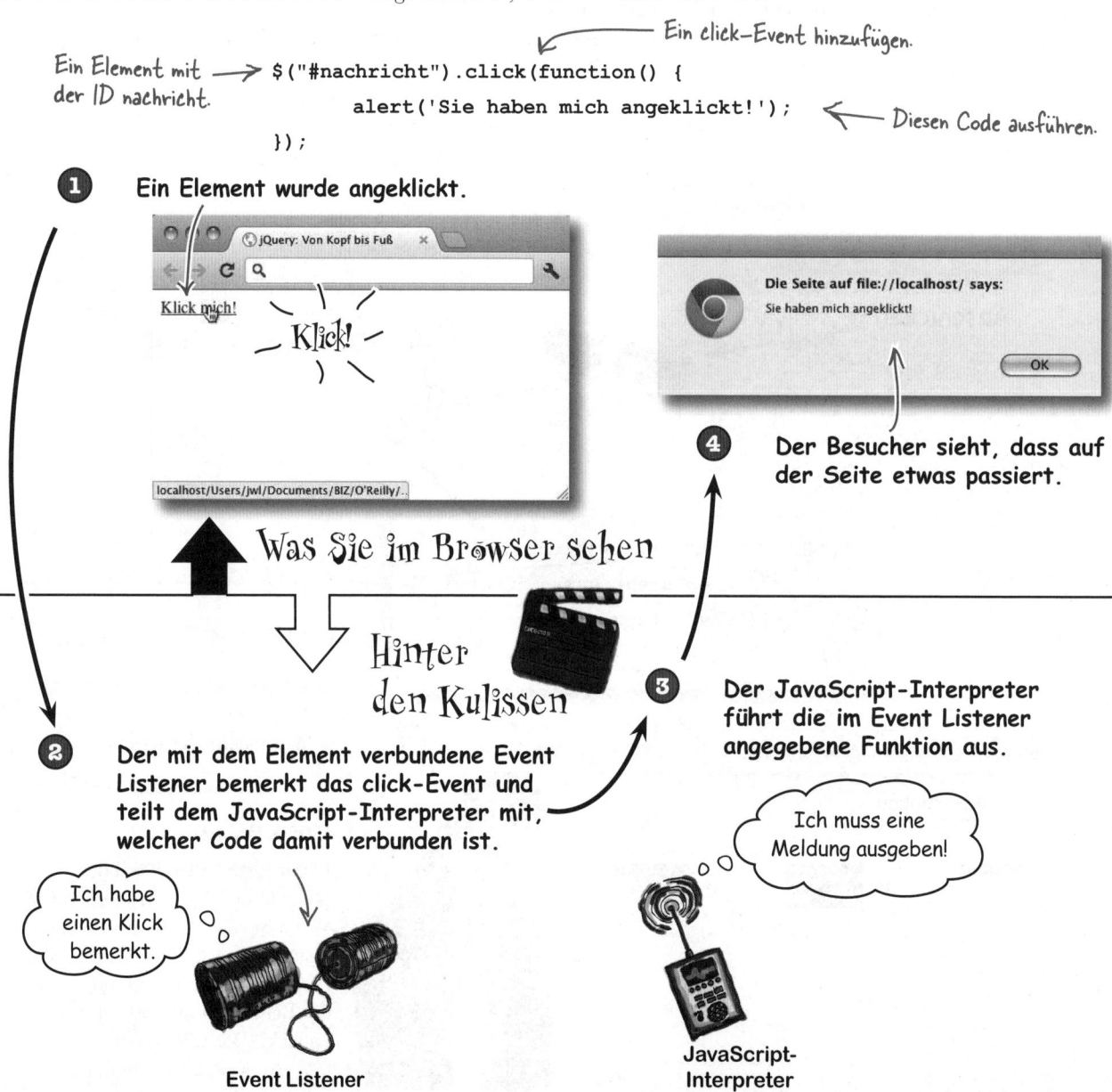

Ein Element mit der ID nachricht. → `$("#nachricht").click(function() {` ← Ein click-Event hinzufügen.
`    alert('Sie haben mich angeklickt!');` ← Diesen Code ausführen.
`});`

① Ein Element wurde angeklickt.

Was Sie im Browser sehen

④ Der Besucher sieht, dass auf der Seite etwas passiert.

Hinter den Kulissen

② Der mit dem Element verbundene Event Listener bemerkt das click-Event und teilt dem JavaScript-Interpreter mit, welcher Code damit verbunden ist.

Ich habe einen Klick bemerkt.

Event Listener

③ Der JavaScript-Interpreter führt die im Event Listener angegebene Funktion aus.

Ich muss eine Meldung ausgeben!

JavaScript-Interpreter

Ein Event binden

Bei der Definition eines Events für ein Element sagt man, dass das Event an das Element *gebunden* wird. Durch diese Bindung weiß der JavaScript-Interpreter, welche Funktion aufgerufen werden soll.

Es gibt zwei Arten, auf die Events an Elemente gebunden werden können.

Methode 1

Diese Methode verwenden wir, um Elemente beim Laden der Seite mit Events zu versehen.

Dieses Vorgehen wird oft auch als *Convenience* -Methode bezeichnet.

```
$("#meinElement").click( function() {
    alert($(this).text());
});
```

Methode 2

Wir können dieses Verfahren genauso nutzen wie die Convenience-Methode. Zusätzlich ist es bei dieser Methode möglich, Events an Elemente zu binden, die erst nach dem Laden der Seite hinzugefügt werden, beispielsweise beim Erstellen neuer DOM-Elemente.

```
$("#meinElement").bind('click', function() {
    alert($(this).text());
});
```

Beide Methoden versehen unser Element mit der ID meinElement mit einem click-Listener.

Aufgepasst

> **Eigentlich ist Methode 1, die Convenience-Methode, nur eine Abkürzung für Methode 2, allerdings nur, wenn das DOM-Element schon existiert.**
>
> *In jQuery gibt es eine Reihe dieser Abkürzungen, die Ihnen dabei helfen, Ihren Code sauber zu halten. Sie werden als Convenience- (Bequemlichkeits-)Methoden bezeichnet, weil sie nur existieren, um die Benutzung von jQuery zu erleichtern. Dafür sind ihre Möglichkeiten aber auch beschränkt. Wenn Sie in Ihrem Code neue DOM-Elemente erstellen, beispielsweise ein anklickbares Bild oder ein neues Listenelement, mit dem interagiert werden soll, werden Sie die zweite Methode brauchen.*

Sie sind hier ▶

Ausgelöst

Events auslösen

Events lassen sich in einer Seite durch die verschiedensten Dinge auslösen. Eigentlich steckt der ganze Browser voller Ereignisse, und fast jeder Teil kann ein Event auslösen.

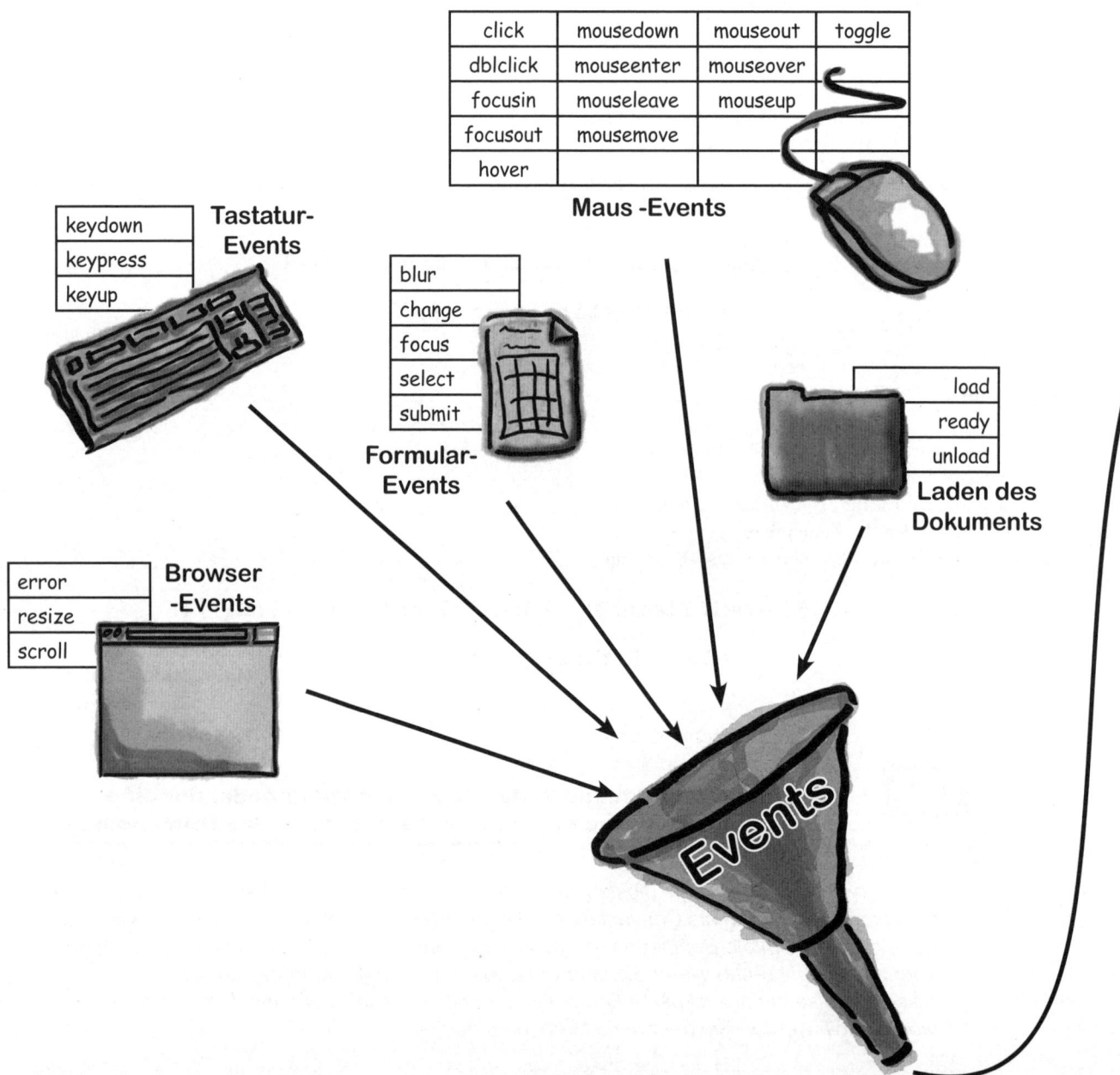

jQuery-Events und -Funktionen

Event wird ausgelöst

Event-Listener

eine Funktion ausführen

JavaScript-Interpreter

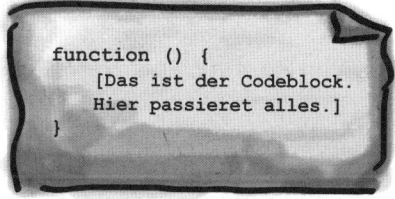

```
function () {
    [Das ist der Codeblock.
    Hier passieret alles.]
}
```

Selektor + Event + Funktion = komplexe Interaktion

Es gibt keine Dummen Fragen

F: Was hat es mit den Funktionen innerhalb der Events auf sich?

A: Das sind die die sogenannten *Handler-Funktionen*. Eine Handler-Funktion ist ein Stück Code, das ausgeführt wird, wenn ein Event ausgelöst wird. Weitere Informationen zu Funktionen finden Sie später in diesem Kapitel.

F: Wo kann ich eine Liste mit den verschiedenen Arten von Events finden?

A: Auf der jQuery-Website unter http://api.jquery.com/category/events/.

F: Wie viele Arten von Events gibt es?

A: Die jQuery-Events werden in fünf Kategorien unterteilt: Browser-Events, Events beim Laden des Dokuments, Formular-Events, Tastatur-Events und Maus-Events.

F: Wie viele verschiedene Events gibt es denn?

A: Innerhalb der Kategorien gibt es fast 30 verschiedene Event-Typen.

F: Was kann ein Event auf einer Seite auslösen (dafür sorgen, dass es sich »ereignet«)?

A: Hauptsächlich werden die verschiedenen Events durch Eingabegeräte (Maus, Tastatur) ausgelöst. Aber auch Ihr Browser, das Dokument, Ihr jQuery-Code und selbst ein HTML-Formular können Events auslösen.

Sie sind hier ▶ **83**

Das Event im Rampenlicht
**Das Interview der Woche:
Was ist dran an diesen Events?**

Von Kopf bis Fuß: Hallo, Event. Danke, dass Sie für uns Zeit haben.

Event: Es freut mich, hier zu sein.

Von Kopf bis Fuß: Also, wer sind Sie wirklich? Wer ist das wahre Event?

Event: Heutzutage bin ich ziemlich eigenständig. Bevor es jQuery gab, lebte ich mal hier und mal dort. Im Prinzip bin ich ein Objekt, das Menschen bei der Interaktion mit einer Webseite hilft.

Von Kopf bis Fuß: Das klingt cool. Ich komme gleich noch mal darauf zu sprechen. Aber was meinen Sie mit »mal hier und mal dort«? Wo kommen Sie denn her?

Event: Das ist eine lange Geschichte. Mitte der neunziger Jahre veröffentlichte Netscape den Navigator 2.0. Das war schon klasse. Damals war ich ein einfaches Modell. Das DOM, JavaScript und ich waren »die Neuen«. Es gab sogar einen W3C-Standard, der festlegte, wie wir implementiert werden sollten.

Von Kopf bis Fuß: Das ist aber schon lange her. Da ist sicher einiges passiert, oder?

Event: Ja, und zwar für uns alle. Wir gerieten mitten in die Browserkriege zwischen Netscape und Microsoft. Am Ende gewann Microsoft, nachdem beide Firmen versucht hatten, sich gegenseitig mit immer tolleren Tricks zu übertrumpfen. Diese Tricks entsprachen nicht dem Standard, sondern wurden nur im Browser des jeweiligen Herstellers unterstützt.

Von Kopf bis Fuß: Das klingt nach einer ziemlich harten Zeit.

Event: Das war es auch. Aber die Situation wendete sich schließlich zum Guten. 1997 veröffentlichten Netscape und Microsoft die Version ihrer jeweiligen Browser. Es gab eine Menge neuer Events und wird konnten mit einer Seite schon ziemlich viel anstellen. Für Events war das eine ziemlich tolle Zeit.

Von Kopf bis Fuß: Und was passierte dann?

Event: Die Sache geriet außer Kontrolle. Netscape wurde Open Source-Software und entwickelte sich später zu Mozilla Firefox. Netscape, das noch einige Zeit parallel existierte, und der Internet Explorer hatten unterschiedliche Event-Modelle. Vieles funktionierte also nur in einem Browser. Das war vor allem für die Benutzer frustrierend, wenn sie eine Seite mit dem »falschen« Browser besuchten. Netscape verschwand zwar langsam von der Bühne, aber dafür kamen neue Browser ins Spiel.

Von Kopf bis Fuß: Und warum ist es jetzt besser?

Event: Zwischen den einzelnen Browsern gibt es immer noch einige Unterschiede. Der Internet Explorer unterstützt andere Events als Firefox, Google Chrome, Apple Safari und Opera. Aber das ändert sich mit jeder neuen Version. Sie halten sich mehr und mehr an die Standards. Die richtig gute Nachricht ist aber, dass jQuery diese Probleme für den Webentwickler löst.

Von Kopf bis Fuß: Echt? Das ist ja großartig! Aber wie funktioniert das? Sie sagten vorhin, Sie seien ein Objekt. Was genau ist damit gemeint?

Event: jQuery weiß, welcher Browser benutzt wird. Dadurch kann es die Events so behandeln, dass der Browser, den der aktuelle Besucher verwendet, auch damit umgehen kann. Ein Objekt ist eigentlich nichts Besonderes. In der Praxis sind Objekte einfach nur Variablen und Funktionen, die zu einer gemeinsamen Struktur kombiniert wurden.

Von Kopf bis Fuß: Wo kann ich denn mehr über Variablen und Funktionen erfahren?

Event: Mehr über mich erfahren Sie in der offiziellen Dokumentation zu jQuery unter der Adresse *http://api.jquery.com/category/events/event-object/*.

Von Kopf bis Fuß: Vielen Dank! Das werde ich mir auf jeden Fall genauer ansehen. Und wie können wir Sie am besten auf unseren Seiten einsetzen?

Event: Dafür müssen Sie mich zumindest an etwas binden, damit der Event Listener weiß, worauf er achten muss. Dann muss mich irgendetwas auslösen. Dadurch kann ich den gewünschten Code ausführen, wenn ein Event stattfindet.

Von Kopf bis Fuß: Aber woher wissen Sie, welcher Code ausgeführt werden soll?

Event: Das passiert, wenn ich an ein Element gebunden werde. Dabei kann so ziemlich jeder Code ausgeführt werden. Genau deshalb bin ich ja so nützlich. Wenn Sie wollen, können Sie die Bindung übrigens auch wieder aufheben. In diesem Fall beachtet der Event Listener Events von diesem Element nicht mehr. Code, der für dieses Element definiert wurde, wird dann nicht mehr ausgeführt.

Von Kopf bis Fuß: Das klingt ziemlich geschickt. Leider haben wir nicht mehr so viel Zeit. Wo kann ich denn mehr über Sie und die verschiedenen Arten von Events auf einer Seite erfahren?

Event: Der Link, den ich Ihnen gegeben habe, erklärt, was mich zu einem Objekt macht. Weitere Informationen über mich und die verschiedenen Arten von Events gibt es auf der jQuery-Website im Bereich Documentation. Vielen Dank für die Einladung.

Von Kopf bis Fuß: Danke für den Besuch. Wir freuen uns darauf, Sie in unserem Code zu benutzen.

Mit Variablen und Funktionen werden wir uns später in diesem Kapitel beschäftigen.

Außerdem werden wir uns in den folgenden Kapiteln JavaScript noch genauer ansehen.

Ein Event entfernen

Genauso oft wie Sie Events binden, müssen Sie Events von Elementen *entfernen* – beispielsweise, wenn Sie nicht wollen, dass die Besucher einen Submit-Button zweimal anklicken oder etwas anderes auf der Seite nur einmal passieren soll. Genau das brauchen wir für die Anforderungen unserer »Freudensprünge«-Seite.

Nachdem ein Event an ein Element gebunden wurde, können wir es entfernen, damit es nicht noch einmal ausgelöst wird.

Ein Event entfernen

Der Befehl **unbind** weist den Browser an, ein bestimmtes Event für dieses Element nicht mehr zu beachten.

Diesen Code ausführen, wenn meinElement angeklickt wurde.

Einen click-Event Listener an das Element mit der ID meinElement binden.

```
$("#meinElement").bind ('click', function() {
    alert($(this).text());
});
```

Das click-Event von meinElement entfernen.

```
$("#meinElement").unbind('click');
```

Alle Events entfernen

Einen focus-Event Listener an das Element mit der ID meinElement binden.

```
$("#meinElement").bind ('focus', function() {
    alert("Ich habe den Fokus.");
});
```

Einen click-Event Listener an das Element mit der ID meinElement binden.

```
$("#meinElement").click(function(){
    alert('Sie haben mich angeklickt.');
});
```

Den Browser anweisen, Events von meinElement nicht mehr zu beachten.

```
$("#myElement").unbind();
```

jQuery-Events und -Funktionen

Ein mit einem Element verbundener Event Listener sitzt also im Browser und wartet darauf, dass ein Event ausgelöst wird. Dann sagt er dem JavaScript-Interpreter, was getan werden soll, richtig?

Ja, das ist vollkommen richtig!

Wir wollen einmal sehen, welche Events uns beim Erfüllen der ersten Anforderung helfen können.

- Die Besucher sollten nach dem Laden der Seite nur eine Chance bekommen, den Rabattcode zu finden. Wir müssen die Besucher also davon abhalten, mehr als einmal zu klicken, um einen besseren Rabatt zu bekommen.

Die Benutzer sollen nur eine Gelegenheit haben, den Rabattcode zu finden.

 **Spitzen Sie Ihren Bleistift**

Aktualisieren Sie den Code aus dem letzten Kapitel mit den Informationen über **$(this)** und dem, was Sie über Events gelernt haben. Überarbeiten Sie den Code, so dass das click-Event von den div-Elementen entfernt wird.

```
$(".ratespiel").click( function() {
$(".ratespiel p").remove();
var rabatt = Math.floor((Math.random()*5) + 5);
var rabatt_nachricht = "<p>Ihr Rabatt beträgt "+ rabatt+"%</p>";
alert(rabatt);
$(this).append(rabatt_nachricht);
.............................................................................
.............................................................................
.............................................................................
});
```

index.html

Lösung

Spitzen Sie Ihren Bleistift
Lösung

Aktualisieren Sie den Code aus dem letzten Kapitel mit den Informationen über `$(this)` und dem, was Sie über Events gelernt haben. Überarbeiten Sie den Code, so dass das click-Event von den `div`-Elementen entfernt wird.

```
$(".ratespiel").click( function() {
    $(".ratespiel p").remove();
        var rabatt = Math.floor((Math.random()*5) + 5);
        var rabatt_nachricht = "<p>Ihr Rabatt beträgt "+ rabatt+"%</p>";
        alert(rabatt);
        $(this).append(rabatt_nachricht);

        $(this).unbind("click");
    });
```

$(this).unbind("click"); ← Dem Browser mitteilen, dass er nicht mehr auf Events des aktuellen Elements achten soll.

index.html

PROBEFAHRT

Aktualisieren Sie Ihre *index.html*-Datei mit diesem neuen Code. Klicken Sie ein wenig darin herum, um zu überprüfen, dass alles wie gewünscht funktioniert.

jQuery-*Events* und *-Funktionen*

Sie haben recht. Das click-Event wird noch nicht von allen Elementen entfernt.

Das Event wird nur von den Elementen entfernt, die bereits angeklickt wurden. Andere Felder können also immer noch angeklickt werden. Es wäre gut, wenn Sie das Anklicken der anderen Felder auch verhindern könnten.

KOPF-
NUSS

Wie können Sie das click-Event **für alle Felder** entfernen, nachdem der Besucher **eines des Felder angeklickt** hat? Müssen Sie die Felder vielleicht einzeln behandeln?

Hey, mach das nochmal!

Die Elemente der Reihe nach durchgehen

Oft ist es nötig, die Elemente *eines nach dem anderen* zu bearbeiten. Zum Glück gibt es in jQuery die Möglichkeit, eine *Schleife* über eine Gruppe von Elementen auszuführen, je nachdem, welcher Selektor gewählt wird. Das Durchlaufen von Schleifen wird auch als *Iteration* bezeichnet. Dabei wird für jedes Element der Gruppe eine bestimmte Aktion durchgeführt.

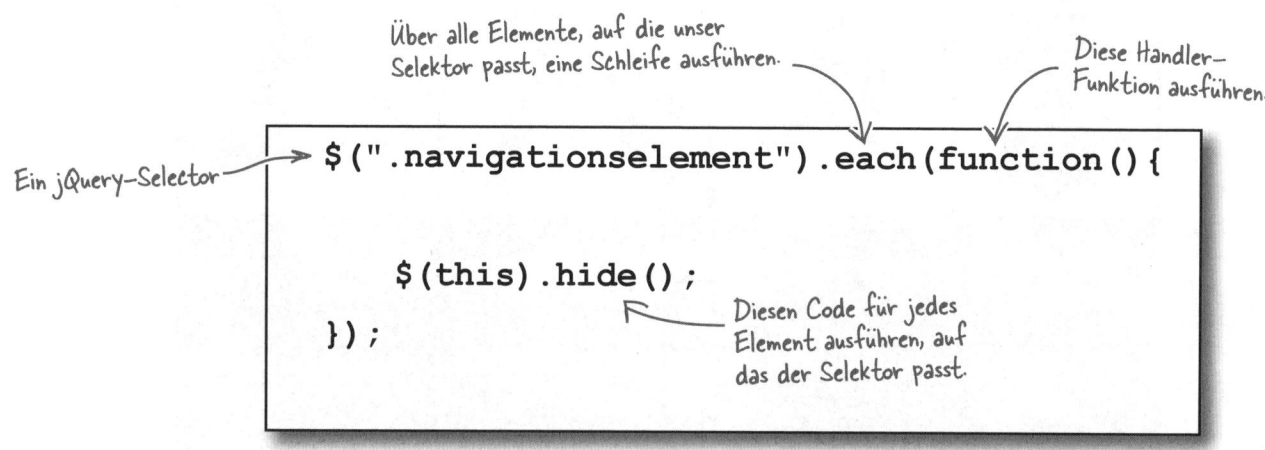

Es gibt keine Dummen Fragen

F: Kann ich in meinem Code Events auslösen?

A: Ja sicher! Das kommt sogar recht häufig vor. Gute Beispiele hierfür sind das Abschicken von Formularen zur Überprüfung oder das Verstecken von modalen Pop-up-Fenstern, um nur ein paar zu nennen.

F: Und wie löse ich ein Event aus?

A: Wie bei den meisten Sachen haben die Erfinder von jQuery versucht, das Ganze so zu gestalten, dass man es sich leicht merken kann. Sie brauchen dafür nur die `.trigger`-Methode und einen Selektor, zum Beispiel `$("button:first").trigger('click');` oder `$("form").trigger('submit');`.

F: Kann ich Events in meiner Webseite auch ohne jQuery benutzen?

A: Ja, das geht. jQuery macht die Bindung von Events an Elemente nur einfacher, weil es browserübergreifend funktioniert und einfach benutzbare Funktionen verwendet, um Events an Elemente zu binden.

F: Wie funktioniert `.each`?

A: `.each` verwendet den aufrufenden Selektor und erzeugt daraus ein Array der Elemente, auf die der Selektor passt. Danach wird jedes Element im Array der Reihe nach bearbeitet. Keine Angst, wir werden uns später noch genauer mit Arrays und Schleifen befassen.

F: Ich habe gesehen, dass man mit jQuery auch Elemente erstellen kann, nachdem die Seite geladen wurde. Können diese Elemente auch mit Events versehen werden?

A: Ja, das geht. Nachdem ein Element erzeugt wurde, können Sie ebenfalls die `.bind`-Methode verwenden, um es mit einem Event Listener zu versehen. Wenn Sie schon vorher wissen, dass sich die neu erzeugten Elemente verhalten sollen wie Elemente, die es bereits gibt, können Sie auch die Methode `.live` benutzen. Damit können Sie alle Element mit einem Handler ausstatten, auf die der aktuelle Selektor passt, jetzt und in Zukunft. Das funktioniert sogar für Elemente, die noch gar nicht in das DOM eingefügt wurden.

 Spitzen Sie Ihren Bleistift

Schreiben Sie den Code, um das click-Event von allen anklickbaren Feldern in der »Freudensprünge«-Seite zu entfernen. Lesen Sie sich Ihren Code aufmerksam durch, um zu sehen, ob es Teile gibt, die nicht mehr gebraucht werden.

```
$(".ratespiel").click( function() {
  $(".ratespiel p").remove();
  var rabatt = Math.floor((Math.random()*5) + 5);
  var rabatt_nachricht = "<p>Ihr Rabatt beträgt "+rabatt+"%</p>";
  $(this).append(rabatt_nachricht);


  $(this).unbind('click');
});
```

index.html

Lösung

Spitzen Sie Ihren Bleistift
Lösung

Durch den Aufruf der `.each`-Methode für die `.ratespiel`-Klasse wird eine Schleife über alle Element mit dieser Klasse ausgeführt. So können Sie die die click-Methode nacheinander für jedes Element entfernen. Dadurch wird auch der `.remove`-Code nicht mehr gebraucht, weil die Benutzer nur noch ein Mal klicken.

Da die Leute nur ein Mal klicken sollen, brauchen Sie den alten Absatz nicht mehr zu entfernen.

```
$(".ratespiel").click( function(){
    $(".ratespiel p").remove();
    var rabatt = Math.floor((Math.random()*5) + 5);
    var rabatt_nachricht = "<p>Ihr Rabatt beträgt "+ rabatt+"%</p>";
    alert(rabatt);
    $(this).append(rabatt_nachricht);

    $(".ratespiel").each( function(){
        $(this).unbind('click');
    });
});
```

Über jedes Element mit der Klasse .ratespiel iterieren und das click-Event entfernen.

index.html

Halt, stopp!
Die HTML-Datei enthält mehr Skriptcode als tatsächlichen Inhalt. Bevor Sie weitermachen, sollten Sie die Datei auf jeden Fall etwas ausdünnen ...

jQuery-Events und -Funktionen

Können wir das Skript vielleicht in eine eigene Datei auslagern? Mit CSS geht das doch auch?

Tatsächlich gibt es mehrere Gründe, den jQuery-Code in eine separate Datei auszulagern.

1. Sie können den Code auf mehr als einer Seite verwenden

2. Die Seite lädt schneller.

3. Der HTML-Code in der Seite wird klarer und besser lesbar.

Übung

Sie wissen bereits, wie Sie CSS-Dateien in Ihre Seite einbinden können, und wir haben auch schon gesehen, wie die jQuery-Bibliothek geladen wird. Das Einbinden Ihrer eigenen JavaScript-/jQuery-Dateien funktioniert genauso.

Im Wurzelverzeichnis Ihrer Website sollte sich bereits ein Ordner mit dem Namen *scripts* befinden (in dem Sie die jQuery-Bibliothek gespeichert haben.)

1. Verwenden Sie den Texteditor Ihrer Wahl, um eine Datei namens *meine_scripts.js* zu erstellen. Speichern Sie diese Datei im *scripts*-Ordner.

2. Nehmen Sie den gesamten JavaScript- und jQuery-Code aus Ihrer *index.html* Datei und verschieben Sie ihn in diese neue Datei. In der neuen Datei werden die Tags `<script>` und `</script>` nicht gebraucht.

3. Legen Sie in der HTML-Datei einen Link auf die neue Datei an, indem Sie vor dem schließenden `</body>` folgenden Code einfügen:

```
<script src="scripts/my_scripts.js"></script>
```

Sie sind hier ▸

Übungslösung

LÖSUNG ZUR ÜBUNG

Sie wissen bereits, wie Sie CSS-Dateien in Ihre Seite einbinden können, und wir haben uns auch schon angesehen, wie die jQuery-Bibliothek geladen wird. Das Einbinden Ihrer eigenen JavaScript-/jQuery-Dateien funktioniert genauso.

① Verwenden Sie den Texteditor Ihrer Wahl, um eine Datei namens *meine_scripts.js* zu erstellen. Speichern Sie diese Datei im *scripts*-Ordner.

② Nehmen Sie den gesamten JavaScript- und jQuery-Code aus Ihrer Datei und verschieben Sie ihn in diese neue Datei. In der neuen Datei werden die `<script>`- und `</script>`-Tags nicht gebraucht.

```javascript
$(document).ready(function() {
  $(".ratespiel").click( function() {
     var rabatt = Math.floor((Math.random()*5) + 5);
     var rabatt_nachricht = "<p>Ihr Rabatt beträgt "+ rabatt+"%</p>";
     $(this).append(rabatt_nachricht);

    $(".ratespiel").each( function(){
      $(this).unbind('click');
    });
  });
});
```

meine_scripts.js

Wenn Sie diese Datei in jede HTML-Seite des Projekts einbinden, können Sie den Code überall benutzen, ohne ihn in jeder Datei wiederholen zu müssen.

3 Legen Sie in der HTML-Datei einen Link auf die neue Datei an, indem Sie vor dem schließenden `</body>` folgenden Code einfügen:

```html
<!DOCTYPE html>
<meta charset="utf-8" />
<html>
  <head>
  <meta charset="utf-8" />
    <title>Freudensprünge</title>
    <link href="css/mein_stil.css" rel="stylesheet">
  </head>
  <body>
    <div id="kopfteil">
      <h2>Freudensprünge - Aktion</h2>
    </div>
    <div id="hauptteil">
      <div class="ratespiel"><img src="bilder/sprung1.jpg"/></div>
      <div class="ratespiel"><img src="bilder/sprung2.jpg"/></div>
      <div class="ratespiel"><img src="bilder/sprung3.jpg"/></div>
      <div class="ratespiel"><img src="bilder/sprung4.jpg"/></div>
    </div>
  <script src="scripts/jquery-1.7.1.min.js"></script>
  <script src="scripts/meine_scripts.js"></script>
</body>
<html>
```

index.html

Das ist schon viel besser. Übersichtlich und strukturiert. Bitte weiterfahren ...

Ahh, das ist schon viel besser

Ihre Projektstruktur

Sie haben gerade eine wichtige Änderung einer Struktur Ihrer Dateien vorgenommen. Lassen Sie uns sehen, wie wir das alles zusammenbringen können. Seit unserem letzten Blick auf die Struktur haben wir ein paar Dinge hinzugefügt.

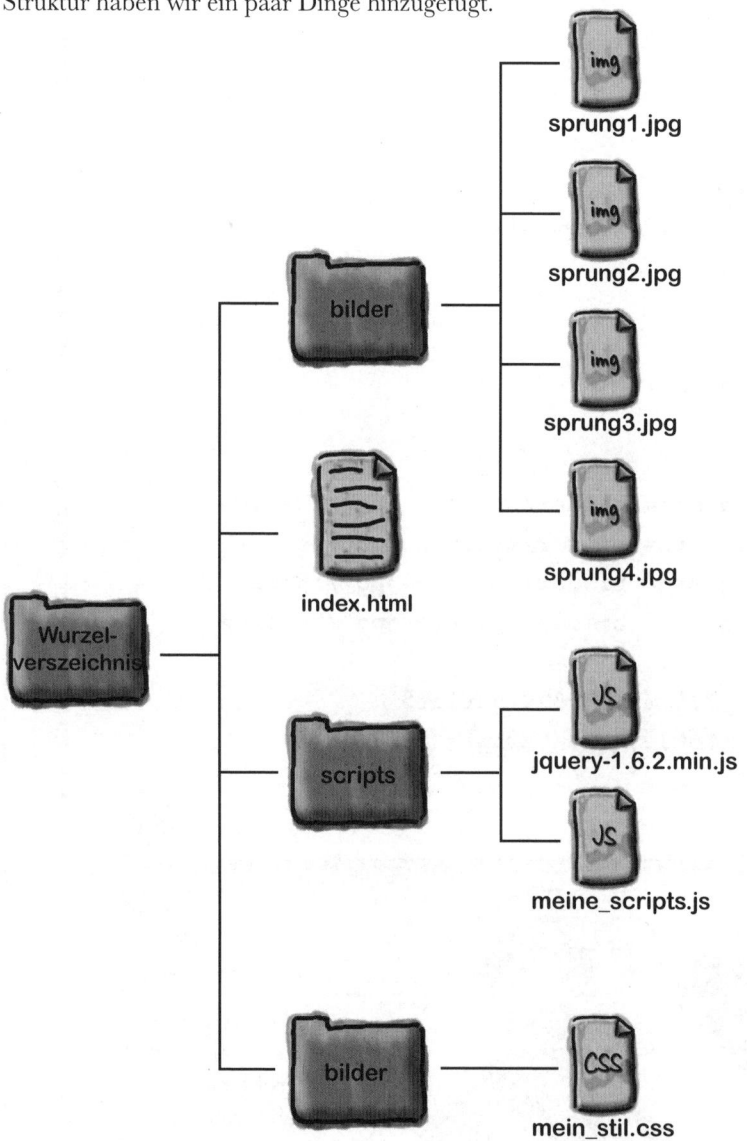

Es gibt keine Dummen Fragen

F: Warum endet der Dateiname auf *.js*?

A: Weil es sich um eine JavaScript-Bibliothek handelt. Sämtlicher von uns geschriebener Code soll als JavaScript in die Webseiten eingebunden werden.

F: Wie hilft uns das, die Geschwindigkeit der Seite zu steigern?

A: Wenn Sie die *.js*-Datei in mehrere HTML-Dateien einbinden, muss Ihr Browser die Bibliothek nur einmal vom Server herunterladen. Danach wird sie im Browsercache zwischengespeichert und muss nicht bei jedem Aufruf neu angefordert werden.

F: Warum brauchen wir in der Datei *meine_scripts.js* keine `<script>`- und `</script>`-Tags?

A: Weil es sich um HTML-Tags handelt. Da sich die Tags bereits in der HTML-Seite befinden, weiß der Browser, was er zu erwarten hat.

jQuery-Magneten

Benutzen Sie die Codemagneten, um Ihre Projektdateien so zu organisieren, dass Sie wissen, wie der HTML-, CSS- und jQuery-Code aufgeteilt wird. Wir wollen dafür sorgen, dass Sie das jedes Mal richtig machen.

```
<!DOCTYPE html>
<html>
  ..................
    <title>Freudensprünge</title>
    <link href="styles/mein_stil.css" rel="stylesheet">
  </head>
  ..................
  <div id="kopfteil">
    <h2>Freudensprünge-Aktion</h2>

  ..................
  <div id="hauptteil">
    <div ................><img src="bilder/sprung1.jpg"/></div>
    <div class="ratespiel"><img src="bilder/sprung2.jpg"/></div>
    <div class="ratespiel"><img src="bilder/sprung3.jpg"/></div>
    <div ................><img src="bilder/sprung4.jpg"/></div>
  </div>
  <script src="scripts/................"></script>
  <  ........  src="scripts/meine_scripts.js"></script>
</body>
  ..........
<html>
```

Magnete: `rabatt`, `this`, `});`, `<head>`, `".ratespiel"`, `</div>`

index.html

```
$(document).ready(function() {
  $(................).click( function() {
    var ............ = Math.floor((Math.random()*5) + 5);
    var rabatt_nachricht = "<p>Ihr Rabatt beträgt "+
    rabatt+"%</p>";
    $(............).append(discount);

    $(".ratespiel").each( function(){
      $(this).unbind('click');
    });
  ..................
});
```

meine_scripts.js

Magnete: `jquery-1.7.1.min.js`, `<body>`, `class="ratespiel"`, `script`, `class="ratespiel"`

jQuery-Magneten-Lösung

jQuery –Magneten: Lösung

Benutzen Sie die Codemagneten, um Ihre Projektdateien so zu organisieren, dass Sie wissen, wie der HTML-, CSS- und jQuery-Code aufgeteilt wird. Wir wollen dafür sorgen, dass Sie das jedes Mal richtig machen.

```html
<!DOCTYPE html>
<html>
  <head>
    <title>Freudensprünge</title>
    <link href="styles/mein_stil.css" rel="stylesheet">
  </head>
  <body>
    <div id="kopfteil">
      <h2>Freudensprünge-Aktion</h2>
    </div>
    <div id="hauptteil">
      <div class="ratespiel" ><img src="bilder/sprung1.jpg"/></div>
      <div class="guess_box"><img src="bilder/sprung2.jpg"/></div>
      <div class="guess_box"><img src="bilder/sprung3.jpg"/></div>
      <div class="ratespiel" ><img src="bilder/sprung4.jpg"/></div>
    </div>
    <script src="scripts/ jquery-1.7.1.min.js "></script>
    < script src="scripts/meine_scripts.js"></script>
  </body>
<html>
```

index.html

```javascript
$(document).ready(function() {
  $( ".ratespiel" ).click( function() {
    var rabatt = Math.floor((Math.random()*5) + 5);
    var discount = "<p>Ihr Rabatt beträgt "+ rabatt+"%</p>";
    $( this ).append(discount);

    $(".ratespiel").each( function(){
      $(this).unbind('click');
    });
  });
});
```

my_scripts.js

98   Kapitel 3

jQuery-Events und -Funktionen

Wäre es nicht traumhaft, wenn wir den jQuery-Code nur **einmal** schreiben müssten und ihn bei Bedarf immer wiederverwenden könnten? Aber ich weiß ja: Das ist nur ein Traum ...

Sie sind hier ▶

Reduzieren, wiederverwenden, recyclen

Die Dinge function-sfähig machen

Nachdem wir uns angesehen haben, wie man Events zu einer Seite hinzufügen und wieder entfernen kann, wollen wir uns mit einem weiteren wichtigen Merkmal beschäftigen, das uns dabei hilft, mit jQuery die Erstellung von Webseiten zu meistern: *Funktionen*.

Eine Funktion ist ein Codeblock, der separat vom restlichen Code existiert und den Sie an beliebiger Stelle in Ihrem Skript ausführen können.

Ob Sie's glauben oder nicht, wir haben Funktionen in diesem Buch schon die ganze Zeit benutzt. Kommen Ihnen diese Dinge vielleicht bekannt vor?

Das sind die Sachen, die wir im Code dieses Buches bisher benutzt haben.

```
$(document).ready(function(){
    $("#klickMich").click(function(){
        //Hier passiert was!
    });
    $(".ratespiel").click(function(){
        //Hier passiert noch mehr!
    });
});
```

Sehen Sie sich die ganzen Funktionen an!

jQuery stellt Ihnen bereits eine Menge Funktionen zur Verfügung. Sie können aber auch Ihre eigenen Funktionen schreiben, um Dinge zu tun, die jQuery von sich aus nicht kann. Wenn Sie eine eigene Funktion erstellen, können Sie Ihren Code wieder und wieder verwenden, ohne ihn im Skript ständig wiederholen zu müssen. Stattdessen rufen Sie einfach die Funktion mit ihrem Namen auf, wenn Sie den enthaltenen Code ausführen wollen.

Durch eigene Funktionen können einem Stück jQuery-Code einen eigenen Namen geben. Dadurch lässt es sich leicht wiederverwenden.

Die Innereien einer Funktion

Um eine Funktion zu erstellen, benötigen Sie eine spezielle Schreibweise, die den Namen der Funktion mit dem auszuführenden Code verbindet. Hier sehen Sie die Syntax für die einfachste Form einer JavaScript-Funktion:

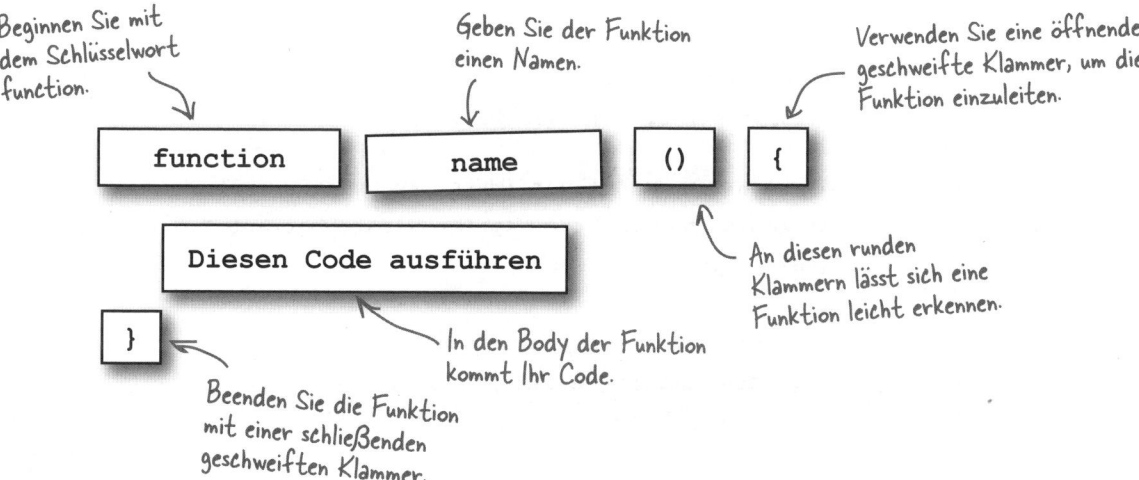

Funktionen richtig benennen

Es gibt zwei Möglichkeiten, Funktionen einen Namen zu geben.

Funktionsdeklaration

Die erste Methode verwendet eine *Funktionsdeklaration*. Sie definiert eine benannte Funktionsvariable, ohne dass dafür eine Variable zugewiesen werden muss:

```
function meineFunktion1(){      Der Name
    $("div").hide();            der Funktion
}
```

Funktionsausdruck

Ein benannter *Funktionsausdruck* definiert eine Funktion als Teil eines größeren Ausdrucks (typischerweise eine Variablenzuweisung):

```
var meineFunktion2 = function() {
    $("div").show();
}
```
Hiermit wird gleichzeitig eine Variable zugewiesen.

Wozu denn Funktionsnamen? Die Funktionen, die wir bisher benutzt haben, hatten doch auch keine. Warum also jetzt damit anfangen?

Gute Frage.

Durch die Bennung Ihrer Funktionen, können Sie sie an beliebiger Stelle in Ihrem Code wieder aufrufen. Funktionen ohne Namen, auch *anonyme* Funktionen genannt, sind in ihrer Verwendbarkeit eher beschränkt. Lassen Sie uns die anonymen Funktionen einmal genauer betrachten, damit Sie sehen, wie groß die Einschränkungen sind, wenn man keinen Namen hat.

Was ist ein Name?

Anonyme Funktionen

Anonyme oder auch *selbstausführende* Funktionen haben keinen Namen und werden sofort ausgeführt, wenn sie im Code gefunden werden. Variablen, die innerhalb der Funktion deklariert wurden, stehen außerdem nur zur Verfügung, *während die Funktion ausgeführt wird*.

Diese Funktion kann nicht an anderer Stelle im Skript aufgerufen werden.

```
$(document).ready(function() {
   $(".ratespiel").click( function() {

     var rabatt = Math.floor((Math.random()*5) + 5);
     var rabatt_nachricht = "<p>Ihr Rabatt beträgt " + rabatt + "%</p>";
     $(this).append(discount);

     $(".guess_box").each( function(){
        $(this).unbind('click');
     });
   });
});
```

Wenn wir diesen Code woanders wiederverwenden möchten, müssen wir ihn duplizieren.

— Variablen —

meine_scripts.js

> **Aufgepasst**
>
> **Weil wir dieser Funktion keinen Namen gegeben haben, können wir ihn nirgendwo anders in unserem Code aufrufen.**

Es gibt keine Dummen Fragen

F: Was ist der Unterschied zwischen einer Funktionsdeklaration und einem benannten Funktionsausdruck?

A: Der Hauptunterschied hat mit der zeitlichen Abfolge zu tun. Eine Funktion, die als *benannter Funktionsausdruck* deklariert wurde, kann erst bei ihrem Auftauchen im Code benutzt werden. Wurde die Funktion dagegen mit der *Funktionsdeklarationsmethode* definiert, kann sie an beliebiger Stelle in der Seite aufgerufen werden, sogar als onload-Handler.

F: Gibt es bei der Namensgebung für eine Funktion irgendwelche Einschränkungen?

A: Ja. Funktionsnamen dürfen niemals mit einer Ziffer beginnen. Außerdem dürfen sie keinerlei mathematische Operatoren oder Interpunktionszeichen außer dem Unterstrich (_) enthalten. Zudem darf der Name keinerlei Leerzeichen enthalten. Sowohl bei Variablen- als auch bei Funktionsnamen wird zwischen Groß- und Kleinschreibung unterschieden.

jQuery-Events und -Funktionen

Benannte Funktionen als Event-Handler

Weiter vorne haben wir bereits gesehen, wie anonyme Funktionen als Handler-Funktionen für Events benutzt werden können. Tatsächlich können wir aber auch unsere eigenen Funktionen als Handler benutzen und sie direkt aus unserem Code aufrufen. Lassen Sie uns nochmal einen Blick auf die Funktionen werfen, die wir vor zwei Seiten benannt haben.

Funktionsdeklaration

```
function meineFunktion1(){
    $("div").hide();
}
```

Eine Funktion aus unserem Code aufrufen.

Hier werden runde Klammern gebraucht.

`meineFunktion1();`

Laut dem Rest der Funktionsdeklaration werden diese div-Elemente versteckt.

Funktionsausdruck

```
var meineFunktion2 = function() {
    $("div").show();
}
```

Unsere Funktionsnamen.

`$("#meinElement").click(meineFunktion2);`

Funktion als Handler-Funktion aufrufen.

Wenn unsere Funktion als Handler-Funktion aufgerufen wird, werden keine runden Klammern gebraucht.

Das hier bedeutet, dass die div-Elemente angezeigt werden, sobald meinElement angeklickt wurde.

jQuery-Magneten

Versuchen Sie, die Magneten so zu platzieren, dass der Code, der den Rabatt überprüft, in seiner eigenen benannten Funktion mit dem Namen **rabattUeberpruefen** landet. Die Funktion soll dann als Handler für das click-Event der Ratespiel-Felder verwendet werden.

```
$(document).ready(function() {
  $(".ratespiel").click( checkForCode );

  ............................................................

    var rabatt = Math.floor((Math.random()*5) + 5);
    ............ rabatt_nachricht = "<p>Ihr Rabatt beträgt
        "+rabatt+"%</p>";

    $(this).append(            );

    $(".ratespiel").each( function(){
      $(this).unbind('            ');
    });
});
```

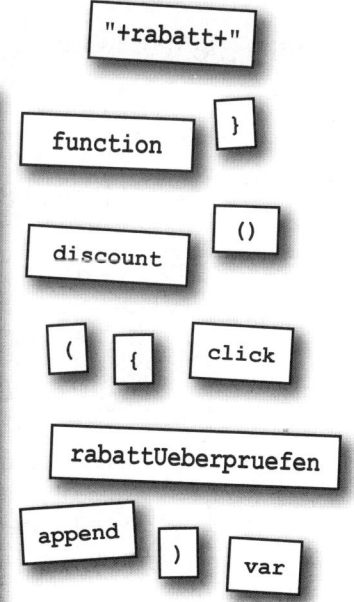

meine_scripts.js

jQuery-Magneten-Lösung

jQuery-Magneten: Lösung

Versuchen Sie, die Magneten so zu platzieren, dass der Code, der den Rabatt überprüft, in seiner eigenen benannten Funktion mit dem Namen **rabattUeberpruefen** landet. Die Funktion soll dann als Handler für das click-Event der Ratespiel-Felder verwendet werden.

Unsere benannte Funktion als Handler.

Anweisung mit einem Semikolon beenden.

Die Funktionsdeklaration

Der Zufallszahlengenerator aus Kapitel 2

```
$(document).ready(function() {
  $(".ratespiel").click( rabattUeberpruefen );
  function rabattUeberpruefen () {
    var rabatt = Math.floor((Math.random()*5) + 5);
    var rabatt_nachricht = "<p>Ihr Rabatt beträgt "+rabatt+"%</p>";
    $(this).append( rabatt_nachricht );

    $(".ratespiel").each( function(){
      $(this).unbind(' click ');
    });
  }
});
```

Rabatt auf dem Bildschirm anzeigen.

Das click-Event entfernen, wie zuvor in diesem Kapitel gelernt.

meine_scripts.js

Tun Sie das hier!

Diese Magneten wurden nicht gebraucht: `)` `(` `"+rabatt+"` `append`

Gute Arbeit! Wenn Sie Ihre JavaScript-Datei mit diesem Code aktualisieren, haben Sie Ihre erste Funktion erstellt und als Handler für ein click-Event benutzt.

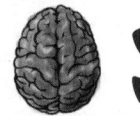

KOPF-NUSS

Wie könnte eine Funktion aussehen, die den Rabattcode in einem zufällig gewählten Feld versteckt? Wie würden Sie eine Funktion schreiben, die eine Zufallszahl für den Code erzeugt?

Tipp: Da der Zufallszahlengenerator jetzt Teil einer Funktionsdeklaration ist, können Sie ihn sowohl in der rabattUeberpruefen-Funktion verwenden, ALS AUCH in Ihrer neuen Funktion, die den Rabattcode in einem zufälligen Feld versteckt.

jQuery-Events und -Funktionen

> Das heißt, unsere Funktion muss unterschiedlich reagieren, je nachdem, welches Feld angeklickt wurde. Wie könnte das wohl gehen?

Manchmal sollen Funktionen eine Aufgabe mehr als einmal ausführen. Je nachdem, welche Informationen wir übergeben, soll es ein anderes Ergebnis geben.

Sie können *Variablen* an Ihre Funktionen übergeben. Wie Sie aus Kapitel 2 wissen, können Variablen verwendet werden, um Informationen zu speichern, die sich im Laufe der Zeit ändern. Auch wenn wir uns schon einmal damit beschäftigt haben, wollen wir noch einmal sehen, wie Variablen funktionieren.

Mit dem Schlüsselwort var wird die Variable deklariert.

Auf das Schlüsselwort var folgt der Name Ihrer Variablen.

Und das ist der Code, mit dem die Variable ihren Wert erhält.

```
var punkte = 250;
```

Wenn wir eine JavaScript-Variable deklarieren, gibt uns der JS-Interpreter etwas vom Arbeitsspeicher des Browsers ab. Dort können Ihre Daten gespeichert werden.

Die Variable erhält einen Namen, damit wir sie später im Skript weiterverwenden können.

Mithilfe des Gleichheitszeichens kommt der Wert in die Variable.

Ein paar Variablen haben wir in unserem Code bereits benutzt. Wissen Sie noch?

```
var rabatt = Math.floor((Math.random()*5) + 5);

var rabatt_nachricht = "Ihr Rabatt beträgt
"+rabatt+"%";
```

Sie sind hier ▶

Reichen Sie mir bitte mal die Variablen rüber

Variablen an eine Funktion übergeben

Wenn Sie Variablen an eine Funktion übergeben, werden die Variablen auch als *Argumente* bezeichnet. (Manchmal spricht man auch von *Parametern*.) Lassen Sie uns sehen, wie Sie ein Argument an eine Funktion übergeben können.

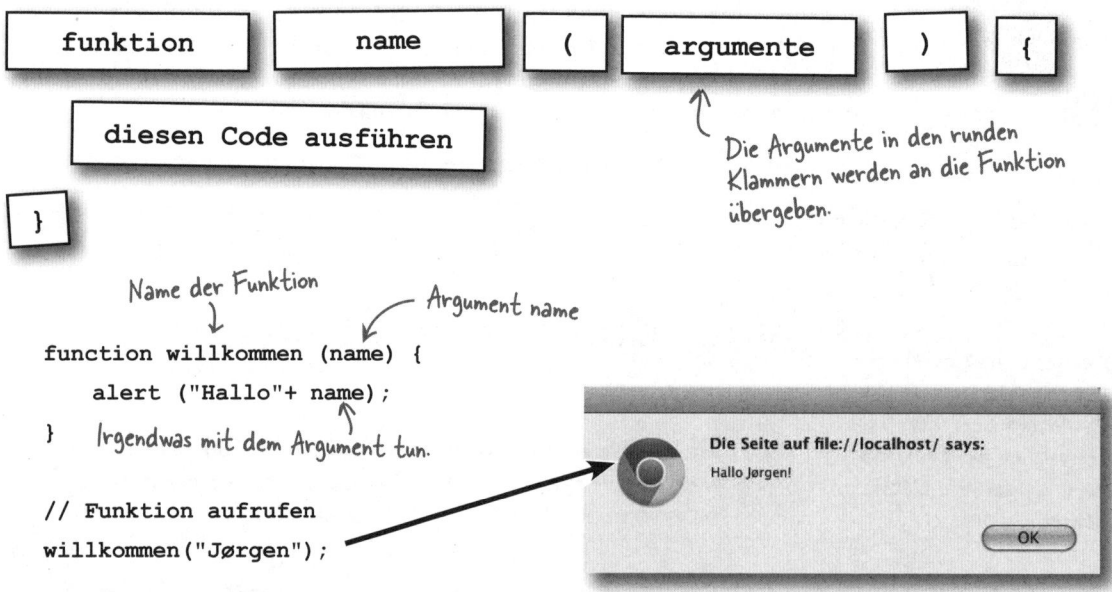

Die Kombination von Variablen und Funktionen kommt Ihnen seltsam vor.

Tatsächlich können Sie sich die Funktion wie ein *Rezept* vorstellen, zum Beispiel für einen Drink. Die wichtigsten Arbeitsschritte zum Mixen sind bekannt: ein Spritzer von dem hier, einen Schuss davon, ein Schlückchen da, und alles gut rühren. Das ist Ihre Funktion. Und die tatsächlichen Zutaten sind die übergebenen Variablen. Möchte jemand einen Gin Tonic?

Funktionen können auch Werte zurückgeben

Um Informationen aus einer Funktion zurückzugeben, brauchen Sie das Schlüsselwort **return**. Darauf folgt das, was von der Funktion zurückgegeben werden soll. Das Ergebnis wird dann an den Code zurückgegeben, wo Sie es weiterverwenden können.

Der Rückgabetyp kann eine Zahl sein, ein Textstring oder sogar ein DOM-Element (-Objekt).

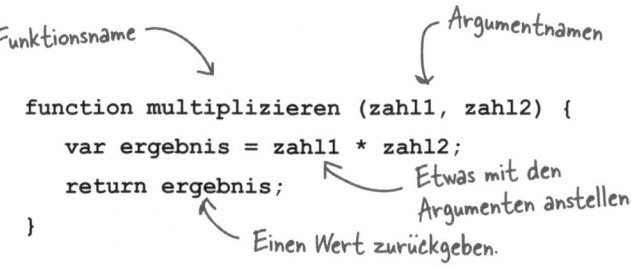

```
function multiplizieren (zahl1, zahl2) {
   var ergebnis = zahl1 * zahl2;
   return ergebnis;
}

// Funktion aufrufen
var gesamt = multiplizieren (6, 7);

alert (gesamt);
```

Funktionsname / Argumentnamen / Etwas mit den Argumenten anstellen. / Einen Wert zurückgeben.

Die Seite auf file://localhost/ says:
42

Spitzen Sie Ihren Bleistift

Jetzt, wo Sie wissen, wie Sie Ihre eigenen Funktionen erstellen, können Sie die Datei *meine_scripts.js* um eine neue Funktion erweitern, die ein einzelnes Argument (mit dem Namen **num**) übernimmt und auf Grundlage dieses Arguments eine Zufallszahl zurückgibt. Nennen Sie diese Funktion **zufallszahl_erzeugen**.

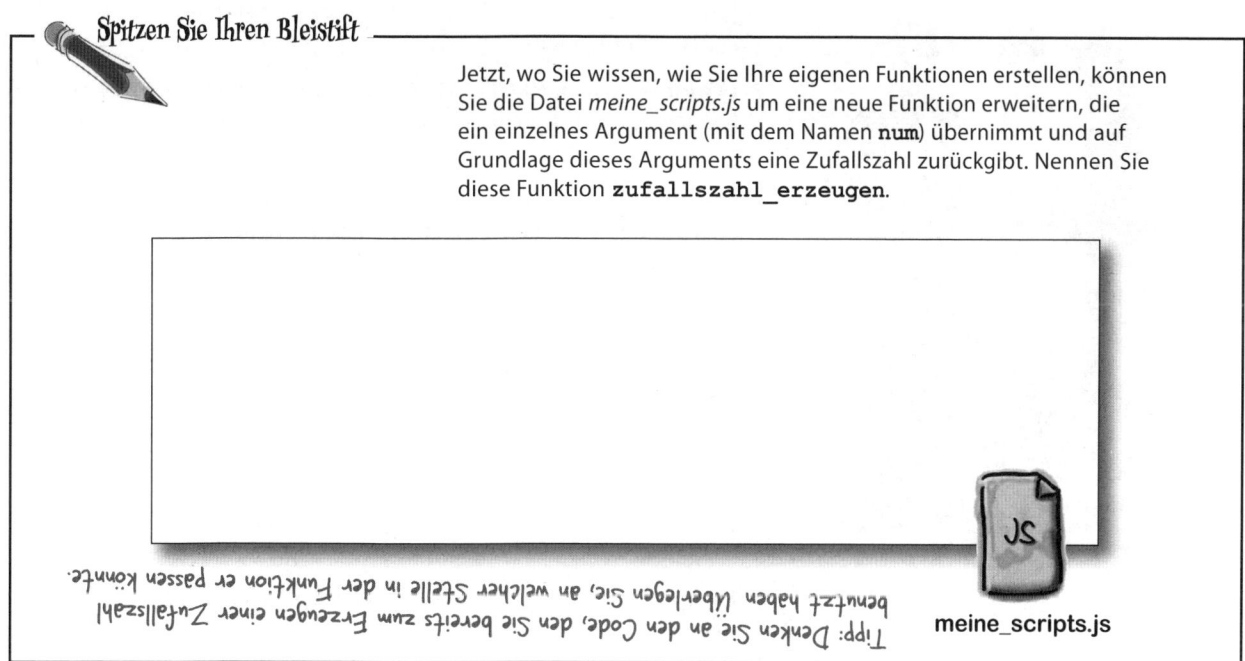

Tipp: Denken Sie an den Code, den Sie bereits zum Erzeugen einer Zufallszahl benutzt haben. Überlegen Sie, an welcher Stelle in der Funktion er passen könnte.

meine_scripts.js

Lösung

Spitzen Sie Ihren Bleistift
Lösung

Jetzt, wo Sie wissen, wie Sie Ihre eigenen Funktionen erstellen, können Sie die Datei *meine_scripts.js* um eine neue Funktion erweitern, die ein einzelnes Argument (mit dem Namen **num**) übernimmt und auf Grundlage dieses Arguments eine Zufallszahl zurückgibt. Nennen Sie diese Funktion `zufallszahl_erzeugen`.

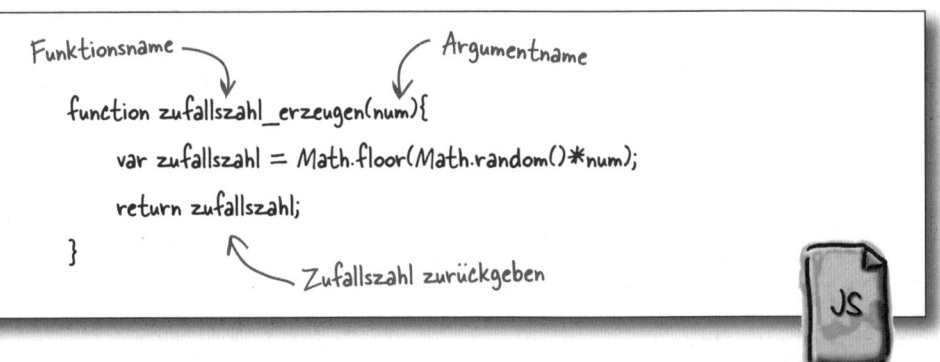

```
Funktionsname                    Argumentname
function zufallszahl_erzeugen(num){
    var zufallszahl = Math.floor(Math.random()*num);
    return zufallszahl;
}
                ← Zufallszahl zurückgeben
```

meine_scripts.js

Das sieht schon ganz gut aus. Aber es gibt noch eine Menge mehr zu tun. Wir wollen mal sehen, was das Team zum Testen auf das »richtige« Feld sagt ...

Das ganze Funktions- und Argumentzeug ist schon ganz nett, aber wie bringt das den Code für unsere Freudensprünge-Seite weiter?

Jim: Zusätzlich zu `zufallszahl_erzeugen` brauchen wir noch eine weitere Funktion.

Frank: Ja genau, eine Funktion, die `zufallszahl_erzeugen` benutzt, um den Rabattcode in einem zufällig gewählten Feld zu verstecken.

Joe: Das klingt sinnvoll. Und nachdem der Besucher ein Feld angeklickt hat, können wir testen, ob es das richtige Feld war.

Jim: Wie soll das denn gehen? Überprüfen, ob der Benutzer das richtige Feld angeklickt hat?

Frank: Bedingungen!

Jim: Was?

Frank: Mithilfe von Bedingungen können wie testen, ob eine bestimmte Situation vorliegt, und dann den passenden Code ausführen.

Joe: Meinst Du, wir können überprüfen, ob eine Variable einen bestimmten Wert hat, oder ob zwei Werte gleich sind?

Frank: Ganz genau! Wir können sogar feststellen, ob sich ein Element in einem anderen befindet.

Jim: Wow, das muss ich sehen!

Entscheidungen mithilfe von Bedingungen treffen

jQuery verwendet die Möglichkeiten der *Bedingungslogik* von JavaScript. Anhand von Bedingungen können Sie unterschiedlichen Code ausführen, je nachdem, welche Entscheidungen das Skript aufgrund der vorhandenen Informationen treffen soll. Unten sehen Sie ein einfaches Beispiel für JavaScript-Bedingungen. Mehr dazu erfahren Sie in Kapitel 6.

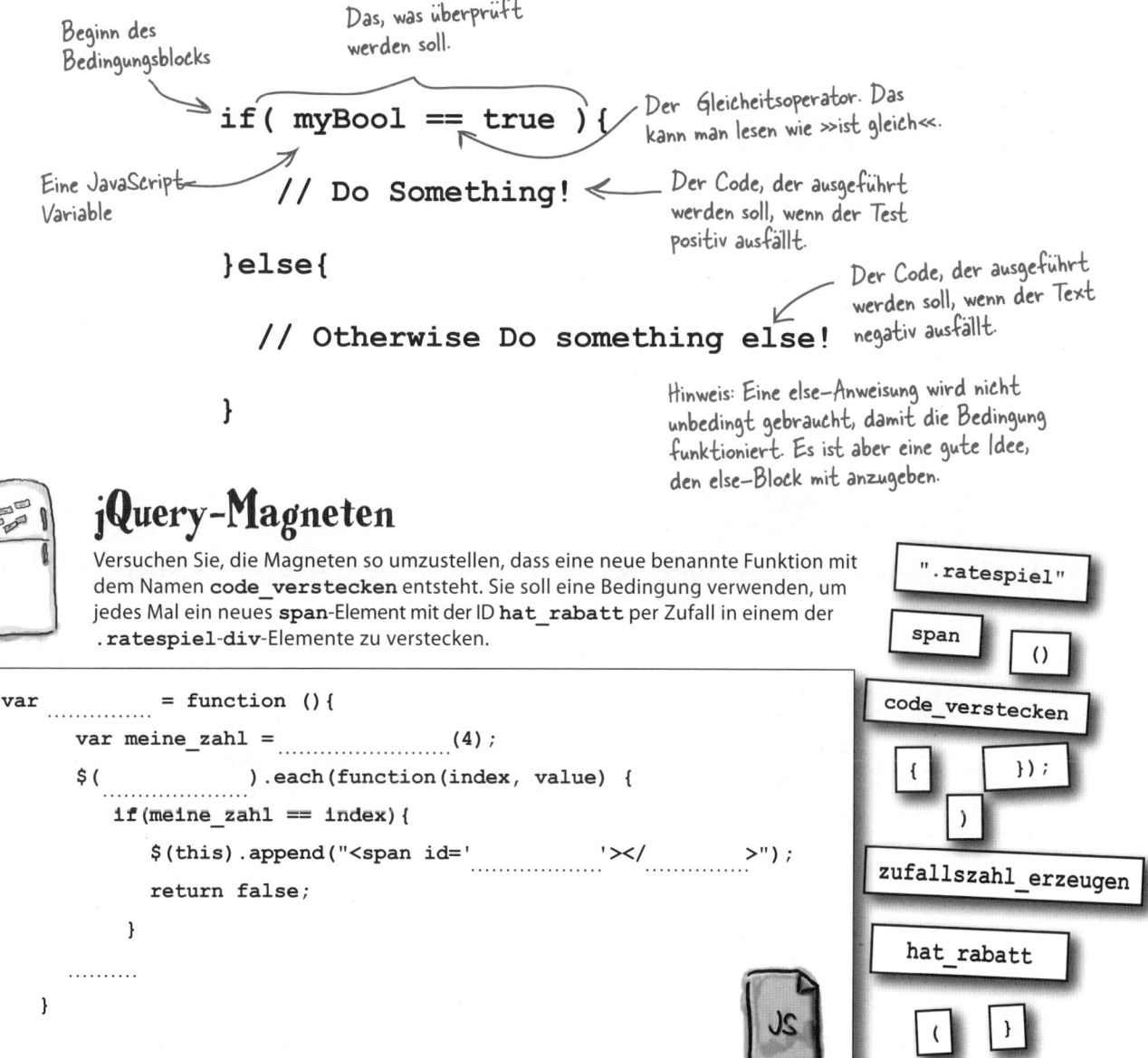

jQuery-Magneten

Versuchen Sie, die Magneten so umzustellen, dass eine neue benannte Funktion mit dem Namen **code_verstecken** entsteht. Sie soll eine Bedingung verwenden, um jedes Mal ein neues **span**-Element mit der ID **hat_rabatt** per Zufall in einem der **.ratespiel**-div-Elementen zu verstecken.

```
var .......... = function (){
    var meine_zahl = ..................(4);
    $(..............).each(function(index, value) {
        if(meine_zahl == index){
            $(this).append("<span id='..........'></..........>");
            return false;
        }
        ..........
    }
```

meine_scripts.js

jQuery-Magneten-Lösung

jQuery-Magneten: Lösung

Versuchen Sie, die Magneten so umzustellen, dass eine neue benannte Funktion mit dem Namen **code_verstecken** entsteht. Sie soll eine Bedingung verwenden, um jedes Mal ein neues **span**-Element mit der ID **hat_rabatt** per Zufall in einem der **.ratespiel**-div-Elementen zu verstecken.

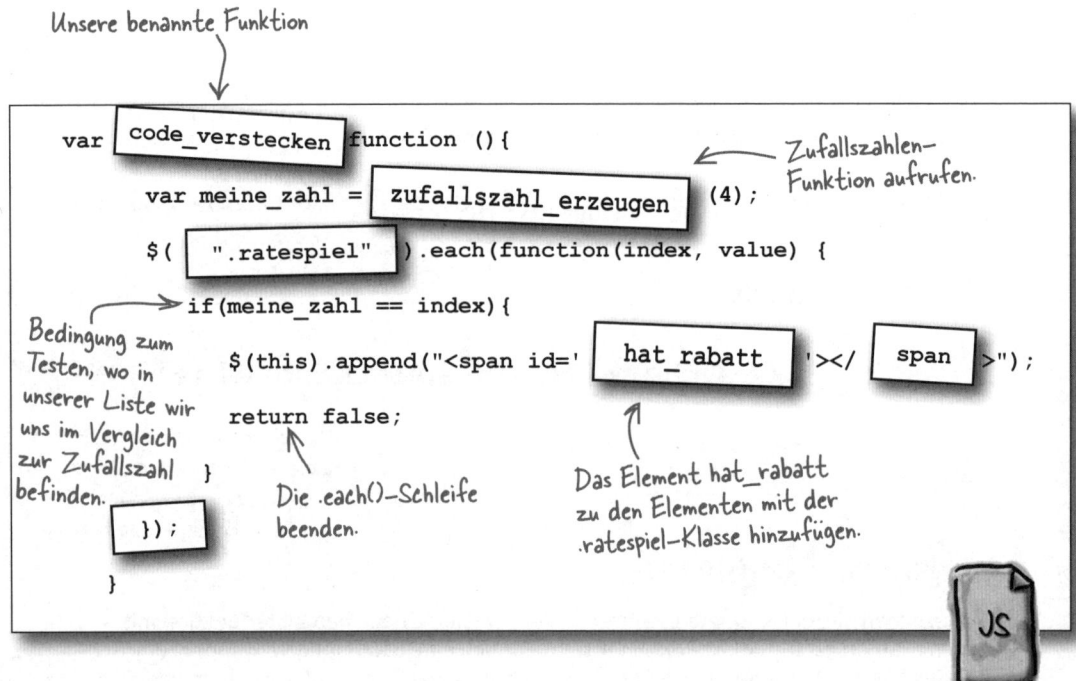

Aufgepasst

Der *index* eines Listenelements bezieht sich auf dessen Position in der Liste.

Indizes beginnen immer mit 0.

Das erste Element der Liste hat also den Index 0, das zweite den Index 1 und so weiter. Mehr über die Verwendung von index erfahren Sie in Kapitel 6, wenn wir uns mit Arrays und Schleifen beschäftigen.

jQuery-Events und -Funktionen

> Genial! Der Rabatt versteckt sich jedes Mal in einem anderen Feld. Diese Funktionen werden langsam richtig nützlich.

Frank: Stimmt. Aber kannst Du den Code auch wiederfinden, nachdem Du ihn versteckt hast?

Jim: Oh, ähh, gute Frage. Ich bin mir nicht ganz sicher.

Joe: Ich vermute, wir brauchen noch etwas mehr Bedingungszauberei, oder?

Frank: Ja, genau. Aber anstatt einen zufälligen Index aus unserer `.ratespiel`-Liste auszuwählen, müssen wir jetzt eine Schleife ausführen, um zu sehen, welcher Eintrag das `hat_rabatt`-Element enthält.

Joe: »Enthält?« Hey, Frank, ich glaube, das ist ein gutes Stichwort.

Frank: Ja. Wir wollen doch mal sehen, was jQuery uns da so zu bieten hat.

Tun Sie das hier!

Aktualisieren Sie die Funktion **code_finden** basierend auf den Entdeckungen von Jim, Frank und Joe mit neuem Code.

Bedingungsblock, um zu sehen, ob der Besucher den Rabattcode gefunden hat.

Variable rabatt_nachricht deklarieren

Das aktuelle Element, also das Element, das die Funktion aufgerufen hat.

Sucht nach einem DOM-Element mit der ID hat_rabatt.

Eine jQuery-Methode, die überprüft, ob der Inhalt des ersten Parameters das mit dem zweiten Parameter angegebene enthält (engl. »contains«.) Der Name ist Konzept.

Je nachdem, ob der Rabattcode gefunden wurde oder nicht, wird eine andere Nachricht verwendet.

```js
function code_finden(){

  var rabatt_nachricht;
  if($.contains(this, document.getElementById("hat_rabatt") ) )
  {
     var zufallszahl = zufallszahl_erzeugen(5);
     rabatt_nachricht = "<p>Ihr Rabatt beträgt "+zufallszahl+"%</p>";
  }else{
     rabatt_nachricht = "<p>Leider diesmal kein Rabatt!</p>" ;
  }
  $(this).append(discount);

  $(".ratespiel").each( function(){
     $(this).unbind('click');
  });
}
```

meine_scripts.js

Eine Funktion nur für Sie

Tun Sie auch das hier.

Genau der richtige Moment, um das Skript um eigene Funktionen zu erweitern: eine zum Erzeugen von Zufallszahlen, eine zum Verstecken des Rabattcodes und eine, mit der wir den Rabattcode finden können.

```js
$(document).ready(function() {
    $(".ratespiel").click( code_finden );
    function zufallszahl_erzeugen(num){
        var zufallszahl = Math.floor(Math.random()*num);
        return zufallszahl;
    }
    var code_verstecken = function(){
        var meine_zahl = getRandom(4);
        $(".ratespiel").each(function(index, value) {
            if(meine_zahl == index){
                $(this).append("<span id='hat_rabatt'></span>");
                return false;
            }
        });
    }
    code_verstecken();
    function code_finden(){
        var rabatt_nachricht;
        if($.contains(this, document.getElementById("hat_rabatt") ) )
        {
            var zufallszahl = getRandom(5);
            rabatt_nachricht = "<p>Ihr Rabatt beträgt "+zufallszahl+"%</p>" ;
        }else{
            rabatt_nachricht = "<p>Leider diesmal kein Rabatt!</p>" ;
        }
        $(this).append(rabatt_nachricht);
        $(".ratespiel").each( function(){
            $(this).unbind('click');
        });
    }
}); //End document.ready()
```

— Diese Funktion aufrufen, wenn ein Element mit der Klasse .ratespiel angeklickt wurde.

Unsere Funktion zum Erzeugen von Zufallszahlen.

Die benannte Funktion zum Verstecken des Rabattcodes.

Benannte Funktion aufrufen ...

... die uns sagt, wo der Rabattcode zu finden ist.

meine_scripts.js

Noch mehr Hilfe für die Freudensprünge-Aktion

Gerade als Sie denken, Sie wären mit der »Freudensprünge«-Aktion fertig, sieht es so aus, als hätte Emily noch ein paar weitere Anforderungen …

From: **Freudensprünge**
Subject: **RE: Freudensprünge-Aktion**

Hey,

vielen Dank für Deine Arbeit an diesem Projekt!

Ich habe mich gefragt, ob es vielleicht eine Möglichkeit gibt, das Feld hervorzuheben, wenn die Leute darauf klicken. Dann merken sie leichter, auf welchem Feld sie sich gerade befinden, und es gibt weniger Verwirrung darüber, wo sie hinklicken sollen.

Und ist es vielleicht möglich, den Code nicht in einem Extrafenster anzuzeigen, sondern in dem Bereich unterhalb der Felder? Und vielleicht könnte man als Rabattcode etwas Text und eine Zahl benutzen? Das wäre glaube ich ganz nett … Und kann der Zahlenbereich etwas weiter sein als zwischen 1 und 10? Vielleicht eher zwischen 1 und 100?

Bitte gib' mir Bescheid, ob Du diese kleinen Änderungen erledigen kannst.

--
Emily Saunders
jumpforjoyphotos.hg

Spitzen Sie Ihren Bleistift

Sie wissen, was zu tun ist. Finden Sie alle Anforderungen in Emilys E-Mail.

Anforderungen:

Lösung

Spitzen Sie Ihren Bleistift
Lösung

Sie wissen, was zu tun ist. Finden Sie alle Anforderungen in Emilys E-Mail.

Anforderungen

- Das Feld, über dem sich der Cursor befindet, soll hervorgehoben werden, bevor der Besucher es anklickt. Auf diese Weise sollen die Besucher wissen, welche Option sie wählen.

- Der Rabattcode soll in seinem eigenen Bereich auf dem Bildschirm angezeigt werden. Der Code sollte aus Text und einer Zahl zwischen 1 und 100 bestehen.

Es gibt keine Dummen Fragen

F: Müssen alle Funktionen einen Wert zurückgeben?

A: Technisch gesehen, nein. Funktionen geben auch dann einen Wert zurück, wenn Sie selbst keinen angeben. Wenn Sie einer Funktion nicht sagen, welchen Wert sie zurückgeben soll, ist der Rückgabewert `undefined`. Wenn Ihr Code nicht mit dem Wert `undefined` umgehen kann, führt das zu einem Fehler. Daher ist es prinzipiell eine gute Idee, selbst einen Rückgabewert zu definieren, auch wenn die Anweisung einfach nur `return false;` lautet.

F: Gibt es irgendwelche Beschränkungen, welche Argumente und Parameter ich an eine Funktion übergeben kann?

A: Nein. Sie können Funktionen beliebige Objekte, Elemente, Variablen oder Werte übergeben. Sie können auch mehr Parameter übergeben, als die Funktion erwartet. Diese werden schlicht ignoriert. Wenn Sie zu wenige Werte übergeben, wird für die fehlenden Werte `undefined` verwendet.

F: Was macht die `$.contains`-Methode?

A: Das ist eine statische Methode aus der jQuery-Bibliothek, der zwei Parameter übergeben werden. Sie überprüft, ob die Kindelemente des ersten Parameters den zweiten Parameter enthalten, und gibt bei einem Treffer den Wert `true` zurück, ansonsten `false`. In unserem Beispielcode würde die Überprüfung mit `$.contains(document.body, document.getElementById("kopfteil"))` beispielsweise den Wert zurückgeben. Der Test `$.contains(document.getElementById("kopfteil"), document.body)` wäre dagegen unwahr und würde demnach den Wert `false` zurückgeben.

F: Was ist eine statische jQuery-Methode?

A: Im Gegensatz zu einem bestimmten Objekt gehört diese Methode direkt zur jQuery-Bibliothek. Um diese Methode aufzurufen, wird kein Selektor gebraucht, sondern nur der Name jQuery bzw. das Kürzel ($).

F: Was machen `index` und `value` in unserer `.each`-Handler-Funktion?

A: Das Schlüsselwort `index` sagt uns, wo in der Schleife wir uns gerade befinden. Hierbei hat das erste Array-Element für den betreffenden Selektor den Wert 0. Der Wert bezieht sich auf das gegenwärtige Objekt. Es ist das gleiche wie `$(this)` in der `.each`-Schleife.

F: Warum enthält die `.each`-Schleife in der Funktion `code_verstecken` die Anweisung `return false`?

A: Durch den Rückgabewert `false` in einer `.each`-Schleife weist sie den JavaScript-Interpreter an, aus der Schleife herauszuspringen und mit dem folgenden Code weiterzumachen. Ist der Wert nicht `false`, wird die Schleife mit dem nächsten Element im Array erneut ausgeführt.

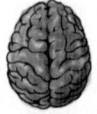

KOPF-NUSS

Können Sie sich vorstellen, auf welche Weise wir dem Besucher mitteilen können, auf welchem Feld er sich befindet, ***bevor*** er es anklickt?

Methoden zum Ändern von CSS

Um unsere Lösung zu vervollständigen, müssen wir das Feld hervorheben, über dem sich der Cursor gerade befindet, bevor es angeklickt wird. Die einfachste Möglichkeit, das Aussehen eines Elements zu ändern, ist per CSS.

Glücklicherweise besitzt jQuery einige recht leicht zu benutzende Methoden, um Elemente mit CSS-Klassen zu versehen und diese wieder zu entfernen. Wir wollen sehen, wie wir das in unsere Lösung einbauen können.

Kommt Ihnen das aus den Kapiteln 1 und 2 bekannt vor?

Code-Fertiggericht

Erstellen Sie diese neuen Dateien unabhängig von unserem »Freudensprünge«-Projekt, um die Methoden in Aktion beobachten zu können. Das soll Ihnen dabei helfen, herauszubekommen, wie Sie ein Feld hervorheben können, bevor der Besucher darauf klickt.

```css
.hover{
  border: solid #f00 3px;
}
.kein_hover{
  border: solid #000 3px;
}
```
test_stile.css

```html
<!DOCTYPE html>
<html>
<head>
  <title>jQuery: Von Kopf bis Fuß</title>
  <link href="css/test_stile.css" rel="stylesheet">
</head>
<body>
<html>
  <body>
    <div id="kopfteil" class="kein_hover"><h1>Kopfteil</h1></div>
    <button type="button" id="button1">Hinzufügen</button>
    <button type="button" id="button2">Entfernen</button>
    <script src="scripts/jquery-1.7.1.min.js"></script>
    <script src="scripts/meine_test_scripts.js"></script>
  </body>
</html>
```
klassen_test.html

```js
$(document).ready(function() {
  $("#button1").click( function(){
    $("#kopfteil").addClass("hover");
    $("#kopfteil").removeClass("kein_hover");
  });
  $("#button2").click( function(){
    $("#kopfteil").removeClass("hover");
    $("#kopfteil").addClass("kein_hover");
  });
});
```
test_scripts.js

Sie sind hier ▶

*Probe*fahrt

PROBEFAHRT

Öffnen Sie die neu erstellte Datei *klassen_test.html* in Ihrem Browser. Nach dem Anklicken des Hinzufügen-Buttons wird dem div-Element mit der ID `kopfteil` die Klasse `hover` zugewiesen. Klicken Sie auf den Entfernen-Button, wird die Klasse wieder gelöscht.

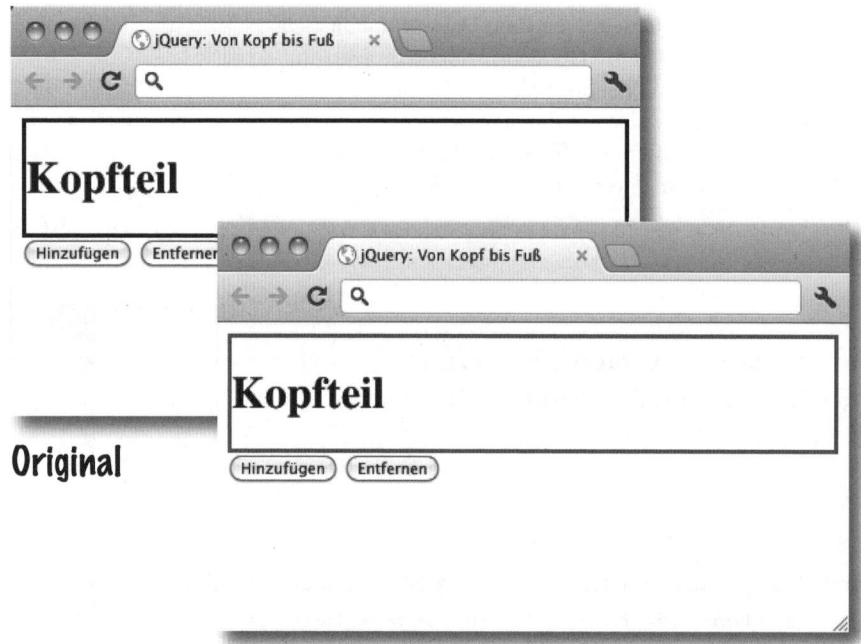

Original

Nach dem Anklicken

Fein! Wenn doch nur alles so einfach wäre. Funktionieren diese CSS-Änderungen nur mit dem click-Event oder auch woanders?

Auch woanders. Und das geht genauso einfach ...

Sie können den CSS-Code für jedes beliebige Element verändern. Allerdings brauchen Sie für diese Lösung noch ein anderes Event, damit alles wie gewünscht funktioniert. Sehen Sie sich noch einmal die Liste auf Seite 82 an, und versuchen Sie herauszufinden, welches Event Sie benutzen müssen.

Ein hover-Event hinzufügen

Das `hover`-Event kann als Parameter zwei Handler-Funktionen übernehmen: eine für das `mouseenter`-Event und eine für das `mouseleave`-Event. Diese Handler-Funktionen können benannte oder anonyme Funktionen sein. Sehen Sie sich noch einmal das Testskript an, das Sie zum Testen des `hover`-Events benutzt haben, um ein Element mit Verhalten zu versehen, wenn sich der Cursor darüber befindet.

test_scripts.js

```
$(document).ready(function() {
  $("#button1").click( function(){
    $("#kopfteil").addClass("hover");
    $("#kopfteil").removeClass("kein_hover");
  });
  $("#button2").click( function(){
    $("#kopfteil").removeClass("hover");
    $("#kopfteil").addClass("kein_hover");
  });
});
```

Mit der jQuery-Methode `removeClass` können Sie eine CSS-Klasse von einem Element entfernen.

Mit der jQuery-Methode `addClass` können Sie ein Element einer CSS-Klasse zuweisen. CSS-Klassen, die dieses Element bereits besitzt, werden davon nicht beeinflusst.

ÜBUNG

Aktualisieren Sie die Dateien *meine_stile.css* und *meine_scripts.js*, so dass die Felder mit den Bildern hervorgehoben werden, wenn sich der Mauszeiger darüber befindet. Sie brauchen eine neue CSS-Klasse, die bei Bedarf zugewiesen wird, und zwei Handler-Funktionen in Ihrer Skriptdatei (nach der Funktion `checkForCode`), die die Methoden `addClass` und `removeClass` benutzen, um die CSS-Klasse bei Bedarf zuzuweisen und wieder zu entfernen. Den Anfang haben wir für Sie bereits gemacht. Sie brauchen nur noch die Funktionen zu schreiben.

mein_stil.css

meine_scripts.js

```
$(".ratespiel").hover(
  function () {
    // Das hier ist der Event-Handler für mouseenter
    ........................................
  },
  function () {
    // Das hier ist der Event-Handler für mouseleave
    ........................................
});
```

Übungslösung

LÖSUNG ZUR ÜBUNG

Jetzt haben Sie eine CSS-Klasse, die Sie über das `hover`-Event verändern können.

Hier ist die neue Klasse.

```css
.mein_hover{
    border: solid #00f 3px;
}
```
meine_stile.css

Setzen Sie die CSS-Klasse für das Feld, wenn sich der Mauszeiger darüber befindet. Verwenden Sie dafür diese anonyme Handler-Funktion für das mouseenter-Event.

```js
$(".ratespiel").hover(
    function () {
        // dies ist der Event-Handler für mouseenter
        $(this).addClass("mein_hover");
    },
    function () {
        // dies ist der Event-Handler für mouseleave
        $(this).removeClass("mein_hover");
});
```

Mit der jQuery-Methode addClass können Sie einem Element eine CSS-Klasse hinzufügen. Andere CSS-Klassen des Elements werden davon nicht beeinflusst.

Hier ist der anonyme Handler für das mouseleave-Event.

Mit der jQuery-Methode removeClass können Sie eine Klasse von dem Element entfernen.

meine_scripts.js

PROBEFAHRT

Öffnen Sie die Datei *index.html* in Ihrem Browser, in die Ihre neue *meine_scripts.js*-Datei eingebunden sein sollte. Bewegen Sie die Maus über die Bilder und testen Sie, ob sich der Rahmen ändert.

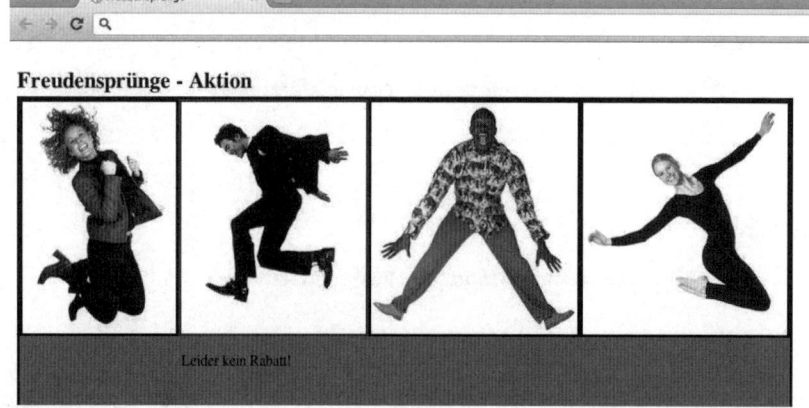

Hmm. Die Rahmenfarbe ändert sich, aber es gibt immer noch etwas zu tun ...

Sie haben es fast geschafft ...

Es geht auf jeden Fall gut voran, aber die Nachricht erscheint noch an der falschen Stelle und sieht auch noch nicht so aus wie gewünscht. Zudem gibt es noch eine Anforderung aus der ersten E-Mail, mit der wir uns noch nicht beschäftigt haben. Hier der aktuelle Stand der Anforderungsliste:

- ~~Das Feld, über dem sich der Cursor befindet, soll hervorgehoben werden, bevor der Besucher es anklickt. Auf diese Weise sollen die Besucher wissen, welche Option sie wählen.~~

- Der Rabattcode soll in seinem eigenen Bereich auf dem Bildschirm angezeigt werden. Der Code sollte aus Text und einer Zahl zwischen 1 und 100 bestehen.

- Nachdem der Benutzer ein Feld angeklickt hat, soll er eine Rückmeldung erhalten, ob es das richtige Feld war oder nicht. Hat der Besucher einen Rabattcode gefunden, soll dieser angezeigt werden, damit er bei der Bestellung eingegeben werden kann.

} Das hier stammt noch aus der ersten E-Mail.

ÜBUNG

Aktualisieren Sie Ihre `code_finden`-Funktion, damit auch diese letzten drei Anforderungen erfüllt sind:

1. Der Rabattcode soll in seinem eigenen Bereich auf dem Bildschirm angezeigt werden.

2. Der Code soll eine Kombination aus Buchstaben und Zahlen zwischen 1 und 100 sein.

3. Hat der Besucher den Code nicht gefunden, soll angezeigt werden, wo er versteckt war.

Um Ihnen ein bisschen zu helfen, haben wir diese CSS-Klassen erstellt, die Sie in Ihre Stylesheet-Datei (*meine_stile.css*) einfügen können. Sie werden benutzt, um anzuzeigen, ob der Code gefunden wurde oder nicht.

Und wenn Sie gerade dabei sind, fügen Sie unterhalb der Felder noch ein `span`-Element mit der ID `ergebnis` unterhalb der Felder ein, um den Rabattcode anzuzeigen.

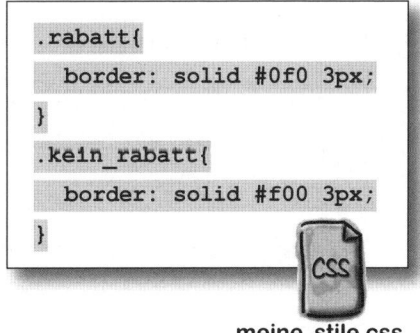

```
.rabatt{
  border: solid #0f0 3px;
}
.kein_rabatt{
  border: solid #f00 3px;
}
```

meine_stile.css

Übungslösung

LÖSUNG ZUR ÜBUNG

Jetzt haben sie die `code_finden`-Funktion wie gewünscht aktualisiert: ein eigener Platz für den Rabattcode auf dem Bildschirm, ein Rabattcode, der aus Text und einer Zahl zwischen 1 und 100 besteht und ein Hinweis darauf, wo der Rabattcode versteckt war, nachdem der Besucher geklickt hat.

```
function code_finden(){

  var rabatt;

  if($.contains(this, document.getElementById("hat_rabatt") ) )
         Benutzen Sie die getRandom-Funktion, um die Zahl im
  {      Rabattcode auf einen Wert bis zu 100 zu erhöhen.
    var zufallszahl = zufallszahl_erzeugen(100);

    rabatt = "<p>Ihr Code lautet: CODE"+zufallszahl +"</p>";

  } else {

    rabatt = "<hr>Leider diesmal kein Rabatt!" ;

  }

  $(".ratespiel").each(function() {

    if($.contains(this, document.getElementById("hat_rabatt") ) )

    {

      $(this).addClass("rabatt");

    } else {

      $(this).addClass("kein_rabatt");

    }

    $(this).unbind();

  });

  $("#ergebnis").append(rabatt);

} // Ende code_finden-Funktion
```

Anhand der jQuery-Funktion contains überprüfen, ob das Feld den Rabattcode enthält.

Wenn das der Fall ist, das Aussehen des Feldes ändern, um den Leuten zu zeigen, wo der Rabattcode ist ...

... ansonsten ebenfalls eine Rückmeldung an den Benutzer.

Die Nachricht so festlegen, dass angezeigt wird, ob der Code gefunden wurde oder nicht.

Die Nachricht in ihrem eigenen Bereich auf der Seite ausgeben.

my_scripts.js

jQuery-Events und -Funktionen

PROBEFAHRT

Nachdem Sie die `code_finden`-Funktion aktualisiert haben, sollten Sie alle neuen Merkmale der »Freudensprünge«-Website gut testen. (Ihr Code sollte jetzt etwa so aussehen wie in dieser Datei: *http://thinkjquery.com/chapter03/end/scripts/my_scripts.js*. Den eingedeutschten Code finden Sie unter *www.oreilly.de/catalog/hfjqueryger*.

Geladene Seite

Kein Rabattcode

Rabattcode gefunden

> Gute Arbeit! Das ist deutlich besser, und es sollte der Site und Emily helfen, etwas Geld zu sparen.

Sie sind hier ▶

Ihr jQuery-Werkzeugkasten

Damit haben Sie auch Kapitel 3 erfolgreich abgeschlossen. Zusätzlich enthält Ihr Werkzeugkasten jetzt Events, wiederverwendbare Funktionen und Bedingungen.

Bedingungen

Das Überprüfen von logischen Bedingungen (if XYZ = wahr), bevor etwas getan wird.

Wird oft mit einer else-Anweisung verbunden, wenn die logische Bedingung nicht erfüllt wird, das ist aber nicht unbedingt erforderlich.

Funktionen

Wiederverwendbare Codestücke, die Sie an beliebiger Stelle in Ihren Skripten benutzen können ...

... aber nur, wenn sie einen Namen haben.

Unbenannte Funktionen laufen nur dort, wo sie im Code aufgerufen werden, und können nirgendwo anders benutzt werden.

Sie können Variablen (bzw. Argumente oder Parameter) an Funktionen übergeben und Funktionen können Ergebnisse zurückgeben.

Events

Objekte, die Benutzern dabei helfen, mit Webseiten zu interagieren.

Es gibt ungefähr 30 verschiedene Events. So ziemlich alles, was in einem Browser passiert, kann ein Event auslösen.

4 Webseiten mit jQuery verändern

Mod the DOM

Nur weil wir dieselben Eltern haben, sind wir noch lange nicht dieselben Elemente.

Dass die Seite fertig geladen ist, heißt nicht, dass sie deshalb die gleiche Struktur behalten muss. In Kapitel 1 haben wir bereits gesehen, wie beim Laden einer Seite das DOM aufgebaut wird, um die Struktur der Seite zu erstellen. In diesem Kapitel wollen wir sehen, wie man sich in der DOM-Struktur auf- und abbewegt. Wir werden Ihnen zeigen, wie man mit der Hierarchie der Elemente und mit Eltern-Kind-Beziehungen arbeitet, um die Seitenstruktur nach Bedarf mit jQuery zu verändern.

Nur eine Seite

Das Webville-Restaurant braucht eine interaktive Speisekarte

Alexandra ist die Chefköchin des Webville-Restaurants. Sie hat einen Auftrag für Sie. Bisher hat sie mehrere Webseiten für verschiedene Versionen ihrer Speisekarte gepflegt: eine normale und eine vegetarische Variante. Jetzt hätte sie gerne eine Karte, die das Menü bei Bedarf an die Wünsche der vegetarischen Gäste anpasst.

Die vegetarische Version

Alexandra möchte, dass Sie die folgenden Dinge für sie erledigen:

> Wir hätten gerne einen »Für Vegetarier«-Button. Wenn er angeklickt wird, sollen die fleischlichen Bestandteile in der Web-Speisekarte automatisch gegen vegetarische Entsprechungen ausgetauscht werden.
>
> Die Ersetzungen sollen so funktionieren:
>
> — Für Fischgerichte gibt es keinen vegetarischen Ersatz. Die müssen also entfernt werden.
>
> — Als vegetarische Alternative für Hamburger bieten wir Portobello-Zuchtchampignons an.
>
> — Für alle unsere Fleisch- und Eiergerichte außer Hackfleischgerichten bieten wir Tofu als vegetarische Alternative an.
>
> — Wir benötigen einen Button, der das Menü wieder in seinen Originalzustand versetzt.
>
> P.S. Es wäre schön, wenn außerdem ein Blatt-Symbol neben den vegetarischen Alternativgerichten angezeigt werden könnte.
>
> Ich habe den Webdesigner dazu veranlasst, Dir die Dateien für das aktuelle Menü zu schicken, damit Du schon mal anfangen kannst.
>
> — Webville-Restaurant

> Diesmal gibt es hier keine Übung, auch wenn Sie das vielleicht erwartet haben. Schreiben Sie die Anforderungsliste aber auf jeden Fall noch einmal in eigenen Worten auf, damit Sie wissen, was hier passieren soll.

Bevor wir anfangen, jQuery-Code zu schreiben, wollen wir zunächst einen Blick auf die HTML- und CSS-Dateien werfen, die uns der Webdesigner geschickt hat. Dann können wir feststellen, ob Stil und Struktur für unsere Aufgabe verwendbar sind.

Bauen Sie Ihren DOM-Baum

DOM-Baum-Magneten

Machen Sie sich ein Bild von der momentanen Struktur der Speisekarte, indem Sie ein Diagramm des DOM-Baumes erstellen. Unten finden Sie die Magneten für die einzelnen Elemente, die zum Vervollständigen des Baumes gebraucht werden. Überall, wo Sie im Diagramm einen Kreis sehen, gehört ein Magnet hin. Ein paar haben wir schon für Sie angebracht.

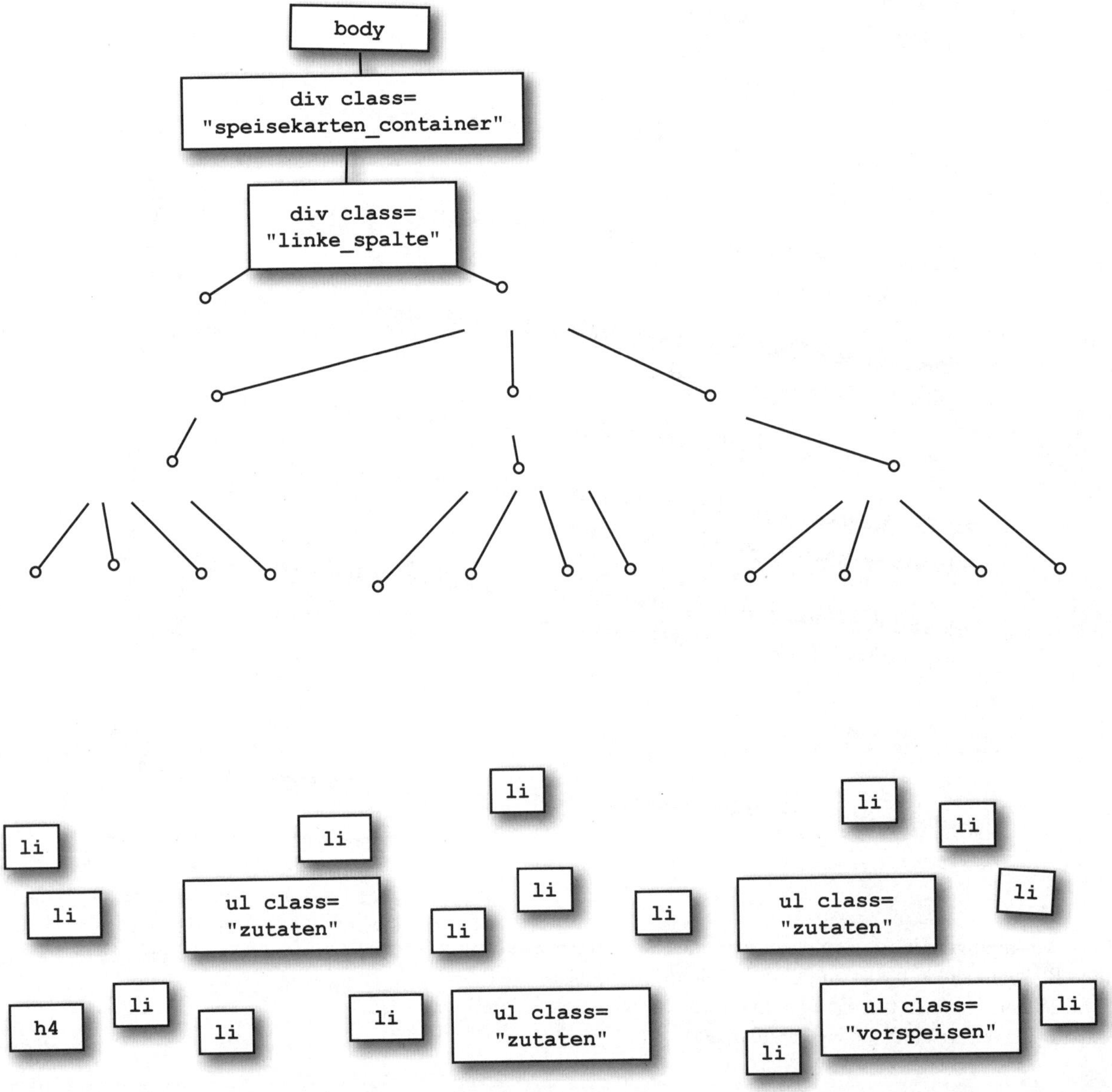

```
                body
                 |
         div class=
      "speisekarten_container"
                 |
           div class=
          "linke_spalte"
           /           \
          o             o
         / | \         / | \
        o  o  o       o  o  o
       /|\ | /|\     /|\ | /|\
```

li   li   li   li   li   li   li   li   li   li   li   li

ul class=   ul class=   ul class=   ul class=   ul class=
"zutaten"   "zutaten"   "zutaten"   "vorspeisen"

h4

Das hier ist nur ein Ausschnitt aus der gesamten HTML-Seite.

```html
<body>
 <div id="speisekarten_container">
  <div class="linke_spalte">
   <h4>Vorspeisen</h4>
   <ul class="vorspeisen">
       <li>Heilbutt (Thai-Style)
            <ul class="zutaten">
                    <li>Kokosmilch</li>
                    <li>Gebratener Heilbutt</li>
                    <li>Herbstgemüse</li>
                    <li>Thai-Gewürze</li>
            </ul>
       </li>
       <li>Panini vom Grill
            <ul class="zutaten">
                    <li>Prosciutto</li>
                    <li>Provolone (Hartkäse)</li>
                    <li>Avocado</li>
                    <li>Sauerteig-Brötchen</li>
            </ul>
       </li>
       <li>Southwest Slider
            <ul class="zutaten">
                    <li>Ganze Chillis</li>
                    <li>Hamburger</li>
                    <li>Pepperjack-Käse (mit Pfeffer)</li>
                    <li>Mehrkorn-Brötchen</li>
            </ul>
       </li>
   </ul>
  </div>
 </div>
</body>
```

index.html

DOM-Baum-Magneten: Lösung

Es sieht so aus, als seien die Zutaten als Kindelemente in Form von Listeneinträgen der übergeordneten Liste für die Vorspeisenliste angelegt. Sie sind nicht besonders deutlich oder gar einmalig markiert, oder?

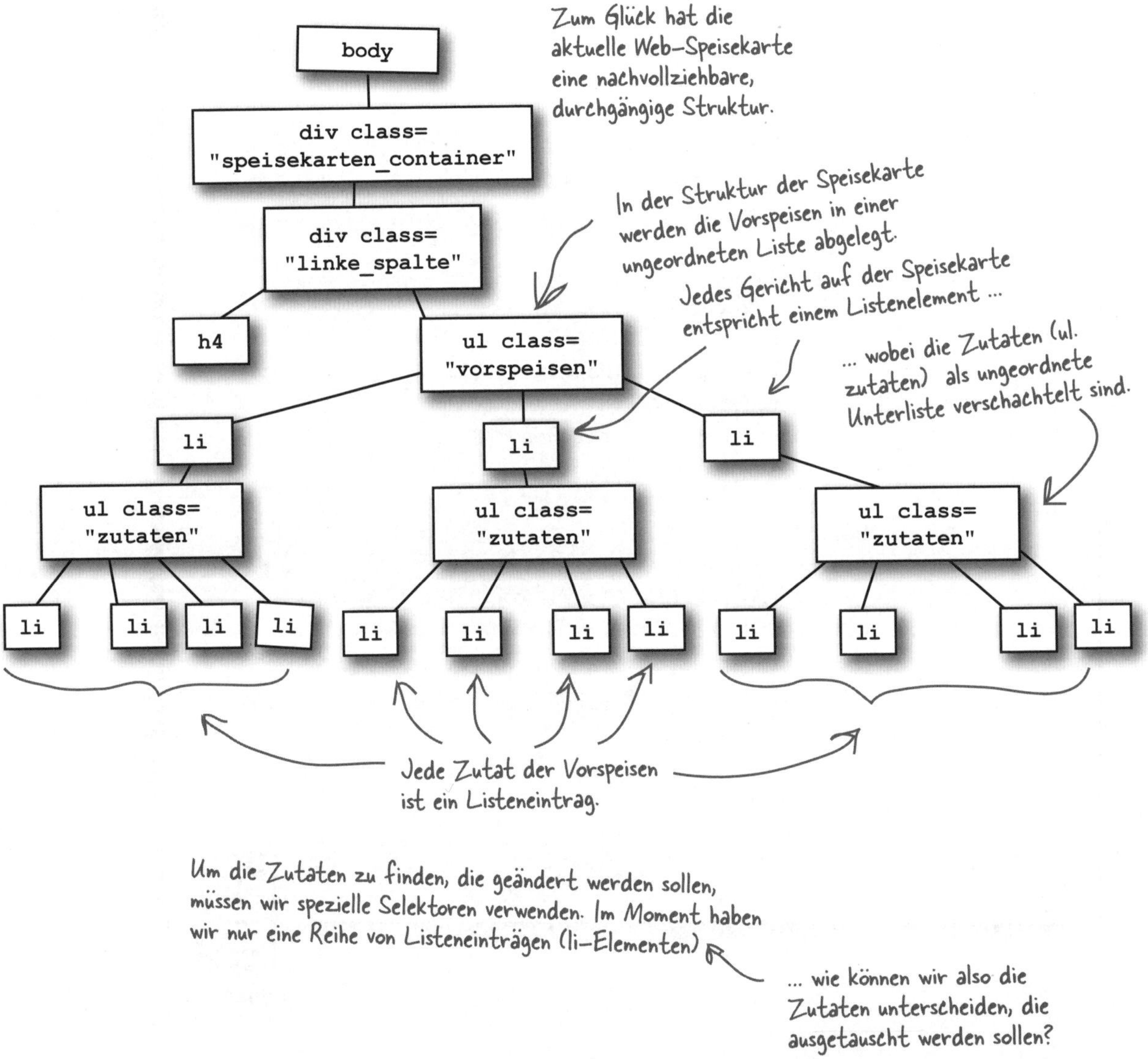

Zum Glück hat die aktuelle Web-Speisekarte eine nachvollziehbare, durchgängige Struktur.

In der Struktur der Speisekarte werden die Vorspeisen in einer ungeordneten Liste abgelegt.

Jedes Gericht auf der Speisekarte entspricht einem Listenelement ...

... wobei die Zutaten (ul.zutaten) als ungeordnete Unterliste verschachtelt sind.

Jede Zutat der Vorspeisen ist ein Listeneintrag.

Um die Zutaten zu finden, die geändert werden sollen, müssen wir spezielle Selektoren verwenden. Im Moment haben wir nur eine Reihe von Listeneinträgen (li-Elementen)

... wie können wir also die Zutaten unterscheiden, die ausgetauscht werden sollen?

Webseiten mit jQuery verändern

```
<body>
 <div id="speisekarten_container">
  <div class="linke_spalte">
   <h4>Vorspeisen</h4>
   <ul class="vorspeisen">
      <li>Heilbutt (Thai-Style)
           <ul class="zutaten">
                <li>Kokosmilch</li>
                <li>Gebratener Heilbutt</li>
                <li>Brühe mit Zitronengras</li>
                <li>Thai-Gewürze</li>
           </ul>
      </li>
      <li>Panini vom Grill
           <ul class="zutaten">
                <li>Prosciutto</li>
                <li>Provolone (Hartkäse)</li>
                <li>Avocado</li>
                <li>Sauerteig-Brötchen</li>
           </ul>
      </li>
      <li>Southwest Slider
           <ul class="zutaten">
                <li>Ganze Chillis</li>
                <li>Hamburger</li>
                <li>Pepperjack-Käse (mit Pfeffer)</li>
                <li>Mehrkorn-Brötchen</li>
           </ul>
      </li>
   </ul>
  </div>
 </div>
</body>
```

Das hier ist nur ein Ausschnitt aus der gesamten HTML-Seite.

index.html

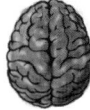

KOPF-NUSS

Eine reguläre Webseitenstruktur (HTML) erleichtert das Schreiben von jQuery-Code. Allerdings sind die Zutaten, die wir finden wollen, nicht speziell markiert. Was können wir tun, damit die Elemente leichter ausgewählt werden können?

Elemente mit Klasse

Wie Sie aus den vorigen Kapiteln bereits wissen, können gut geschriebener HTML- und CSS-Code dabei helfen, dass jQuery die Elemente in der Webseite effizienter findet. Damit die Struktur so richtig gut wird, sollten wir das Stylesheet mit passenden Klassen und IDs versehen. Im HTML-Code fügen wir dann die passenden id- und class-Attribute ein. Dadurch wird die Auswahl der Elemente wesentlich einfacher und Sie brauchen später nicht so viel Zeit zum Programmieren.

In jQuery sind die Selektoren nicht nur dafür da, das Aussehen von Seiten zu steuern. Mit Selektoren kann jQuery auch bestimmte Elemente in der Seite finden.

Im Prinzip könnten Sie für jede Zutat, die gefunden werden soll, einen eigenen Selektor schreiben ...

`<li>Huhn</li>` `<li>Eier</li>` `<li>Truthahn</li>` `<li>Lammschulter</li>`

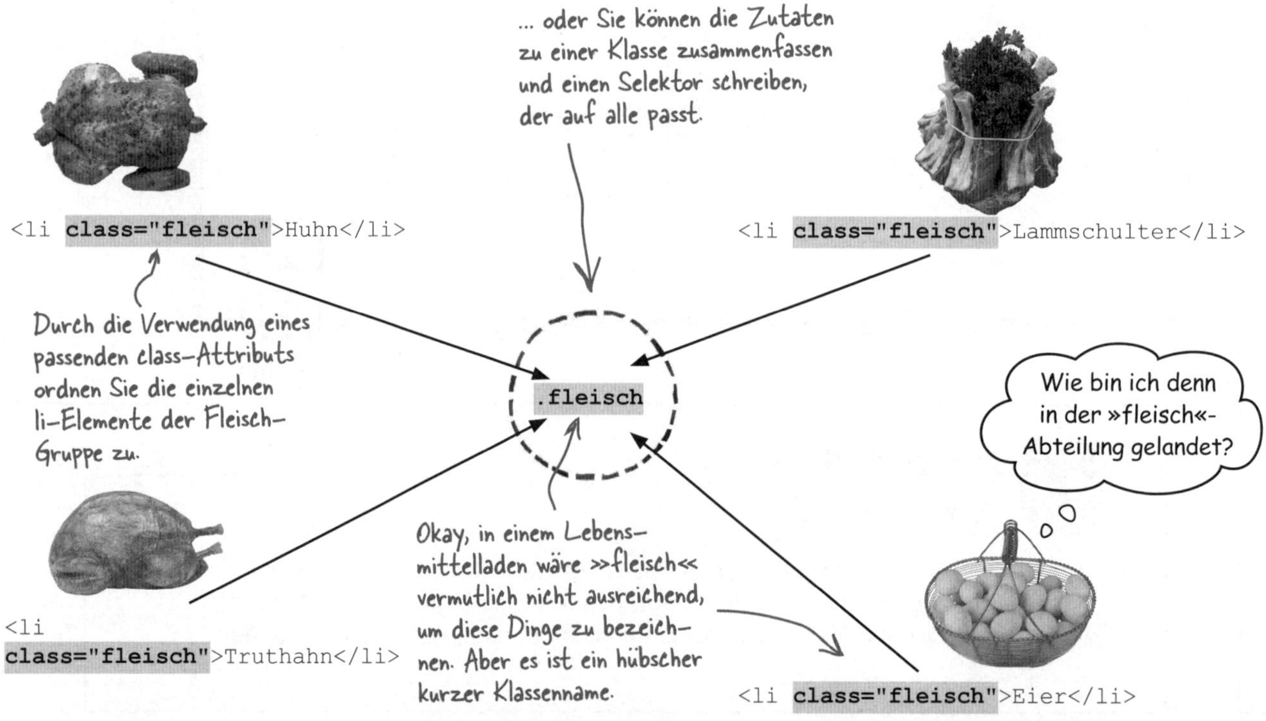

... oder Sie können die Zutaten zu einer Klasse zusammenfassen und einen Selektor schreiben, der auf alle passt.

`<li class="fleisch">Huhn</li>`   `<li class="fleisch">Lammschulter</li>`

Durch die Verwendung eines passenden class-Attributs ordnen Sie die einzelnen li-Elemente der Fleisch-Gruppe zu.

.fleisch

`<li class="fleisch">Truthahn</li>`

Okay, in einem Lebensmittelladen wäre »fleisch« vermutlich nicht ausreichend, um diese Dinge zu bezeichnen. Aber es ist ein hübscher kurzer Klassenname.

`<li class="fleisch">Eier</li>`

Wie bin ich denn in der »fleisch«-Abteilung gelandet?

Übung

Finden Sie die Zutaten in der Speisekarte, für die die Chefköchin eine Alternative anbieten möchte, und versehen Sie sie mit der passenden Klasse (fisch, fleisch oder hamburger). Braucht eine Zutat keine Klasse, lassen Sie die Zeile frei. Der HTML-Code ist hier so dargestellt, wie er nachher auch auf dem Bildschirm erscheint.

```
<li>Heilbutt (Thai-Style)
   <ul class="zutaten">
      <li......................>Kokosmilch</li>
      <li......................>Gebratener Heilbutt</li>
      <li......................>Brühe mit Zitronengras</li>
      <li......................>Gemüse</li>
      <li......................>Thai-Gewürze</li>
   </ul>
</li>

<li>Geschmorte Köstlichkeiten
   <ul class="zutaten">
      <li......................>Lammschulter</li>
      <li......................>Zwiebeln</li>
      <li......................>Karotten</li>
      <li......................>Junge Rüben</li>
      <li......................>Bratensaft</li>
   </ul>
</li>

<li>Panini vom Grill
   <ul class="zutaten">
      <li......................>Prosciutto</li>
      <li......................>Provolone (Hartkäse)</li>
      <li......................>Avocado</li>
      <li......................>Kirschtomaten</li>
      <li......................>Sauerteig-Brötchen</li>
      <li......................>Shoestring Fries </li>
   </ul>
</li>

<li>Unsere Miniburger
   <ul class="zutaten">
      <li......................>Aubergine</li>
      <li......................>Zucchini</li>
      <li......................>Hamburger</li>
      <li......................>Balsamessig</li>
      <li......................>Zwiebeln</li>
      <li......................>Karotten</li>
      <li......................>Mehrkorn-Brötchen</li>
      <li......................>goat cheese</li>
   </ul>
</li>

<li>Frittata (Ital. Omelett)
   <ul class="zutaten">
      <li......................>Eier</li>
      <li......................>Asiagokäse</li>
      <li......................>Kartoffeln </li>
   </ul>
</li>

<li>Kokossuppe
   <ul class="zutaten">
      <li......................>Kokosmilch</li>
      <li......................>Huhn</li>
      <li......................>Gemüsebrühe</li>
   </ul>
</li>

<li>Soup Du Jour
   <ul class="zutaten">
      <li......................>Steak vom Grill</li>
      <li......................>Champignons</li>
      <li......................>Gemüse</li>
      <li......................>Gemüsebrühe </li>
   </ul>
</li>

<li>Suppe scharf und sauer
   <ul class="zutaten">
      <li class="fleisch">Geröstetes Schwein</li>
      <li......................>Karotten</li>
      <li......................>Chinesische Pilze</li>
      <li......................>Chilli</li>
      <li......................>Gemüsebrühe </li>
   </ul>
</li>

<li>Avocadobrötchen
   <ul class="zutaten">
      <li......................>Avocado</li>
      <li......................>Ganze Chillis</li>
      <li......................>Süße rote Paprika</li>
      <li......................>Ingwersauce</li>
   </ul>
</li>
```

Übungslösung

Finden Sie die Zutaten in der Speisekarte, für die die Chefköchin eine Alternative anbieten möchte, und versehen Sie sie mit der passenden Klasse (fisch, fleisch oder hamburger). Braucht eine Zutat keine Klasse, lassen Sie die Zeile frei.

```
<li>Heilbutt (Thai-Style)
   <ul class="zutaten">
      <li                >Kokosmilch</li>
      <li class="fisch"  >Gebratener Heilbutt</li>
      <li                >Brühe mit Zitronengras</li>
      <li                >Gemüse</li>
      <li                >Thai-Gewürze</li>
   </ul>
</li>

<li>Geschmorte Köstlichkeiten
   <ul class="zutaten">
      <li class="fleisch">Lammschulter</li>
      <li                >Zwiebeln</li>
      <li                >Karotten</li>
      <li                >Junge Rüben</li>
      <li                >Bratensaft</li>
   </ul>
</li>

<li>Panini vom Grill
   <ul class="zutaten">
      <li class="fleisch">Prosciutto</li>
      <li                >Provolone (Hartkäse)</li>
      <li                >Avocado</li>
      <li                >Kirschtomaten</li>
      <li                >Sauerteig-Brötchen</li>
      <li                >Shoestring Fries </li>
   </ul>
</li>

<li>Unsere Miniburger
   <ul class="zutaten">
      <li                >Aubergine</li>
      <li                >Zucchini</li>
      <li class="hamburger">Hamburger</li>
      <li                >Balsamessig</li>
      <li                >Zwiebeln</li>
      <li                >Karotten</li>
      <li                >Mehrkorn-Brötchen</li>
      <li                >goat cheese</li>
   </ul>
</li>

<li>Frittata (Ital. Omelett)
   <ul class="zutaten">
      <li class="fleisch">Eier</li>
      <li                >Asiagokäse</li>
      <li                >Kartoffeln </li>
   </ul>
</li>

<li>Kokossuppe
   <ul class="zutaten">
      <li                >Kokosmilch</li>
      <li class="fleisch">Huhn</li>
      <li                >Gemüsebrühe</li>
   </ul>
</li>

<li>Soup Du Jour
   <ul class="zutaten">
      <li class="fleisch">Steak vom Grill</li>
      <li                >Champignons</li>
      <li                >Gemüse</li>
      <li                >Gemüsebrühe </li>
   </ul>
</li>

<li>Suppe scharf und sauer
   <ul class="zutaten">
      <li class="fleisch">Geröstetes Schwein</li>
      <li                >Karotten</li>
      <li                >Chinesische Pilze</li>
      <li                >Chilli</li>
      <li                >Gemüsebrühe </li>
   </ul>
</li>

<li>Avocadobrötchen
   <ul class="zutaten">
      <li                >Avocado</li>
      <li                >Ganze Chillis</li>
      <li                >Süße rote Paprika</li>
      <li                >Ingwersauce</li>
   </ul>
</li>
```

Und jetzt an die Umsetzung

Jetzt, wo wir so weit alles vorbereitet haben, wollen wir uns die Serviette mit den Anforderungen der Chefköchin noch einmal ansehen. Der nächste Schritt besteht in der Erstellung von zwei Buttons.

— Wir hätten gerne einen »Für Vegetarier«-Button. Wenn er angeklickt wird, sollen die fleischlichen Bestandteile in der Web-Speisekarte automatisch gegen vegetarische Entsprechungen ausgetauscht werden.

— Wir benötigen einen Button, der das Menü wieder in seinen Originalzustand versetzt.

Spitzen Sie Ihren Bleistift

Aktualisieren Sie Seitenstruktur und Skript, um die beiden gewünschten Buttons einzubauen. Geben Sie dem »Für Vegetarier«-Button die ID `vegetarisch_an` und dem »Zurücksetzen«-Button die ID `zuruecksetzen`.

```
<div class="alternativen_waehlen">
  <h2>Unser Menü</h2>
    <ul>
      <li class="nav">                                              </li>
      <li class="nav">                                              </li>
    </ul>
</div>
```

index.html

```
$(document).ready(function() {
   var v = false;

   ..................................................

      if (v == false){

      v = true}
   });//ende button

   ..................................................

      if (v == true){

      v = false;}
   });//ende button
});//ende document ready
```

meine_skripts.js

Lösung

Spitzen Sie Ihren Bleistift
Lösung

Aktualisieren Sie Seitenstruktur und Skript, um die beiden gewünschten Buttons einzubauen. Geben Sie dem »Für Vegetarier«-Button die ID `vegetarisch_an` und dem »Zurücksetzen«-Button die ID `zuruecksetzen`.

```
<div class="alternativen_waehlen">
  <h2>Unser Menü</h2>
  <ul>
    <li class="nav"> <button id="vegetarisch_an">Go Vegetarian</button> </li>
    <li class="nav"> <button id="zuruecksetzen">Restore Menu</button> </li>
  </ul>
</div>
```

Button-Elemente mit den IDs vegetarisch_an und zuruecksetzen erzeugen.

index.html

```
$(document).ready(function() {
    var v = f;
    $("button#vegetarisch_an").click(function(){

        if (v == false){

            v = true;}
    });//ende button
    $("button#zuruecksetzen").click(function(){

        if (v == true){

            v = false;}
    });//ende button
});//ende document ready
```

Ein etwas spezifischerer Selektor, der den Elementtyp und dessen ID benutzt.

Die Buttons mit der click-Methode versehen.

meine_skripts.js

Was kommt jetzt?

Das ging schnell. Die zwei Buttons sind fertig. Diese Dinge können können wir von der Serviette streichen und uns mit den Dingen beschäftigen, die der »Für Vegetarier«-Button tun soll.

> ~~– Wir hätten gerne einen »Für Vegetarier«-Button. Wenn er angeklickt wird, sollen die fleischlichen Bestandteile in der Web-Speisekarte automatisch gegen vegetarische Entsprechungen ausgetauscht werden.~~
>
> ~~– Wir benötigen einen Button, der das Menü wieder in seinen Originalzustand versetzt.~~

> Die Ersetzungen sollen so funktionieren:
>
> – Für Fischgerichte gibt es keinen vegetarischen Ersatz. Die müssen also entfernt werden.
>
> – Als vegetarische Alternative für Hamburger bieten wir Portobello-Zuchtchampignons an.
>
> – Für alle unsere Fleisch- und Eiergerichte außer Hackfleischgerichten bieten wir Tofu als vegetarische Alternative an.

ÜBUNG

Schreiben Sie in eigenen Worten auf, was der »Für Vegetarier«-Button tun soll.

1. ....
   ....
2. ....
   ....
3. ....
   ....

Übungslösung

Schreiben Sie in eigenen Worten auf, was der »Für Vegetarier«-Button tun soll.

1. Finde Elemente mit der Klasse »fisch« und entferne sie aus der Liste.
2. Finde li-Elemente mit der Klasse »hamburger« und ersetze sie durch Portobello-Champignons.
3. Finde li-Elemente mit der Klasse »fleisch« und ersetze sie durch Tofu.

 Machen Sie sich keine Sorgen, wenn Ihre Antworten nicht ganz die gleichen waren. Die Übersetzung der Anforderungen in Dinge, die für die App benötigt werden, braucht Übung.

Unsere nächste Aufgabe besteht darin, den ersten Punkt oben abzuarbeiten: Listeneinträge mit der Klasse »fisch« zu finden und aus der Speisekarte zu entfernen. In Kapitel 2 haben wir Elemente mit Klassenselektoren ausgewählt und die `remove`-Methode benutzt, um sie aus dem DOM zu entfernen.

In jQuery gibt es zusätzlich noch die `detach`-Methode. Beide Methoden können Elemente aus dem DOM entfernen. Worin besteht der Unterschied?

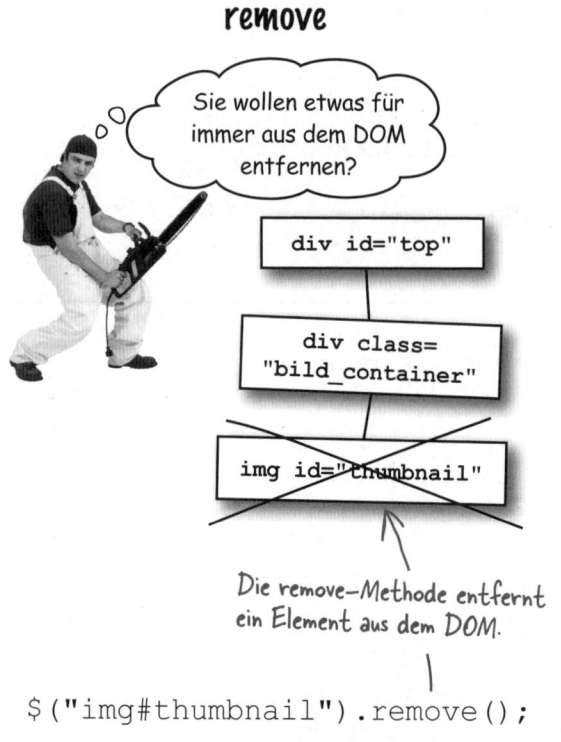

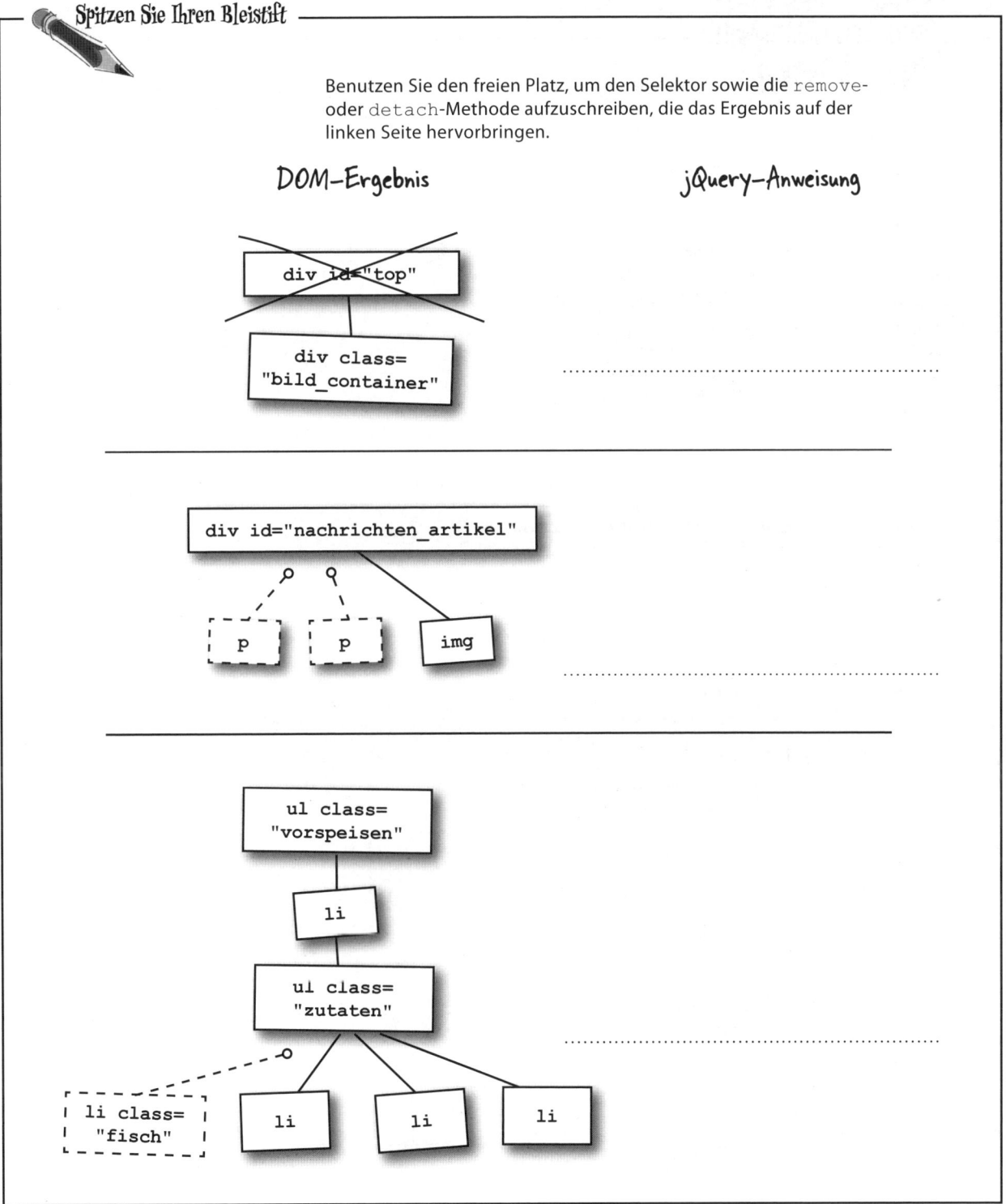

Lösung

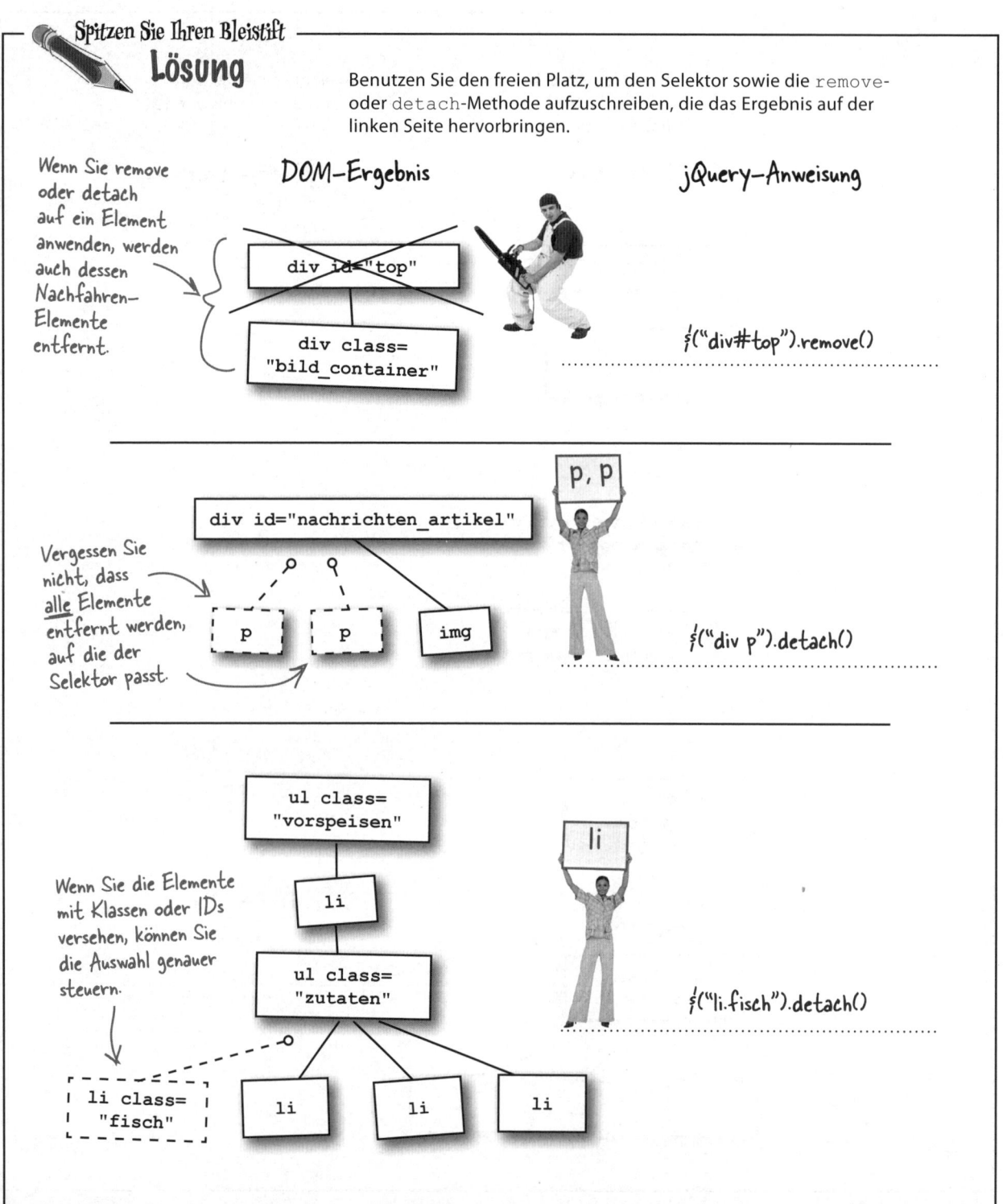

Webseiten mit jQuery verändern

PROBEFAHRT

Bauen Sie den Code aus der dritten Lösung in die click-Funktion für den »Für Vegetarier«-Button ein und speichern Sie sie in Ihrer *meine_skripts.js*-Datei. Danach öffnen Sie die Seite im Browser Ihrer Wahl und überprüfen, ob alles wie gewünscht funktioniert.

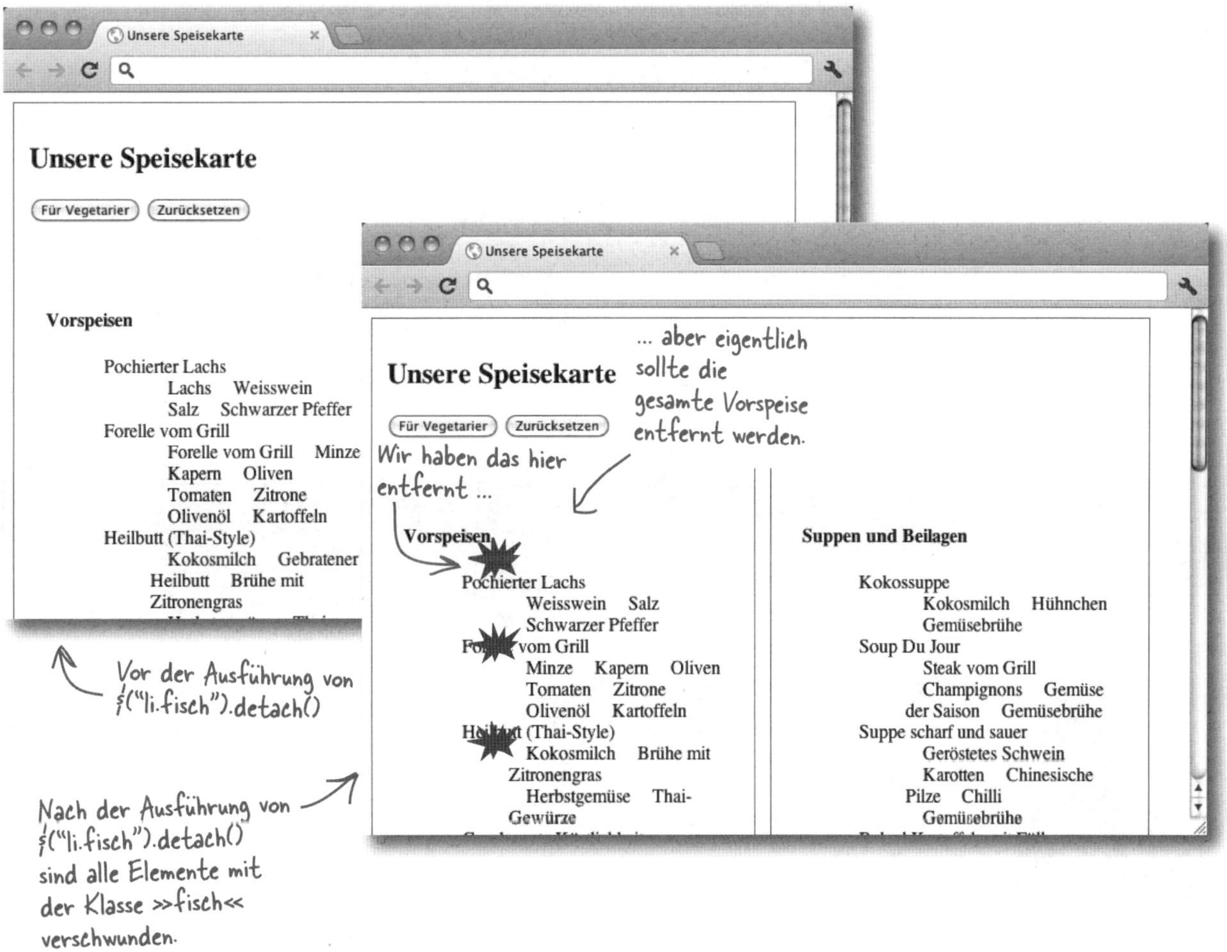

Vor der Ausführung von $("li.fisch").detach()

Nach der Ausführung von $("li.fisch").detach() sind alle Elemente mit der Klasse »fisch« verschwunden.

Wir haben das hier entfernt ...

... aber eigentlich sollte die gesamte Vorspeise entfernt werden.

Die detach-Methode hat einiges entfernt, aber noch nicht alles, was wir loswerden wollten. Eigentlich müssen wir die gesamte Vorspeise entfernen, die innerhalb des Listeneintrags mit der Klasse »fisch« verschachtelt ist.

Wie können wir das DOM anweisen, die gesamte Vorspeise zu entfernen?

Sie sind hier ▸ **139**

Man darf sich auch mal zum Affen machen

Im DOM-Baum herumklettern

In Kapitel 1 haben Sie erfahren, dass das DOM wie ein Baum aufgebaut ist: Es besitzt eine Wurzel, Äste und Knoten. Der JavaScript-Interpreter im Browser kann sich im DOM *bewegen* (und es dann verändern) – und besonders gut geht das mit jQuery. Sich im DOM zu bewegen, bedeutet, im DOM-Baum von einem Ast zum anderen auf und ab und hin und her zu klettern.

Im Prinzip haben wir das DOM seit Kapitel 1 immer wieder verändert. Die gerade gezeigte detach-Methode ist ein Beispiel dafür (etwa das Entfernen von Elementen aus dem DOM).

Aber worum geht es bei diesem auf Englisch »Traversal« genannten Konzept? Nehmen wir dafür einen Teil der Speisekarte und visualisieren ihn als DOM-Baum, um zu sehen, wie das Traversal funktioniert.

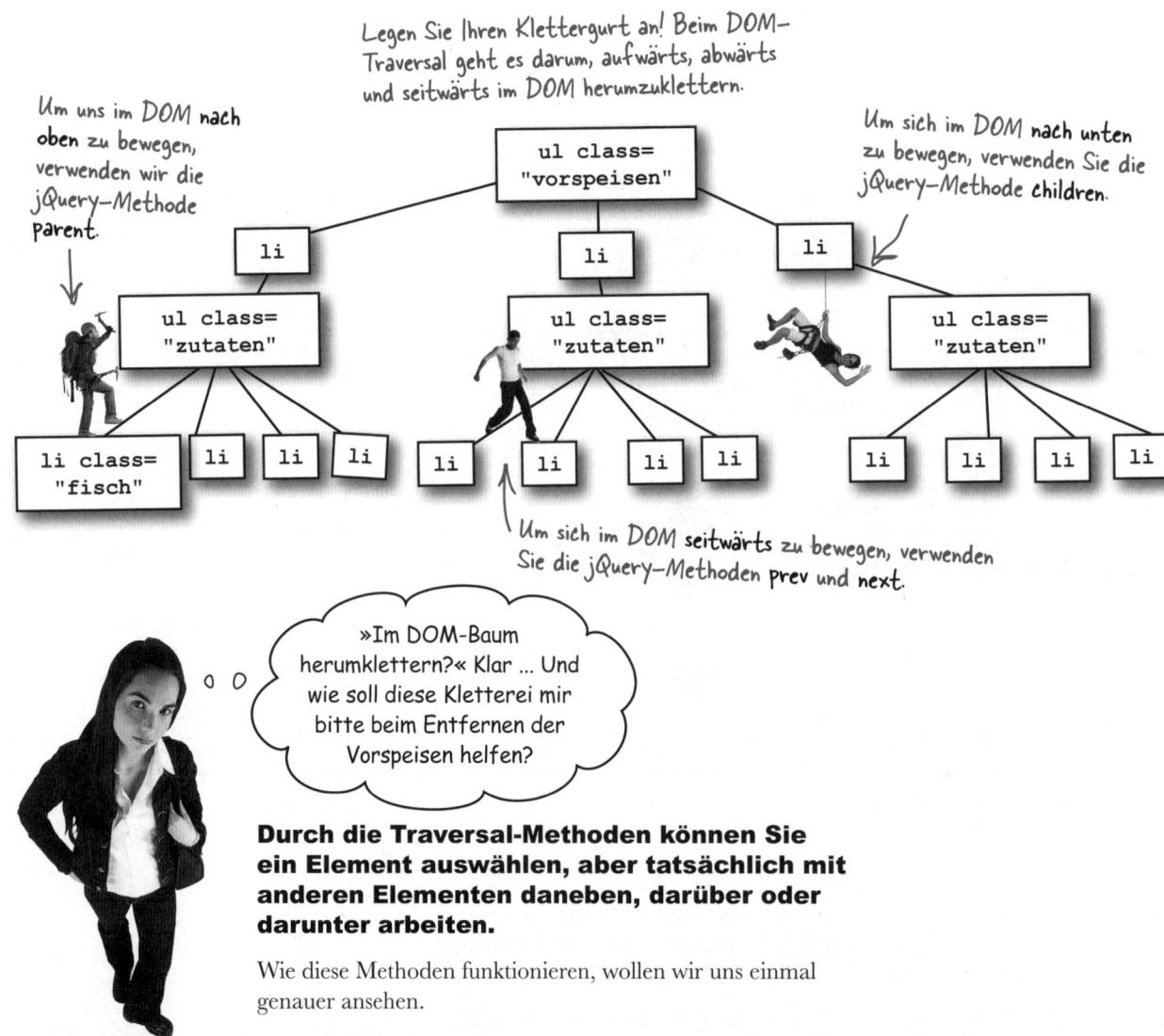

»Im DOM-Baum herumklettern?« Klar ... Und wie soll diese Kletterei mir bitte beim Entfernen der Vorspeisen helfen?

Durch die Traversal-Methoden können Sie ein Element auswählen, aber tatsächlich mit anderen Elementen daneben, darüber oder darunter arbeiten.

Wie diese Methoden funktionieren, wollen wir uns einmal genauer ansehen.

Traversal-Methoden bewegen sich im DOM

Um dem DOM mitzuteilen, dass Vorspeisen entfernt werden sollen, die Fisch enthalten, müssen wir die Elemente anhand ihrer Beziehung zueinander angeben. Mit den Traversal-Methoden von jQuery können wir Elemente über ihre Beziehungen zueinander auswählen.

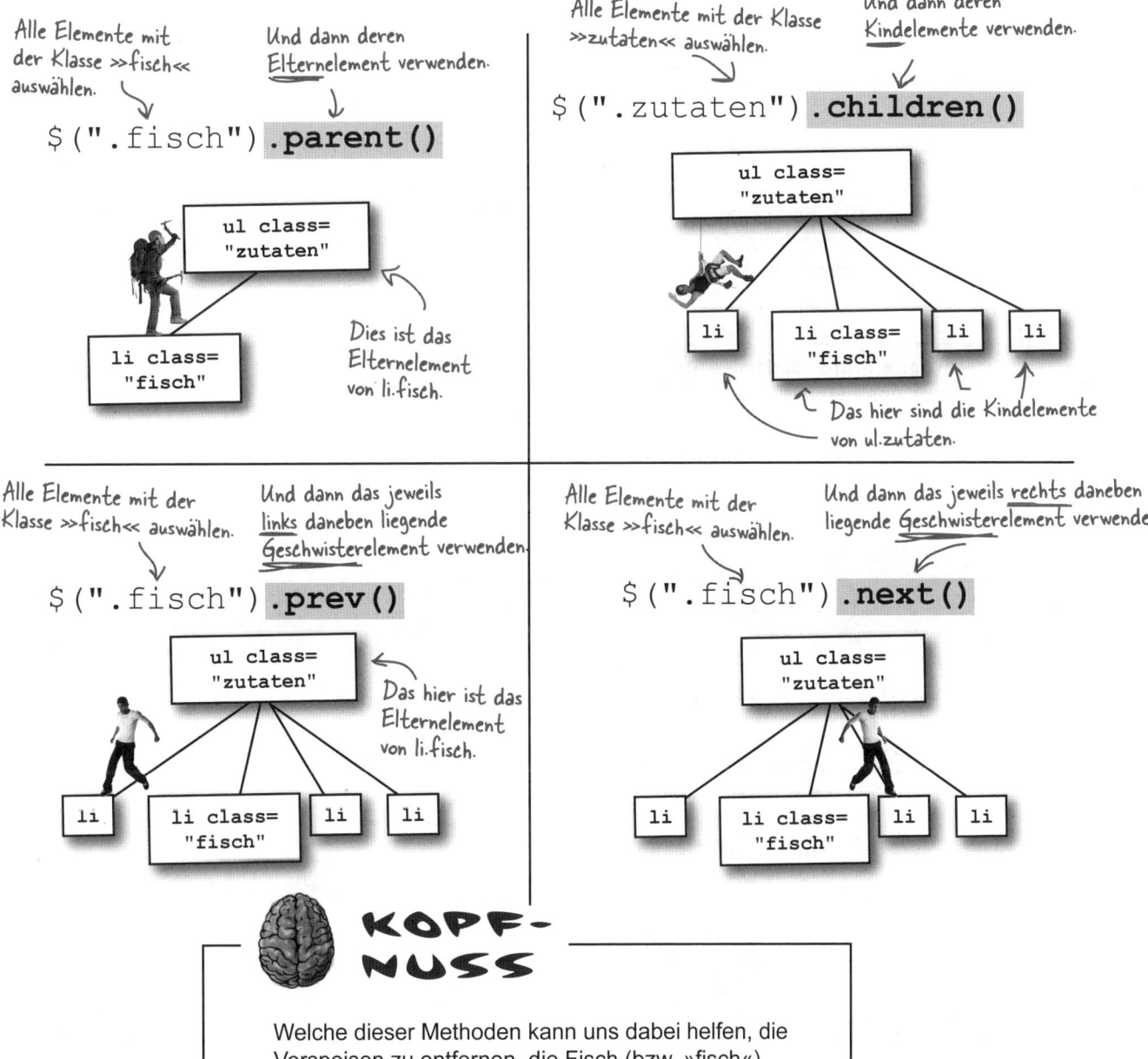

KOPFNUSS

Welche dieser Methoden kann uns dabei helfen, die Vorspeisen zu entfernen, die Fisch (bzw. »fisch«) enthalten?

Diese Kette hält

Methoden verketten, um weiter zu klettern

Was, wenn wir höher, niedriger oder tiefer klettern wollen? Dann heißt es: Ketten anlegen! jQuery besitzt die Möglichkeit, Methoden zu *verketten*. Durch verkettete Methoden sind effizientere Bewegungen und Änderungen am DOM unserer Seiten möglich. Und das geht so:

Um zum nächsthöheren Elternelement zu gelangen, erweitern Sie die Methodenkette einfach um ein weiteres Glied.

$(".fisch").parent().**parent()**

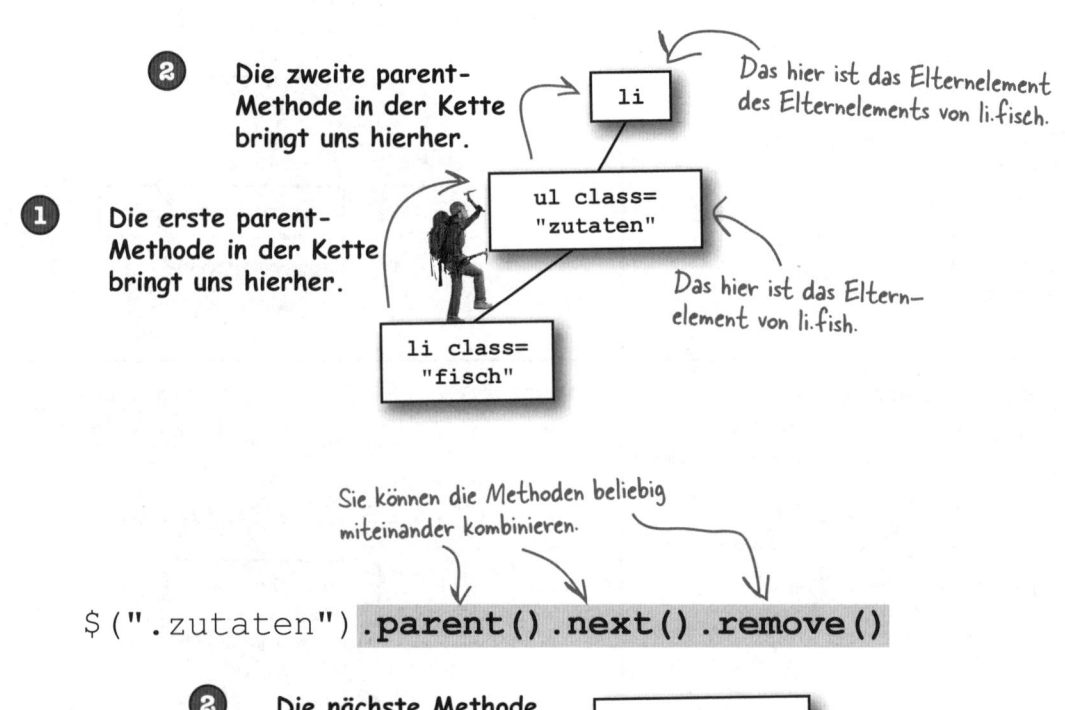

Sie können die Methoden beliebig miteinander kombinieren.

$(".zutaten").**parent().next().remove()**

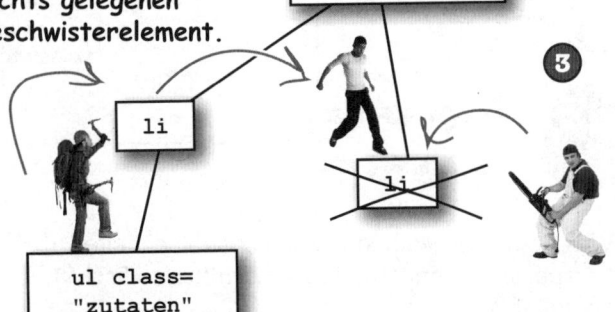

142   Kapitel 4

Webseiten mit jQuery verändern

Übung

Gehen Sie zur Adresse *http://www.thinkjquery.com/chapter04/traversal/* und öffnen Sie die JavaScript-Konsole in den Entwicklerwerkzeugen Ihres Browsers. Im Abschnitt »Lies mich« am Anfang dieses Buches werden verschiedene Entwicklerwerkzeuge vorgestellt. Führen Sie alle vier Traversal-Methoden mit einer verketteten `detach`-Methode aus, wie es unten gezeigt wird. Danach schreiben Sie hier auf, ob die Methode bei der Lösung unseres Problems helfen kann oder nicht. Den eingedeutschten Code finden Sie unter *www.oreilly.de/catalog/hfjqueryger*.

Wichtig: Vergessen Sie nicht, **die Seite *neu zu laden***, nachdem Sie die jeweilige Anweisung ausgeführt haben.

```
$(".vorspeisen").children().detach()
```

....
....
....

```
$(".zutaten").children().detach()
```

....
....
....

```
$(".fisch").parent().detach()
```

....
....
....

```
$(".fisch").parent().parent().detach()
```

....
....
....

Sie sind hier ▶

Übungslösung

LÖSUNG ZUR ÜBUNG

Gehen Sie zur Adresse *http://www.thinkjquery.com/chapter04/traversal/* und öffnen Sie die JavaScript-Konsole in den Entwicklerwerkzeugen Ihres Browsers. Im Abschnitt »Lies mich« am Anfang dieses Buches werden verschiedene Entwicklerwerkzeuge vorgestellt. Führen Sie alle vier Traversal-Methoden mit einer verketteten `detach`-Methode aus, wie es unten gezeigt wird. Danach schreiben Sie hier auf, ob die Methode bei der Lösung unseres Problems helfen kann oder nicht. Den eingedeutschten Code finden Sie unter *www.oreilly.de/catalog/hfjqueryger*.

Wichtig: Vergessen Sie nicht, **die Seite *neu zu laden***, nachdem Sie die jeweilige Anweisung ausgeführt haben.

```
$(".vorspeisen").children().detach()
```

Diese Traversal-Methode entfernt die Kindelemente von ul.vorspeisen. Die Methode funktioniert nicht für das Entfernen von »fisch«, weil ALLE Vorspeisen verschwinden. Mist! Nicht, was wir brauchen.

Ba-zong! Alle Vorspeisen sind weg!

```
$(".zutaten").children().detach()
```

Diese Traversal-Methode löscht die Kindelemente von ul.zutaten. Sie funktioniert nicht, um bestimmte Vorspeisen zu entfernen, die »fisch« enthalten. Stattdessen werden die Listen der Zutaten abgetrennt. Ups!

Die Zutatenlisten für die Vorspeisen sind verschwunden.

```
$(".fisch").parent().detach()
```

Diese Traversal-Methode entfernt das Elternelement von »fisch«. Für das Entfernen von Vorspeisen, die »fisch« enthalten, funktioniert sie nicht, weil sie nicht weit genug im DOM-Baum aufsteigt. Stattdessen wird ul.zutaten (und alles darin enthaltene) entfernt.

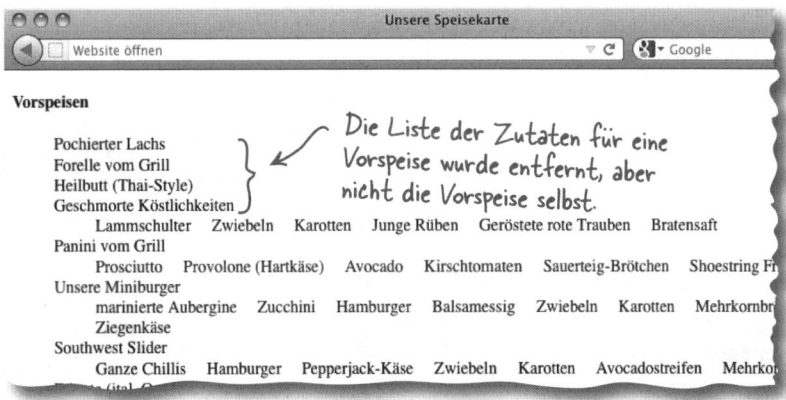

Die Liste der Zutaten für eine Vorspeise wurde entfernt, aber nicht die Vorspeise selbst.

```
$(".fisch").parent().parent().detach()
```

Diese Traversal-Methode entfernt das Elternelement des Elternelements (sozusagen das »Großeltern-Element«) von »fisch«. Das ist genau, was wir brauchen.

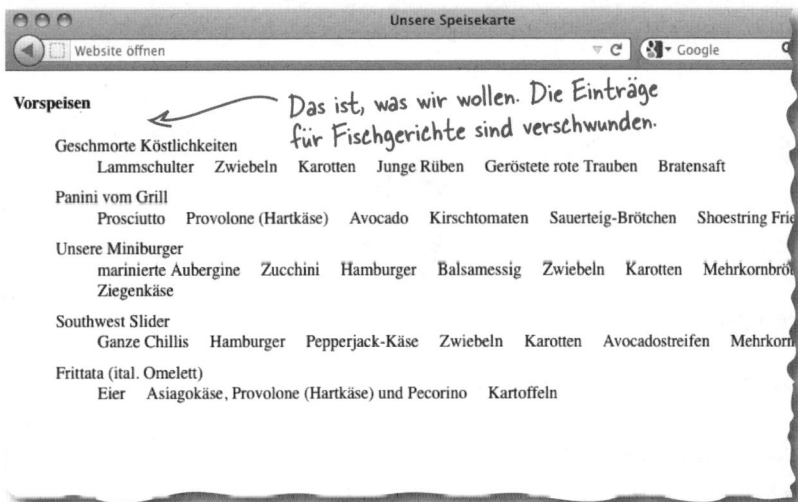

Das ist, was wir wollen. Die Einträge für Fischgerichte sind verschwunden.

Wo sind die Elemente hin?

> Moment mal! Müssen wir die Fisch-Vorspeisen nicht wieder anzeigen, wenn jemand den »Zurücksetzen«-Button anklickt?

Richtig. Wir können die Fisch-Einträge nicht einfach enfernen und dann vergessen.

Wir müssen unseren Code noch einmal überdenken, damit das funktioniert.

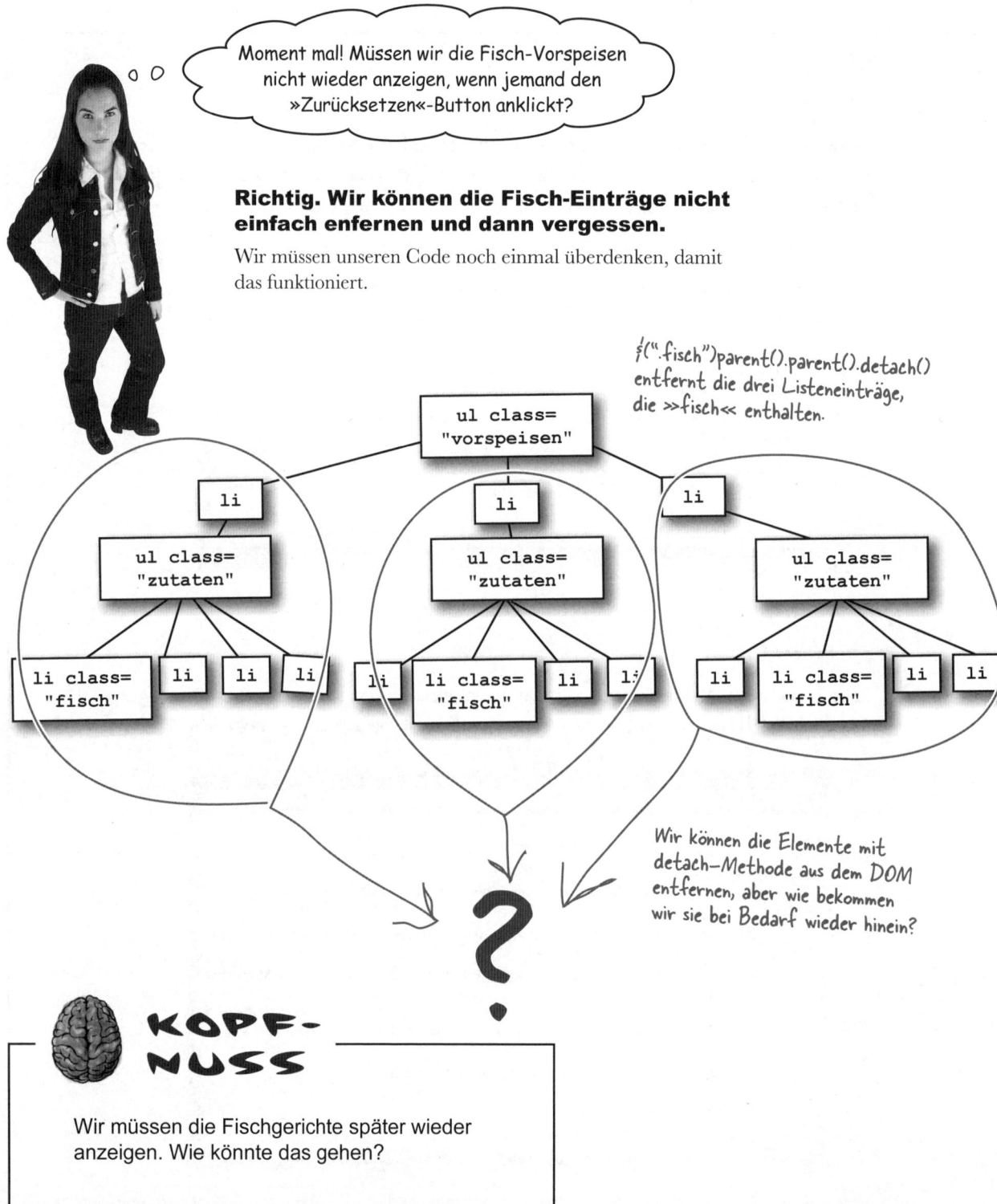

$("fisch").parent().parent().detach() entfernt die drei Listeneinträge, die »fisch« enthalten.

Wir können die Elemente mit detach-Methode aus dem DOM entfernen, aber wie bekommen wir sie bei Bedarf wieder hinein?

KOPF-NUSS

Wir müssen die Fischgerichte später wieder anzeigen. Wie könnte das gehen?

Spitzen Sie Ihren Bleistift

Mittlerweile haben wir schon eine ganze Menge jQuery- und JavaScript-Konstrukte gesehen. Welche davon könnten wir benutzen, damit die Elemente mit der Klasse ».fisch« nicht vergessen werden? Schreiben Sie entweder »Ja« oder »Nein« in die Spalte »Benutzen oder nicht?« und erklären Sie, warum Sie das Konstrukt gewählt bzw. nicht gewählt haben. Eine Antwort haben wir schon für Sie gegeben. Sie brauchen also nur noch drei Mal zu antworten.

	Benutzen oder nicht?	Warum?
Terminator	Nein	Ein Terminator beendet eine Anweisung. Dadurch können wir uns nicht an die entfernten Elemente erinnern.
Variable		
Funktion		
Selektor		

Lösung

Lösung

Mittlerweile haben wir schon eine ganze Menge jQuery- und JavaScript-Kontrukte gesehen. Welche davon könnten wir benutzen, damit die Elemente mit der Klasse »fisch« nicht vergessen werden? Schreiben Sie entweder »Ja« oder »Nein« in die Spalte »Benutzen oder nicht?« und erklären Sie, warum Sie das Konstrukt gewählt bzw. nicht gewählt haben. Hier ist unsere Lösung.

	Benutzen oder nicht?	Warum?
Terminator	Nein	Ein Terminator beendet eine Anweisung. Dadurch können wir uns nicht an die entfernten Elemente erinnern.
Variable	Ja	Eine Variable kann Dinge für uns speichern. Wenn wir die entfernten Elemente speichern, können wir sie später einfach zurückholen, indem wir den Inhalt der Variablen auslesen.
Funktion	Nein	Mit einer Funktion können wir Daten verändern. Das Problem mit den entfernten Elementen hat aber mit der Speicherung von Daten zu tun, nicht mit ihrer Veränderung.
Selektor	Nein	Ein Selektor wählt ein Element anhand der Dinge im DOM aus. Wir haben unsere Elemente bereits ausgewählt. Wir müssen diese Elemente jetzt speichern.

Es gibt keine Dummen Fragen

F: Ich kenne remove und detach. Was mache ich, wenn ich nicht das Element, sondern nur seinen Inhalt entfernen will?

A: Um den Inhalt eines Elements zu entfernen, können Sie die `empty`-Methode verwenden. Um den Inhalt eines Absatzes auf einer Seite zu entfernen, können Sie beispielsweise diese Formulierung verwenden: `$("p").empty();`.

F: Gibt es eine Möglichkeit, sämtliche Vorfahrenelemente eines Elements auszuwählen?

A: Ja. Zusätzlich zur `parent`-Methode besitzt jQuery die Methode `parents`. Damit können Sie sämtliche Vorfahren des gewählten Elements ansprechen. Weiter hinten in diesem Kapitel können Sie die Methode in Aktion erleben.

F: Was kann ich machen, wenn ich das nächstgelegene Vorfahrenelement eines bestimmten Typs finden möchte?

A: Dafür können Sie die `closest`-Methode benutzen. Wie die `parents`-Methode steigt `closest` im DOM-Baum nach oben. Sobald sie einen Treffer erzielt, hält sie an. Wenn Sie beispielsweise für ein li-Element das nächstgelegene ul-Element finden möchten, können Sie schreiben: `$("li").closest("ul")`.

F: Ich kenne die Methoden next und previous. Was kann ich tun, um alle Elemente auf der gleichen Ebene im DOM-Baum zu finden?

A: Glücklicherweise haben die jQuery-Entwickler auch daran gedacht. Die Methode `siblings` findet alle Geschwisterelemente auf der gleichen Ebene wie das ausgewählte Element.

F: Ist jQuery in Google Chrome bereits eingebaut?

A: Der Grund dafür, dass Sie jQuery in den Entwicklerwerkzeugen von Chrome benutzen können, liegt darin, dass wir jQuery am Anfang der HTML-Seite eingebettet haben. Wenn Sie eine Webseite besuchen, auf der jQuery nicht benutzt wird, sollten Sie nicht erwarten, dass die JavaScript-Konsole von Chrome jQuery-Anweisungen ausführt.

Speichern von Elementen in Variablen

Variablen sind offensichtlich ziemlich praktisch. Immerhin benutzen wir sie immer wieder. Wir haben Variablen bereits in den ersten drei Kapiteln gesehen. Bisher haben wir sie aber nur verwendet, um Zahlen und Text zu speichern. Wäre es nicht bequem, wenn Variablen auch unsere Elemente speichern könnten?

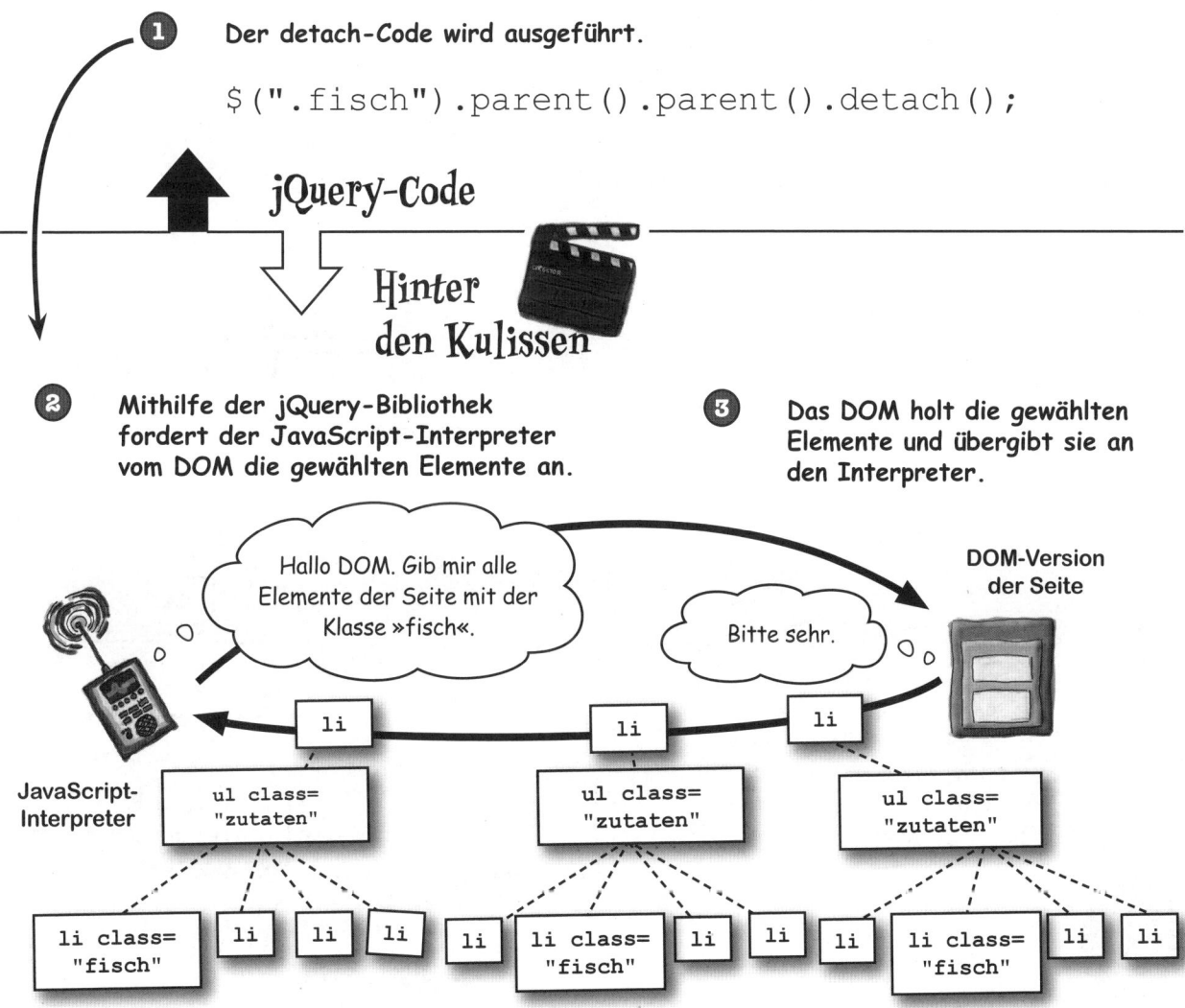

Der Browser bewahrt die Elemente kurze Zeit im Arbeitsspeicher auf. Wenn wir sie später im Programm noch einmal benutzen möchten, ist es eine gute Idee, sie in Variablen zu speichern. Aber wie geht das?

Besondere $freunde

Schon wieder dieses Dollarzeichen ...

Das Speichern der Elemente ist einfach. Zunächst erzeugen wir eine Variable, genau wie beim Speichern von Text und Zahlen. Dann weisen wir ihr (mithilfe des Gleichheitszeichens) das Ergebnis der Anweisung zu, die die Elemente zurückgibt. Aber eigentlich wäre es gut, zu wissen, wenn die Variable *besondere Dinge* (im Gegensatz zu einfachem Text oder Zahlen) speichert, oder? Üblicherweise stellen jQuery-Coder Variablen, die zurückgegebene Elemente speichern, ein Dollarzeichen voran. Auf diese Weise lässt sich schnell erkennen, dass in der Variablen Dinge von jQuery gespeichert werden.

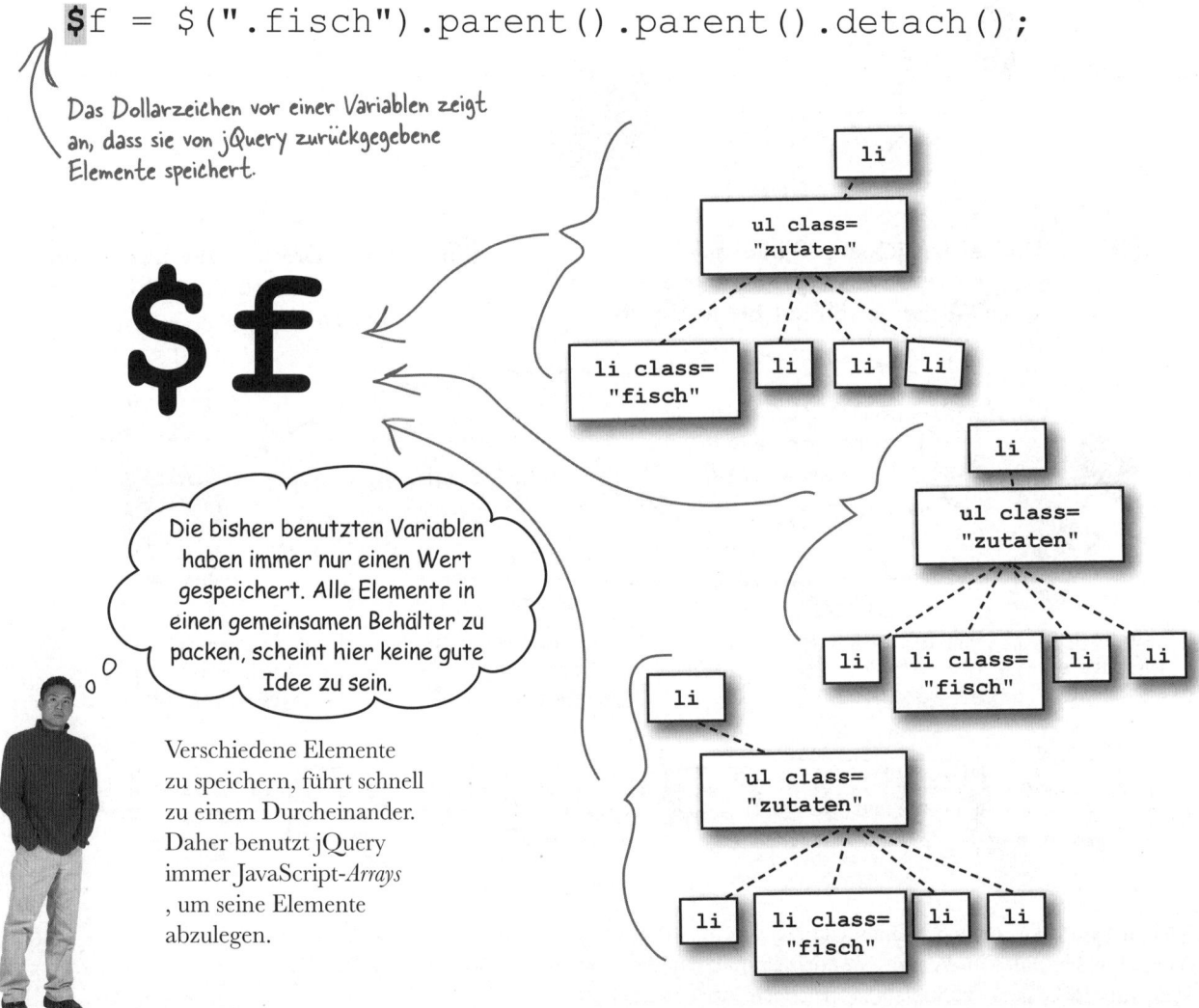

```
$f = $(".fisch").parent().parent().detach();
```

Das Dollarzeichen vor einer Variablen zeigt an, dass sie von jQuery zurückgegebene Elemente speichert.

Die bisher benutzten Variablen haben immer nur einen Wert gespeichert. Alle Elemente in einen gemeinsamen Behälter zu packen, scheint hier keine gute Idee zu sein.

Verschiedene Elemente zu speichern, führt schnell zu einem Durcheinander. Daher benutzt jQuery immer JavaScript-*Arrays*, um seine Elemente abzulegen.

Die Speichermöglichkeiten mit Arrays erweitern

Immer wenn wir Elemente aus dem DOM auswählen und in einer Variable speichern, gibt jQuery diese Daten als *Array* zurück. Ein Array ist einfach eine Variable mit größeren Speichermöglichkeiten.

Eine einfache <u>Variable</u> speichert <u>einen</u> Wert.

Ein <u>Array</u> speichert <u>mehrere</u> Werte.

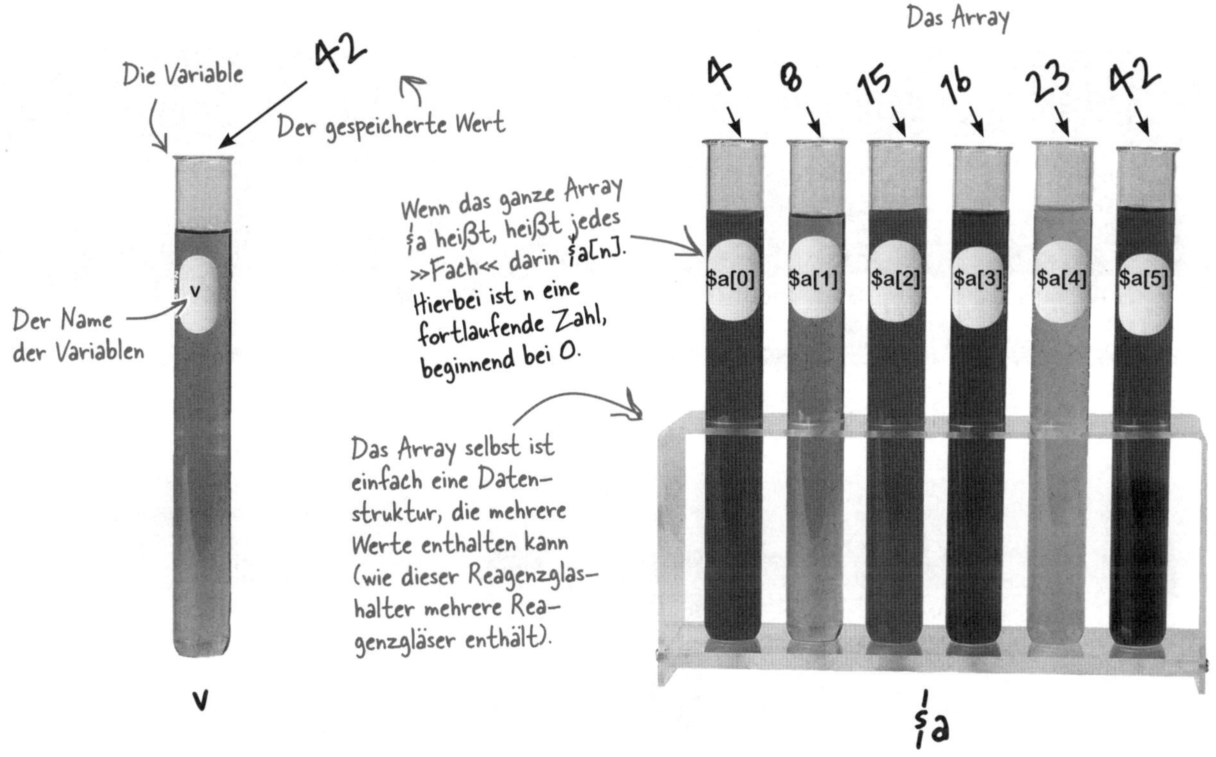

Das Array

Die Variable → 42 ← Der gespeicherte Wert

Der Name der Variablen → v

Wenn das ganze Array $a heißt, heißt jedes »Fach« darin $a[n]. Hierbei ist n eine fortlaufende Zahl, beginnend bei 0.

$a[0] $a[1] $a[2] $a[3] $a[4] $a[5]

4 8 15 16 23 42

Das Array selbst ist einfach eine Datenstruktur, die mehrere Werte enthalten kann (wie dieser Reagenzglashalter mehrere Reagenzgläser enthält).

$a

v

Wir können jedes Fach mit Daten befüllen und sie wieder auslesen. Um den Wert »15« im dritten Fach abzulegen, würden wir das hier schreiben:

$a[2] = 15;

Das dritte Fach hat die Nummer 2, weil wir bei 0 angefangen haben.

Freak-Futter

Arrays **müssen** nicht mit einem Dollarzeichen ($) beginnen. Die Praxis, jQuery-Arrays ein Dollarzeichen voranzustellen ist eine Programmierkonvention von jQuery-Entwicklern.

Sie sind hier ▶

So *ordentlich!*

Elemente in einem Array speichern

Wenn wir die li-Elemente auswählen, entfernen und einer Variablen ($f) zuweisen, nimmt jQuery die vom DOM zurückgegebenen Elemente und speichert sie ordentlich in einem JavaScript-Array. Dadurch wird die Arbeit nicht so schwierig, wenn jemand den »Zurücksetzen«-Button anklickt und die Elemente wieder an ihren alten Platz müssen.

```
$f = $(".fisch").parent().parent().detach();
```

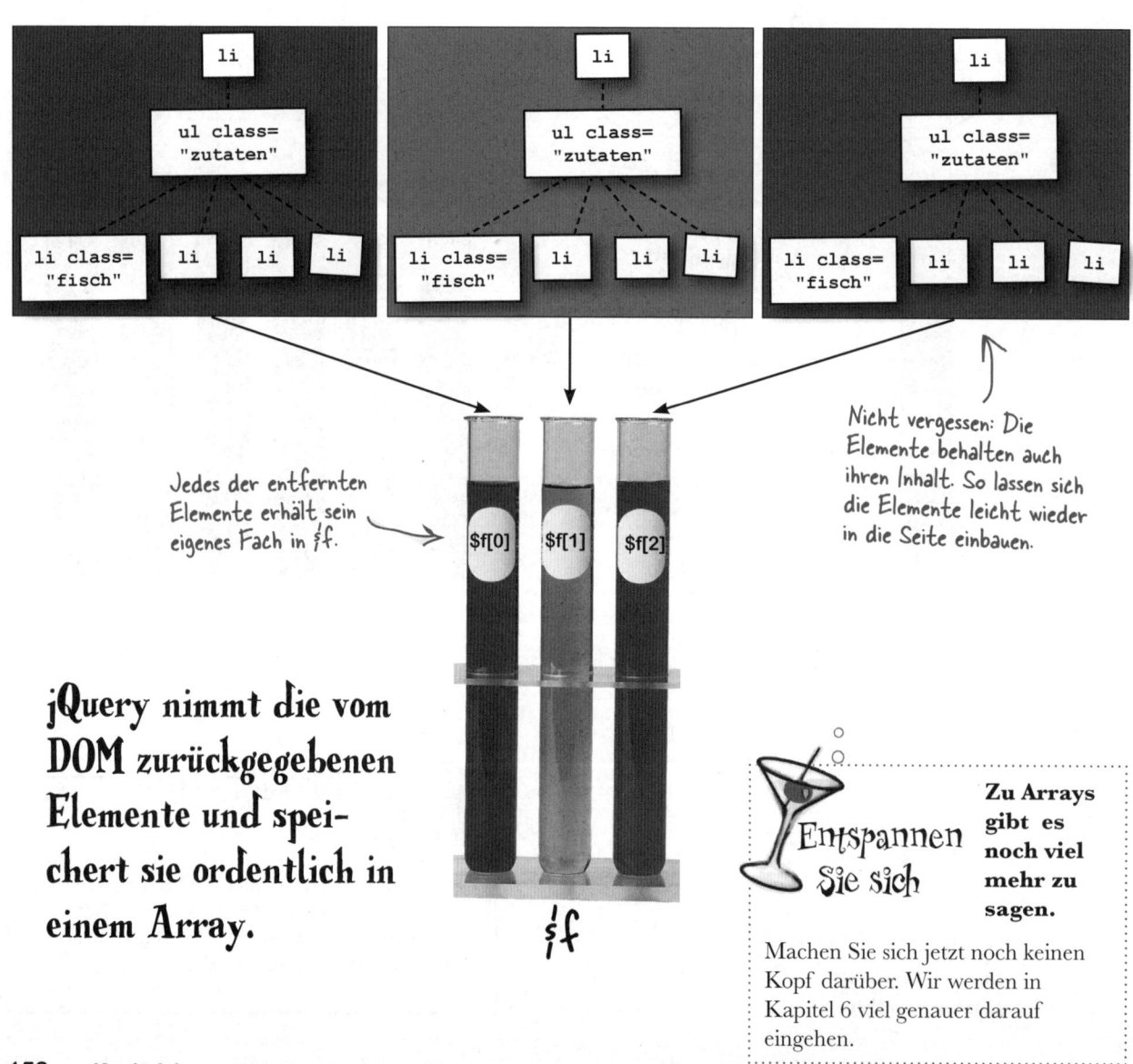

Jedes der entfernten Elemente erhält sein eigenes Fach in $f.

Nicht vergessen: Die Elemente behalten auch ihren Inhalt. So lassen sich die Elemente leicht wieder in die Seite einbauen.

jQuery nimmt die vom DOM zurückgegebenen Elemente und speichert sie ordentlich in einem Array.

Entspannen Sie sich

Zu Arrays gibt es noch viel mehr zu sagen.

Machen Sie sich jetzt noch keinen Kopf darüber. Wir werden in Kapitel 6 viel genauer darauf eingehen.

Webseiten mit jQuery verändern

PROBEFAHRT

Auf der vorigen Seite steht eine Codezeile, die die »Großeltern« der »fisch«-Elemente entfernt und dem Array $f zuweist. Bauen Sie diese Zeile in die click-Funktion für den vegetarisch_an-Button in der *meine_skripts.js*-Datei ein. Danach öffnen Sie die Seite in Ihrem Browser, um zu testen, ob alles nach Wunsch funktioniert.

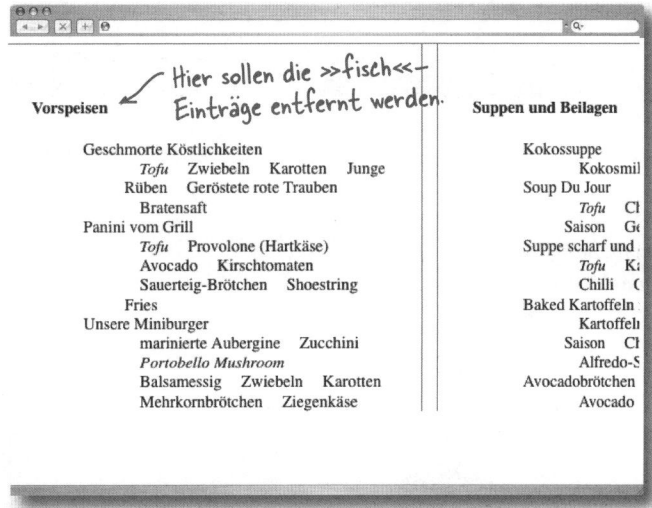

Sie haben's geschafft! Zeit, die Aufgabenliste zu aktualisieren.

☑ 1. Finde Elemente mit der Klasse »fisch« und entferne sie aus der Liste.

☐ 2. Finde li-Elemente mit der Klasse »hamburger« und ersetze sie durch Portobello-Champignons.

☐ 3. Finde li-Elemente mit der Klasse »fleisch« und ersetze sie durch Tofu.

Als Nächstes müssen Sie die Vorspeisen finden, die Hamburger enthalten, und den Hamburger durch Portobello-Champignons ersetzen.

KOPF-
NUSS

Mittlerweile wissen wir, wie man Elemente aus dem DOM entfernt. Aber wie können wir den Inhalt von DOM-Elementen dynamisch durch andere Inhalte ersetzen?

Sie sind hier ▶ **153**

Ein guter Tausch

Elemente mit replaceWith verändern

Mit der Methode `replaceWith` ist es möglich, ausgewählte Elemente durch andere zu ersetzen. Diese praktische jQuery-Methode können Sie immer dann benutzen, wenn Sie etwas im DOM gegen etwas anderes austauschen wollen. Angenommen, Sie möchten die h2-Überschrift mit dem Inhalt »Unser Menü« durch eine Überschrift erster Ordnung mit dem Inhalt »Mein Menü« ersetzen. Dann können Sie dafür die `replaceWith`-Methode verwenden, wie hier gezeigt wird:

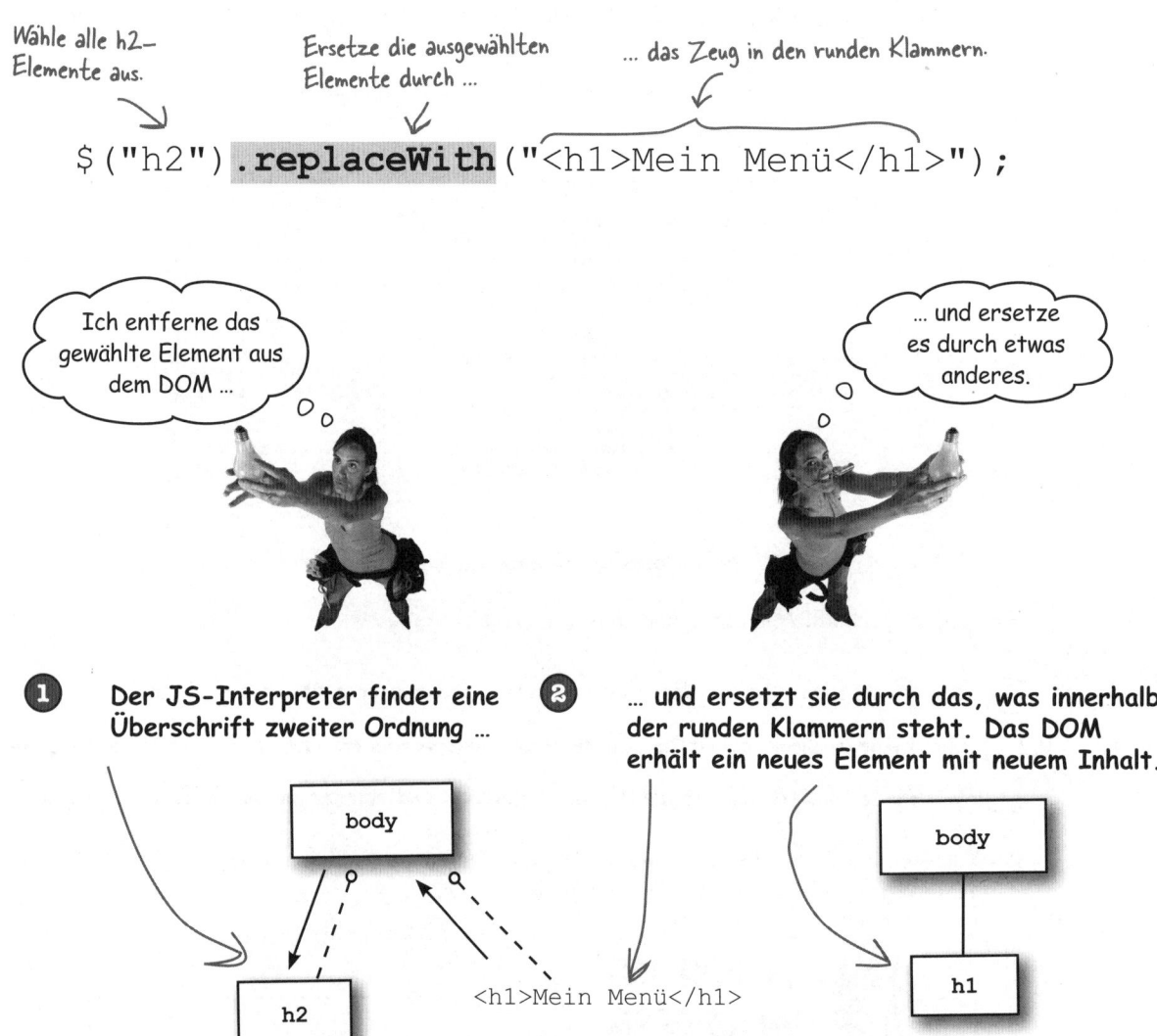

Wie kann replaceWith uns helfen?

Es sollen li-Elemente mit der Klasse »hamburger« gefunden und durch ein li-Element mit der Klasse »portobello« ersetzt werden. Lassen Sie uns kurz über das Problem nachdenken, bevor wir unseren Code schreiben.

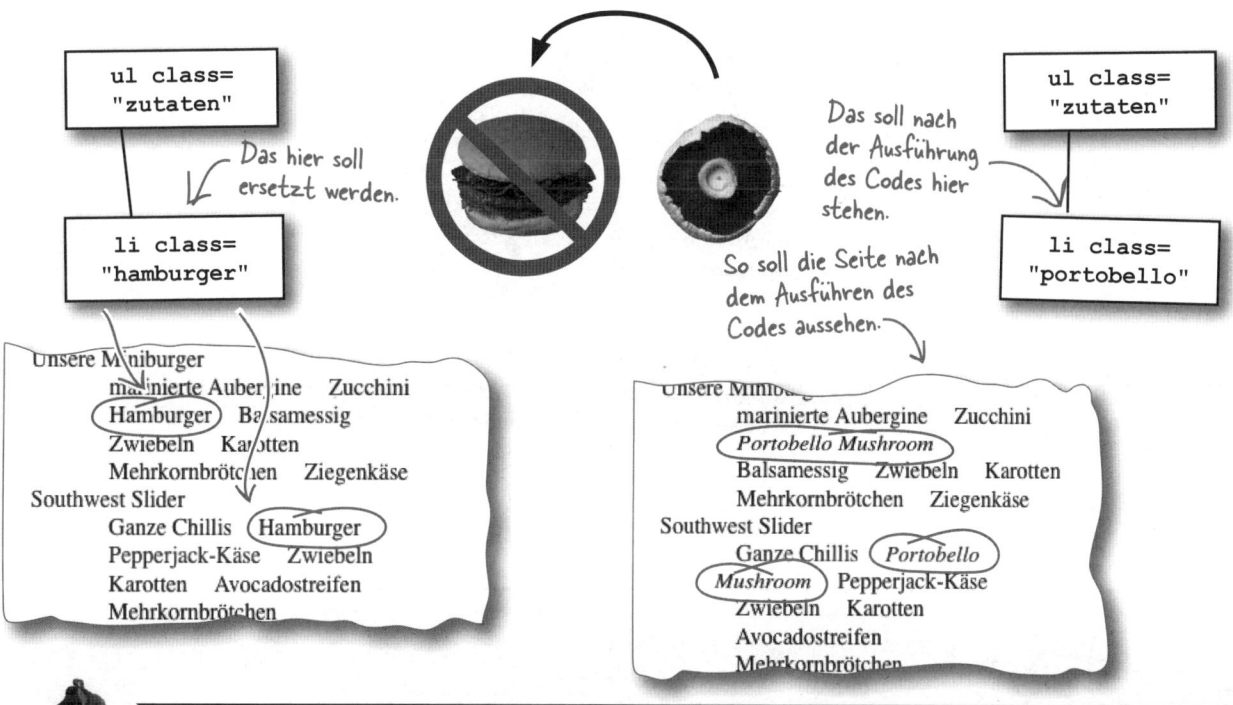

Übung

Schreiben Sie den Code, der li-Elemente mit der Klasse »hamburger« findet und durch li-Elemente mit der Klasse »portobello« ersetzt. Das unten stehende Diagramm soll Ihnen beim Finden der Lösung helfen. Einen Teil der Antwort haben wir schon für Sie aufgeschrieben. Den Rest machen Sie selbst.

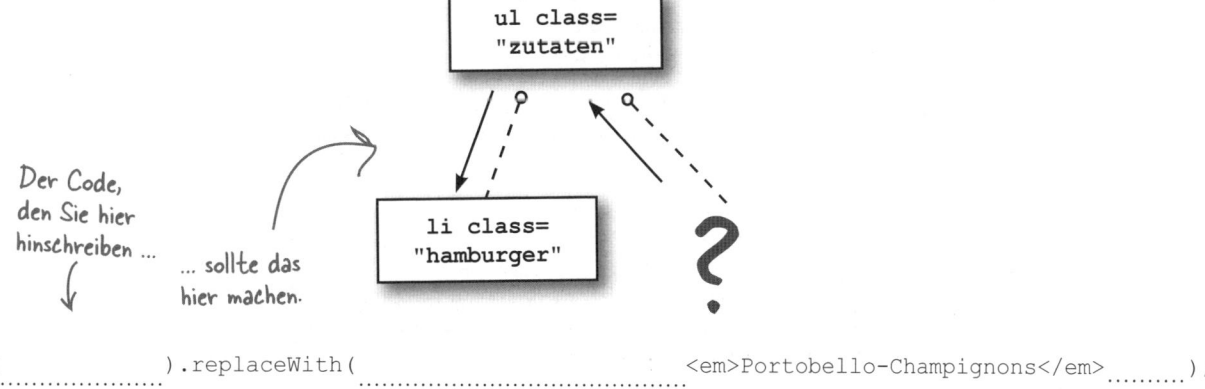

```
$(               ).replaceWith(                    <em>Portobello-Champignons</em>         );
```

Übungslösung

LÖSUNG ZUR ÜBUNG

Schreiben Sie den Code, der li-Elemente mit der Klasse »hamburger« findet und durch li-Elemente mit der Klasse »portobello« ersetzt. Hier ist unsere Lösung.

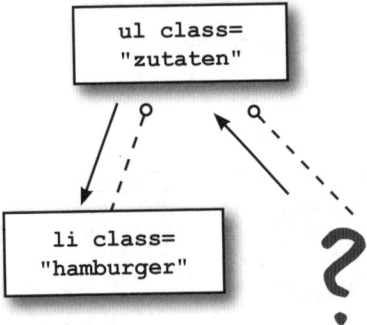

Wählt alle Elemente mit der Klasse "hamburger" aus.

Die replaceWith-Methode tauscht den gewählten Inhalt dynamisch durch das Element in den runden Klammern aus. Vergessen Sie nicht, dass die Klammern auch HTML-Code enthalten dürfen.

```
$(".hamburger").replaceWith("<li class='portobello'><em>Portobello-Champignons</em> </li>");
```

PROBEFAHRT

Fügen Sie den replaceWith-Code in die Button-click-Funktion vegetarisch_an in Ihrer *meine_skripts.js*-Datei ein. Öffnen Sie die Seite dann in Ihrem Browser und betätigen Sie den »Vegetarisch«-Button, um sich zu vergewissern, dass alles läuft wie gewünscht.

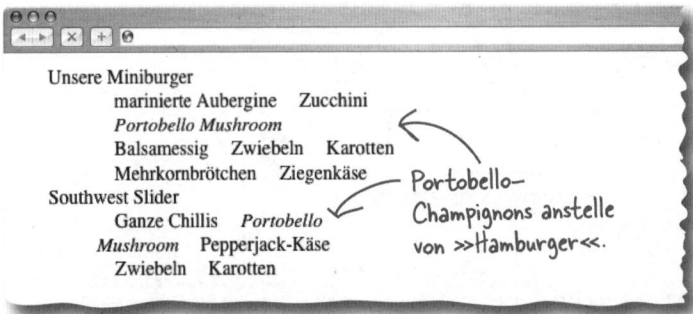

Portobello-Champignons anstelle von »Hamburger«.

Webseiten mit jQuery verändern

Denken Sie voraus, bevor Sie replaceWith verwenden

Was steht als nächstes auf der Checkliste?

☑ 1. Finde Elemente mit der Klasse »fisch« und entferne sie aus der Liste.

☑ 2. Finde li-Elemente mit der Klasse »hamburger« und ersetze sie durch Portobello-Champignons.

☐ 3. Finde li-Elemente mit der Klasse »fleisch« und ersetze sie durch Tofu.

Sie müssen die Vorspeisen mit der Klasse »fleisch« durch Tofu ersetzen.

Das ist einfach. Wir benutzen einfach nochmal replaceWith, oder?

Nein, wir können replaceWith **hier nicht einsetzen.**

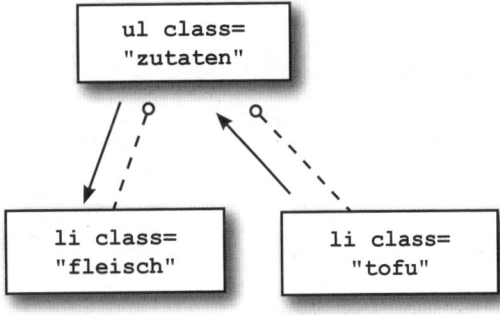

Die jQuery-Methode replaceWith ist einfach und kann eine Menge. Leider kann sie uns bei diesem Problem nicht weiterhelfen. Warum nicht?

Sie sind hier ▶ **157**

Nicht unbedingt einer für alle

replaceWith funktioniert nicht in jeder Situation

Die `replaceWith`-Methode funktioniert gut, wenn es um Eins-zu-eins-Ersetzungen geht, beispielsweise wenn die »hamburger«-Klasse durch die »portobello«-Klasse ausgetauscht werden soll.

Eins-zu-eins-Ersetzung

Eins-zu-viele-Ersetzung

Die Eins-zu-eins-Methode funktioniert beim nächsten Punkt auf unserer Checkliste aber nicht. Hier müssen wir *mehrere* verschiedene Zutaten (z. B. Truthahn, Eier, Steak, Lammfleisch) durch eine Zutat (Tofu) ersetzen.

Eins-zu-viele-Ersetzung

Wir können die Elemente mit der Klasse »fleisch« zwar alle durch »tofu« ersetzen ...

Viele-zu-viele-Ersetzung

Aber wenn wir später die »tofu«-Elemente auswählen und ersetzen wollen, haben wir ein Problem. Sobald wir die verschiedenen Fleischsorten wieder einbauen wollen, hat das DOM sie alle vergessen. Wir könnten »tofu« durch *eine* Fleischsorte ersetzen, aber das wollen wir ja nicht. Daher müssen wir diese Ersetzung in der Speisekarte in zwei Schritten durchführen:

Viele-zu-viele-Ersetzung

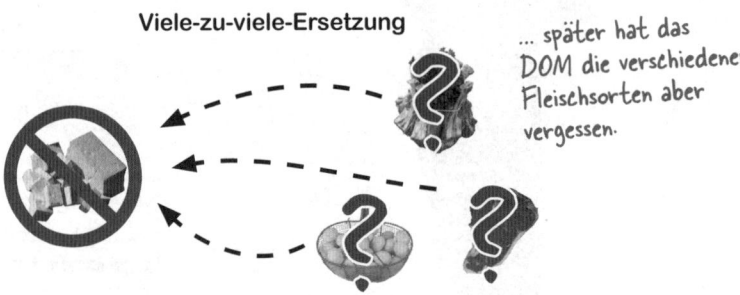

... später hat das DOM die verschiedenen Fleischsorten aber vergessen.

1. Fügen Sie die li-Elemente mit der Klasse »tofu« nach den »fleisch«-Elementen ein.

2. Entfernen Sie die Elemente mit der Klasse »fleisch« und speichern Sie sie in einer Variablen.

HTML-Inhalte in das DOM einfügen

Bisher haben wir DOM-Elemente nur entfernt oder ersetzt. Zum Glück haben sich die Entwickler der jQuery-Bibliothek auch Möglichkeiten ausgedacht, um Sachen in das DOM einzufügen. Wir meinen die Methoden before und after.

before fügt Inhalte vor dem gewählten Element ein und after danach.

```
$(".fleisch").before("<li>Tofu</li>");
```

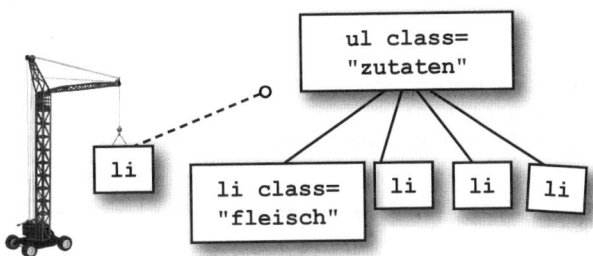

after fügt Inhalte nach dem ausgewählten Element ein.

```
$(".fleisch").after("<li>Tofu</li>");
```

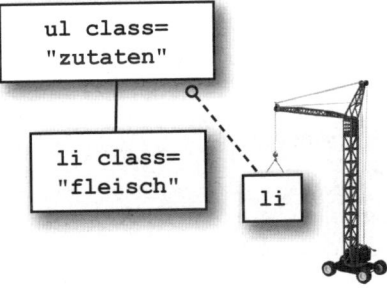

Spitzen Sie Ihren Bleistift

Schreiben Sie den jQuery-Code, der die Schritte unserer Lösung ausführt.

1 Fügen Sie die li-Elemente mit der Klasse »tofu« nach den »fleisch«-Elementen ein. ....

2 Entfernen Sie die Elemente mit der Klasse »fleisch« und speichern Sie sie in einer Variablen. ....

Lösung

> **Spitzen Sie Ihren Bleistift**
> **Lösung** Schreiben Sie den jQuery-Code, der die Schritte unserer Lösung ausführt.
>
> ❶ Fügen Sie die li-Elemente mit der Klasse »tofu« nach den »fleisch«-Elementen ein.
>
> `$(".fleisch").after("<li class='tofu'><em>Tofu</em></li>");`
>
> ❷ Entfernen Sie die Elemente mit der Klasse »fleisch« und speichern Sie sie in einer Variablen.
>
> `$m = $(".fleisch").detach();`

Damit haben Sie alle Anforderungen auf unserer Checkliste erfüllt:

- ☑ 1. Finde Elemente mit der Klasse »fisch« und entferne sie aus der Liste.
- ☑ 2. Finde li-Elemente mit der Klasse »hamburger« und ersetze sie durch Portobello-Champignons.
- ☑ 3. Finde li-Elemente mit der Klasse »fleisch« und ersetze sie durch Tofu.

Als Nächstes müssen wir den »Menü zurücksetzen«-Button erstellen. Hier kommt das, was der Button tun soll:

- ☐ Fügen Sie die Fisch-Vorspeisen wieder an ihrer ursprünglichen Position im DOM ein (also vor dem ersten Listeneintrag in der linken Spalte).
- ☐ Finden Sie Vorspeisen mit Portobello-Champignons und ersetzen Sie sie durch Hamburger.
- ☐ Finden Sie die Vorspeisen, die Tofu enthalten, und ersetzen Sie sie (in der richtigen Reihenfolge) durch die verschiedenen Fleischsorten.

Lassen Sie uns gleich loslegen und sehen, was wir für die erste Anforderung brauchen.

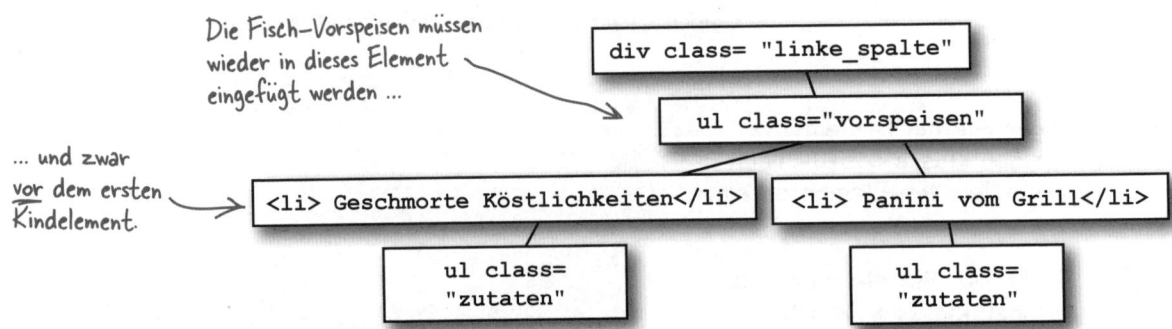

Wir wissen, wir man before benutzen, aber wie geben wir das *erste* Kindelement an?

Die Auswahl mit Filtermethoden einschränken (Teil 1)

Glücklicherweise bietet jQuery eine Reihe von Filtermethoden, mit denen sich Probleme wie das Finden des ersten Kindelements lösen lassen. Sechs davon wollen wir uns hier ansehen (drei auf dieser Seite, drei auf der nächsten).

`first`

Die `first`-Methode filtert aus den ausgewählten Elementen *alles außer dem ersten Element* heraus.

`eq`

Die `eq`-Methode filtert aus den gewählten Elementen *alles heraus, was nicht die index-Nummer* in den runden Klammern hat.

`last`

Die `last`-Methode filtert aus den gewählten Elementen *alles außer dem letzten Element* heraus.

Anhand eines Gerichts auf der Speisekarte wollen wir uns ansehen, wie diese Methoden funktionieren:

Die **first**-Methode beschränkt die Ergebnisliste auf das erste Element.

Die **last**-Methode beschränkt die Ergebnisliste auf das letzte Element.

```
$(".zutaten").children().first();
```

```
$(".zutaten").children().last();
```

Die **eq**-Methode beschränkt die Ergebnisliste auf das Element, dessen Indexnummer dem Wert in den runden Klammern entspricht.

```
$(".zutaten").children().eq(0);
   $(".zutaten").children().eq(1);
      $(".zutaten").children().eq(2);
         $(".zutaten").children().eq(3);
            $(".zutaten").children().eq(4);
```

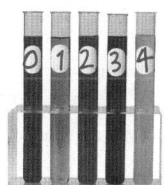

Vergessen Sie nicht, dass jQuery die ausgewählten Elemente als Array zurückgibt. Die Indexnummer in den runden Klammern der eq-Methode entspricht dem Fach des Arrays.

Dinge einschränken

Die Auswahl mit Filtermethoden einschränken (Teil 2)

Und jetzt wollen wir einen Blick auf die Methoden `slice`, `filter` und `not` und ihre Funktionsweisen werfen.

slice

Die `slice`-Methode filtert aus der Ergebnisliste alle Elemente aus, deren Indexnummern nicht *zwischen den Indexnummern liegen, die in den runden Klammern stehen.*

filter

Die `filter`-Methode filtert alle Elemente aus der Ergebnisliste, bis auf diejenigen, *auf die der Selektor in den runden Klammern passt.*

not

Die `not`-Method filtert alle Elemente aus der Ergebnisliste, auf die *der Selektor in den runden Klammern nicht passt.*

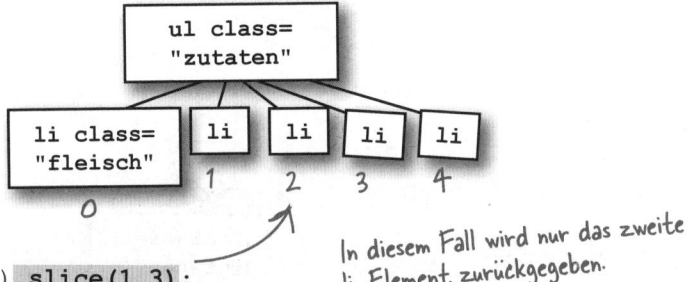

Mit der **slice**-Methode werden werden nur die ausgewählten Elemente benutzt, deren Indexnummern zwischen den Werten liegen, die in den runden Klammern angegeben wurden.

`$(".zutaten").children().slice(1,3);`

In diesem Fall wird nur das zweite li-Element zurückgegeben.

Mit den Methoden `filter` und `not` können Sie anhand der als Argumente übergebenen Selektoren eine Untermenge der ausgewählten Elemente erstellen.

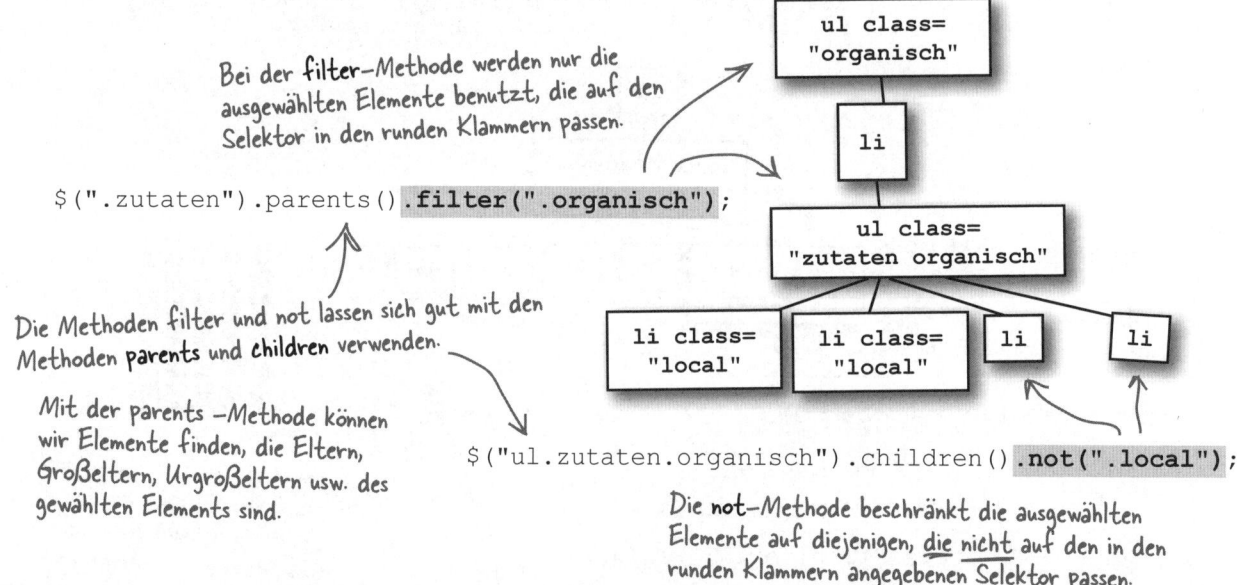

Bei der **filter**-Methode werden nur die ausgewählten Elemente benutzt, die auf den Selektor in den runden Klammern passen.

`$(".zutaten").parents().filter(".organisch");`

Die Methoden **filter** und **not** lassen sich gut mit den Methoden **parents** und **children** verwenden.

Mit der **parents**-Methode können wir Elemente finden, die Eltern, Großeltern, Urgroßeltern usw. des gewählten Elements sind.

`$("ul.zutaten.organisch").children().not(".local");`

Die **not**-Methode beschränkt die ausgewählten Elemente auf diejenigen, <u>die nicht</u> auf den in den runden Klammern angegebenen Selektor <u>passen</u>.

Welche dieser Methoden hilft Ihnen damit, das erste Kindelement in der Speisekarte zu finden?

Webseiten mit jQuery verändern

SEIEN Sie das DOM

Ihre Aufgabe ist es, selbst DOM zu spielen. Zeichnen Sie eine Linie von der jQuery-Anweisung zu den Elementen im DOM, die der Selektor zurückgibt. Gehen Sie davon aus, dass das die einzigen Elemente der Seite sind. Die erste Verbindung haben wir schon für Sie gezeichnet.

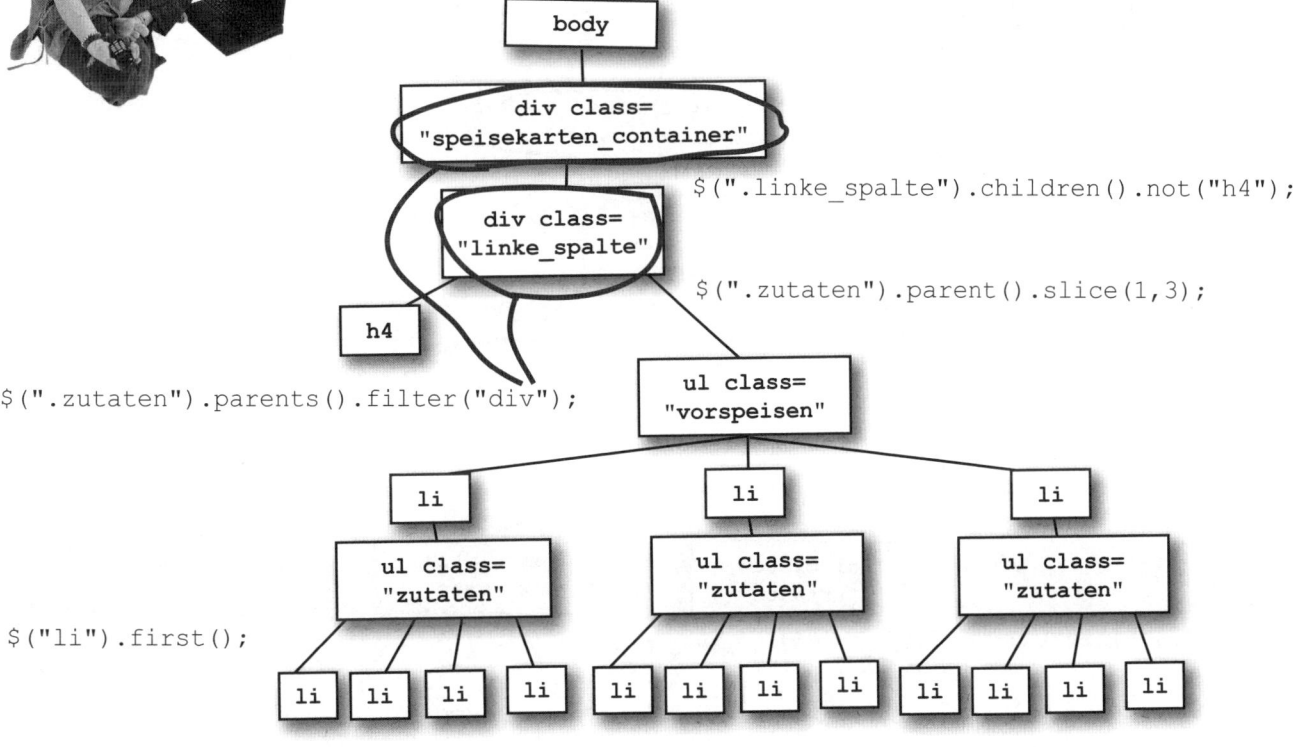

Spitzen Sie Ihren Bleistift

Schreiben Sie die Zeile jQuery-Code auf, die alle Fisch-Vorspeisen wieder an ihre ursprüngliche Stelle in der Speisekarte einfügt (z. B. das erste Gericht unterhalb von »vorspeisen«).

....`.before($f);`

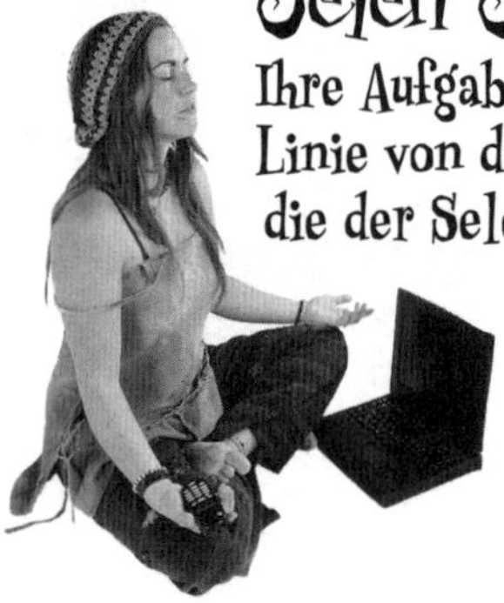

Seien Sie das DOM: Lösung

Ihre Aufgabe ist es, selbst DOM zu spielen. Zeichnen Sie eine Linie von der jQuery-Anweisung zu den Elementen im DOM, die der Selektor zurückgibt. Gehen Sie davon aus, dass das die einzigen Elemente der Seite sind. Die erste Verbindung haben wir schon für Sie gezeichnet.

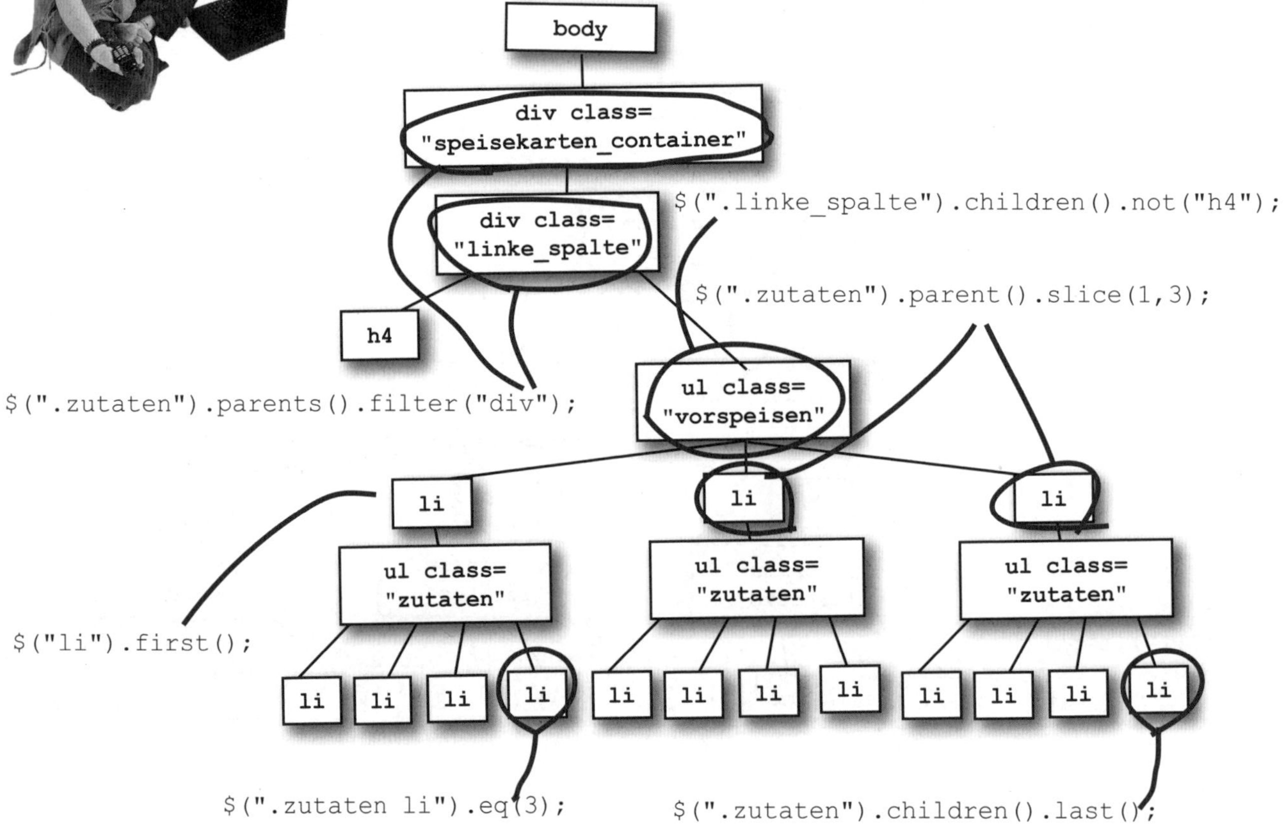

body
div class= "speisekarten_container"
div class= "linke_spalte"
h4
ul class= "vorspeisen"
li
li
li
ul class= "zutaten"
ul class= "zutaten"
ul class= "zutaten"
li li li li li li li li li li li li
$(".linke_spalte").children().not("h4");
$(".zutaten").parent().slice(1,3);
$(".zutaten").parents().filter("div");
$("li").first();
$(".zutaten li").eq(3);
$(".zutaten").children().last();

Spitzen Sie Ihren Bleistift
Lösung

Schreiben Sie die Zeile jQuery-Code auf, die alle Fisch-Vorspeisen wieder an ihre ursprüngliche Stelle in der Speisekarte einfügt (z. B. das erste Gericht unterhalb von »vorspeisen«).

```
$(".vorspeisen li").first()     .before($f);
```

Der Hamburger kommt zurück!

Damit ist die erste Anforderung für den »Zurücksetzen«-Button erfüllt. Zwei haben wir noch:

- [x] Fügen Sie die Fisch-Vorspeisen wieder an ihrer ursprünglichen Position im DOM ein (also vor dem ersten Listeneintrag in der linken Spalte).
- [ ] Finden Sie Vorspeisen mit Portobello-Champignons und ersetzen Sie sie durch Hamburger.
- [ ] Finden Sie die Vorspeisen, die Tofu enthalten, und ersetzen Sie sie (in der richtigen Reihenfolge) durch die verschiedenen Fleischsorten.

Unser nächster Punkt auf der Checkliste kommt einem ein bisschen vor, wie ein Déjà-vu, oder? Im Prinzip müssen wir die ursprüngliche Ersetzung nur umkehren. Warum? Weil wir es hier mit einer Eins-zu-eins-Ersetzung zu tun haben. Und die haben wir besonders gern, weil sie so einfach sind.

Eins-zu-eins-Ersetzung

Esch benn wehder daaa!

Übung

Erinnern Sie sich an diese Übung? Wir werden sie einfach umdrehen. Schreiben Sie den Code auf, der alle `li`-Elemente mit der »portobello«-Klasse findet und durch `li`-Elemente der »hamburger«-Klasse ersetzt. Das unten stehende Diagramm soll Ihnen beim Finden der Lösung helfen. Einen Teil der Antwort haben wir schon für Sie aufgeschrieben. Der Rest ist für Sie.

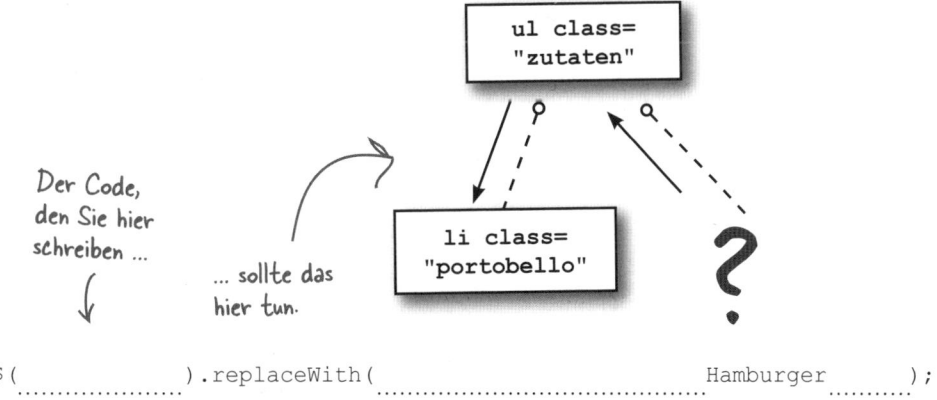

Der Code, den Sie hier schreiben ...

... sollte das hier tun.

`$( .................... ).replaceWith( ........................................... Hamburger .......... );`

Übungslösung

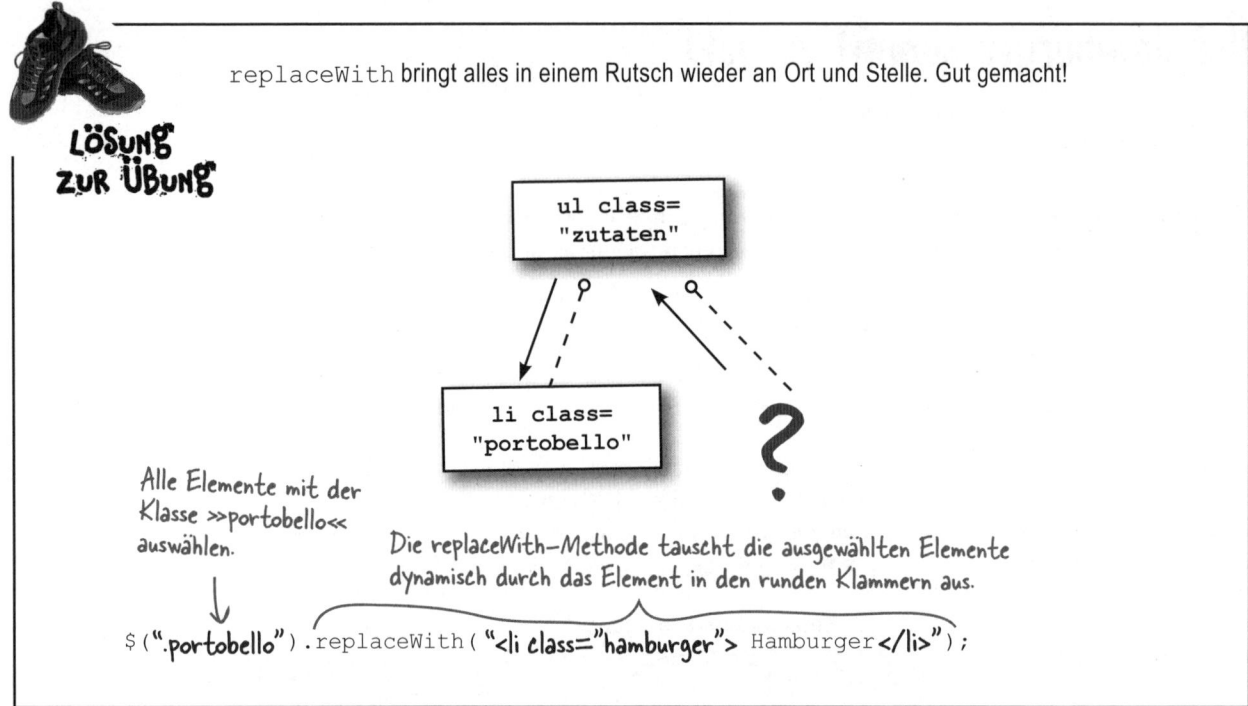

Wo ist das Rind (äh, Fleisch)?

Für den »Zurücksetzen«-Button fehlt uns jetzt nur noch ein Punkt auf der Checkliste:

- ☑ Fügen Sie die Fisch-Vorspeisen wieder an ihrer ursprünglichen Position im DOM ein (also vor dem ersten Listeneintrag in der linken Spalte).
- ☑ Finden Sie Vorspeisen mit Portobello-Champignons und ersetzen Sie sie durch Hamburger.
- ☐ Finden Sie die Vorspeisen, die Tofu enthalten, und ersetzen Sie sie (in der richtigen Reihenfolge) durch die verschiedenen Fleischsorten.

Was haben wir noch mal mit den li-Elementen gemacht? Ein kurzer Blick zurück:

Wir haben die li.tofu-Elemente nach den Elementen mit der Klasse »Fleisch« eingefügt.

```
$(".fleisch").after("<li class='tofu'><em>Tofu</em></li>");
```

Wir haben die li.fleisch-Elemente aus dem DOM entfernt und in $m gespeichert.

```
$m = $(".fleisch").detach();
```

Und wo sind diese Elemente jetzt? Und wie bekommen wir sie zurück?

Ein fleischiges Array

Wie Sie wissen, erhält die Variable beim Speichern von jQuery-Elementen ein Dollarzeichen. Damit wird angezeigt, dass die verwendete Variable eine besondere Art der Speicherung verwendet. In unserem Fall ist das ein jQuery-Array. Hier sehen Sie, wie die Elemente in $m gespeichert wurden:

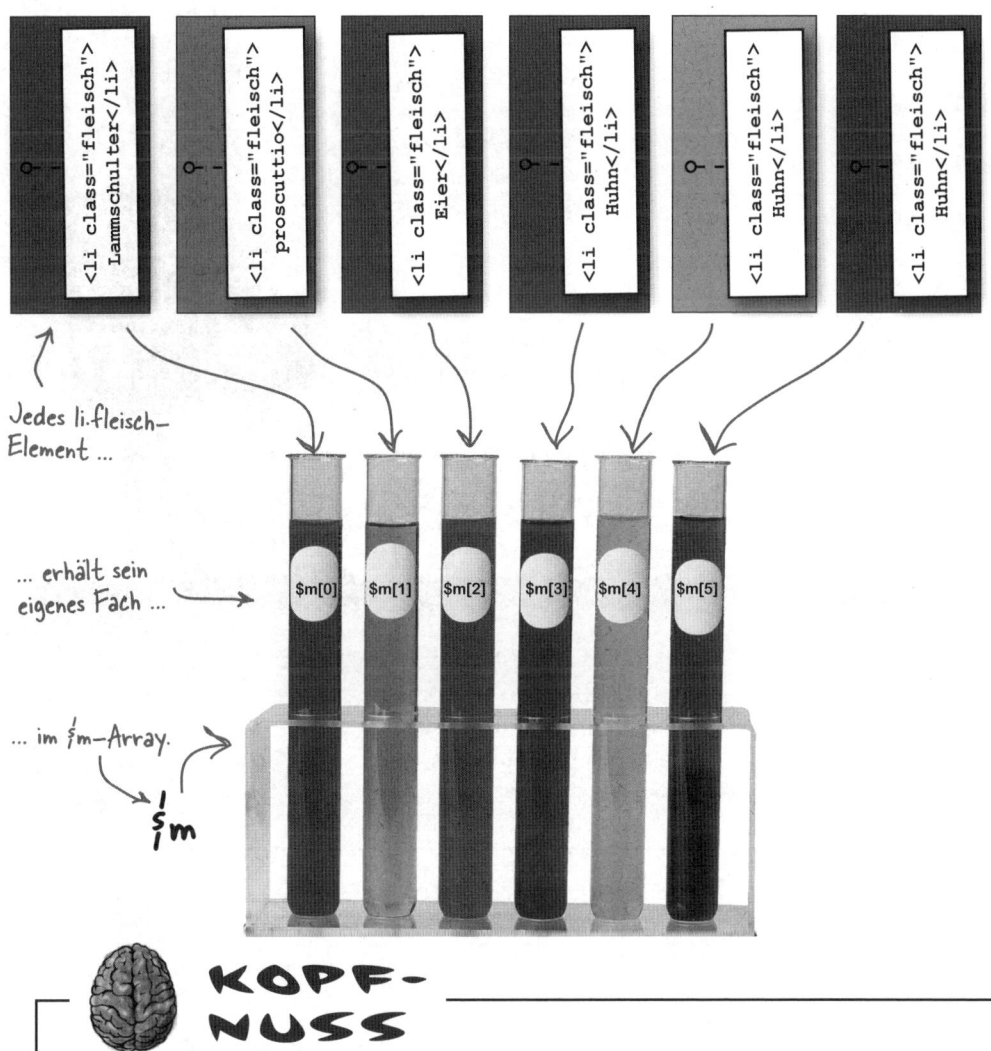

KOPF-NUSS

Sie müssen die einzelnen `li.fleisch`-Elemente wieder an die Stelle der `li.tofu`-Elemente zurückschieben. Sie haben bereits viele Methoden kennengelernt, um Elemente wieder ins DOM einzubauen. Welche Methode würden Sie in dieser Situation verwenden?

Die Rückkehr von each

Die each-Methode kann eine Schleife über ein Array ausführen.

In Kapitel 3 haben Sie gesehen, wie man die each-Methode verwenden kann, um eine Schleife über mehrere Elemente auszuführen. Das können wir auch hier verwenden, um eine Schleife über sämtliche »fleisch«-Elemente im Array $m zu erzeugen und sie wieder an ihrem ursprünglichen Ort zu platzieren. Dafür müssen wir uns die Funktionsweise von each aber noch etwas genauer ansehen.

Die each-Methode funktioniert wie ein Fließbandroboter für Ihre Elemente.

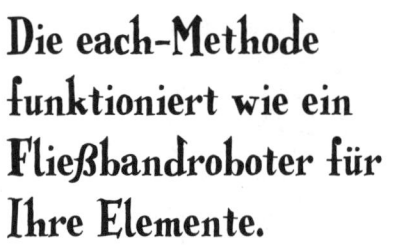

Mit der each-Methode lassen sich jQuery-Aufgaben automatisieren, indem ein Element im Array nach dem anderen abgearbeitet wird.

Richtig interessant wird es, wenn wir innerhalb von each eine Funktion platzieren, die mit jedem Element etwas anstellt, während es verarbeitet wird.

Das Schlüsselwort this bezieht sich auf das Element, mit dem wir gerade arbeiten.

Der Index (oder Iterator) sorgt dafür, dass wir wissen, an welchem Element die Funktion gerade arbeitet.

i = 0

Wenn wir p-Element auswählen, speichert jQuery die Auswahl in einem Array.

Die each-Methode verarbeitet ein Array-Element nach dem anderen und führt für jedes Element eine bestimmte Aktion aus.

Die Variable i beginnt bei 0 und zählt alle Elemente, die verarbeitet werden.

```
$(".tofu").each(function(i){
    $(this).after(     );
});
```

Mit $(this) können Sie der Funktion mitteilen, welches Element gerade verarbeitet wird.

Hier benutzen wir die after-Methode. Im Prinzip können Sie aber jede jQuery-Methode verwenden, um bestimmte Aktionen für ein Array mit Elementen durchzuführen.

Wir wollen die »fleisch«-Elemente anstelle der einzelnen li.tofu-Elemente einfügen. Was muss hier also stehen?

jQuery-Magneten

Bringen Sie die Codemagneten in die korrekte Reihenfolge, so dass der `zuruecksetzen`-Button wie gewünscht funktioniert. Ein paar Magneten haben wir schon für Sie platziert.

```
$("button#zuruecksetzen").click(function(){

    if (v == true){








                        v = false;
    }
});
```

meine_skripts.js

```
"<li class="hamburger">Hamburger</li>");

                               $m[i]);

                                                        .before($f);

$(".portobello").replaceWith(
                              });      $(".tofu").remove();

$(".vorspeisen li").first()   $(this).after(    $(".tofu").each( function(i){
```

jQuery-Magneten-Lösung

jQuery-Magneten: Lösung

Bringen Sie die Codemagneten in die korrekte Reihenfolge, so dass der
`zuruecksetzen`-Button wie gewünscht funktioniert. Ein paar Magneten
haben wir schon für Sie platziert.

```
$("button#zuruecksetzen").click(function(){

    if (v == true){

        $(".portobello").replaceWith(  "<li class=\"hamburger\">Hamburger</li>");

        $(".vorspeisen li").first()   .before($f);

        $(".tofu").each( function(i){

            $(this).after(  $m[i]);

        });

        $(".tofu").remove();

        v = false;

    }

});
```

> Wir können die »fleisch«-Elemente wieder an ihre alte Position schieben, indem wir das $m-Array und den Index des »tofu«-Elements referenzieren, mit dem die Funktion gerade arbeitet.

meine_skripts.js

Das war's ... oder?

Alle Anforderungen für den »Zurücksetzen«-Button sind erfüllt. Wir müssen also nur noch unsere Projektdateien aktualisieren und sind fertig.

  Fügen Sie die Fisch-Vorspeisen wieder an ihrer ursprünglichen Position im DOM ein (also vor dem ersten Listeneintrag in der linken Spalte).

  Finden Sie Vorspeisen mit Portobello-Champignons und ersetzen Sie sie durch Hamburger.

  Finden Sie die Vorspeisen, die Tofu enthalten, und ersetzen Sie sie (in der richten Reihenfolge) durch die verschiedenen Fleischsorten.

> Augenblick! Wir haben das P. S. auf der Serviette vergessen.

> P. S.: Es wäre schön, wenn außerdem ein Blatt-Symbol neben den vegetarischen Alternativgerichten angezeigt werden könnte.

Hoppla! Ja, stimmt.

Zum Glück hat der Webdesigner in der CSS-Datei *meine_stile.css* bereits eine passende Klasse mit dem Namen `blattsymbol` angelegt.

```css
.blattsymbol{
    list-style-image:url(../bilder/blatt.png');
}
```

meine_stile.css

ÜBUNG Schreiben Sie die Anweisung, die das Elternelement des Elternelements der »tofu«-Klassen mit dem Blatt-Symbol versieht.

....

Tipp: addClass ist Ihr Freund.

Übungslösung

LÖSUNG ZUR ÜBUNG

Nur noch ein bisschen im DOM herumklettern und etwas `addClass`-Zauberei, und wir sind fertig!

`$(".tofu").parent().parent().addClass("blattsymbol");`

Es gibt keine Dummen Fragen

F: Mit den anderen filter-Methoden komme ich klar, aber `slice` bringt mich immer noch wahnsinng durcheinander. Können Sie mir das noch einmal genauer erklären?

A: Die `slice`-Methode ist nicht leicht zu verstehen. Das Verwirrendste an `slice` sind seine Parameter: `slice(Start, Ende)`.
Der erste Parameter ist der `Start`-Parameter. Er muss angegeben werden, damit `slice` überhaupt funktioniert. Er gibt an, wo die Auswahl der Elemente im Array beginnen soll. Vergessen Sie nicht, dass das erste Element eines Arrays den Index »0« hat. Als `Start`-Parameter können Sie auch eine negative Zahl angeben. In diesem Fall wird vom Ende des Arrays an rückwärts gezählt und nicht vorwärts von seinem Anfang an.

F: Okay, und was macht dann der `End`-Parameter der `slice`-Methode?

A: Der zweite Parameter (Ende) muss nicht unbedingt angegeben werden. Wenn Sie ihn nicht angeben, wählt `slice` alle Elemente ab dem `Start`-Parameter und wählt von dort aus alle Elemente im Array aus, deren Index größer ist als der `Start`-Parameter. Der `End`-Parameter ist nicht unbedingt intuitiv, wenn Sie vergessen, dass die Zählung der Array-Elemente bei 0 beginnt.

F: Die `each`-Methode scheint ziemlich mächtig zu sein. Woher weiß `each`, mit welchem Element es gerade arbeitet?

A: Seine wahre Stärke entfaltet `each` erst, wenn Sie die Methode mit dem Schlüsselwort `this` kombinieren. Außerdem merkt sich `each` automatisch den Index des Elements, mit dem sie gerade arbeitet. Sie sollten nur mit `each` arbeiten, wenn Sie mehr als ein Element ausgewählt haben. Um das aktuelle Element zu referenzieren, können Sie `this` verwenden. Allerdings müssen Sie es mit dem jQuery-Kürzel umgeben: `$(this)`.

F: Warum muss ich in der Funktion `each` "i" oder "index" benutzen?

A: Die Indexvariable, oft "i" oder "index" genannt, wird von der `each`-Methode verwendet, um die bearbeiteten Elemente zu zählen. Auf diese Weise weiß `each`, wann sie mit ihrer Arbeit fertig ist. Ohne die Indexvariable wüsste `each` nicht, mit welcher Funktion sie arbeiten und wann sie mit der Arbeit aufhören soll.

F: Wie kann ich bestimmte Elemente in einem jQuery-Array finden?

A: Für die Suche nach Elementen in einem jQuery-Array gibt es die Methode `find`. Angenommen, Ihr Array enthält eine Reihe von li-Elementen:
`var $meine_elemente = $("li");`

Um alle a-Elemente (Links) im Array zu finden, können Sie Folgendes schreiben:
`$meine_elemente.find("a");`

F: Gibt es in jQuery eine Möglichkeit, ein Element mit einem anderen zu umgeben?

A: Aber sicher. Um beispielsweise ein Bild mit der ID `oreilly` mit einem Link zu umgeben, können Sie diesen Code hier verwenden:
`$("img#oreilly").wrap("<a href='http://www.oreilly.de'></a>");`

PROBEFAHRT

Seit der letzen Aktualisierung Ihrer Dateien ist schon etwas Zeit vergangen. Erweitern Sie Ihr Skript um den Code für den »Zurücksetzen«-Button und den Code zum Hinzufügen und Entfernen der Klasse »blattsymbol«, um die vegetarischen Alternativen zu kennzeichnen. Zum Vergleich mit Ihrem Code finden Sie die Dateien für dieses Kapitel auch unter *http://www.thinkjquery.com/chapter04/*. Den eingedeutschten Code finden Sie unter *www.oreilly.de/catalog/hfjqueryger*.

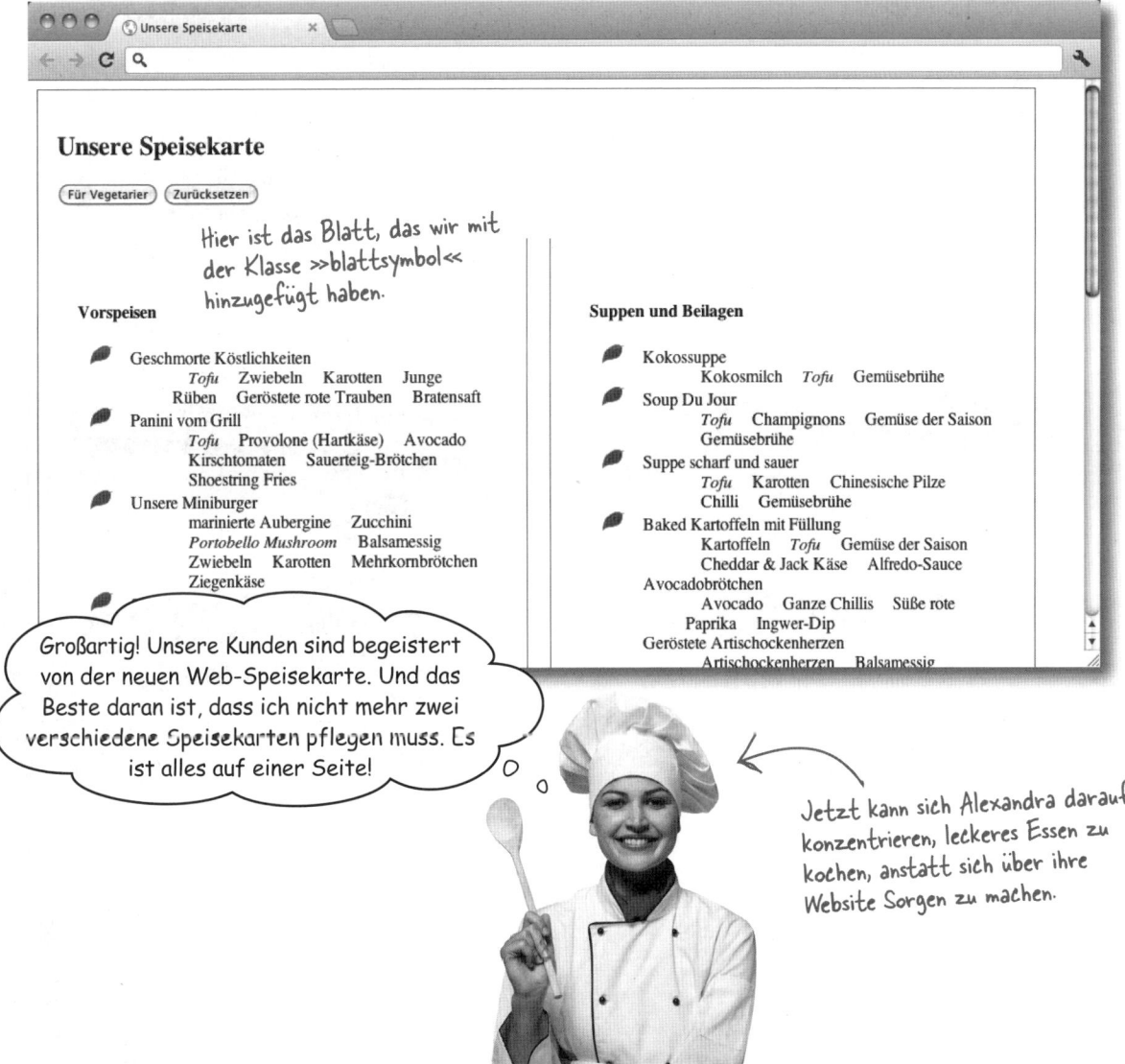

Ihr jQuery-Werkzeugkasten

Damit haben Sie Kapitel 4 abgeschlossen. Zusätzlich zu den bereits vorhandenen Dingen enthält der Werkzeugkasten jetzt die Möglichkeit, sich im DOM zu bewegen und etwas zu verändern, sowie Arrays und Filter.

DOM-Manipulation

Mit diesen Methoden können Sie nach Bedarf etwas zum DOM hinzufügen, ersetzen und entfernen:

detach

remove

replaceWith

before

after

DOM-Traversal

Hier geht es darum, im DOM-Baum herumzuklettern und etwas zu verändern.

Um an die gewünschten Dinge zu gelangen, verwenden Sie die Beziehungen der Elemente zueinander und die dazugehörigen Methoden wie parent und child.

Das Verketten von Methoden ist eine effiziente Möglichkeit, sich schnell im DOM zu bewegen.

Arrays

Mit jQuery-Arrays können Sie alles Mögliche speichern, auch Elemente, um es später wiederzuverwenden.

Wie bei Variablen stellen Sie Ihrem Array ein $ voran, um anzuzeigen, dass hier spezielle jQuery-Sachen gespeichert werden.

Filter

Filtermethoden helfen dabei, die ausgewählten Elemente auf eine Untermenge zu beschränken:

first

equal

last

slice

filter

not

5 jQuery-Effekte und -Animationen

Vom Gleiten und Schreiten

Die Fähigkeit, etwas auf Ihren Webseiten passieren zu lassen, ist schön und gut, aber wenn Sie es nicht schaffen, das Ganze auch noch cool aussehen zu lassen, werden die Leute Ihre Site nicht benutzen wollen. Und genau da kommen jQuery-Effekte und -Animationen ins Spiel. In diesem Kapitel erfahren Sie, wie Sie Elemente mit fließenden Übergängen versehen können, bestimmte wichtige Teile von Elementen anzeigen oder verstecken können sowie Elemente vergrößern und verkleinern können – und das alles vor den Augen Ihrer Benutzer. Sie werden außerdem sehen, wie Sie Animationen in bestimmten zeitlichen Abständen ablaufen lassen können, um einer Seite ein sehr dynamisches Aussehen zu verleihen.

Auf Flash *verzichten*

DoodleStuff braucht eine Web-Applikation

DoodleStuff versorgt die Kinder von Webville mit coolen Malutensilien. Vor einigen Jahren eröffnete DoodleStuff eine beliebte Website, auf der Kinder interaktive Kunsprojekte durchführen können. Die Beliebtheit der Seiten ist so stark angestiegen, dass die Firma mit den vielen Anfragen kaum noch Schritt halten kann.

Um dem breiteren Publikum von DoodleStuff gerecht zu werden, hätte die Chefin für Webprojekte gerne eine Web-Applikation. Diese soll ohne Flash und andere Browser-Plugins auskommen.

Bei unseren Projekten für Kinder geht es immer darum, Spaß zu haben und aktiv zu sein. Können Sie uns eine Applikation für Sechs- bis Zehnjährige bauen? Wir brauchen eine Menge visueller Effekte und etwas Interaktivität. Aber bitte kein Flash!

Werden Sie zum Monstermacher

Hier sehen Sie die Projektvorlagen der Chefin für Webprojekte, zusammen mit den Dateien des Grafikdesigners, die in der Applikation verwendet werden sollen.

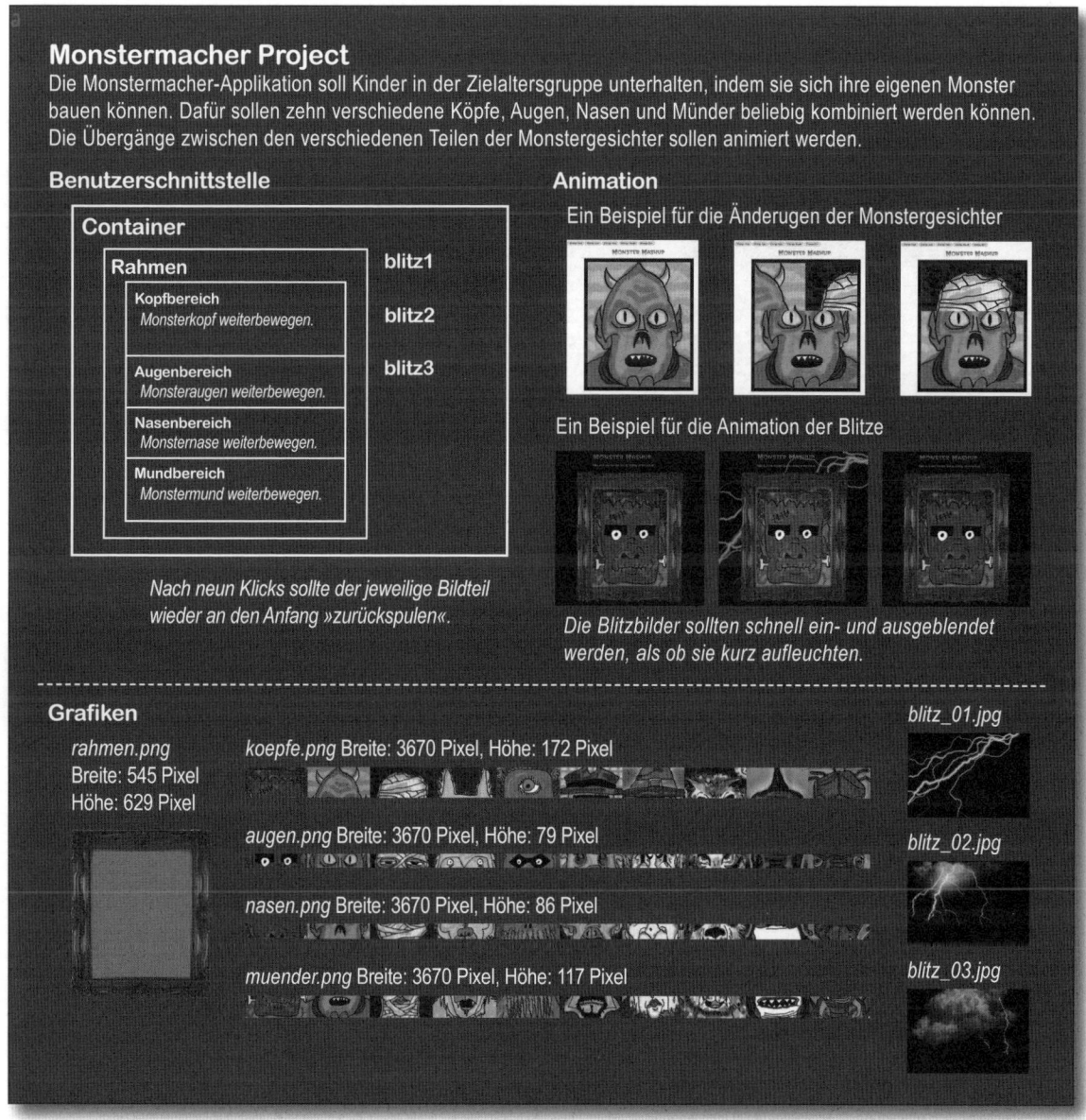

Die Projektanforderungen und benötigten Grafiken sind sehr detailliert. Allerdings hat der Grafikdesigner noch keinen HTML- oder CSS-Code geschrieben. Da müssen wir also anfangen. Was brauchen Sie, um die Aufgabenstellung zu bewältigen?

Ein vernünftiges *Fundament gießen*

Der Monstermacher braucht Layout und Positionierung

Wie bereits gesagt, ist es wichtig, dass Struktur und Stildefinitionen für die Seite stehen müssen, bevor Sie mit dem Schreiben von jQuery anfangen können. Und das ist hier sogar noch wichtiger. Wenn das Layout und die Positionierung der Elemente nicht stimmen, kann es *schnell* zu Problemen mit den Effekten und Animationen kommen. Nichts ist schlimmer, als seinen jQuery-Code anzustarren und sich zu fragen, warum er im Browser nicht tut, was Sie wollen. Daher ist es eine gute Idee, die Gedanken erst einmal zu skizzieren und sich klarzumachen, was auf dem Bildschirm eigentlich passieren soll.

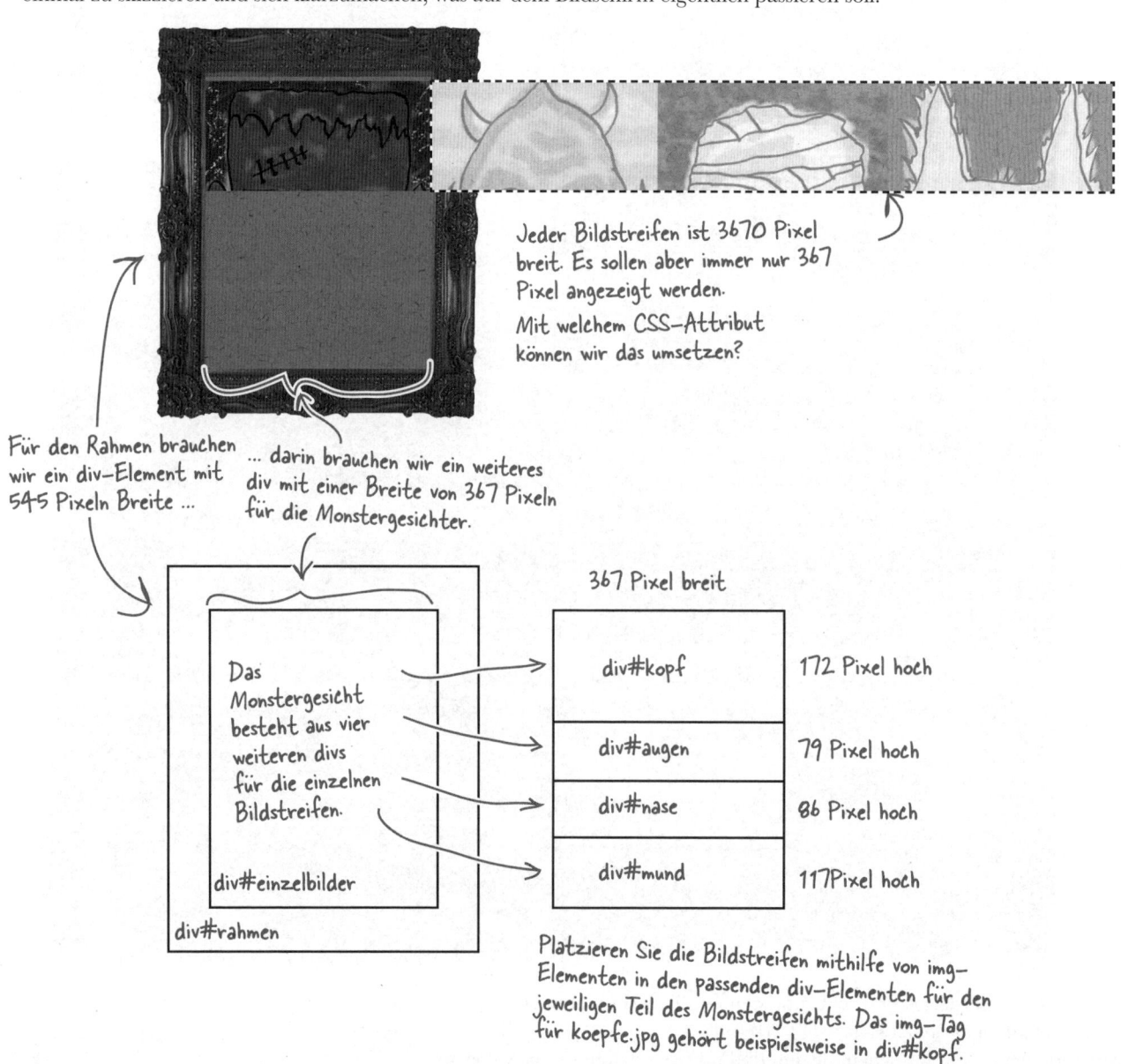

jQuery-*Effekte und* -*Animationen*

ÜBUNG

Ergänzen Sie die leeren Zeilen in den HTML- und CSS-Dateien um die CSS-IDs, -Eigenschaften bzw. -Deklarationen, die Ihnen beim Layout und der Positionierung der Elemente in der Monstermacher-Applikation helfen. Wenn Sie sich nicht ganz sicher sind, sehen Sie auf der vorigen Seite nach. Ein paar Dinge haben wir bereits für Sie ausgefüllt.

```html
<body>
<header id="kopfteil"><img src="bilder/monstermacher.png" />
<p>Klick auf ein Bild, um Dein eigenes Monster zu bauen!</p></header>

<div id="rahmen">
   <div id= "einzelbilder" >
        <div id=............class="gesicht"><img src="bilder/koepfe.jpg"></div>
        <div id=............class="gesicht"><img src="bilder/augen.jpg"></div>
        <div id=............class="gesicht"><img src="bilder/nasen.jpg"></div>
        <div id=............class="gesicht"><img src="bilder/muender.jpg"></div>
   </div>
</div>
  <script type="text/javascript" src="js/jquery-1.7.1.min.js"></script>
  <script type="text/javascript" src="js/meine_skripts.js"></script>
</body>
```

index.html

```css
#rahmen {
  position:...............................
  left:100px;
  top:100px;
  width:545px;
  height:629px;
  background:url(bilder/rahmen.png);
  z-index: 2;
  overflow:...............................
}

#einzelbilder{
  position: relative;
  left:91px;
  top:84px;
  ...............................
  height:460px;
  z-index: 1;
  overflow:...............................
}

.gesicht{
  position:...............................
  left:0px;
  top:0px;
  z-index: 0;
}

#kopf{
  height:172px;
}

#augen{
  ...............................
}

#nase{
  ...............................
}

#mund{
  ...............................
}
```

meine_stile.css

Übungslösung

LÖSUNG ZUR ÜBUNG

Ergänzen Sie die leeren Zeilen in den HTML- und CSS-Dateien um die CSS-IDs, -Eigenschaften bzw. -Deklarationen, die Ihnen beim Layout und der Positionierung der Elemente in der Monstermacher-Applikation helfen. Wenn Sie sich nicht ganz sicher sind, sehen Sie auf der vorigen Seite nach. Ein paar Dinge haben wir bereits für Sie ausgefüllt.

```html
<body>
<header id="kopfteil"><img src="bilder/monstermacher.png" />
<p>Klick auf ein Bild, um Dein eigenes Monster zu bauen!</p></header>

<div id="rahmen">
   <div id="einzelbilder">
      <div id="kopf"  class="gesicht"><img src="bilder/koepfe.jpg"></div>
      <div id="augen" class="gesicht"><img src="bilder/augen.jpg"></div>
      <div id="nase"  class="gesicht"><img src="bilder/nasen.jpg"></div>
      <div id="mund"  class="gesicht"><img src="bilder/muender.jpg"></div>
   </div>
</div>
   <script type="text/javascript" src="js/jquery-1.7.1.min.js"></script>
   <script type="text/javascript" src="js/meine_skripts.js"></script>
</body>
```

index.html

```css
#rahmen {
  position: absolute;
  left:100px;
  top:100px;
  width:545px;
  height:629px;
  background:url(bilder/rahmen.png);
  z-index: 2;
  overflow: hidden;
}

#einzelbilder{
  position: relative;
  left:91px;
  top:84px;
  width:367px;
  height:460px;
  z-index: 1;
  overflow: hidden;
}

.gesicht{
  position: relative;
  left:0px;
  top:0px;
  z-index: 0;
}

#kopf{
  height:172px;
}

#augen{
  height:79px;
}

#nase{
  height:86px;
}

#mund{
  height:117px;
}
```

Wenn wir die Position der Elemente animieren wollen, müssen diese absolut, fest, oder relativ positioniert werden.

Durch die Deklaration overflow: hidden können wir den Teil des Bildstreifens verstecken, der außerhalb des Bilderrahmens liegt.

Sie hätten hier auch die CSS-Eigenschaft »clip« verwenden können.

meine_stile.css

Etwas mehr Struktur und Stil

Als Nächstes stehen die Änderungen an der HTML-Struktur und den CSS-Dateien an. Erweitern Sie die Dateien *index.html* und *meine_stile.css* um den unten gezeigten Code. Die Bilddateien finden Sie unter *www.thinkjquery.com/chapter05*. Den eingedeutschten Code finden Sie unter *www.oreilly.de/catalog/hfjqueryger*.

Definieren Sie ein Container-div, das die Bilder der Blitze umgibt.

Tun Sie das hier!

```html
<div id="container">
  <img class="blitz" id="blitz1" src="bilder/blitz-01.jpg" />
  <img class="blitz" id="blitz2" src="bilder/blitz-02.jpg" />
  <img class="blitz" id="blitz3" src="bilder/blitz-03.jpg" />
  <div id="rahmen">
     <div id="einzelbilder">
        <div id="kopf"  class="gesicht"><img src="bilder/koepfe.jpg"></div>
        <div id="augen" class="gesicht"><img src="bilder/augen.jpg"></div>
        <div id="nase"  class="gesicht"><img src="bilder/nasen.jpg"></div>
        <div id="mund"  class="gesicht"><img src="bilder/muender.jpg"></div>
     </div>
  </div>
</div>
```

index.html

```css
#container{
    position:absolute;
    left:0px;
    top:0px;
    z-index: 0;
}

.blitz{
    display:none;
    position:absolute;
    left:0px;
    top:0px;
    z-index: 0;
}

body{
    background-color:#000000;
}
p{
    color:#33FF66;
    font-family: Tahoma, Verdana, Arial, Helvetica, sans-serif;
    font-size:12px;
}
#text_top {
    position:relative;
    z-index: 4;
}
```

Die Bilder der Blitze sollen beim Laden der Seite unsichtbar sein.

Wenn wir die Position der Elemente animieren wollen, müssen diese absolut, fest, oder relativ positioniert werden.

meine_stile.css

Mittlerweile sind Sie ein Klick-Profi

Die Schnittstelle anklickbar machen

Jetzt, wo das visuelle Layout der Monstermacher-Applikation steht, können wir uns um den Rest der in der Projektvorlage beschriebenen Benutzerschnittstelle kümmern. Hier geht es wieder einmal darum, Dinge anzuklicken, damit etwas passiert. Das sollten Sie aus den letzten vier Kapiteln bereits ganz gut kennen. Die Einrichtung sollte für Sie ein – Pardon! – Kinderspiel sein.

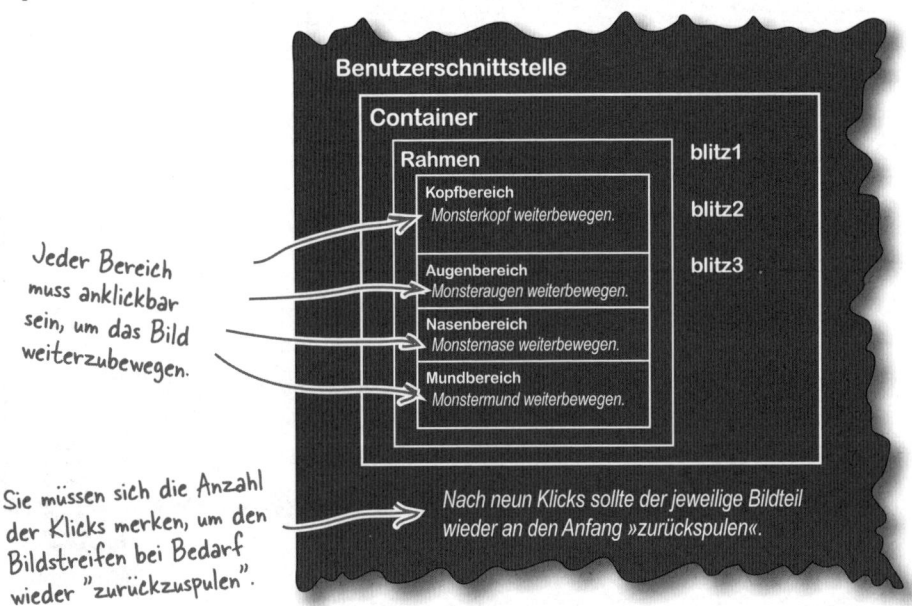

Es gibt keine Dummen Fragen

F: Ich kenne mich mit CSS-Positionierung nicht so gut aus. Warum wird die für jQuery-Effekte und -Animationen gebraucht?

A: `position` ist eine CSS-Eigenschaft, mit der Sie festlegen können, wo und wie die Elemente von der Layout-Engine des Browsers platziert werden. Viele der jQuery-Effekte werden anhand der `position`-Eigenschaft umgesetzt. Wenn Ihnen das alles etwas fremd vorkommt, finden Sie eine ausgezeichnete Einführung auf den Seiten des Mozilla Developer Network unter *https://developer.mozilla.org/de/CSS/position*.

F: Warum muss die CSS-Eigenschaft `position` den Wert `absolute`, `fixed` oder `relative` haben, wenn Elemente animiert werden sollen?

A: Wenn die Eigenschaft `position` ihren Standardwert (`static`) behält, können wir keine Werte für die Eigenschaften `top`, `right`, `left` oder `bottom` definieren. Wenn wir mit der Funktion `animate` arbeiten, müssen wir diese Eigenschaften aber benutzen können, was mit bei der statischen Positionierung einfach nicht funktioniert, bei den Werten `absolute`, `fixed` und `relative` dagegen schon.

F: Sie haben gerade von einer Browser-Layout-Engine gesprochen. Was soll *das* denn bitte sein?

A: Die Layout-Engine gehört zu den Kernbestandteilen eines Browsers. Sie interpretiert den HTML- und CSS-Code und sorgt dafür, dass er im *Viewport* (das ist meistens das Browserfenster) angezeigt wird. Die Layout-Engine für Google Chrome und Safari nennt sich webkit. In Firefox heißt die Layout-Engine Gecko und der Internet Explorer benutzt eine Layout-Engine mit dem Namen Trident.

jQuery-Magneten

Bringen Sie die Magneten in die richtige Reihenfolge, damit das `div#kopf`-Element anklickbar wird. Sorgen Sie dafür, dass die Variablen und Bedingungsanweisungen in der richtigen Reihenfolge stehen, so dass Sie den neunten Klick ermitteln können.

```
kopfklicks
});
}
if (kopfklicks
= 0;
else {
kopfklicks
}
= 0;
});
+= 1;
$(document).ready(function(){
< 9){
var kopfklicks
$("#kopf").click(function(){
```

jQuery-Magneten: Lösung

Bringen Sie die Magneten in die richtige Reihenfolge, damit das `div#kopf`-Element anklickbar wird. Sorgen Sie dafür, dass die Variablen und Bedingungsanweisungen in der richtigen Reihenfolge stehen, so dass Sie den neunten Klick ermitteln können.

```javascript
$(document).ready(function(){
    var kopfklicks = 0;
    $("#kopf").click(function(){
        if (kopfklicks < 9){
            kopfklicks += 1;
        }
        else {
            kopfklicks = 0;
        }
    });
});
```

- `var kopfklicks = 0;` — Zu Beginn hat die Variable den Wert 0, weil noch nichts angeklickt wurde.
- `if (kopfklicks < 9)` — Diese Bedingung beschränkt die Anzahl der Klicks auf neun.
- Hier wird demnächst der Animationscode eingefügt.
- `kopfklicks += 1;` — Den Wert der kopfklicks-Variable um 1 erhöhen.
- Ist die Variable kopfklicks größer oder gleich 9, hier weitermachen.
- `else` — Hier soll der Code für das "Zurückspulen" des Bildstreifens stehen.
- `kopfklicks = 0;` — Nach dem neunten Klick wird die kopfklicks-Variable auf 0 zurückgesetzt.

Können wir diesen Code vielleicht irgendwie wiederverwenden, um auch die anderen Elemente anklickbar zu machen?

Auf jeden Fall!

Die übrigen Elemente folgen einem ähnlichen Muster (mit ein paar Variationen, beispielsweise im Variablennamen).

jQuery-Effekte und -Animationen

Spitzen Sie Ihren Bleistift

Ergänzen Sie das unten stehende jQuery-Skript, um Augen, Nase und Mund anklickbar zu machen. Wir werden die Klicks gleich um weitere Funktionen erweitern. Stellen Sie sicher, dass die Variablen und Bedingungen in der richtigen Reihenfolge stehen, so dass Sie den neunten Klick ermitteln können.

```
$(document).ready(function(){

        $("#kopf").click(function(){
            if (kopfklicks < 9){
                kopfklicks += 1;
                }
                else{
                kopfklicks = 0;
                }
        });




















});
```

meine_skripts.js

Lösung

Lösung

Durch die richtige Folge von Variablen und Bedingunsblöcken sind nun auch Augen-, Nasen- und Mund-Elemente anklickbar und der neunte Klick kann ermittelt werden.

```javascript
$(document).ready(function(){
    var kopfklicks = 0, augenklicks=0, nasenklicks= 0, mundklicks = 0;
    $("#kopf").click(function(){
        if (kopfklicks < 9){
            kopfklicks += 1;
        }
        else{
            kopfklicks = 0;
        }
    });
    $("#augen").click(function() {
        if (augenklicks < 9){
            augenklicks += 1;
        }
        else{
            augenklicks = 0;
        }
    });
    $("#nase").click(function() {
        if (nasenklicks < 9){
            nasenklicks += 1;
        }
        else{
            nasenklicks = 0;
        }
    });
    $("#mund").click(function() {
        if (mundklicks < 9){
            mundklicks += 1;
        }
        else{
            mundklicks = 0;
        }
    });
});
```

Wir können mehrere Variablen auf einmal deklarieren und mit Werten versorgen, indem wir sie durch Kommas trennen.

Jeder Teil des Monstergesichts ist jetzt anklickbar und so eingerichtet, dass er nur neun Mal angeklickt werden kann, bevor der Bildstreifen wieder an den Anfang springt.

Sehen Sie, wie ähnlich sich die Funktionen für die einzelnen Klicks sind? Hier kann man vielleicht einiges wiederverwenden.

Immer mit der Ruhe, dazu kommen wir in Kapitel 7.

meine_skripts.js

Den Blitzeffekt umsetzen

Als Nächstes wollen wir uns um den Blitzeffekt kümmern. Werfen wir dafür noch mal einen Blick auf die Projektvorlage, bevor wir uns an die Umsetzung machen.

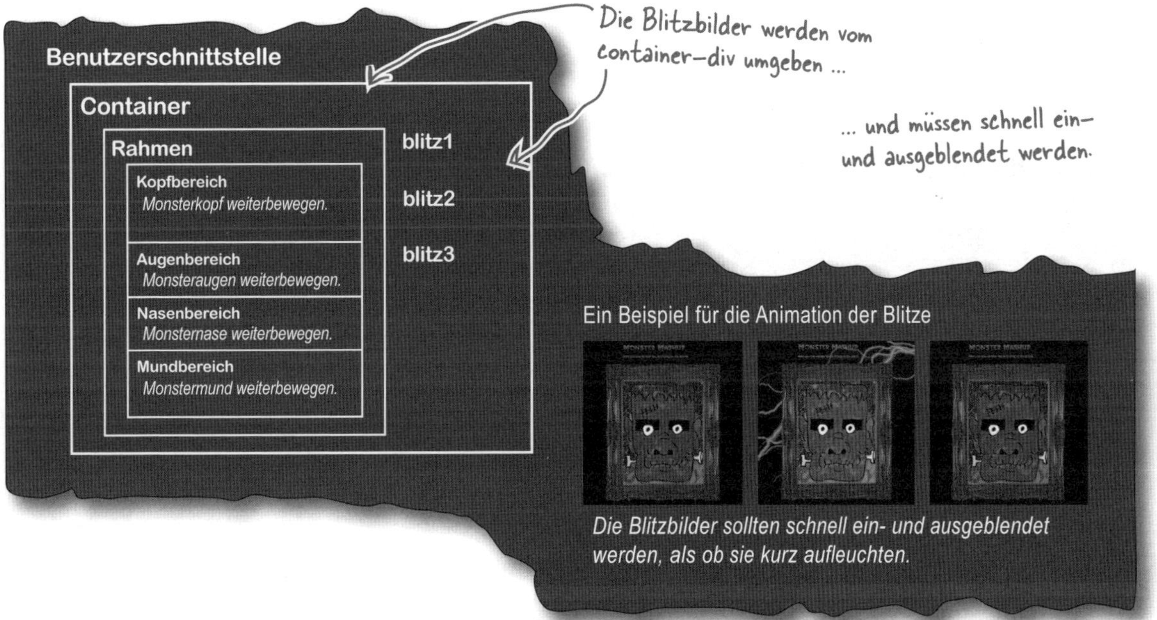
Die Blitzbilder werden vom container-div umgeben ...
... und müssen schnell ein- und ausgeblendet werden.
Benutzerschnittstelle
Container
Rahmen
blitz1
blitz2
blitz3
Kopfbereich
Monsterkopf weiterbewegen.
Augenbereich
Monsteraugen weiterbewegen.
Nasenbereich
Monsternase weiterbewegen.
Mundbereich
Monstermund weiterbewegen.
Ein Beispiel für die Animation der Blitze
Die Blitzbilder sollten schnell ein- und ausgeblendet werden, als ob sie kurz aufleuchten.

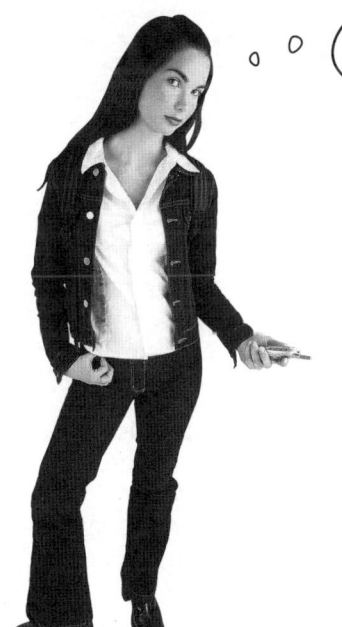

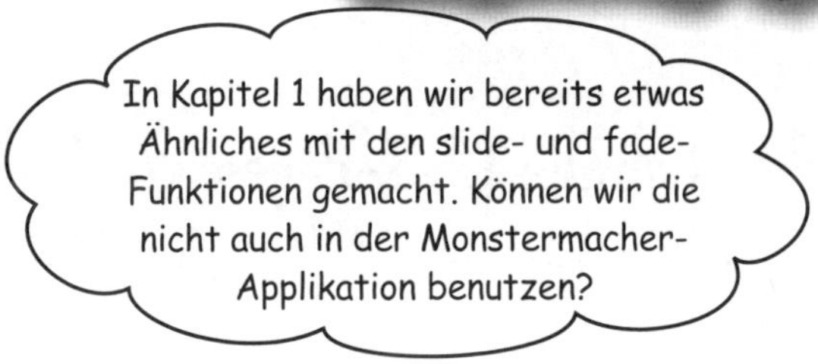
In Kapitel 1 haben wir bereits etwas Ähnliches mit den slide- und fade-Funktionen gemacht. Können wir die nicht auch in der Monstermacher-Applikation benutzen?

Möglicherweise. Vielleicht gibt es aber einen besseren Weg.

In Kapitel 1 haben wir uns die Effekte von jQuery bereits angesehen. Jetzt wollen wir ein bisschen mehr ins Detail gehen.

Fingerfertigkeiten und andere Eigenschaften

Wie animiert jQuery Elemente?

Wenn der Browser eine Seite lädt, erhalten die visuellen Eigenschaften der Elemente bestimmte Werte. Anhand der jQuery-eigenen Effekte ändert der JS-Interpreter diese CSS-Eigenschaften und animiert die Änderungen vor Ihren Augen. Das hat aber nichts mit Zauberei zu tun … sondern mit CSS-Eigenschaften. Es folgt ein kurzer Rückblick.

hide, show und toggle verändern die CSS-Eigenschaft display.

hide	show	toggle
		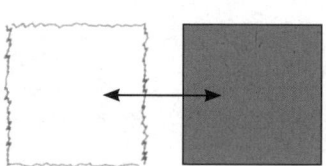
Der JS-Interpreter ändert den Wert der CSS-Eigenschaft `display` in `none` und entfernt das Element so aus der Darstellung.	Der JS-Interpreter ändert den Wert der CSS-Eigenschaft `display` des ausgewählten Elements, so dass es sichtbar wird.	Ist ein Element verborgen, wird es angezeigt, und umgekehrt.

jQuery-Effekte können CSS-Eigenschaften bei Bedarf ändern. Die Änderungen sind für den Benutzer sofort sichtbar.

 **KOPF-NUSS**

> Bei den Funktionen hide, show und toggle geht es immer um die Eigenschaft display. Dieses Mal müssen die verschiedenen Teile des Gesichts verschoben werden, und die Blitze sollen ein- und ausgeblendet werden. Welche CSS-Eigenschaften werden Ihrer Meinung nach bei Verschiebungen, bzw. Ein- und Ausblendeffekten verändert?

jQuery-Effekte und -Animationen

Ein- und Ausblendeffekte animieren die CSS-Eigenschaft opacity

fadeIn

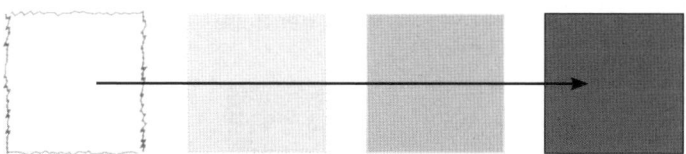

Bei der Funktion `fadeIn` ändert der JavaScript-Interpreter den Wert der CSS-Eigenschaft `opacity` in kleinen Schritten von 0.0 bis 1.0.

fadeTo

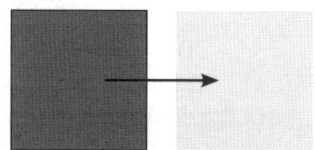

Mit der Funktion `fadeTo` können Sie das Element bis zu einem bestimmten `opacity`-Wert animieren.

fadeOut

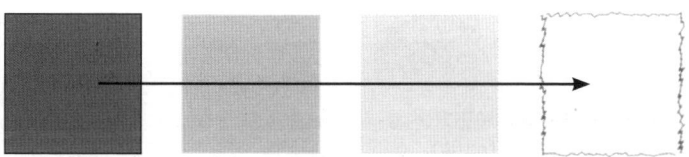

Bei der Funktion `fadeIn` ändert der JavaScript-Interpreter den Wert der CSS-Eigenschaft `opacity` in kleinen Schritten von 1.0 bis 0.0.

Freak-Futter

Die CSS-Funktion `opacity` funktioniert nicht in allen Browsern gleich. Glücklicherweise nimmt jQuery uns hier die Arbeit ab. Und das ist eigentlich auch schon alles, was Sie wissen müssen.

Schiebung

Bei den slide-Funktionen geht es um die Höhe

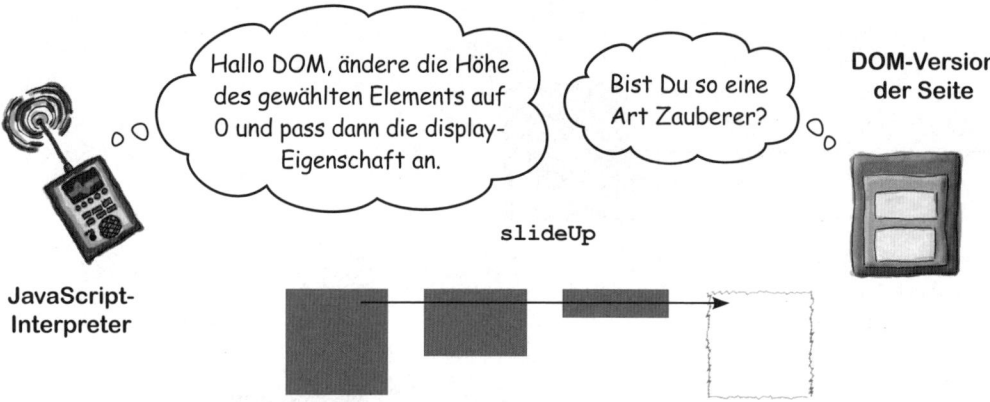

slideUp

Der JavaScript-Interpreter weist das DOM an, für die gewählten Elemente den Wert der CSS-Eigenschaft `height` auf 0 und danach den Wert der `display`-Eigenschaft auf `none` zu setzen.

slideDown

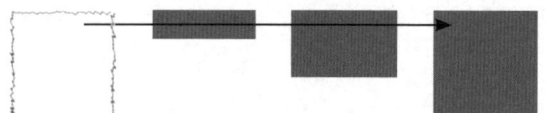

Der JavaScript-Interpreter lässt die ausgewählten Elemente erscheinen, indem die Höhe von 0 auf den im Stylesheet angegebenen Wert animiert wird.

slideToggle

Der JavaScript-Interpreter überprüft, ob das Bild seine volle Höhe hat oder den Wert 0 besitzt, und verwendet dann den passenden slide-Effekt. Hat `height` den Wert 0, wird die Funktion `slideDown` benutzt; hat das Element seine volle Höhe, kommt die Funktion `slideUp` zum Einsatz.

jQuery-Effekte und -Animationen

Funktionieren die slide-Funktionen nur von oben nach unten? Was ist, wenn ich etwas von rechts oder links einblenden will?

Die jQuery-eigenen slide-Funktionen funktionieren nur von oben nach unten. Funktionen wie `slideRight` or `slideLeft` gibt es nicht (zumindest, während wir dieses Buch schreiben). Keine Sorge, darum werden wir uns gleich kümmern …

In jQuery gibt es keine slideRight- oder slideLeft-Methoden.

Spitzen Sie Ihren Bleistift

Welche der eingebauten jQuery-Effekte können wir für die Monstermacher-Applikation benutzen? Geben Sie für jede Gruppe von Effekten an, wie sie uns helfen kann, und erklären Sie, warum Sie sich dafür oder dagegen entschieden haben.

Effekt	Benutzbar?	Warum?
Zeigen/Verbergen		
Slide-Effekte		
Fade-Effekte		

Sie sind hier ▸ **191**

Lösung

Spitzen Sie Ihren Bleistift
Lösung

Welche der eingebauten jQuery-Effekte können wir für die Monstermacher-Applikation benutzen?

Effekt	Benutzbar?	Warum?
Zeigen/Verbergen	Nein	Die Zeigen/Verbergen-Effekte helfen uns bei der Monstermacher-Applikation nicht weiter, da wir die display-Eigenschaft nicht animieren müssen.
Slide-Effekte	Nein	Knapp daneben, aber auch vorbei: Mit den Methoden slideUp und slideDown können wir zwar die Eigenschaft height animieren, wir brauchen aber etwas, mit dem wir die left-Eigenschaft verändern können.
Fade-Effekte	Ja	Mit Fade-Effekten können wir den Teil der Anforderungen erfüllen, der besagt, dass die Blitze schnell ein- und ausgeblendet werden sollen.

Die Fade-Effekte anwenden

Die Projektvorlage besagt, dass die Blitzbilder ein- und ausgeblendet werden sollen. Das muss allerdings schnell passieren, als ob die Blitze nur kurz aufleuchten. Dafür wollen wir die Fade-Effekte etwas genauer unter die Lupe nehmen, um uns anzusehen, wie wir es richtig blitzen lassen können.

Das hier ist die ID des ersten img-Elements.

Hier steht der Parameter für die Dauer des Fade-Effekts. Er steuert, wie viel Zeit es braucht, bis der Effekt vollendet ist.

```
$("#blitz1").fadeIn("fast");
```

Die folgenden Werte sind möglich: slow, normal oder fast ...

... oder Sie geben den Wert in Millisekunden an. Wenn Sie beispielsweise den Wert 1000 angeben, dauert die Animation eine Sekunde.

```
$("#blitz1").fadeIn(1000);
```

Das bleibt haften

1 Sekunde = 1.000 Millisekunden

Effektmethoden miteinander verketten

Die Blitze müssen immer wieder ein- und ausgeblendet werden. Anstatt diese Effekte separat zu schreiben, können Sie die Methoden auch miteinander verketten, was in Kapitel 4 schon kurz angesprochen wurde, als es um das Klettern im DOM-Baum ging. Mit verketteten Methoden können Sie verschiedene Aktionen nacheinander für die ausgewählten Elemente durchführen. Dadurch lassen sich die Blitzeffekte leichter und sauberer schreiben. Das wollen wir uns mal etwas genauer ansehen.

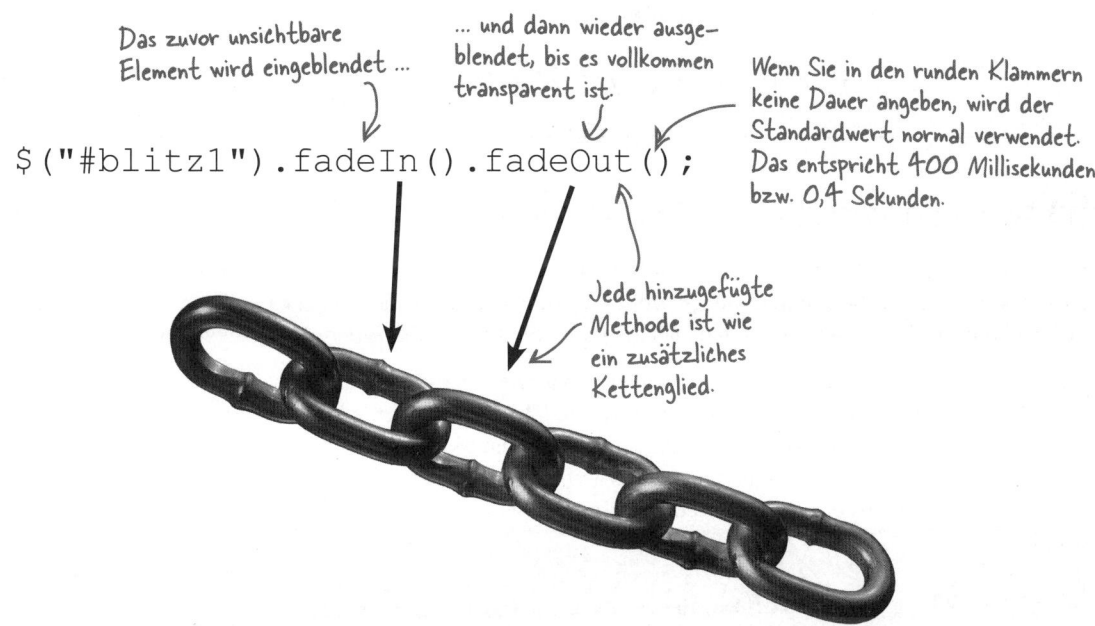

Das zuvor unsichtbare Element wird eingeblendet ...

... und dann wieder ausgeblendet, bis es vollkommen transparent ist.

Wenn Sie in den runden Klammern keine Dauer angeben, wird der Standardwert normal verwendet. Das entspricht 400 Millisekunden bzw. 0,4 Sekunden.

```
$("#blitz1").fadeIn().fadeOut();
```

Jede hinzugefügte Methode ist wie ein zusätzliches Kettenglied.

ÜBUNG

Schreiben Sie die Zeile jQuery-Code, mit der die unten beschriebenen Schritte durchgeführt werden können.

❶ Das Element `#blitz1` soll in einer Viertelsekunde eingeblendet werden.

....

❷ Hängen Sie der Kette einen weiteren Effekt an, der das `#blitz1`-Element in einer Viertelsekunde wieder ausblendet.

....

Blitzschnell sein

LÖSUNG ZUR ÜBUNG ❶

Schreiben Sie die Zeile jQuery-Code, mit der die unten beschriebenen Schritte durchgeführt werden können.

Das Element `#blitz1` soll in einer Viertelsekunde eingeblendet werden.

`$("#blitz1").fadeIn("250");`

Hängen Sie der Kette einen weiteren Effekt an, der das `#blitz1`-Element in einer Viertelsekunde wieder ausblendet.

`$("#blitz1").fadeIn("250").fadeOut("250");`

Funktionen zeitgesteuert wiederholen

Inzwischen können Sie die Blitze ein- und wieder ausblenden. Laut den Projektanforderungen sollen die Blitze aber wiederholt werden. Zwischen echten Blitzen gibt es normalerweise eine gewisse Pause, bevor es erneut zu einer Entladung kommt. Wir brauchen also eine Möglichkeit, die Blitze *wiederholt* aufleuchten zu lassen.

Erinnern Sie sich noch an die vorigen Kapitel, in denen Dinge mehrmals ausgeführt werden mussten? Wie ging das? Richtig: Mit Funktionen! Die haben wir Ihnen in Kapitel 3 zuerst gezeigt, um eine wiederverwendbare click-Funktion und einen Zufallsgenerator zu erstellen. Hier können Sie Funktionen benutzen, um es blitzen zu lassen, etwas zu warten und den Vorgang nach einer bestimmten Zeit zu wiederholen. Damit sollte sich ein schicker Blitzeffekt für die Monstermacher umsetzen lassen. Lassen Sie uns einen Blick auf die erforderliche Funktion werfen.

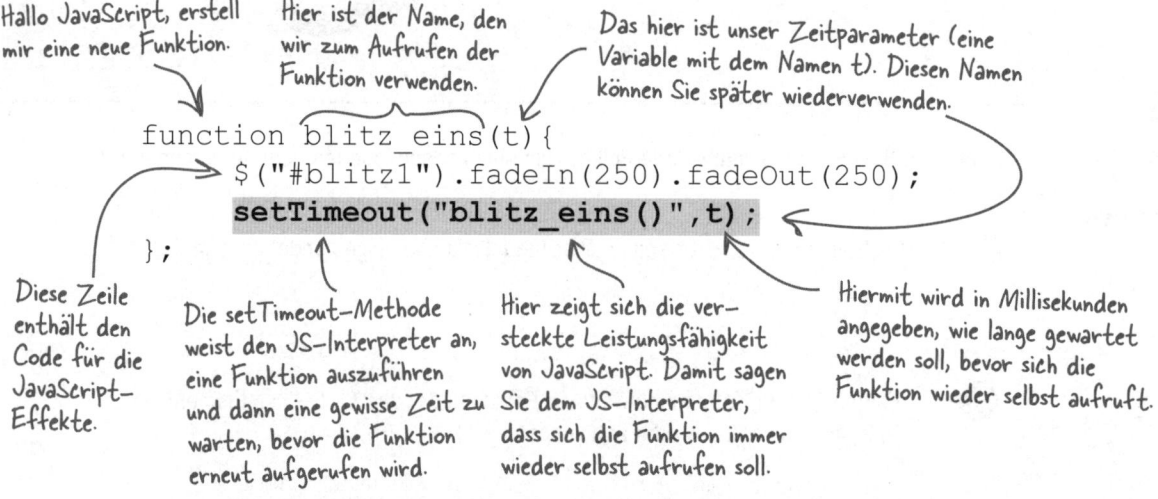

Mit nur drei Zeilen Code haben wir eine zeitgesteuerte Funktion für das erste Blitzbild erstellt. Versuchen Sie nun, die Funktionen für die anderen beiden Blitzbilder zu schreiben.

jQuery-Effekte und -Animationen

jQuery-Magneten

Bringen Sie die Codemagneten in die richtige Reihenfolge, um die zeitgesteuerten Funktionen für die anderen beiden Blitzelemente zu schreiben.

```
function  blitz_zwei  (t){




};

function  blitz_drei  (t){




};

.fadeIn(250)    t);                      "blitz_zwei()",
                                                        .fadeOut(250);
$("#blitz2")   setTimeout(
                 .fadeIn(250)            "blitz_drei()",
   .fadeOut(250);          setTimeout(
                                          t);
              $("#blitz3")
```

jQuery-Magneten: Lösung

Bringen Sie die Codemagneten in die richtige Reihenfolge, um die zeitgesteuerten Funktionen für die anderen beiden Blitzelemente zu schreiben.

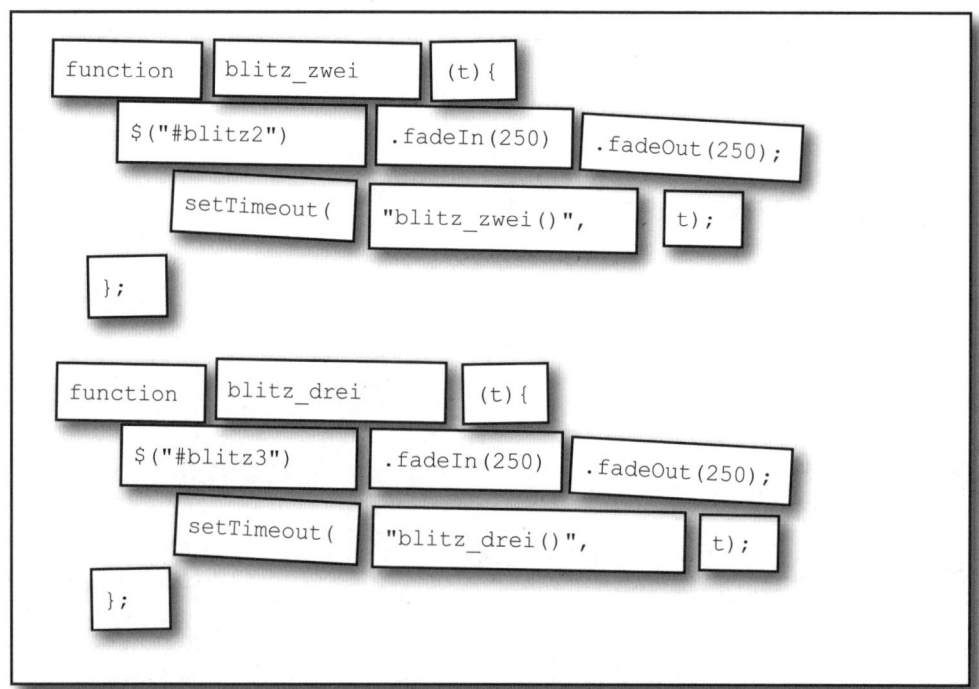

Es gibt keine Dummen Fragen

F: Ist `fadeIn().fadeOut()` nicht das Gleiche wie `toggle`?

A: Sehr gute Frage! Es ist nicht das Gleiche. Die `toggle`-Methode ist eine Einzelmethode, die das ausgewählte Element anzeigt oder verbirgt, je nachdem, welchen Zustand des Element gerade hat. Durch die Verkettung von `fadeIn` und `fadeOut` folgen dagegen zwei Effekte aufeinander. Dabei wird das ausgewählte Element zuerst ein- und dann gleich wieder ausgeblendet.

F: Die `setTimeout`-Methode ist neu. Gehört die zu jQuery oder zu JavaScript?

A: Tatsächlich stammt die `setTimeout`-Methode von JavaScript. Mit ihr können Sie verschiedene Aspekte der jQuery-Animationen steuern. Wir werden uns in den folgenden Kapitel genauer mit `setTimeout` beschäftigen, besonders in Kapitel 7.

Wenn Sie jetzt schon mehr darüber erfahren möchten, finden Sie eine Reihe von Informationen auf der Mozilla-Entwicklerwebsite unter *https://developer.mozilla.org/en/window.setTimeout*. Sollte Ihnen auch das nicht reichen, besorgen Sie sich ein Exemplar von David Flanagans hervorragendem JavaScript-Buch *JavaScript: Das umfassende Referenzwerk* (O'Reilly, *http://www.oreilly.de/catalog/jscript5ger/index.html*).

F: Wenn ich den `hide`-Effekt benutze, verschwindet das Element sofort. Wie kann ich das verlangsamen?

A: Um die Effekte `hide`, `show` oder `toggle` zu verlangsamen, übergeben Sie einfach einen passenden Wert in den runden Klammern. Die `hide`-Funktion aus Kapitel 1 könnte dann beispielsweise so aussehen:

```
$("#rahmen").hide(500);
```

Die Blitzfunktionen ins Skript einbauen

Bringen Sie Ihre Skriptdatei für den Monstermacher unter Verwendung des Codes auf den neuesten Stand, den Sie in der Übung auf der vorigen Seite zusammengebastelt haben.

Tun Sie das hier!

Diese Zeilen rufen die fettgedruckten Funktionen am unteren Ende des Skripts auf.

```
$(document).ready(function(){
    var kopfklicks = 0, augenklicks = 0, nasenklicks = 0, mundklicks = 0;
    blitz_eins(4000);
    blitz_zwei(5000);
    blitz_drei(7000);

    $("#kopf").click(function(){
        if (kopfklicks < 9){kopfklicks+=1;}
        else{kopfklicks = 0;}
    });

    $("#augen").click(function(){
        if (augenklicks < 9){augenklicks+=1;}
        else{augenklicks = 0;}
    });

    $("#nase").click(function(){
        if (nasenklicks < 9){nasenklicks+=1;}
        else{nasenklicks = 0;}
    });

    $("#mund").click(function(){
        if (mundklicks < 9){mundklicks+=1;}
        else{mundklicks = 0;}
    });

});//end doc.onready function

function blitz_eins(t){
    $("#container #blitz1").fadeIn(250).fadeOut(250);
    setTimeout("blitz_eins()",t);
};
function blitz_zwei(t){
    $("#container #blitz2").fadeIn("fast").fadeOut("fast");
    setTimeout("blitz_zwei()",t);
};
function blitz_drei(t){
    $("#container #blitz3").fadeIn("fast").fadeOut("fast");
    setTimeout("blitz_drei()",t);
};
```

Die Zahlen in den runden Klammern sind Parameter in Millisekunden, die an die setTimeout-Methode weitergereicht werden. Damit können Sie die Blitze abwechselnd aufleuchten lassen.

Um Platz zu sparen, haben wir einige Zeilenumbrüche entfernt. Machen Sie sich keine Gedanken, wenn die Umbrüche in Ihrem Skript anders aussehen.

Hier werden die Blitzfunktionen definiert.

meine_skripts.js

*Probe*fahrt

PROBEFAHRT

Öffnen Sie die Seite in einem Browser Ihrer Wahl und vergewissern Sie sich, dass die Blitzeffekte korrekt funktionieren.

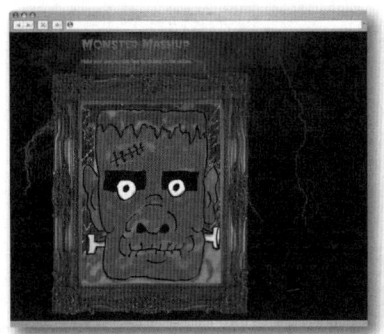
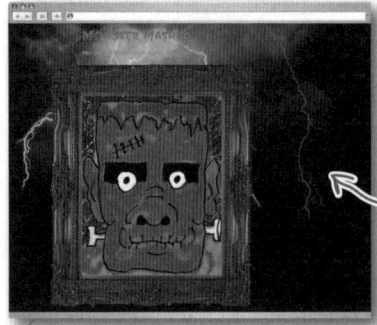

Die Kombination der Ein- und Ausblendeffekte mit der JavaScript-Funktion setTimeout hat funktioniert.

Die Blitzgrafiken werden nach unterschiedlichen Intervallen ein- und wieder ausgeblendet, fast wie bei einem richtigen Gewitter.

Bis jetzt funktionieren die Klickfunktionen, und die drei Blitzbilder werden nach unterschiedlichen Intervallen ein- und ausgeblendet. Wir wollen einen Blick auf die Projektvorlage werfen, um zu sehen, was noch zu tun ist.

Monstermacher-Projekt
Die Monstermacher-Applikation ist dafür gedacht, Kindern der Alterszielgruppe Unterhaltung zu bieten, in dem sie die Gelegenheit bekommen, durch Zusammenstellen zehn verschiedener Köpfe, Augen, Nasen und Münder ihr eigenes Monster zu erstellen. Die Übergänge zwischen den Gesichtsteilen der Monster sollen animiert werden.

Animation
Ein Beispiel für die Änderungen der Monstergesichter

Ein Beispiel für die Animation der Blitze

Dieser Teil der Projektvorlage ist unsere letzte große Herausforderung.

Jetzt sind wir an dem Punkt, wo diese Bilder nach links verschoben werden müssen – aber keine der bekannten jQuery-Methoden kann so etwas. Gibt es vielleicht andere Methoden, die hier funktionieren könnten?

Die eingebauten jQuery-Effekte sind sehr praktisch. Aber sie tun nicht alles, was wir wollen.

Es ist wird Zeit, einen *eigenen* Effekt zu erstellen, mit dem die Teile des Monstergesichts seitlich verschoben werden können.

Selbstgemachte Effekte mit animate

jQuery besitzt keine eigenen `slideRight`- oder `slideLeft`-Methoden. Aber genau die brauchen wir in dieser Projektphase. Ist unser Monstermacher-Projekt damit gestorben?

Keine Sorge: Mit der jQuery-Methode `animate` können Sie Ihre eigenen Effekte erstellen. Sie können mit ihr Animationen programmieren, die weit mehr können als die bereits in jQuery eingebauten Methoden. Mit der `animate`-Methode können Sie beliebige CSS-Eigenschaften der ausgewählten Elemente animieren. Außerdem können Sie auf diese Weise mehrere Eigenschaften auf einmal animieren.

Hier ein kleiner Überblick über das, was mit `animate` möglich ist.

Bewegungseffekte

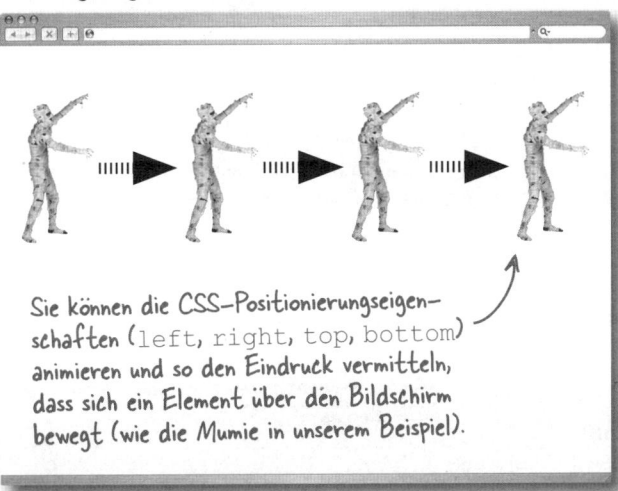

Sie können die CSS-Positionierungseigenschaften (`left`, `right`, `top`, `bottom`) animieren und so den Eindruck vermitteln, dass sich ein Element über den Bildschirm bewegt (wie die Mumie in unserem Beispiel).

Skalierungseffekte

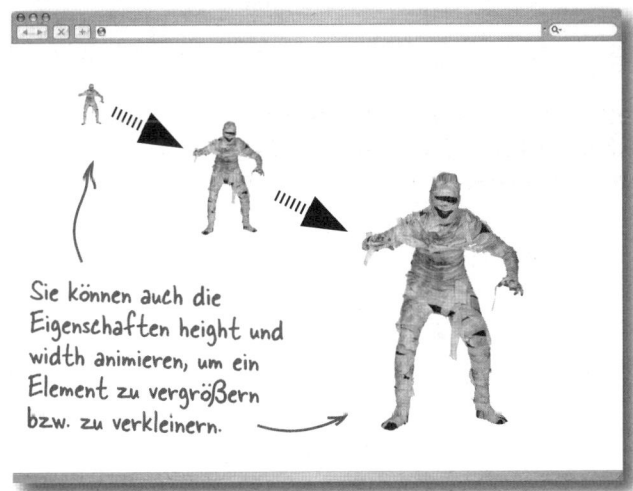

Sie können auch die Eigenschaften `height` und `width` animieren, um ein Element zu vergrößern bzw. zu verkleinern.

KOPF-NUSS

Welche CSS-Eigenschaften werden gebraucht, um die Teile der Monstergesichter bei jedem Klick ein Stück nach links zu bewegen?

Alles eine Frage der Mathematik

Was animiert werden kann und was nicht

Mit der `animate`-Methode können Sie auch verschiedene Font-Eigenschaften dynamisch verändern, um verschiedene Texteffekte zu erzeugen. Außerdem können Sie mehrere CSS-Eigenschaften mit einem Aufruf von `animate` animieren, wodurch eine Reihe cooler Sachen in Ihren Web-Applikationen möglich werden.

Allerdings hat auch die `animate`-Methode ihre Grenzen. Hinter den Kulissen muss für die Animationen eine Reihe komplexer Berechnungen durchgeführt werden (über die Sie sich glücklicherweise keine Sorgen zu machen brauchen). Dadurch können nur solche CSS-Eigenschaften animiert werden, denen Sie *numerische* Werte übergeben können. Kennen Sie Ihre Grenzen, aber lassen Sie Ihrer Phantasie freien Lauf. Die `animate`-Methode ist äußerst flexibel und kann eine Menge Spaß machen.

Texteffekte

Ich schrumpfe, schrumpfe! Oh, welch eine Welt, welch eine Welt!

Ich schrumpfe, schrumpfe! Oh, welch eine Welt, welch eine Welt!

Ich schrumpfe, schrumpfe! Oh, welch eine Welt, welch eine Welt!

Ich schrumpfe, schrumpfe! Oh, welch eine Welt, welch eine Welt!

Ich schrumpfe, schrumpfe! Oh, welch eine Welt, welch eine Welt!

Durch die Animation der CSS-Font-Eigenschaften können Sie Text vergrößern, verkleinern und bewegen.

Das sind nur ein paar Beispiele. Um Ihnen alle Möglichkeiten zu zeigen, bräuchten wir viel, viel mehr Seiten.

Aufgepasst

Die `animate`-Methode funktioniert nur mit CSS-Eigenschaften, denen Zahlen als Wert übergeben werden können.

- `borders`, `margin`, `padding`
- `element height`, `min-height`, und `max-height`
- `element width`, `min-width`, und `max-width`
- `font size`
- `bottom`, `left`, `right`, und `top position`
- `background position`
- `letter spacing`, `word spacing`
- `text indent`
- `line height`

jQuery-Effekte und -Animationen

Die animate-Methode unter der Lupe

Oberflächlich gesehen, funktioniert die animate-Methode so ähnlich wie die Methoden, mit denen Sie schon gearbeitet haben.

Wählen Sie die Elemente aus, die animiert werden sollen.

Die animate-Methode aufrufen.

Mit dem ersten Parameter für animate können Sie die zu animierende CSS-Eigenschaft auswählen.

Der zweite Parameter gibt in Millisekunden an, wie lange die Animation dauern soll.

```
$("#mein_div").animate({left:"100px"},500);
```

In diesem Beispiel animieren wir die CSS-Eigenschaft left ...

... und legen 100px als Wert fest.

Das erste Argument muss auf jeden Fall angegeben werden, damit animate funktioniert. Der zweite Parameter ist optional.

Eines der mächtigsten Merkmale von animate ist aber seine Fähigkeit, mehrere CSS-Eigenschaften für die gewählten Elemente auf einmal zu animieren.

```
$("#mein_div").animate({
    opacity: 0,
    width: "200",
    height: "800"
}, 5000);
```

In diesem Beispiel animieren wir die Eigenschaften opacity, width und height gleichzeitig.

> **Aufgepasst**
>
> **Die Werte der CSS-Eigenschaften müssen in diesem Fall nach dem DOM-Standard und nicht nach dem CSS-Standard angegeben werden.**

KRAFT-TRAINING

Was passiert Ihrer Meinung nach hinter den Kulissen in einem Browser, der es der animate-Methode ermöglicht, etwas vor den Augen der Benutzer zu verändern?

Sie sind hier ▶ **201**

Die Dinge auf den Weg bringen

animate ändert Stile nach und nach

Die visuellen Effekte und Animationen, die Sie aus Kino und Fernsehen kennen, benutzen die Illusion von Bewegung. Effektspezialisten und Trickexperten spielen eine Reihe von Einzelbildern **nacheinander in einer bestimmten Geschwindigkeit ab**, um diese Illusion zu schaffen. Das ist im Prizip nichts anderes als digitales Daumenkino.

Das Gleiche passiert im Browserfenster, nur wird hier nicht mit einer Folge einzelner Bilder gearbeitet. Stattdessen führt der JavaScript-Interpreter **immer wieder eine Funktion aus, die die Stildefinitionen für das animierte Element verändert**. Das Browser stellt diese Änderungen dann auf dem Bildschirm dar. Der Benutzer sieht die Illusion von Bewegung oder Veränderung eines Elements, während sich dessen Stildefinitionen verändern.

① Wenn animate ausgeführt wird, lässt der JavaScript-Interpreter im Hintergrund eine Stoppuhr für die Dauer der Animation mitlaufen.

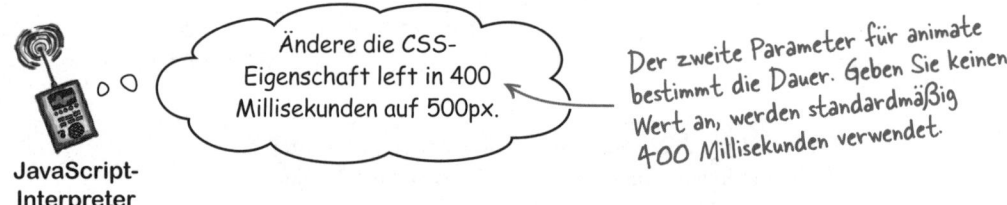

② Der JavaScript-Interpreter weist die Layout-Engine des Browsers an, die im ersten animate-Parameter angegebene Eigenschaft zu ändern. Die Layout-Engine des Browsers sorgt für die Darstellung der Elemente auf dem Bildschirm.

③ Der JavaScript-Interpreter ruft wiederholt die Funktion auf, mit der die CSS-Eigenschaft des Elements verändert wird, bis die in Schritt 1 gestartete Stoppuhr abläuft. Bei jedem Ausführen der Funktion werden die Änderungen sofort auf dem Bildschirm angezeigt.

④ Der Besucher sieht die Illusion von Bewegung, während der Browser die Änderungen am Element darstellt.

Der Browser

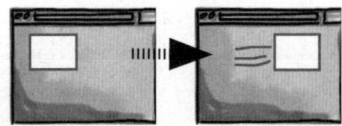

202   Kapitel 5

jQuery-Effekte und -Animationen

Ordnen Sie die verschiedenen Codeschnipsel für Animationen den passenden Beschreibungen auf der anderen Seite zu.

```
$("#mein_div").animate({top: "150px"}, "slow")
```
Animiert die seitlichen Außenabstände aller Absätze auf einmal.

```
$("p").animate({
      marginLeft:"150px",
      marginRight:"150px"
});
```
Animiert die Eigenschaft right für `#mein_div` in einer halben Sekunde auf den Wert 0.

```
$("#mein_div").animate({width: "30%"}, 250)
```
Animiert den Buchstabenabstand für alle Absätze mit der Standardgeschwindigkeit von 400 Millisekunden.

```
$("#mein_div").animate({right: "0"}, 500)
```
Animiert gleichzeitig Innenabstände und Breite von `#mein_div`.

```
$("p").animate({letterSpacing:"15px"});
```
Erzeugt eine langsame Animation der Position von `#mein_div` anhand der CSS-Eigenschaft `top`.

```
$("#mein_div").animate({
      padding: "200px",
      width: "30%"
}, "slow")
```
Erzeugt eine schnelle Animation der Höhe aller Bilder.

```
$("img").animate({height: "20px"}, "fast")
```
Animiert die Änderungen der Breite von `#mein_div` in einer Viertelsekunde.

Sie sind hier ▶ **203**

Lösung

WER MACHT WAS? — LÖSUNG

Ordnen Sie die verschiedenen Codeschnipsel für Animationen den passenden Beschreibungen auf der anderen Seite zu.

```
$("#mein_div").animate({top: "150px"}, "slow")
```
→ Erzeugt eine langsame Animation der Position von #mein_div anhand der CSS-Eigenschaft top.

```
$("p").animate({
      marginLeft:"150px",
      marginRight:"150px"
});
```
→ Animiert die seitlichen Außenabstände aller Absätze auf einmal.

```
$("#mein_div").animate({width: "30%"}, 250)
```
→ Animiert die Änderungen der Breite von #mein_div in einer Viertelsekunde.

```
$("#mein_div").animate({right: "0"}, 500)
```
→ Animiert die Eigenschaft right für #mein_div in einer halben Sekunde auf den Wert 0.

```
$("p").animate({letterSpacing:"15px"});
```
→ Animiert den Buchstabenabstand für alle Absätze mit der Standardgeschwindigkeit von 400 Millisekunden.

```
$("#mein_div").animate({
      padding: "200px",
      width: "30%"
}, "slow")
```
→ Animiert gleichzeitig Innenabstände und Breite von #mein_div.

```
$("img").animate({height: "20px"}, "fast")
```
→ Erzeugt eine schnelle Animation der Höhe aller Bilder.

jQuery-Effekte und -Animationen

Von wo nach wo *genau*?

Eine wichtige Sache sollten Sie nicht vergessen: animate verändert den *aktuellen* Wert der gewählten CSS-Eigenschaft zu dem Wert, der *im ersten Parameter* angegeben wurde. Damit Ihre selbstgebauten Animationen tun, was Sie wollen, müssen Sie genau überlegen, wie die CSS-Regeln aussehen, bevor die Animation beginnt. Im vorigen Beispiel haben wir den Wert der Eigenschaft left für #mein_div auf 100px gesetzt. Was auf dem Bildschirm tatsächlich passiert, hängt davon ab, welchen Wert die Eigenschaft left für #mein_div beim Aufruf von animate hat.

Die aktuelle CSS-Regel

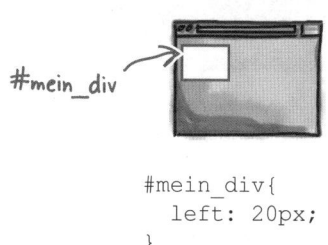

```
#mein_div{
   left: 20px;
}
```

Die CSS-Regel nach der Ausführung von animate

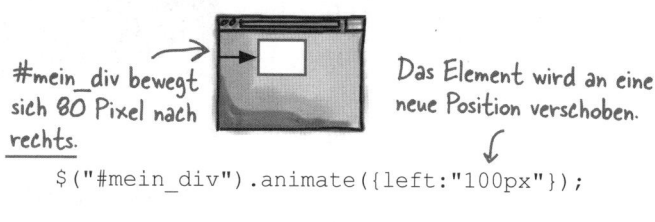

#mein_div bewegt sich 80 Pixel nach rechts.

Das Element wird an eine neue Position verschoben.

```
$("#mein_div").animate({left:"100px"});
```

Werden in der aktuellen CSS-Regel andere Werte benutzt, erhalten wir auch ein anderes Ergebnis.

Die aktuelle CSS-Regel

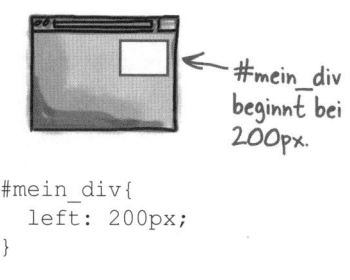

#mein_div beginnt bei 200px.

```
#mein_div{
   left: 200px;
}
```

Die CSS-Regel nach der Ausführung von animate

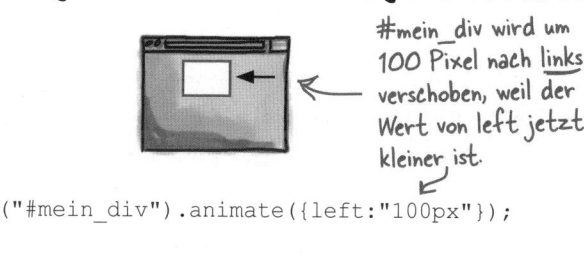

#mein_div wird um 100 Pixel nach links verschoben, weil der Wert von left jetzt kleiner ist.

```
$("#mein_div").animate({left:"100px"});
```

Das ist faszinierend. Wie können wir das in unserer Monstermacher-Applikation benutzen?

Alles ist relativ.

Damit die verschiedenen Teile der Monstergesichter verschoben werden, müssen wir zunächst überlegen, welche *aktuelle Position* die einzelnen Teile haben. Außerdem müssen wir wissen, wie sich die Bilder *relativ* zu ihrer Position nach der letzten Änderung verschieben sollen.

Sie sind hier ▶ **205**

Es ist relativ einfach

Elemente absolut und relativ bewegen

Weiter oben in diesem Kapitel haben wir die Bildstreifen für die Anzeige in ein div-Element mit der ID `#einzelbilder` verpackt. Die Eigenschaft `left` für `div#einzelbilder` hat im aktuellen Stylesheet den Wert 91px. Jetzt müssen wir überlegen, wie die Bildstreifen bewegt werden müssen, um den gewünschten Verschiebungseffekt zu erreichen.

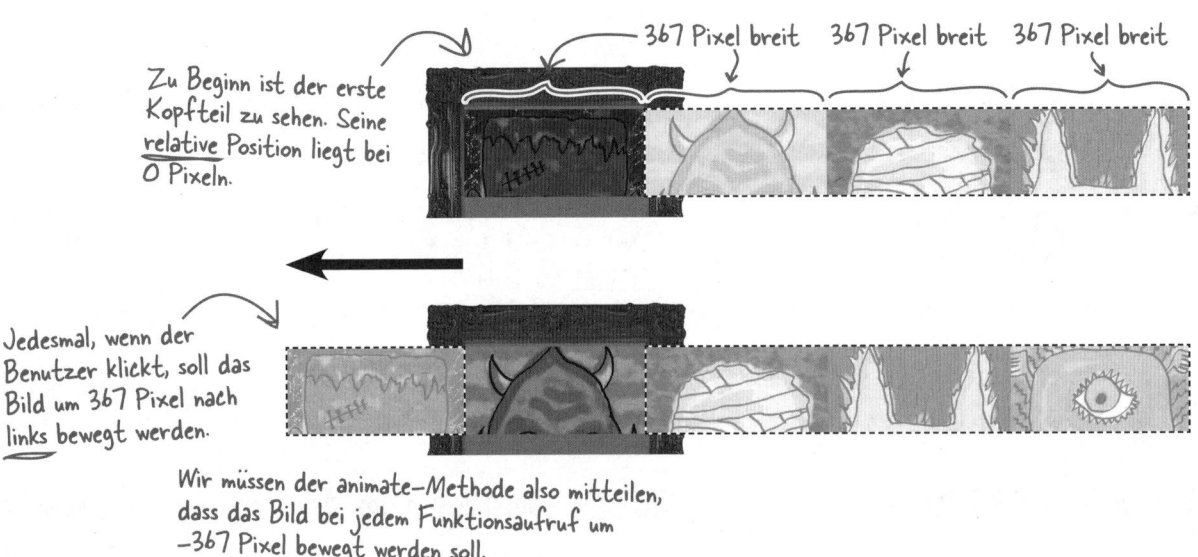

Denken Sie an das Beispiel mit der absoluten Animation auf der vorigen Seite.

Hiermit wird die animate-Methode angewiesen, den Wert der Eigenschaft left für #mein_div genau auf 100 Pixel zu setzen.

Aber wie können wir sagen, dass das Element bei jedem Aufruf von animate um -367 bewegt werden soll?

```
$("#mein_div").animate({left:"100px"});
```

```
$("#kopf").animate({left:"???"});
```

Relative Animation = jedesmal <u>um diesen</u> Wert verschieben

Bei der *absoluten* Animation wird ein Element auf eine *absolute Position* auf dem visuellen Raster verschoben. Bei einer *relativen* Animation bewegen Sie das Element relativ zu seiner Position *beim letzten Aufruf* der `animate`-Methode.

Aber wie können wir ein Element mit der `animate`-Methode relativ bewegen?

Etwas durch die Kombination von Operatoren relativ bewegen

Um Elemente jedesmal um eine bestimmte Distanz zu verschieben, können Sie spezielle JavaScript-Operatoren einsetzen. Diese werden als *Zuweisungsoperatoren* bezeichnet. Normalerweise werden sie verwendet, um Variablen Werte zuzuweisen, indem zum aktuellen Wert etwas addiert oder etwas von ihm subtrahiert wird. Das klingt aber komplexer, als es in Wirklichkeit ist.

Das Gleichheitszeichen ist ein Zuweisungsoperator.

Wenn Sie das Gleichheitszeichen mit arithmetischen Operatoren kombinieren, erhalten Sie einige nützliche Kurzschrift-Operatoren.

$$a = 20 \qquad a\mathrel{+}= 30 \qquad a\mathrel{-}= 10$$

Der Operator = weist der Variablen a den Wert 20 zu.

Diese Kombination von Plus- und Gleichheitszeichen ist gleichbedeutend mit der Anweisung "a = a + 30".

Hier wurde das Minuszeichen mit einem Gleichheitszeichen kombiniert. Diese Schreibweise ist gleichbedeutend mit "a = a – 10."

Die Kombinationen von Operatoren unterstützen Sie dabei, eine relative Animation zu erstellen. Damit können Sie einer Eigenschaft den aktuellen Wert *plus oder minus* eine bestimmte Anzahl von Pixeln zuweisen.

Hiermit wird das Element mit der ID box bei jedem Funktionsaufruf um 20 Pixel nach links verschoben.

```
$("#box").animate({left:"+=20"});
```

Hier sehen Sie, was bei jedem Aufruf der `animate`-Methode mit `#box` passiert.

Der Startwert von left soll bei 0 liegen.

left = 0

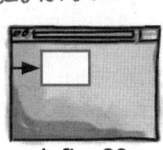

animate wird ausgeführt und setzt left auf += 20.

left = 20

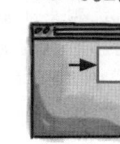

animate wird ausgeführt und setzt left auf += 20.

left = 40

Durch die Erhöhung des Werts für left wird das Element bei jedem Aufruf im Browserfenster um ein Stück nach rechts verschoben.

> **Punkt für Punkt**
>
> **Ein paar weitere Kombinationen von Zuweisungsoperatoren:**
>
> - `a *= 5` ist die Kurzschrift-Version für »multipliziere 5 mit dem aktuellen Wert von a und weise das Ergebnis wieder a zu".
>
> - `a /= 2` ist die Kurzschrift-Form der Anweisung »dividiere den aktuellen von a durch 2 und weise das Ergebnis wieder a zu".

Übung

Schreiben Sie die Zeile jQuery-Code, mit der die folgenden beiden Schritte durchgeführt werden können.

① Bewegen Sie das `#kopf`-Element bei jedem Aufruf von `animate` um 367 Pixel nach links. Die Animation soll eine halbe Sekunde dauern.

....

② Bewegen Sie das `#kopf`-Element zurück an seine Ausgangsposition (`left:0px`). Die Animation soll eine halbe Sekunde dauern.

....

Übungslösung

LÖSUNG ZUR ÜBUNG

Schreiben Sie die Zeile jQuery-Code, mit der die folgenden beiden Schritte durchgeführt werden können.

① Bewegen Sie das `#kopf`-Element bei jedem Aufruf von `animate` um 367 Pixel nach links. Die Animation soll eine halbe Sekunde dauern.

$("#kopf").animate({left:"-=367px"},500);

② Bewegen Sie das `#kopf`-Element zurück an seine Ausgangsposition (`left:0px`). Die Animation soll eine halbe Sekunde dauern.

$("#kopf").animate({left:"0px"},500);   ← Diese absolute Animation setzt die Position des Monsterkopfs wieder auf den Startwert. Es entsteht der Eindruck des »Zurückspulens«.

Es gibt keine Dummen Fragen

F: Manche Leute wollen beim Betrachten der Webseiten keine Animationen sehen. Was kann ich tun, damit Benutzer die Animation bei Bedarf abschalten können?

A: Das ist ein guter Einwand. Animationen können stören und zu Problemen bei der Zugänglichkeit führen. Wenn Sie möchten, dass Benutzer die Animation bei Bedarf abschalten können, können Sie einen Klick-Button mit dieser Codezeile verbinden (Sie wissen schon, wie das geht):

```
$.fx.off = true;
```

Ein weiterer nützlicher Weg zum Anhalten von Animationen ist die jQuery-Methode `stop`. Sie finden weitere Informationen daüber auf der jQuery-Website unter

http://api.jquery.com/jQuery.fx.off/
http://api.jquery.com/stop/

F: Sie haben gesagt: »Die Werte der CSS-Eigenschaften müssen in diesem Fall nach dem DOM-Standard und nicht nach dem CSS-Standard angegeben werden.« Was zum Henker ist denn damit gemeint?

A: Sehr gute Frage! Sie müssen die Parameter für die `animate`-Methode nach dem DOM-Standard (bzw. in der DOM-Notation) statt in der CSS-Schreibweise angeben.

Hier ein konkretes Beispiel, das den Unterschied erläutern soll. Um ein `div`-Element mit einem Rahmen zu versehen, könnten Sie in der CSS-Notation Folgendes schreiben:

```
div {
  border-style: solid;
  border-width: 5px;
}
```

Angenommen, Sie möchten die Breite des Rahmens animieren. In jQuery setzen Sie den Wert der Eigenschaft `border-width` mit der DOM-Notation, und zwar so:

```
$("div").animate({borderWidth:30},"slow");
```

Das heißt: In der CSS-Notation schreiben Sie `border-width`, während die gleiche Eigenschaft in der DOM-Notation als `borderWidth` angegeben wird.

Um mehr über die Unterschiede dieser beiden Schreibweise zu erfahren, sollten Sie den folgenden Artikel lesen:

http://www.oxfordu.net/webdesign/dom/straight_text.html

F: Wie kann ich einen Farbwechsel animieren?

A: Um Farbwechsel zu animieren, müssen Sie jQuery UI verwenden, das jQuery um eine Vielzahl von Effekten erweitert, die nicht in jQuery selbst enthalten sind. Wir werden uns in Kapitel 10 mit jQuery UI beschäftigen, aber nicht mit den Effekten. Sobald Sie wissen, wie Sie jQuery UI herunterladen, mit eigenen Themes versehen und in Ihre Web-Applikationen integrieren können, ist die Animation von Farben ziemlich einfach.

Die animate-Funktionen ins Skript einbauen

Aktualisieren Sie Ihre Skriptdatei mit dem Code, den Sie in der Übung auf den vorigen Seiten erstellt haben.

Tun Sie das hier!

```
$("#kopf").click(function(){
    if (kopfklicks < 9){
        $(this).animate({left:"-=367px"},500);
        kopfklicks+=1;
    }
    else{
        $(this).animate({left:"0px"},500);
        kopfklicks = 0;
    }
});
```

Wir können hier das Schlüsselwort »this« verwenden, da wir uns in der Funktion für das gerade angeklickte Element befinden.

```
$("#augen").click(function(){
    if (augenklicks < 9){
        $(this).animate({left:"-=367px"},500);
        augenklicks+=1;
    }
    else{
        $(this).animate({left:"0px"},500);
        augenklicks = 0;
    }
});

$("#nase").click(function(){
    if (nasenklicks < 9){
        $(this).animate({left:"-=367px"},500);
        nasenklicks+=1;
    }
    else{
        $(this).animate({left:"0px"},500);
        nasenklicks = 0;
    }
});

$("#mund").click(function(){
    if (mundklicks < 9){
        $(this).animate({left:"-=367px"},500);
        mundklicks+=1;
    }
    else{
        $(this).animate({left:"0px"},500);
        mundklicks = 0;
    }
```

meine_skripts.js

*Probe*fahrt

PROBEFAHRT

Öffnen Sie die Seite in einem Browser, um zu überprüfen, ob alles wie gewünscht funktioniert.

Sie haben den Verschiebungseffekt nach links zum Laufen gebracht.

Mit ein paar Klicks kann der Besucher sich sein eigenes Monstergesicht zusammenbauen.

jQuery-Effekte und -Animationen

jQuery-Kreuzworträtsel

Jetzt ist es an der Zeit, dass Sie sich zurücklehnen und Ihrer linken Hirnhälfte etwas zu tun geben. Es ist ein ganz normales Kreuzworträtsel; sämtliche Lösungen sind diesem Kapitel zu entnehmen.

Waagerecht

3. Erzeugt die Illusion eines sich auf dem Bildschirm bewegenden Elements.
6. Mit Hilfe dieser Methode aus der jQuery-Bibliothek können Sie Ihre eigenen Effekte erstellen.
7. Effektmethode, mit der das ausgewählte Elemente eine bestimmte Transparenz erhält.
10. Durch die Animation der CSS-Eigenschaften width und _____ können Sie die Illusion erzeugen, dass ein Element wächst oder schrumpft.
11. Dieser Effekt wird verwendet, um die Eigenschaft height für ein Element zu animieren.

Senkrecht

1. Wenn Sie ein Element animieren wollen, muss die CSS-Eigenschaft position den Wert fixed, relative oder _____ haben.
2. Die animate-Methode funktioniert nur mit CSS-Eigenschaften, die _____ Werte haben.
4. Eine Effektmethode, die so funktioniert: hat das ausgewählte Element die Höhe 0, wird der Wert nach und nach erhöht. Hat das Element seine volle Höhe, wird der Wert nach und nach auf 0 vermindert.
5. 1.000 Millisekunden.
7. Wenn Sie diesen jQuery-Effekt verwenden, wird der Wert der CSS-Eigenschaft opacity nach und nach von 0 auf 100 geändert.
8. Diese CSS-Eigenschaft wird durch hide, show und toggle verändert.
9. jQuery-Animationen und -Effekten verändern bei Bedarf die ___-Regeln einer Seite.

Sie sind hier ▶

Ein monstermäßiger Erfolg

Und ganz ohne Flash!

Die Chefin für Webprojekte freut sich über die Monstermacher-Ergebnisse. Sie haben die »hauseigenen« jQuery-Effekte mit Ihren eigenen Effekten kombiniert, die genau auf die Kundenwünsche zugeschnitten sind.

jQuery-Effekte und -Animationen

 # jQuery-Kreuzworträtsel: Lösung

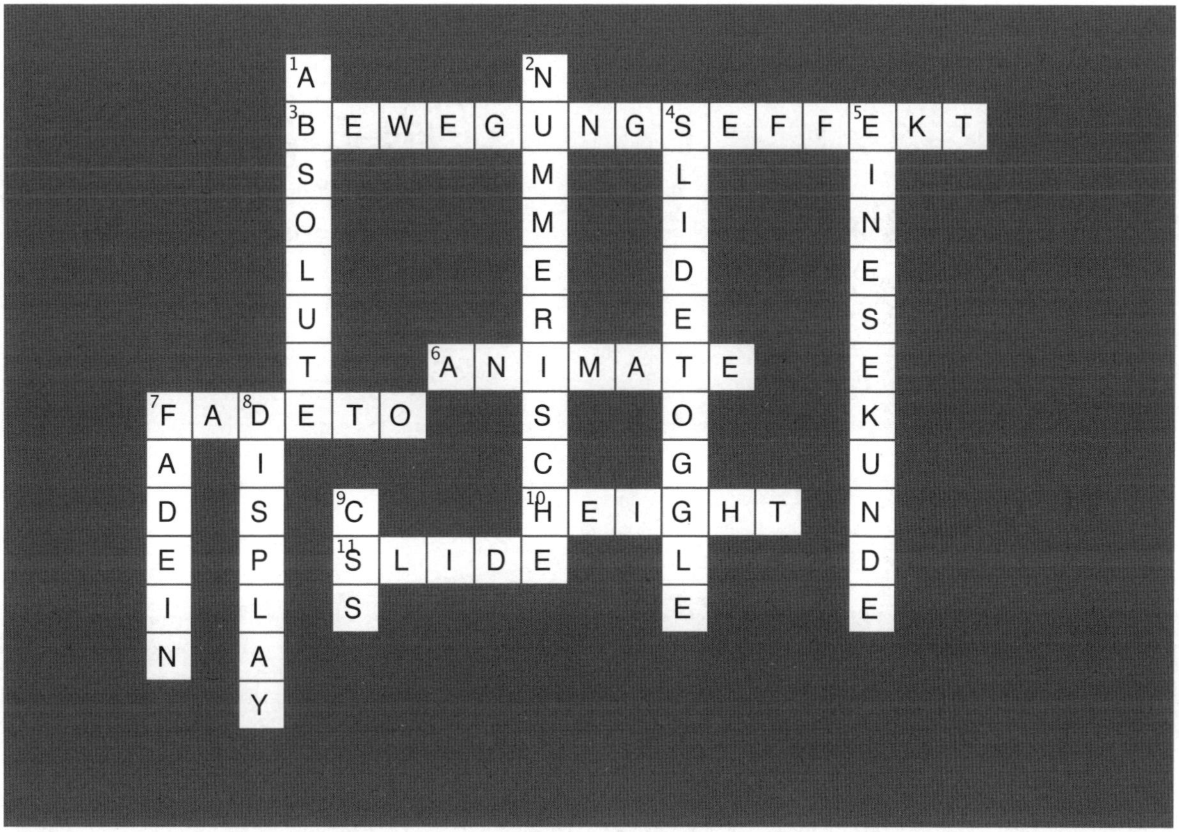

Ihr jQuery-Werkzeugkasten

Damit haben Sie auch Kapitel 5 hinter sich gebracht. Ihr Werkzeugkasten enthält neben den Ein-/Ausblend- und Slide-Effekten auch die Möglichkeit, eigene Animationen zu erstellen.

Ein- und Ausblendeffekte

Ändern der CSS-Eigenschaft opacity für die ausgewählten Elemente:

fadeIn

fadeOut

fadeTo

Slide-Effekte

Ändern der CSS-Eigenschaft height für die ausgewählten Elemente:

slideUp

slideDown

slideToggle

animate

Ermöglicht uns die Erstellung eigener Animationseffekte, wenn die jQuery-eigenen Effekte nicht ausreichen.

Animiert CSS-Eigenschaften in bestimmten Intervallen.

Funktioniert nur mit CSS-Eigenschaften, denen numerische Werte zugewiesen werden können.

Elemente können entweder absolut oder relativ bewegt werden. Kombinierte Operatoren (=, +=, -=) können die Erstellung relativer Animationen deutlich erleichtern.

6 jQuery und JavaScript

~~Luke~~ jQuery, ich bin dein Vater!

Mein Sohn, du weißt, ich werde immer für dich da sein!

Alles kann jQuery nicht allein tun. Auch wenn jQuery eine JavaScript-Bibliothek ist, kann es nicht alles, was seine Ursprungssprache kann. In diesem Kapitel werden wir uns mit einigen JavaScript-Fähigkeiten befassen, die für die Erstellung fesselnder Websites gebraucht werden. Wir werden sehen, wie jQuery diese Merkmale nutzen kann, um eigene Listen und Objekte zu erstellen und darüber Schleifen auszuführen, wodurch Ihr Leben ein gutes Stück leichter wird.

Ein gutes Blatt mit jQuery

Frischer Wind für die Head First Lounge

Die Nachricht von Ihren jQuery-Fähigkeiten verbreitet sich wie ein Lauffeuer. Gut so! Gerade kam eine E-Mail von der Head First Lounge mit der Anfrage, ob Sie etwas für die Unterhaltung der Gäste tun können.

Absender: **Head First Lounge**
Betreff: **Blackjack-Applikation**

Hi!

Wir hoffen, Sie können uns mit einer neuen Applikation für die Besucher unserer Website aushelfen.

Wir hätten WIRKLICH gerne ein Blackjack-Spiel für unsere Seiten. Können Sie das machen?

Idealerweise klickt der Spieler irgendwo und erhält zwei Karten mit der Option, weitere Karten anzufordern.

Hier sind die Hausregeln, nach denen das Spiel funktionieren soll:

1. Asse haben immer einen hohen Wert (immer 11 Punkte, niemals einen Punkt).
2. Liegt der zusammengerechnete Wert aller offenen Karten über 21, hat der Spieler verloren und muss neu anfangen – das Spiel ist vorbei.
3. Hat ein Spieler genau 21 Punkte, hat er einen Blackjack, und das Spiel ist vorbei.
4. Liegt der Wert der Karten bei 21 oder darunter und hat der Spieler bereits fünf Karten bekommen, ist das Spiel vorbei und er gewinnt.

Wenn keine der Bedingungen zutrifft, kann eine neue Karte gegeben werden.

Trifft eine der Bedingungen zu, wird das Spiel beendet.

Die Spieler sollen die Möglichkeit haben, vorzeitig aufzuhören und neu anzufangen.

Es soll nicht nötig sein, dafür die Seite neu zu laden, das Spiel soll sich selbst zurücksetzen.

Können Sie das für uns erledigen? Wir wären Ihnen wirklich sehr dankbar!

--

Head First
Lounge

jQuery und JavaScript

Frank

Joe

Jim

Jim: Hey, habt ihr die E-Mail von der Head First Lounge schon gelesen?

Frank: Ja. Sieht aus, als wollten die ein einfach zu spielendes Black-Jack-Kartenspiel für ihre Website haben. Das sollte nicht allzu schwer sein.

Jim: Nicht allzu schwer? Aber wir brauchen das richtige Kartenspiel, jemanden, der die Karten verteilt, einen Zähler für den Punktestand und was weiß ich noch. Meinst du wirklich, wir können das?

Joe: Also, *einfach* wird das nicht, aber ich glaube, wir schaffen das. Wie du gerade sagtest: Wir brauchen jemanden, der die Karten verteilt. Das könnten wir mit einer Funktion erledigen. Eine Zufallsfunktion haben wir schon einmal geschrieben. Die könnten wir hier wiederverwenden.

Jim: Na gut. Aber was machen wir mit den Karten? Für Black Jack brauchen wir ein Spiel mit 52 Karten.

Frank: Wir könnten einfach eine große Liste erzeugen und dann zufällig eine Karte daraus auswählen.

Jim: Und wie verhindern wir, dass dieselbe Karte mehrmals ausgewählt wird?

Frank: Ich glaube, ich weiß, wie das geht …

Jim: Wow, beeindruckend! Aber irgendwie müssen wir uns die schon ausgegebenen Karten auch merken und ihre Anzahl im Auge behalten.

Frank: Jetzt hast du mich. Da weiß ich auch nicht weiter.

Joe: Keine Sorge, es gibt eine Reihe von jQuery- und JavaScript-Features, die uns hier weiterhelfen können.

Jim: Äh, Moment mal! JavaScript? Können wir nicht einfach Variablen oder jQuery-Arrays benutzen, um die Karten zu speichern? Ich dachte, wenn wir jQuery benutzen, können wir auf JavaScript verzichten.

Frank: Bei dieser Aufgabe werden einfache Variablen nicht ausreichen. Sie können immer nur einen Wert speichern, beispielsweise eine Zahl, ein Stück Text oder ein bestimmtes Seitenelement. Und ein jQuery-Array kann zwar mehrere Werte enthalten, aber nur die von einem Selektor zurückgegebenen DOM-Elemente …

Joe: Richtig. Wir brauchen etwas Flexibleres.

Frank: Zum Beispiel unsere *eigenen* Strukturen und Datentypen.

Joe: Wieder richtig. Und um unsere eigenen Strukturen zu bauen, brauchen wir JavaScript …

Sie sind hier ▶

Objektiv betrachtet

In Objekten ist das Speichern noch schlauer gelöst

Bisher haben Sie Variablen und Arrays als Datenstrukturen verwendet. Variablen können einfache Dinge speichern, indem Sie einem Namen einen bestimmten Wert zuweisen. Arrays helfen dabei, mehrere Werte effizienter unter einem Variablennamen zu speichern.

Variable

Wenn Sie einem Variablennamen einen Wert zuweisen, merkt sich die Variable den Wert.

```
var a = 42;
```

Array

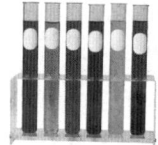

Ein Array kann sich an mehrere Werte erinnern, wenn Sie diese einem bestimmten Variablennamen zuweisen.

```
var v = [2, 3, 4]
```

Objekte bieten eine noch intelligentere Speicherung von Daten. Sie können Objekte verwenden, um mehrere Variablen zu einer bestimmten Sache zu speichern. Die Variablen innerhalb eines Objekts werden als dessen *Eigenschaften* bezeichnet. Ein Objekt kann außerdem bestimmte Funktionen enthalten, über die Sie mit seinen Eigenschaften interagieren können. Diese in das Objekt »eingebauten« Funktionen heißen *Methoden*.

Objekt

```
flugzeug_objekt = {
    triebwerke: "4",
    typ :       "Passagier",
    propeller:  "Nein"
};
```

Die Daten für ein Flugzeug werden nun als gemeinsame Gruppe gespeichert.

Ein Objekt merkt sich seine Daten in Form von Eigenschaften.

```
leopard_objekt = {
    flecken: "23",
    farbe:   "braun"
};
```

Sie verbinden den Namen einer <u>Eigenschaft</u> ... ... mit einem <u>Wert</u>.

Um an die Eigenschaften eines Objekts zu gelangen, verwenden Sie die Punkt-Schreibweise.

```
flugzeug_objekt.triebwerke;
leopard_objekt.farbe;
```

Das Objekt — Eine Eigenschaft

Verwenden Sie Objekte, wenn Sie <u>mehrere Daten</u> zu einer bestimmten Sache speichern müssen.

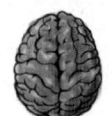

KOPF-NUSS

Was für Eigenschaften könnte ein Spielkartenobjekt haben?

Eigene Objekte bauen

In der Essenz sind Objekte eine Möglichkeit, Variablen exakt nach *Ihren* eigenen Vorstellungen zu konstruieren. Sie können Objekte erstellen, die nur einmal benutzt werden, oder eine Art Schablone für Objekte, die Sie immer wieder verwenden können. Zu den wiederverwendbaren Objekten werden wir etwas später kommen. Zunächst wollen wir uns mit der Erstellung eines Einmal-Objekts befassen und einige Diagramme und Fachbegriffe dazu kennenlernen.

Standardmäßig werden Objekte mit einem UML- (Unified Modeling Language-)Diagramm beschrieben. UML ist ein weltweiter allgemeiner Standard, der in der objektorientierten Programmierung bei der Beschreibung von Objekten hilft.

Wird im Objekt eine Variable gespeichert, wird diese als *Eigenschaft* des Objekts bezeichnet. Besitzt das Objekt eine Funktion, nennt man diese eine *Methode* des Objekts. Einmal-Objekte können Sie – genau wie die schon bekannten Variablen – mit dem Schlüsselwort `var` erzeugen.

UML-Diagramm eines Objekts

Diese Struktur hilft Ihnen dabei, sich über den Aufbau des Objekts klar zu werden, bevor Sie irgendwelchen Code schreiben.

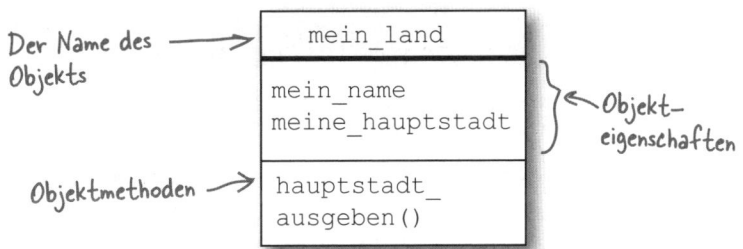

Und hier wird das Objekt programmiert:

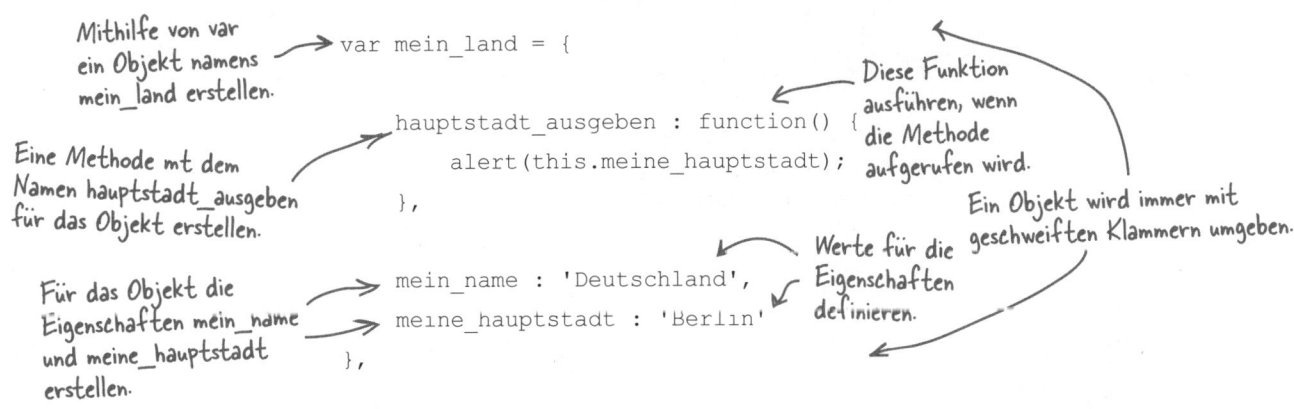

Tatsächlich sind fast alle Dinge in JavaScript und jQuery als Objekte definiert.
Dazu gehören Elemente, Arrays, Funktionen, Zahlen und sogar Zeichenketten. Sie alle haben Eigenschaften und Methoden.

Objekte in Eigenbau

Mit Konstruktoren wiederverwendbare Objekte erstellen

Einer der größten Vorteile von Objekten liegt darin, dass ihre Eigenschaften (bzw. Variablen) trotz der gleichen Struktur unterschiedliche Werte besitzen können. Genau wie man wiederverwendbare Funktionen erstellen kann, was Sie in Kapitel 3 getan haben, kann man auch Schablonen für Objekte erstellen. Diese Schablone, der sogenannte *Objektkonstruktor*, macht es möglich, Objekte wiederzuverwenden. Ein *Objektkonstruktor* kann außerdem verwendet werden, um mehrere *Instanzen* eines Objekts zu erzeugen.

Der Konstruktor ist im Prinzip eine einfache Funktion. Anstelle des Schlüsselwortes `var` verwenden wir für die Definition eines Objektkontruktors deshalb das Schlüsselwort `function`. Mit dem Schlüsselwort `new` können Sie anschließend neue Instanzen des Objekts erstellen.

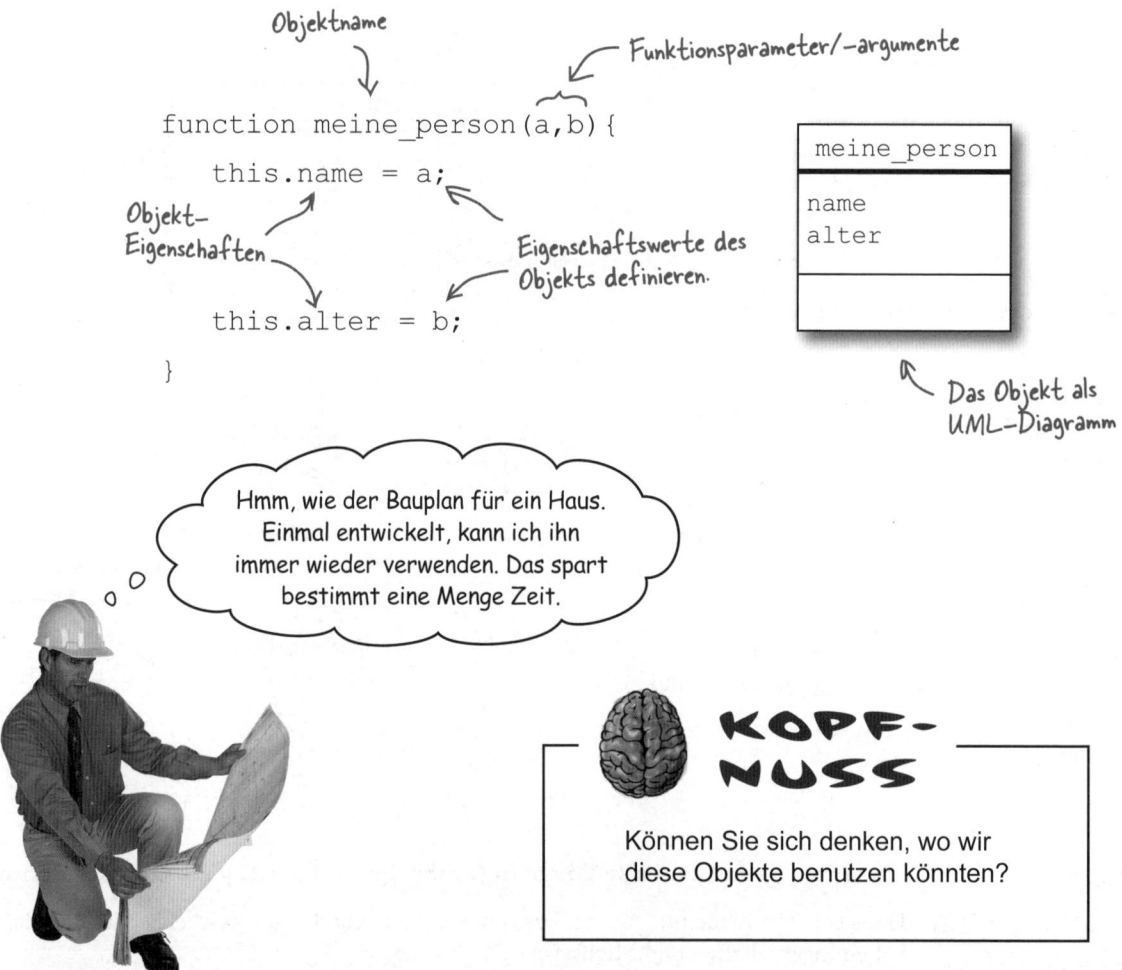

Objekte benutzen

Objekte gibt es in allen möglichen Farben und Formen. Nachdem Sie ein Objekt *instantiiert* (also eine neue Instanz des Objekts erzeugt) haben, können Sie über den Punktoperator (.) damit arbeiten. Dabei spielt es keine Rolle, ob Sie oder jemand anderes das Objekt erzeugt hat. Um ein Gefühl dafür zu bekommen, wollen wir uns die gerade erzeugten Objekte `mein_land` und `meine_person` etwas genauer ansehen.

Die Konventionen für die Punktnotation lauten entweder `objekt_name.methoden_name()` oder `objekt_name.eigenschafts_name()`.

Die Methode hauptstadt_ausgeben aufrufen. Dadurch gibt die Seite die Meldung »Berlin« aus.

```
mein_land.hauptstadt_ausgeben();
```

Auf die Eigenschaft mein_name zugreifen.

```
alert(mein_land.mein_name);
```

Hierdurch gibt die Seite die Meldung »Deutschland« aus.

Über den Befehl »new« können Sie neue Instanzen des Objekts erzeugen.

Neue Instanzen des meine_person-Objekts mit den Namen schauspieler1 und schauspieler2 erstellen.

```
var schauspieler1 = new meine_person('Jack', '42');
var schauspieler2 = new meine_person('Mary', '33');
alert(schauspieler1.name);
alert(schauspieler2.alter);
```

Übergeben Sie diese Werte als Argumente für die new-Funktion, um die passenden Eigenschaftswerte zu definieren.

Den Wert der Eigenschaft name für die Instanz des meine_person-Objekts mit dem Namen schauspieler1 ausgeben.

Hierdurch gibt die Seite »Jack« aus.

Den Wert der Eigenschaft alter für die Objektinstanz mit dem Namen schauspieler2 ausgeben (hier: 33).

Ah, so langsam verstehe ich, wie das funktioniert. Kann ich für die Karten im Kartenspiel für die Head First Lounge vielleicht auch Objekte benutzen?

Gute Idee!

Lassen Sie uns eine passende HTML-Seite erstellen und dann überlegen, wie wir ein Kartenobjekt definieren können.

Das Spiel beginnt

Die Seite erstellen

Erstellen Sie anhand der unten stehenden Informationen Ihre HTML- und CSS-Datei. Vergessen Sie nicht, im Ordner *js* auch eine *meine_skripts.js*-Datei zu erstellen. Wir werden auf den kommenden Seiten eine Menge hinzufügen. Die für dieses Kapitel benötigten Bilddateien finden Sie unter *http://thinkjquery.com/chapter06/images.zip*. Den eingedeutschten Code finden Sie unter *www.oreilly.de/catalog/hfjqueryger*.

Tun Sie das hier!

```css
#steuerung{
    clear:both;
}
#mein_blatt{
    clear:both;
    border: 1px solid gray;
    height: 250px;
    width: 835px;
}
h3 {
    display: inline;
    padding-right: 40px;
}
.aktuelles_blatt {
    float:left;
}
```

meine_stile.css

```html
<!DOCTYPE html>
<html>
    <head>
        <title>Black Jack von Kopf bis Fuß</title>
        <link href="css/meine_stile.css" rel="stylesheet">
    </head>
    <body>
        <div id="hauptteil">
            <h1>Klicken Sie, um Ihre Karten anzuzeigen</h1>
            <h3 id="ueber_gesamt"></h3><h3 id="ueber_ergebnis"></h3>
            <div id="mein_blatt">
            </div>
            <div id="steuerung">
                <div id="geben_button">
                    <img src="bilder/kartenstapel.jpg">
                </div>
            </div>
        </div>
        <script src="js/jquery-1.7.1.min.js"></script>
        <script src="js/meine_skripts.js"></script>
    </body>
</html>
```

index.html

Kann ich jetzt bald die Karten verteilen??

jQuery und JavaScript

PROBEFAHRT

Öffnen Sie die gerade erstellte Datei *index.html* in Ihrem Browser, um nachzusehen, ob die Grundstruktur der Seite stimmt.

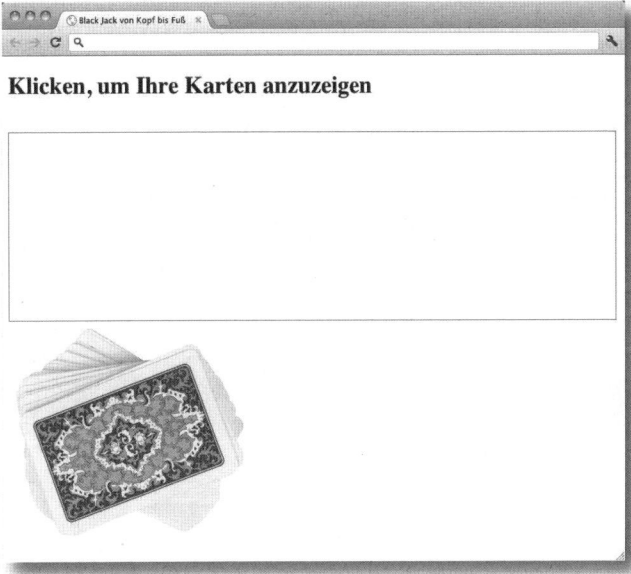

Übung

Benutzen Sie das UML-Diagramm, um ein wiederverwendbares Kartenobjekt mit dem Namen `karte` zu erstellen, das drei Parameter (`name`, `farbe` und `wert`) entgegennimmt. Verwenden Sie diese drei Parameter als Werte der Objekteigenschaften. Dieses Objekt hat keine eigenen Methoden. Etwas Code haben wir bereits für Sie geschrieben.

karte
name farbe wert

```
function karte(                    ) {



}
```

Sie sind hier ▸ 223

Übungslösung

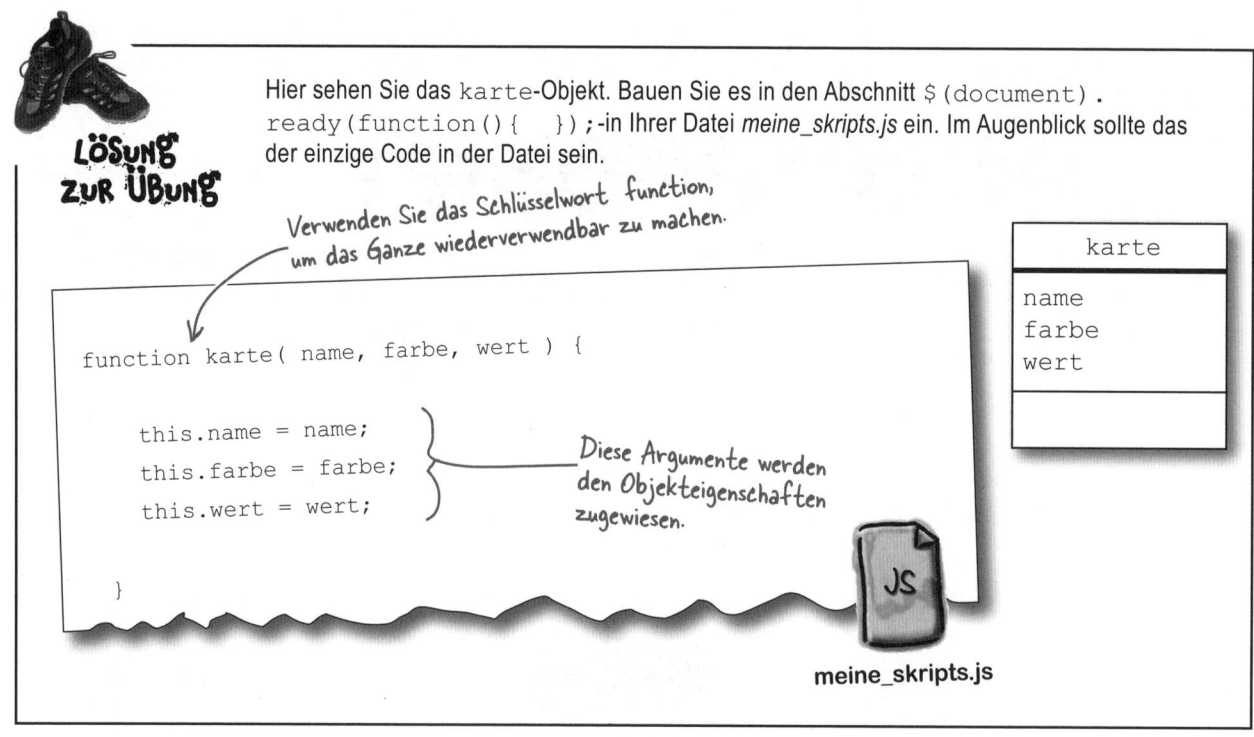

Es gibt keine Dummen Fragen

F: Was ist der Unterschied zwischen Einmal-Objekten und solchen, die wiederverwendet werden können?

A: Einmal-Objekte sind einfach spezielle Variablen, die verschiedene Arten von Informationen enthalten können. Und wiederverwendbare Objekte sind genau das: wiederverwendbar. Nachdem Sie die Schablone (den »Bauplan«) für ein wiederverwendbares Objekt und seine Eigenschaften/Methoden erstellt haben, können Sie beliebig viele Kopien des Objekts anfertigen. Dabei kann jede Kopie unterschiedliche Informationen zur Beschreibung des Objekts enthalten.

F: Es sieht aus, als ob Sie verschiedene Arten verwenden, den Eigenschaften ihre Werte zuzuweisen. Stimmt das?

A: Ja, das stimmt. Sie können einer Eigenschaft ihren Wert entweder mit dem Zuweisungsoperator (=) oder mit dem Doppelpunkt (:) zuweisen, wie bei unseren Objekten. Beide Möglichkeiten sind gültig und gegeneinander austauschbar.

F: Gibt es irgendetwas, das Sie mir noch nicht über Objekte erzählt haben?

A: Das ist nicht so einfach. Objekte sind ein ziemlich komplexer Teil von JavaScript. Später im Buch werden wir die sogenannte JavaScript Object Notation benutzen, kurz JSON. Damit greifen wir auf eine etwas andere Weise auf die Objekte zu, die auch für die hier gezeigten Objekte benutzt werden kann. Das ist die »Schlüssel«-Schreibweise. Anstatt zu schreiben:

```
object.meine_eigenschaft
```

können Sie auch schreiben:

```
object['meine_eigenschaft']
```

und erhalten das gleiche Ergebnis, nämlich Zugriff auf den Wert der Eigenschaft meine_eigenschaft.

F: Wo kommt UML her?

A: UML wurde Mitte der Neunzigerjahre entwickelt, als Firmen versuchten, ein klar verständliches Verfahren zur Beschreibung von Objekten zu entwickeln. Seitdem hat sich UML beständig weiterentwickelt. Dabei haben mehrere private Firmen versucht, ihre Version als akzeptierten Standard zu etablieren. Glücklicherweise gibt es einen einheitlichen Standard: Jeder, der UML verwendet, ist in der Lage, die Diagramme und Informationen auf anderen UML-Quellen zu lesen und zu verstehen.

jQuery und JavaScript

Das Objekt wird also ziemlich nützlich für uns sein. Allerdings brauchen wir immer noch eine Möglichkeit, um mitzuverfolgen, welche Karten bereits ausgespielt wurden, richtig?

Sie haben recht.

Wir brauchen eine Möglichkeit, ausgeteilte Karten zu speichern und wieder auszulesen. Zum Glück wissen wir schon, wie das geht …

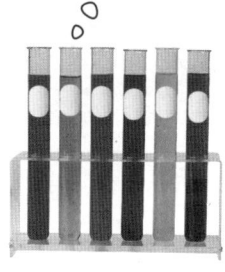

Hallo, ich bin's wieder. Wir kennen uns aus Kapitel 4.

Die Rückkehr der Arrays

Wie Sie bereits wissen, können wir mehrere Dinge in einer gemeinsamen Struktur namens Array speichern. Dabei müssen die gespeicherten Dinge nicht unbedingt in einer Beziehung zueinander stehen. Aber der Zugriff auf ihre Werte wird dadurch deutlich einfacher. In Kapitel 4 haben wir uns angesehen, wie ein jQuery-Selektor die Werte eines Arrays zurückgeben kann. Jetzt wollen wir JavaScript direkt benutzen, um Arrays noch nützlicher zu machen.

Die Variablen in einem Array können einen beliebigen Typ haben. Das können Zeichenketten, Zahlen, Objekte und sogar HTML-Elemente sein! Für die Erstellung von Arrays gibt es verschiedene Möglichkeiten:

Verwenden Sie das Schlüsselwort »new«, um ein neues Array zu erstellen.

```
var mein_array1 = new Array();
```

Ein neues Array mit dem Schlüsselwort »new« erstellen und gleichzeitig die Werte des Arrays angeben.

```
var mein_array2 = new Array('Deutschland');

var mein_array3 = ['Irland', 'Frankreich', 'Dänemark'];
```

Ein Array ohne das Schlüsselwort »new« erstellen. Dabei werden die Werte des Arrays in eckigen Klammern ([ ]) angegeben.

Aufgepasst

Zwischen den verschiedenen Möglichkeiten, ein Array anzulegen, gibt es keinen Unterschied.

Es ist durchaus üblich, unterschiedliche Verfahren zum Erstellen von Arrays zu benutzen, je nachdem, für welchen Zweck das Array benutzt werden soll. Wenn Sie »JavaScript Array-Methoden« in die Suchmaschine Ihrer Wahl eingeben, werden Sie schnell alle Array-Methoden finden.

Wie bereits gesagt, sind Arrays auch Objekte. Und das heißt, dass sie Methoden und Eigenschaften haben. Eine häufig benutzte Array-Eigenschaft heißt `length`. Sie gibt an, wie viele Elemente das Array enthält. Den Wert der `length`-Eigenschaft erhalten Sie per `array_name.length`.

Sie sind hier ▶ **225**

Zugriff über den Index

Auf Arrays zugreifen

Anders als für die Erstellung von Arrays gibt es für den Zugriff auf die darin gespeicherten Informationen nur eine Möglichkeit: über den Index der Elemente. Vergessen Sie dabei nicht, dass die Zählung der Elemente bei null beginnt. Wir haben den Index bereits in Kapitel 3 benutzt. Falls Ihnen das nicht mehr so präsent ist, können Sie es dort jederzeit noch einmal nachlesen.

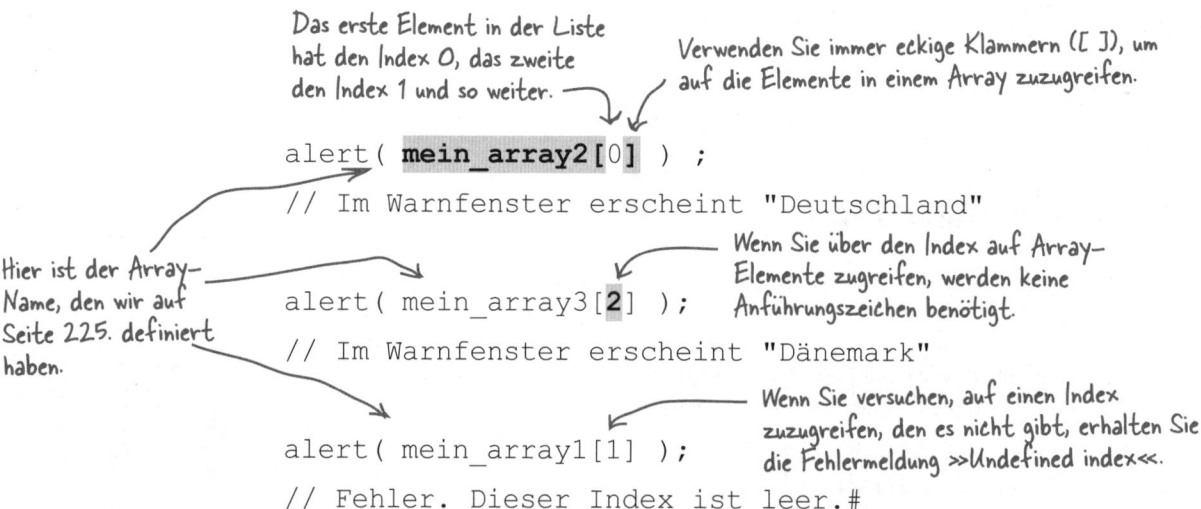

Der Index eines Listeneintrags bezieht sich auf die Position des Elements in der Liste.

Jetzt haben wir also ein Array, das ein paar Sachen enthält, die wir nicht mehr verändern können, oder vielleicht doch?

Können wir wohl!

Das Hinzufügen, Ändern und Löschen von Array-Elementen ist ganz einfach. Auf der nächsten Seite erfahren Sie, wie es geht.

Array-Elemente aktualisieren und hinzufügen

Wir können das Array um beliebige Elemente erweitern. Im Beispiel auf den vorigen Seiten haben wir die Arrays mein_array2 und mein_array3 bereits mit ein paar Elementen befüllt. Das Array mein_array1 ist dagegen noch leer. Um einem Array neue Werte hinzuzufügen oder bestehende zu aktualisieren, wird wieder der Index benutzt. Hier sehen Sie verschiedene Möglichkeiten, ein Array zu aktualisieren:

Das erste Element in mein_array1 definieren.

```
mein_array1[0] = "Ostfriesland";
alert( mein_array1[0] );
// Gibt "Ostfriesland" aus.
```

Dem Array mein_array1 einen zweiten Wert hinzufügen.

```
mein_array1[1] = "Spanien" ;
```

Den Wert des ersten Elements im Array mein_array1 aktualisieren.

```
mein_array1[0] = "Italien" ;
alert( mein_array1[0] );
// Gibt "Italien" aus.
```

Den Wert des dritten Elements im Array mein_array3 ändern.

```
mein_array3[2] = "Kanada";
alert( mein_array3[2] );
// Gibt "Kanada" aus.
```

ÜBUNG

Erstellen Sie in der Datei *meine_skripts.js* nach dem Code für das Kartenobjekt ein Array mit dem Namen kartenspiel, das alle 52 Karten enthält.

Sie können dafür das bereits erstellte Objekt karte benutzen. Sie können für jede Karte den Konstruktor aufrufen und ihm die nötigen Parameter für den Namen der Karte (Zwei, Drei usw. bis zum Ass), die Farbe (Kreuz, Herz, Pik und Karo) und den passenden Wert übergeben. Asse haben den Wert "11", "Zweien" den Wert "2" und so weiter. Bube, Dame und König haben jeweils den Wert "10".

Übungslösung

LÖSUNG ZUR ÜBUNG

Ihre Datei *meine_skripts.js* sollte jetzt ein Array mit dem Namen `kartenspiel` enthalten, in der jede der 52 Karten definiert wird. Verwenden Sie dafür das bereits definierte `karte`-Objekt. Rufen Sie den Konstruktor für jede zu erzeugende Karte einmal auf.

Den Namen des Arrays festlegen.
Die Parameter für die einzelnen karte-Objekte übergeben.

```
var kartenspiel = [
  new karte('Ass', 'Kreuz',11),
  new karte('Zwei', 'Kreuz',2),
  new karte('Drei', 'Kreuz',3),
  new karte('Vier', 'Kreuz',4),
```

```
  new karte('Koenig', 'Kreuz',10),
  new karte('Ass', 'Herz',11),
  new karte('Zwei', 'Herz',2),
  new karte('Drei', 'Herz',3),
```

```
  new karte('Dame', 'Herz',10),
  new karte('Koenig', 'Herz',10),
  new karte('Ass', 'Pik',11),
  new karte('Zwei', 'Pik',2),
```

```
  new karte('Koenig', 'Pik',10),
  new karte('Ass', 'Karo',11),
  new karte('Zwei', 'Karo',2),
  new karte('Drei', 'Karo',3),
```

```
  new karte('Bauer', 'Karo',10),
  new karte('Dame', 'Karo',10),
  new karte('Koenig', 'Karo',10)
];
```

Vergessen Sie nicht, das Array mit eckigen Klammern zu umgeben!

meine_skripts.js

> Aber wir haben eine ganze Menge Karten in dem Array. Es sieht so aus, als müssten wir eine Menge Code schreiben, um sie wieder auszulesen. So ein Ärger.

Nicht unbedingt.

Wir müssen zwar auf die einzelnen Karten über ihren Index zugreifen, aber wir können etwas benutzen, das so ähnlich funktioniert wie die `each`-Methode aus Kapitel 3. Damit können wir nacheinander auf jede Karte zugreifen, ohne dafür einen Berg Code schreiben zu müssen.

Es ist Zeit für einen Ausflug nach Schleifenhausen …

Eine Aktion nochmal durchführen (und nochmal, und nochmal ...)

Für dieses Black-Jack-Spiel werden Sie immer wieder Karten aus Arrays holen und wieder in sie einfügen müssen. Glücklicherweise hält JavaScript mit seinen *Schleifen* genau das richtige Werkzeug für diese Situation bereit. Die **noch bessere** Nachricht ist, dass Sie dieses Verfahren in Kapitel 3 bereits angewandt haben. Dort haben Sie die jQuery-Methode `each` benutzt, um eine Schleife über mehrere ausgewählte HTML-Elemente auszuführen. In diesem Fall haben wir jedoch mehr Optionen, da JavaScript verschiedene Arten von Schleifen kennt. Jeder Typ hat eine etwas andere Syntax und ist für einen bestimmten Zweck am besten geeignet.

Die `for`-Schleife eignet sich gut, um Codeabschnitte mit einer bestimmten Anzahl von Wiederholungen auszuführen. Sie sollten diese Zahl kennen, bevor Sie die Schleife starten, ansonsten könnte sie ewig weiterlaufen. Sie kann abhängig von den Werten ihrer Variablen null oder mehrere Male ausgeführt werden.

Die Wiederholungsschritte einer `for`-Schleife:

Die `do...while`-Schleife führt Ihren Code einmal aus und läuft dann weiter, bis eine bestimmte Bedingung erfüllt ist. Das kann zum Beispiel der Fall sein, wenn ein Wert von wahr nach falsch wechselt (oder umgekehrt) oder ein Zähler im Code eine bestimmte Zahl erreicht hat. Eine `do...while`-Schleife kann ein oder mehrere Male ausgeführt werden.

Die Wiederholungsschritte einer `do...while`-Schleife:

for-Schleifen haben eine bestimmte Anzahl von Wiederholungen für den Code.

do...while-Schleifen führen Ihren Code einmal aus und wiederholen ihn dann so lange, bis eine bestimmte Bedingung erfüllt ist.

Jede Schleife besteht unabhängig von ihrem Typ aus vier eigenständigen Teilen:

❶ Initialisierung
Sie passiert einmal beim Starten der Schleife.

❷ Prüfbedingung
Damit wird überprüft, ob die Schleife anhalten oder den Code noch einmal ausführen soll. Das geschieht normalerweise, indem der Wert einer Variablen überprüft wird.

❸ Aktion
Das ist der Code, der bei jedem Schleifendurchlauf wiederholt wird.

❹ Aktualisierung
Dieser Code aktualisiert die von der Prüfbedingung verwendeten Variablen, um herauszufinden, ob der Code wiederholt werden soll.

Gut, dass es mir Spaß macht, dasselbe immer wieder zu tun!

Immer diese Wiederholungen!

Schleifen unter der Lupe
Die Anatomie einer Schleife

Wenn wir uns die verschiedenen Schleifentypen genauer ansehen, stellen wir fest, dass alle die vier Hauptelemente enthalten, allerdings in leicht unterschiedlicher Reihenfolge. Diese Reihenfolge spiegelt die wesentlichen Unterschiede zwischen Schleifentypen wider.

for-Schleifen

Beginnen Sie mit dem Wort »for«.

Dieser Abschnitt zwischen den runden Klammern ( ) legt fest, wie oft die Schleife ausgeführt werden soll.

Umgeben Sie Schleifen immer mit geschweiften Klammern.

Deklarieren Sie in der Schleife eine Variable, die Sie als Index für das Array benutzen wollen. Diese Variable wird innerhalb der Schleife verwendet.

```
for( var i=0 ; i < mein_array2.length ; i++ ){
   alert( mein_array2[i] );
}
```

❶ ❷ ❹

❸ Mithilfe der in der Schleife definierten Variablen auf das Array zugreifen.

.length wird häufig für Arrays benutzt. Es sagt Ihnen, wie viele Elemente das Array enthält.

Den Indexwert bei jedem Schleifendurchlauf um 1 erhöhen.

Nicht vergessen, die Schleife mit einer schließenden geschweiften Klammer zu beenden!

Die Wiederholungsschritte einer `for`-Schleife:

Ein Schleifendurchlauf   Noch ein Schleifendurchlauf

do...while-Schleifen

Eine Variable in der Schleife deklarieren, die für den Zugriff auf das Array benutzt wird.

```
var i=0;
```

Vergessen Sie nicht, dass diese Variable nur in der Schleife benutzt wird.

Beginnen Sie mit dem Wort »do«.

❶ `do{`

Vergessen Sie nicht, Schleifen mit geschweiften Klammern zu umgeben.

```
   ❸ alert(mein_array2[i]);
   i++;  ❹
}while (i<=5);  ❷
```

Die Bedingungsvariable wird bei jedem Schleifendurchlauf um eins erhöht.

Beenden Sie die Schleife mit dem Wort »while«.

Die Wiederholungsschritte einer `do...while`-Schleife:

Ein Schleifendurchlauf   Noch ein Schleifendurchlauf

230   Kapitel 6

jQuery und JavaScript

> Wow! Mit diesen Schleifen können wir ziemlich schnell alle Karten durchlaufen. Die Applikation haben wir in null Komma nix fertig. Was kommt jetzt?

Frank: Im Moment befinden sich die Karten in einem Array. Aber wir müssen in der Lage sein, eine zufällige Karten zu ziehen, richtig?

Joe: Ja. Und zum Glück haben wir in Kapitel 3 bereits eine `zufallszahl_erzeugen`-Funktion geschrieben. Die gibt uns jedesmal, wenn wir eine Karte aus dem Array ziehen, eine zufällige Zahl.

Jim: Und was machen wir dann damit?

Frank: Wir müssen sie uns merken. Wir müssen die Werte der gezogenen Karten irgendwie zusammenzählen, um herauszufinden, ob die Spieler schon über 21 Punkte haben oder nicht.

Joe: Und noch aus einem anderen Grund. Wir können den Spielern dieselbe Karte ja nicht zweimal geben. Wir müssen also außerdem dafür sorgen, dass die gezogene Karte nicht schon einmal da war.

Jim: Können wir eine Variable benutzen, um uns die Karten zu merken?

Frank: Das klingt nach einem Job für eine Array-Variable …

Joe: Gute Idee! Wir müssen nicht einmal die Karten selbst speichern, sondern nur ihre Indexwerte. Auf diese Weise können wir überprüfen, ob sie sich schon im Array `benutzte_karten` befinden.

Jim: Wow, sehr eindrucksvoll! Wie können wir herausfinden, ob sich ein Wert in einem Array befindet?

Frank: Mithilfe einer jQuery-Hilfsmethode namens `inArray`.

Joe: Klingt praktisch. Aber ich glaube, wir werden mehrere Funktionen brauchen, um das Ganze zu erledigen. Wir müssen eine Zufallszahl zwischen 0 und 51 erzeugen und überprüfen, ob sie schon benutzt wurde. Wenn ja, müssen wir es noch einmal probieren. Falls die Zahl noch nicht benutzt wurde, müssen wir die korrekte Karte aus dem Stapel ziehen und uns den Index dieser Karte merken. Und dann müssen wir dem Spieler diese Karte anzeigen.

Jim: Klingt nach einer Menge Arbeit! Wie sollen wir dem Spieler die Karten überhaupt anzeigen?

Frank: Die Bilder haben wir ja schon. Und sie sind bereits nach Farbe und Wert geordnet. Wir können diese Attribute des Kartenobjekts benutzen, um die Bilder anzuzeigen.

Joe: Genau. Wir erzeugen ein DOM-Element und hängen es an das `mein_blatt`-div an, das sich bereits in der HTML-Seite befindet.

Frank: Dieses Kartenobjekt zahlt sich jetzt schon aus. Also an die Arbeit!

Sie sind hier ▶

Variables *Versteckspiel*

Die Nadel im Heuhaufen finden

Oft muss überprüft werden, ob sich eine Variable schon in einem Array befindet oder nicht, damit es keine doppelten Daten gibt bzw. Ihr Code nicht die gleiche Sache mehrmals in ein Array einfügt. Das kann besonders praktisch sein, wenn Sie Arrays zum Speichern von Sachen benutzen, wie bei einem Warenkorb oder einem Wunschzettel.

Ein Array für die Sachen im Heuhaufen erzeugen.

Was ist aber zu tun, wenn wir diesen Wert in unserem Heuhaufen-Array finden wollen?

```
var heuhaufen = new Array('Heu', 'Maus', 'Nadel', 'Mistgabel')
```

jQuery besitzt ein ganzes Heer von *Hilfsmethoden*, mit denen bestimmte Aufgaben effizienter erledigt werden können. Es gibt Funktionen, mit denen getestet werden kann, welcher Browser gerade benutzt wird, andere geben die aktuelle Uhrzeit zurück, und wieder andere können Arrays miteinander verschmelzen oder Duplikate aus Arrays entfernen.

In unserer Situation ist die Hilfsmethode `inArray` besonders hilfreich. Sie gibt zurück, an welcher Stelle im Array sich ein bestimmter Wert befindet (also seinen Index), sofern der Wert existiert. Kann der Wert im Array nicht gefunden werden, wird -1 zurückgegeben. Wie für andere Hilfsmethoden, wird auch für `inArray` kein Selektor benötigt. Die Methode wird direkt von der jQuery-Funktion oder dem jQuery-Kürzel aufgerufen.

Eine Variable für den Rückgabewert der Funktion erzeugen.

Der gesuchte Wert

Das Array, in dem gesucht werden soll

```
var index = $.inArray( wert, array );
```

Das jQuery-Kürzel

Der Aufruf der Hilfsmethode inArray

Hier ist der gesuchte Wert.

Und hier ist das Array, in dem gesucht werden soll.

```
var needle_index = $.inArray( 'Nadel', heuhaufen );
```

KOPF-NUSS

Welcher Teil des Black-Jack-Programms muss überprüfen, ob wir einen bestimmten Wert schon benutzt haben?

---

jQuery und JavaScript

jQuery-Black-Jack-Codemagneten

Ordnen Sie die Magneten, um den Code zu schreiben, der die verschiedenen Funktionen vervollständigt, um das Black-Jack-Spiel zu beenden. Der fertige Code sollte die beiden Funktionen `deal` und `hit` erzeugen, und außerdem einen click-Event-Listener für ein Element mit der ID `geben button`. Außerdem soll die Array-Variable `benutzte_karten` angelegt werden, damit wir uns merken können, welche Karten bereits ausgeteilt wurden.

```
var benutzte_karten = new _____();
function _____ {
    for(var i=0;i<2;i++){
        neue_karte();
    }
}
function zufallszahl_erzeugen(zahl){
    var zufallszahl = Math.floor(_____*zahl);
    return zufallszahl;
}
function _____{
    var unbenutzte_karte = false;
    do{
        var index = _____(52);
        if( !$.inArray(index, _____ ) > -1 ){
            unbenutzte_karte = true;
            var c = stapel[ index ];
            _____[benutzte_karten.length] = index;
            hand.karten[hand.karten.length] = c;
            var $d = $("<div>");
            $d.addClass("aktuelles_blatt")
              .appendTo(_____);
            $("<img>").appendTo($d)
                    .attr( _____ , 'bilder/karten/' + c.farbe + '/' + c.name + '.jpg' )
                    .fadeOut('slow')
                    .fadeIn('slow');
        }
    }_____(!unbenutzte_karte);
    unbenutzte_karte = false;
}
$("#geben_button").click( _____(){
    karten_geben();
    $(this).toggle();
});
```

Magneten:
- `zufallszahl_erzeugen`
- `karten_geben()`
- `benutzte_karten`
- `'src'`
- `neue_karte()`
- `while`
- `Array`
- `"#mein_blatt"`
- `function`
- `benutzte_karten`
- `Math.random()`

meine_skripts.js

Sie sind hier ▶ 233

Code-Magneten-Lösung

jQuery-Black-Jack-Codemagneten: Lösung

Hier sehen Sie die fertigen Funktionen karten_geben und neue_karte sowie den Event-Listener für ein Element mit der ID geben_button. Außerdem gibt es eine neue Array-Variable namens benutzte_karten, damit wir uns merken können, welche Karten bereits ausgegeben wurden.

```js
var benutzte_karten = new   Array  ();        // Ein Array für die benutzten
function  karten_geben()  {                   //  Karten erzeugen
    for(var i=0;i<2;i++){
        neue_karte();    // Eine for-Schleife, um die neue_karte-Funktion zweimal aufzurufen
    }
}                             // Schon wieder die Funktion
function zufallszahl_erzeugen(zahl){  //  zufallszahl_erzeugen!
    var zufallszahl = Math.floor(  Math.random()  *zahl);
    return zufallszahl;
}
function   neue_karte()  {
    var unbenutzte_karte = false;
    do{                                              // Mit der inArray-Funktion
        var index =   zufallszahl_erzeugen  (52);    //  überprüfen, ob die gezogene
        if( !$.inArray(index,  benutzte_karten  ) > -1 ){  // Karte schon benutzt wurde.
            unbenutzte_karte = true;
            var c = stapel[ index ];    // Eine Karte aus dem
                                        //  Array "stapel" ziehen
            benutzte_karten [benutzte_karten.length] = index;
            hand.karten[hand.karten.length] = c;       // Array-Index der gezogenen
            var $d = $("<div>");                        //  Karte zum Array benutzte_
            $d.addClass("aktuelles_blatt")              //  karten hinzufügen.
              .appendTo(  "#mein_blatt"  );
            $("<img>").appendTo($d)
                      .attr(  'src'  , 'bilder/karten/' + c.farbe + '/' + c.name +
'.jpg' )
                      .fadeOut('slow')    // Neue Karten auf      Die Eigenschaften des
                      .fadeIn('slow');    //  dem Bildschirm      karte-Objekts benutzen,
        }                                 //  aufleuchten lassen  um den Pfad zum passenden
    }  while  (!unbenutzte_karte);   // Neuer Versuch, wenn die   Bild zu erstellen
    unbenutzte_karte = false;        //  Karte schon benutzt wurde
}
$("#geben_button").click(  function  (){
    karten_geben();     // Beim Anklicken die karten_geben-
    $(this).toggle();   //  Funktion aufrufen
});
```

Die Bedingungsvariable für die do... while-Schleife

meine_skripts.js

jQuery und JavaScript

PROBEFAHRT

Bauen Sie den Code aus der Magnetenübung nach dem Array `stapel` in Ihre Datei *meine_skripts.js* ein und probieren Sie das Programm in Ihrem Browser aus. Klicken Sie auf den Kartenstapel, um ein neues Black-Jack-Blatt zu erhalten.

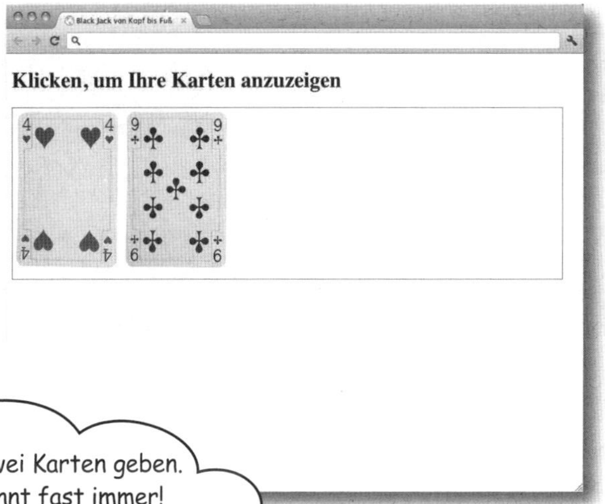

> Hey, ich kann immer nur zwei Karten geben. Das heißt, das Haus gewinnt fast immer! Vielleicht sollten wir das Spiel etwas fairer machen. Können Sie mir eine Möglichkeit einbauen, mehr Karten zu bekommen?

Natürlich können wir eine Option einbauen, um mehr Karten aus dem Stapel zu holen. Die Funktion `neue_karte` haben wir schon.

Wir brauchen bloß eine Möglichkeit, die Funktion auszuführen, beispielsweise einen Klick auf einen Button oder etwas Ähnliches. Außerdem gibt es eine neue Aufgabe: Um sagen zu können, wann ein Spieler »überzahlt« ist, müssen wir die Karten nachhalten und zählen, die der Spieler bereits bekommen hat.

KOPF-NUSS

Wissen Sie schon, wie wir diese verschiedenen Informationen speichern können?

HTML & CSS *ofenfrisch*

Da Sie sich mittlerweile sehr gut mit Stil und Struktur auskennen, zeigen wir Ihnen hier zum Vergleich einfach den aktualisierten Code für die Dateien *index.html* und *meine_stile.css*. Danach sollte die Seite etwas anders aussehen als vorher. Wir werden die einzelnen Teile gleich miteinander verbinden.

```html
<!DOCTYPE html>
<html>
    <head>
        <title>Black Jack von Kopf bis Fuß</title>
        <link href="css/meine_stile.css" rel="stylesheet">
    </head>
    <body>
        <div id="hauptteil">
            <h1>Klicken Sie, um Ihre Karten anzuzeigen</h1>
            <h3 id="ueber_gesamt"></h3>
            <h3 id="ueber_ergebnis"></h3>
            <div id="mein_blatt">
            </div>
            <div id="steuerung">
                <div id="geben_button">
                    <img src="bilder/kartenstapel.jpg">
                </div>
                <div id="neue_karte_button">
                    <img src="bilder/kartenstapel.jpg">
                </div>
                <div id="keine_karte_button">
                    <img src="bilder/keine_karte.jpg">
                </div>
            </div>
        </div>
        <script src="js/jquery-1.7.1.min.js"></script>
        <script src="js/meine_skripts.js"></script>
    </body>
</html>
```

Die neue Steuerung für das Black-Jack-Spiel einbauen

index.html

```css
#steuerung{
    clear:both;
}

.aktuelles_blatt{
    float:left;
}

#mein_blatt{
    clear:both;
    border: 1px solid gray;
    height: 250px;
    width: 835px;
}

#neue_karte_button,
#keine_karte_button,
#neustart_button{
    display:none;
    float:left;
}

h3 {
    display: inline;
    padding-right: 40px;
}
```

Etwas CSS für die neue Steuerung hinzufügen

meine_stile.css

Es gibt keine Dummen Fragen

F: Gibt es noch andere Schleifenarten, die ich kennen sollte?

A: Ja, die gibt es. Beispielsweise die `while`-Schleife. Sie funktioniert so ähnlich wie die `do...while`-Schleife, allerdings befindet sich die Prüfbedingung am Anfang. Außerdem gibt es noch die `for...in`-Schleife, die über die Eigenschaften eines Objekts iteriert und die einzelnen Werte ausgibt.

F: Kann ich eine Schleife, die bereits läuft, auch mittendrin anhalten?

A: Ja, das geht. Dafür gibt es den einfachen Befehl `break`. Wenn Sie diesen Befehl innerhalb Ihrer Schleife aufrufen, wird sie sofort beendet und das Programm macht mit den nächsten Codestück nach der Schleife weiter.

F: Was ist `appendTo`? Ich habe bisher nur `append` gesehen. Gibt es da einen Unterschied?

A: Bei `append` ist der Selektor, der die Methode aufruft, gleichzeitig der Behälter, in den der neue Inhalt eingefügt wird. Bei `appendTo` kommt der Inhalt dagegen vor der Methode, und zwar entweder in Form eines Selektors oder als HTML-Code, der eingefügt werden soll.

Übung

Erstellen Sie anhand des unten stehenden UML-Diagramms ein Einmal-Objekt mit dem Namen `blatt`. Die Eigenschaft `karten` soll ein neues leeres Array sein. Die Eigenschaft `zwischensumme` soll den Startwert 0 (Null) haben. Die Methode `kartenwert_gesamt` soll eine Schleife über alle Karten der Eigenschaft `karten` ausführen und ihre Werte addieren. Das Ergebnis soll der Eigenschaft `zwischensumme` zugewiesen werden. Danach fügen Sie den Wert von `zwischensumme` in das Element mit der ID `ueber_gesamt` ein. Den Anfang haben wir schon für Sie gemacht.

```
var blatt = {
    karten : new Array(),
    zwischensumme : 0,

    kartenwert_gesamt: function(){




    }
};
```

hand
karten zwischensumme
kartenwert_ gesamt()

Übungslösung

LÖSUNG ZUR ÜBUNG

Jetzt haben Sie ein `blatt`-Objekt, das die Eigenschaft `karten` (das ist ein Array) besitzt. Außerdem haben Sie eine Funktion, die eine Schleife über das `karten`-Array ausführt, die aktuelle Karte ausliest und die Zwischensumme aktualisiert.

```
var blatt = {
    karten : new Array(),        ← Die karten-Eigenschaft als
                                    neues Array definieren
    zwischensumme : 0,   ← Der Eigenschaft zwischensumme
                            den Wert 0 zuweisen

    kartenwert_gesamt: function(){
        this.zwischensumme = 0;         Eine Schleife über das
        for(var i=0;i<this.karten.length;i++){   karten-Array ausführen
            var c = this.karten[i];   ← Die aktuelle Karte aus
                                        dem Array auslesen
            this.zwischensumme += c.wert;  ← Den Wert der Karte zur
                                              Zwischensumme addieren
        }
        $("#ueber_gesamt").html("Gesamt: " + this.zwischensumme );
                        ↖ Die Punktezahl im Element mit
                           der ID ueber_gesamt auf dem
                           Bildschirm ausgeben
    }
};
```

blatt
karten
zwischensumme
kartenwert_gesamt()

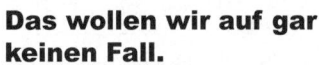

Aber bisher gibt es keine Meldung, ob ich gewonnen habe. Im Moment bekomme ich nur die Karten angezeigt, oder?

Das wollen wir auf gar keinen Fall.

Dann gibt es ja keine Möglichkeit, zu sehen, ob jemand gewonnen hat. Nach den Regeln aus der E-Mail von der Head First Lounge kann man auf verschiedene Arten gewinnen. Lassen Sie uns noch mal einen Blick darauf werfen.

❶ Liegt der zusammengerechnete Wert aller offenen Karten über 21, hat der Spieler verloren und muss neu anfangen. Das Spiel ist vorbei.

❷ Hat ein Spieler genau 21 Punkte, hat er einen Black Jack und das Spiel ist vorbei.

❸ Liegt der Wert der Karten bei 21 oder darunter und hat der Spieler bereits fünf Karten bekommen, ist das Spiel vorbei und er gewinnt.

❹ Ansonsten kann der Spieler sich eine weitere Karte geben lassen oder das Spiel beenden.

Zeit für Entscheidungen ... wieder einmal!

In Kapitel 3 haben wir uns bereits mit der Bedingungslogik befasst. Anhand bestimmter Informationen kann entschieden werden, welcher Code ausgeführt werden soll.

Beginn der if-Anweisung → `if(` *Das hier soll überprüft werden* `meinBool == true ){` ← *Diesen Gleichheitsoperator kann man lesen als »ist gleich«.*

Eine JavaScript-Variable → `// Tu was!`

`}else{` ← *Dieser Code soll ausgeführt werden, wenn der Test ein wahres ("true") Ergebnis hat.*

```
    // Ansonsten tu etwas anderes!
}
```

Tatsächlich gibt es noch einen weiteren Operator, mit dem es möglich ist, mehrere Entscheidungen auf einmal zu treffen. Durch die Kombination der Anweisungen `if` und `else` erhalten Sie einen neuen Operator namens `else if`. Damit können Sie in einer Anweisung verschiedene Bedingungen auf einmal überprüfen. Das wollen wir uns genauer ansehen.

The thing we want to check

```
if( meine_zahl < 10 ){
    // Tu was!
```
Eine weitere Sache, die überprüft werden soll.
```
}else if( meine_zahl > 20 ){
    // Tu etwas anderes!
}else{
    // Oder tu etwas ganz anderes!
}
```

> **KOPFNUSS**
>
> Können Sie sich denken, wo in unserem Code eine `if`/`else if`/`else`-Anweisung benutzt werden kann?

Dies oder das, sonst ...

Vergleichsoperatoren und logische Operatoren

Damit Bedingungsoperatoren (wie `if/else` oder `do...while`) funktionieren, müssen sie aufgrundlage dessen, was sie überprüfen, die richtige Entscheidung treffen können. Dafür wird eine Reihe von *logischen* bzw. *Vergleichsoperatoren* verwendet, die bei der Entscheidungsfindung helfen. In JavaScript gibt es insgesamt sieben Vergleichs- und drei logische Operatoren. Außerdem gibt es eine Abkürzung für die `if/else`-Anweisung, die als *ternärer* Operator bezeichnet wird. Auch wenn wir einige schon kennen, zeigen wir Ihnen hier noch einmal die vollständige Liste.

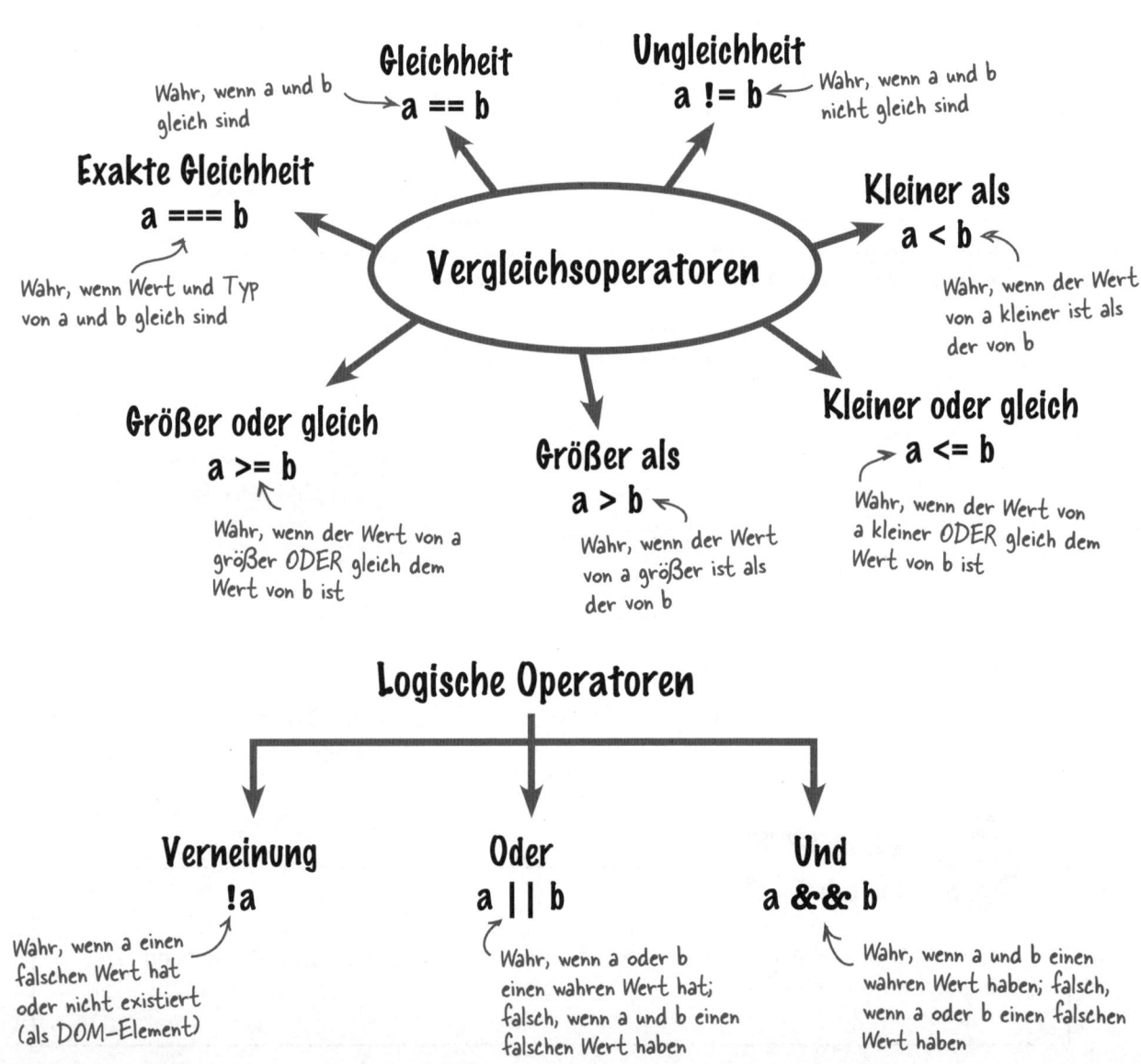

240   Kapitel 6

Spitzen Sie Ihren Bleistift

Aktualisieren Sie das `blatt`-Objekt, um zu überprüfen, ob der Wert der Eigenschaft `zwischensumme` den Kritierien für das Spiel entspricht (lesen Sie sich die Original-E-Mail noch einmal durch, wenn Sie sich nicht an alle Regeln erinnern können). Hier sehen Sie das Objekt in seiner jetzigen Form und die Teile des Codes, die neu geschrieben werden müssen.

```
var blatt = {
    karten : new Array(),
    zwischensumme : 0,

    kartenwert_gesamt: function(){
        this.zwischensumme = 0;
        for(var i=0;i<this.karten.length;i++){
            var c = this.karten[i];
            this.zwischensumme += c.wert;
        }
        $("#ueber_gesamt").html("Total: " + this.zwischensumme );
        if(this._____ > 21){
            $("#keine_karte_button").trigger("click");
            $("#ueber_ergebnis").html("ÜBERKAUFT!");
        } _____ (this.zwischensumme _____ ){
            $("#keine_karte_button").trigger("click");
            $("#ueber_ergebnis").html("Black Jack!");
        }else if( ____.zwischensumme ___ 21 ___ this.karten.length == 5){
            $("#keine_karte_button").trigger("click");
            $("#ueber_ergebnis").html("Black Jack - 5-Karten-Trick!");
        } _____
            // Weiterspielen! :)
        }
    }
};
```

meine_skripts.js

Lösung

Spitzen Sie Ihren Bleistift
Lösung

Die Methode `kartenwert_gesamt` wurde aktualisiert. Sie enthält jetzt die nötige Logik, um den Wert der gegebenen Karten zu ermitteln. Selbst für diese einfache Applikation gibt es eine Menge logischer und Bedingungsoperatoren.

```javascript
var blatt = {
    karten : new Array(),
    zwischensumme : 0,

    kartenwert_gesamt: function(){
        this.zwischensumme = 0;
        for(var i=0;i<this.karten.length;i++){
            var c = this.karten[i];
            this.zwischensumme += c.wert;
        }
        $("#ueber_gesamt").html("Total: " + this.zwischensumme );
        if(this.zwischensumme > 21){                              // Überprüfen, ob der Wert von zwischensumme größer ist als 21
            $("#keine_karte_button").trigger("click");
            $("#ueber_ergebnis").html("BUST!");
        }else if (this.zwischensumme == 21){                      // Überprüfen, ob der Wert von zwischensumme genau 21 ist
            $("#keine_karte_button").trigger("click");
            $("#ueber_ergebnis").html("Black Jack!");
        }else if(this.zwischensumme <= 21 && this.karten.length == 5){
            $("#keine_karte_button").trigger("click");
            $("#ueber_ergebnis").html("Black Jack - 5-Karten-Trick!");
        }else{
            // Weiterspielen! :)    Ansonsten einfach weiterspielen!
        }
    }
};
```

Überprüfen, ob der Wert von zwischensumme kleiner oder gleich 21 ist und ob bereits 5 Karten gegeben wurden

meine_skripts.js

jQuery und JavaScript

Aber bis jetzt können wir noch nichts mit diesen neuen Funktionen anfangen, weil wir nichts haben, womit wir sie aufrufen können, oder?

Stimmt. Wir sind noch nicht fertig.

Der HTML-Code enthält bereits die nötigen Bestandteile, um die ersten beiden Karten auszuteilen, eine weitere Karte anzufordern und das Spiel zu beenden. Es gibt bloß noch keine Verbindung zu den Funktionen des Programms. Und vergessen Sie nicht, für jede neue Karte die Methode zum Addieren der Kartenwerte aufzurufen.

jQuery-Black-Jack-Codemagneten

Bringen Sie die Magneten in die richtige Reihenfolge, um eine Funktion zu schreiben, die für die Elemente mit den IDs von `neue_karte_button` und `keine_karte_button` jeweils einen passenden Event-Listener installiert. Wird das Element `neue_karte_button` angeklickt, soll eine neue Karte gezogen werden, bei `keine_karte_button` wird das Spiel beendet. Es gibt außerdem etwas Code aus der `neue_karte`-Funktion, der aktualisiert werden muss.

```
        }while(!_____);
        unbenutzte_karte = false;
        blatt._____();
    }
    $("#geben_button").click( _____(){
        karten_geben();
        $(this).toggle();
        $("#neue_karte_button")._____();
        $("#keine_karte_button").toggle();
    });
    $("_____").click( function(){
        neue_karte();
    });
    $("#keine_karte_button").click( function(){
        $("#ueber_ergebnis").html(_____);
    });
```

meine_skripts.js

Magnete:
- function
- toggle
- unbenutzte_karte
- 'Keine Karte!'
- #neue_karte_button
- kartenwert_gesamt

Codemagneten-*Lösung*

jQuery-Black-Jack-Codemagneten: Lösung

Dieser Code erzeugt eine Funktion, die für die `neue_karte` und `keine_karte`-Buttons die passenden Event-Listener installiert. Außerdem ruft sie nach dem Ausgeben einer Karte die Methode `kartenwert_gesamt` auf.

```
        }while(!  unbenutzte_karte  );      ← Schleife ausführen, bis wir eine
        unbenutzte_karte = false;              unbenutzte Karte finden
        blatt.  kartenwert_gesamt  ();       ← Am Ende der neue_karte-
    }                                           Funktion den Punktestand
    $("#geben_button").click(  function  ()  {     des aktuellen Blatts
        karten_geben();                             ermitteln
        $(this).toggle();                    ⎫ Den »Geben«-Button
        $("#neue_karte_button").  toggle  (); ⎬ verstecken, dafür die
        $("#keine_karte_button").toggle();   ⎭ »Neue Karte« und
    });                                         »Keine Karte«-
    $("  #neue_karte_button  ").click( function(){  Buttons anzeigen
        neue_karte();
    });                                       Eine Meldung mit dem Inhalt
    $("#keine_karte_button").click( function(){   »Keine Karte!« ausgeben
        $("#ueber_ergebnis").html( 'Keine Karte!' );
    });
```

Die zwei ersten Karten austeilen →
Eine Karte geben →

meine_skripts.js

Es gibt keine Dummen Fragen

F: Gibt es noch andere JavaScript-Methoden, um Werte zu vergleichen?

A: Nicht für den Vergleich an sich. Aber es gibt noch eine Methode, mit der auf Grundlage von Variablenwerten bestimmte Entscheidungen getroffen werden können. Dieses Verfahren wird als `switch`-Methode bezeichnet und kann eine Reihe verschiedener Bedingungen enthalten. Wenn Sie feststellen, dass Sie eine große Zahl von `if`/`else` `if`/`else`-Anweisungen schreiben, ist eine `switch`-Anweisung oft besser geeignet.

F: Sie haben gesagt, es gibt eine Abkürzung für die `if/else`-Anweisung. Wie geht die?

A: Diese Abkürzung wird auch als ternärer Operator bezeichnet. Dabei wird die logische Operation durch ein Fragezeichen vom Ergebniscode getrennt, und zwar so:

```
a > b ? falls_wahr_code : falls_falsch_code
```

244   Kapitel 6

jQuery und JavaScript

PROBEFAHRT

Bauen Sie den bisher erstellten Code nach der neue_karte-Funktion in die Datei *meine_skripts.js* ein. Aktualisieren Sie auch das Ende der neue_karte-Funktion selbst. Danach sollten Sie das Ganze ausgiebig in Ihrem Browser testen.

Frank: Nicht so schnell! Wir brauchen noch eine Neustartfunktion, damit die Spieler ein weiteres Spiel machen können, ohne dass die Seite neu geladen werden muss.

Joe: Wir müssen auch dafür sorgen, dass die Leute keine Karten aus früheren Spielen bekommen. Es muss wirklich alles entfernt werden.

Jim: Aber wie soll das gehen? Wir haben eine Reihe dynamisch hinzugefügter HTML-Elemente und neue Einträge in den Arrays. Müssen wir das wirklich alles ausleeren?

Frank: Ja. Wir werden für die einzelnen Teile zwar unterschiedliche Methoden verwenden, aber es muss auf jeden Fall alles ausgeleert werden.

Joe: Ich weiß schon, wie das gehen kann! In jQuery gibt es die empty Methode, und für Arrays gibt es verschiedene Möglichkeiten, die aber nicht in allen Browsern gleich sind.

Sie sind hier ▶ 245

Ein leeres Blatt

jQuery zum Aufräumen benutzen ...

Wissen Sie noch, wie wir in Kapitel 2 die `remove`-Methode benutzt haben, um ein bestimmtes Element und seine Nachkommen endgültig aus dem DOM zu entfernen? Dieser Ansatz funktioniert gut, wenn Sie das Elternelement löschen wollen. Soll das Hauptelement dagegen bestehen bleiben und nur sein Inhalt gelöscht werden, können Sie stattdessen die jQuery-Methode `empty` verwenden. Wie `remove` braucht auch `empty` einen Selektor, lässt aber das gewählte Element selbst an seinem Platz.

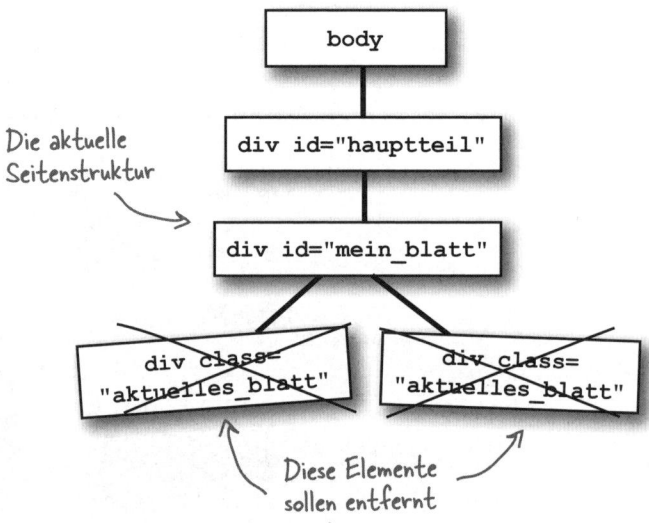

... ist sogar leichter als mit JavaScript

Oft benutzen wir jQuery, damit wir nicht so viel JavaScript-Code zu schreiben brauchen. Zum Glück ist die Lage manchmal in JavaScript genauso einfach wie mit jQuery – zum Beispiel hier. Zwar ist die Syntax eine andere, das Ergebnis ist aber das gleiche und Sie müssen sich nicht merken, wo im DOM Sie sich gerade befinden. Um ein Array mit JavaScript komplett zu leeren, setzen Sie seine Länge (length) einfach auf null (0).

```
benutzte_karten.length = 0;
```

Viel leichter geht's nicht, oder?

Ja. Allerdings spielt die Reihenfolge der Leerung dabei eine wichtige Rolle.

Da wir bei einem Neustart auch neue Karten ausgeben müssen, sollten wir zuerst Ordnung schaffen und *dann* die neuen Karten verteilen. Außerdem müssen wir ein weiteres Element anklickbar machen, damit unser Code auch aufgerufen wird.

jQuery und JavaScript

Spitzen Sie Ihren Bleistift

Erweitern Sie Ihre *index.html*-Datei um ein weiteres Element, das den anderen Elementen innerhalb des Steuerung-`div`s ähnelt. Geben Sie dem anklickbaren `div`-Element die ID `neustart_button`. Platzieren Sie innerhalb von `neustart_button` das Bild *neustart.jpg* aus dem Ordner *bilder*.

Erweitern Sie außerdem die Datei *meine_skripts.js* um einen weiteren Event Listener für das `neustart_button`-Element. Bei einem Aufruf sollten das `mein_blatt`-Element sowie die Arrays `benutzte_karten` und `karten` ausgeleert werden. Außerdem soll die Sichtbarkeit für das Element selbst und für ein neues `div`-Element mit der ID `ergebnis` anhand der `toggle`-Methode umgeschaltet werden. Danach wird der Inhalt des `ueber_ergebnis`-Elements entfernt. Abschließend soll für das `geben_button`-Element das click-Event ausgelöst werden, während gleichzeitig seine Sichtbarkeit per `toggle` umgeschaltet wird.

```
<div id="keine_karte_button">
    <img src="bilder/keine_karte.jpg">
</div>
_____

         _____

____
    <div id="_____"><img src="" id="img_ergebnis">_____
</div>
</div>
<script src="js/jquery-1.7.1.min.js"></script>
```

index.html

```
        $("#ueber_ergebnis").html('Stick!');
});
$("#neustart_button").click( function(){
    _____.toggle();
    $(this)._____
    $("#mein_blatt")._____
    $("#ueber_ergebnis").html('');
    benutzte_karten._____ = 0;
    _____.length = 0;
    blatt. _____ = 0;

    $("#geben_button").toggle()
              ._____ ('click');
});
```

meine_skripts.js

Lösung

Spitzen Sie Ihren Bleistift
Lösung

Mit dem Neustart-Button können wir das Spiel neu beginnen. Dafür werden alle Elemente wieder in ihren Ausgangszustand versetzt. Noch ein bisschen JavaScript-Zauberei mit der `length`-Eigenschaft, und das Spiel kann beginnen.

index.html

```html
        <div id="keine_karte_button">
            <img src="bilder/keine_karte.jpg">
        </div>
        <div id="neustart_button">
            <img src="bilder/restart_small.jpg">
        </div>
        <div id="ergebnis"><img src="" id="img_ergebnis"></div>
    </div>
</div>
<script src="js/jquery-1.7.1.min.js"></script>
```

Ein Neustart-Button zum Beginnen eines neuen Spiels

Das Ergebnis klarer hervorheben

meine_skripts.js

```javascript
            $("#ueber_ergebnis").html('Stick!');
            $("ergebnis").toggle();
        });
        $("#neustart_button").click( function(){
            $("#ergebnis").toggle();
            $(this).toggle();
            $("#mein_blatt").empty();
            $("#ueber_ergebnis").html('');
            benutzte_karten.length = 0;
            blattkarten.length = 0;
            blatt.zwischensumme = 0;

            $("#geben_button").toggle()
                             .trigger('click');
        });
```

Alle Elemente in ihren Ausgangszustand zurückversetzen

Einen Klick auf den geben_button simulieren

jQuery und JavaScript

PROBEFAHRT

Bauen Sie das nötige click-Event für den `neustart_button` in Ihre *meine_skripts.js*-Datei ein. Vergessen Sie nicht den zusätzlichen Code in Ihrer *index.html*-Datei.

Sie sind hier ▸ 249

Gewinner sind immer gern gesehen

Etwas mehr Nervenkitzel, bitte!

Erweitern Sie Ihre *meine_skripts.js* -Datei um eine neue beenden-Funktion. Sie wird vom `keine_karte_button` und anderen Aktualisierungen in der Logik von `kartenwert_gesamt` aufgerufen. Außerdem brauchen Sie die neueste Version von *meine_stile.css*. Sie finden die Datei hier: *http://thinkjquery.com/chapter06/end/css/meine_stile.css*. Den eingedeutschten Code finden Sie unter *www.oreilly.de/catalog/hfjqueryger*.

Tun Sie das hier!

```
            if(this.zwischensumme> 21){
                $("#keine_karte_button").trigger("click");
                $("#img_ergebnis").attr('src','bilder/verloren.png');
                $("#ueber_ergebnis").html("BUST!")
                                  .attr('class', 'verloren');
            }else if(this.zwischensumme == 21){
                $("#keine_karte_button").trigger("click");
                $("#img_ergebnis").attr('src','bilder/gewonnen.png');
                $("#ueber_ergebnis").html("Black Jack!")
                                  .attr('class', 'gewonnen');
            }else if(this.zwischensumme <= 21 && this.karten.length == 5){
                $("#keine_karte_button").trigger("click");
                $("#img_ergebnis").attr('src','bilder/gewonnen.png');
                $("#ueber_ergebnis").html("Black Jack - 5 card trick!")
                                  .attr('class', 'gewonnen');
            }else{}
            $("#ueber_gesamt").html("Total: " + this.zwischensumme );
        }
};
function beenden(){
    $("#neue_karte_button").toggle();
    $("#keine_karte_button").toggle();
    $("#neustart_button").toggle();
}
$("#keine_karte_button").click( function(){
    $("#ueber_ergebnis").html('Stick!')
                      .attr('class', 'gewonnen');
    $("#ergebnis").toggle();
    beenden();
});
```

Setzen Sie das src-Attribut von img_ergebnis je nach Ergebnis auf das entsprechende Bild.

Geben Sie dem class-Attribut der Überschrift je nach Ergebnis einen anderen Wert.

Die gesamte Steuerung für das Spielende umschalten

Wird die Option »Keine Karte« gewählt, die beenden-Funktion aufrufen und das Spiel beenden.

meine_skripts.js

jQuery und JavaScript

PROBEFAHRT

Bringen Sie die Datei *meine_skripts.js* auf den neuesten Stand. Aktualisieren Sie dafür die Methode `kartenwert_gesamt` in der `blatt`-Funktion. Vergessen Sie nicht, sich die aktuelle Version der Datei *meine_stile.css* zu besorgen und die alte Datei zu ersetzen.

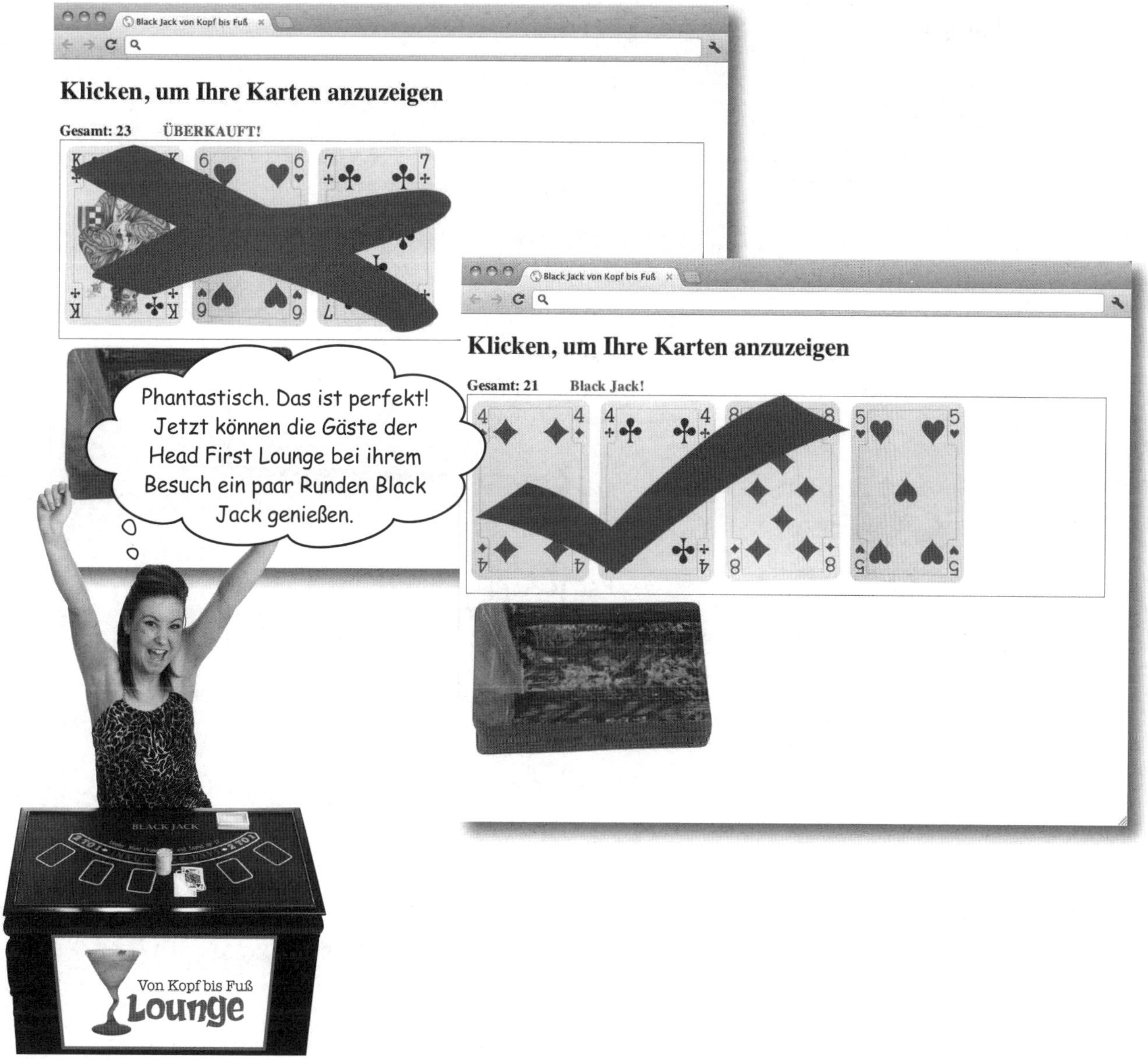

> Phantastisch. Das ist perfekt! Jetzt können die Gäste der Head First Lounge bei ihrem Besuch ein paar Runden Black Jack genießen.

Sie sind hier ▸ 251

Ihr jQuery/JavaScript-Werkzeugkasten

Damit ist das sechste Kapitel beendet und ihr Werkzeugkasten enthält neben den anderen Werkzeugen jetzt auch JavaScript-Objekte, -Arrays und -Schleifen.

JavaScript-Objekt

Erstellung von Einmal-Objekten und Erzeugen eines Konstruktors

Objekte verwenden und Konstruktoren aufrufen

Arrays

Arrays erstellen

Einem Array Werte zuweisen

Ein Array um zusätzliche Werte erweitern

Bestehende Array-Elemente aktualisieren

Array-Elemente löschen

Schleifen

for-Schleife

do...while-Schleife

Logische Operatoren

Vergleichsoperatoren

jQuery

.empty

$.inArray – Hilfsmethode

.attr

.trigger

7 Eigene Funktionen für Ihre Effekte

Tu doch mal was für mich!

Kombinieren Sie jQuery-Effekte mit JavaScript-Funktionen, um Ihren Code – und damit Ihre Web-Applikation – effizienter, effektiver und noch *leistungsfähiger* zu machen. In diesem Kapitel werden Sie sehen, wie Sie Ihre jQuery-Effekte durch die Verwendung von **Browser-Events** und **zeitgesteuerten Funktionen** sowie durch die **Organisation und Wiederverwendbarkeit** Ihrer selbst erstellten JavaScript-Funktionen verbessern können.

Oha!

Ein Sturm braut sich zusammen

Ihre Monstermacher-Applikation aus Kapitel 5 kommt bei Kindern und Eltern sehr gut an. Aber offenbar gibt es einen Programmierfehler bei der Darstellung der Blitze. Die Mitarbeiterin für Qualitätssicherung von DoodleStuff nimmt Kontakt mit Ihnen auf. Es gibt ein paar Dinge an der Monstermacher-Applikation zu verbessern, und eine Funktion soll hinzugefügt werden.

Jill betreut die Qualitätssicherung bei DoodleStuff.

Wir haben ein Problem festgestellt: Öffnet der Benutzer einen neuen Browser-Tab, während die Monstermacher-App in einem anderen Tab noch geöffnet ist, treten die Blitze plötzlich in schneller Folge und ohne Pause auf. Es sieht aus, als ob die Applikation verrückt spielt.

Wenn der Besucher die Monstermacher-Applikation startet ...

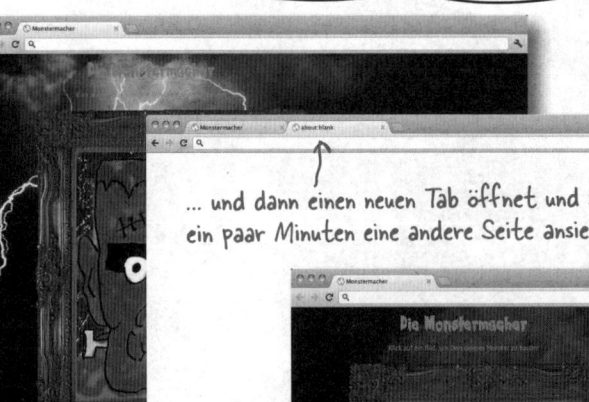

... und dann einen neuen Tab öffnet und sich für ein paar Minuten eine andere Seite ansieht ...

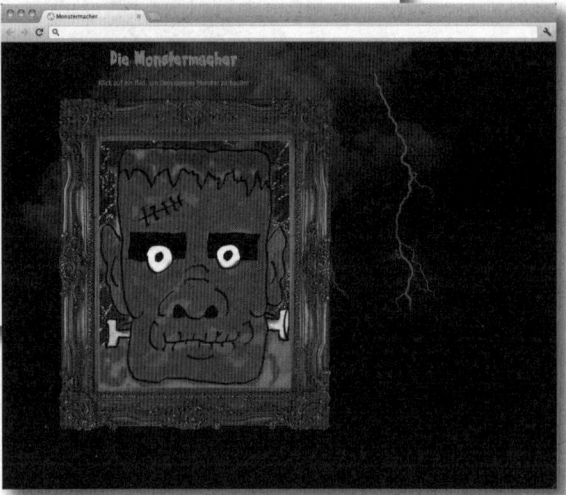

... und zum Monstermacher-Tab zurückkehrt, blitzt es plötzlich in schneller Folge als würden die Effekte gleichzeitig ausgelöst.

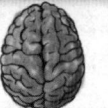

KOPF-NUSS

Versuchen Sie, das Problem nachzuvollziehen. Dann überlegen Sie, was mit den Blitzfunktionen nicht stimmen könnte. Warum blitzt es beim Wechseln von einem Tab zum anderen gleichzeitig, als ob die Effekte miteinander kollidieren?

Wir haben eine Monsterfunktion geschaffen ...

Die Blitzfunktion aus Kapitel 5 scheint selbst ein Monster zu sein. Sie läuft auch dann noch weiter, wenn der Benutzer sich nicht mehr auf der Seite befindet. Kommt der Benutzer dann zum Monstermacher-Tab zurück, versucht die Stoppuhrfunktion, die »verlorene« Zeit wieder aufzuholen, indem sie die Blitze möglichst schnell auf dem Bildschirm darstellt. Offensichtlich funktioniert die Stoppuhr nicht wie geplant. Was ist hier los?

```
function blitz_eins(t){
    $("#blitz1").fadeIn(250).fadeOut(250);
    setTimeout("blitz_eins()",t);
};
```

Die Wartezeit wird in Millisekunden angegeben.

Hiermit sagen wir dem JS-Interpreter, dass sich die Funktion selbst aufrufen soll, und das tut sie auch — immer und immer wieder.

Normalerweise definieren Sie eine Funktion in JavaScript und rufen sie dann an einer anderen Stelle im Code auf. In diesem Fall ruft sich die Funktion aber selbst auf.

Die setTimeout-Methode weist den JS-Interpreter an, eine Funktion auszuführen und dann eine bestimmte Zeit zu warten, bevor die Funktion erneut ausgeführt wird.

In Kapitel 5 brauchten wir eine Möglichkeit, unsere Funktion immer wieder aufzurufen. Gleichzeitig sollte es zwischen den Aufrufen eine Pause geben. Beim Lösen des Problems haben wir ungewollt ein neues Problem geschaffen: Die Funktion läuft auch dann weiter, wenn das Fenster den *Fokus* verliert (also der Besucher einen neuen Tab öffnet und sich vom aktiven Fenster wegbewegt).

> Eine Funktion, die unendlich weiterläuft **und** über die wir keine Kontrolle haben? Das klingt komplex und furchteinflößend! Wie können wir die Kontrolle wieder zurückbekommen?

Mit Funktionen, die sich selbst aufrufen, müssen Sie *sehr vorsichtig* sein.

*Die Erzeugung von **Endlosschleifen** kann eine Menge Rechenleistung kosten und den Browser des Benutzers zum Absturz bringen.*

Eigene Funktionen für Ihre Effekte

Ein Objekt, um sie alle zu knechten

Das window-Objekt zur Kontrolle zeitgesteuerter Effekte

Glücklicherweise gibt es mit dem `window`-Objekt von JavaScript eine Möglichkeit, die Kontrolle über Ihre Blitzanimationen wiederzubekommen. Das `window`-Objekt wird jedes Mal erzeugt, wenn der Benutzer ein neues Fenster (oder einen Tab) in seinem Browser öffnet, was viele neue Nutzungsmöglichkeiten in jQuery und in JavaScript eröffnet. In der Welt von JavaScript gilt `window` als *globales* Objekt. Anders gesagt: Das `window`-Objekt ist das *höchste Objekt* der JavaScript-Welt.

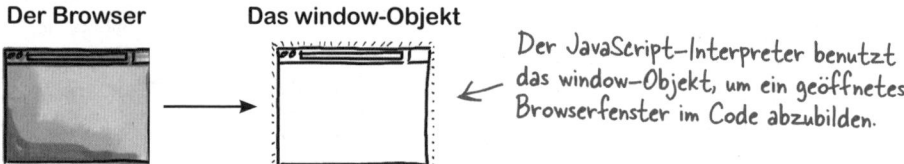

Angenommen, Sie haben drei Tabs in Ihrem Browser geöffnet. Für jeden Tab erstellt der Browser ein eigenes `window`-Objekt. Dabei funktioniert das `window`-Objekt genau wie die Objekte, mit denen Sie in Kapitel 6 bereits gearbeitet haben. Das heißt, dass es Eigenschaften hat, Event-Handler und Methoden – und die sind sehr praktisch. So können wir die Event-Handler `onblur` und `onfocus` benutzen, um herauszufinden, was der Benutzer auf Browserebene gerade so anstellt.

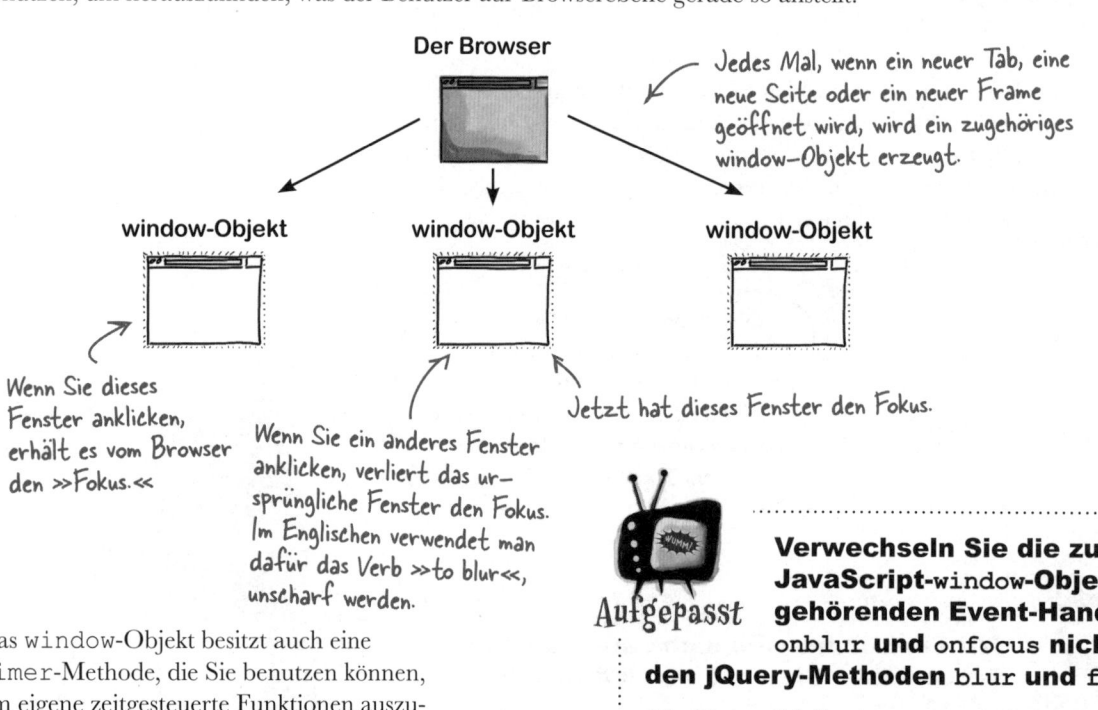

Das `window`-Objekt besitzt auch eine `timer`-Methode, die Sie benutzen können, um eigene zeitgesteuerte Funktionen auszuführen. `window` besitzt noch deutlich mehr Methoden, aber diese brauchen wir, um die Blitzfunktionen in Ordnung zu bringen.

> **Aufgepasst**
>
> **Verwechseln Sie die zum JavaScript-`window`-Objekt gehörenden Event-Handler `onblur` und `onfocus` nicht mit den jQuery-Methoden `blur` und `focus`.**
>
> *Die jQuery-Methoden `blur` und `focus` sind für die Arbeit mit HTML-Formularfeldern und anderen Elementen gedacht, nicht mit dem `window`-Objekt.*

Eigene Funktionen für Ihre Effekte

WER MACHT WAS?

Verbinden Sie die Eigenschaften, Event-Handler und Methoden für das `window`-Objekt mit der passenden Beschreibung auf der anderen Seite.

`window.name`

Stellt fest, ob das Fenster einen Klick, eine Tastatureingabe oder eine andere Art von Eingabe bekommen hat.

`window.history`

Eine Eigenschaft des `window`-Objekts, die sich auf den Hauptinhalt des geladenen Dokuments bezieht.

`window.document`

Stellt fest, ob das Fenster den Fokus verliert.

`window.onfocus`

Eine Methode des `window`-Objekts, mit der eine bestimmte Wartezeit festgelegt werden kann, bevor eine bestimmte Funktion oder andere Anweisung aufgerufen wird.

`window.setTimeout()`

Eine Methode des `window`-Objekts, um die Wartezeit vor der Wiederholung einer Funktion oder Anweisung zu beenden.

`window.clearTimeout()`

Eine Methode des `window`-Objekts, um eine bestimmte Wartezeit zwischen wiederholten Aufrufen einer Funktion oder Anweisung zu definieren.

`window.setInterval()`

Eine Eigenschaft des `window`-Objekts, mit der Sie auf die verschiedenen URLs zugreifen können, die das Fenster im Laufe der Zeit geladen hat.

`window.clearInterval()`

Eine Methode des des `window`-Objekts, mit der Sie die Wartezeit vor der Ausführung einer bestimmten Funktion oder Anweisung wieder löschen können.

`window.onblur`

Eine Eigenschaft des `window`-Objekts, mit der Sie den Namen des Fensters lesen oder schreiben können.

Sie sind hier ▶ **257**

Wer macht was-Lösung

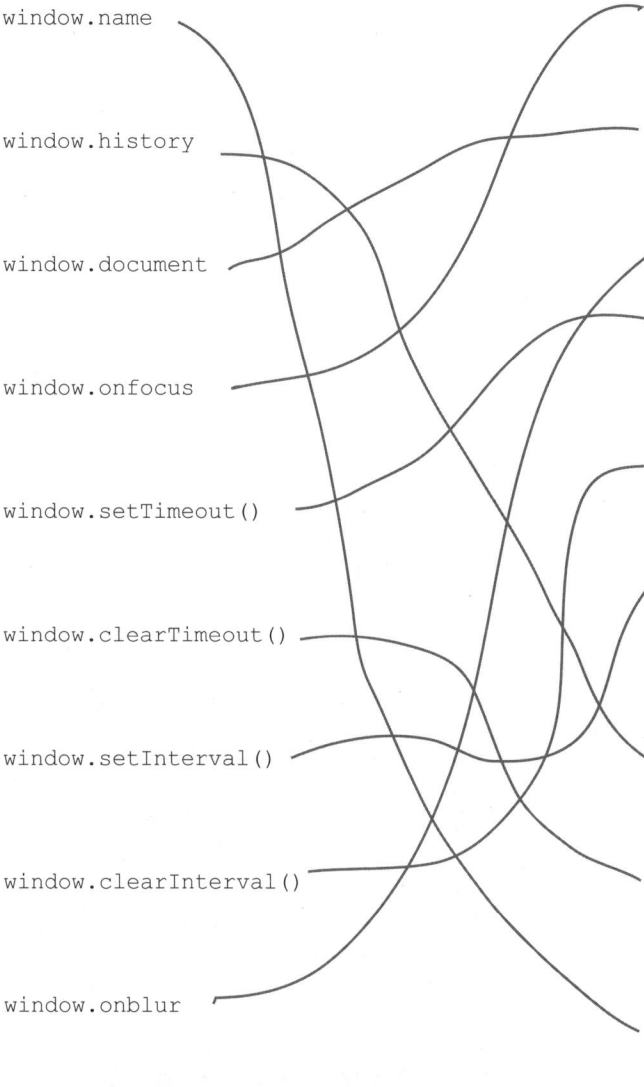

WER MACHT WAS? LÖSUNG

window.name — Stellt fest, ob das Fenster einen Klick, eine Tastatureingabe oder eine andere Art von Eingabe bekommen hat.

window.history — Eine Eigenschaft des window-Objekts, die sich auf den Hauptinhalt des geladenen Dokuments bezieht.

window.document — Stellt fest, ob das Fenster den Fokus verliert.

window.onfocus — Eine Methode des window-Objekts, mit der eine bestimmte Wartezeit festgelegt werden kann, bevor eine bestimmte Funktion oder andere Anweisung aufgerufen wird.

window.setTimeout() — Eine Methode des window-Objekts, um die Wartezeit vor der Wiederholung einer Funktion oder Anweisung zu beenden.

window.clearTimeout() — Eine Methode des window-Objekts, um eine bestimmte Wartezeit zwischen wiederholten Aufrufen einer Funktion oder Anweisung zu definieren.

window.setInterval() — Eine Eigenschaft des window-Objekts, mit der Sie auf die verschiedenen URLs zugreifen können, die das Fenster im Laufe der Zeit geladen hat.

window.clearInterval() — Eine Methode des des window-Objekts, mit der Sie die Wartezeit vor der Ausführung einer bestimmten Funktion oder Anweisung wieder löschen können.

window.onblur — Eine Eigenschaft des window-Objekts, mit der Sie den Namen des Fensters lesen oder schreiben können.

KOPFNUSS

Die Event-Handler onfocus und onblur des window-Objekts können feststellen, wenn sich der Fokus eines Fensters ändert. Aber wie kann man auf diese Änderungen reagieren?

Eigene Funktionen für Ihre Effekte

Mit onblur und onfocus auf Browser-Events reagieren

Inzwischen wissen wir, dass Sie per `window.onfocus` feststellen können, wenn ein Fenster den Fokus erhält (z. B. wenn ein Benutzer die Seite aktiviert oder per Maus oder Tastatur etwas eingibt). Per `window.onblur` können Sie herausfinden, ob das aktive Browserfenster den Fokus verliert. Aber was können wir mit diesen Events anfangen? Sie können beispielsweise eine *Funktion definieren*, die auf die `onfocus`- bzw. `onblur`-Events reagiert.

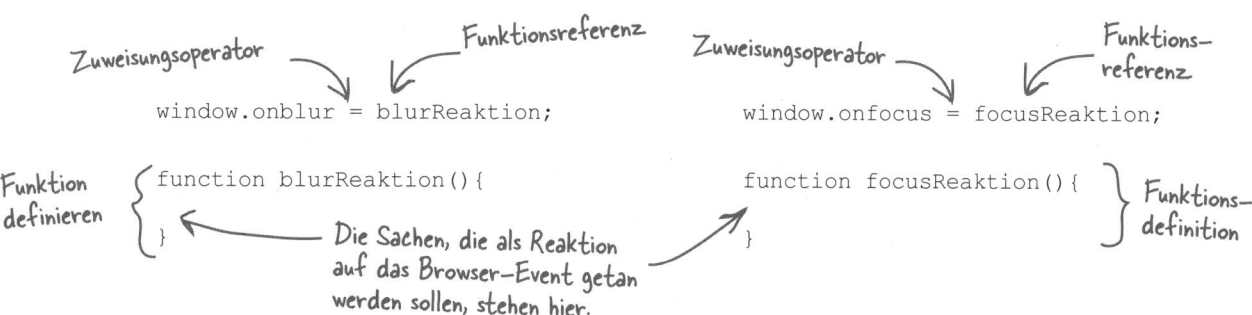

Und hier kommen die Vorteile beim Schreiben eigener Funktionen wirklich zum Tragen. Auf der einen Seite haben Sie ein `window`-Objekt, das Ihnen tonnenweise Informationen über die Aktionen des Benutzers im Browserfenster gibt. Auf der anderen Seite können Sie auf Grundlage der Informationen des `window`-Objekts Ihre eigenen Funktionen definieren. Sie können also eigentlich *alles* tun, was Sie wollen, sofern Ihnen eine passende Funktion dafür einfällt ...

Wir wollen die Event-Handler des `window`-Objekts einmal ausprobieren. In den Beispieldateien für Kapitel 7 finden Sie einen Ordner mit dem Namen *fenster_tester*. Öffnen Sie die Datei *fenster_tester.html* aus diesem Ordner in Ihrem Browser. Danach öffnen Sie einen zweiten Tab und spielen ein wenig herum, indem Sie zwischen den beiden Fenstern hin- und herklicken.

*Probe*fahrt

Probefahrt

Wenn Sie die Datei *fenster_tester.html* und einen zweiten Tab öffnen und zwischen beiden hin- und herwechseln, sieht die Darstellung ungefähr so aus wie unten.

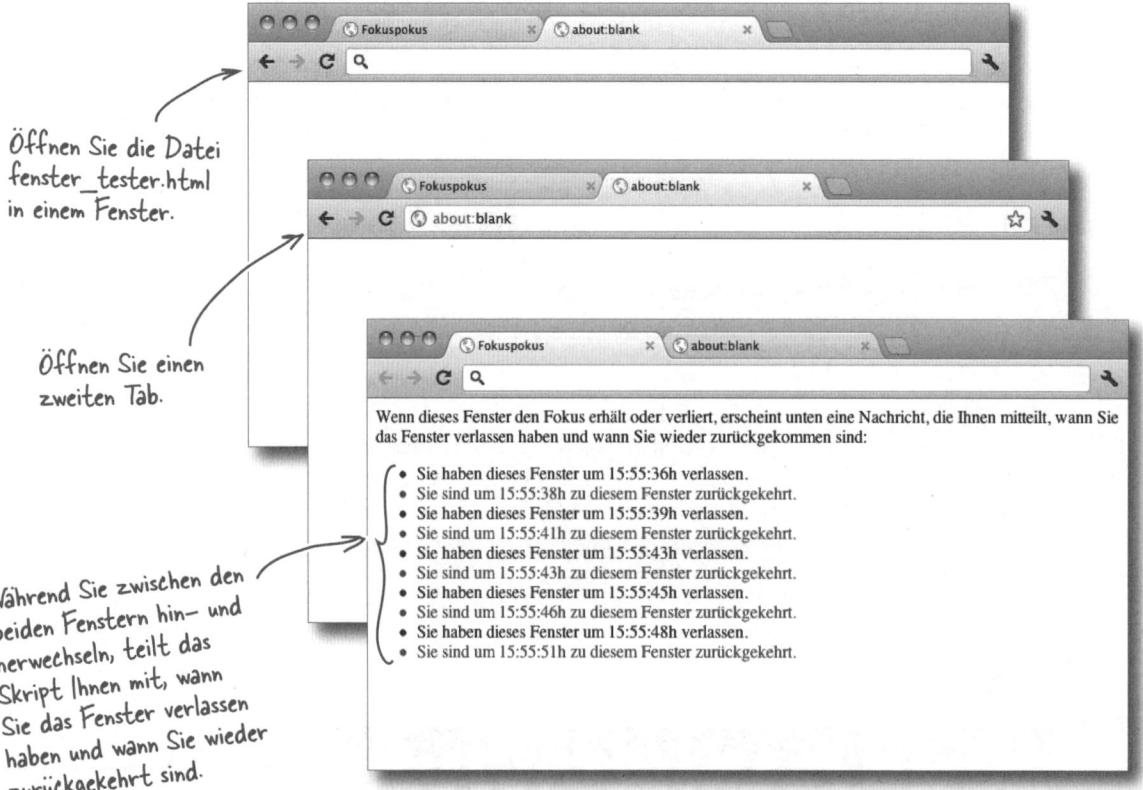

Öffnen Sie die Datei fenster_tester.html in einem Fenster.

Öffnen Sie einen zweiten Tab.

Während Sie zwischen den beiden Fenstern hin- und herwechseln, teilt das Skript Ihnen mit, wann Sie das Fenster verlassen haben und wann Sie wieder zurückgekehrt sind.

Mit den Informationen des `window`-Objekts können Sie die Blitze stoppen, wenn der Besucher sich vom Monstermacher-Fenster wegbewegt. Kehrt er zur Applikation zurück, können die Blitze wieder gestartet werden.

Eigene Funktionen für Ihre Effekte

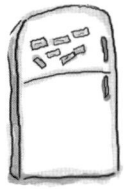

jQuery-Magneten

Bringen Sie die Codemagneten in die richtige Reihenfolge, um den Event-Handlern die passenden Funktionsdefinitionen zuzuweisen. Eine Funktion hält die Blitze an, wenn das Fenster den Fokus verliert (nennen Sie diese Funktion `blitze_anhalten`). Die andere Funktion startet die Blitzanimation wieder, sobald das Monstermacher-Fenster den Fokus zurückerhält (nennen Sie diese Funktion `blitze_starten`). Sie brauchen den Code für die Funktionen jetzt noch nicht zu schreiben. Platzieren Sie stattdessen einfach die passenden Kommentarmagneten (// und so weiter) innerhalb der beiden Funktionen.

```
//Code zum Starten der Blitze
};   blitze_starten;   };   window.onfocus
function            (){      blitze_anhalten;
blitze_starten   window.onblur         function       =
=      (){     blitze_anhalten
                    //Code zum Anhalten der Blitze
```

Sie sind hier ▸ 261

jQuery-Magneten: Lösung

Und damit sind die Funktionsdeklarationen für die Event-Handler des `window`-Objekts fertig.

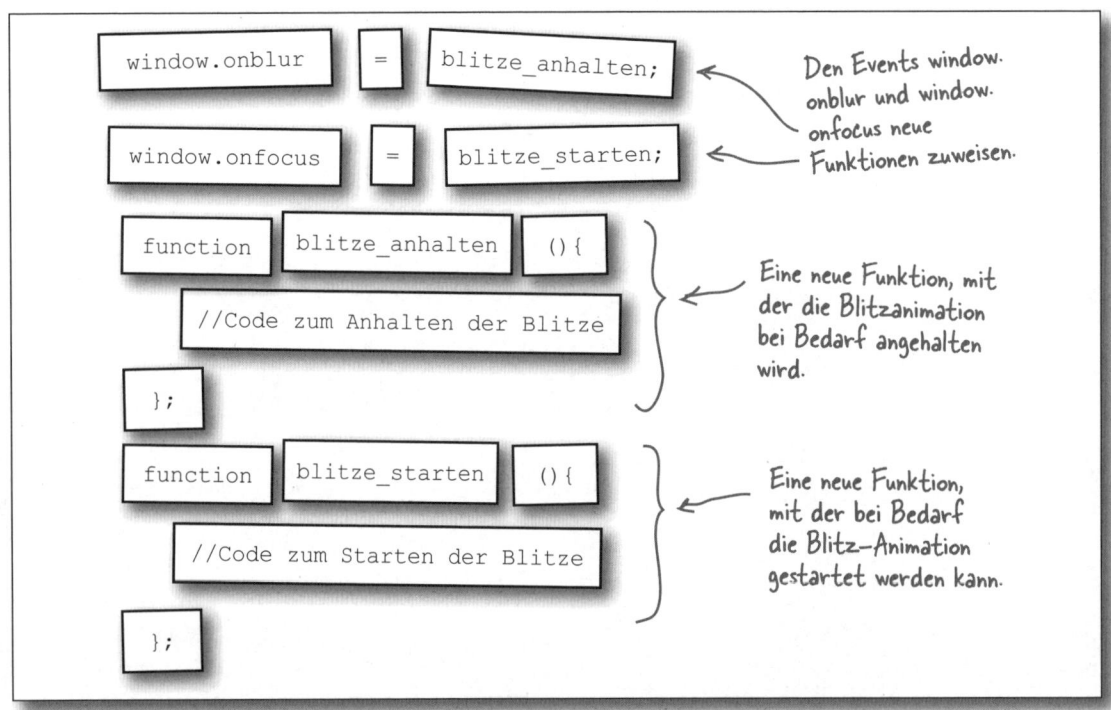

Den Events `window.onblur` und `window.onfocus` neue Funktionen zuweisen.

Eine neue Funktion, mit der die Blitzanimation bei Bedarf angehalten wird.

Eine neue Funktion, mit der bei Bedarf die Blitz-Animation gestartet werden kann.

*Aber innerhalb der Funktionen stehen doch nur Kommentare. Die Funktionen müssen **irgendetwas tun**. Sollen wir vielleicht die zeitgesteuerten Blitzfunktionen da hineinkopieren?*

Richtig, die Fuktionen machen nichts … jedenfalls noch nicht.

Anstatt hier einfach nur Ihren alten Code hineinzukopieren, wollen wir uns eine Methode des `window`-Objekts genauer ansehen: eine Timer-Methode, mit der sich die Blitzeffekte besser steuern lassen.

Eigene Funktionen für Ihre Effekte

Timer-Methoden sagen Ihren Funktionen, wann sie ausgeführt werden sollen

Sowohl JavaScript als auch jQuery besitzen Timer-Methoden, mit denen Sie Funktionen zeitgesteuert ablaufen lassen können. Das `window`-Objekt von JavaScript besitzt allein vier Timer-Methoden: `setTimeout`, `clearTimeout`, `setInterval` und `clearInterval`. Zusätzlich bietet uns jQuery noch die `delay`-Methode. Lassen Sie uns diese Methoden etwas genauer betrachten.

JavaScript-Timer-Methoden

setTimeout

Verwenden Sie mich, wenn Sie eine Zeit festlegen wollen, die gewartet werden soll, bevor eine Funktion ausgeführt wird.

`setTimeout(meine_funktion, 4000);`

- Die Funktion, die aufgerufen werden soll, wenn die Wartezeit abgelaufen ist.
- Die Verzögerung (in Millisekunden)

setInterval

Ich weise eine Funktion an, wiederholt abzulaufen und zwischen den Wiederholungen eine festgelegte Pause einzulegen.

`setInterval(wiederhole_mich, 1000);`

- Die Funktion, die nach Ablauf des Intervalls ausgeführt werden soll.
- Das Zeitintervall zwischen den Funktionsaufrufen (in Millisekunden)

Die delay-Methode von jQuery

delay

Ich füge zwischen verketteten Effekten eine Pause ein.

`slideDown().delay(5000).slideUp();`

- Eine Reihe verketteter Effekte (engl. effects queue)
- In diesem Beispiel fügt die delay-Methode zwischen den Effekten slideUp und slideDown eine Pause von fünf Sekunden ein.

Spitzen Sie Ihren Bleistift

Welche dieser Timer-Methoden funktioniert am besten, um die `blitze_starten`-Funktion anzupassen? Beantworten Sie für jede Timer-Methode, ob sis uns hilft und erklären Sie, warum Sie sich für oder gegen diese Methode entschieden haben.

Timer	Verwenden?	Warum?
`setTimeout`		
`setInterval`		
`delay`		

Sie sind hier ▶ 263

Lösung

Spitzen Sie Ihren Bleistift
Lösung

Welche dieser Timer-Methoden funktioniert am besten, um die `blitze_starten`-Funktion anzupassen? Hier sind unsere Antworten.

Timer	Verwenden?	Warum?
`setTimeout`	Nein	Die Methode setTimeout ist für Situationen gedacht, in denen eine Funktion einmalig mit einer bestimmten Verzögerung ausgeführt werden soll.
`setInterval`	Ja	Die Methode setInterval ist speziell für Situationen gedacht, in denen eine Funktion zeitgesteuert wiederholt werden soll. Genau das soll mit unseren Blitzen passieren.
`delay`	Nein	Die delay-Methode funktioniert gut für Effekte, die nacheinander mit einer gewissen Verzögerung ausgeführt werden sollen. Sie hat aber keine Möglichkeit, die Funktionen zu wiederholen.

> Das heißt also, **setInterval** ist für die **blitze_starten**-Funktion am besten geeignet. Aber die Funktion **blitze_anhalten** muss den Timer auch wieder anhalten. Können wir dafür die **clearInterval**-Methode einsetzen?

Sehr gute Frage!

Ja, Sie können die `clearInterval`-Methode verwenden, um die mit `setInterval` erstellten wiederholten Funktionsaufrufe wieder anzuhalten. Dafür müssen Sie `clearInterval` als Parameter eine Variable übergeben. Hier sehen Sie, wie das funktioniert:

Eine Variable zuweisen, die für die setInterval-Methode steht.

```
mein_intervall = setInterval(repeatMe, 1000);
```

```
clearInterval(mein_intervall);
```

Die Variable als Parameter an clearInterval übergeben.

Die clearInterval-Methode weist die setInterval-Methode an, ihren Timer zu löschen und die wiederholte Funktion anzuhalten.

Eigene Funktionen *für Ihre Effekte*

Es gibt keine Dummen Fragen

F: Funktioniert die setTimeout-Methode in allen Browsern gleich?

A: Nein. Mozilla Firefox und Google Chrome zeigen das oben besprochene Verhalten (die Funktionsaufrufe werden »aufbewahrt«, bis das Fenster wieder den Fokus erhält). Internet Explorer 9 ruft die Funktion auf, wie es in Kapitel 5 vorgesehen war. Nicht nur Webdesigner haben also Probleme mit der browserübergreifenden Kompatibilität.

F: Können Timing-Funktionen wie setInterval und setTimeout nur mit dem window-Objekt benutzt werden?

A: Das ist eine gute Frage. Leider funktionieren die Methoden tatsächlich nur mit dem window-Objekt. Immerhin können Sie das Präfix »window« weglassen und der Browser erkennt, wie die Methoden am aktuellen window-Objekt aufgerufen werden sollen. Allerdings gilt es als gute Angewohnheit, das Präfix mit anzugeben.

WER MACHT WAS?

Verbinden Sie die verschiedenen Timer-Methoden mit der passenden Beschreibung.

```
window.clearInterval(int1);


window.onfocus = blitze_starten;


setTimeout(aufwachen(),4000);


$("#container #blitz1").
fadeIn(250).delay(5000).fadeOut(250).;


int1 = setInterval( function() {
        blitz_eins();
      },
       4000
    );


window.onblur = blitze_anhalten;
```

Reagiert, wenn das aktuelle Fenster den Fokus erhält, und ruft die blitze_starten-Methode auf.

Legt fest, dass die blitz_eins-Funktion alle vier Sekunden ausgeführt werden soll, und weist sie der Variablen int1 zu.

Stellt fest, wann das aktuelle Fenster den Fokus verliert, und ruft die blitze_anhalten-Funktion auf.

Löscht den Timer und stoppt die wiederholte setInterval-Funktion für int1.

Definiert eine Verzögerung von vier Sekunden, bevor die Funktion namens aufwachen aufgerufen wird.

Erzeugt eine Pause von fünf Sekunden zwischen einem fadeIn- und einem fadeOut-Effekt.

Sie sind hier ▶

Wer macht was-Lösung

Verbinden Sie die verschiedenen Timer-Methoden mit der passenden Beschreibung.

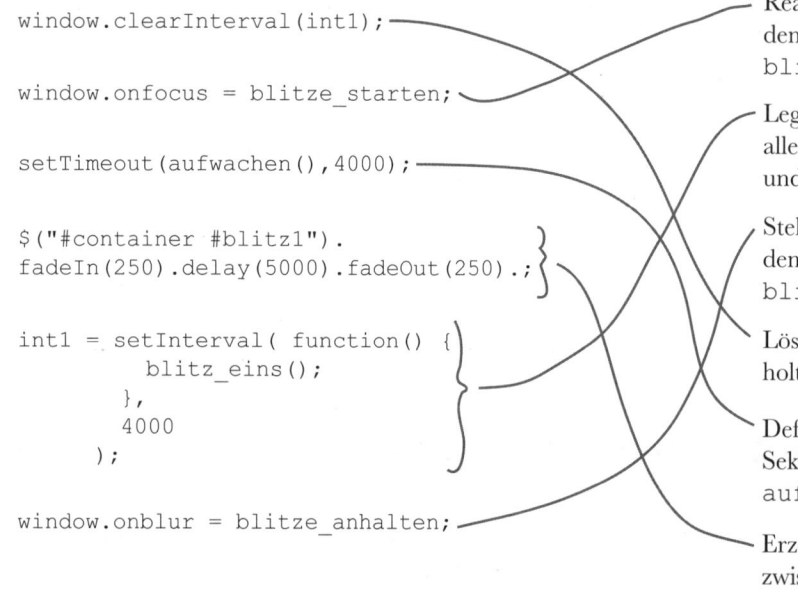

- `window.clearInterval(int1);` — Löscht den Timer und stoppt die wiederholte `setInterval`-Funktion für `int1`.
- `window.onfocus = blitze_starten;` — Reagiert, wenn das aktuelle Fenster den Fokus erhält, und ruft die `blitze_starten`-Methode auf.
- `setTimeout(aufwachen(),4000);` — Definiert eine Verzögerung von vier Sekunden, bevor die Funktion namens `aufwachen` aufgerufen wird.
- `$("#container #blitz1").fadeIn(250).delay(5000).fadeOut(250).;` — Erzeugt eine Pause von fünf Sekunden zwischen einem `fadeIn`- und einem `fadeOut`-Effekt.
- `int1 = setInterval( function() { blitz_eins(); }, 4000 );` — Legt fest, dass die `blitz_eins`-Funktion alle vier Sekunden ausgeführt werden soll, und weist sie der Variablen `int1` zu.
- `window.onblur = blitze_anhalten;` — Stellt fest, wann das aktuelle Fenster den Fokus verliert, und ruft die `blitze_anhalten`-Funktion auf.

Schreiben Sie die Funktionen blitze_anhalten und blitze_starten

Jetzt, wo Sie mehr über Timer-Methoden wissen, wollen wir noch einmal den Code betrachten, in dem sie gebraucht werden.

```
blitze_starten();
```
← Die Blitze beim Laden der Seite starten

```
window.onblur = blitze_anhalten;
```
← Die blitze_anhalten-Funktion aufrufen, wenn das Fenster den Fokus verliert

```
window.onfocus = blitze_starten;
```
← Die Funktion blitze_starten aufrufen, wenn das Fenster den Fokus wieder erhält

```
function blitze_anhalten (){
  //Code zum Anhalten der Blitze
};
```
← Die Timer für die drei Blitzintervalle löschen. Wir brauchen hier <u>drei</u> Aufrufe von clearInterval. Wissen Sie, warum?

```
function blitze_starten (){
  //Code zum Starten der Blitze
};
```
← Die drei Timer für die verschiedenen Blitzintervalle definieren. Und ja, wir brauchen hier <u>drei</u> Aufrufe von setInterval.

Eigene Funktionen für Ihre Effekte

Übung

Ergänzen Sie die leeren Zeilen um die Variable, Funktion oder Methode, die hier Ihrer Meinung nach gebraucht wird, um die Monstermacher-Applikation wieder zum Laufen zu bringen. Wenn Sie nicht weiterwissen, werfen Sie noch einen Blick auf die vorige Seite. Ein paar Zeilen haben wir schon für Sie ausgefüllt.

```
blitze_starten();
window.onblur = blitze_anhalten;
window.onfocus = blitze_starten;
var int1, int2, int3 ;
function blitze_starten(){
    int1 = ................( function() {

      },  ..................
       4000
    );

    ......... = ................( function() {

      },  ..................
       5000
    );
      ......... = ................( function() {
           blitz_drei();
      },
       7000
    );
}

function blitze_anhalten()
{
   window. ................( int1 );
   window. ................(......);
   window. ................(......);
}
function blitz_eins()   {
  $("#container #blitz1").fadeIn(250).fadeOut(250);
};

function ................  {
  $("#container #blitz2").fadeIn(250).fadeOut(250);
};

function ................  {
  $("#container #blitz3").fadeIn(250).fadeOut(250);
};
```

meine_skripts.js

Sie sind hier ▸ **267**

Übungslösung

LÖSUNG ZUR ÜBUNG

Jetzt haben Sie zwei neue Funktionen, die auf die `onfocus`- und `onblur`-Events reagieren. Beide verweisen auf die Blitzfunktionen, die Sie bereits in Kapitel 5 erstellt haben.

```
blitze_starten();
window.onblur = blitze_anhalten;
window.onfocus = blitze_starten;
var int1, int2, int3 ;
function blitze_starten(){
    int1 = setInterval ( function() {
        blitz_eins();
        },
        4000
    );
    int2 = setInterval ( function() {
        blitz_zwei();
        },
        5000
    );
    int3 = setInterval ( function() {
        blitz_drei();
        },
        7000
    );
}

function blitze_anhalten()
{
    window.clearInterval (int1);
    window.clearInterval (int2);
    window.clearInterval (int3);
}
function blitz_eins()     {
    $("#container #blitz1").fadeIn(250).fadeOut(250);
};

function blitz_zwei()   {
    $("#container #blitz2").fadeIn(250).fadeOut(250);
};

function blitz_drei()    {
    $("#container #blitz3").fadeIn(250).fadeOut(250);
};
```

- Drei Variablen zum Speichern der Timer definieren. So kann der Browser sie später wieder löschen.
- Hier wird die Funktion blitz_eins aufgerufen.
- Drei verschiedene Timer für die drei Blitzintervalle definieren
- Und danach die Funktion blitz_zwei aufrufen
- Und schließlich die blitz_drei-Funktion aufrufen
- Die Timer für die drei Blitzintervalle löschen
- Die drei Funktionsdefinitionen für die Blitze

meine_skripts.js

Eigene Funktionen *für Ihre Effekte*

Tun Sie das hier!

Um das Programm aus Kapitel 5 zu reparieren und zu erweitern, müssen einige Dateien geändert werden. Am besten beginnen wir mit einer leeren Skriptdatei. Bei den Beispieldateien zu diesem Buch gibt es auch einen Ordner für Kapitel 7. Darin finden Sie den Ordner *begin*, der folgendermaßen aufgebaut ist:

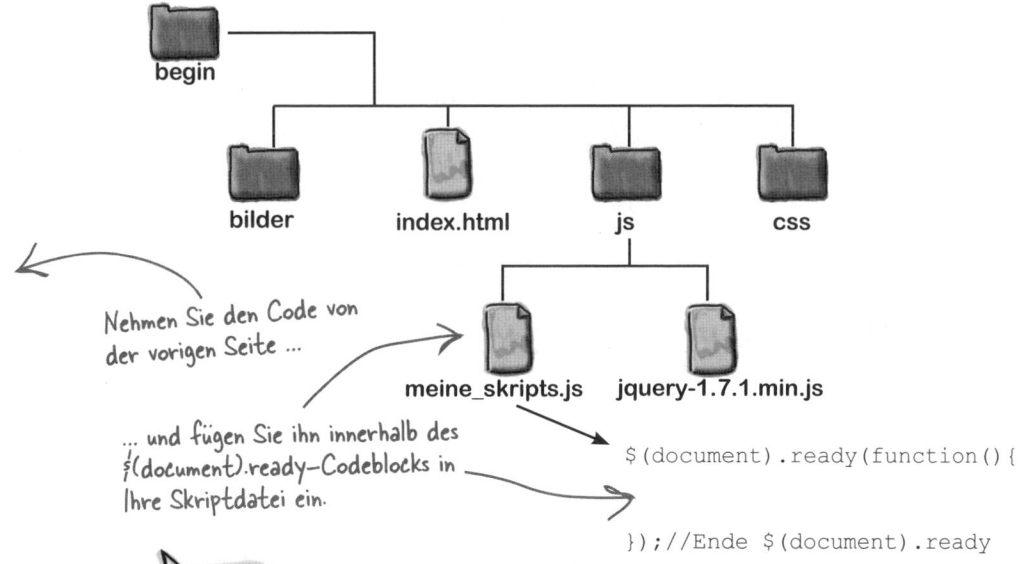

Nehmen Sie den Code von der vorigen Seite ...

... und fügen Sie ihn innerhalb des $(document).ready-Codeblocks in Ihre Skriptdatei ein.

```
$(document).ready(function(){

});//Ende $(document).ready
```

PROBEFAHRT

Wenn Sie den Code von der vorigen Seite in Ihre Skriptdatei übertragen haben, sollten Sie die Seite *index.html* in Ihrem Browser öffnen, um zu sehen, ob die Raparatur des Blitzeffekts erfolgreich war.

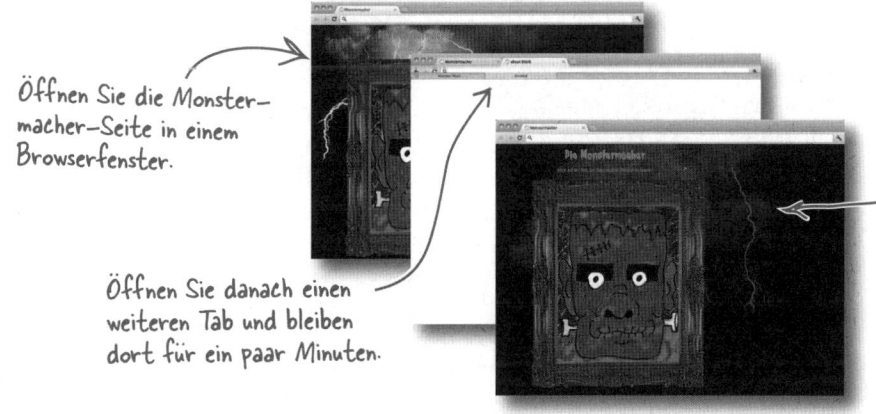

Öffnen Sie die Monstermacher-Seite in einem Browserfenster.

Öffnen Sie danach einen weiteren Tab und bleiben dort für ein paar Minuten.

Kehren Sie dann zum ursprünglichen Tab zurück, in dem die Monstermacher-Applikation läuft. Wenn Sie auf die Seite zurückkehren, sollte der erste Effekt nicht laufen, sondern erst nach ein paar Sekunden neu starten.

Sie sind hier ▸ **269**

Die Funktionen *aufräumen*

> Vielleicht sollten wir die wiederholten Funktionen aus Kapitel 5 auch gleich reparieren, wenn wir schon einmal dabei sind.

Eine andere Datenstruktur, die mit mehreren Werten umgehen kann, würde hier deutlich besser funktionieren.

Sehr gute Idee! Wir haben ein paar Klickfunktionen für das Gesicht, die wir möglicherweise zu *einer* wiederverwendbaren Funktion für alle Gesichtsteile kombinieren können.

Können Sie eine <u>Funktion</u> schreiben, die sämtliche Einzelfunktionen ersetzen kann?

```js
var kopfklicks =0,augenklicks =0,nasenklicks =0,mundklicks =0;
        $("#kopf").click(function(){
            if (kopfklicks < 9){
                $("#kopf").animate({left:"-=367px"},500);
                kopfklicks+=1;
            }
            else{
                $("#kopf").animate({left:"0px'},500);
                kopfklicks = 0;
            }
        });
        $("#augen").click(function(){
            if (augenklicks < 9){
                $("#augen").animate({left:"-=367px"},500);
                augenklicks+=1;
            }
            else{
                $("#augen").animate({left:"0px"},500);
                augenklicks = 0;
            }
        });
        $("#nase").click(function(){
            if (nasenklicks < 9){
                $("#nase").animate({left:"-=367px"},500);
                nasenklicks+=1;
            }
            else{
                $("#nase").animate({left:"0px"},500);
                nasenklicks = 0;
            }
        });
        $("#mund").click(function(){
            if (mundklicks < 9){
                $("#mund").animate({left:"-=367px"},500);
                mundklicks+=1;
            }
            else{
                $("#mund").animate({left:"0px"},500);
                mundklicks = 0;
            }
        });
```

meine_skripts.js

Eigene Funktionen für Ihre Effekte

jQuery-Magneten

Finden Sie heraus, welche Teile des Codes auf der gegenüberliegenden Seite für alle Aspekte der Applikation gleich sind. Verwenden Sie die Magneten unten auf dieser Seite, um eine allgemeine Funktion namens gesicht_bewegen zu definieren, die aufgerufen wird, wenn der Benutzer eines der beweglichen Bilder anklickt. Der erste Parameter für die Funktion gesicht_bewegen ist der Index im neu definierten Array klicks, der zweite ist eine Referenz auf das angeklickte Element.

```
var klicks = _____ ; // head,eyes,nose,mouth

    $("#kopf").click( function(){

    _____

    });//Ende der click-Funktion

    $("#augen").click( function(){

    _____

    } );//Ende der click-Funktion

    $("#nase").click( function(){

    _____

    });//Ende der click-Funktion

    $("#mund").click( function(){

    _____

    });//Ende der click-Funktion

    function gesicht_bewegen(_____){

        if (_____ < 9){
            $(obj).animate({left:"-=367px"},500);
            klicks[i] = klicks[i]+1;
        }else{
            klicks[i] = 0;
            $(_____).animate({left:"0px"},500);
        }
    }
```

Magneten:
- gesicht_bewegen(2, this);
- obj
- gesicht_bewegen(0, this);
- i, obj
- gesicht_bewegen(3, this);
- klicks[i]
- [0,0,0,0]
- gesicht_bewegen(1, this);

meine_skripts.js

jQuery-Magneten: Lösung

Jetzt haben Sie eine Array-basierte Funktion, die wiederverwendet werden kann. Dadurch müssen Sie weniger Code pflegen, und mögliche Fehler lassen sich leichter finden und beheben.

```
var klicks [0,0,0,0]  ; // head,eyes,nose,mouth

    $("#kopf").click( function(){

        gesicht_bewegen(0, this);
    });//Ende der click-Funktion

    $("#augen").click( function(){

        gesicht_bewegen(1, this);
    } );//Ende der click-Funktion

    $("#nase").click( function(){

        gesicht_bewegen(2, this);
    });//Ende der click-Funktion

    $("#mund").click( function(){

        gesicht_bewegen(3, this);
    });//Ende der click-Funktion

function gesicht  i, obj  (        ){

    if ( klicks[i]   < 9){
        $(obj).animate({left:"-=367px"},500);
        klicks[i] = klicks[i]+1;
    }else{
        klicks[i] = 0;
        $( obj ).animate({left:"0px"},500);
    }
}
```

Durch die Speicherung der Klicks in einem Array lassen sich viele Codeteile zusammenfassen.

Sie übergeben der Funktion gesicht_bewegen eine Referenz auf das passende Element im Array klicks. Danach können Sie das Element verwenden, um mitzuverfolgen, wie oft die verschiedenen Gesichtsteile angeklickt wurden.

Außerdem übergeben Sie der gesicht_bewegen-Funktion das aktuelle Objekt, so dass es animiert werden kann.

Durch die Verallgemeinerung der gesicht_bewegen-Funktion sinkt die Wahrscheinlichkeit von Programmierfehlern und die Anzahl der zu pflegenden Funktionen.

Durch die Zusammenfassung des wiederholten Codes an einem Ort können Fehler leichter behoben werden.

meine_skripts.js

Eigene Funktionen für Ihre Effekte

PROBEFAHRT

Bauen Sie den Code aus der Magnetenlösung von der vorigen Seite in Ihre Datei *meine_skripts.js* ein. Danach sollten Sie die Datei *index.html* in Ihrem Browser öffnen und überprüfen, ob die neu geschriebene Funktion keine neue Probleme verursacht, wenn die verschiedenen Teile des Gesichts angeklickt werden.

Die Monstermacher-Seite selbst sollte nicht anders aussehen als vorher auch. Aber Sie wissen, dass Ihr Code effizienter ist, sich seltener wiederholt und leichter zu pflegen ist.

Ein Blitz *kommt selten allein*

Neue Funktionen für die Monstermacher

Jill und ihr Qualitätssicherungsteam sind sehr zufrieden mit Ihren Anpassungen. Und weil sie Ihre Arbeit schätzen, geben sie gleich noch einen Funktionswunsch des Produktteams an Sie weiter.

Einige Kinder wünschen sich einen Button, mit die sie ein zufälliges Monstergesicht bauen können. Können Sie das in die Applikation einbauen? Sehr gut wäre auch eine Möglichkeit, wieder von vorne anzufangen.

Ich mag die Monstergesichter, aber es wäre toll, wenn der Computer sie für mich durcheinandermischen würde.

Eigene Funktionen für Ihre Effekte

Noch mehr Zufall …

Im Verlauf dieses Buches haben Sie immer wieder mit Zufallsfunktionen gearbeitet. Mittlerweile sind Sie bestimmt schon ein Profi auf diesem Gebiet. Hier brauchen wir eine Funktion, die ein zufälliges Monstergesicht erstellt. Am besten gehen wir hier nach dem Prinzip »Teile und herrsche« vor, indem wir das Problem in kleine Schritte unterteilen. Zunächst müssen wir die aktuelle Position für die einzelnen Bildstreifen ermitteln.

Für jeden Bildstreifen, aus dem die Monstergesichter bestehen, müssen wir die aktuelle Position bestimmen. Nehmen wir an, der Besucher hat dieses Bild hier ausgewählt.

Die aktuelle Position ergibt sich aus der Anzahl der Klicks multipliziert mit dem Abstand zwischen den einzelnen Gesichtsteilen (367 Pixel). Die aktuelle Position liegt beispielsweise bei 2 * 367 = 734.

Ausgehend von der aktuellen Position müssen wir die Zielposition ermitteln. Das ist im Prinzip eine zufällige Position auf dem Bildschirm. Am besten stellen Sie sich das in zwei Teilen vor:

❶ Eine Zufallszahl erzeugen

Auf diese Weise haben wir in den Kapiteln 2 und 3 eine Zufallszahl erzeugt.

```
var zufallszahl = Math.floor((Math.random()*5) + 5);
```

Wir brauchen allerdings eine Zufallszahl zwischen 1 und 10 (weil jeder Bildstreifen zehn Gesichtsteile enthält).

❷ Basierend auf der Zufallszahl sollen die einzelnen Gesichtsteile an eine zufällige Position verschoben werden.

Um die zufällige Position für die einzelnen Teilbilder zu ermitteln, muss die Zufallszahl mit der Breite für die Gesichtsteile multipliziert werden. Hat die Zufallszahl den Wert 7, liegt die Zielposition bei 7 * 367 = 2569.

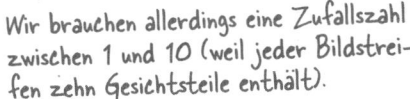

Das klingt eigentlich ganz einfach. Aber ist es nicht schwierig, die aktuelle Position zu bestimmen? Woher sollen wir wissen, welche Position die Gesichtsteile gerade haben, besonders, wenn sie schon bewegt worden sind?

Das ist leichter, als Sie denken.

Die Lösung finden Sie gleich auf der nächsten Seite …

Sie sind hier ▶ **275**

Je mehr Sie wissen

Sie kennen die aktuelle Position schon ...

Zum Glück brauchen Sie sich hier nicht noch mehr neue Variablen und Funktionen auszudenken. Der Indexwert des `klicks`-Arrays enthält die aktuelle Position bereits, weil hier gespeichert ist, wie oft der Besucher den jeweiligen Teil des Monstergesichts angeklickt hat. Eigentlich brauchen Sie also nur eine Zeile Code:

Set the current position to the value of klicks[index].
```
var aktuelle_position = klicks[index] ;
```

... und auch die Funktion zufallszahl_erzeugen.

In den Kapiteln 2, 3 und 6 haben wir bereits eine Funktion zum Erzeugen von Zufallszahlen programmiert. Diese Funktion können wir hier mit minimalen Anpassungen wiederverwenden.

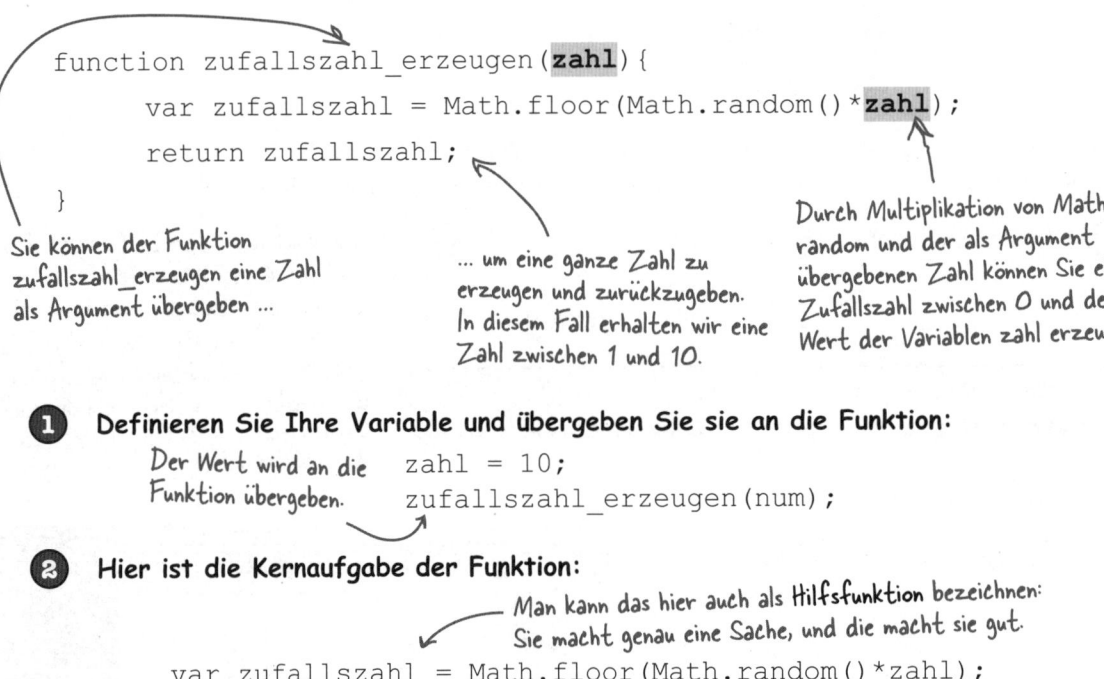

```
function zufallszahl_erzeugen(zahl){
    var zufallszahl = Math.floor(Math.random()*zahl);
    return zufallszahl;
}
```

Sie können der Funktion zufallszahl_erzeugen eine Zahl als Argument übergeben ...

... um eine ganze Zahl zu erzeugen und zurückzugeben. In diesem Fall erhalten wir eine Zahl zwischen 1 und 10.

Durch Multiplikation von Math.random und der als Argument übergebenen Zahl können Sie eine Zufallszahl zwischen 0 und dem Wert der Variablen zahl erzeugen.

① Definieren Sie Ihre Variable und übergeben Sie sie an die Funktion:

Der Wert wird an die Funktion übergeben.
```
zahl = 10;
zufallszahl_erzeugen(num);
```

② Hier ist die Kernaufgabe der Funktion:

Man kann das hier auch als Hilfsfunktion bezeichnen: Sie macht genau eine Sache, und die macht sie gut.
```
var zufallszahl = Math.floor(Math.random()*zahl);
```

③ Hier das Ergebnis (bzw. die Ausgabe) der Funktion:
```
return zufallszahl;
```
Funktionen, die einen Wert zurückgeben, werden auch als »Getter« bezeichnet, weil man von ihr einen Wert bekommt (abgeleitet vom Englischen »to get«).

Nächster Programmpunkt: die `ziel_position` (der zufällig gewählte Gesichtsteil), zu der die Bildleiste verschoben werden soll

Eigene Funktionen für Ihre Effekte

Code-Fertiggericht

Erweitern Sie Ihre Dateien *index.html* und *meine_skripts.js* um den hervorgehobenen Code. Damit wird Ihre Zufallsfunktion eingerichtet. Außerdem bauen wir ein paar Warnmeldungen ein, die Ihnen die (mit der Zufallszahl erzeugte) Zielposition und die aktuelle Position anzeigen (die sich aus der Anzahl der Klicks auf einen bestimmten Gesichtsteil ergeben).

```html
<header id="top">
    <img src="images/monstermacher.png" />
    <button id="mischen_button">Gesichter mischen</button>
    <button id="zurueck_button">Neu anfangen</button>
    <p>Klick auf ein Bild, um Dein eigenes Monster zu bauen!</p>
</header>
```

Sie brauchen zwei Buttons, um die Gesichter zufällig zu erzeugen und wieder zurückzusetzen.

index.html

```js
var w = 367; //Breite des Gesichtsteils
var m = 10; //Nummer des aktuellen Gesichtsteils

$("#mischen_button").click( mischen );
$("#zurueck_button").click(   );

function zufallszahl_erzeugen(zahl){
    var zufallszahl = Math.floor(Math.random()*zahl);
    return zufallszahl;
}
function mischen(){
    $(".gesicht").each(function(index) {
        var ziel_position = zufallszahl_erzeugen(m);
        var aktuelle_position = klicks[index] ;
        klicks[index] = ziel_position;
        var endpunkt = ziel_position * w;
        $(this).animate({left:"-="+endpunkt+"px"},500);
    });
};
```

Die Positionen der Gesichtsteile zufällig festlegen

Das Ergebnis der zufallszahl_erzeugen-Funktion wird der Variablen ziel_position zugewiesen.

klicks[index] aktualisieren, so dass der Benutzer weiterhin klicken kann, um die Teile des Monstergesichts zu bewegen

Die Variable endpunkt ist der Wert von ziel_position multipliziert mit der Breite eines Gesichtsteils.

Den Animationscode ausführen, um den Bildstreifen weiterzubewegen

meine_skripts.js

*Probe*fahrt

PROBEFAHRT

Nachdem Sie den Code von den vorigen Seiten in Ihr Programm eingebaut haben, öffnen Sie die Seite *index.html* im Browser, um die `mischen`-Funktion zu testen. Klicken Sie zehn bis zwanzig Mal auf den Button »Gesichter mischen«, um zu überprüfen, ob wirklich alles funktioniert.

Der Zufallsgenerator funktioniert ...

Bei den ersten Klicks macht der Zufallsgenerator, was er soll ...

... für die ersten paar Klicks

Auch nach ein paar Klicks tut der Zufallsgenerator, was Sie ihm gesagt haben.

Natürlich **sind** die Zähne das Beste an mir. Aber die andere Teile meines Gesichts hätte ich verdammt noch mal auch gerne wieder.

278 Kapitel 7

Eigene Funktionen für Ihre Effekte

Wir haben die Funktion nicht darauf programmiert, dass plötzlich Gesichtsteile fehlen, sondern dass sie an eine zufällige Position bewegt werden. Sind wir irgendwo zu weit gegangen?

Die Funktionen machen nicht ganz, was wir wollen, aber genau das, was Sie im Code geschrieben haben. Wir wollen versuchen, herauszufinden, woran wir offensichtlich nicht gedacht haben.

Die animate-Anweisung verschiebt den Bildstreifen immer weiter nach links und bewegt ihn schließlich aus dem Bilderrahmen heraus. Er ist sozusagen »aus dem Rahmen gefallen«.

```
$(this).animate({left:-="+endpunkt+"px"},500);
```

Hilfe, wir fallen aus dem Rahmen!

Je öfter der Benutzer den Button »Gesichter mischen« anklickt, desto weiter wird der Bildstreifen nach links verschoben. Irgendwann ist er dann nicht mehr sichtbar.

KRAFT-TRAINING

Was müssen Sie tun, damit der Bildstreifen nicht aus dem Rahmen fällt und stattdessen ein zufälliger Monster-Gesichtsteil angezeigt wird?

Sie sind hier ▸ **279**

Dinge relativ zur aktuellen Position bewegen

Damit der Bildstreifen nicht auf dem Rahmen fällt, sondern zufällig einen Teil eines Monstergesichts zeigt, müssen Sie ihn *relativ* zu seiner *aktuellen Position* bewegen. Das heißt, wir müssen die aktuelle Position und etwas Bedingungslogik in unsere Funktion einbauen. Es folgen die entsprechenden Schritte.

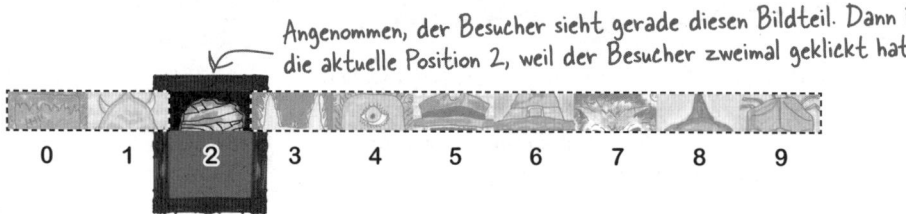

Dann klickt der Besucher auf den Button »Gesichter mischen«, der eine Zufallszahl zwischen 0 und 9 erzeugt. Dadurch kann zweierlei passieren.

Szenario 1: Ziel > Aktuell

Die `zufallszahl_erzeugen`-Funktion gibt den Wert 5 zurück. Dieser wird in der Variable `ziel_position` gespeichert. Das heißt, der Wert von `ziel_position` ist *größer als* der Wert der Variablen `aktuelle_position`. Um diese Situation in den Griff zu bekommen, brauchen wir etwas Bedingungslogik.

Um wie viele Positionen können wir den Bildstreifen noch bewegen?

Wenn Sie den Wert von `aktuelle_position` vom Wert der Variablen `ziel_position` subtrahieren, erhalten Sie 3 als Ergebnis. Der Bildstreifen muss also um drei Positionen nach links verschoben werden.

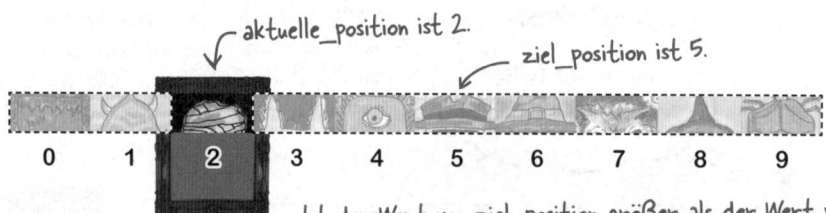

Szenario 2: Ziel < Aktuell

Die Funktion `zufallszahl_erzeugen` gibt den Wert 1 zurück und weist ihn der Variable `ziel_position` zu. In diesem Fall ist er *kleiner als* der Wert von `aktuelle_position`. Können Sie sich basierend auf Szenario 1 denken, welche Art von Logik hier gebraucht wird?

Wenn Sie den Wert von ziel_position von dem der Variablen aktuelle_position abziehen, erhalten Sie 1. Der Bildstreifen muss also um eine Position nach rechts verschoben werden.

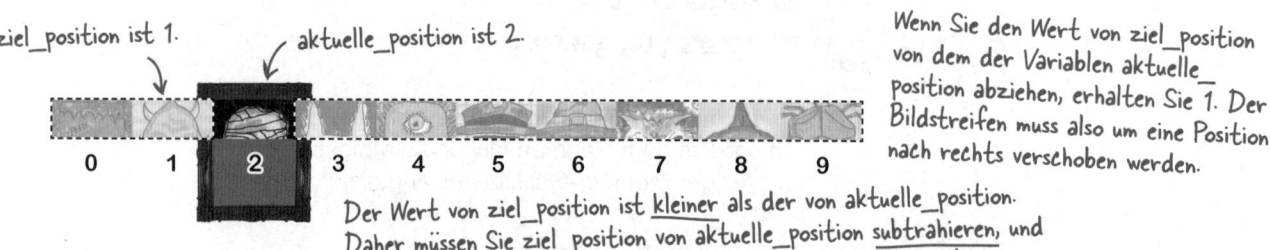

Pool-Puzzle

Ihre Aufgabe besteht darin, die Codeschnipsel aus dem Pool zu fischen und sie auf den leeren Zeilen im Code zu platzieren. Jeder Codeschnipsel soll nur einmal benutzt werden, allerdings werden vermutlich **nicht** alle Schnipsel gebraucht. Ihr **Ziel** ist es, die `mischen`-Funktion so umzubauen, dass nicht versehentlich irgendwelche Gesichtsteile fehlen.

```
var w = 367;
var m = 10;

function zufallszahl_erzeugen(zahl){
    var zufallszahl = Math.floor(Math.random()*zahl);
    return zufallszahl;
}
function mischen(){
    $(".gesicht").......................... {
        var ziel_position = zufallszahl_erzeugen(m);
        var aktuelle_position = klicks[index] ;
        klicks[index] = ziel_position;

        if(..........................................) {
            var endpunkt = (..........................................) * w;
            $(this).animate(..........................................);
        }else if(..........................){
            var endpunkt = (..........................................) * w;
            $(this).animate(..........................................);
        }else{
            // Beide Werte sind gleich. Nicht bewegen!
        }
    });
};
```

Hinweis: Jeder Codeschnipsel im Pool darf nur einmal benutzt werden!

{left:"-="+endpunkt+"px"},500
{left:"+="+endpunkt+"px"},500
{left:"="+endpunkt+"px"},500

ziel_position > aktuelle_position
ziel_position - aktuelle_position
aktuelle_position - ziel_position
ziel_position == aktuelle_position
ziel_position + aktuelle_position
ziel_position < aktuelle_position
each(function(index)

Pool-Puzzle: Lösung

Ihre Aufgabe bestand darin, die Codeschnipsel aus dem Pool zu fischen und sie auf den leeren Zeilen im Code zu platzieren. Jeder Codeschnipsel sollte nur einmal benutzt werden, allerdings werden vermutlich **nicht** alle Schnipsel gebraucht. Ihr **Ziel** bestand darin, die `mischen`-Funktion so umzubauen, dass nicht versehentlich irgendwelche Gesichtsteile fehlen.

```
var w = 367;
var m = 10;

function zufallszahl_erzeugen(zahl){
      var zufallszahl = Math.floor(Math.random()*zahl);
      return zufallszahl;
}
function mischen(){
      $(".gesicht").each(function(index){
            var ziel_position = zufallszahl_erzeugen(m);
            var aktuelle_position = klicks[index] ;
            klicks[index] = ziel_position;
            if( ziel_position > aktuelle_position ) {
                  var endpunkt = ( ziel_position - aktuelle_position ) * w;
                  $(this).animate( {left:"-="+endpunkt+"px"},500);
            }else if( ziel_position < aktuelle_position ){
                  var endpunkt = (aktuelle_position - ziel_position ) * w;
                  $(this).animate( {left:"+="+endpunkt+"px"},500);
            }else{
                  // Beide Werte sind gleich. Nicht bewegen!
            }
      });
};
```

Den folgenden Code für jedes Element mit der Klasse `gesicht` ausführen

Wenn der Wert von ziel_position **größer ist als** der Wert von aktuelle_position ...

... den Wert von ziel_position von current_position subtrahieren

Den Bildstreifen nach links bewegen. Das heißt, wir müssen `animate({left:"-="` verwenden.

Ist der Wert von ziel_position **kleiner** als der Wert von aktuelle_position ...

... den Wert von ziel_position von current_position subtrahieren und ...

... den Bildstreifen nach rechts bewegen. Das heißt, hier brauchen wir `animate({left:"+="...` });

Nicht benötigte Schnipsel:

```
{left:"="+endpunkt+"px"},500
ziel_position + aktuelle_position
ziel_position == aktuelle_position
```

← Diese Schnipsel wurden nicht benötigt.

***Eigene Funktionen** für Ihre Effekte*

Die mischen-Funktion läuft jetzt rund. Aber wir brauchen eine weitere Funktion, um alles wieder auf den Anfang zurückzusetzen, richtig?

Genau.

Erinnern Sie sich noch an den Button »Neu anfangen«, den wir vor ein paar Seiten in die Datei *index.html* file eingebaut haben? Den müssen Sie jetzt noch mit einer passenden `Reset`-Funktion verbinden.

jQuery-Magneten

Bringen Sie die Codemagneten in die richtige Reihenfolge, um die für den Button »Neu anfangen« erforderliche Funktion zu schreiben. Ein paar Magneten haben wir schon für Sie platziert.

```
$("#zurueck_button").click( reset );

function zurueck(){




}

                $(".gesicht")           $(this)
                           });                    .each(function(index){
                                       .animate({left:"0px"},500);
                    klicks[index] = 0;
```

jQuery-Magneten: Lösung

Und voilà! Mit ein paar kurzen Zeilen Code kommt alles wieder an seinen Platz und die Besucher können von vorn anfangen.

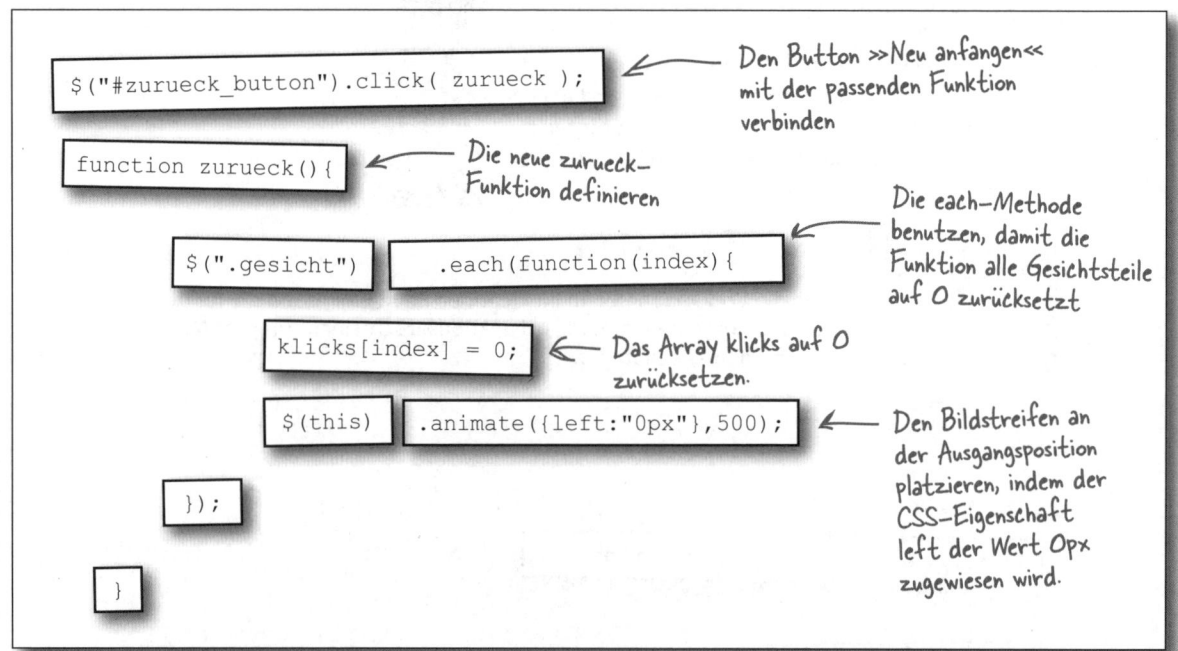

Es gibt keine Dummen Fragen

F: Gibt es das `window`-Objekt in allen Browsern?

A: Ja, alle modernen Browser stellen das `window`-Objekt zur Verfügung. Außerdem besitzen die `window`-Objekte für die einzelnen Tabs oder Fenster ein separates `document`-Objekt, das die geladene Webseite repräsentiert.

F: Und warum muss ich die Elemente relativ zur aktuellen Position verschieben? Kann ich sie nicht einfach an der Stelle platzieren, die von der Zufallszahl vorgegeben wird?

A: Das könnte funktionieren. Allerdings müssten Sie das Bild dafür zunächst an die Startposition zurückschieben und von dort an den von der Zufallsfunktion vorgegebenen Ort bewegen. Dafür bräuchten Sie aber doppelt so viel Code, den Sie schreiben und warten müssten. Außerdem würde Ihre Applikation dadurch deutlich langsamer.

F: Wie funktioniert die `zurueck`-Funktion?

A: Die `zurueck`-Funktion führt einfach eine Schleife über die Elemente mit der Klasse `gesicht` aus und setzt die CSS-Eigenschaft `left` auf 0. Außerdem werden alle Einträge im `klicks`-Array auf 0 (den Anfangswert beim Laden der Seite) gesetzt.

Eigene Funktionen für Ihre Effekte

Unten sehen Sie den gesamten Code, den Sie auf den letzten Seiten erstellt haben. Falls noch nicht geschehen, sollten Sie den hervorgehobenen Code jetzt in Ihre *meine_skripts.js*-Datei einbauen und sich etwas Zeit nehmen, die neuen Funktionen sorgfältig zu testen.

```javascript
var w = 367; //Breite des Gesichtsteils
var m = 10; //Nummer des aktuellen Gesichtsteils
$("#mischen_button").click( mischen );
$("#zurueck_button").click( zurueck );

function zufallszahl_erzeugen(zahl){
        var zufallszahl = Math.floor(Math.random()*zahl);
        return zufallszahl;
}
function mischen(){
        $(".gesicht").each(function(index){
                var ziel_position = zufallszahl_erzeugen(m);
                var aktuelle_position = klicks[index] ;
                klicks[index] = ziel_position;
                        if( ziel_position > aktuelle_position ) {
                        var endpunkt = (ziel_position - aktuelle_position) * w;
                                $(this).animate({left:"-="+endpunkt+"px"},500);
                        }else if( ziel_position < aktuelle_position ){
                                var endpunkt = (aktuelle_position - ziel_position) * w;
                                $(this).animate({left:"+="+endpunkt+"px"},500);
                        }else{
                                // Beide Werte sind gleich. Nicht bewegen!
                        }
        });
}

function zurueck(){
        $(".gesicht").each(function(index){
                klicks[index] = 0;
                $(this).animate({left:"0px"},500);
        });
}
```

meine_skripts.js

Gute Arbeit!

PROBEFAHRT

Nachdem Sie den auf den vorigen Seiten erstellten Code eingearbeitet haben, sollten Sie jetzt die Seite *index.html* im Browser öffnen, um die Funktionen `mischen` und `zurueck` zu testen. Klicken Sie den Button »Gesichter mischen« zehn bis zwanzig Mal an, um sicherzustellen, dass alles wie gewünscht funktioniert. Klicken Sie zwischendurch auch den Button »Neu anfangen« an, um zu sehen, ob er tut, was er soll.

Alles funktioniert!

Die verschiedenen Teile der Monstergesichter sollten sich jetzt nach links und rechts bewegen. Das sorgt für noch mehr visuellen Eindruck bei Ihren Besuchern.

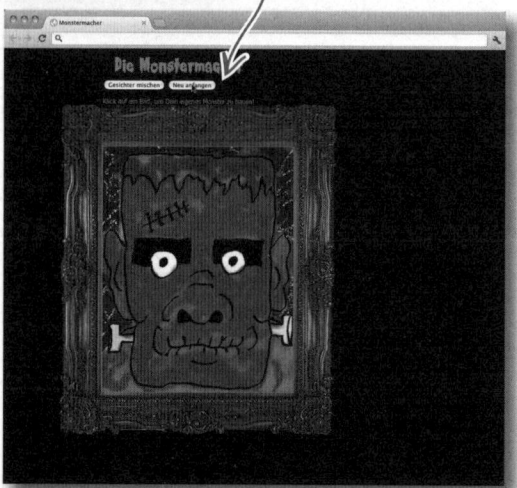

Und ein Klick auf den Button »Neu anfangen« stellt den Anfangszustand wieder her.

Eigene Funktionen für Ihre Effekte

jQuery-Kreuzworträtsel

Jetzt können Sie sich wieder zurücklehnen. Es ist Zeit, Ihrer linken Hirnhälfte etwas zu tun zu geben. Wir haben hier ein einfaches Kreuzworträtsel. Alle Lösungswörter stammen aus diesem Kapitel.

Waagerecht

4. Das globale Objekt, das bei jedem Öffnen eines neuen Browserfensters erzeugt wird.
6. Eine JavaScript-Methode zum Aufheben der Wartezeit zwischen wiederholten Funktionsaufrufen.
9. Besonderer Name für Funktionen, die Werte zurückgeben.
10. Führt eine Funktion wiederholt aus. Zwischen den Wiederholungen gibt es eine Verzögerung.
11. jQuery-Methode, mit der zwischen zwei Effekten in einer Methoden-Kette eine Pause eingefügt werden kann.

Senkrecht

1. Mit dieser JavaScript-Methode können Sie eine Verzögerung definieren, bevor eine bestimmte Funktion ausgeführt wird.
2. JavaScript-Event-Handler, der ausgelöst wird, wenn ein Fenster den Fokus verliert.
3. Eine Funktion, die auf eine bestimmte Aufgabe spezialisiert ist.
5. Event-Handler, der feststellt, ob das Fenster einen Klick, eine Tastatureingabe oder eine andere Art von Eingabe erhalten hat
7. Wird verwendet, um Variablen oder Objekte an eine Funktion zu übergeben. Tipp: Runde Klammern!
8. Eine Eigenschaft des window-Objekts, mit dem Sie auf die verschiedenen URLs zugreifen können, die das Fenster im Laufe der Zeit geladen hat.

Sie sind hier ▶

jQuery-Kreuzworträtsel-Lösung

jQuery-Kreuzworträtsel: Lösung

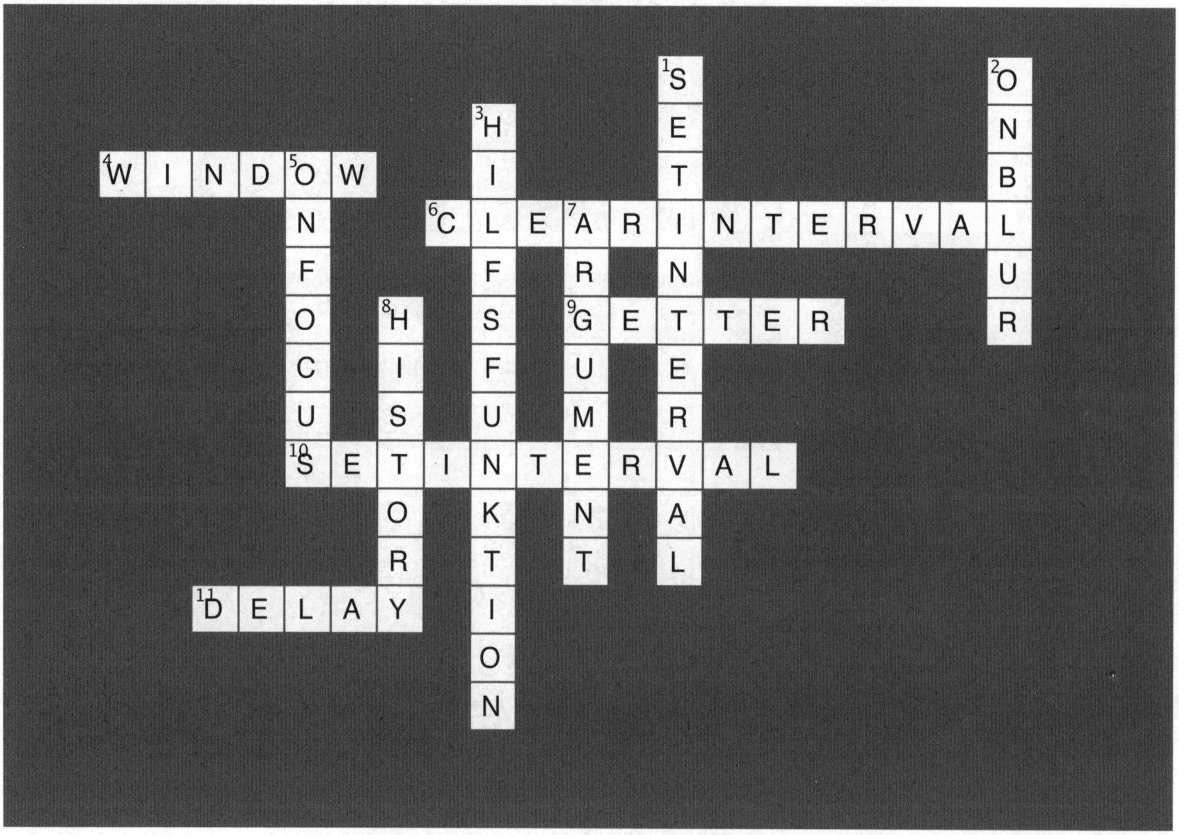

Eigene Funktionen für Ihre Effekte

»Monstermacher, Version 2« ist ein Hit!

Ihr jQuery-Werkzeugkasten

Ihr jQuery-Werkzeugkasten

Damit haben Sie Kapitel 7 in der Tasche. Ihr Werkzeugkasten enthält jetzt zusätzlich das window-Objekt, zeitgesteuerte Funktionen und optimierte eigene Funktionen.

window-Objekt

Das ist das oberste Objekt in JavaScript.

Es besitzt Eigenschaften, Event Handler und Methoden, die Ihnen dabei helfen, Browser-Events zu bemerken und darauf zu reagieren.

onFocus teilt Ihnen mit, wann das Browserfenster aktiv ist.

onBlur stellt fest, ob und wann das Browserfenster den Fokus verliert.

Zeitgesteuerte Funktionen

Methoden für das window-Objekt

setTimeout führt eine Funktion nach einer voreingestellten Wartezeit aus.

setInterval führt eine Funktion wiederholt aus und pausiert zwischen den Aufrufen für eine bestimmte Zeit.

clearInterval löscht den Zeitplan für wiederholte Funktionen wieder.

Optimierte eigene Funktionen

Durch eigene Funktionen können Sie interaktive Webseiten programmieren, die die Leute wirklich gerne benutzen.

Allerdings können sich sich dabei auch leicht verzetteln. Deshalb ist es wichtig, zu überlegen, wie sich Funktionen am besten kombinieren und optimieren lassen. Dadurch sind Fehler leichter zu finden und der Code besser zu warten.

8 jQuery und Ajax

Gib doch mal die Daten rüber

Eine Prise Ajax, ein paar Tropfen jQuery und sieben Tassen Schlagsahne. Bist du dir sicher, dass du das Rezept richtig aufgeschrieben hast, Schatz?

CSS- und DOM-Tricks mit jQuery machen schon Spaß, aber irgendwann müssen Sie Informationen (oder Daten) von einem Server abfragen und darstellen. Möglicherweise wollen Sie sogar bestimmte Teile einer Seite mit den Informationen vom Server aktualisieren, ohne dafür die ganze Seite neu laden zu müssen. Und da kommt Ajax ins Spiel. In Kombination mit jQuery und JavaScript ist auch so etwas möglich. In diesem Kapitel erfahren Sie, wie Sie mit jQuery Ajax-Abfragen an den Server schicken und was Sie mit den zurückgegebenen Antworten anfangen können.

Echtzeitdaten, aloha!

Bringen Sie das Bit-to-Byte-Rennen ins neue Jahrhundert!

Von: **Webville MegaCorps Marketing**
Betreff: **Ergebnisseite für das 42. Bit-to-Byte-Rennen**

Liebes Webdesign-Team,

wie Sie wissen, sponsern wir jedes Jahr das Bit-to-Byte-10.000-Meter-Rennen, indem wir die Ergebnisseite zur Verfügung stellen. Allerdings ist unsere Seite schon längst nicht mehr zeitgemäß. Sie wird erst aktualisiert, wenn alle Ergebnisse vorliegen. Die Besucher wollen die Ergebnisse aber am liebsten in Echtzeit sehen. Mit Twitter und Facebook können Leute, die persönlich beim Rennen anwesend sind, schneller Informationen liefern als wir.

Wir haben eine Aufgabe für Sie, die sich lohnen kann. Wenn Sie es schaffen, die Webville-Ergebnisseite bis nächste Woche auf den neuesten Stand zu bringen, bekommen Sie am Ende des Rennens freien Eintritt zum VIP-Bereich. (Das Rennen ist dieses Jahr übrigens in Maui auf Hawaii.)

Hier eine Liste der Dinge, die wir brauchen:

1) Die Besucher sollen entscheiden können, ob nur männliche, nur weibliche oder alle Teilnehmer angezeigt werden.

2) Die Seite soll automatisch aktualisiert werden, sobald ein Läufer die Ziellinie überquert.

3) Es soll nicht nötig sein, die Seite neu zu laden, um die aktualisierten Ergebnisse zu sehen.

4) Abschließend soll angezeigt werden, wann die Seite das letzte Mal aktualisiert wurde und wie oft. Außerdem sollen die Besucher die Möglichkeit haben, die Aktualisierungen in ihrem Browser selbst zu starten und zu stoppen. Das Design unterscheidet sich nicht großartig von dem im letzten Jahr. Sie haben also einen guten Ausgangspunkt. Für uns ist das Rennen eine wichtige Veranstaltung. Wir sind gespannt auf Ihre Ideen!

--
Dionah C. Housney
Marketingchefin
Webville MegaCorp

jQuery und Ajax

Ein Blick auf die Seite des letzten Jahres

Zum besseren Verständnis der Anforderungen der Marketingabteilung wollen wir einen Blick auf die Ergebnisseite vom letzten Jahr werfen. Am meisten interessieren uns im Moment das Aussehen und der Aufbau der Seite.

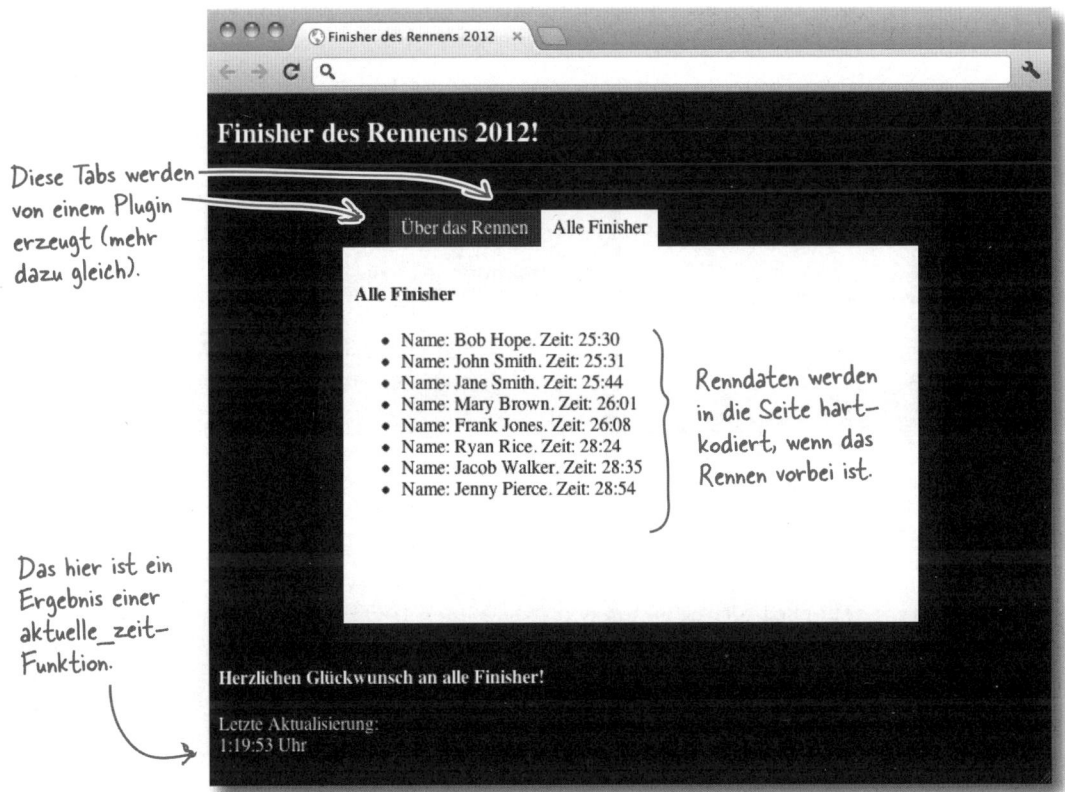

Plugins konfigurieren

Plugins sind *Erweiterungen* der jQuery-Basisbibliothek, mit denen die Funktionalität erweitert oder bestimmte Aufgaben erleichtert werden können. Im obigen Beispiel wandelt das `idTabs`-Plugin ein `ul`-Element in anklickbare Tabs um und sagt dem Browser, welche `div`-Elemente angezeigt werden sollen, wenn ein `a`-Link innerhalb der Listenelemente angeklickt wird. Dieses Plugin erzeugt eine leicht zu benutzende Navigationsstruktur für unsere Seite. Dadurch können wir verschiedene Informationsarten visuell voneinander trennen und trotzdem an der gleichen Stelle auf dem Bildschirm darstellen.

Machen Sie sich nicht zu viele Gedanken um das Plugin.

Plugins erweitern die Standard-jQuery-Bibliothek um zusätzlichen Funktionen. In Kapitel 10 werden wir detaillierter auf Plugins eingehen. Im Augenblick wollen wir sehen, wie dieses Plugin unsere Projektentwicklung beschleunigen kann.

Sie sind hier ▶ **293**

Downloads, *ofenfrisch*

Code-Fertiggericht

Bevor wir weitermachen, wollen wir zunächst einen Blick auf die Dateien des letzten Jahres werfen, um uns mit der Grundstruktur vertraut zu machen. Den Code finden Sie in der Datei *last_year.zip*. Sie können ihn (zusammen mit den anderen Beispieldateien für dieses Kapitel) unter *http://thinkjquery.com/chapter08* herunterladen. Hier sehen Sie Ausschnitte aus den drei benötigten Dateien *meine_stile.css*, *index.html* und *meine_skripte.js*. Den eingedeutschten Code finden Sie unter *www.oreilly.de/catalog/hfjqueryger*.

```css
body{
    background-color: #000;
    color: white;
}
                              /* Ein CSS-Kommentar */
/* Stile für Tabs */
#hauptteil {
    color:#111;               /* Das übrige CSS ab
    width:500px;                 dieser Stelle dient
    margin:8px auto;             dazu, auf der Seite
}                                Tabs zu erzeugen. */
#hauptteil > li, #hauptteil > ul > li
{ list-style:none; float:left; }
#hauptteil ul a {
    display:block;
    padding:6px 10px;
    text-decoration:none!important;
    margin:1px 1px 1px 0;
    color:#FFF;
    background:#444;
}
```

```css
#hauptteil ul a:hover {
    color:#FFF;
    background:#111;
}
#hauptteil ul a.selected {
    margin-bottom:0;
    color:#000;
    background:snow;
    border-bottom:1px solid snow;
    cursor:default;
}
#hauptteil div {
    padding:10px 10px 8px 10px;
    *padding-top:3px;
    *margin-top:-15px;
    clear:left;
    background:snow;
    height: 300px ;
}
#hauptteil div a {
    color:#000; font-weight:bold;
}
```

meine_stile.css

jQuery und Ajax

Links anlegen, die vom Plugin in Tabs umgewandelt werden

Die div-Elemente für die Tab-Inhalte

Ein Teil der Läufer des letzten Jahres. Manuell in die Seite eingetragen. Die Aktualisierung muss eine ziemliche Qual gewesen sein ...

Die üblichen JavaScript-Dateien einbinden. Plugins werden auf die gleiche Weise geladen.

```html
<div id="hauptteil">
    <ul class="idTabs">
        <li><a href="#ueber">Über das Rennen</a></li>
        <li><a href="#finisher">Alle Finisher</a></li>
    </ul>
    <div id="ueber">
        <h4>Über das Rennen</h4>Die Bit-to-Byte-Kampagne!
    </div>
    <div id="finisher">
        <h4>Alle Finisher</h4>
        <ul id="alle_finisher">
            <li>Name: Bob Hope. Time: 25:30</li>
            <li>Name: John Smith. Time: 25:31</li>
            <li>Name: Jane Smith. Time:  25:44</li>
            ...
        </ul>
    </div>
...
<script src="js/jquery-1.7.1.min.js"></script>
<script src="js/meine_skripte.js"></script>
<script src="js/jquery.idTabs.min.js"></script>
```
index.html

Unsere Funktion aktuelle_zeit aufrufen
Eine neue Instanz des JavaScript-Objekts Date
Methoden des Date-Objekts
Ein ternärer JavaScript-Operator (mehr dazu in Kürze)

```javascript
$(document).ready(function(){
    aktuelle_zeit();
    function aktuelle_zeit(){
        var a_p = "";
        var d = new Date();
        var std_aktuell = d.getHours();
        (std_aktuell < 12) ? a_p = "AM" : a_p = "PM";
        (std_aktuell == 0) ? std_aktuell = 12 : std_aktuell = std_aktuell;
        (std_aktuell > 12) ? std_aktuell = std_aktuell - 12 : std_aktuell = std_aktuell;
        var min_aktuell = d.getMinutes().toString();
        var sek_aktuell = d.getSeconds().toString();
        if (min_aktuell.length == 1) { min_aktuell = "0" + min_aktuell; }
        if (sek_aktuell.length == 1) { sek_aktuell = '0' + sek_aktuell; }
        $('#letzte_aktualisierung').html(std_aktuell + ":" + min_aktuell + ":"
+ sek_aktuell + " " + a_p );
    }
});
```
meine_skripte.js

Sie sind hier ▶ **295**

Hardcodierte Ergebnisse, *adieu*

Jetzt wird's dynamisch!

Das Marketingteam möchte, dass die Seite fast in Echtzeit aktualisiert wird. Die fest in die Seite eingebauten Ergebnisse müssen also raus. Außerdem wurde JavaScript bisher nur verwendet, um die Zeit auf der Seite anzuzeigen! Das gibt Ihnen die perfekte Gelegenheit, Ihre jQuery-Fähigkeiten ein gutes Stück weiter zu bringen. Willkommen bei Web*applikationen* einer neuen Generation! Mit jQuery, JavaScript und etwas Ajax und XML können Sie Ihre Applikationen fast so *dynamisch* (im Gegensatz zu *statisch*) machen wie Desktopprogramme.

Ajax steht für »Asynchronous JavaScript and XML« und ist eine Methode, um Daten in einem strukturierten Format zwischen dem Browser und dem Server auszutauschen, ohne dass der Benutzer der Website tätig werden muss. Mit Ajax fordern Ihre Seiten und Applikationen nur Informationen vom Server an, die gerade für die Aktualisierung eines bestimmten Teils der Seite benötigt werden. Außerdem werden nur Daten für die Teile ausgetauscht, für die der Server zuständig ist. Das bedeutet weniger Traffic, kleinere Aktualisierungen und somit weniger Wartezeit, während die neuen Daten geladen werden.

Und das Beste daran: Ajax-Seiten verwenden Internet-Standardtechnologien, also Dinge, die Sie in diesem Buch schon kennengelernt bzw. sogar selbst eingesetzt haben, unter anderem diese:

- HTML
- CSS
- JavaScript
- das DOM

Für die Benutzung von Ajax brauchen wir ein schon länger existierendes Datenformat (XML) und die jQuery-Methode `ajax`, mit der Ajax-Abfragen verarbeitet werden.

> Bei der Benutzung von Ajax fordern Ihre Webseiten nur die Teile vom Server an, die gerade an einer bestimmten Stelle in der Seite benötigt werden.

Das ALTE Web trifft das NEUE Web

Auch wenn wir hier mit jQuery arbeiten, müssen wir einen kleinen Blick in die Vergangenheit des Web werfen. In der Zeit des »alten« Web musste eine HTML-Seite als Ganzes neu geladen oder auf eine komplett neue Seite verlinkt werden, um alle Daten zu aktualisieren. Die Seiten wirkten oft schwerfällig, weil das gesamte Dokument jedes Mal erneut vom Server angefordert werden musste. Wieso sollte man jQuery erlernen, wenn die Arbeit mit Daten einen ja doch wieder ausbremst?

Auftritt für Ajax!

Mit Ajax können Browser und Server Daten dynamisch austauschen. Mithilfe von Ajax und ein paar DOM-Tricks können Sie jQuery und JavaScript verwenden, um nur bestimmte *Teile* einer Seite (neu) zu laden.

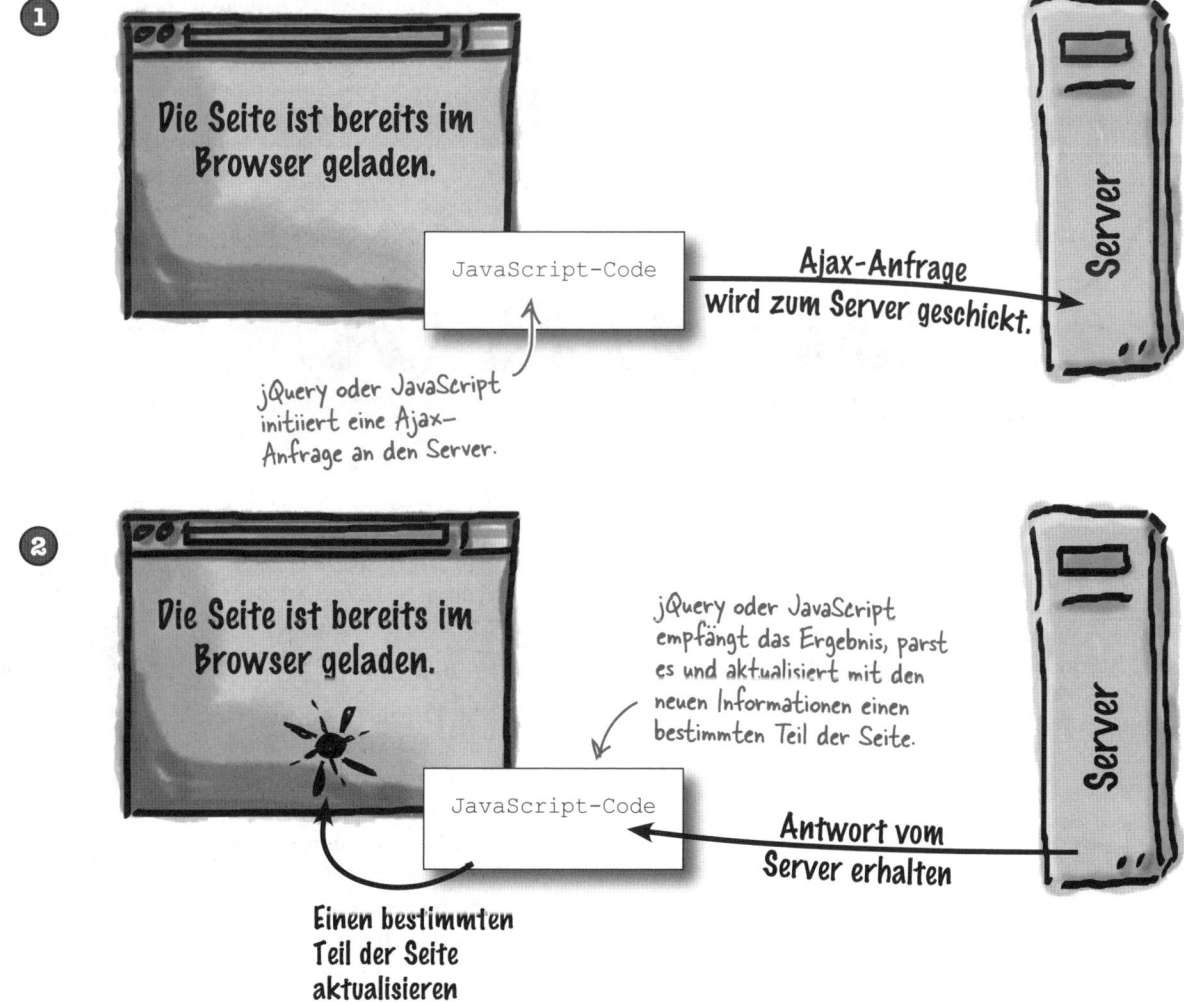

Es geht immer um Daten

Ajax verstehen

Wie bereits gesagt, ist Ajax ein Verfahren, um Daten in einem strukturierten Format zwischen dem Webserver und einem Browser auszutauschen, ohne dass der Benutzer der Website dafür tätig werden muss. Tatsächlich ist Ajax kein eigenständiges Verfahren, sondern eine Kombination aus mehreren Technologien, die für die Erstellung interaktiver Webapplikationen genutzt werden können. Mithilfe des JavaScript-Anteils können Sie mit der DOM-Struktur Ihrer Seite interagieren. *Asynchron* bedeutet, dass der Datenaustausch im Hintergrund stattfindet, ohne dass die Seite oder ein Benutzer direkt von dem Austausch betroffen wäre. Und bei dem X geht es um die Daten.

Was ist Ajax?

Asynchron

Auch während JavaScript eine Anfrage an den Server schickt, können Sie mit der Seite interagieren (zum Beispiel Webformulare ausfüllen oder Buttons anklicken) – und das alles, während im Hintergrund der Server arbeitet. Wenn der Server mit der Arbeit fertig ist, kann Ihr Code nur den Teil der Seite aktualisieren, der sich tatsächlich verändert hat. Das ist die Stärke der asynchronen Requests!

XML

XML (eXtensible Markup Language) ist eine Spezifikation für das Speichern von Informationen. Gleichzeitig ist es eine Spezifikation, mit der die Struktur der Informationen beschrieben wird. Und obwohl XML eine Markup-Sprache ist (genau wie HTML), besitzt sie keine eigenen Tags. Stattdessen kann die Person, die den XML-Code schreibt, die Tags ganz nach Bedarf erzeugen.

JavaScript

Wie Sie mittlerweile wissen sollten, ist JavaScript eine Skriptsprache, die für die Entwicklung von Webinhalten eingesetzt wird. Sie wird hauptsächlich verwendet, um Funktionen zu erstellen, die in HTML-Dokumente eingebettet oder von ihnen geladen werden, um mit dem DOM zu interagieren.

Aber können wir dafür nicht einfach HTML benutzen? Warum brauchen wir denn noch eine Markup-Sprache?

Im Prinzip ist es sogar möglich, HTML zu benutzen. Aber für die *Übertragung* von Informationen bietet XML einige überragende Vorteile gegenüber seiner Schwestersprache, die wir uns gleich etwas genauer ansehen werden.

Der X-Faktor

XML ist ein Akronym für e**X**tensible **M**arkup **L**anguage. Es stellt eine weit verbreitete Standardmethode zur Darstellung von Text und Daten in einem Format dar, das ohne menschliches Zutun verarbeitet werden kann. Als XML formatierte Daten können zwischen verschiedenen Plattformen und Applikationen und sogar zwischen Programmiersprachen und Schriftsprachen ausgetauscht werden. XML kann außerdem mit einer Vielzahl von Entwicklungswerkzeugen und Hilfsprogrammen verwendet werden. Dabei ist es so einfach zu erstellen und bearbeiten, dass dafür ein einfacher Texteditor und die XML-Deklaration am Dateianfang ausreichen. Der Rest liegt bei Ihnen.

XML allein tut gar nichts

Auch wenn es seltsam klingt: XML selbst tut eigentlich gar nichts. Es strukturiert und speichert Informationen und bereitet sie für den Transport auf. Tatsächlich ist XML eigentlich eine Art Metasprache, mit der andere Markup-Sprachen beschrieben werden können. Anders gesagt: XML stellt eine Möglichkeit zur Verfügung, Tags und die strukturellen Beziehungen zwischen ihnen zu definieren. Dabei ist XML allerdings kein Ersatz für HTML, sondern eine *Ergänzung*. In vielen Webapplikationen wird XML verwendet, um Daten für die Übertragung zu formatieren, während HTML Daten für die Darstellung strukturiert. Hier ein Beispiel für eine XML-Datei, in der Informationen über Bücher gespeichert werden.

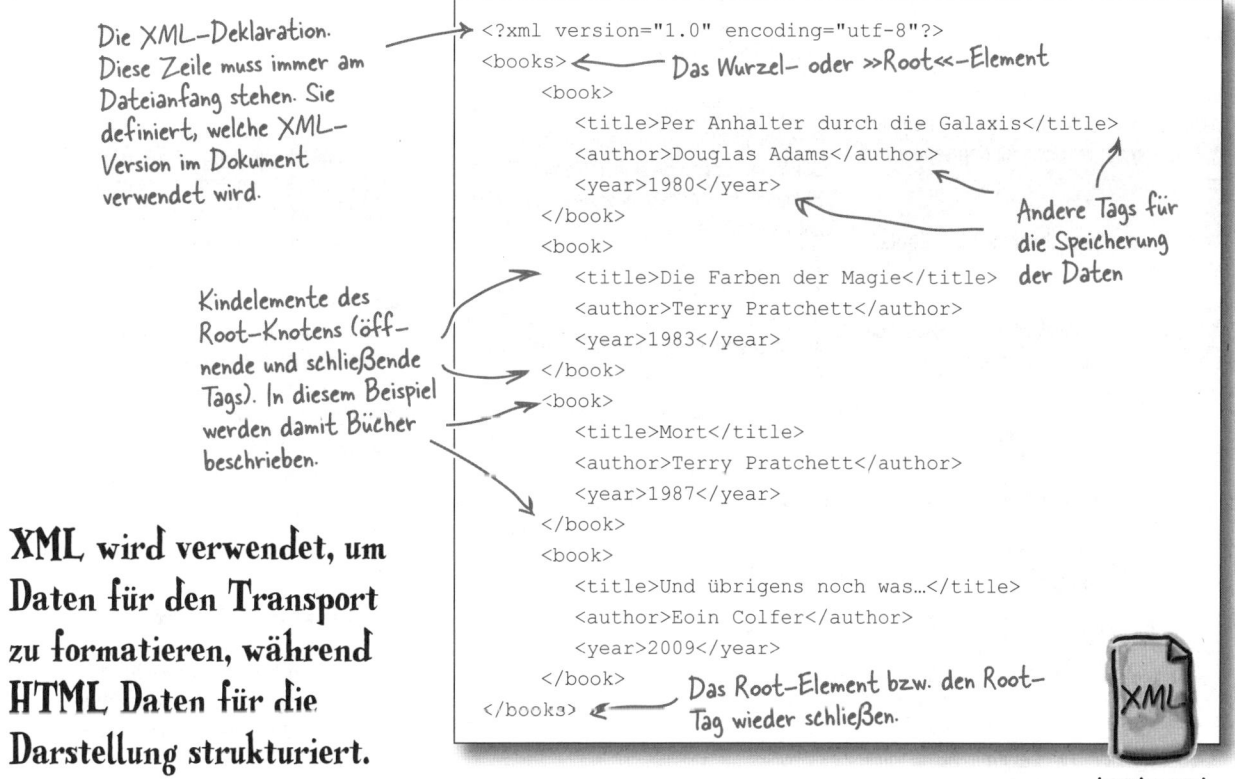

books.xml

XML wird verwendet, um Daten für den Transport zu formatieren, während HTML Daten für die Darstellung strukturiert.

Es gibt keine Dummen Fragen

F: Das Wichtige an XML ist also die Möglichkeit, eigene Tags definieren zu können, oder?

A: Genau! Es ist sehr praktisch, genau auf eine bestimmte Aufgabe zugeschnittene Elemente und Strukturen definieren zu können. Außerdem ist XML ein fester Standard, den sehr viele Leute verstehen. Das heißt, dass Ihr Vokabular von vielen Programmierern in client- und serverseitigen Programmen eingesetzt werden kann.

F: Wäre es nicht einfacher, ein eigenes Datenformat zu benutzen?

A: Vielleicht auf den ersten Blick. Allerdings können proprietäre Datenformate, die Sie selbst entwickeln, auch eine Menge Probleme verursachen. Wenn Sie Ihr Format nicht dokumentieren, vergessen die Leute leicht, wie es funktioniert. Und sobald sich am Format etwas ändert, müssen Sie alle Bestandteile Ihres Programms aktualisieren: den Client, den Server, die Datenbank, die Dokumentation usw. Das sorgt zuverlässig für Kopfschmerzen oder Schlimmeres.

F: Benutzen tatsächlich so viele Leute XML, wie Sie behaupten?

A: Aufgrund der Flexibilität, nach Bedarf beliebige Datenstrukturen zu erstellen, dient XML als Grundlage für eine Vielzahl verschiedener Markup-Sprachen im Web. Insgesamt gibt es über 150 verschiedene Sprachtypen, die auf XML basieren. Dazu gehören solche Sachen wie RSS (RDF Site Summary, auch bekannt als Real Simple Syndication) für Nachrichten-, Audio- und Video-Feeds, KML (Keyhole Markup Language) für geografische Informationen, die beispielsweise von Google Earth verwendet werden, OOXML (Office Open XML), ein von Microsoft entwickelter Standard für Textverarbeitungsdokumente, Tabellenkalkulationen, Präsentationen usw., SVG (Scalable Vector Graphics), womit zweidimensionale Bilder beschrieben werden können, oder SOAP (Simple Object Access Protocol), das Methoden für den Datenaustausch über Webdienste definiert. Und das ist nur eine kleine Auswahl!

F: Okay, ich verstehe, dass die Verwendung von XML sich lohnt. Aber wird es nicht auch zu einem »proprietären Datenformat«, wenn wir unsere eigenen Elementenamen definieren?

A: Nein, überhaupt nicht. Das ist ja das Schöne an XML: Es ist flexibel. Zwar müssen Client und Server dieselben Namen für die Elemente verwenden, aber das lässt sich oft zur Laufzeit klären.

F: Aber sind nicht eigentlich alle Webseiten asynchron? Ich kann die Seite ja auch schon lesen, während der Browser zum Beispiel noch die Bilder lädt.

A: Nicht die Seiten, sondern die *Browser* sind asynchron. Benötigt eine Webseite Informationen vom Server, hält normalerweise alles an, bis der Server antwortet … es sei denn, die Seite führt eine asynchrone Anfrage durch. Und genau darum geht es bei Ajax.

F: Woher weiß ich, wann es sinnvoll ist, Ajax und asynchrone Requests zu verwenden, und wann nicht?

A: Stellen Sie sich das einmal so vor: Wenn Sie möchten, dass »hinter den Kulissen« etwas passiert, während der Benutzer weiter mit Ihrer Webseite arbeitet, ist ein asynchroner Request sehr wahrscheinlich eine gute Wahl. Benötigt der Benutzer dagegen Informationen oder eine Antwort von Ihrer Applikation, bevor er weiterarbeiten kann, ist es oft sinnvoller, einen synchronen Request zu verwenden, während der Benutzer wartet.

F: Sollte ich für die Interaktion mit XML nicht XHTML verwenden?

A: Das ist eine ganz witzige Geschichte: XHTML *ist* XML. Im Kern ist die Ähnlichkeit zwischen XHTML und HTML oberflächlicher, als die meisten Leute denken. XHTML ist im Hinblick auf das Parsen eine striktere Sprache und gehört zur selben Familie wie XML. Das heißt aber nicht, dass XHTML besser mit XML umgehen könnte als HTML. Für die Markup-Beispiele in diesem Buch verwenden wir übrigens HTML5, wozu auch XHTML5 gehören wird, wenn die Standardspezifikationen dafür eines Tages offiziell freigegeben werden.

Also gut, ich bin bereit für Ajax. Aber müssen wir dafür nicht erst unsere Datenstruktur festlegen? So war das jedenfalls bisher immer …

Sie haben recht.

Dann wollen wir das mal aus dem Weg schaffen, damit wir Ajax endlich in unserer Seite benutzen können …

HTML-Codemagneten

Platzieren Sie die Magneten an der richtigen Stelle, um zwei neue Tabs zu erstellen, in denen verschiedene Informationen dargestellt werden: einer für die männlichen Finisher (mit der ID männlich) und einer für die weiblichen (mit der ID weiblich). Den Tab **Über das Rennen** können Sie entfernen, aber **Alle Finisher** sollten Sie behalten, er wird noch gebraucht. Bauen Sie in jeden Abschnitt ein leeres ul-Element ein, das später die Namen der Läufer und Läuferinnen aufnehmen wird. Vergessen Sie auch nicht, sämtliche Inhalte aus dem alle_finisher ul-Element mit der ID zu entfernen.

```
<body>
    <header>
        <h2>_____</h2>
    </header>
    <div id="hauptteil">
        <ul class="idTabs">
            <li><a href="_____">Männliche Finisher</a></li>
            <li><a href="#weiblich">_____</a></li>
            <li><a href="#alle_finisher">Alle Finisher</a></li>
        </ul>
        <div id="male">
            <h4>Männliche Finisher</h4>
            <ul id="_____"></ul>
        </div>
        <div _____>
            <h4>Weibliche Finisher</h4>
            <ul id="finisher_w"></ul>
        </div>
        <div _____>
            <h4>Alle Finisher</h4>
            <ul id=_____></ul>
        </div>
    </div>
    <footer>
        <h4>Herzlichen Glückwunsch an alle Finisher!!</h4>
        <br>Letzte Aktualisierung: <div id=_____></div>
    </footer>
    <script src="js/jquery-1.7.1.min.js"></script>
    <script src=_____></script>
    <script src="js/jquery.idTabs.min.js"></script>
</body>
```

index.html

Magneten:
- "js/meine_skripte.js"
- #male
- "alle_finisher"
- Finisher des Rennens 2012!
- "letzte_aktualisierung"
- Weibliche Finisher
- finisher_m
- id="weiblich"
- id="alle_finisher"

HTML-Codemagneten: Lösung

Sie sollten jetzt zwei neue Tabs haben, einen für die weiblichen und einen für die männlichen Finisher.

```html
<body>
    <header>
        <h2>Finisher des Rennens 2012!</h2>
    </header>
    <div id="hauptteil">
        <ul class="idTabs">
            <li><a href="#male">Männliche Finisher</a></li>
            <li><a href="#weiblich">Weibliche Finisher</a></li>
            <li><a href="#alle_finisher">Alle Finisher</a></li>
        </ul>
        <div id="male">
            <h4>Männliche Finisher</h4>
            <ul id="finisher_m"></ul>
        </div>
        <div id="weiblich">
            <h4>Weibliche Finisher</h4>
            <ul id="finisher_w"></ul>
        </div>
        <div id="alle_finisher">
            <h4>Alle Finisher</h4>
            <ul id="alle_finisher"></ul>
        </div>
    </div>
    <footer>
        <h4>Herzlichen Glückwunsch an alle Finisher!!</h4>
        <br>Letzte Aktualisierung: <div id="letzte_aktualisierung"></div>
    </footer>
    <script src="js/jquery-1.7.1.min.js"></script>
    <script src="js/meine_skripte.js"></script>
    <script src="js/jquery.idTabs.min.js"></script>
</body>
```

index.html

Unsere Liste der Finisher

Das jQuery-Plugin für die Erstellung der Tabs einbinden

jQuery und Ajax

PROBEFAHRT

Aktualisieren Sie Ihre *index.html*-Datei mit dem Code aus der Magnetenlösung und öffnen Sie sie im Browser Ihrer Wahl.

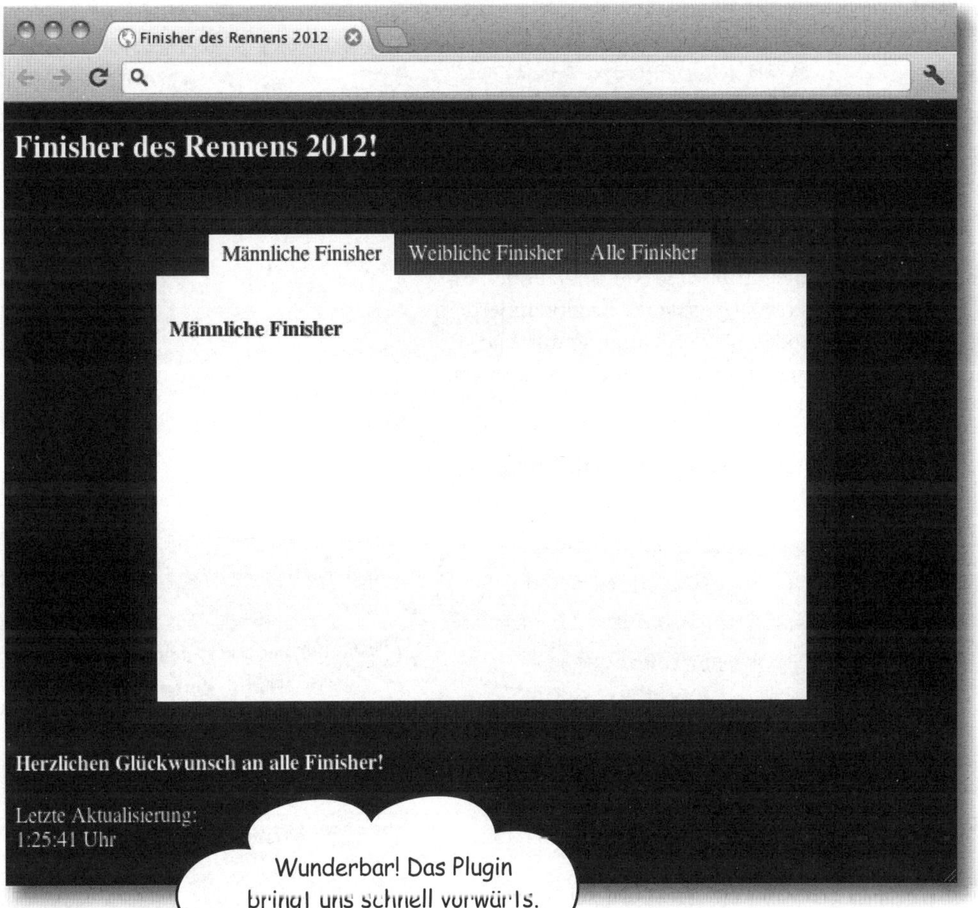

Wunderbar! Das Plugin bringt uns schnell vorwärts. Ich kann schon die Wellen am Strand hören ...

Gute Arbeit!

Die Seite nimmt langsam Gestalt an. Jetzt wollen wir sehen, wie Sie Daten vom Server abfragen und die Tabs mit echten Informationen über das Rennen füllen können.

Sie sind hier ▶ **303**

Jetzt wird's *ernst*

Daten mit der ajax-Methode abfragen

Sie wollen Daten? jQuery und Ajax warten nur darauf, sie Ihnen zu liefern. Die `ajax`-Methode von jQuery gibt ein Objekt (das kennen Sie noch aus Kapitel 6, oder?) mit Daten über die auszuführende Aktion zurück. Sie können der `ajax`-Methode eine Vielzahl verschiedener Parameter übergeben. Sie ist außerdem in der Lage, Daten per POST *zum* Server zu schicken und per GET *vom* Server abzufragen.

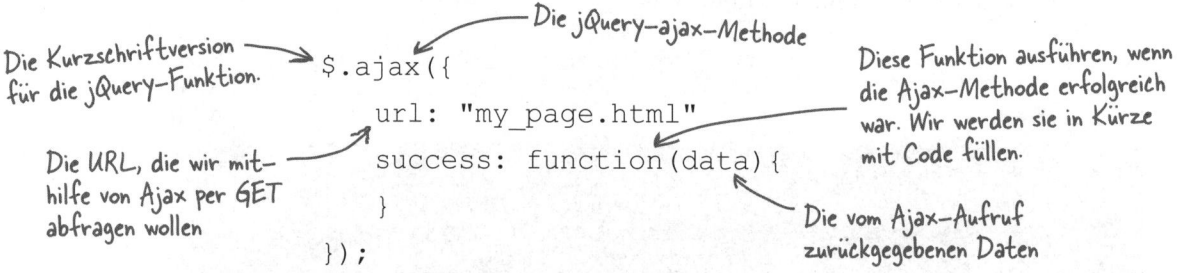

Eine vollständige Liste aller Parameter für diese Methode finden Sie unter der Adresse *http://api.jquery.com/jQuery.ajax/*. Es gibt außerdem eine Reihe von jQuery-Hilfsmethoden für den Umgang mit Ajax-Aufrufen. Wir werden uns etwas später genauer damit beschäftigen, versprochen!

Aktualisieren Sie nun Ihre *meine_skripte.js*-Datei mit dem Code, den wir unten hervorgehoben haben.

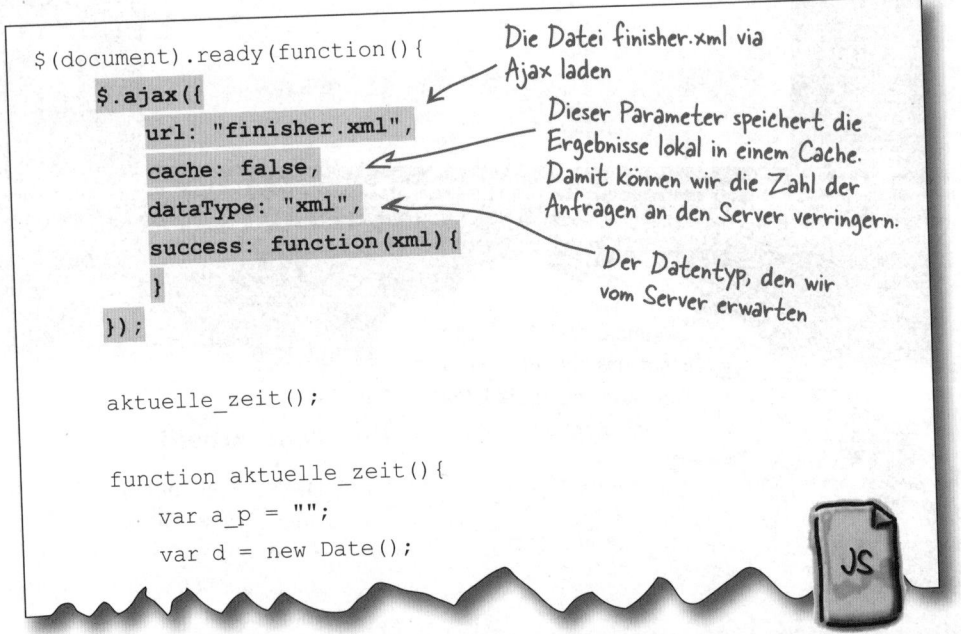

meine_skripte.js

jQuery und *Ajax*

PROBEFAHRT

Aktualisieren Sie Ihre *meine_skripte.js*-Datei mit dem Code von der vorigen Seite. Laden Sie dann die Beispiel-XML-Datei von *http://thinkjquery.com/chapter08/step2/finisher.xml* herunter und speichern Sie sie im selben Verzeichnis wie Ihre *index.html*-Datei. Wenn Sie damit fertig sind, öffnen Sie *index.html* in Ihrem Browser. Öffnen Sie nun den »Network«-Tab (in den Entwicklerwerkzeugen von Google Chrome) bzw. den »Net«-Tab (in Firebug für Firefox). Ihre XML-Datei sollte hier zusammen mit den anderen Dateien für Ihre Seite aufgelistet sein. Den eingedeutschten Code finden Sie unter *www.oreilly.de/catalog/hfjqueryger*.

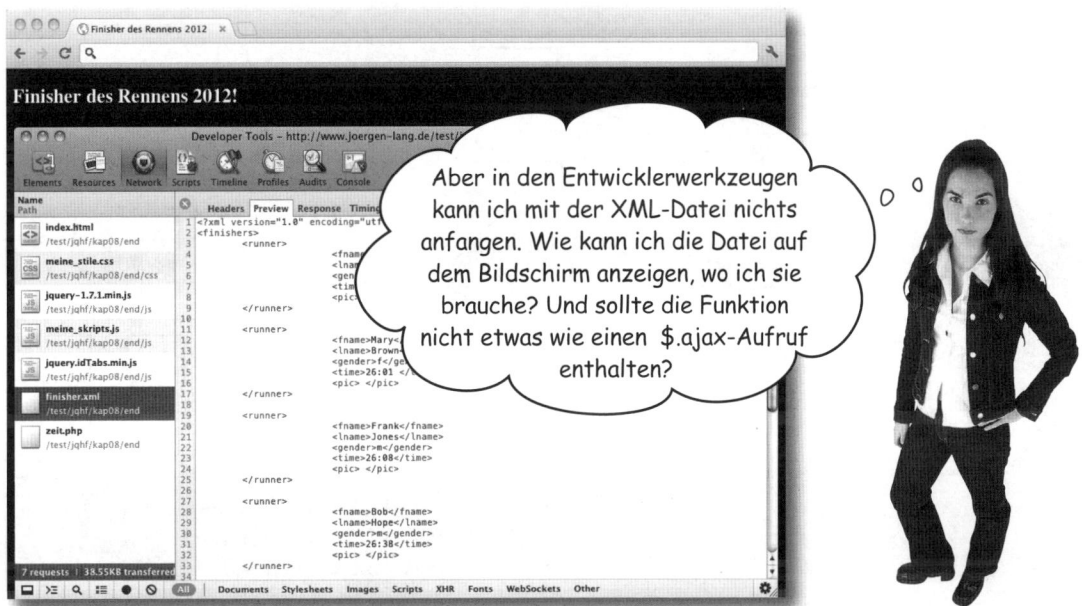

Gutes Argument!

Jetzt, wo wir wissen, wie wir die XML-Datei in den Browser laden können, müssen wir die benötigten Textteile herausfischen und auf dem Bildschirm darstellen. Außerdem brauchen wir eine Möglichkeit, jeden (engl. *each*) Läufer zu finden, und der richtigen Liste (männlich/weiblich/alle) hinzuzufügen. Und es ist tatsächlich eine gute Idee, die `ajax`-Aufrufe in Funktionen zu verpacken, damit Sie sie bei Bedarf aufrufen können.

Ajax-Aufrufe unterliegen der »same origin«-Regelung!

Aufgepasst

Die *same-origin*-Regelung (»gleiche Herkunft«) ist ein Sicherheitskonzept für JavaScript und andere clientseitige Skriptsprachen. Danach dürfen Skripten, die auf einer Seite laufen, nur auf Ressourcen (z. B. Elementeigenschaften oder Methoden) zugreifen, die **vom selben Server stammen**. Dadurch soll verhindert werden, dass Skripten auf Elemente zugreifen, die möglicherweise aus gefährlichen Quellen stammen. Aus Gründen der Abwärtskompatibilität unterliegen eingebundene JavaScript-Ressourcen nicht dieser Regelung, XML-Dateien aber schon. Das heißt, dass die XML-Datei **vom selben Server stammen muss wie die Seite, die sie lädt**.

Schleifen mit find und each

XML-Daten parsen

Wir brauchen eine Methode, um die einzelnen Läufer aus der XML-Datei zu extrahieren und auf dem Bildschirm darzustellen. Glücklicherweise bietet jQuery die `find`-Methode. Ihre Aufgabe ist, anhand der übergebenen Suchkriterien bestimmte Elemente zu finden. Mit `find` können wir die Nachkommen von Elementen in einem hierarchisch strukturierten Satz an Informationen finden, beispielsweise dem DOM-Baum oder einem XML-Dokument, und daraus ein neues Array mit den passenden Elementen erstellen. Dabei haben die Methoden `find` und `children` eine gewisse Ähnlichkeit. (Die `children`-Methode haben wir in Kapitel 4 kennengelernt, als wir die Speisekarte für das Webville-Restaurant erstellt haben.) Allerdings bewegt sich `children` nur um eine Ebene im DOM-Baum nach unten. Wir müssen aber weiter runter …

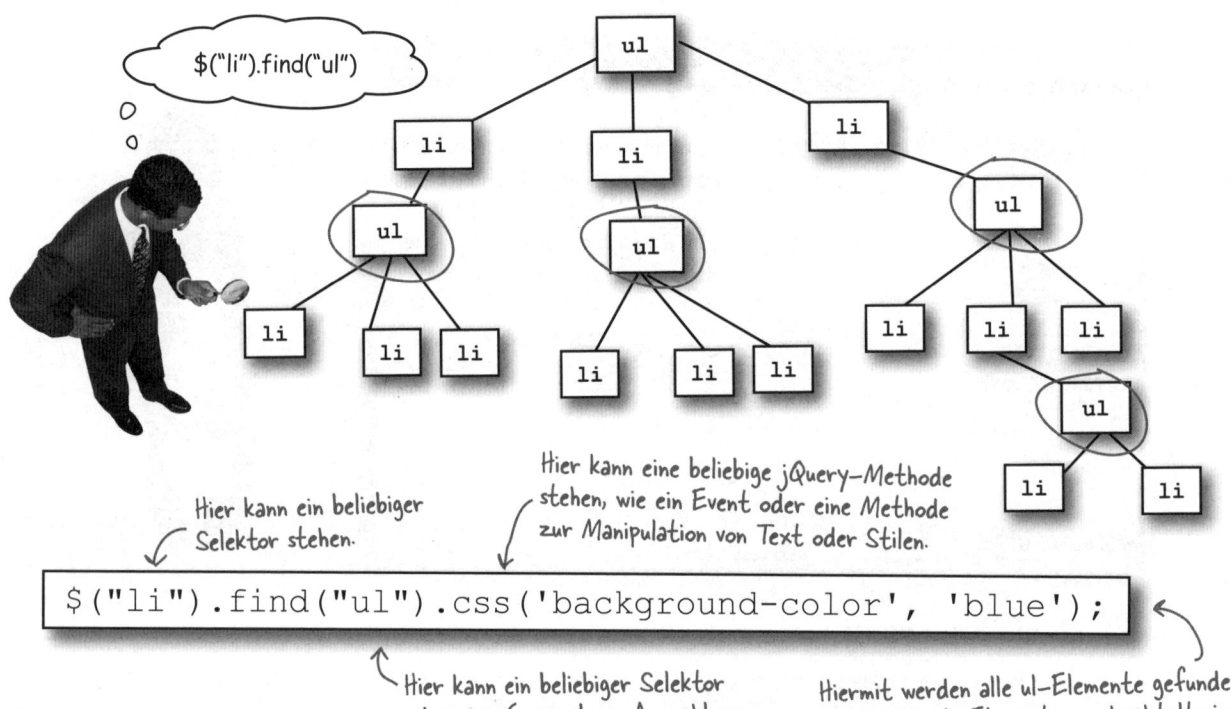

Durch die Kombination der Methoden find und each können wir eine Gruppe von Elementen finden und diese dann in einer Schleife einzeln verarbeiten.

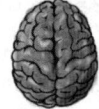 **KOPF-NUSS**

Wissen Sie, mit welchen Teilen des XML-Dokuments wir arbeiten müssen, um die einzelnen Läufer auf dem Bildschirm anzuzeigen?

jQuery-Codemagneten

Ordnen Sie die Codemagneten so an, dass eine Funktion namens `XML_laeufer_finden` entsteht, die die `ajax`-Methode aufruft und die Datei *finisher.xml* lädt. Nach dem erfolgreichen Laden sollen alle Listen geleert werden, die möglicherweise Informationen enthalten. Dann sollen alle Laufer in der XML-Datei gefunden und jeweils ermittelt werden, ob es sich um eine männliche (male) oder weibliche (female) Person handelt. Fügen Sie die Läufer der ihrem Geschlecht entsprechende Liste und außerdem der Liste `alle_finisher` für alle Finisher hinzu. Danach soll die Funktion `aktuelle_zeit` aufgerufen werden, um den Zeitpunkt der letzten Aktualisierung der Seite korrekt anzuzeigen.

```
function _____
    $.ajax({
        url: _____,
        cache: false,
        dataType: "xml",
        _____ function(xml){
            $(_____).empty();
            $('#finisher_w')_____;
            $('#alle_finisher').empty();
            $(xml).find_____(function() {
                var info = '<li>Name: ' + $(this).find_____ + ' ' + $(this).find("lname").text() + '. Time: ' + _____.text() + '</li>';
                if( $(this).find("gender").text() == "m" ){
                    $('#finisher_m').append_____
                }else if ( $(this).find("gender").text() == "f" ){
                    _____.append(info);
                }else{   }
                _____.append(info);
            });
            _____
        }
    });
}
```

Magnete:
- `"finisher.xml"`
- `XML_laeufer_finden(){`
- `aktuelle_zeit();`
- `success:++`
- `(info)`
- `$('#alle_finisher')`
- `'#finisher_m'`
- `("runner").each`
- `$('#finisher_w')`
- `.empty()`
- `("fname").text()`
- `$(this).find("time")`

meine_skripte.js

jQuery-Codemagneten-*Lösung*

jQuery-Codemagneten: Lösung

Verwenden Sie die Methoden `find` und `each`, um eine Schleife über die Datei *finisher.xml* auszuführen, das Geschlecht der Läufer zu überprüfen und sie den passenden Tabs unserer Webapplikation hinzuzufügen.

```
function XML_laeufer_finden(){
    $.ajax({
        url: "finisher.xml",
        cache: false,
        dataType: "xml",
        success: function(xml){
            $('#finisher_m').empty();
            $('#finisher_w').empty();
            $('#alle_finisher').empty();
            $(xml).find("runner").each(function() {
                var info = '<li>Name: ' + $(this).find("fname").text() + ' ' + $(this).
find("lname").text() + '. Time: ' + $(this).find("time").text() + '</li>';
                if( $(this).find("gender").text() == "m" ){
                    $('#finisher_m').append(info);
                }else if ( $(this).find("gender").text() == "f" ){
                    $('#finisher_w').append(info);
                }else{ }
                    $('#alle_finisher').append(info);
            });
            aktuelle_zeit();
        }
    });
}
```

Anmerkungen:
- Alle ul-Elemente ausleeren, damit sie mit den neuen Daten aktualisiert werden können
- Eine Schleife über die einzelnen ul-Elemente in der XML-Datei ausführen
- Das Geschlecht der einzelnen Läufer überprüfen, um sie der passenden Liste hinzuzufügen
- Außerdem alle Läufer der alle_finisher-Liste hinzufügen
- Die Funktion aktuelle_zeit aufrufen, um anzuzeigen, wann die Funktion XML_laeufer_finden das letzte Mal aufgerufen wurde

meine_skripte.js

In diesem Beispiel war die Zeile, die mit »var info = ...« beginnt, zu lang für die Seite. Wir haben sie daher auf der folgenden Zeile weitergeführt. Das müssen Sie in Ihrem Code nicht unbedingt machen.

jQuery und Ajax

PROBEFAHRT

Ergänzen Sie Ihre *meine_skripte.js*-Datei um die `XML_laeufer_finden`-Funktion. Ersetzen Sie außerdem die `aktuelle_zeit`-Funktion (im `document.ready`-Teil) durch einen Aufruf der `XML_laeufer_finden`-Funktion. Die Funktion `aktuelle_zeit` wird nun innerhalb dieser neuen Funktion aufgerufen. Stellen Sie sicher, dass spätestens jetzt Ihr gesamter Code auf einem Webserver liegt und von dort abgerufen wird. Die URLs sollten also mit *http://* und nicht mit *file://* beginnen. Stellen Sie außerdem sicher, dass sich die XML-Datei auf demselben Server befindet wie die HTML-Datei. Ansonsten kann es schnell zu Problemen mit der »same origin«-Regel kommen.

Klasse! Jetzt habe ich eine Funktion, die ich aufrufen kann, um meine XML-Daten abzurufen. Aber sollte die nicht mehr als einmal lauten, damit die Seite automatisch aktualisiert werden kann?

Ja, das sollte sie.

Zum Glück wissen Sie bereits aus dem vorigen Kapitel, wie Sie Funktionen auf Ihrer Seite zeitgesteuert ausführen können. Lassen Sie uns noch einen kurzen Blick darauf werfen, wie das geht und welche Optionen wir dieses Mal haben …

Sie sind hier ▸ **309**

Alles zur richtigen Zeit

Funktionen zeitgesteuert aufrufen

Im letzten Kapitel haben wir die Timer-Methoden von JavaScript und jQuery kennengelernt, mit denen Sie Funktionen nach einem bestimmten Zeitplan ausführen können. Das window-Objekt von JavaScript besitzt vier Timer-Methoden: `setTimeout`, `clearTimeout`, `setInterval` und `clearInterval`. jQuery stellt außerdem die `delay`-Methode zur Verfügung. Sie ist allerdings für die Steuerung von Effekten gedacht und bietet keine Option für das wiederholte Ausführen von Funktionen oder den Aufruf nach einem bestimmten Zeitplan. Sie hilft uns hier also nicht weiter.

JavaScript-Timer-Methoden

setTimeout

Verwenden Sie mich, wenn Sie eine bestimmte Wartezeit festlegen wollen, bevor eine Funktion ausgeführt wird.

`setTimeout(myFunction, 4000);`

Funktion, die nach dem festgelegten Zeitraum aufgerufen werden soll.

Die Verzögerung (in Millisekunden)

setInterval

Mit mir können Sie Funktionen wiederholt ablaufen lassen und bestimmen, wie lange zwischen den Aufrufen gewartet werden soll.

`setInterval(wiederholenMe, 1000);`

Funktion, die nach Ablauf der Wartezeit wiederholt werden soll.

Wartezeit zwischen den Funktionsaufrufen (in Millisekunden)

~~jQuerys delay-Methode~~

~~delay~~

Ich führe verkettete Effekte mit einer festgelegten Verzögerung aus.

`slideDown().delay(5000).slideUp();`

Eine Reihe verketteter Effekte (engl. »effects queue«).

In diesem Beispiel fügt die delay-Methode zwischen den Effekten slideUp und slideDown eine Pause von fünf Sekunden ein.

*Das ist doch klar. Wir benutzen wie beim letzten Mal **setInterval**. Oder?*

Nicht so schnell!

Wir können da nicht immer sicher sein. Wenn es um das Wiederholen von Funktionen auf der Seite geht, würde `setInterval` normal funktionierern. Wenn externe Ressourcen verwendet werden (wie unsere XML-Datei) kann es jedoch zu Problemen kommen.

Aufgepasst

`setInterval` wird auch dann ausgeführt, wenn die aufgerufene Funktion noch nicht beendet ist.

Wenn Sie auf Informationen vom Server oder auf Benutzereingaben warten, kann es passieren, dass `setInterval` Ihre Funktion erneut aufruft, obwohl sie noch nicht bereit ist. Die Funktionen werden möglicherweise nicht in der Reihenfolge beendet, in der sie aufgerufen wurden.

310   Kapitel 8

Selbstreferenzierende Funktionen

Eine *selbstreferenzierende* Funktion ruft sich im Programmverlauf selbst auf. Diese Art von Funktion kann nützlich sein, wenn Sie darauf warten müssen, dass die Funktion die aktuelle Aufgabe beendet, bevor sie erneut ausgeführt werden kann. Wenn Sie dieses Verfahren mit einem Aufruf von `setTimeout` verbinden, können Sie eine Funktion in bestimmten Zeitabständen ausführen, falls der vorige Funktionsaufruf erfolgreich war. Ansonsten wird der Selbstaufruf in der Funktion nicht erreicht und es findet keine Wiederholung statt.

> **Spitzen Sie Ihren Bleistift**
>
> Schreiben Sie eine Funktion mit dem Namen `AJAX_aufrufe_starten`, die beim Laden der Seite aufgerufen wird und die Funktion `XML_lauefer_finden` alle zehn Sekunden erneut aufruft. Definieren Sie zu Beginn der Skriptdatei – aber innerhalb der Funktion `$(document).ready` – eine Variable mit dem Namen `FREQ` und weisen Sie ihr die Anzahl von Millisekunden zu, die als Parameter für die Häufigkeit der Aufrufe von `XML_lauefer_finden` verwendet werden soll. Verwenden Sie `setTimeout` für den Aufruf von `AJAX_aufrufe_starten`, um sicherzustellen, dass sie sich selbst aufruft, nachdem die `XML_lauefer_finden`-Funktion beendet wurde. Sie müssen `AJAX_aufrufe_starten` außerdem direkt in Ihrem Code aufrufen, damit der Timer gestartet wird.
>
> ```
> $(document).ready(function(){
>     ...........................
>
>     function AJAX_aufrufe_starten(){
>         ...........................
>                 ...........................
>                 ...........................
>             ............
>             ............
>         ............
>     }
>     XML_lauefer_finden();
>     ...........................
>
>     function XML_lauefer_finden(){
>         $.ajax({
>             url: "finisher.xml",
>             cache: false,
> ```
>
> *meine_skripte.js*

Lösung

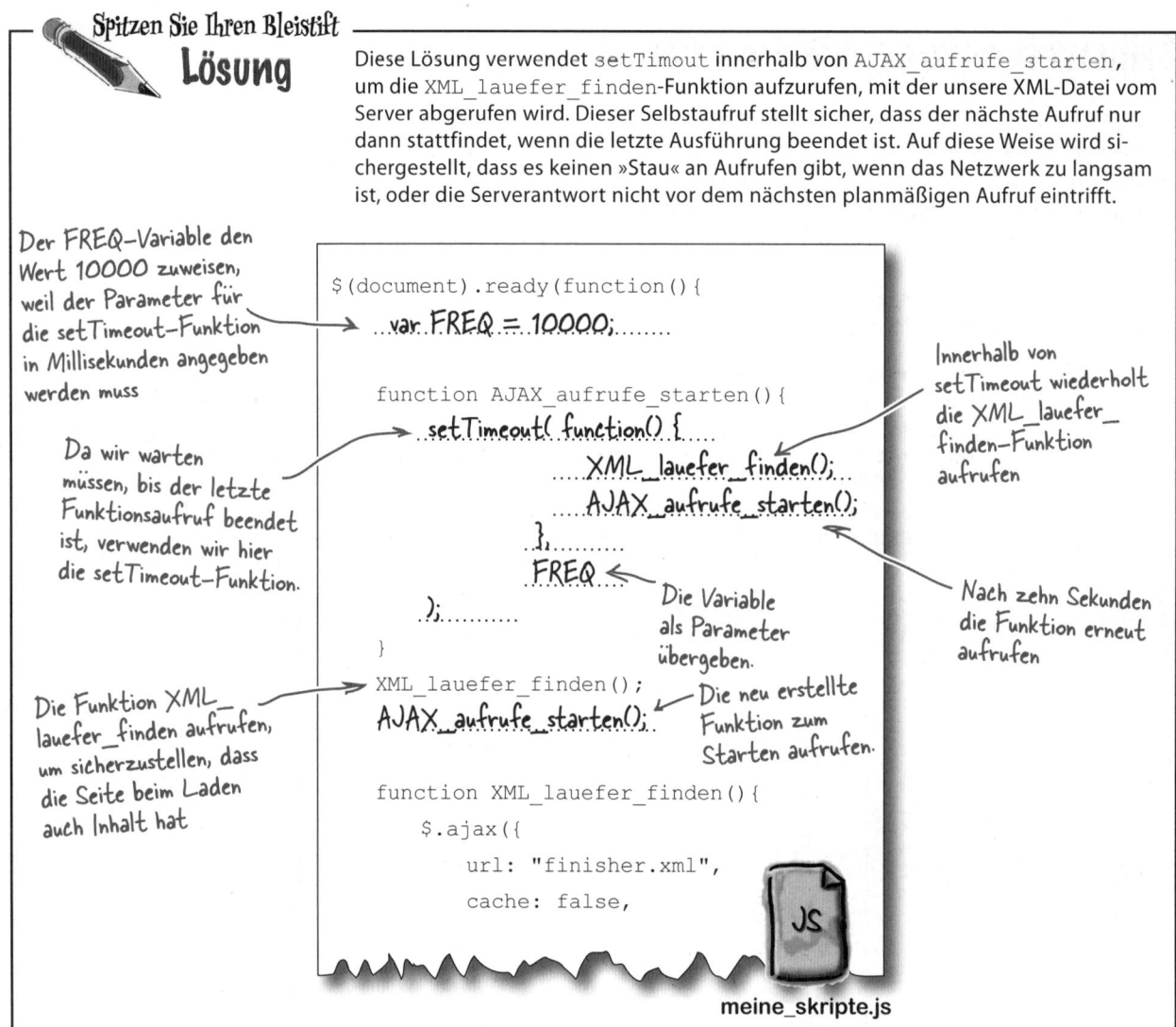

Es gibt keine Dummen Fragen

F: Immer wenn ich etwas über Ajax lese, heißt es, ich muss das `XMLHttpRequest`-Objekt benutzen. Stimmt das?

A: Ja, aber nicht mit jQuery. Als Webprogrammierer müssen Sie das Objekt nicht benutzen. Das erledigt jQuery für Sie, wenn Sie die `ajax`-Methode verwenden. Da sich die Ajax-Requests von Browser zu Browser unterscheiden können, sucht sich jQuery außerdem jeweils die beste Möglichkeit, einen Ajax-Request für die einzelnen Besucher der Website durchzuführen.

F: Was passiert, wenn der Server einen Fehler zurückgibt oder nicht antwortet? Wartet der Request dann für immer?

A: Nein, der Request wartet nicht für immer. Für alle Parameter des Ajax-Aufrufs können Sie die maximale Wartezeit (einen *Timeout*) festlegen. Außerdem gibt es – wie beim `success`-Parameter, der einen Funktion nur bei Erfolg ausführt – andere Parameter, die mit Fehlern umgehen können. Diese Events werden am besten als lokale Events beim Aufruf der `ajax`-Methode oder als globale Events eingesetzt. Diese können dann wiederum als Auslöser für andere wartende Handler verwendet werden.

jQuery und Ajax

PROBEFAHRT

Aktualisieren Sie Ihre *meine_skripte.js*-Datei mit dem gerade erstellten Code. Vergessen Sie dabei nicht, direkt nach dem Aufruf der Funktion `XML_laeufer_finden` einen Aufruf unserer neuen Funktion einzubauen. Danach sollten Sie die Seite in Ihrem Browser öffnen und den »Network«-Tag in Google Chrome bzw. die »Net«-Option in Firebug für Firebox verwenden, um zu überprüfen, ob die Datei tatsächlich alle zehn Sekunden geladen wird. Sobald Sie sicher sind, dass das funktioniert, verwenden Sie einen Texteditor, um die XML-Datei mit dem unten gezeigten Eintrag zu aktualisieren. Danach können Sie zusehen, wie der neue Läufer auf der Seite erscheint … (Vergessen Sie nicht, die XML-Datei nach der Aktualisierung zu speichern!)

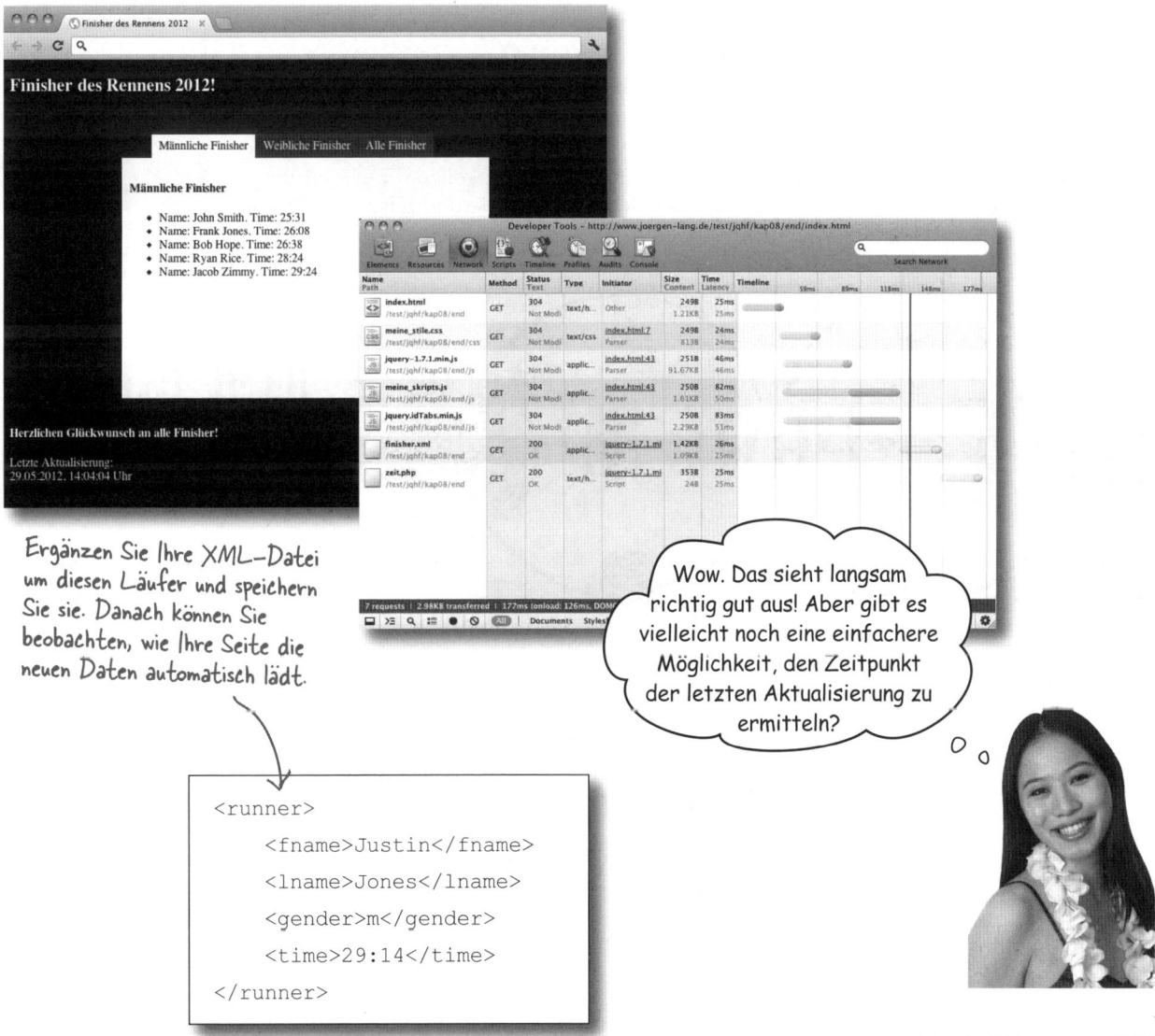

Ergänzen Sie Ihre XML-Datei um diesen Läufer und speichern Sie sie. Danach können Sie beobachten, wie Ihre Seite die neuen Daten automatisch lädt.

Wow. Das sieht langsam richtig gut aus! Aber gibt es vielleicht noch eine einfachere Möglichkeit, den Zeitpunkt der letzten Aktualisierung zu ermitteln?

```
<runner>
    <fname>Justin</fname>
    <lname>Jones</lname>
    <gender>m</gender>
    <time>29:14</time>
</runner>
```

Sie sind hier ▶

Wer will nicht noch mehr?

Mehr vom Server abfragen

Wie wir bisher gesehen haben, eignet sich HTML gut für die *Darstellung* von Informationen auf der Seite, während die Stärken von XML in der *Formatierung von Daten für den Transport* liegen. Was machen wir aber, wenn die Seite tatsächlich etwas **tun** muss, beispielsweise die aktuelle Zeit ermitteln oder Informationen von einer Datenbank abfragen? Es ließe sich bestimmt eine JavaScript- oder jQuery-Lösung finden. Aber vielleicht sollten wir hier etwas einsetzen, das genau für diese Aufgaben entwickelt wurde?

Abhilfe schaffen mit serverseitigen Sprachen

Auch wenn es eine ganze Reihe von serverseitigen Sprachen gibt (z. B. JSP, ASP, Cold Fusion), werden wir uns für die Aufgabe auf PHP konzentrieren.

PHP bedeutet »PHP Hypertext Processor« – richtig, das ist ein Akronym in einem Akronym. Fragen Sie uns bitte nicht, warum! Es ist eine frei verfügbare serverseitige Skriptsprache zur Erstellung dynamischer Webseiten. Dateien, die PHP-Code enthalten, werden auf dem Server verarbeitet, um daraus den HTML-Code zu erzeugen, der schließlich vom Browser dargestellt wird. Wir werden uns im folgenden Kapitel genauer mit PHP beschäftigen. Im Moment wollen wir uns auf die Funktionen konzentrieren, die uns beim Anzeigen der letzten Aktualisierungszeit helfen können.

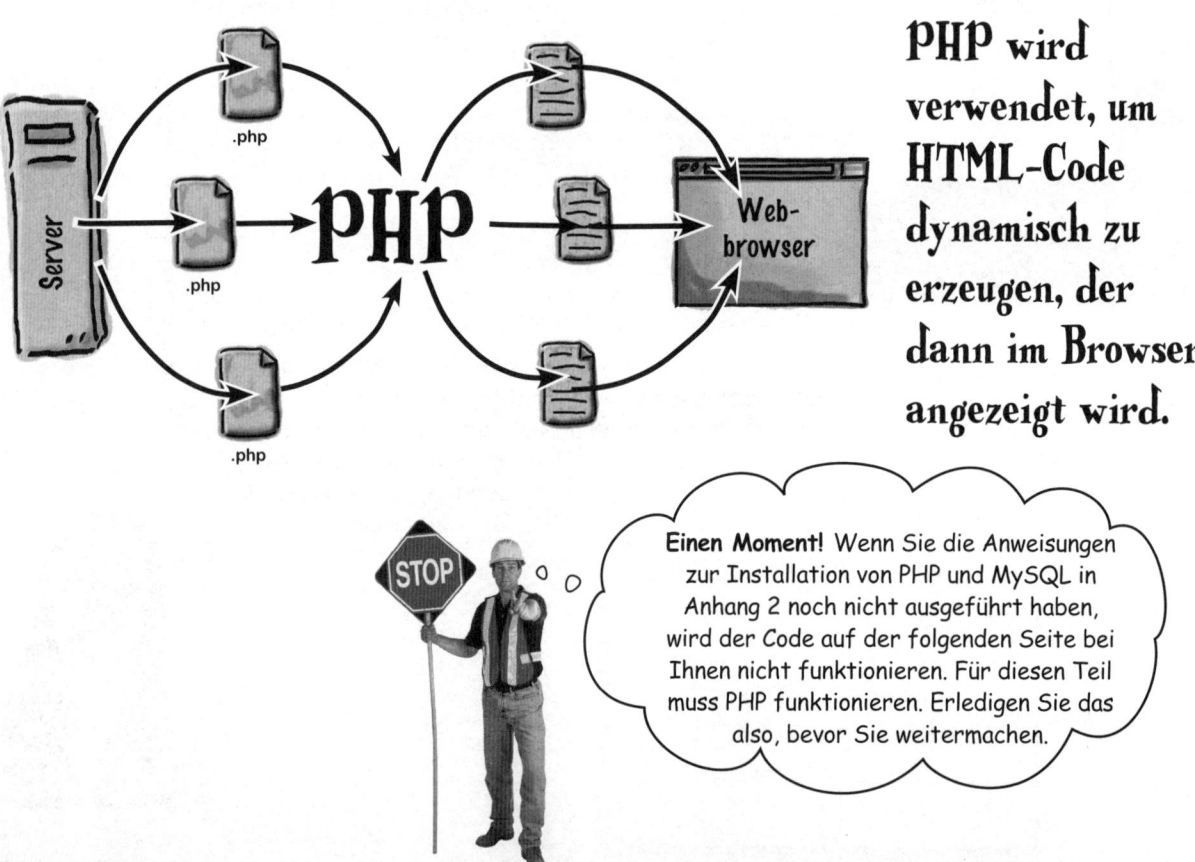

Wie spät ist es?

Zugegeben, es *gibt* schon eine JavaScript-Funktion, mit der wir die aktuelle Zeit auslesen können. Aber für eine so einfache Aufgabe ist die Funktion unverhältnismäßig groß und kompliziert. Glücklicherweise haben wir mit der PHP-Funktion date eine sehr einfache Möglichkeit, die aktuelle Zeit zu ermitteln. Genau wie die Funktionen, die Sie sie bisher erstellt haben, können Sie ihr mehrere Parameter übergeben, um verschiedene Datums- und Uhrzeitformate auszugeben. Der Hauptparameter legt fest, welches Format das Datum haben soll. Das wollen wir uns einmal genauer ansehen:

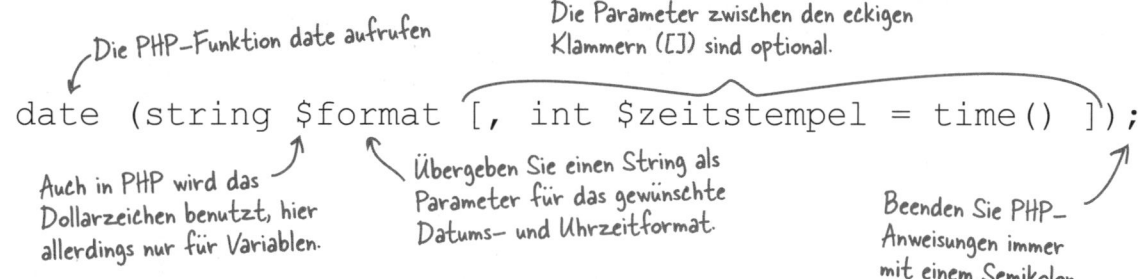

Eine vollständige Liste aller Parameter für die date-Funktion finden Sie unter *http://php.net/manual/en/function.date.php*.

Tun Sie das hier!

Erstellen Sie in dem Ordner, in dem auch Ihre *index.html*-Datei liegt, eine neue Datei mit dem Namen *zeit.php*. Fügen Sie danach den folgenden Code in die Datei ein.

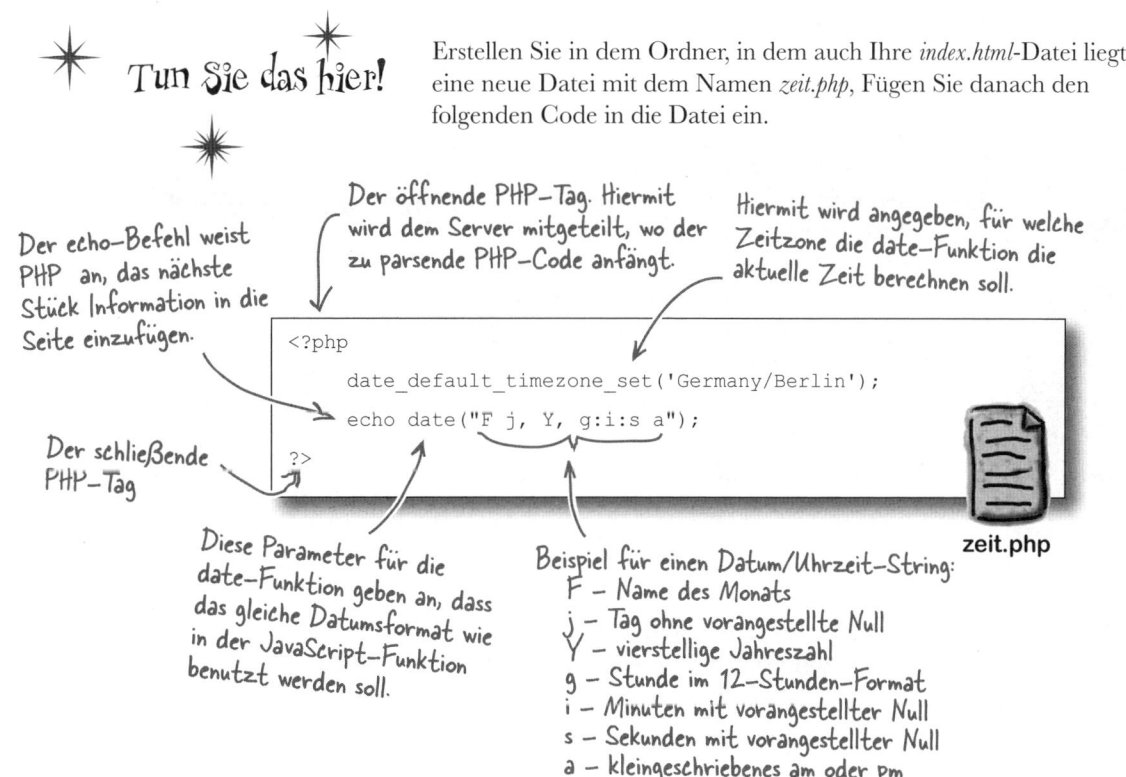

*Probe*fahrt

PROBEFAHRT

Rufen Sie die Datei *zeit.php* nach dem Speichern im Browser auf, um zu überprüfen, ob das Datum das korrekte Format (hier in der englischen Schreibweise) hat. PHP-Code muss vom Webserver ausgeführt werden. Die URL sollte also mit *http://* anstelle von *file://* beginnen. Sorgen Sie außerdem dafür, dass die URL auf den Server verweist, auf dem Sie Ihren Code entwickeln.

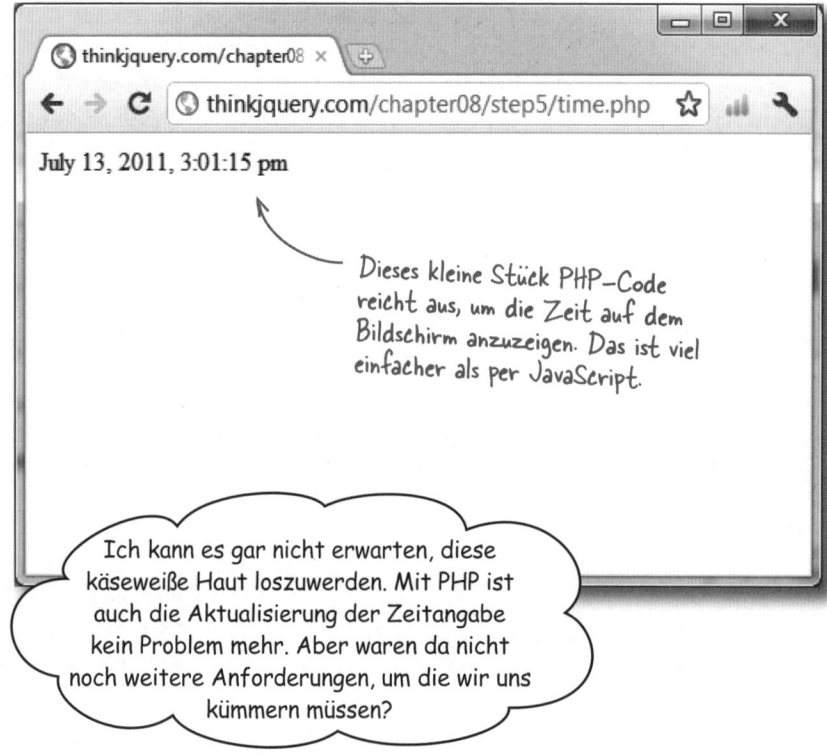

Dieses kleine Stück PHP-Code reicht aus, um die Zeit auf dem Bildschirm anzuzeigen. Das ist viel einfacher als per JavaScript.

Ich kann es gar nicht erwarten, diese käseweiße Haut loszuwerden. Mit PHP ist auch die Aktualisierung der Zeitangabe kein Problem mehr. Aber waren da nicht noch weitere Anforderungen, um die wir uns kümmern müssen?

Noch sitzen wir nicht im Flieger. Hier eine Liste mit dem, was noch zu erledigen ist:

1. **Auf der Seite soll angezeigt werden, wann sie das letzte Mal aktualisiert wurde.**

2. **Es soll angezeigt werden, wie oft die Seite aktualisiert wurde.**

3. **Die Besucher sollen die Möglichkeit haben, die Aktualisierungen anzuhalten und wieder zu starten.**

Wir wollen uns zunächst mit den ersten beiden Punkten auf der Liste befassen. Da sie miteinander zu tun haben, werden wir sie gemeinsam in Angriff nehmen.

jQuery und Ajax

Spitzen Sie Ihren Bleistift

Als Nächstes brauchen wir eine neue Funktion namens `frequenz_zeigen`, mit der angezeigt werden soll, wie oft die Seite aktualisiert wurde. Fügen Sie dafür im Fußteil der Seite *index.html* einen zusätzlichen `<span>`-Tag ein. Zusätzlich brauchen wir noch eine Funktion, um die Datei *zeit.php* mithilfe der jQuery-Hilfsmethode `load` zu laden. Als Parameter erhält die Methode die URL der zu ladenden Datei. Das Ergebnis soll automatisch in das `div`-Element mit der ID `letzte_aktualisierung` geschrieben werden. Abschließend müssen wir innerhalb von `XML_laeufer_finden` den Aufruf von `aktuelle_zeit` noch gegen die neue `aktuelle_zeit_ajax`-Funktion austauschen.

```
<footer>
    <h4>Herzlichen Glückwunsch an alle Finisher!!</h4>
    ..........................................

    <br><br>
    Letzte Aktualisierung: <div id="letzte_aktualisierung"></div>
</footer>
<script src="js/jquery-1.7.1.min.js"></script>
<script src="js/meine_skripte.js"></script>
```

index.html

```
    function ...............................
       ....................... "Seite wird alle " + FREQ/1000 + " Sekunden automatisch
neu geladen.");
    }
.
.
.
             ...................
    function ................... ...................
       $(              ).load(             );
    }
```

meine_skripte.js

Lösung

Spitzen Sie Ihren Bleistift
Lösung

Jetzt haben Sie eine Reihe von Aktualisierungen durchgeführt: Ihre Seite *index.html* hat im Fußteil einen zusätzlichen `<span>`-Tag mit der ID `freq` erhalten. Die neue Funktion `aktuelle_zeit_ajax` wurde erstellt. Sie verwendet die jQuery-`load`-Methode, um die Datei *zeit.php* zu laden und das Ergebnis in das `div`-Element mit der ID `letzte_aktualisierung` einzufügen. Die neue Funktion ersetzt innerhalb von `XML_laeufer_finden` die JavaScript-Funktion `aktuelle_zeit`.

```
<footer>
   <h4>Herzlichen Glückwunsch an alle Finisher!!</h4>
   <span id="freq"></span>     ← Bauen Sie hier ein span-Element ein, um an-
   <br><br>                        zuzeigen, wie oft die Seite aktualisiert wird.
   Letzte Aktualisierung: <div id="letzte_aktualisierung"></div>
</footer>
<script src="js/jquery-1.7.1.min.js"></script>
<script src="js/meine_skripte.js"></script>
```

index.html

```
function frequenz_zeigen(){
    $("#freq").html( "Seite wird alle " + FREQ/1000 + " Sekunden automatisch
neu geladen.");
}
     .
     .
     .
function aktuelle_zeit_ajax(){
    $( '#letzte_aktualisierung' ).load(  "zeit.php"  );
}
```

Zwei neue Funktionen erstellen: eine zum Anzeigen der Aktualisierungshäufigkeit und eine, um die Zeit per Ajax vom Server abzurufen.

Den Wert durch 1000 teilen, um Millisekunden in Sekunden umzuwandeln

Die Datei zeit.php per Ajax laden

Das Ergebnis im Element mit der ID letzte_aktualisierung auf dem Bildschirm darstellen

meine_skripte.js

jQuery und Ajax

PROBEFAHRT

Fügen Sie nun den gerade erstellten Code in Ihre *meine_skripte.js*-Datei ein. Vergessen Sie auch nicht, das neue `span`-Element in die *index.html*-Seite einzubauen und den Aufruf von `aktuelle_zeit` gegen `aktuelle_zeit_ajax` auszutauschen.

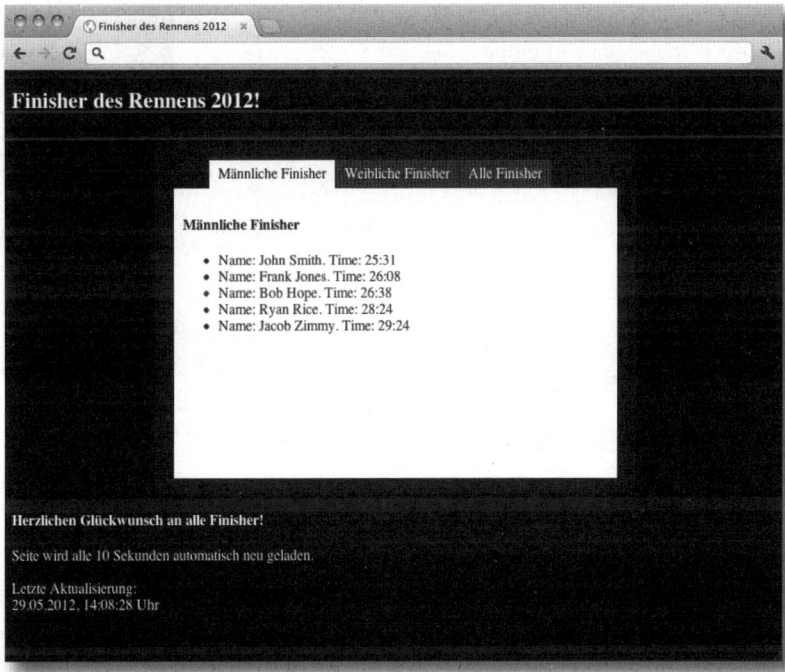

① ~~Auf der Seite soll angezeigt werden, wann sie das letzte Mal aktualisiert wurde.~~

② ~~Es soll angezeigt werden, wie oft die Seite aktualisiert wurde.~~

③ Die Besucher sollen die Möglichkeit haben, die Aktualisierungen anzuhalten und wieder zu starten.

Aber wie sollen wir eine Funktion anhalten, die sich selbst aufruft?

Das ist knifflig.

Wir müssen die Funktion so ändern, dass sie nur läuft, wenn bestimmte Bedingungen zutreffen.

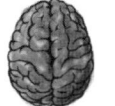

KOPF-NUSS

Welches der bisher behandelten Merkmale kann überprüfen, ob bestimmte Bedingungen zutreffen?

Sie sind hier ▸ **319**

Noch eine Bedingung

Zeitgesteuerte Events auf der Seite abschalten

In den Kapiteln 5 und 7 haben wir eine »Monster«-Funktion erstellt, die `setTimeout` verwendete, um die Funktionen für die Blitzeffekte wiederholt aufzurufen. Das führte zu einigen unerwarteten Ergebnissen: Kehrte der Benutzer nach dem Öffnen eines anderen Tabs (oder einer anderen Seite) zur Monster-Applikation zurück, hatten sich dort die nicht angezeigten visuellen Effekte »aufgestaut«.

Für unsere jetzige Aufgabe können wir aber nicht einfach die `setInterval`-Methode für die wiederholten Aufrufe einsetzen, da wir zunächst warten müssen, bis der vorige Aufruf der Funktion beendet ist.

Hier brauchen wir eine bessere Lösung. Und welche Lösung ist besser als die bereits bekannten? Die Browser-Events `window.onblur` und `window.onfocus` browser können wir hier nicht benutzen, denn dann müssten die Leute unsere Seite erst verlassen, damit sie nicht mehr aktualisiert wird. Stattdessen wollen wir hier *Bedingungslogik* einsetzen, die wir bereits in verschiedenen Kapiteln gesehen haben.

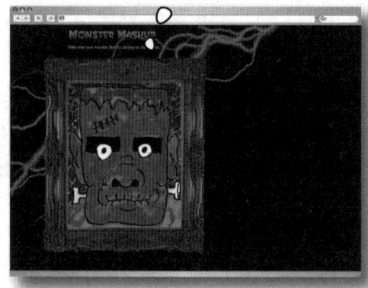

Brauchen Sie vielleicht noch ein paar Monster??

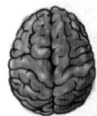

KOPF-NUSS

Können Sie sich denken, welche Art von Bedingungsblock wir hier benutzen können? (Tipp: Wir haben die benötigte Form bereits zum Überprüfen des Geschlechts der Läufer in der XML-Datei benutzt.)

Es gibt keine Dummen Fragen

F: Welche anderen Sachen außer XML können mit Ajax in eine Seite eingebunden werden?

A: Mithilfe von jQuery kann eine Vielzahl von Daten in die Seite eingebunden werden. Wie gerade gesehen, können Sie mit der `load`-Methode beispielsweise eine geparste PHP-Datei direkt in ein HTML-Element einfügen. Außerdem können Sie auch weitere HTML-Dateien, JavaScript-Dateien und JSON-Objekte (JavaScript Object Notation) laden. Mit JSON werden wir uns im folgenden Kapitel beschäftigen.

F: Welche anderen jQuery-Hilfsmethoden gibt es für die Arbeit mit Ajax?

A: Für die Arbeit mit Ajax gibt es in jQuery fünf Hilfs- bzw. Kurzschriftmethoden: `get`, `getJSON`, `getScript`, `post` und `load`. Die ersten vier Methoden werden am jQuery-Objekt aufgerufen. Die `load`-Methode kann dagegen von einem beliebigen Element aufgerufen werden, das dann als Ziel für die geladenen Daten verwendet wird.

F: Wann sollte ich die `load`-Methode und wann `ajax` verwenden?

A: Die `load`-Methode ist dafür gedacht, bestimmte Daten an einer vordefinierten Stelle in die Seite einzufügen, wie wir es in unserer Funktion `aktuelle_zeit_ajax` getan haben. Die `ajax`-Methode ist wesentlich komplexer und besitzt deutlich mehr Anwendungsgebiete und Parameter. Sie kann nicht nur verwendet werden, um Daten zu laden, sondern auch, um Daten zur Verarbeitung an den Server zu senden. Mehr dazu finden Sie im folgenden Kapitel.

Spitzen Sie Ihren Bleistift

Erstellen Sie eine Variable mit dem Namen `wiederholen` und dem Standardwert `true`. Erstellen Sie außerdem eine Funktion, die den Wert von `wiederholen` beim Anklicken eines Buttons mit der ID `stopp_button` verändert. Außerdem soll der Inhalt des `span`-Elements mit der ID `freq` in diesem Fall in »Aktualisierungen angehalten.« geändert werden. Zusätzlich benötigen wir noch einen Buttons namens `start_button`, der dafür sorgt, dass die Variable `wiederholen` den Wert `true` erhält und außerdem die Funktionen `AJAX_aufrufe_starten` und `setTimeout` aufruft, sofern `wiederholen` den Wert `true` hat. Bauen Sie die neuen Buttons in den Fußteil der Seite ein.

```
$(document).ready(function(){
    ...............................

    var FREQ = 10000;
    function AJAX_aufrufe_starten(){
        ..................

            setTimeout( function() {
                XML_lauefer_finden();
                AJAX_aufrufe_starten();
            },
            FREQ
            .............
        );
    .
    .
    $("#stopp_button").click(function(){
        .......................
        $("#freq").html(       ........................  );
    });
    ...........................  function(){
        .......................
        AJAX_aufrufe_starten();
        .......................
    });
```

meine_skripte.js

```
<footer>
    <h4>Herzlichen Glückwunsch an alle Finisher!!</h4>
    ................................................................
    ................................................................
    <br>
    <span id="freq"></span> <br><br>
```

index.html

Lösung

Spitzen Sie Ihren Bleistift
Lösung

Wenn Sie mit der Arbeit fertig sind, sollte Ihr Code eine Variable namens `wiederholen` enthalten, die steuert, ob die Funktion sich selbst aufruft, um die XML-Datei zur Aktualisierung zu laden. Der Wert dieser Variablen sollte über die Buttons `stopp_button` und `start_button` geändert werden können, die im Fußteil der Seite eingefügt wurden. Außerdem sollten diese Buttons dafür sorgen, dass im span-Element mit der ID `freq` eine passende Nachricht angezeigt wird, die dem Benutzer mitteilt, ob die Seite aktualisiert wird oder nicht.

Geben Sie der Variable den Standardwert true, so dass die Ergebnisse beim Laden der Seite automatisch aktualisiert werden.

Überprüfen, ob die wiederholen-Variable den Wert true hat

```js
$(document).ready(function(){
    var wiederholen = true;
    var FREQ = 10000;
    function AJAX_aufrufe_starten(){
        if(wiederholen) {
            setTimeout( function() {
                XML_laeufer_finden();
                AJAX_aufrufe_starten();
            },
            FREQ
            )
        );
    }
```

Wird der stopp_button angeklickt, erhält die Variable den Wert false.

```js
$("#stopp_button").click(function(){
    wiederholen = false;
    $("#freq").html( "Aktualisierungen angehalten." );
});
```

Wenn der start_button angeklickt wird, soll die Variable wieder auf true gesetzt werden. Außerdem wird die Funktion AJAX_aufrufe_starten aufgerufen, um wieder mit dem Laden der Datei zu beginnen.

```js
$("#start_button").click(function(){
    wiederholen = true;
    AJAX_aufrufe_starten();
    frequenz_zeigen();
});
```

meine_skripte.js

Die neuen Buttons in den Fußteil der Seite einbauen

```html
<footer>
    <h4>Herzlichen Glückwunsch an alle Finisher!!</h4>
    <button id="start_button">Aktualisierungen startenUpdates</button>
    <button id="stopp_button">Aktualisierungen anhalten Updates</button>
    <br>
    <span id="freq"></span> <br><br>
```

index.html

jQuery und Ajax

PROBEFAHRT

Aktualisieren Sie die Dateien *meine_skripte.js* und *index.html* mit dem gerade erstellten Code und rufen Sie die Seite im Browser auf, um zu überprrüfen, ob alles funktioniert. Probieren Sie die neuen Buttons aus und testen Sie, ob die Ajax-Requests tatsächlich angehalten werden. Verwenden Sie dafür den »Network«-Tab in Google Chrome bzw. den »Net«-Tab in Firebug für Firefox.

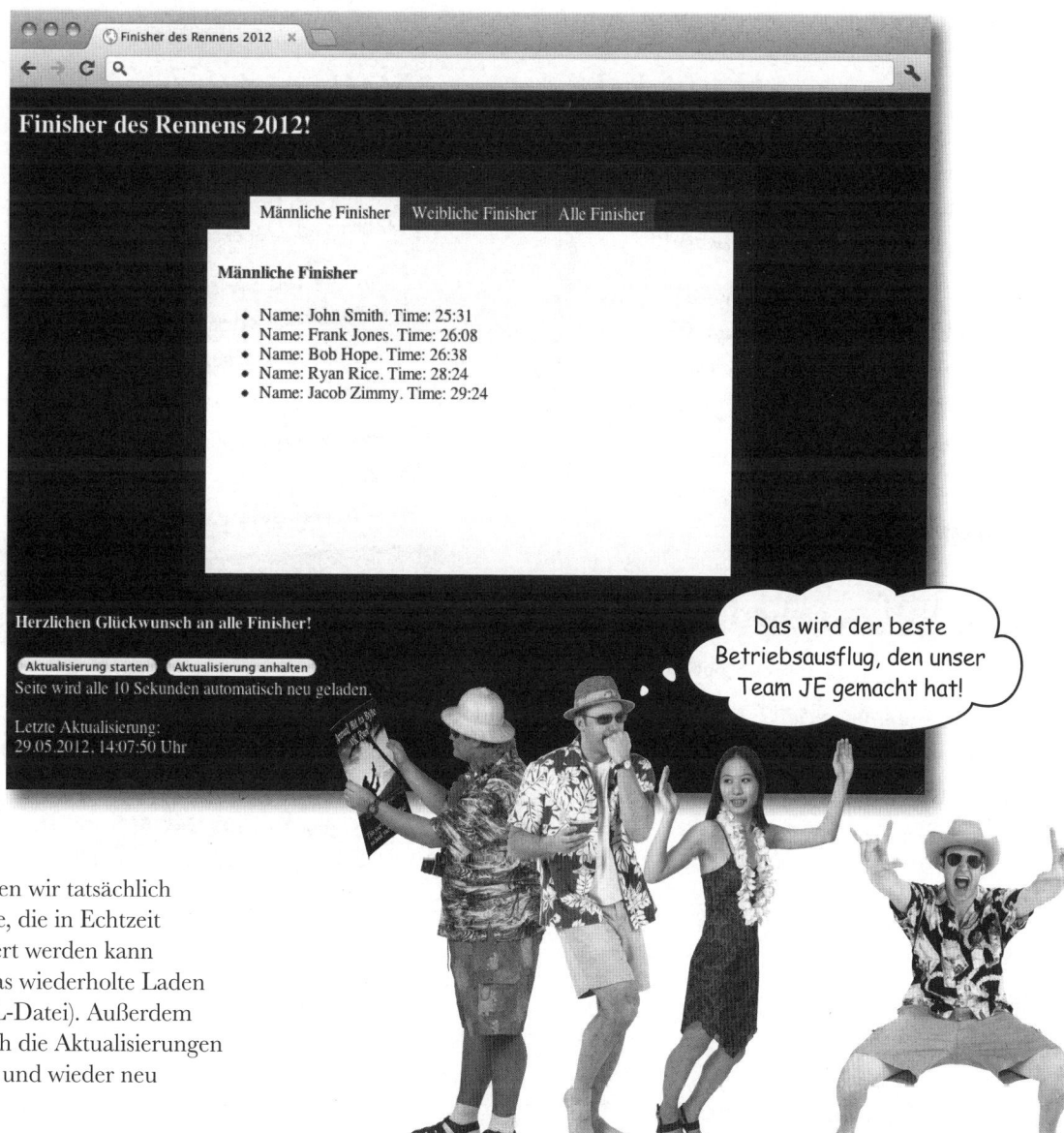

Jetzt haben wir tatsächlich eine Seite, die in Echtzeit aktualisiert werden kann (durch das wiederholte Laden der XML-Datei). Außerdem lassen sich die Aktualisierungen anhalten und wieder neu starten.

Ihr jQuery-/Ajax-Werkzeugkasten

Damit haben Sie auch Kapitel 8 in der Tasche. Neben den bisherigen Dingen enthält Ihr Werkzeugkasten jetzt auch etwas PHP und XML und eine Reihe von Ajax-Funktionen.

Ajax

Eine Kombination verschiedener Technologien, die es ermöglichen, Teile einer Website zu aktualisieren, ohne die Seite als Ganzes neu laden zu müssen.

Führt Aufrufe an einen Backend-Server durch, der Daten vor dem Zurücksenden verarbeiten kann.

In jQuery wird die Ajax-Funktionalität über die ajax-Methode implementiert.

XML

Eine strikte und trotzdem sehr flexible Markup-Sprache zum Beschreiben von Daten und Datenstrukturen.

Kann für das Speichern von Informationen oder die Formatierung von Daten zur Übertragung verwendet werden.

Kommt in vielen gebräuchlichen Webtechnologien wie RSS, SOAP/Web Services und SVG zum Einsatz.

ajax()-Hilfsmethoden

In jQuery gibt es fünf Hilfsmethoden für die Arbeit mit Ajax, die alle mit unterschiedlichen Standardparametern versehen sind, aber letztendlich alle die ajax-Methode aufrufen:

$.get
$.getJSON
$.getScript
$.post
$.load

PHP

Eine serverseitige Skriptsprache, mit der Sie die Inhalte von Webseiten vor der Übertragung an den Browser auf dem Server manipulieren können.

9 Mit JSON-Daten umgehen

Darf ich vorstellen: Client — Server

Blumen? Da kommen hoffentlich noch ein paar Daten hinterher. Dann könnte das tatsächlich der Beginn einer wunderbaren Freundschaft sein.

Das Lesen von Daten aus einer XML-Datei ist zwar sehr nützlich, immer bringt's das aber auch nicht. Mit einem effizienteren Format namens JavaScript Object Notation (auch bekannt als JSON) kann der Datenaustausch mit dem Server deutlich erleichtert werden. Außerdem lässt sich JSON nicht nur leichter erzeugen, sondern auch lesen. Sie werden erfahren, wie Sie mithilfe von jQuery, PHP und SQL eine Datenbank anzulegen, um darin Informationen zu speichern, die Sie später mit JSON auslesen und mit jQuery auf dem Bildschirm darstellen können. Für Webapplikationen ist das eine echte Supermacht.

Wen hätte ich aus dem Marketing ansprechen sollen?

Die MegaCorp-Marketingabteilung von Webville kennt kein XML

Von: **Webville MegaCorps Marketing**
Betreff: **Re.: Ergebnisseite für das 42. Bit-to-Byte-Rennen**

Liebes Webdesign-Team,

Ihre Updates der Website gefallen uns richtig gut.

Wir haben allerdings ein Problem: Niemand in unserem Büro kennt sich mit XML aus. Wir wissen also nicht, wie wir die Website um weitere Finisher ergänzen können.

Wir haben es probiert, aber jedes Mal geht etwas schief. Die Website verhält sich seltsam ... manchmal werden die Finisher nicht angezeigt oder Felder verschwinden, obwohl sie in der XML-Datei enthalten sind. Das ist sehr merkwürdig.

Am liebsten würden wir die Daten einfach in ein paar Textfelder eingeben und auf einen Button klicken, damit ein neuer Finisher auf der Seite erscheint.
Kriegen Sie das hin?

Und können Sie es so einrichten, dass nicht gleich die ganze Website abstürzt, wenn wir einen Fehler machen?

Ich weiß, es sind nur noch drei Tage bis zum Flug nach Hawaii, aber das muss unbedingt vorher noch fertig werden. Schaffen Sie das noch rechtzeitig?

--
Dionah C. Housney
   Marketingchefin
   Webville MegaCorp

Seitenabstürze durch XML-Fehler

Ist die XML-Datei fehlerhaft, funktioniert der Code zum Lesen und Parsen der Daten nicht mehr. Häufig sind Probleme mit den XML-Tags der Grund. Schnell ist ein schließender Tag vergessen oder der Tagname falsch geschrieben. Aber auch die Daten innerhalb der Tags können für Schwierigkeiten sorgen, wenn sie für die Verwendung mit XML nicht korrekt kodiert wurden.

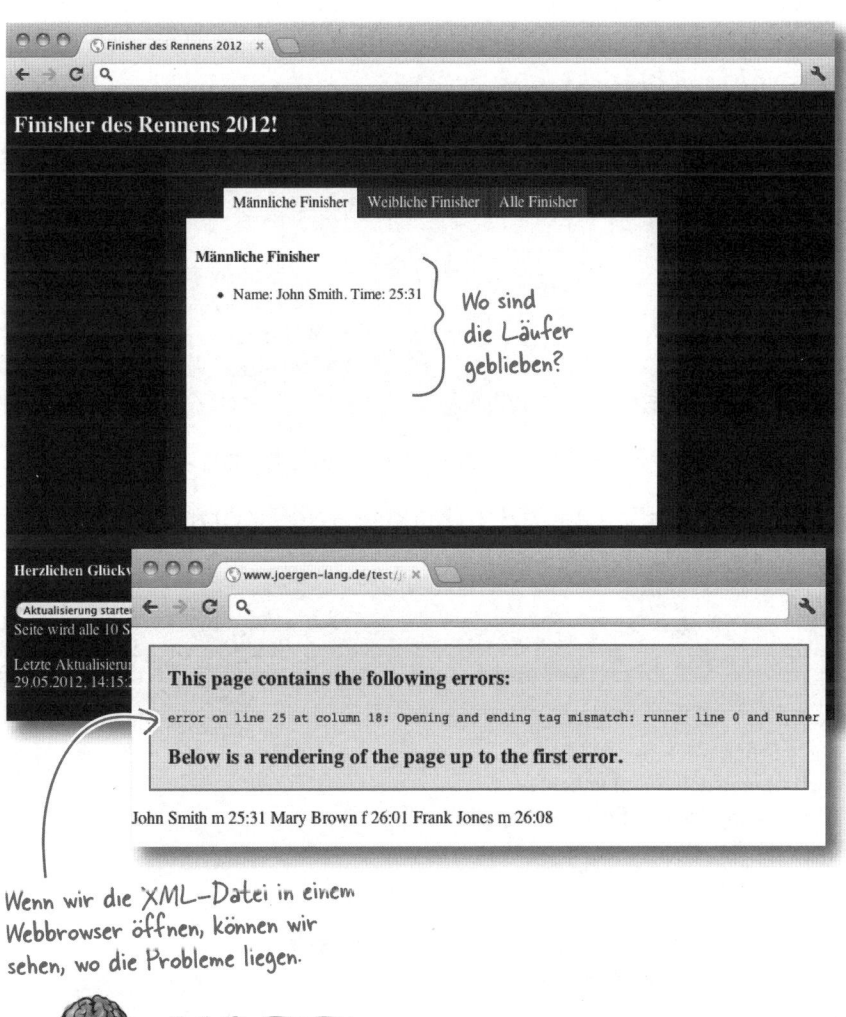

Wenn wir die XML-Datei in einem Webbrowser öffnen, können wir sehen, wo die Probleme liegen.

KOPF-NUSS

Es sieht aus, als sei XML für unsere Zwecke doch nicht so gut geeignet. Welche Möglichkeiten zum Hinzufügen von Läufern fallen Ihnen noch ein?

*Formulare sind die **Rettung***

Die Daten über eine Website eingeben

Wahrscheinlich haben Sie bereits an die Verwendung eines HTML-**Formulars** gedacht. Mit Formularen können Sie eine Vielzahl verschiedener Daten abfragen und zur Verarbeitung an den Server übergeben. Formulare bieten eine große Auswahl an Elementen, mit denen die verschiedenen Datentypen übergeben werden können. Wir werden uns in Kapitel 10 detailliert damit beschäftigen. Für den Augenblick reichen uns allerdings ein einfaches Texteingabefeld und eine Auswahlliste. Möglicherweise kennen Sie sich schon gut mit Formularen aus. Lassen Sie uns trotzdem kurz einen Blick auf ihre Verwendung werfen, damit wir wissen, womit wir es hier zu tun haben.

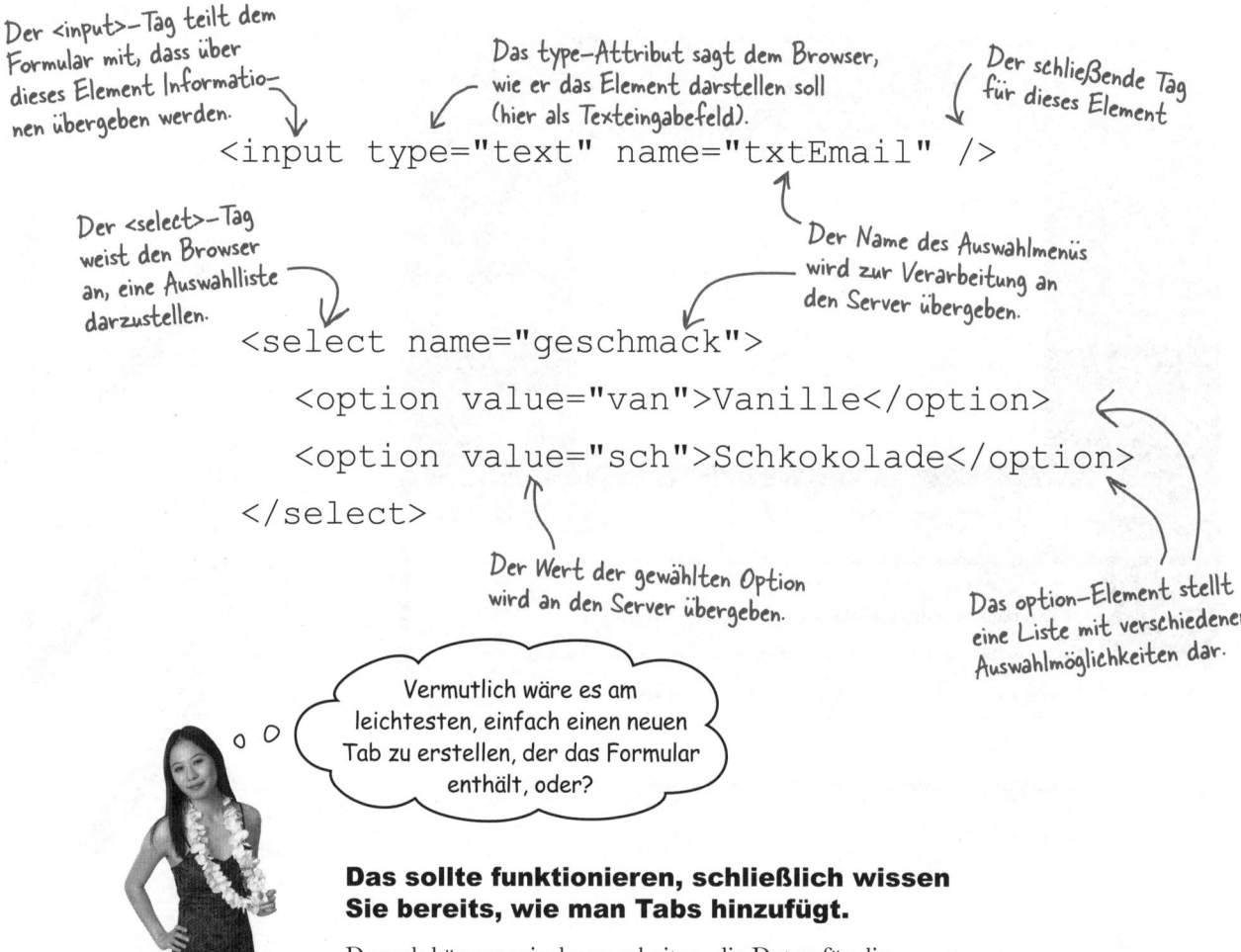

Das sollte funktionieren, schließlich wissen Sie bereits, wie man Tabs hinzufügt.

Danach können wir daran arbeiten, die Daten für die Anzeige in den Finisher-Listen zu speichern und wieder auszulesen.

Mit JSON-Daten umgehen

HTML & CSS direkt auf den Tisch

Versehen Sie Ihre *index.html*-Datei mit einem zusätzlichen Tab, in dem die Finisher über ein Webformular eingegeben werden können. Aktualisieren Sie außerdem die Datei *meine_stile.css*, um den #hauptteil etwas breiter zu machen.

meine_stile.css
```
#hauptteil {
  background:#181818;
  color:#111;
  padding:15px 20px;
  width:600px;
  border:1px solid #222;
  margin:8px auto;
}
```

```html
<ul class="idTabs">
    <li><a href="#maennlich">Männliche Finisher</a></li>
    <li><a href="#weiblich">Weibliche Finisher</a></li>
    <li><a href="#alle">Alle Finisher</a></li>
    <li><a href="#neu">Neuer Finisher</a></li>
</ul>
<div id="maennlich">
    <h4>Männliche Finisher</h4><ul id="finisher_m"></ul>
</div>
<div id="weiblich">
    <h4>Weibliche Finisher</h4><ul id="finisher_w"></ul>
</div>
<div id="alle">
    <h4>Alle Finisher</h4>  <ul id="alle_finisher"></ul>
</div>
<div id="neu">
    <h4>Neuen Finisher hinzufügen</h4>
    <form id="neuer_lauefer" name="neuer_lauefer" action="service.php" method="POST">
        Vorname: <input type="text" name="txt_vorname" id="txt_vorname" /> <br>
        Nachname: <input type="text" name="txt_nachname" id="txt_nachname" /> <br>
        Gender: <select id="liste_geschlecht" name="liste_geschlecht">
            <option value="">--Bitte auswählen--</option>
            <option value="w">Weiblich</option>
            <option value="m">Männlich</option>
        </select><br>
        Finish Zeit:
        <input type="text" name="txt_minuten" id="txt_minuten" size="10" maxlength="2" />(Minuten)
        <input type="text" name="txt_sekunden" id="txt_sekunden" size="10" maxlength="2" />(Sekunden)
        <br><br>
        <button type="submit" name="sichern_button" id="sichern_button">Neuer Läufer</button>
        <input type="hidden" name="action" value="neuer_lauefer" id="action">
    </form>
</div>
```

Erweitern Sie die Seite um einen neuen Tab mit dem Namen »Neuen Finisher hinzufügen«.

Erweitern Sie die Seite um ein HTML-Formular für die Eingabe und das Verschicken der Daten an den Server.

Das action-Attribut legt fest, *wohin* die Daten zur Verarbeitung geschickt werden sollen.

Das method-Attribut definiert, *auf welche Weise* die Daten an den Server übergeben werden.

Ein verstecktes Formularfeld. Diese Informationen brauchen wir gleich noch.

index.html

*Probe*fahrt

PROBEFAHRT

Öffnen Sie die Datei *index.html* im Browser und wählen Sie den Tab **Neuen Finisher hinzufügen**, um das neue Formular und die Felder zur Dateneingabe zu sehen.

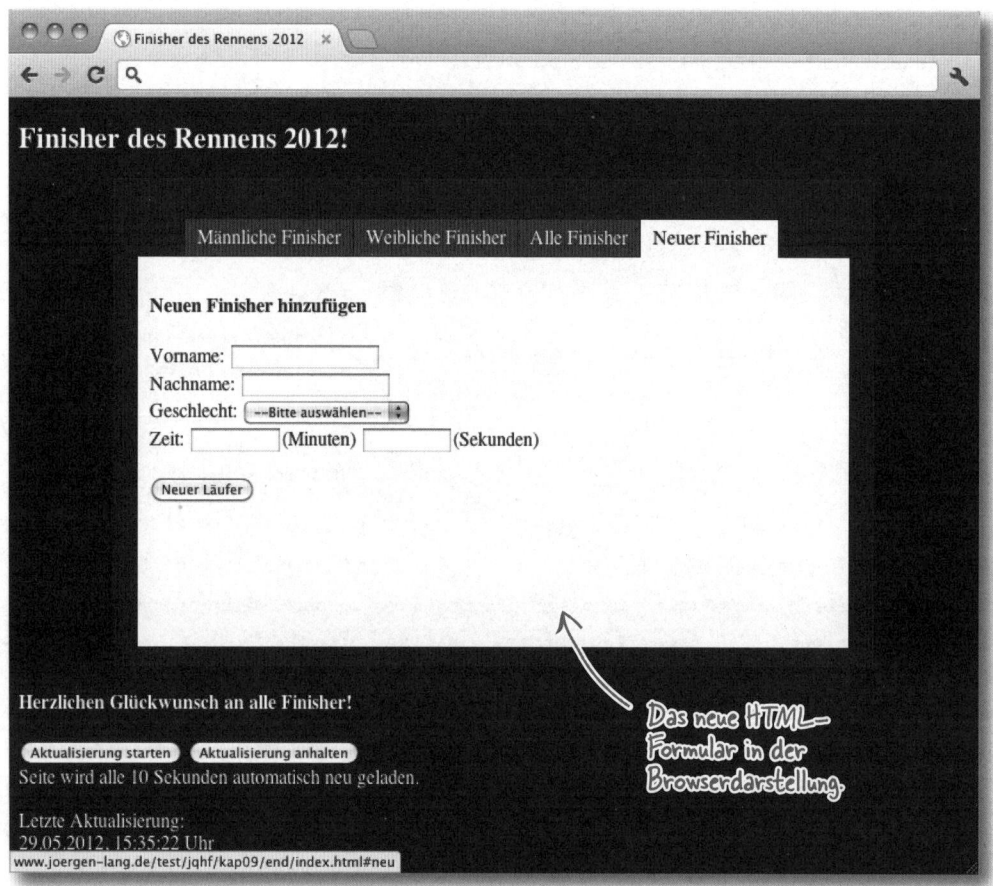

Das neue HTML-Formular in der Browserdarstellung.

KOPF-NUSS

Was meinen Sie, wie die in das neue Formular eingegebenen Daten gespeichert und ausgelesen werden können?

Was tun mit den Daten?

Jetzt müssen wir die in das Formualr eingegebenen Daten an den Server schicken und dort irgendwie speichern. Dafür verwenden wir PHP, eine andere Sprache, die uns beim Ablegen der übergebenen Informationen in einer *Datenbank* hilft. Keine Sorge, wir werden Sie gleich mit den nötigen Informationen zu PHP und Datenbanken versorgen. Zunächst wollen wir uns aber ansehen, wie wir die Daten an den Server übertragen können.

Um Daten an den Server zu übertragen, stellt das HTTP-Protokoll zwei Möglichkeiten zur Verfügung: GET und POST. Der Hauptunterschied zwischen GET und POST besteht in der Art der Datenübertragung. Bei Verwendung der GET-Methode werden die Namen und Werte der Formularfelder als Paare aus Schlüssel und Wert an die URL angehängt. In PHP stehen die Daten dann in einem assoziativen Array mit dem Namen `$_GET[]` zur Verfügung. Die Daten sind in der URL nach dem **?** sichtbar.

Bei Verwendung der POST-Methode werden die Daten auf andere Weise kodiert und sind für den Benutzer in der URL nicht sichtbar. In PHP können Sie auf Daten, die per POST verschickt wurden, über das assoziative Array `$_POST[]` zugreifen. Es enthält sämtliche mit dem Formular übergebenen Daten. Wie beim `$_GET[]`-Array stehen die Daten als Paare aus Schlüssel und Wert zur Verfügung.

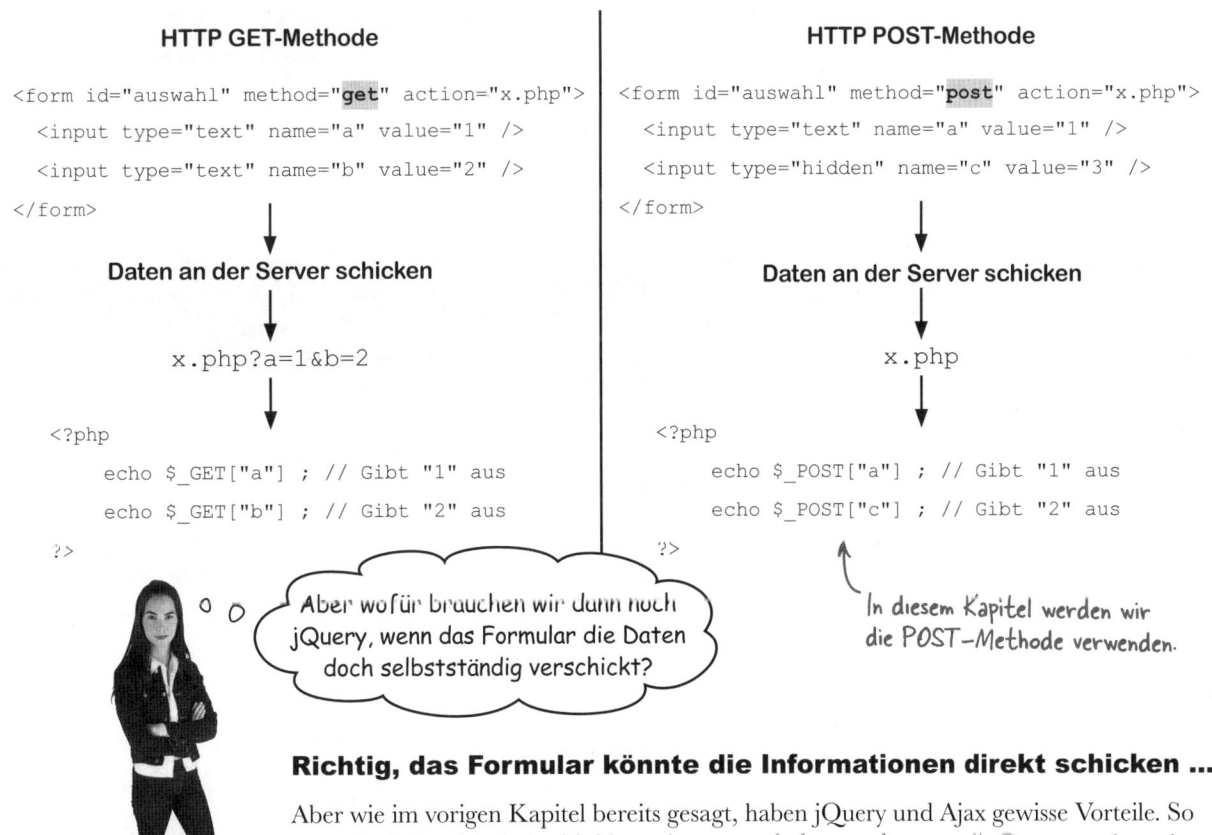

Richtig, das Formular könnte die Informationen direkt schicken …

Aber wie im vorigen Kapitel bereits gesagt, haben jQuery und Ajax gewisse Vorteile. So muss die Seite nicht jedes Mal komplett neu geladen werden, um die Daten senden oder empfangen zu können. Allerdings müssen wir sie vor dem Schicken für den Versand mit jQuery und Ajax vorbereiten.

Heftige *Serialisierungen*

Daten vor dem Versand formatieren

Bevor wir die Daten (mit Ajax) an den Server schicken können, müssen wir ein paar Vorbereitungen treffen. Wir müssen die Daten in ein Format bringen, das einerseits per Ajax verschickt werden kann und andererseits vom Server verstanden wird. Dafür müssen die Daten in ein einzelnes Objekt *serialisiert* werden, damit sie in einem einzelnen Paket an den Server geschickt werden können. Für diese Aufgaben gibt es in jQuery zwei Hilfsmethoden: `serialize` und `serializeArray`. Die erste erzeugt aus den Daten einen einzelnen String, bei dem die Schlüssel/Wert-Paare jeweils mit Ampersand-Zeichen (**&**) verbunden sind. Die zweite Methode erzeugt ein assoziatives Array aus den Schlüssel/Wert-Paaren. Das ist zwar immer noch ein einzelnes Objekt, aber es ist strukturierter als das Ergebnis der einfachen `serialize`-Methode. Wir werden Ihnen beide Möglichkeiten zeigen – in unserer Applikation werden wir dann die Methode `serializeArray` verwenden.

serialize

```
<form id="auswahl">
  <input type="text" name="a" value="1" />
  <input type="text" name="b" value="2" />
  <input type="hidden" name="c" value="3" />
</form>
```

`$("#auswahl").serialize();`

↑ Der ID-Selektor für das Formular   ↑ Die serialize-Methode

Endergebnis

a=1&b=2&c=3

serializeArray

```
<form id="auswahl">
  <input type="text" name="a" value="1" />
  <input type="hidden" name="c" value="3" />
</form>
```

`$("#auswahl:input").serializeArray();`

Der ID-Selektor für das Formular, gefolgt von einem HTML-Filter für das input-Element. Dieser weist den Selektor an, nur auf HTML-Elemente vom Typ »input« zu achten.

↑ Die serializeArray-Methode aufrufen

Endergebnis

```
[
  {
    name: "a",
    value: "1"
  },
  {
    name: "c",
    value: "3"
  }
]
```

Daten an den Server schicken

jQuery besitzt für das Verschicken von Daten an den Server eine Kurzschriftmethode mit dem Namen `post`. Der `post`-Methode werden mehrere Parameter übergeben, unter anderem die URL, an die die Daten geschickt werden sollen, die zu schickenden Daten und eine Handler-Funktion, die ausgeführt wird, wenn der POST-Request beendet ist.

```
$.post(url_to_send, data, function(json){

});
```

jQuery-Kurzschriftmethode

Die URL, an die die Daten geschickt werden sollen

Die zu verschickenden, bereits serialisierten Daten

Diese Callback-Funktion aufrufen

Die zurückgegebenen Daten in einem Objekt mit dem Namen json. Machen Sie sich darüber jetzt noch nicht keine Gedanken. Wir werden etwas später in diesem Kapitel genauer darauf eingehen.

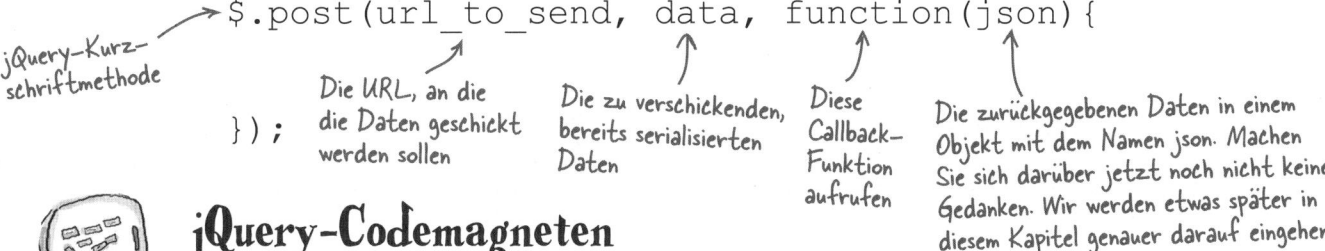

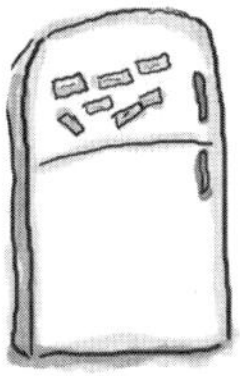

jQuery-Codemagneten

Erstellen Sie für den `#sichern_button` einen Klick-Event-Listener, der sämtliche Formulardaten ausliest und serialisiert und anschließend mit der jQuery-`post`-Methode an den Server übergibt. Die URL für die POST-Methode finden Sie im `action`-Attribut des Formulars. Erstellen Sie außerdem eine Funktion mit dem Namen `formular_zuruecksetzen`, die alle vom Formular übergebenen Werte leert, wenn die POST-Methode **erfolgreich** war. Zusätzlich muss das standardmäßige Abschicken des Formulars über Submit-Buttons (indem der Wert `false` zurückgegeben wird) abgebrochen werden können, wofür für das Formular mit der ID `neuer_lauefer` ein entsprechender `submit`-Listener eingerichtet wird.

```
$('________________').click(function() {
  var data = $("#neuer_lauefer :input").____________________();
  $.post($("#neuer_lauefer").attr('action'), __________ , ________________(json){
    if (json.status == "fehler") {
      alert(json.______________);
    }
    if (json.status == ______________) {
      alert(json.nachricht);
      formular_zuruecksetzen();
    }
  }, "json");
});
function ____________________{
  $("#neuer_lauefer :input").each(function(){
    $(this).val('');
  });
}
$("#neuer_lauefer").______________(function(){
  return false;
});
```

Magneten: `serializeArray`, `"Erfolg"`, `nachricht`, `data`, `#sichern_button`, `function`, `submit`, `formular_zuruecksetzen()`

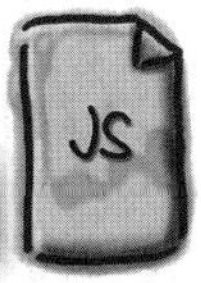

meine_skripts.js

jQuery-Codemagneten: Lösung

Erstellen Sie für den `#sichern_button` einen Klick-Event-Listener, der sämtliche Formulardaten ausliest und serialisiert und anschließend mit der jQuery-`post`-Methode an den Server übergibt. Die URL für die POST-Methode finden Sie im `action`-Attribut des Formulars. Erstellen Sie außerdem eine Funktion mit dem Namen `formular_zuruecksetzen`, die alle vom Formular übergebenen Werte leert, wenn die POST-Methode **erfolgreich** war. Zusätzlich muss das standardmäßige Abschicken des Formulars über Submit-Buttons (indem der Wert `false` zurückgegeben wird) abgebrochen werden können, wofür für das Formular mit der ID `neuer_laeufer` ein entsprechender `submit`-Listener eingerichtet wird.

```javascript
$('#sichern_button').click(function() {                    // Formularfelder für den Versand
  var data = $("#neuer_laeufer :input").serializeArray();  // an den Server vorbereiten
  $.post($("#neuer_laeufer").attr('action'), data, function(json){
    if (json.status == "fehler") {          // Das action-Attribut des zu
      alert(json.nachricht);                // verschickenden Formulars auslesen
    }
    if (json.status == "erfolg") {          // Den im PHP-Code gesetzten
      alert(json.nachricht);                // Rückgabewert des Servers
      formular_zuruecksetzen();             // überprüfen, um zu sehen, ob der
    }                                        // POST-Request erfolgreich war
  }, "json");
});
function formular_zuruecksetzen() {
  $("#neuer_laeufer :input").each(function(){
    $(this).val('');                        // Einen Filter für HTML-Elemente
  });                                        // verwenden, um die input-Felder im
}                                            // Formular zurückzusetzen
$("#neuer_laeufer").submit(function(){
  return false;    // Die "Abschicken"-Funktion des Buttons
});                // aufheben, damit der jQuery-Code das click-
                   // Event zum Versenden der Daten benutzen kann
```

meine_skripts.js

PROBEFAHRT

Das Aussehen der Seite hat sich durch den neuen Code nicht verändert. Dennoch sollten Sie die Datei *meine_skripts.js* um den gerade erstellten Code erweitern und dann die Seite *index.html* im Browser öffnen. Öffnen Sie hier den »Network«- (Chrome) bzw. den »Net«-Tab (Firebug). Wird der `sichern_button` angeklickt, sollte im Abschnitt **Request Method** des **Headers**-Tabs ein passender **POST**-Request angezeigt werden. Außerdem sollten Sie hier die verschickten **Formulardaten** sehen können. Als Nächstes brauchen wir einen Ort zum Speichern der Daten …

Mit JSON-Daten umgehen

Daten in einer MySQL-Datenbank speichern

Relationale Datenbanken (RDBMS) sind stark spezialisierte Applikationen für die Speicherung und Organisation von Daten und ihren Beziehungen zueinander.

Diese auch als *Datenbankserver* bezeichneten Programme gibt es in verschiedenen Formen und Größen (und Preisklassen). Für unsere Zwecke werden wir den frei verfügbaren Datenbankserver namens **MySQL** verwenden. Die Kommunikation mit dem Datenbankserver wird mithilfe der Sprache **SQL** abgewickelt. Normalerweise laufen Datenbank- und Webserver nebeneinander, um Daten zu lesen und zu schreiben bzw. die Webseiten auszuliefern.

Das SQL in MySQL steht für "Structured Query Language".

MySQL speichert die Daten in Datenbanktabellen.

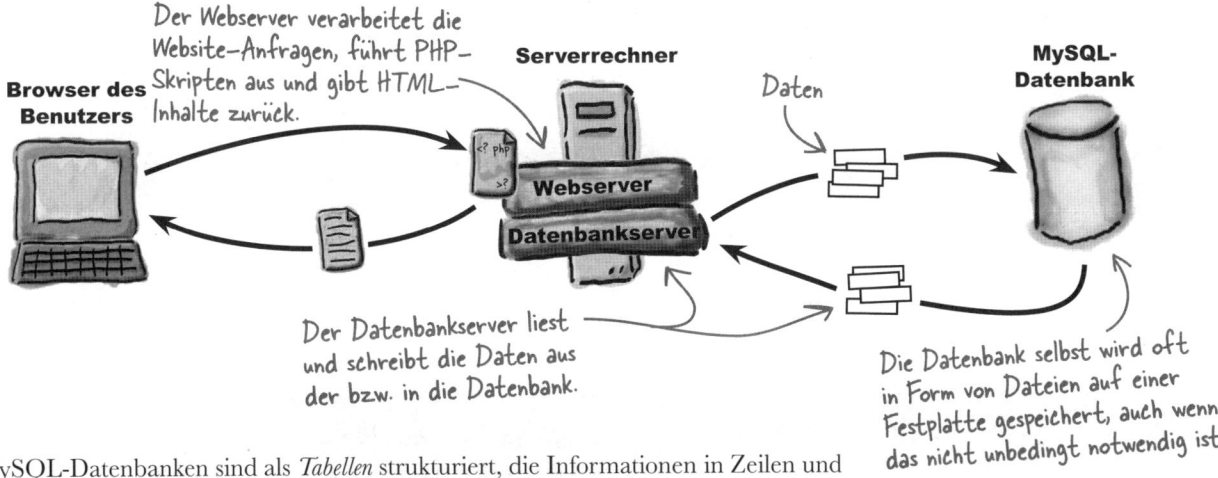

MySQL-Datenbanken sind als *Tabellen* strukturiert, die Informationen in Zeilen und Spalten organisieren. Die meisten Webapplikationen verwenden eine oder mehrere Tabellen innerhalb einer bestimmten Datenbank. Das funktioniert so ähnlich wie verschiedene Ordner in einem Aktenschrank.

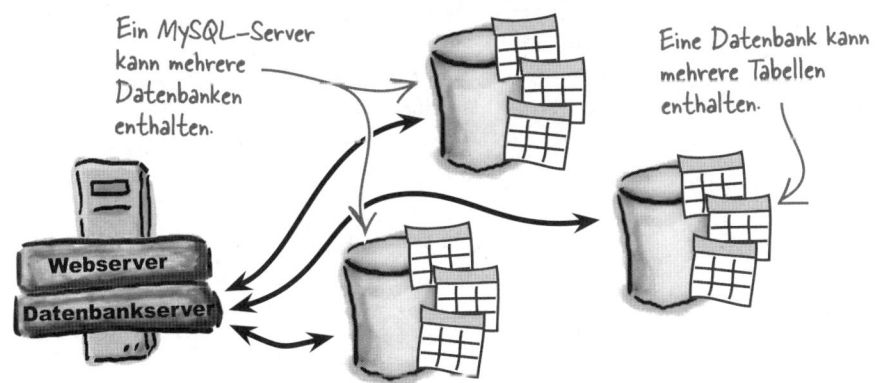

SQL ist die Abfragesprache, mit der die Kommunikation mit einer MySQL-Datenbank durchgeführt wird.

Sie sind hier ▸ **335**

Die Datenbank starten

Eine Datenbank zum Speichern der Läufer-Informationen verwenden

Moment mal! Haben Sie MySQL und PHP schon eingerichtet? Falls nicht, sollten Sie jetzt den Anleitungen in Anhang ii zur Installation von MySQL und PHP folgen, bevor Sie in diesem Kapitel weitermachen.

In Ordnung. Bitte weitermachen. Jetzt können Sie dieses Kapitel zu Ende bringen.

Den SQL-Code für die Einrichtung Ihrer Datenbank, Tabelle und Benutzer haben wir bereits für Sie vorbereitet. Öffnen Sie MySQL Workbench, starten Sie eine neue Verbindung und geben Sie den folgenden SQL-Code ein.

```
create database hfjq_race_info;                    ← Eine Datenbank mit dem Namen
                                                     hfjq_race_info erstellen
CREATE USER 'runner_db_user'@'localhost' IDENTIFIED BY 'runner_db_password';
GRANT SELECT,INSERT,UPDATE,DELETE ON hfjq_race_info.* TO 'runner_db_user'@'localhost';

use hfjq_race_info;     ← Dem Skript mitteilen, dass sich
                          die folgenden Anweisungen auf
                          Ihre Datenbank beziehen
CREATE TABLE runners(
    runner_id INT not null AUTO_INCREMENT,
    first_name VARCHAR(100) not null,
    last_name VARCHAR(100) not null,
    gender VARCHAR(1) not null,
    finish_time VARCHAR(10),
    PRIMARY KEY (runner_id)
);
```

Einen neuen Datenbankbenutzer anlegen und ihm ein Passwort zuweisen. So kann sich der Benutzer bei der Datenbank anmelden, um Daten speichern, lesen, aktualisieren und entfernen zu können.

Eine Tabelle mit dem Namen runners erstellen, in der die benötigten Informationen über die Finisher gespeichert werden.

336   Kapitel 9

Mit JSON-Daten umgehen

PROBEFAHRT

Starten Sie MySQL Workbench und öffnen Sie eine Verbindung zum Server. Kopieren Sie den SQL-Code von der vorigen Seite, fügen Sie ihn ins Query-Fenster ein und klicken Sie dann auf das Blitzsymbol, um den SQL-Code auszuführen. Im Output-Fenster sollte eine Erfolgsmeldung erscheinen.

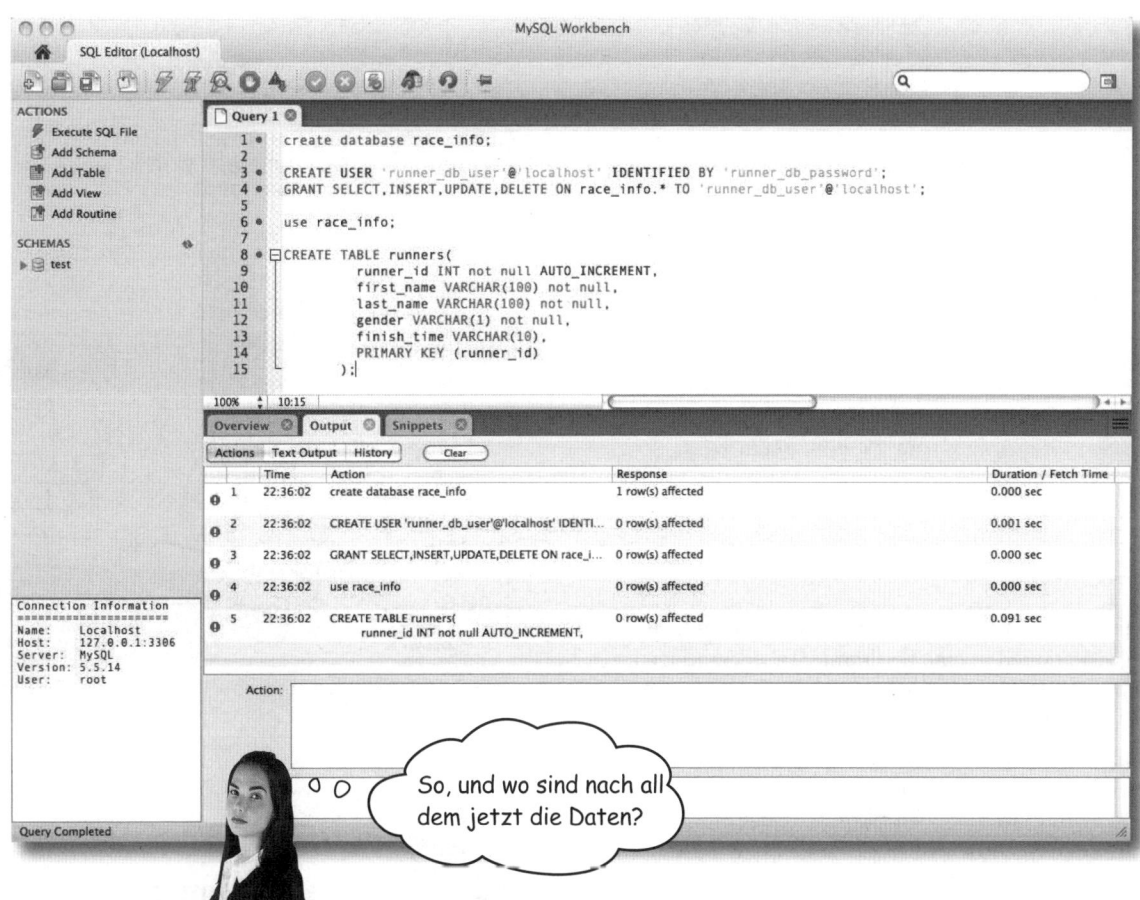

Dazu kommen wir gleich.

Der gerade ausgeführte SQL-Code erzeugt eine Datenbank, legt einen neuen Benutzer an, gewährt ihm Zugriff auf die neue Datenbank und erstellt eine Tabelle, in der die Informationen über die Läufer gespeichert werden. Jetzt wollen wir uns ansehen, wie Sie die Tabelle mit Daten füllen können.

Sie sind hier ▶

Daten einfügen

Die Anatomie von Insert-Anweisungen

In SQL gibt es für das Einfügen, Ändern/Aktualisieren und Auslesen von Informationen aus einer Datenbank jeweils verschiedene Anweisungen. Wir werden uns in Kürze mit dem Lesen von Daten beschäftigen. Zuerst wollen wir uns aber ansehen, wie Sie Daten *in* die Datenbanktabellen hineinbekommen.

Zum Einfügen von Daten in die Tabellen einer Datenbank verwenden Sie die SQL-Anweisung `insert`.

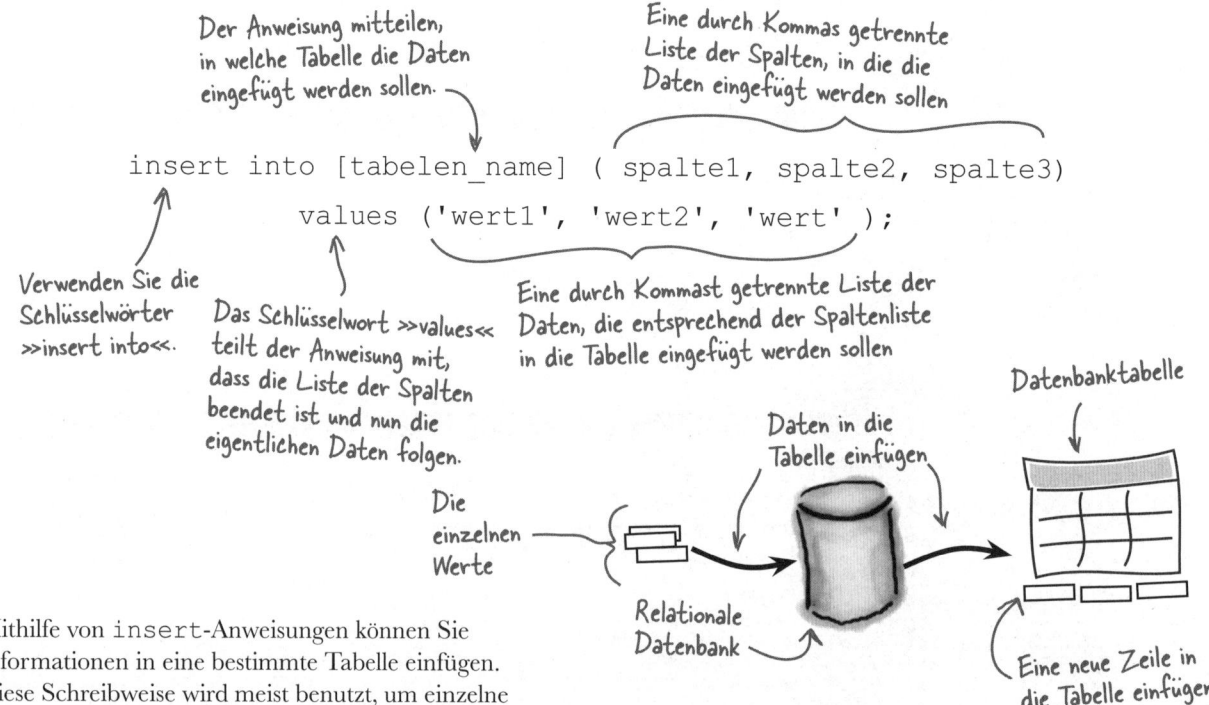

Mithilfe von `insert`-Anweisungen können Sie Informationen in eine bestimmte Tabelle einfügen. Diese Schreibweise wird meist benutzt, um einzelne Werte hinzuzufügen. Fortgeschrittene SQL-Benutzer können allerdings auch `insert`-Anweisungen erstellen, mit denen der Tabelle mehrere Zeilen auf einmal hinzugefügt werden. Wir werden es allerdings bei der Ein-Zeilen-Schreibweise belassen.

Auch wenn es nicht unbedingt nötig ist, wird empfohlen, die Spalten in der Reihenfolge anzugeben, in der Sie auch die Daten einfügen möchten. Ohne die Angabe der Spalten kann es zu Schwierigkeiten kommen, da in diesem Fall der erste Wert in die erste Spalte, der zweite Wert in die zweite Spalte eingefügt wird usw. Wenn Sie auf die Angabe der Spalten verzichten möchten, müssen Sie die Struktur Ihrer Tabellen sehr genau kennen.

Aufgepasst

Die Reihenfolge der Spaltennamen und Werte ist wichtig!

Die Werte müssen genau in der Reihenfolge angegeben werden wie auch die Spalten. Dadurch weiß die Datenbank, wo die Daten abgelegt werden sollen.

Mit JSON-Daten umgehen

Schreiben Sie die SQL-Anweisungen, um die Daten aus Ihrer XML-Datei in die Datenbank einzufügen. Sie sollten der zuvor erstellten Tabelle `runners` jeweils einen Eintrag nach dem anderen hinzufügen. Die erste Anweisung haben wir für Sie bereits geschrieben.

```
insert into runners (first_name, last_name, gender, finish_time)
  values ('John','Smith','m','25:31') ;
```

*Übungs*lösung

Lösung zur Übung

Nachdem Sie den für das Einfügen der Läufer nötigen Code geschrieben haben, öffnen Sie MySQL Workbench und führen den Code aus.

```
insert into runners (first_name, last_name, gender, finish_time)
    values ('John','Smith','m','25:31') ;
```

insert into runners (first_name, last_name, gender, finish_time)
    values ('Jacob','Walker','m','25:54') ;

insert into runners (first_name, last_name, gender, finish_time)
    values ('Mary','Brown','f','26:01') ;

insert into runners (first_name, last_name, gender, finish_time)
    values ('Jenny','Pierce','f','26:04') ;

insert into runners (first_name, last_name, gender, finish_time)
    values ('Frank','Jones','m','26:08') ;

insert into runners (first_name, last_name, gender, finish_time)
    values ('Bob','Hope','m','26:38') ;

insert into runners (first_name, last_name, gender, finish_time)
    values ('Jane','Smith','f','28:04') ;

insert into runners (first_name, last_name, gender, finish_time)
    values ('Ryan','Rice','m','28:24') ;

insert into runners (first_name, last_name, gender, finish_time)
    values ('Justin','Jones','m','29:14') ;

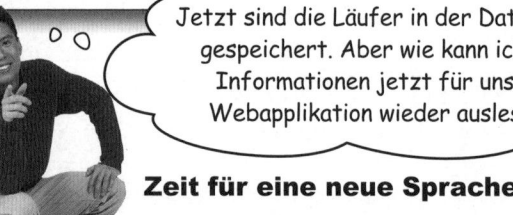

Jetzt sind die Läufer in der Datenbank gespeichert. Aber wie kann ich die Informationen jetzt für unsere Webapplikation wieder auslesen?

Zeit für eine neue Sprache: PHP.

Keine Sorge! Wir werden Sie hier nur mit den PHP-Codestücken versorgen, die für die serverseitige Kommunikation inklusive der Verbindung zum Datenbankserver nötig sind, mehr nicht.

Mit PHP auf die Daten zugreifen

PHP ist eine Programmiersprache, für deren Ausführung eine bestimmte Umgebung gebraucht wird: ein Webserver mit PHP-Unterstützung. PHP-Skripten und Webseiten, die auf diesen Skripten basieren, **müssen auf einem richtigen Webserver abgelegt werden**. Die Ausführung im lokalen Dateisystem Ihres Computers wird nicht ohne Weiteres funktionieren.

Wenn Sie auf Ihrem Computer einen Webserver mit PHP-Unterstützung installiert haben, können Sie die PHP-Skripten auch auf Ihrem lokalen Rechner ausprobieren.

Webbrowser wissen nicht, was PHP ist, und können daher auch keine PHP-Skripten ausführen.

Im Gegensatz zu HTML-Webseiten, die lokal in einem Webbrowser geöffnet werden können, müssen PHP-Skripten immer über eine URL von einem Webserver "geöffnet" werden.

Für den Webbrowser ist dieses PHP-Skript nur ein Haufen bedeutungsloser Codes.

Der Webserver versteht den PHP-Code und kann das Skript ausführen.

Webserver mit PHP-Unterstützung sind in der Lage, PHP-Skripten zu interpretieren und als HTML-Seiten an den aufrufenden Browser zurückzugeben.

Eine einfache Möglichkeit, zu ermitteln, ob eine Webseite von einem Webserver kommt, ist der Blick auf die URL. Beginnt er mit "http:", stammt die Seite von einem Webserver, während URLs für lokale Dateien immer mit "file:" beginnen.

PHP-Skripten müssen auf einem Webserver ausgeführt werden, sonst funktionieren sie nicht.

PHP und MySQL? Ich dachte, wir lernen hier jQuery! Was soll das denn?

Wir kehren in einem Moment zu jQuery zurück, versprochen!

Erst wollen wir uns aber ansehen, wie unsere PHP-Datei auch per POST verschickte Daten verarbeiten kann, um sie in die Datenbank zu schreiben. Außerdem brauchen Sie für das Versenden von Daten noch ein paar wichtige Informationen.

Die Post bringt's

Auf dem Server mit POST-Daten umgehen

Das eigens für den Transport der Formulardaten an den Server zuständige Objekt haben wir bereits gesehen: $_POST. Es ist ein assoziatives Array, das alle an den Webserver geschickten Informationen enthält. Dabei werden die *Namen* (nicht die IDs) der Formularfelder als *Schlüssel* für das assoziative Array verwendet. Die *Werte* des Arrays entsprechen den Werten, die in das Formular eingegeben wurden. Der PHP-Code auf dem Server liest das $_POST-Objekt aus und stellt fest, welche Informationen an den Server übergeben wurden. Anhand des Schlüssels (entsprechend dem name-Attribut des HTML-Elements) können Sie die Informationen wieder *aus* dem Array auslesen. Den zurückgegebenen Wert können Sie dann im PHP-Skript weiterverwenden.

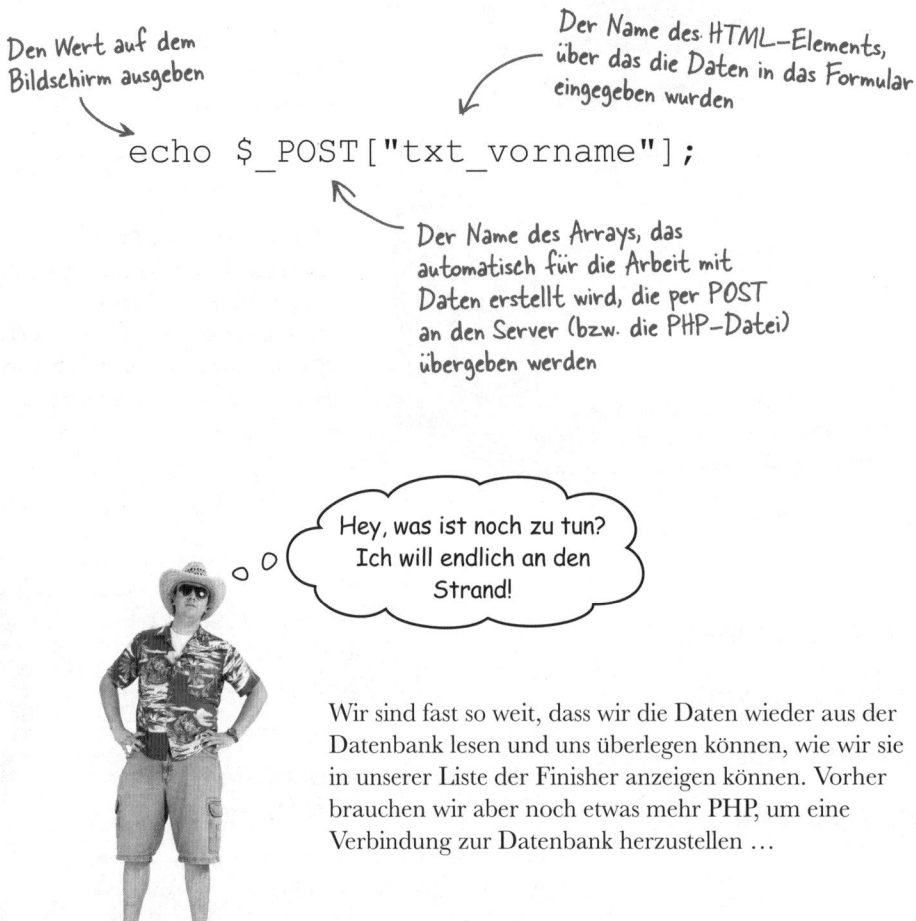

Wir sind fast so weit, dass wir die Daten wieder aus der Datenbank lesen und uns überlegen können, wie wir sie in unserer Liste der Finisher anzeigen können. Vorher brauchen wir aber noch etwas mehr PHP, um eine Verbindung zur Datenbank herzustellen …

Mit JSON-Daten umgehen

Datenbankverbindungen mit PHP

Erinnern Sie sich, dass Sie während der Installation von PHP kurz vor Schluss eine bestimmte Bibliothek ausgewählt haben?

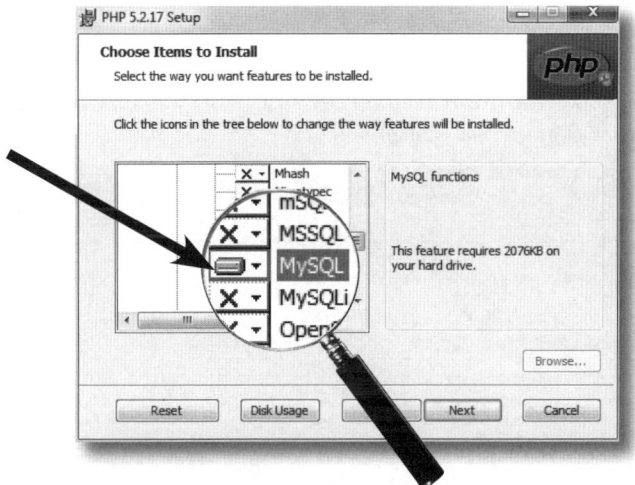

Mithilfe dieser Bibliothek ist PHP in der Lage, Verbindungen zu einer MySQL-Datenbank zu nutzen. Genau diese Bibliothek werden wir benutzen, um mit unserer gerade erstellten Datenbank zu kommunizieren, um die Läuferdaten abzufragen.

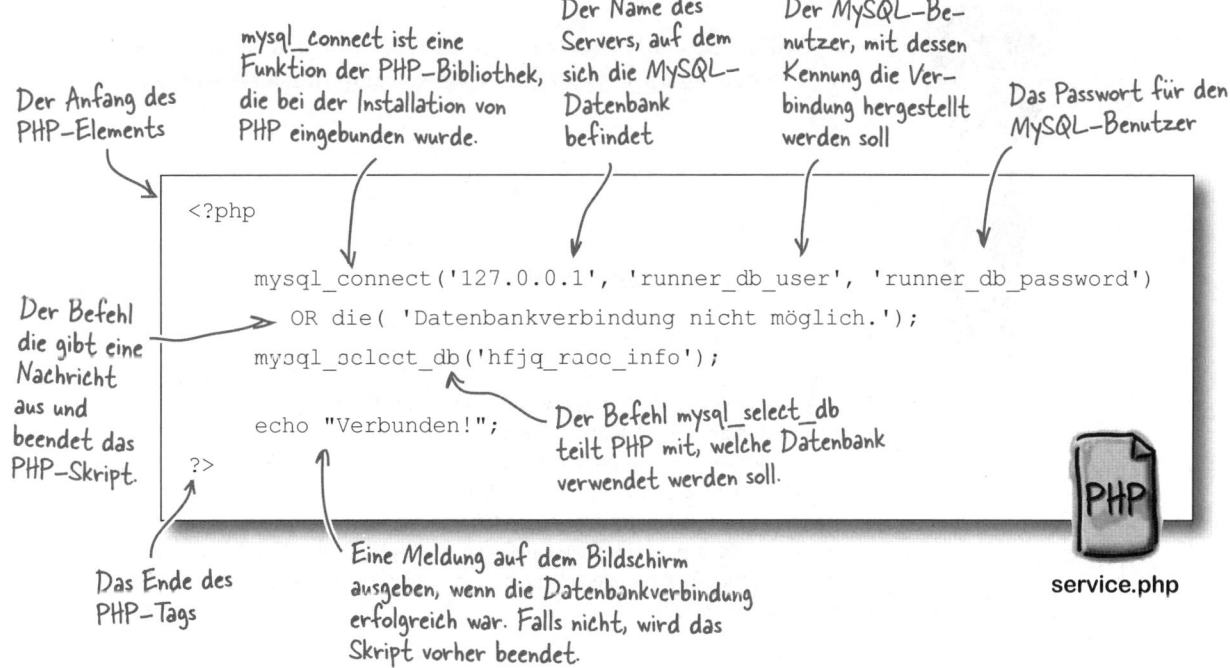

Sie sind hier ▶ 343

*Probe*fahrt

PROBEFAHRT

Starten Sie Ihren Texteditor und speichern Sie den Code von der vorigen Seite in der Datei *service.php* im selben Verzeichnis wie die Datei *index.html* für dieses Kapitel. Öffnen anschließend die Datei *index.html* in Ihrem Webbrowser, um die Ergebnisse der Datenbankabfrage zu sehen.

Vergessen Sie nicht, dass der PHP-Code **auf dem Webserver** ausgeführt werden **muss**. Die URL der Datei muss also mit *http://* statt mit *file://* beginnen.

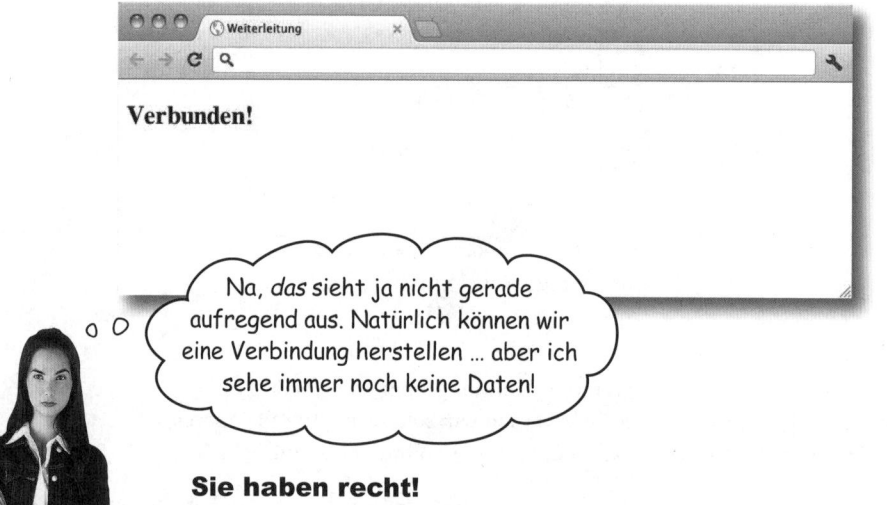

> Na, *das* sieht ja nicht gerade aufregend aus. Natürlich können wir eine Verbindung herstellen ... aber ich sehe immer noch keine Daten!

Sie haben recht!

Genau wie bei der Verwendung von INSERT gibt es auch eine spezielle Schreibweise für das Abfragen der Daten. Das wollen wir uns als Nächstes ansehen.

Es gibt keine Dummen Fragen

F: Ist MySQL Workbench die einzige Möglichkeit, mit unserer MySQL-Datenbank zu arbeiten?

A: Nein. Es gibt eine Vielzahl von Wegen und Werkzeugen. PHPMyAdmin ist ein häufig verwendetes Werkzeug, mit dem MySQL-Datenbanken webbasiert verwaltet werden können. Oder aber Sie verwenden ein Terminalfenster, um die Datenbank und die enthaltenen Informationen über die Kommandozeile zu bearbeiten.

F: Welche anderen PHP-Bibliotheken gibt es?

A: Es existieren viele PHP-Bibliotheken für die verschiedensten Zwecke. Dazu gehören SSL-Verschlüsselung, das Versenden von E-Mails (SMTP oder IMAP), Kompression, Authentifizierung, andere Datenbankverbindungen und Vieles mehr. Geben Sie »PHP libraries« in die Suchmaschine Ihrer Wahl ein, um eine Liste verfügbarer Bibliotheken zu finden.

Daten per SELECT aus der Datenbank abfragen

Um Daten aus der Datenbank zu lesen, verwenden wir eine SELECT-Anweisung. Die Daten werden als sogenanntes *Result Set* zurückgegeben. Das Result Set ist eine Sammlung aller Daten, die Sie in der select-Anweisung angefordert haben. Außerdem ist es möglich, mehrere Tabellen in einer SELECT-Anweisung zusammenzufügen und auf diese Weise mehr als eine Tabelle im selben Result Set zurückgeben zu lassen.

> Eine Menge weiterer Informationen zu PHP, SQL und Datenbanken und -tabellen finden Sie im Buch »PHP & MySQL Von Kopf bis Fuß«.

> Eine durch Kommas getrennte Liste der Spalten, von denen wir Daten auslesen möchten

> Der Anweisung mitteilen, aus welcher Tabelle die Daten gelesen werden sollen

> Das Schlüsselwort »asc« teilt der »order by«-Anweisung mit, in welcher Reihenfolge die Ergebnisse sortiert werden sollen (asc aufsteigend, desc absteigend).

```
SELECT column_name1, column_name2 from table_name order by column_name1 asc
```

> Die Anweisung beginnt mit dem Schlüsselwort »SELECT«.

> Das Schlüsselwort »from« teilt der Anweisung mit, dass die Liste der gewünschten Spalten zu Ende ist und wo die im Folgenden genannten Daten zu finden sind.

> Um die zurückgegebenen Daten zu sortieren, verwenden wir die Schlüsselwörter »order by«, gefolgt von einem oder mehreren Spaltennamen.

Die SQL-Anweisung select liest Datenspalten aus einer oder mehreren Tabellen und gibt sie zurück.

Spitzen Sie Ihren Bleistift

Erstellen Sie eine SELECT-Anweisung für die Daten, die für die Anzeige der Läufer/Finisher auf der Website gebraucht werden. Dafür müssen die Spalten first_name (Vorname), last_name (Nachname), gender (Geschlecht) und finish_time (Zeit) aus der Tabelle runners gelesen werden. Sortieren Sie die Daten so, dass aufsteigend (die kürzesten Zeiten zuerst) nach den Werten der Spalte finish_time sortiert wird. Werfen Sie bei Bedarf noch einmal einen Blick auf Seite 336, um sich anzusehen, wie die Tabelle angelegt wurde.

....

Lösung

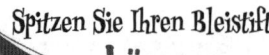

Spitzen Sie Ihren Bleistift
Lösung

Sie haben soeben Ihre eigene SQL-Anweisung zum Abfragen der Läufer aus der Datenbank erstellt.

Die Liste der Spalten, die ausgewählt werden müssen

Die Sortierfolge der Daten

SELECT first_name, last_name, gender, finish_time FROM runners order by finish_time ASC

Die Tabelle, aus der die Daten gelesen werden sollen

PROBEFAHRT

Führen Sie die SELECT-Anweisung mit MySQL Workbench aus, um zu überprüfen, ob alle Daten im Result Set zurückgegeben werden.

Gut, dass ich die Daten in Workbench sehen kann, aber brauchen wir die nicht eigentlich auf der Website?

Aber sicher!

Jetzt wollen wir sehen, wie wir die Informationen aus der Datenbank auf der Website anzeigen lassen können.

Daten mit PHP abfragen

Bis jetzt waren unsere PHP-Anweisungen noch eher einfach bis mittelschwer. Wir haben gesehen, wie Informationen auf dem Bildschirm ausgegeben werden können, wie man eine Verbindung zu einer Datenbank aufbaut und wie man Daten mit einer SELECT-Anweisung abfragen kann. Der nächste Schritt besteht darin, Informationen aus der Datenbank zu **holen** und auf dem Bildschirm anzuzeigen.

PHP-Codemagneten

Bringen Sie die Magneten in die richtige Reihenfolge, um eine PHP-Funktion mit dem Namen datenbank_verbindung zu erstellen, die die Verbindung zur Datenbank herstellt. Erstellen Sie außerdem eine Variable mit dem Namen $abfrage. Weisen Sie dieser Variablen das Ergebnis der vorhin erstellen SELECT-Abfrage zu, mit der die Informationen über die Läufer aus der Datenbank abgefragt werden. Außerdem brauchen Sie eine $ergebnis-Variable, die unsere datenbank_verbindung-Funktion aufruft und $abfrage als Parameter übergibt. Verwenden Sie abschließend eine while-Schleife, um die einzelnen Zeilen des Result Sets (ein assoziatives Array) zu durchlaufen und auf dem Bildschirm anzuzeigen.

```php
<?php

   $abfrage = "SELECT first_name, last_name, gender, finish_time _____
runners order by _____ASC ";
   $ergebnis = _____($abfrage);

   while ($zeile = mysql_fetch_array(_____, MYSQL_ASSOC)) {
     print_r(_____);
   }


   _____datenbank_verbindung(_____) {
     mysql_connect('127.0.0.1', 'runner_db_user', 'runner_db_password')
       OR _____ ('Verbindung zur Datenbank nicht möglich.');
     _____('hfjq_race_info');

     return mysql_query($abfrage);
   }
?>
```

Magneten: $zeile, die, mysql_select_db, FROM, datenbank_verbindung, $abfrage, $ergebnis, function, finish_time

service.php

PHP-Codemagneten-*Lösung*

PHP-Codemagneten: Lösung

Mit etwas PHP-Code können Sie die benötigten Informationen aus der Datenbank auslesen und sich als assoziatives Array zurückgeben lassen, das auf Ihrer Webseite angezeigt werden kann.

```php
<?php

    $abfrage = "SELECT first_name, last_name, gender, finish_time FROM
runners order by finish_time ASC ";
    $ergebnis = datenbank_verbindung($abfrage);

    while ($zeile = mysql_fetch_array($ergebnis, MYSQL_ASSOC)) {
        print_r($zeile);
    }

    function datenbank_verbindung($abfrage) {
        mysql_connect('127.0.0.1', 'runner_db_user', 'runner_db_password')
            OR die('Verbindung zur Datenbank nicht möglich.');
        mysql_select_db('hfjq_race_info');

        return mysql_query($abfrage);
    }
?>
```

service.php

Es gibt keine Dummen Fragen

F: Heißt das, eine `SELECT`-Abfrage kann alle meine Informationen aus der Tabelle abfragen? Ich weiß, dass ich die zurückgegebenen Spalten begrenzen kann, aber wie sieht es mit den Zeilen aus?

A: Ja, Sie können auch die zurückgegebenen Zeilen begrenzen, indem Sie eine `WHERE`-Klausel verwenden. Wir werden uns in Kapitel 11 eingehender damit beschäftigen. Für den Augenblick reicht es, zu wissen, dass Sie über die `WHERE`-Klausel eine Filterbedingung angeben können. Sie sorgt dafür, dass in der `SELECT`-Abfrage nur Zeilen zurückgegeben werden, auf die die Bedingung zutrifft.

F: Kann ich immer nur die Daten aus einer Tabelle auslesen?

A: Nein. Sie können in der `SELECT`-Abfrage beliebig viele Tabellen mithilfe eines gemeinsamen Identifiers gruppieren, oder auch in der `WHERE`-Klausel. Das Gruppieren (engl. join) kann die Datanabfragen allerdings deutlich verlangsamen. Sie sollten diese Möglichkeit daher mit Bedacht nutzen. Nähere Informationen zu diesem Thema finden Sie beispielsweise in Kapitel 8 von *PHP & MySQL von Kopf bis Fuß* oder Kapitel 2 von *SQL von Kopf bis Fuß*.

F: Welche Datenbank ist unter 127.0.0.1 zu finden? Meine Website ist unter »localhost« zu erreichen. Worin besteht der Unterschied?

A: Gute Frage! Und die Antwort lautet: Es gibt keinen. Sowohl 127.0.0.1, als auch localhost beziehen sich auf die gleiche Sache: den Computer, an dem Sie gerade arbeiten.

Mit JSON-Daten umgehen

PROBEFAHRT

Erweitern Sie die Datei *service.php* um den gerade erstellen Code und öffnen Sie die Seite in Ihrem Browser, um sich die Ergebnisse der Datenbankabfrage anzusehen. Vergessen Sie nicht, dass der PHP-Code auf Ihrem Webserver ausgeführt werden **muss**. Die URL sollte also mit *http://* beginnen, nicht mit *file://*.

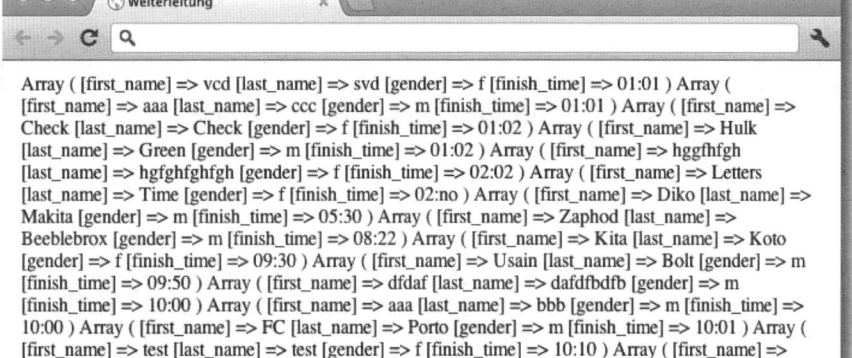

← Das Endergebnis nach der Ausgabe der Daten auf dem Bildschirm

In Ordnung, da sind die Daten. Aber sie sehen ziemlich komplex und verwirrend aus. Geht das nicht etwas schöner?

Auf jeden Fall!

Was wir hier sehen, sind einfach nur ein paar Arrays, die direkt auf dem Bildschirm angezeigt werden. Sie enthalten zwar die benötigten Daten, aber kaum im gewünschten Format. Glücklicherweise gibt es eine effiziente Methode, die Daten in einem Format zu arrangieren, das perfekt für die Definition von Datenstrukturen geeignet ist.

Sie sind hier ▶ **349**

Das geht auch einfacher

JSON hilft!

JSON, die *JavaScript Object Notation*, ist ein schlankes Format zum Austausch von Daten. Es ist für Menschen leicht les- und schreibbar. Computer können JSON-Daten leicht erstellen und parsen, wodurch es perfekt für die Strukturierung und den Transport von Daten geeignet ist. Es basiert auf einer Untermenge des Standards, der für die Definition von JavaScript verwendet wird, und ist nicht auf eine bestimmte Programmiersprache beschränkt. JSON kann Daten außerdem effizienter transportieren als XML. Das Format basiert, ebenso wie assoziative Arrays, auf Paaren aus Namen und Werten. JSON kann mit verschiedenen Arten von Werten umgehen: Strings, Zahlen, Arrays, Objekten, booleschen Werten (wahr oder falsch) oder auch null.

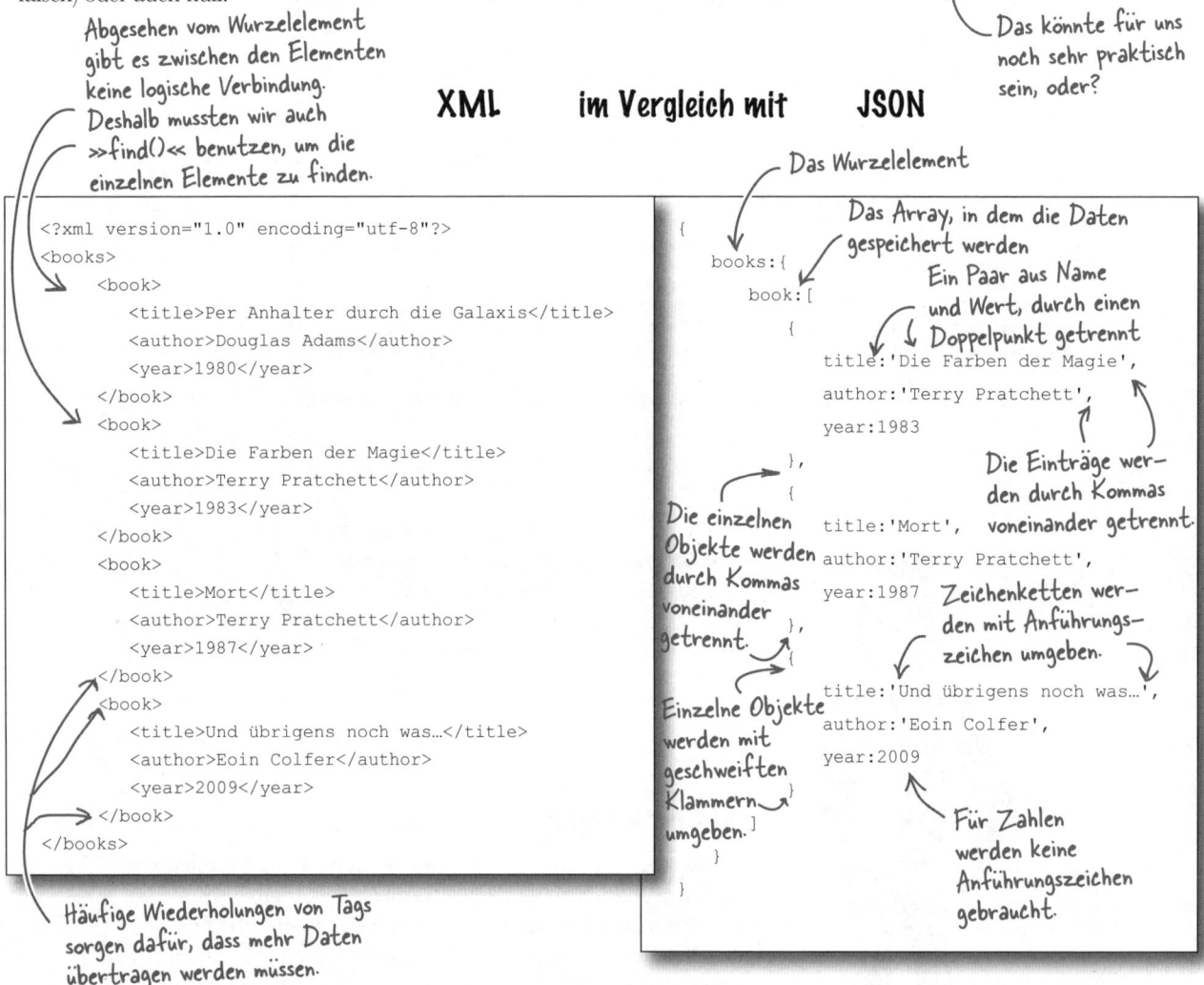

Um auf die Informationen in einem JSON-Objekt zuzugreifen, können Sie die gleiche Schreibweise verwenden wie für andere Objekte: die Punktnotation (.). Arrays innerhalb des JSON-Objekts funktionieren wie andere JavaScript-Arrays und besitzen die gleichen Eigenschaften, z. B. `length`. Im oben gezeigten Beispiel eines JSON-Objekts können Sie mit `books.book.length` ermitteln, wie viele Bücher zurückgegeben wurden. Unterschiedliche JSON-Objekte haben unterschiedliche Strukturen, Sie brauchen also möglicherweise nicht so viele Punkte, um auf das Array-Objekt zuzugreifen.

jQuery + JSON = großartig

Da JSON so weit verbreitet und so einfach zu benutzen ist, haben die jQuery-Entwickler eine spezielle Kurzschriftmethode für die Arbeit mit JSON geschaffen: `getJSON`.

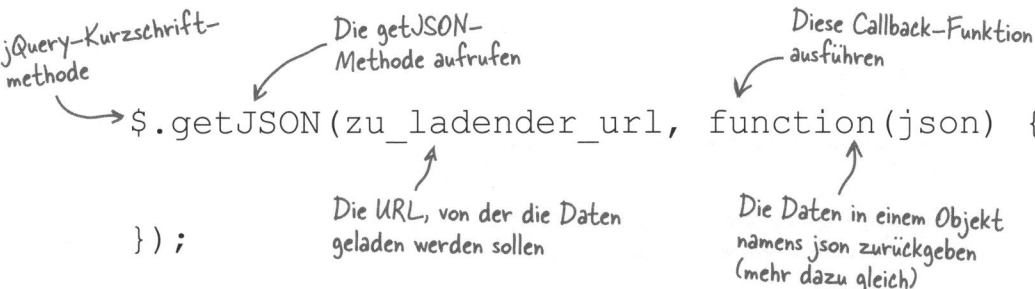

Wenn Ihnen das bekannt vorkommt, liegt das daran, dass diese Schreibweise starke Ähnlichkeit mit der `post`-Methode hat, die wir benutzt haben, um die Formulardaten zu verschicken. Tatsächlich ist auch diese Methode eine *Kurzschrift*version für die `ajax`-Methode, bei der eine Reihe von Parametern bereits vordefiniert wurden. Wollten Sie die `ajax`-Methode direkt benutzen, würde das etwa so aussehen:

```
$.ajax({
    url: url_to_load,
    dataType: 'json',
    data: json,
    erfolg: function(json){

    };
});
```

> Aber unsere Daten liegen doch gar nicht im JSON-Format vor. Sie existieren nur als eine Reihe von Arrays. Können wir die vielleicht irgendwie in JSON umwandeln?

Yes, we can!

Das Schicksal meint es gut mit uns, denn die Entwickler von PHP haben bereits an dieses Szenario gedacht. Um das zu verstehen, müssen wir Ihre PHP-Fähigkeiten ein wenig vertiefen. Dann wollen wir uns ansehen, wie wir die Grundlagen mit anderen PHP-Funktionen verbinden können, um unsere Daten in JSON verschicken können.

Auf eigene Gefahr

Ein paar PHP-Regeln

Seien wir ehrlich: Niemand setzt sich gern mit Programmierregeln auseinander. Trotzdem müssen wir noch ein paar Dinge über PHP wissen, hauptsächlich über die Syntax, um Daten für jQuery aufzubereiten. Glücklicherweise kennen wir viele dieser Konzepte bereits von JavaScript. Wir werden es also so kurz und schmerzlos machen wie möglich.

PHP-Grundlagen

1. Sämtlicher PHP-Code muss mit <?php- und ?>-Tags umgeben werden.
2. Durch die Verwendung der <?php- und ?>-Tags können Sie **PHP- und HTML-Code miteinander mischen.**
3. Jede Zeile mit PHP-Code muss mit einem **Semikolon (;) abgeschlossen** werden.

```
<div><span> Hallo,
<?php
    echo "Bob";
?>
</span></div>
```

Regeln für Variablen

1. Alle Variablen *müssen* mit einem **Dollarzeichen ($) beginnen.**
2. Darauf muss **mindestens** ein Buchstabe oder Unterstrich folgen. Darauf darf eine beliebige Kombination aus Buchstaben, Zahlen oder Unterstrichen folgen.
3. Bindestriche (-), Leerzeichen ( ) und **Sonderzeichen** (außer $ und _) sind in Variablennamen *nicht* erlaubt.

```
<?php
$u = "Ostfriesland"; // OK
$zweite_heimat = "Irland"; // OK
$andere-variable = "Österreich"; // Löst
einen Fehler aus
?>
```

Regeln für Schleifen

1. Auch in PHP gibt es for-, while- und do... while-Schleifen. **Die Syntax ist die gleiche wie in JavaScript.**
2. In PHP gibt es außerdem die foreach-Schleife, die alle Elemente eines Arrays anhand des Schlüsselworts as nacheinander durchläuft. Ist das Ende des Arrays erreicht, hält die Schleife automatisch an.

```
<?php
for ($i = 1; $i <= 10; $i++) {
    echo $i;
}
while ($j <= 10) {
    echo $j++;
}
$a = array(1, 2, 3, 17);
foreach ($a as $v) {
    echo "Aktueller Wert: $v.\n";
}
?>
```

Und noch ein paar PHP-Regeln

Es gibt noch ein paar weitere Regeln, die uns dabei helfen, an die gewünschten Daten zu kommen, sie korrekt zu formatieren und sie in unsere Webseiten einzubauen.

Regeln für Arrays

1. Ähnlich wie in JavaScript können Sie das Schlüsselwort `array` verwenden, um ein neues Array anzulegen.

2. Sie können auf die im Array gespeicherten Werte zugreifen, indem Sie den Index in **eckigen Klammern [ ]** angeben, wie in JavaScript. Und wie in JavaScript beginnt die Zählung der Indizes bei **null**.

3. Außerdem gibt es sogenannte **assoziative Arrays**. Anstelle des Index greifen Sie dabei mit einem Schlüssel auf die einzelnen Werte zu. Man spricht daher auch von **Schlüssel/Wert**-Paaren.

4. Um einem Schlüssel in einem assoziativen Array einen Wert zuzuweisen, verwenden Sie den **=>-Operator**.

```php
<?php
$mein_array2 = array('Ostfriesland',
'Frankreich', 'Irland');
echo $mein_array2[2]; // Gibt "Irland"
aus
$arr = array("foo" => "bar", 12 => true);
echo $arr["foo"]; // Gibt "bar" aus
echo $arr[12];    // Gibt true aus
?>
```

Regeln für Bedingungsblöcke

1. Die `if`-Anweisung verwendet **die gleiche Syntax wie in JavaScript**. Das Gleiche gilt für die `else`- und die `else if`-Klausel.

2. Die **Vergleichsoperatoren** funktionieren auf die gleiche Weise wie in **JavaScript**.

3. **Logische Operatoren** funktionieren auf die gleiche Weise wie in **JavaScript**. Zusätzlich gibt es in PHP noch die Schlüsselwörter `and`, `or` und `not`, die anstelle der Operatoren benutzt werden können.

```php
<?php
if ($x > $y){
    echo "x ist größer als y";
}
elseif ($x == $y) {
    echo "x ist gleich y";
}
else {
    echo "x kleiner als y";
}
?>
```

Regeln für die Bildschirmausgabe

1. Die Schlüsselwörter `echo` und `print` sorgen für die Ausgabe auf dem Bildschirm.

2. Den Inhalt eines **Arrays** können Sie mit dem Befehl `print_r` ausgeben.

```php
<?php
    echo "Dob";
    print_r($mein_array2);
?>
```

Nur ein *Array*

Ausgaben mit PHP formatieren

So, nachdem wir das aus dem Weg geschafft haben, können wir jetzt sehen, was PHP für uns tun kann! In PHP gibt es die Funktion `json_encode`, mit der Sie ein assoziatives Array ins JSON-Format umwandeln können.

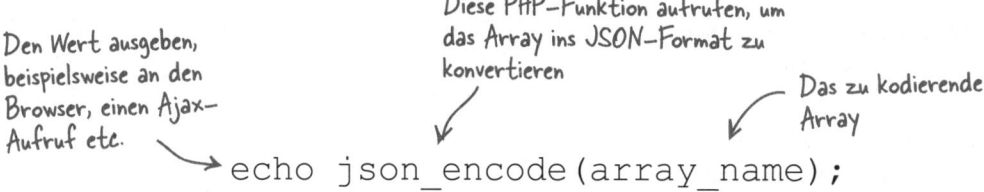

Bevor wir die Daten kodieren, müssen sie in einem gemeinsamen assoziativen Array vorliegen. Wir haben bereits gesehen, wie wir eine Schleife über das Result Set ausführen können, um die einzelnen assoziativen Arrays anzuzeigen. Jetzt brauchen wir eine Methode, um die einzelnen Arrays zu kombinieren. Mithilfe der PHP-Funktion `array_push` können wir am Ende eines Arrays neue Elemente hinzufügen.

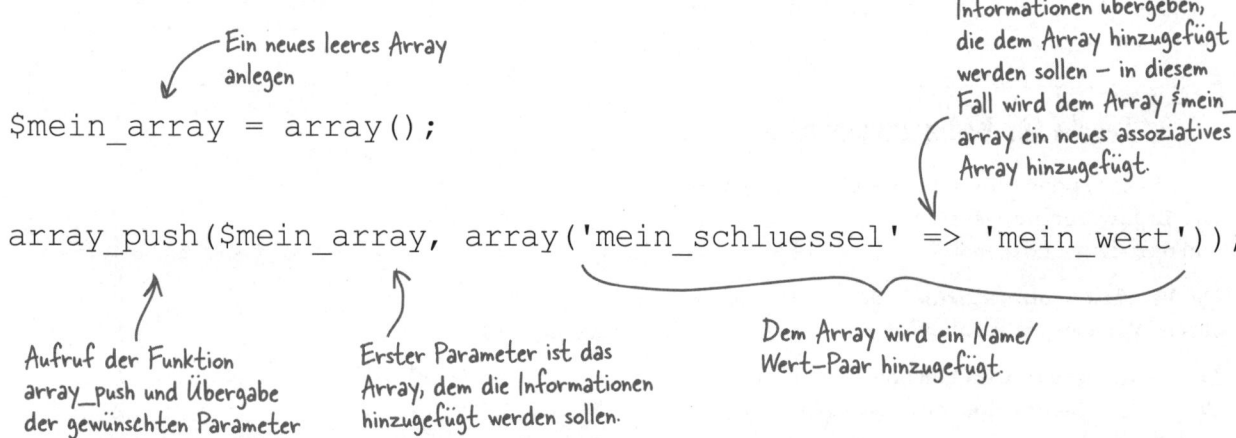

Freak-Futter

Die Funktion `json_encode` gibt es in PHP erst seit der Version 5.2. Wenn Sie eine frühere Version benutzen, sollten Sie PHP entweder aktualisieren oder in der Suchmaschine Ihrer Wahl den Suchbegriff »json_encode PHP alternatives« eingeben, um herauszufinden, wie die Entwickler von PHP diese Funktion geschaffen haben. Auf diese Weise können Sie sich notfalls auch Ihre eigene `json_encode`-Funktion stricken, um auch ohne native Unterstützung von den Möglichkeiten zu profitieren.

Mit JSON-Daten umgehen

Es gibt keine Dummen Fragen

F: Ist JSON eigentlich eine Erfindung der jQuery-Entwickler?

A: Nein. Douglas Crockford, der JavaScript-Chefentwickler bei Yahoo!, hat JSON entwickelt, um – wie er sagt – »eine abgespeckte Alternative zu XML« zu haben. Seine Gründe für diese Arbeit finden Sie unter *http://www.json.org/fatfree.html*.

F: Ist JSON nicht einfach JavaScript?

A: Ja und nein. JSON basiert auf einer Untermenge von JavaScript mit dem kryptischen Namen ECMA 262 Third Edition. JSON kann aber von einer Vielzahl von Programmiersprachen für den Austausch von Daten genutzt werden. Eine Liste der Sprachen, die JSON unterstützen, finden Sie unter *http://www.json.org/*.

F: Warum kann ich für meine Zwecke nicht einfach JavaScript benutzen, wenn die Syntax von PHP und JavaScript doch so ähnlich ist?

A: Wie schon gesagt, ist PHP eine *serverseitige* Skriptsprache, die in Ihrem Auftrag mit dem Webserver und Datenbanken interagiert. Der Code wird auf dem Server ausgeführt und erzeugt den HTML-Code, der dann an den Browser zurückgeschickt wird. JavaScript lebt dagegen nur im Browser und interagiert mit der *Clientseite*.

F: In Ordnung. Und was war PHP noch gleich?

A: PHP (ein rekursives Akronym für PHP: Hypertext Preprocessor) ist eine weitverbreitete, universell einsetzbare Open Source-Skriptsprache. Sie ist besonders für die Webentwicklung geeignet und kann in HTML-Dokumente eingebettet werden.

F: Und wo kommt PHP her?

A: Gute Frage. PHP erblickte 1994 das Licht des Web. Sie wurde von Rasmus Lerdorf als Möglichkeit entwickelt, seinen Lebenslauf online anzuzeigen. Er veröffentlichte den Quellcode 1995, wodurch andere Entwickler den Code erweitern und aktualisieren sowie Fehler beheben konnten. Mittlerweile wird PHP auf über 20 Millionen Websites rund um die Welt eingesetzt.

Entspannen Sie sich

Sie haben Ihr Hirn gerade mit einer Menge neuer Informationen zu PHP, MySQL und JSON befüllt. Als Nächstes wollen wir eine umfangreiche Übung durchführen, um die einzelnen Bausteine zu einem sinnvollen Ganzen zu verbinden. Vorher sollten Sie eine kurze Pause machen, eine Tasse Kaffee trinken, einen Spaziergang machen oder irgendetwas anderes tun, um Ihrem Hirn eine Pause zu gönnen und sich für das Folgende vorzubereiten. Wenn Sie so weit sind, blättern Sie um und legen Sie los!

Sie sind hier ▶ **355**

Lange Übung

Erweitern Sie die Datei *meine_skripts.js* um eine neue Funktion mit dem Namen `laeufer_db_abfragen`, die die Datei *service.php* auf dem Server aufruft. Dieser Aufruf sollte ein JSON-Objekt zurückgeben und dann die Anzahl der zurückgegebenen Läufer über eine Warnmeldung ausgeben. Aktualisieren Sie außerdem den `AJAX_aufrufe_starten`-Timer, so dass er anstelle von `XML_laeufer_finden` die neue Funktion aufruft. Abschließend muss die Datei *service.php* so umgebaut werden, dass die aus der Datenbank gelesenen Daten zu den Läufern JSON-kodiert an das Skript zurückgegeben werden.

```
function AJAX_aufrufe_starten(){
   if(repeat){
      setTimeout( function() {
         .................
         AJAX_aufrufe_starten();
         },
         FREQ
      );
   }
}


function laeufer_db_abfragen(){
   $.getJSON(.......... function(.....) {
      .....(json.runners........);
   });
   aktuelle_zeit_ajax();
}
```

meine_skripts.js

Mit JSON-Daten umgehen

```php
<?php

   $abfrage = "SELECT first_name, last_name, gender, finish_time FROM runners order by finish_time ASC ";
   $ergebnis = ................($abfrage);

   $lauefer = array();

   while ($zeile = mysql_fetch_array($ergebnis, MYSQL_ASSOC)) {
      .............($lauefer, array('fname' => $zeile['first_name'], 'lname' => $zeile['last_name'], 'gender' => $zeile['gender'], 'time' => $zeile['finish_time']));
   }
   echo ............(array("runners" => .............));
   exit;

   function datenbank_verbindung($abfrage) {
      mysql_connect('127.0.0.1', 'runner_db_user', 'runner_db_password')
         OR die(fehler('Verbindung zur Datenbank nicht möglich.'));
      mysql_select_db..................

      return mysql_query($abfrage);
   }

   function fehler($nachricht) {
      die(json_encode(array('status' => 'fehler', 'nachricht' => $nachricht)));
   }
   function erfolg($nachricht) {
      die(json_encode(array('status' => 'erfolg', 'nachricht' => $nachricht)));
   }
?>
```

service.php

Lösung zur langen Übung

Lange Übung Lösung

Die *meine_skripts.js*-Datei enthält jetzt eine neue Funktion mit dem Namen `laeufer_db_abfragen`, die ihrerseits die Datei *service.php* auf dem Server aufruft.

Die alte Funktion `XML_laeufer_abfragen` wird nicht mehr gebraucht und kann gelöscht werden. Die neue Funktion `laeufer_db_abfragen` arbeitet mit den von *service.php* zurückgegebenen JSON-Daten und gibt die Anzahl der Läufer in einer Warnmeldung aus. Außerdem wurde die Timer-Funktion `AJAX_aufrufe_starten` aktualisiert, so dass nun die neue Funktion aufgerufen wird. Auch die Datei *service.php* hat ein Update erhalten. Sie schickt die aus der Datenbank abgefragten Läuferdaten jetzt JSON-kodiert und aufsteigend nach dem Wert der Datenbankspalte `finish_time` geordnet an den Browser zurück.

```
function AJAX_aufrufe_starten(){
   if(repeat){
      setTimeout( function() {
         laeufer_db_abfragen();        // Regelmäßig die neue Funktion aufrufen
         AJAX_aufrufe_starten();
      },
      FREQ
      );
   }
}

function laeufer_db_abfragen(){
   $.getJSON("service.php", function(json) {      // Die vom JSON-Aufruf zurückgegebenen Daten
      alert(json.laeufer.length);                 // Wie bei anderen Arrays gibt es auch eine length-Eigenschaft.
   });
   aktuelle_zeit_ajax();
}
```

Die getJSON-Abfragemethode verwenden, um die Datei service.php aufzurufen

Das json-Objekt enthält ein Array mit dem Namen laeufer. Den Namen erhält es von der PHP-Methode json_encode.

meine_skripts.js

Mit JSON-Daten umgehen

```php
<?php
                        // Die Datenbankabfrage, um die
                        // Läuferinformationen auszulesen
  $abfrage = "SELECT first_name, last_name, gender, finish_time FROM runners
order by finish_time ASC ";
  $ergebnis = datenbank_verbindung($abfrage);
                                                    // Schleife über das Result
                       // Ein neues Array für die    // Set ausführen, um eine Reihe
  $laeufer = array();  // Rückgabewerte anlegen      // von assoziativen Arrays
                                                    // zurückzubekommen
  while ($zeile = mysql_fetch_array($ergebnis, MYSQL_ASSOC)) {
    array_push($laeufer, array('fname' => $zeile['first_name'], 'lname' =>
$zeile['last_name'], 'gender' => $zeile['gender'], 'time' => $zeile['finish_
time']));
                                            // Die zurückgegebenen
  }                                         // Daten in einem eigenen
  echo json_encode(array("laeufer" => $laeufer));  // assoziativen Array speichern
  exit;                  // Das assoziative Array im
                         // JSON-Format kodieren und an
                         // den Aufrufer zurückgeben
  function datenbank_verbindung($abfrage) {
    mysql_connect('127.0.0.1', 'runner_db_user', 'runner_db_password')
      OR die(fehler('Verbindung zur Datenbank nicht möglich.'));
    mysql_select_db('hfjq_race_info');
                                    // Diese Funktion übernimmt
                                    // die Kommunikation mit der
                                    // Datenbank.
    return mysql_query($abfrage);   // Das Result Set
  }                                 // an die aufrufende
      // Handler-Funktion für die Behandlung von   // Funktion zurückgeben
      // Fehler- und Erfolgsmeldungen unseres Skripts
  function fehler($nachricht) {
    die(json_encode(array('status' => 'fehler', 'nachricht' => $nachricht)));
  }
  function erfolg($nachricht) {
    die(json_encode(array('status' => 'erfolg', 'nachricht' => $nachricht)));
  }
?>
```

service.php

Sie sind hier ▸ **359**

*Probe*fahrt

PROBEFAHRT

Aktualisieren Sie die Dateien *service.php* und *meine_skripts.js* mit dem gerade erstellten Code. Danach öffnen Sie *index.html* im Browser und navigieren in den Entwicklerwerkzeugen zum »Network«-Tab, um zu beobachten, wie die JSON-Daten geladen werden.

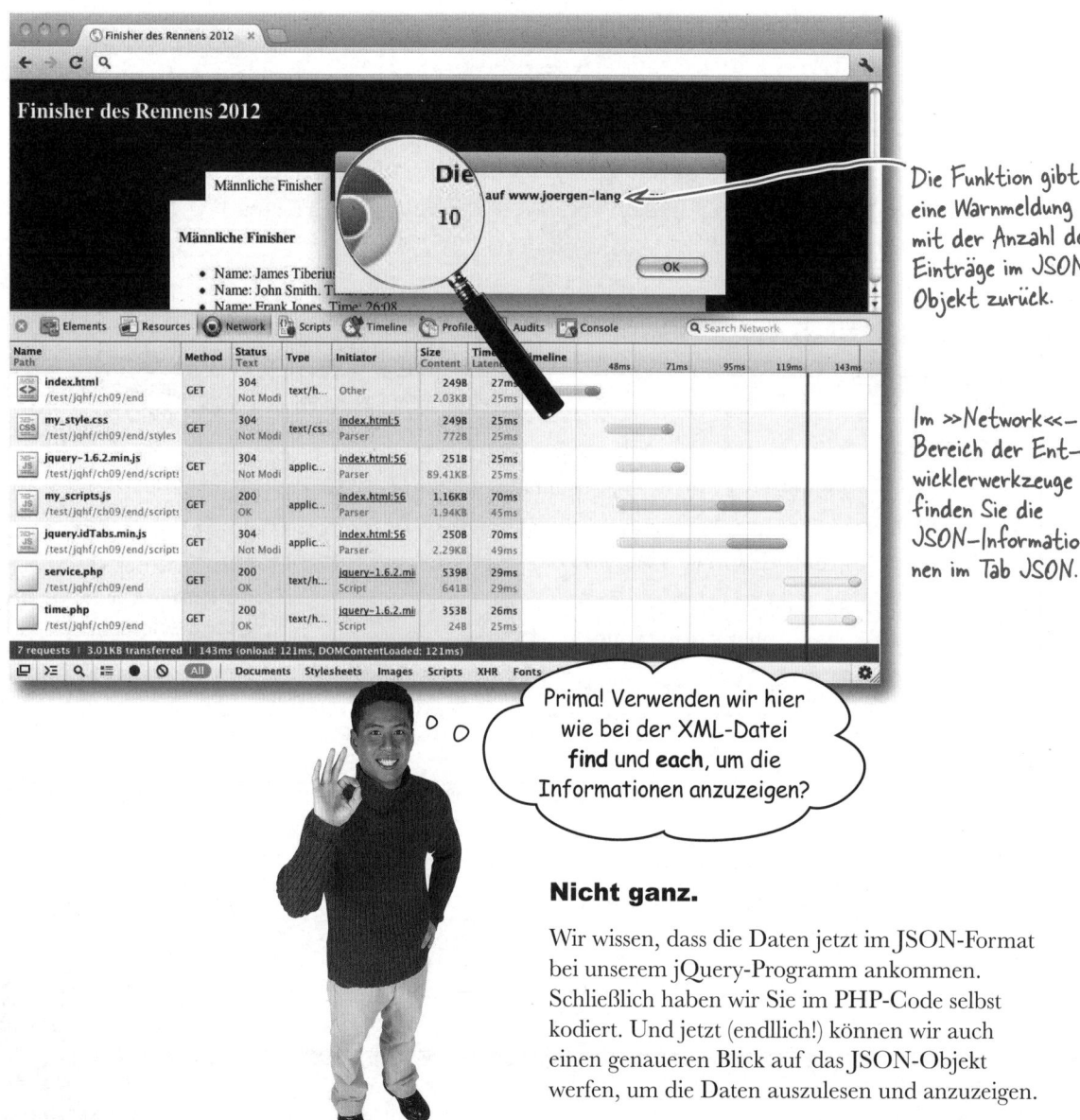

Die Funktion gibt eine Warnmeldung mit der Anzahl der Einträge im JSON-Objekt zurück.

Im »Network«-Bereich der Entwicklerwerkzeuge finden Sie die JSON-Informationen im Tab JSON.

Prima! Verwenden wir hier wie bei der XML-Datei **find** und **each**, um die Informationen anzuzeigen?

Nicht ganz.

Wir wissen, dass die Daten jetzt im JSON-Format bei unserem jQuery-Programm ankommen. Schließlich haben wir Sie im PHP-Code selbst kodiert. Und jetzt (endllich!) können wir auch einen genaueren Blick auf das JSON-Objekt werfen, um die Daten auszulesen und anzuzeigen.

Auf Daten im JSON-Objekt zugreifen

Mit der PHP-Funktion `json_encode` können wir ein assoziatives Array in ein JSON-Objekt umwandeln. Diese Werte stehen in JavaScript dann wieder als assoziative Arrays zur Verfügung. Wir können also genau wie bei anderen Arrays Schleifen darüber ausführen oder auf andere Weise mit ihnen interagieren.

Bei der Verwendung von XML mussten wir die Daten regelrecht durchsuchen, um den nächsten Läufer zu finden. Danach wurde über eine weitere Suche ermittelt, ob der Läufer ein Mann oder eine Frau war. Erinnern Sie sich noch an das von `json_encode` zurückgegebene Objekt? Über dieses Objekt können wir mithilfe der Punktnotation (.) direkt auf die Eigenschaften zugreifen. Als einzige Eigenschaft enthält das Objekt ein Array mit dem Namen `laeufer`. Über die Schlüssel des assoziativen Arrays können wir deutlich effizienter ermitteln, ob es sich um einen Läufer oder eine Läuferin handelt.

Spitzen Sie Ihren Bleistift

Aktualisieren Sie die Funktion `laeufer_db_abfragen`, um das von *service.php* zurückgegebene JSON-Objekt auszulesen. Verwenden Sie anschließend einen Bedingungsblock, um zu entscheiden, welcher Liste die Läufer jeweils hinzugefügt werden müssen. Aber Vorsicht! Tun Sie das nur, wenn das JSON-Objekt tatsächlich Läuferinformationen zurückgibt.

```
function laeufer_db_abfragen(){
    $.getJSON(.................., function(json) {
        if (json.laeufer.............. > 0) {
            $('#finisher_m').empty();
            $('#finisher_w').empty();
            $('#alle_finisher').empty();
            $.......(json.laeufer,function() {
                var info = '<li>Name: ' + this['fname'] + ' ' + this['lname'] + '. Zeit: '
+ this[..........] + '</li>';
                if(this['gender'] == 'm'){
                    $('..................').append( info );
                }else if(this['gender'] == 'f'){
                    $('#finisher_w').append( .......... );
                }else{}
                $('..........................').append( info );
            });
        }
    });
    aktuelle_zeit_ajax();
}
```

meine_skripts.js

Lösung

Spitzen Sie Ihren Bleistift
Lösung

Mithilfe der Bedingungsanweisungen und der im JSON-Objekt zurückgegebenen Informationen können Sie ermitteln, welcher Liste die Läufer zugeordnet werden sollen. Wie zuvor sollen außerdem alle Läufer in der alle_finisher-Liste erscheinen.

```
function laeufer_db_abfragen(){         Informationen von der
                                        service.php-Datei abfragen
    $.getJSON("service.php", function(json) {
        if (json.laeufer.length> 0) {   Überprüfen, ob das laeufer-
                                        Array Informationen enthält
            $('#finisher_m').empty();
            $('#finisher_w').empty();   Die Listen wieder leeren
            $('#alle_finisher').empty();

            $.each(json.laeufer,function() {
                var info = '<li>Name: ' + this['fname'] + ' ' + this['lname'] + '. Zeit: ' + this['time'] + '</li>';
                if(this['gender'] == 'm'){          Überprüfen, ob der
                                                    Wert der aktuellen
                    $('#finisher_m').append( info );  Objekteigenschaft gender
                }else if(this['gender'] == 'f'){    den Wert m oder f hat
                    $('#finisher_w').append(info);
                }else{}
                $('alle_finisher').append( info );
            });                             Läufer der Liste alle_
        }                                   finisher hinzufügen
    });
    aktuelle_zeit_ajax();
}
```

meine_skripts.js

Freak-Futter

Anhand der each-Methode können wir über alle im JSON-Objekt zurückgegebenen Array-Elemente eine Schleife ausführen. Diese Methode unterscheidet sich leicht von der Methode (Selektor).each: Sie kann nur über Arrays iterieren, die nicht im jQuery-Format vorliegen, zum Beispiel unser laeufer-Array.

Mit JSON-Daten umgehen

PROBEFAHRT

Aktualisieren Sie die Funktion `laeufer_db_abfragen` in Ihrer Datei *meine_skripts.js*. Öffnen Sie dann die Datei *index.html*, um sich anzusehen, wie die Läufer aus der MySQL-Datenbank mit Ajax, JSON und PHP geladen werden.

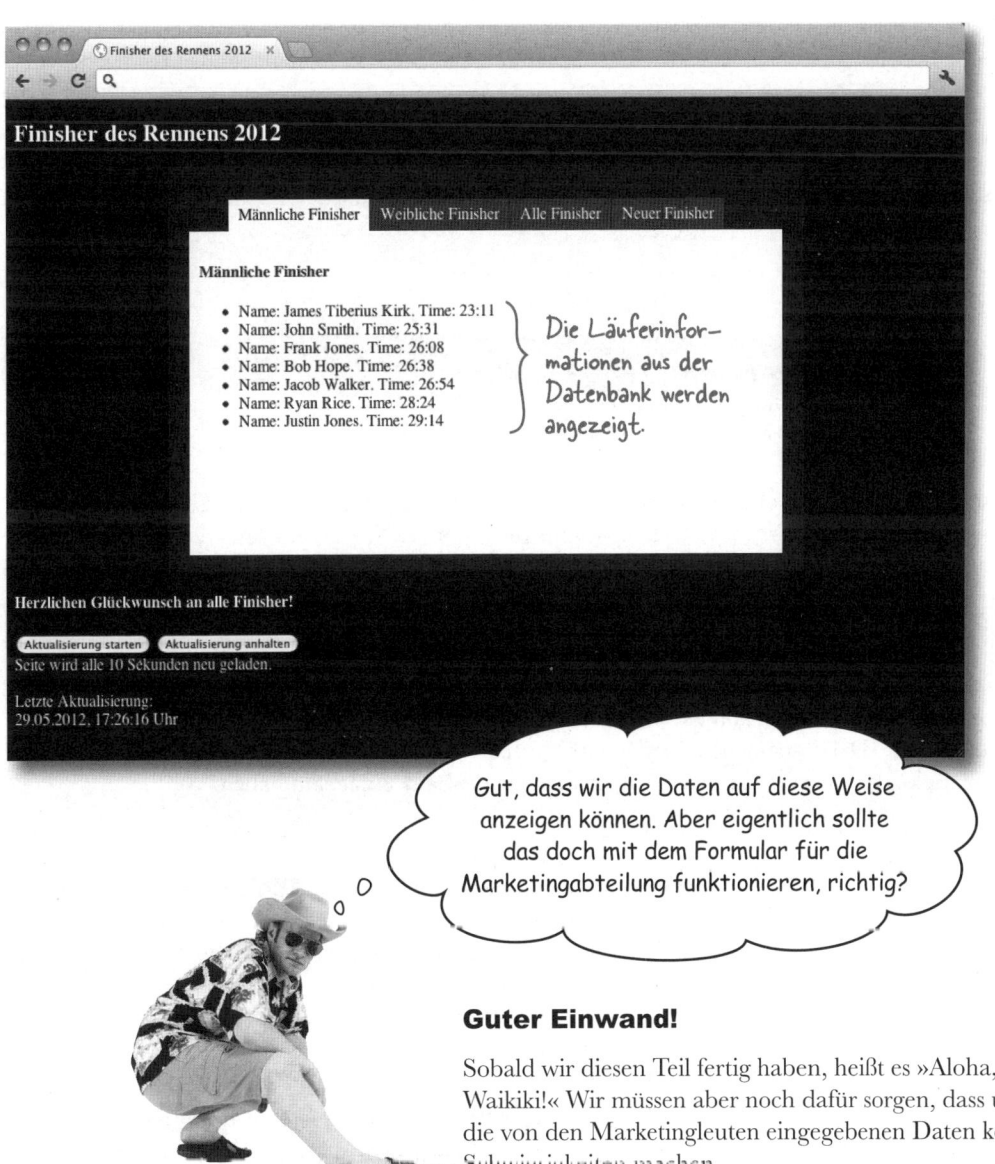

Die Läuferinformationen aus der Datenbank werden angezeigt.

> Gut, dass wir die Daten auf diese Weise anzeigen können. Aber eigentlich sollte das doch mit dem Formular für die Marketingabteilung funktionieren, richtig?

Guter Einwand!

Sobald wir diesen Teil fertig haben, heißt es »Aloha, Waikiki!« Wir müssen aber noch dafür sorgen, dass uns die von den Marketingleuten eingegebenen Daten keine Schwierigkeiten machen.

Unsichere Daten *kann keiner gebrauchen*

Datensäuberung und -validierung in PHP

Je mehr Spambots und Hacker versuchen, Ihre Daten zu missbrauchen, desto weniger sollten Sie den in das Formular eingegebenen Daten blind vertrauen. Es ist ***prinzipiell*** eine gute Idee, die an der Server geschickten Daten vor dem Einfügen in die Datenbank zu *validieren* und zu *säubern* (engl. »to sanitize«). Dadurch wird sichergestellt, dass Sie auch die für ein Feld erwarteten Informationen erhalten (Validierung) ***und*** dass die Daten keine Gefährdung für den Server oder die Datenbank darstellen (Säuberung). Das kann dabei helfen, Sie vor SQL Injections, Drive-by-Cross-Site-Scripting und einer Menge anderer übler Dinge (mehr dazu finden Sie online) zu schützen. Für unsere Applikation werden wir ein paar praktische PHP-Methoden verwenden, die dafür sorgen, dass Ihre Daten »sauber« sind und den richtigen Typ haben.

Spezielle HTML-Entities in ein für die Datenbank sicheres Format konvertieren

```
<?php
    htmlspecialchars($_POST["a"]) ; // Strings in ein für die Datenbank sicheres Format umwandeln
    empty($_POST["b"]) ; // Die "empty"-Methode überprüft, ob für ein Feld ein Wert angegeben wurde
    preg_match('',$var); // Das ist ein "regulärer Ausdruck". Er testet, ob $var auf ein bestimmtes
Muster passt
?>
```

Überprüfen, ob der String leer ist

Eine Funktion zur Mustererkennung. Die hierfür verwendeten regulären Ausdrücke können sehr genau auf Ihre Bedürfnisse zugeschnitten werden. So können Sie überprüfen, ob die eingegebenen Daten das richtige Format haben.

Für die Säuberung gibt es noch eine Reihe weiterer Funktionen, unter ihnen `htmlentities`, `trim`, `stripslashes`, `mysql_real_escape_string` und viele weitere. Noch mehr Funktionen finden Sie beispielsweise in Kapitel 6 von *PHP & MySQL von Kopf bis Fuß*.

Dieselbe PHP-Datei für mehrere Aufgaben nutzen

Bisher kennen wir zwei Arten, Daten für die Verarbeitung mit PHP an den Server zu senden: POST und GET. Anhand von Bedingungsanweisungen können wir überprüfen, ob die Daten mit einem POST- oder einem GET-Request an die PHP-Datei übergeben wurden, und entsprechend reagieren. Erinnern Sie sich noch an das versteckte Formularfeld, das wir ein paar Seiten weiter vorne in die Seite eingebaut haben?

```
<input type="hidden" name="action" value="neuer_laeufer" id="action">
```

Diesen Wert können wir aus dem POST-Request auslesen und wissen so, dass das Formular abgeschickt wurde. Danach können wir ein paar Funktionen zum Säubern und Validieren der Daten ausführen, um sicherzustellen, dass alle gewünschten Daten übergeben wurden. Auf ähnliche Weise können wir den Aufruf von `getJSON` (für das PHP-Objekt `$_GET`) versehen, wenn die Läuferinformationen aus der Datenbank gelesen werden sollen. So können bei Bedarf bestimmte Codeteile in der PHP-Datei aufgerufen werden und wir müssen nur eine PHP-Datei pflegen.

```
$.getJSON("service.php?action=laeufer_abfragen", function(json) {
```

Hiermit weisen wir die PHP-Funktion an, den Code für das Auslesen der Läuferinformationen aus der Datenbank auszuführen.

Au weia! Alle anderen packen schon ihre Sachen und machen sich auf den Weg zum Flughafen! Wir wissen doch jetzt, wie wir das Formular fertigbekommen, oder?

Mit JSON-Daten umgehen

Aktualisieren Sie die Datei *service.php* mit dem folgenden Code. Er kann sowohl mit GET- als auch mit POST-Anfragen umgehen. Außerdem müssen noch die Funktion `datenbank_verbindung` und die Funktion zur Überprüfung auf erfolgreichen Verbindungsaufbau eingebaut werden.

```php
<?php
   if ($_POST['action'] == 'neuer_laeufer') {        // Überprüfen, ob das versteckte Feld neuer_
                                                     // laeufer per POST-Request übergeben wurde
      $vorname    = htmlspecialchars($_POST['txt_vorname']);
      $nachname   = htmlspecialchars($_POST['txt_nachname']);
      $geschlecht = htmlspecialchars($_POST['liste_geschlecht']);   // Die im $_POST-
                                                                    // Array übergebenen
      $minuten    = htmlspecialchars($_POST['txt_minuten']);        // Informationen »säubern«
      $sekunden   = htmlspecialchars($_POST['txt_sekunden']);
      if(preg_match('/[^\w\s]/i', $vorname) || preg_match('/[^\w\s]/i', $nachname)) {
         fehler('Falscher Name angegeben');
      }                                              // Daten validieren, um zu überprüfen,
      if( empty($vorname) || empty($nachname) ) {    // ob auch etwas eingegeben wurde
         fehler('Bitte geben Sie einen Vor- und Nachnamen ein.');
      }
      if( empty($geschlecht) ) {
         fehler('Bitte ein Geschlecht auswählen');   // Schlägt die Validierung fehl, wird
      }                                              // die fehler-Funktion aufgerufen.
      $time = $minuten.":".$sekunden;
      $abfrage = "INSERT INTO runners SET first_name='$vorname', last_name='$nachname',
gender='$geschlecht', finish_time='$time'";          // Die Datenbank anweisen, einen
      $ergebnis = datenbank_verbindung($abfrage);    // neuen Eintrag hinzuzufügen ...
      if ($ergebnis) {                               // ... und überprüfen, ob das Hinzufügen erfolgreich war
         $erfolgsmeldung = "Läufer: ".$vorname." ".$nachname." erfolgreich hinzugefügt" ;
         erfolg($erfolgsmeldung);
      } else {  fehler('Datenbankeintrag fehlgeschlagen.');}exit;   // Testen, ob der Wert laeufer_abfragen
   }elseif($_GET['action'] == 'laeufer_abfragen'){   // im URL-String übergeben wurde
      $abfrage = "SELECT first_name, last_name, gender, finish_time FROM runners order by
finish_time ASC ';
      $ergebnis = datenbank_verbindung($abfrage);
      $laeufer = array();
      while ($zeile = mysql_fetch_array($ergebnis, MYSQL_ASSOC)) {
         array_push($laeufer, array('fname' => $zeile['first_name'], 'lname' => $zeile['last_
name'], 'gender' => $zeile['gender'], 'time' => $zeile['finish_time']));
      }                                              // Läuferinformationen aus
      echo json_encode(array("laeufer" => $laeufer));// der Datenbank abfragen
      exit;                                          // und zurückgeben
   }
```

service.php

Auf geht's nach Hawaii

```
function laeufer_db_abfragen(){
    $.getJSON("service.php?action=laeufer_abfragen", function(json) {
        if (json.laeufer.length > 0) {
            $('#finisher_m').empty();
.
.
        }
    });
    aktuelle_zeit_ajax();
}
```

meine_skripts.js

Tun Sie das hier!

Erweitern Sie den Aufruf von getJSON um einen URL-Parameter namens action, der den Wert laeufer_abfragen hat. Auf diese Weise wird *service.php* angewiesen, die Läuferinformationen zurückzugeben.

PROBEFAHRT

Nach der Aktualisierung von *service.php* und *meine_skripts.js* öffnen Sie die *index.html*-Datei für dieses Kapitel im Browser, um sich anzusehen, wie die Läuferinformationen auf der Seite angezeigt werden. Außerdem sollte es möglich sein, die Liste über das Formular im neu angelegten Tab um weitere Läufer zu erweitern.

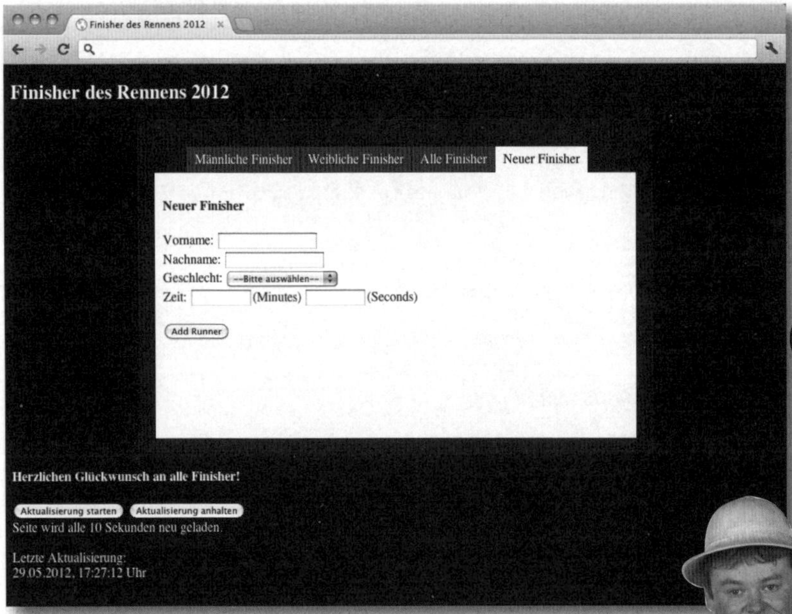

> Genial! Und jetzt nichts wie zum Flieger und noch ein paar hiervon am Strand …

366   Kapitel 9

jQuery-Kreuzworträtsel

Lehnen Sie sich zurück und geben Sie Ihrer linken Hirnhälfte etwas zu tun. Es ist ein ganz normales Kreuzworträtsel. Alle Lösungswörter stammen aus diesem Kapitel.

Waagerecht

2. HTML-Element, mit dem Daten auf einer Webseite abgefragt und zur Verarbeitung an den Server geschickt werden können.
4. jQuery-Kurzschrift-Methode zum Versenden von Daten an den Server. Die Methode übernimmt mehrere Parameter: einen URL, die zu sendenden Informationen und eine Handler-Funktion, die nach dem Verschicken der Daten ausgeführt wird.
10. SQL = _____ _____ Language
11. Eine der zwei Methoden, mit denen HTML-Formulardaten an einen Server gesendet werden können. Bei dieser Methode werden ebenfalls Daten übergeben. Sie sind aber nicht im URL sichtbar.
12. Eine der zwei Methoden, mit denen HTML-Formulardaten an einen Server gesendet werden können. Bei dieser Methode werden die Formularfelder und deren Inhalt an den URL angehängt.
14. Spezialisierte Applikationen zum Speichern und Organisieren von Daten und deren Beziehungen zueinander. _____ _____ Management Systems (RDBMS).
15. Eine weitere jQuery-Hilfsmethode zur Erstellung eines assoziativen Arrays aus Schlüsseln und Werten (das sich sehr gut zur strukturierten Speicherung von Daten eignet).

Senkrecht

1. Eine besondere Form des Arrays, in dem die Informationen als Paare aus Schlüssel und Wert gespeichert werden.
3. JSON = JavaScript _____ _____.
5. SQL-Befehl, mit dem Daten in eine Tabelle eingefügt werden.
6. Beliebter Open Source-Datenbankserver, der kostenlos heruntergeladen werden kann.
7. Die jQuery-Hilfsmethode mit der sämtliche Formulareingaben zu einer Zeichenkette aus Schlüssel/Wert-Paaren zusammengefügt werden, die jeweils durch Ampersand-Zeichen (&) getrennt werden.
8. Serverseitige Programmiersprache, die oft zur Verarbeitung der in ein Formular eingegebenn und an den Server geschickten Daten verwendet wird.
9. JSON und XML sind zwei mögliche Formate für den Daten-_____ zwischen jQuery und PHP.
12. jQuery-Kurzschrift-Methode zum Abrufen von JSON-Informationen von einem Server.
13. SQL-Befehl zum Auslesen von Daten aus einer Datenbank.

jQuery-Kreuzworträtsel: Lösung

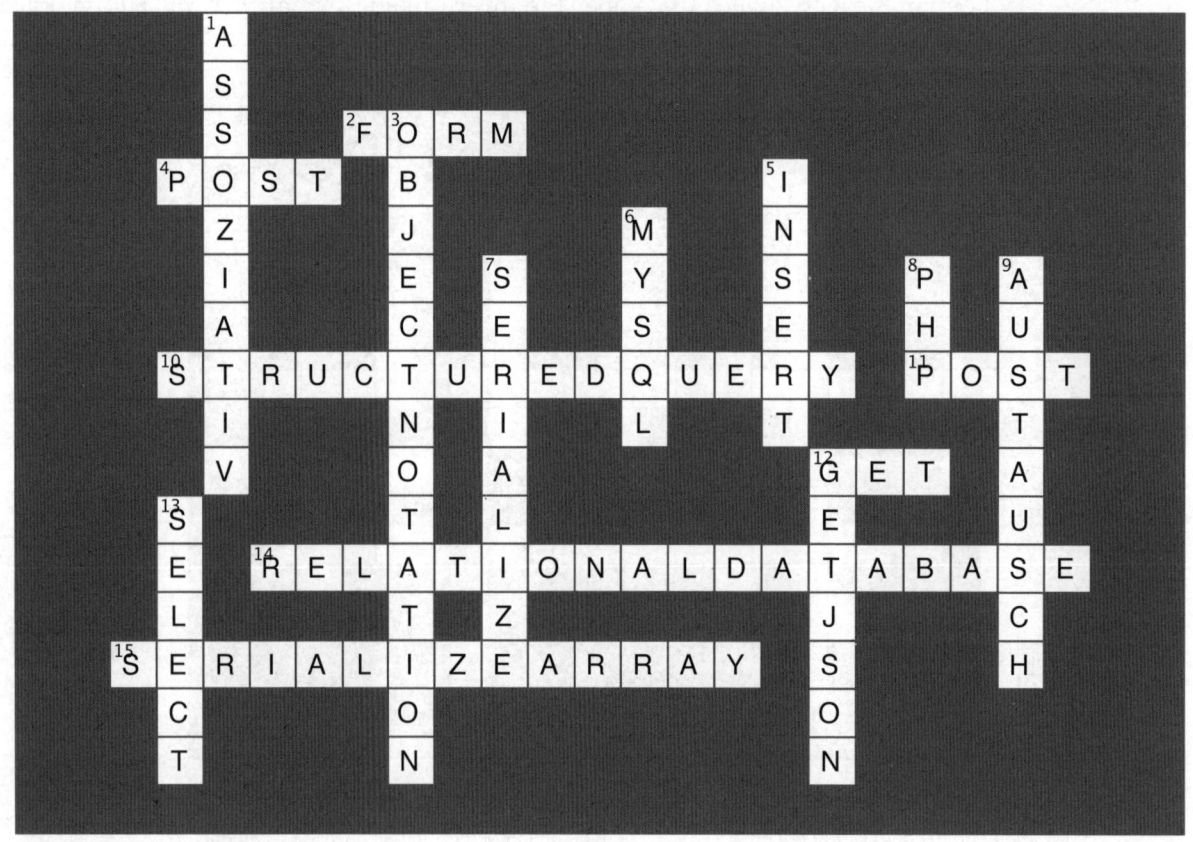

Mit JSON-Daten umgehen

Ihr jQuery-/Ajax-/PHP-/MySQL-Werkzeugkasten

Damit haben Sie auch Kapitel 9 in der Tasche. Neu im Werkzeukasten sind grundsätzliche Fähigkeiten für die Arbeit mit PHP, MySQL und JSON sowie weitere Ajax-Kenntnisse.

Kapitel 9

MySQL
Ein Programm zum Speichern von Daten in Datenbanken und -tabellen. Informationen können über die Sprache SQL hingefügt und ausgelesen werden.

SQL
Eine Abfragesprache für die Arbeit mit Datenbank-Applikationen wie MySQL.

JSON
Verwenden Sie die Funktion getJSON, um JSON-kodierte Daten von einem Server anzufordern. Diese werden als JSON-Objekt zurückgegeben.

Über ein Formular eingegebene Daten können über die post-Methode an den Server übergeben werden. Vor dem Versand müssen die Daten mit serializeArray formatiert werden.

PHP
Eine serverseitige Skriptsprache, mit der Sie Webinhalte erzeugen und verändern können, bevor die Seite an den Browser des Benutzers übergeben wird.

PHP-Skript
Eine Textdatei, die PHP-Code enthält, mit dem Aufgaben auf dem Webserver ausgeführt werden können.

<?php ?>
Mit diesen Tags muss sämtlicher PHP-Code in Ihren PHP-Skripten umgeben werden.

echo
Der PHP-Befehl zur Ausgabe von Daten an den Browser. Die Syntax geht so:

echo 'Hallo Welt!';

$_POST
Eine spezielle Variable, die über ein Formular übergebene Daten enthält.

json_encode
Dieser Befehl übernimmt ein Array und wandelt es in JSON-kodierte Daten um, die mit jQuery weiterverarbeitet werden können.

Sie sind hier ▶

10 jQuery UI

Formulare aufwerten

Das Web lebt und stirbt mit den Daten seiner Benutzer. Das Einsammeln von Nutzerdaten ist keine Kleinigkeit und kann für Webentwickler ziemlich zeitaufwendig werden. Wie jQuery die Effizienz von Ajax-, PHP- und MySQL-Webapplikationen steigern kann, haben wir schon gesehen. In diesem Kapitel geht es um die Verwendung von jQuery für die Optimierung von Formularelementen für die Dateneingabe. Und wo wir schon dabei sind, gibt es auch gleich noch eine gesunde Dosis jQuery UI mit dazu, das ist die offizielle UI-Bibliothek für jQuery.

Bigfoot braucht mehr als einen Haarschnitt

Cryptozoologists.org muss neu gestaltet werden

Dr. Pattersby und Dr. Gimli haben sich zum Ziel gesetzt, so viele Daten über *Kryptiden*-Sichtungen wie möglich von Besuchern aus aller Welt zusammenzutragen. Ihre Website cryptozoologists.org wird von professionellen Kryptozoologen und auch Amateuren hoch geschätzt. Die beiden Betreiber haben eine neue Aufgabe für Sie: Sie sollen das ziemlich veraltete Formular für Kryptiden-Sichtungen auf den neuesten Stand bringen.

Kryptiden sind Wesen, die der Wissenschaft entweder unbekannt oder von ihr nicht anerkannt sind. Die Sammlung möglichst genauer Daten ist daher für unsere Forschung unabdingbar.

Ein paar Beispiele für Kryptiden sind der Yeti, Chupacabras, Elwetritsche und das Monster von Loch Ness. Wir brauchen ein besseres Formular, in das die Leute eingeben können, wann und wo sie einen Kryptiden gesichtet haben.

Reinhold Messner? Gibt's den wirklich?

Dr. Pattersby

Dr. Gimli

Die Kryptozoologen wollen ihr altes, klobiges HTML-Formular endlich loswerden.

Das Aussehen und die Handhabung des Formulars sind nicht gerade motivierend. Es sieht aus, als wäre es in den späten Neunziger Jahren entworfen worden.

Es gibt keinerlei visuelle Elemente, die den Benutzern bei der Eingabe hochwertiger Daten unterstützen, und HTML hilft hier auch nicht wirklich weiter. Deshalb müssen die Doktoren sich mit einer Menge falscher Eingaben herumschlagen.

jQuery UI

Pimpen Sie Ihr HTML-Formular

Unten sehen Sie ein Mockup des neuen Formulars für die Kryptozoologen sowie ein paar zusätzliche Hinweise.

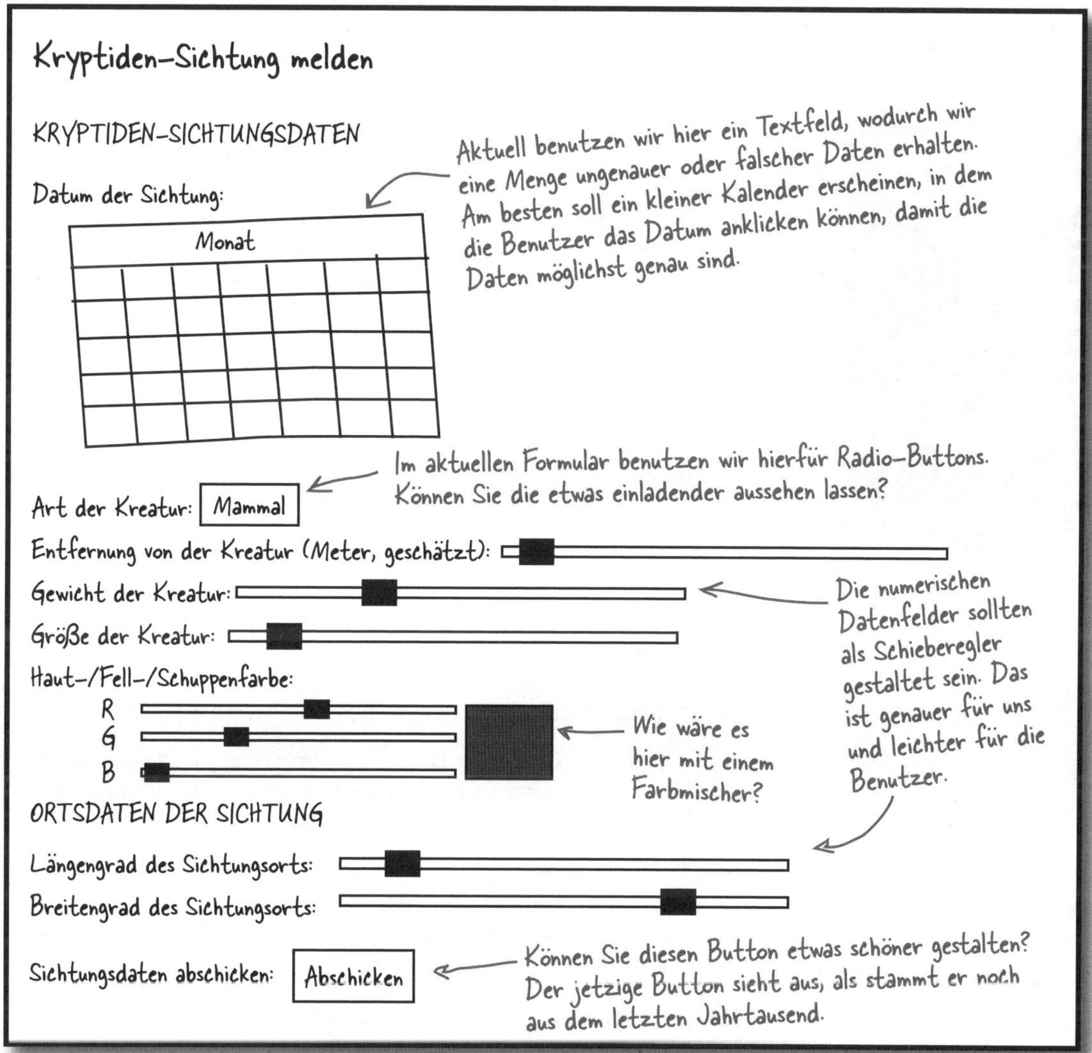

Kryptiden-Sichtung melden

KRYPTIDEN-SICHTUNGSDATEN

Datum der Sichtung:

[Kalender mit Beschriftung "Monat"]

Aktuell benutzen wir hier ein Textfeld, wodurch wir eine Menge ungenauer oder falscher Daten erhalten. Am besten soll ein kleiner Kalender erscheinen, in dem die Benutzer das Datum anklicken können, damit die Daten möglichst genau sind.

Art der Kreatur: [Mammal]

Im aktuellen Formular benutzen wir hierfür Radio-Buttons. Können Sie die etwas einladender aussehen lassen?

Entfernung von der Kreatur (Meter, geschätzt): [Schieberegler]
Gewicht der Kreatur: [Schieberegler]
Größe der Kreatur: [Schieberegler]
Haut-/Fell-/Schuppenfarbe:
  R [Schieberegler]
  G [Schieberegler]   [Farbfeld]
  B [Schieberegler]

Wie wäre es hier mit einem Farbmischer?

Die numerischen Datenfelder sollten als Schieberegler gestaltet sein. Das ist genauer für uns und leichter für die Benutzer.

ORTSDATEN DER SICHTUNG

Längengrad des Sichtungsorts: [Schieberegler]
Breitengrad des Sichtungsorts: [Schieberegler]

Sichtungsdaten abschicken: [Abschicken]

Können Sie diesen Button etwas schöner gestalten? Der jetzige Button sieht aus, als stamme er noch aus dem letzten Jahrtausend.

KOPF-NUSS

Die Kryptozoologen haben Ihnen hier keine leichte Aufgabe gestellt. Sie wollen eine Benutzerschnittstelle schaffen, die man sonst aus Desktop-Applikationen kennt. Welche Möglichkeiten bietet jQuery Ihrer Meinung nach, um die Anforderungen zu erfüllen?

Sie sind hier ▶

Gespräch über den *Schreibtisch*

> Habt Ihr Euch schon das Mockup für das »Kryptiden-Sichtungsformular« angeschaut?

Frank: Ich habe es gesehen. Im Moment wird ein einfaches HTML-Formular benutzt. Aber HTML und CSS werden nicht ausreichen, um das neue Formular für die Kryptozoologen zu erstellen.

Jim: Erzähl mir was Neues! Hast Du jemals versucht, Formularelemente mit CSS zu gestalten? Da ist mir ja eine Wurzelbehandlung noch lieber.

Frank: Tja, und jQuery … nun ja. Ich habe in jQuery jedenfalls noch nichts gesehen, das beim Erstellen *so einer* Schnittstelle helfen kann.

Joe: Leute, irgendeine Lösung muss es doch geben. Die Leute sind schicke Schnittstellen mittlerweile gewöhnt. Also müssen wir auch einen Weg finden, so etwas zu erstellen.

Frank: Vermutlich brauchen wir eine Kombination aus JavaScript, jQuery und CSS, um das Design umzusetzen.

Jim: Da gibt es einiges zu programmieren. Allein für den Pop-up-Kalender werden wir bergeweise Code und eine Menge CSS schreiben müssen.

Joe: Hmmm. Vielleicht gibt es für diese Sachen ein jQuery-Plugin.

Jim: Ein Plugin? Gute Idee! Ein paar Kapitel weiter vorne haben wir ein Plugin benutzt, um die Tabs für die Ergebnisseite des Bit-to-Byte-Rennens zu erstellen. Also gibt es vermutlich noch mehr Plugins, oder?

Joe: Ja, genau. Braucht ein Entwickler ein bestimmtes Merkmal, das jQuery fehlt, kann er ein Plugin schreiben und es der jQuery-Gemeinschaft zur Benutzung zur Verfügung stellen. Auf diese Weise erspart er anderen Entwicklern eine Menge Arbeit.

Jim: Das heißt, vielleicht hat sich ein Entwickler oder ein Entwicklungsteam schon damit beschäftigt?

Frank: Das würde uns natürlich eine Menge Kopfschmerzen ersparen.

Joe: Lasst uns mal ein bisschen auf jQuery.com herumstöbern. Vielleicht finden wir ja etwas Passendes.

jQuery UI

Sie sind hier ▶ **375**

Willkommen zu jQuery UI

Durch jQuery UI Kopfschmerzen (und Zeit) beim Programmieren sparen

Zum Glück der Entwickler in aller Welt besitzt jQuery eine offizielle Bibliothek mit Plugins für Benutzerschnittstellen, die für unser Projekt bestens geeignet ist. Diese Bibliothek heißt *jQuery UI* und enthält drei Plugin-Haupttypen für den Kern von jQuery: Effekte, Interaktionen und Widgets.

Effekt-Plugins

jQuery UI erweitert die jQuery-Bibliothek um zusätzliche Effekte. Es stehen verschiedene Animationen wie beispielsweise »Hüpfen« (bounce), »Explosion« (explode), »Pulsieren« (pulsate) oder »Schütteln« (shake«) zur Verfügung. Außerdem gibt es in jQuery UI sogenannte *Easing-Funktionen*, mit denen Sie den Animationen ein realistischeres Aussehen geben können.

Interaktions-Plugins

Interaktionen können Webapplikationen mit komplexem Verhalten versehen. Mit ihrer Hilfe können Elemente bewegt, an anderer Stelle abgelegt oder sortiert werden, um nur ein paar Möglichkeiten zu nennen.

Widget-Plugins

Ein Web-Widget ist ein eigenständiger Baustein, der Ihre Webapplikation mit zusätzlicher Funktionalität versieht. Widgets ersparen Ihnen eine Menge Programmierarbeit und Komplexität, indem sie wiederverwendbare und bedarfsgerechte Bestandteile einer Benutzerschnittstelle zur Verfügung stellen.

Wir werden uns bei der Arbeit an der Benutzerschnittstelle hauptsächlich mit Widgets beschäftigen.

jQuery stellt eine Plugin-Architektur zur Verfügung, mit der Webentwickler den Kern der jQuery-Bibliothek um neue Funktionen und Fähigkeiten erweitern können.

PROBEFAHRT

Unter den folgenden URLs finden Sie Beispiele zum Testen der verschiedenen jQuery UI-Effekte, -Interaktionen und -Widgets.

URL	Testanleitung
http://jqueryui.com/demos/animate/#default	Klicken Sie den Button »Toggle Effect« an.
http://jqueryui.com/demos/effect/default.html	Wählen Sie einen Effekt aus dem Aufklappmenü und klicken Sie dann auf »Run Effect«.
http://jqueryui.com/demos/draggable/#default	Klicken Sie auf die Box mit der Beschriftung »Drag me around« und ziehen Sie sie bei gedrückter Maustaste innerhalb des umgebenden Elements hin und her.
http://jqueryui.com/demos/accordion/#default	Klicken Sie auf die verschiedenen Abschnitte, um zu sehen, wie der Akkordeon-Effekt funktioniert.
http://jqueryui.com/demos/dialog/#animated	Klicken Sie auf den Button »Open Dialog«, um eine spezielle jQuery UI-Dialogbox anzuzeigen. Das ist deutlich schöner als die JavaScript-Standardwarnmeldung, oder?

jQuery UI

WER MACHT WAS?

Verbinden Sie die einzelnen jQuery UI-Plugins mit der korrekten Beschreibung auf der rechten Seite. Tipp: Wenn Sie sich nicht sicher sind, stöbern Sie etwas länger auf der Demosite aus dem Abschnitt »Probefahrt« von der gegenüberliegenden Seite herum.

Puff

Autocomplete

Droppable

Explode

Sortable

Progressbar

Resizable

Blind

Accordion

Interaktion: Definiert ein DOM-Element als Ziel für ein bewegliches (»draggable«) Element.

Widget: Zeigt an, wie weit ein bestimmtes Event bereits fortgeschritten ist.

Effekt: Animiert ein Element, als würde es sich ausdehnen und in Transparenz auflösen.

Widget: Zeigt eine Liste möglicher Werte an, wenn man eine Texteingabe vornimmt.

Effekt: Animiert ein Element, als würde es sich wie ein Rollo nach oben oder unten bewegen.

Widget: Erzeugt aufklappbare Bereiche für Webinhalte, die nur bei Bedarf angezeigt werden.

Effekt: Animiert ein Element, als würde es in mehrere Teile zerfallen, die in verschiedene Richtungen verschwinden.

Interaktion: Sorgt dafür, dass Elemente durch Ziehen und Loslassen sortierbar werden.

Interaktion: Versieht ein Element mit »Griffen«, mit denen seine Größe verändert werden kann.

Sie sind hier ▶

Wer macht was-Lösung

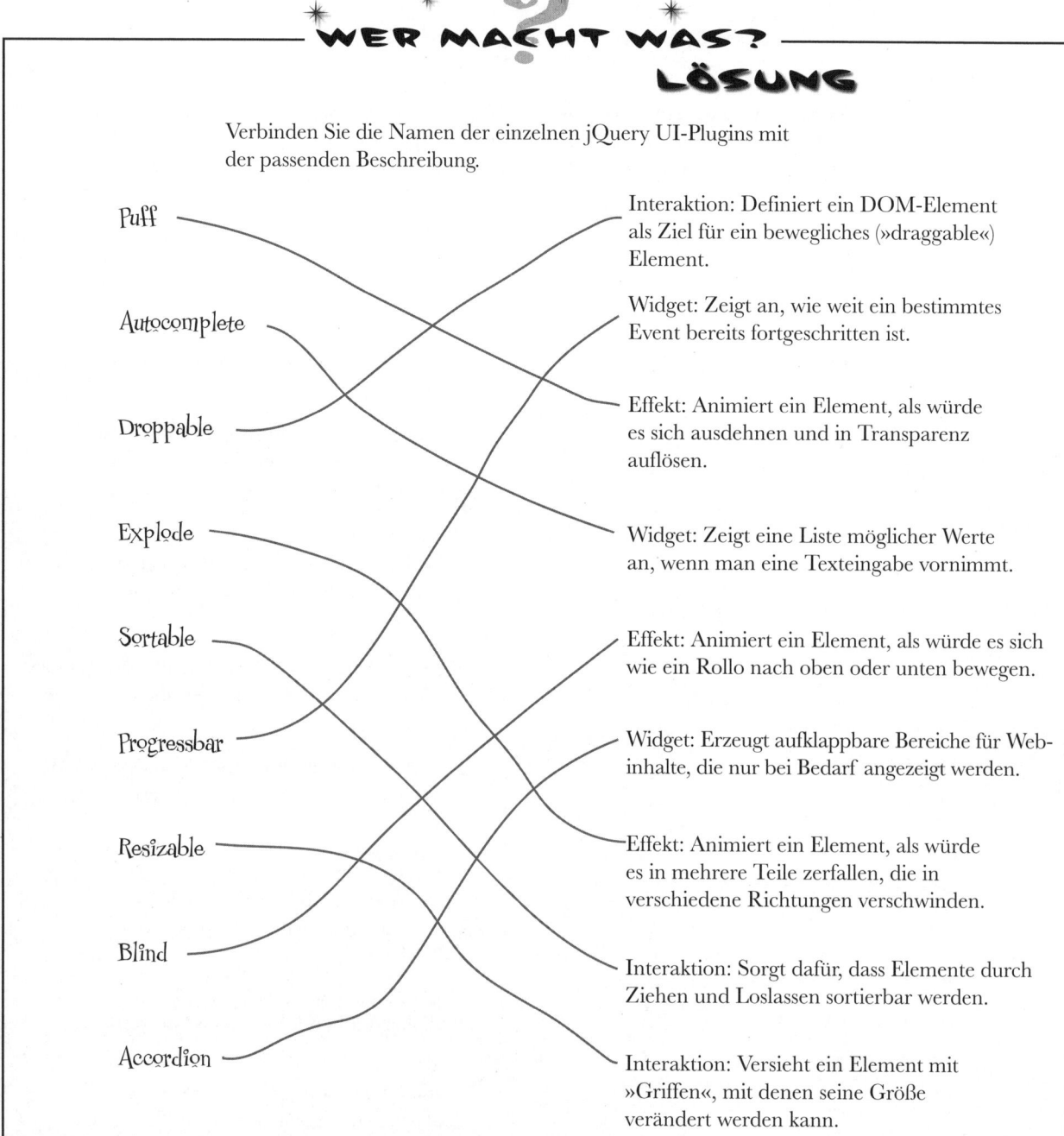

jQuery UI

Tun Sie das hier!

Bevor wir irgendetwas mit jQuery UI anfangen können, müssen wir die gewünschten Bestandteile konfigurieren, ein »Theme« wählen und eine Kopie davon herunterladen. Führen Sie dafür die folgenden Schritte durch:

① Rufen Sie in Ihrem Browser die jQuery UI-Downloadseite auf:

http://jqueryui.com/download

② Wählen Sie die Komponenten aus, die heruntergeladen werden sollen.

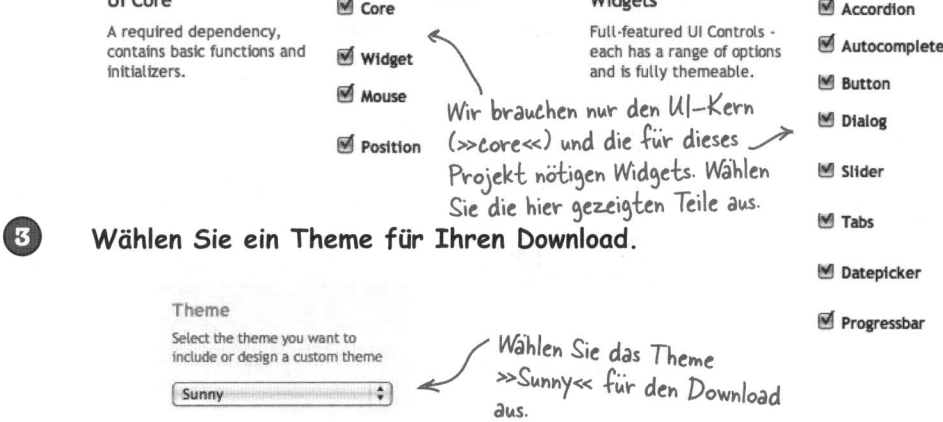

③ Wählen Sie ein Theme für Ihren Download.

Wählen Sie das Theme »Sunny« für den Download aus.

Eines der besten Merkmale von jQuery UI sind die Themes. Das jQuery-Entwicklungsteam hat bereits den nötigen CSS-Code erstellt, um die Schnittstellen gut aussehen zu lassen. Mit dem jQuery UI »theme roller« können Sie sogar Ihre eigenen Themes erstellen. Eine Galerie aller verfügbaren jQuery UI-Themes finden Sie unter

http://jqueryui.com/themeroller/#themeGallery.

④ Klicken Sie den Button »Download« an.

So, alle nötigen jQuery UI-Komponenten sind geladen. Wo fange ich an?

Sie müssen nur den Ordner entzippen und die Bibliothek in einen Projektordner einbinden.

Auf der nächsten Seite werden wir einen Blick auf die Innereien von jQuery UI werfen.

Sie sind hier ▶ **379**

jQuery UI-Struktur

Was ist im jQuery UI-Paket enthalten?

Nach dem Herunterladen und Entpacken von jQuery UI finden Sie eine Ordnerstruktur wie diese hier vor:

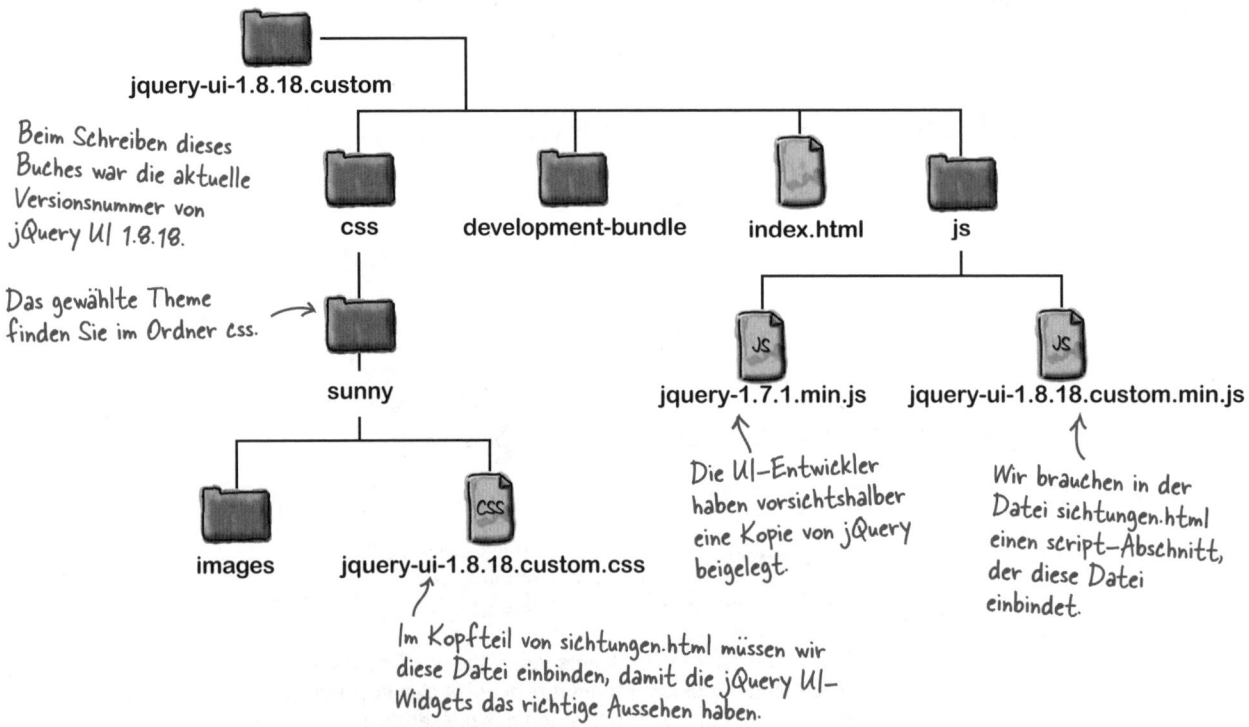

Sie finden den für dieses Kapitel nötigen jQuery UI-Ordner im Ordner mit dem Beispielcode, den Sie am Anfang dieses Buches heruntergeladen haben. Die Dateien befinden sich im Ordner *end*, einem Unterordner von *ch10*.

Die Checkliste für unser Projekt

Auch wenn jQuery UI Ihnen viel Arbeit abnimmt, gibt es noch einiges zu tun, um das neue Formular fertigzustellen. Hier ist eine Checkliste der Aufgaben, die noch erledigt werden müssen:

- [ ] 1. Das Datum einer Sichtung soll mithilfe eines grafischen Kalender-Widgets ausgewählt werden können.
- [ ] 2. Gestalten Sie ansprechendere Radio-Buttons, mit denen die Art der Kreatur ausgewählt werden kann.
- [ ] 3. Erstellen Sie eine Reihe von Schiebereglern zur Eingabe der Entfernung von der Kreatur, ihres Gewichts, ihrer Höhe sowie des Längen- und Breitengrads.
- [ ] 4. Erstellen Sie einen Farbmischer für die Eingabe der Farbe der Kreatur.
- [ ] 5. Gestalten Sie einen ansprechenderen »Abschicken«-Button für das Sichtungsformular.

Ein Kalender-Widget zur Eingabe des Sichtungsdatums erstellen

Die integration eines jQuery UI-Widgets in ein HTML-Formular ist erstaunlich einfach. Lassen Sie uns mit dem Kalender-Widget für die Datumsauswahl anfangen:

① Legen Sie einen link zur jQuery UI-CSS-Datei an:

```
<link type="text/css" href="jquery-ui-1.8.18.custom/css/sunny/
jquery-ui-1.8.18.custom.css" rel="stylesheet" />
```

② Erstellen Sie einen `<script>`-Tag, der auf jQuery UI verweist.

```
<script src="jquery-ui-1.8.18.custom/js/jquery-ui-1.8.18.
custom.min.js"></script>
```

③ Definieren Sie ein schlichtes HTML-input-Feld.

```
<input type="text" name="sichtungsdatum">
```

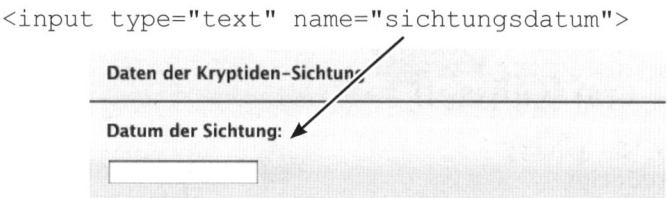

④ Versehen Sie das `<input>` tag mit der ID `datumswahl`.

```
<input type="text" name="sichtungsdatum" id="datumswahl">
```

⑤ Erstellen Sie eine JavaScript-Datei und schreiben Sie den folgenden Code zwischen die geschweiften Klammern von `$(document).ready(function(){}`.

```
$('#datumsauswahl').datepicker();
```

Öffnen Sie die Datei im Browser Ihrer Wahl und klicken Sie in das Eingabefeld.

Das war schon alles! Sie haben soeben ein interaktives Widget in Ihr Formular eingebaut.

Schlauer arbeiten, nicht härter

jQuery UI hinter den Kulissen

Auch wenn es fast wie Zauberei erscheint, ist jQuery UI einfach nur eine Menge sorgfältig entwickelter und gut programmierter jQuery-Code, den *Sie* nicht mehr selbst zu schreiben brauchen. Wie das funktioniert, wollen wir uns etwas genauer ansehen.

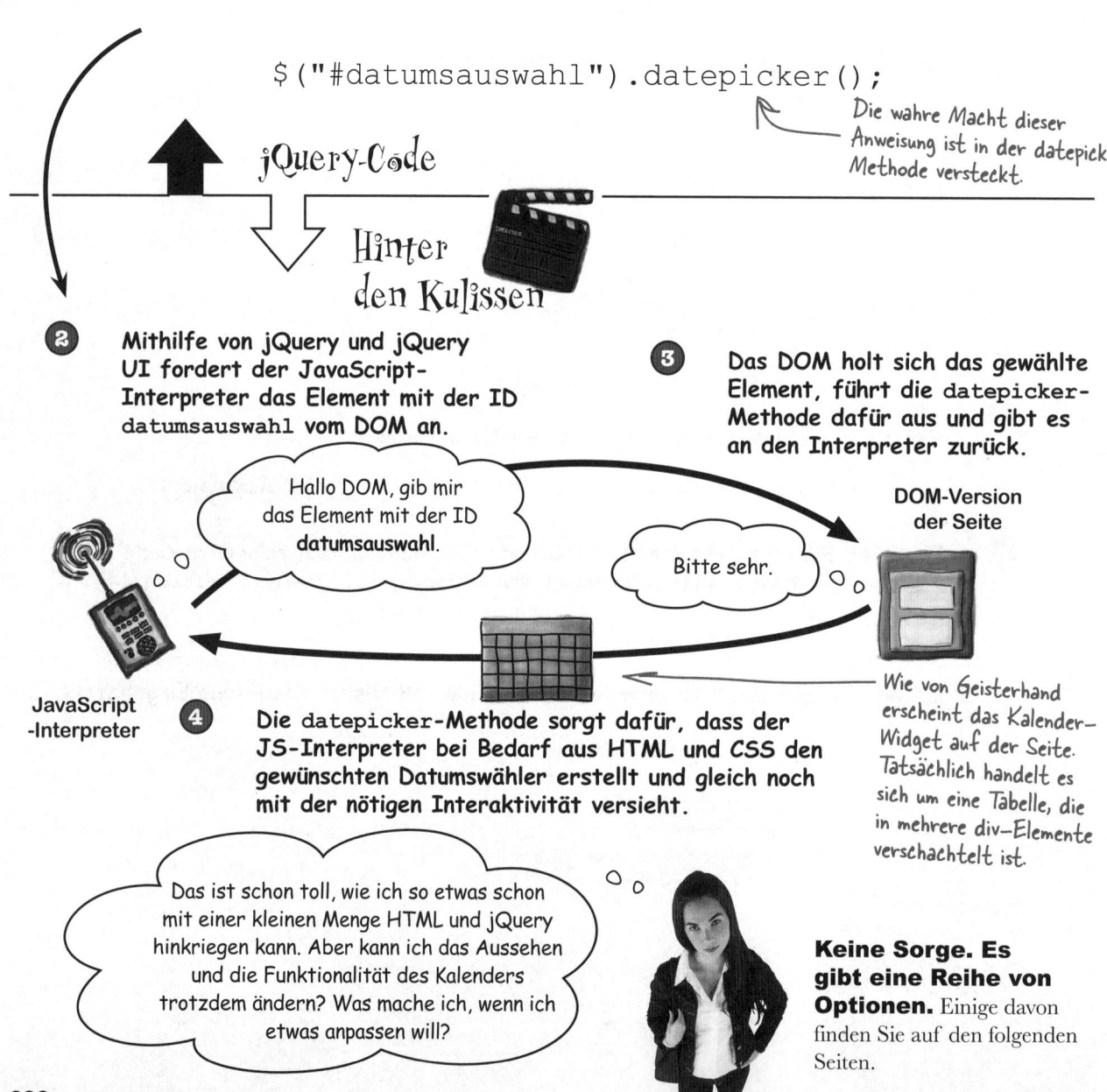

Widgets über Optionen anpassen

Wenn Sie sich näher mit dem datepicker-Widget beschäftigen, werden Sie bemerken, dass es eine Menge Merkmale und Optionen für die Anpassung an die eigenen Bedürfnisse gibt.

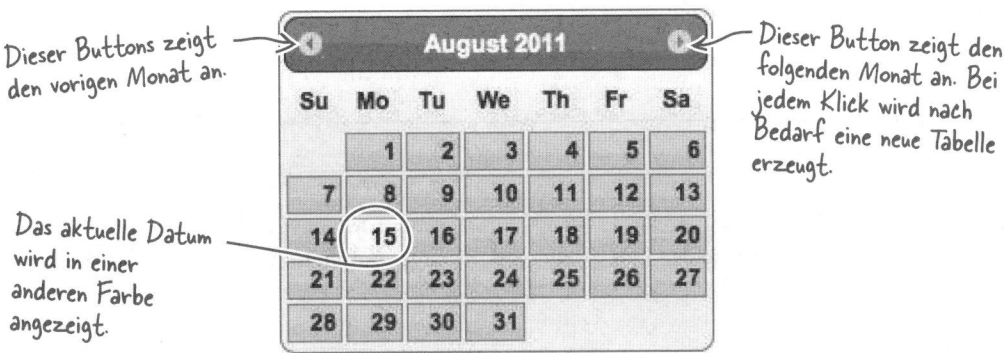

Dieser Buttons zeigt den vorigen Monat an.

Dieser Button zeigt den folgenden Monat an. Bei jedem Klick wird nach Bedarf eine neue Tabelle erzeugt.

Das aktuelle Datum wird in einer anderen Farbe angezeigt.

Das datepicker-Widget mit Optionen anpassen

Da jQuery UI auf der jQuery-Bibliothek basiert, brauchen Sie nicht viel Code zu schreiben, um das datepicker-Widget an Ihre Bedürfnisse anzupassen. Als dieses Buch geschrieben wurde, gab es 46 verschiedene Optionen.

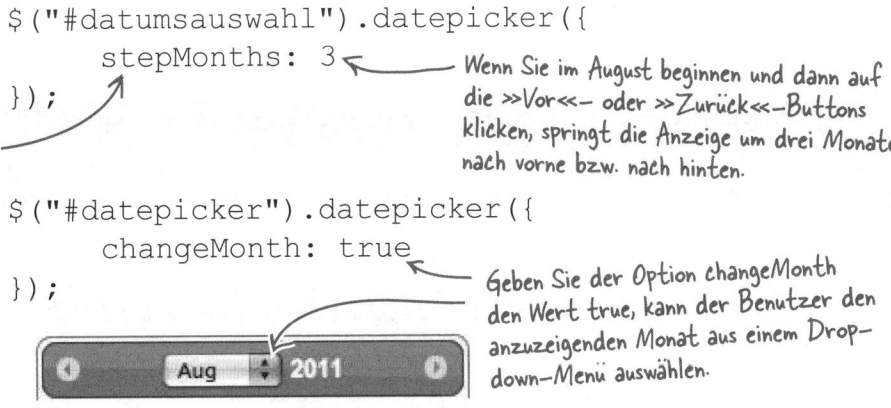

```
$("#datumsauswahl").datepicker({
    stepMonths: 3
});
```

Das datepicker-Widget besitzt eine Vielzahl konfigurierbarer Optionen. Mit der Option stepMonths können Sie festlegen, um wie viele Monate vor- bzw. zurückgesprungen werden soll.

Wenn Sie im August beginnen und dann auf die »Vor«- oder »Zurück«-Buttons klicken, springt die Anzeige um drei Monate nach vorne bzw. nach hinten.

```
$("#datepicker").datepicker({
    changeMonth: true
});
```

Geben Sie der Option changeMonth den Wert true, kann der Benutzer den anzuzeigenden Monat aus einem Dropdown-Menü auswählen.

Übung

Schreiben Sie den Code für das datepicker-Widget, mit dem der Benutzer anhand eines Drop-down-Menüs den Monat und das Jahr ändern kann. Tipp: Wenn Sie mehrere Optionen anpassen, sollten Sie die Definitionen durch Kommas voneinander trennen.

....

....

....

Sie sind hier ▶   **383**

Lösung zur Übung

LÖSUNG ZUR ÜBUNG

Schreiben Sie den Code für das datepicker-Widget, mit dem der Benutzer anhand eines Dropdown-Menüs den Monat und das Jahr ändern kann. Tipp: Wenn Sie mehrere Optionen anpassen, sollten Sie die Definitionen durch Kommas voneinander trennen.

```
$('#datumsauswahl').datepicker({
    changeMonth: true, changeYear: true
});
```

CODE-FERTIGGERICHT

Suchen Sie die Datei *sightings_begin.html* im Ordner *ch10/begin* und sichern Sie sie als *sichtungen_end.html* im Ordner *end* für dieses Kapitel. Fügen Sie den unten gezeigten fettgedruckten Code in die Dateien *sichtungen_end.html* und *meine_skripts.js* ein.

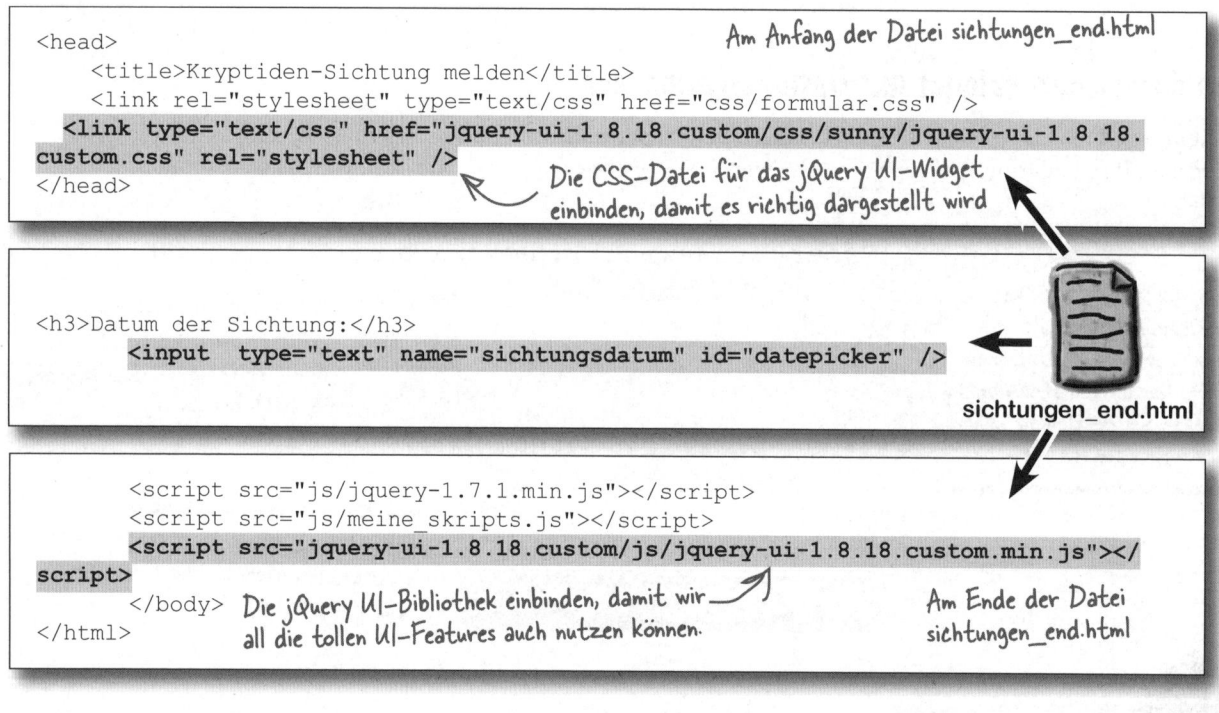

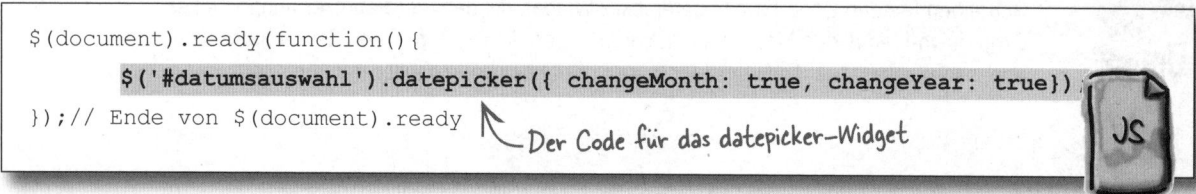

jQuery UI

Nachdem Sie den Code von der vorigen Seite eingebaut haben, öffnen Sie *sichtungen_end.html* in Ihrem Browser, um das datepicker-Widget zu testen. Klicken Sie auf die »Vor«- und »Zurück«-Buttons sowie auf die Dropdown-Menüs für die Auswahl von Monat und Jahr, um zu überprüfen, ob alles funktioniert.

Der Datumswähler funktioniert!

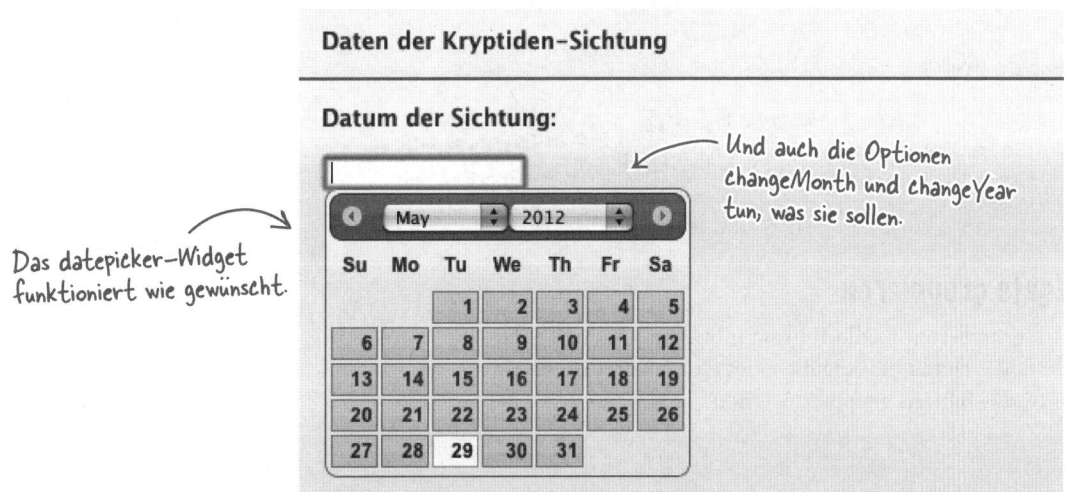

Das datepicker-Widget funktioniert wie gewünscht.

Und auch die Optionen changeMonth und changeYear tun, was sie sollen.

Haken Sie's ab

Damit ist der erste Punkt unserer Checkliste abgehakt. Machen wir also gleich mit Punkt 2 weiter.

- ☑ 1. Das Datum einer Sichtung soll mithilfe eines grafischen Kalender-Widgets ausgewählt werden können.
- ☐ 2. Gestalten Sie ansprechendere Radio-Buttons, mit denen die Art der Kreatur ausgewählt werden kann.
- ☐ 3. Erstellen Sie eine Reihe von Schiebereglern zur Eingabe der Entfernung von der Kreatur, ihres Gewichts, ihrer Höhe sowie des Längen- und Breitengrads.
- ☐ 4. Erstellen Sie einen Farbmischer für die Eingabe der Farbe der Kreatur.
- ☐ 5. Gestalten Sie einen ansprechenderen »Abschicken«-Button für das Sichtungsformular.

Sie sind hier ▶

Ein Button, den man anklicken sollte

Die Radio-Buttons ansprechender gestalten

Was genau ist mit »ansprechender« gemeint? Das ist haupsächlich eine Stilfrage: Lassen Sie den Button interessanter aussehen, und mehr Leute wollen ihn anklicken. Da kommt uns das button-Widget der jQuery UI-Bibliothek gerade recht. Dieses Widget stellt die Methode button zur Verfügung, mit der Sie Formularelemente wie Submit-Buttons, Radio-Buttons und Checkboxen ansprechender gestalten können.

Hier sehen Sie den HTML-Code für einen einzelnen Radio-Button.

Diese Eingabe wird aktualisiert, wenn der Benutzer den Button anklickt.

Das button-Widget versieht das label-Element mit Stilen, um es wie einen Button darzustellen.

```
<input type="radio" id="radio1" name="radio" />
    <label for="radio1">Auswahl 1</label>
```

Hier die passende jQuery-Anweisung

```
$( "#radio1" ).button();
```

Die button-Methode verwandelt die schlichten HTML-Radio-Buttons in gut aussehende Buttons mit mehr Interaktivität.

Vergessen Sie nicht, dass der HTML-Code für das input-Element sich innerhalb von <form>-Tags befinden muss.

button-Widgets gruppieren

Zum Erstellen von gruppierten Radio-Buttons gibt es in jQuery UI die buttonset-Methode. Durch die Angabe eines Containerelements können mehrere Radio-Buttons gruppiert werden.

Umgeben Sie die gruppierten Radio-Buttons mit einem Containerelement.

```
<div id="radio">
    <input type="radio" id="radio1" name="radio" />
        <label for="radio1">Auswahl 1</label>
    <input type="radio" id="radio2" name="radio" />
        <label for="radio2">Auswahl 2</label>
    <input type="radio" id="radio3" name="radio" />
        <label for="radio3">Auswahl 3</label>
</div>
```

Wählen Sie das Containerelement im jQuery-Code aus.

```
$( "#radio" ).buttonset();
```

Über die buttonset-Methode werden die Radio-Buttons für Sie gruppiert und die button-Methode für jedes einzelne Element ausgeführt.

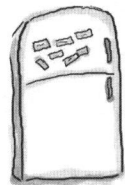

jQuery UI-Magneten

Bringen Sie die Codemagneten in die richtige Reihenfolge, um eine Gruppe von Radio-Buttons zu erstellen. Die Benutzer sollen diese verwenden, um die Art der gesichteten Kreatur anzugeben. Ein paar Magneten haben wir bereits für Sie platziert.

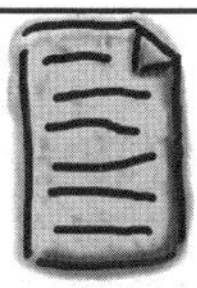

sichtungen_end.html

```
<div id="typ_auswahl">
    <input type="radio" id="radio1" name="art_der_kreatur" />
        <label for="radio1">Chupacabras</label>
```

meine_skripts.js

```
<input type="radio" id="radio2" name="art_der_kreatur" />
</div>
<label for="radio3">Loch Ness Monster</label>
$( "#typ_auswahl" ).buttonset();
<label for="radio4">Yeti</label>
<label for="radio2">Elwetritsch</label>
<input type="radio" id="radio4" name="art_der_kreatur" />
<input type="radio" id="radio3" name="art_der_kreatur" />
```

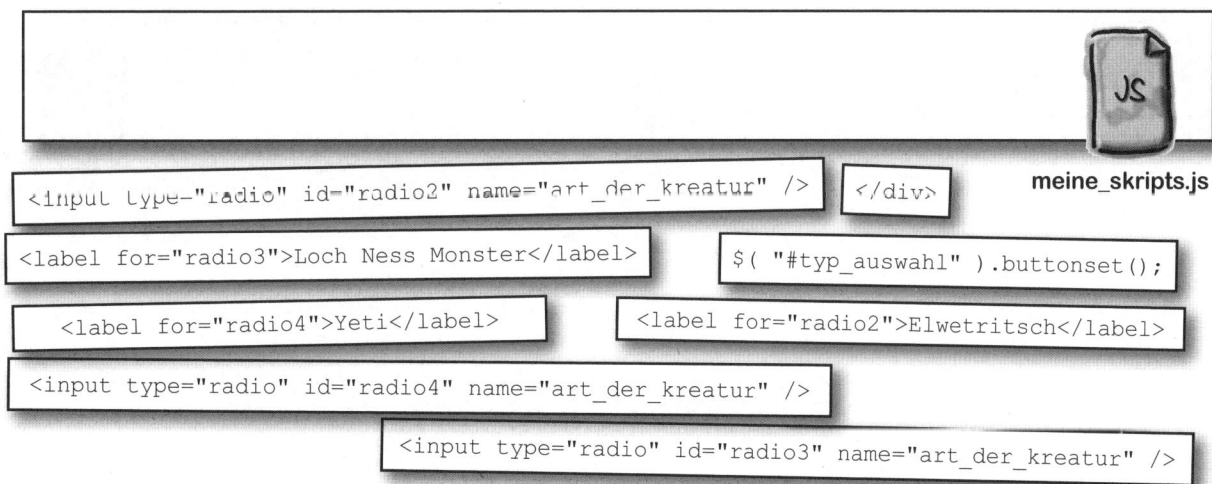

jQuery-UI-Magneten-Lösung

jQuery UI-Magneten: Lösung

Jetzt haben Sie eine gut aussehende Gruppe von Buttons, deren Gestaltung sich harmonisch in das Theme für Ihr Formular einfügt.

```html
<div id="typ_auswahl">
    <input type="radio" id="radio1" name="art_der_kreatur" />
        <label for="radio1">Chupacabras</label>
    <input type="radio" id="radio2" name="art_der_kreatur" />
        <label for="radio2">Elwetritsch</label>
    <input type="radio" id="radio3" name="art_der_kreatur" />
        <label for="radio3">Loch Ness Monster</label>
    <input type="radio" id="radio4" name="art_der_kreatur" />
        <label for="radio4">Yeti</label>
</div>
```

sichtungen_end.html

Im Formular im Codeordner für dieses Kapitel finden Sie zusätzlich Buttons für Tasmanische Tiger und andere. Wir hatten in dieser Übung einfach nicht genug Platz.

```js
$( "#typ_auswahl" ).buttonset();
```

meine_skripts.js

388 *Kapitel 10*

PROBEFAHRT

Bauen Sie den Code von der vorigen Seite in die Dateien *sichtungen_end.html* und *meine_skripts.js* ein. Danach öffnen Sie die Seite im Browser Ihrer Wahl, um zu überprüfen, ob alles korrekt funktioniert.

Ausgehend von diesen schlichten HTML-Radio-Buttons ...

... haben Sie diese ansprechenden Schaltflächen erstellt.

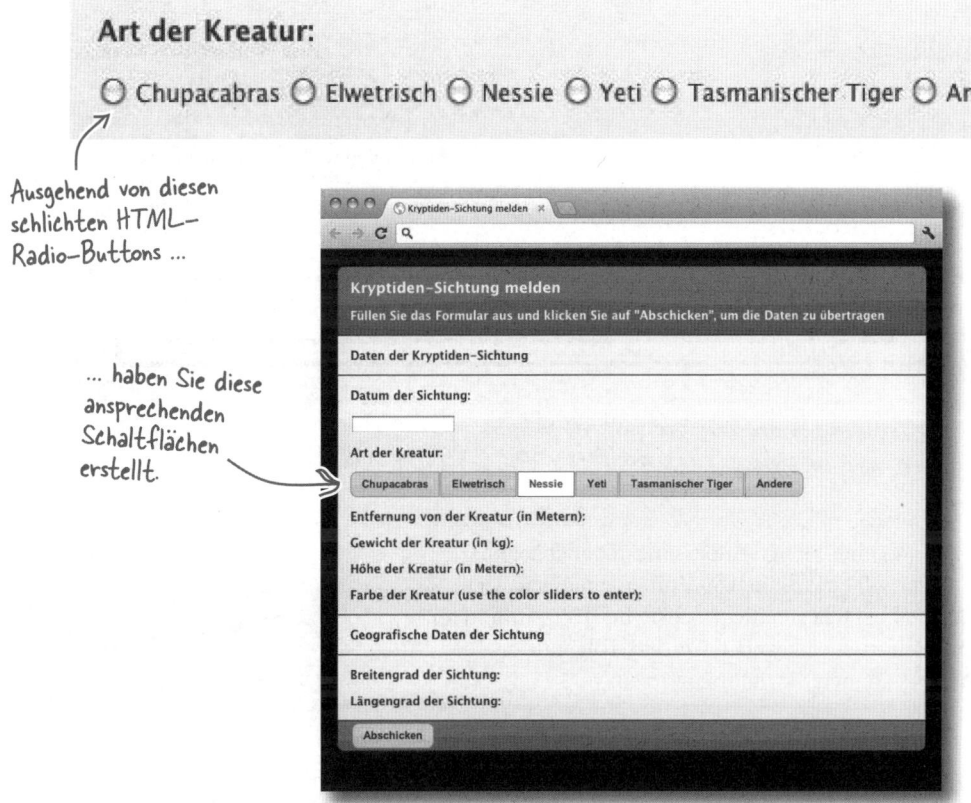

Wow, das war einfach. Was steht denn als Nächstes auf der Liste für unser Formular?

- ☑ 1. Das Datum einer Sichtung soll mithilfe eines grafischen Kalender-Widgets ausgewählt werden können.
- ☑ 2. Gestalten Sie ansprechendere Radio-Buttons, mit denen die Art der Kreatur ausgewählt werden kann.
- ☐ 3. Erstellen Sie eine Reihe von Schiebereglern zur Eingabe der Entfernung von der Kreatur, ihres Gewichts, ihrer Höhe sowie des Längen- und Breitengrads.
- ☐ 4. Erstellen Sie einen Farbmischer für die Eingabe der Farbe der Kreatur.
- ☐ 5. Gestalten Sie einen ansprechenderen »Abschicken«-Button für das Sichtungsformular.

Beschränkte Daten sind sauberer

Numerische Werte über einen Schieberegler eingeben

Mit dem jQuery UI-Slider-Plugin können Sie Schieberegler erstellen – zum Beispiel für die Eingabe numerischer Werte –, die Benutzer mit dem Cursor bedienen können. Wie bereits gesehen, ist die Erstellung von Widgets mit jQuery UI ein Kinderspiel – die Definition von Schiebereglern ist da keine Ausnahme.

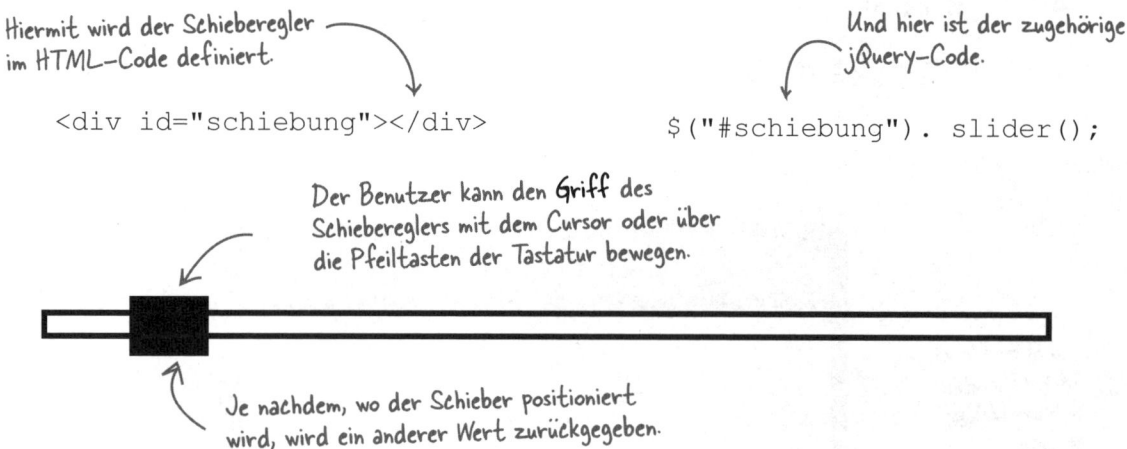

Auch für Schieberegler gibt es eine Menge Anpassungsmöglichkeiten. Angenommen, der Benutzer soll eine Reihe von Zahlen eingeben. Der niedrigste mögliche Wert soll bei 0 liegen, der höchste bei 100. Außerdem sollen die Werte in Fünferschritten eingegeben werden. Folgende Optionen des slider-Widgets können Sie dafür einsetzen:

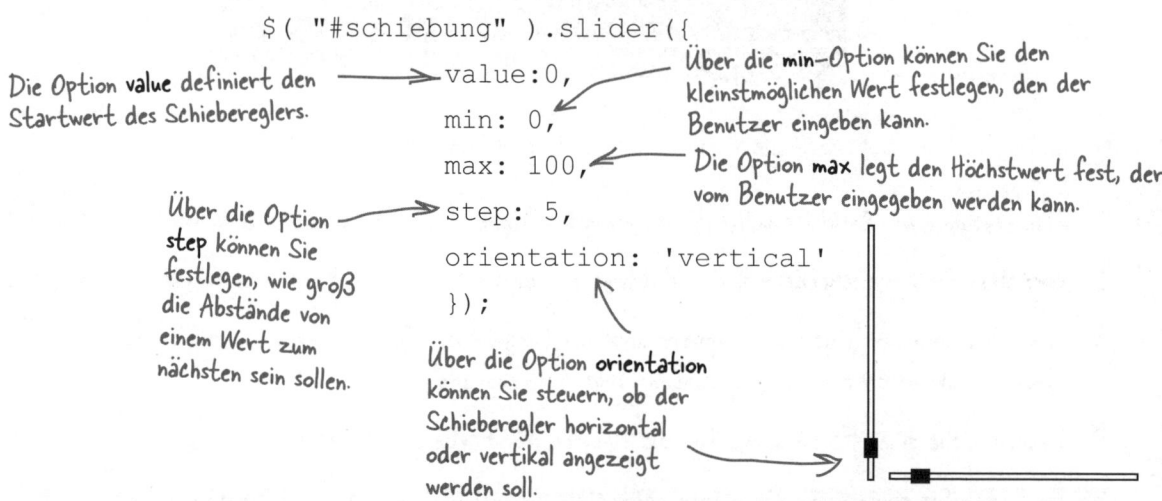

jQuery UI

> Diese Schieberegler sind eine tolle Idee, aber wie bekommen wir seinen Wert in das passende Eingabefeld?

Wir müssen den Schieberegler mit einem Event-Handler für das **slider**-Widget verbinden. Die Widget-Optionen kennen Sie bereits. Daneben verfügen viele jQuery UI-Bestandteile aber auch über mächtige Event-Handler, so auch das **slider**-Widget. Als dieses Buch geschrieben wurde, verfügte es über fünf verschiedene Handler: create, start, slide, change und stop. Anhand des Event Handlers slide wollen wir uns ansehen, wie der Schieberegler mit einem Eingabefeld des Formulars verbunden werden kann.

> Wenn Sie nicht möchten, dass der Benutzer hier Eingaben vornimmt, sollten Sie das Attribut »readonly« angeben, wie hier gezeigt.

Der HTML-Code für ein slider-Widget

```
<input type="text" id="schiebung_wert" readonly="readonly"/>
      <div id="schiebung"></div>
```

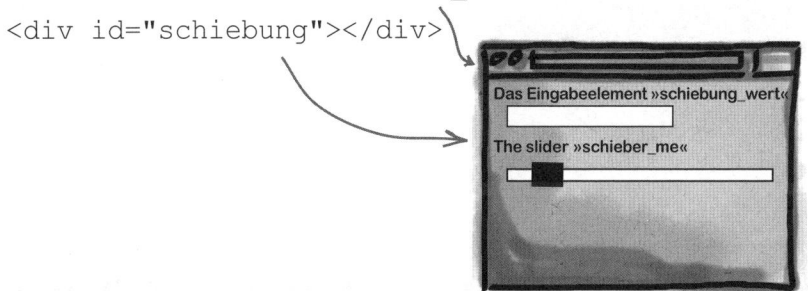

> Das slide-Event ist mit einer **Callback-Funktion** verbunden. Wird die Funktion ausgeführt, erhält das Eingabeelement mithilfe der jQuery-Methode val seinen Wert.

Der jQuery-Code für ein slider-Widget

> Hier sehen Sie den **Event-Handler** slide. Wenn der Benutzer den Schieber bewegt, wird das **slide-Event** ausgelöst.

```
$( "#schiebung" ).slider({
    slide: function( event, ui ) {
        $( "#schiebung_wert" ).val( ui.value);
    }
});
$( "#schiebung_wert" ).val( $( "#schiebung" ).slider(
"value" ));
```

> Bewegt der Benutzer den Schieber, wird die Funktion aufgerufen und der Wert des Eingabefeldes wird aktualisiert.

Lange Übung

Ergänzen Sie die leeren Passagen im Code für die von den Kryptozoologen gewünschten Eingabefelder. Sie haben Ihnen ein paar Notizen zu den Schieberegler-Optionen hinterlassen.

> Entfernung von der Kreatur in Metern:
>
> Startwert sollte 0 sein.
>
> Minimaler Abstand sollte 0 sein.
>
> Maximale Entfernung sollte 500 sein.
>
> Verwenden Sie ein Intervall von 3 Metern.

```html
<h3>Entfernung von der Kreatur (in Metern):</h3>
<input type="text" id="..............." class="nur_anzeigen" name="entf_kreatur"
                                                             readonly="readonly"/>
          <div id="..............."></div>
      </div>
</div>
```

sichtungen_end.html

```js
$( "#entf_schieber" ).slider({
          ...............
          ...............
          ...............
          ...............
          slide: function( event, ui ) {
              $( "#entfernung" ............... )
          }
});
```

meine_skripts.js

> Gewicht der Kreatur (in kg):
>
> Startwert sollte 0 sein.
>
> Minimalgewicht sollte 0 sein.
>
> Maximalgewicht sollte 5.000 sein.
>
> Verwenden Sie eine Rasterweite von 5 Kilo

> Höhe der Kreatur (in cm):
>
> Startwert sollte 0 sein.
>
> Minimale Höhe sollte 0 sein.
>
> Maximale Höhe sollte 500 sein.
>
> Verwenden Sie ein Intervall von 20 Zentimetern.

```html
<h3>Gewicht der Kreatur (in kg.):</h3>
    <input  type="text" id="gewicht" class="nur_anzeigen" name="gew_kreatur"
                                                        readonly="readonly"/>
                <div id="................"></div>

<h3>Höhe der Kreatur (in cm):</h3>
    <input  type="text" id="hoehe" class="nur_anzeigen" name="hoehe_kreatur"
                                                        readonly="readonly"/>
                <div id="schieber_hoehe"></div>
```

sichtungen_end.html

```js
$( "................" ).slider({
        ................
        ................
        ................
        ................
    slide: function( event, ui ) {
        $( "........" ).val( ui.value);
    }
});
```

meine_skripts.js

```js
$( "#schieber_gewicht" ).slider({
        ................
        ................
        ................
        ................
        ................
        $( "#gewicht" ).val( ui.value);
    }
});
```

meine_skripts.js

Lösung zur langen Übung

Lange Übung Lösung

Ergänzen Sie die leeren Passagen im Code für die von den Kryptozoologen gewünschten Eingabefelder. Sie haben Ihnen ein paar Notizen zu den Schieberegler-Optionen hinterlassen.

> Entfernung von der Kreatur in Metern:
>
> Startwert sollte 0 sein.
>
> Minimaler Abstand sollte 0 sein.
>
> Maximale Entfernung sollte 500 sein.
>
> Verwenden Sie ein Intervall von einem Meter.

```html
<h3>Entfernung von der Kreatur (in Metern):</h3>
<input type="text" id="entfernung" class="nur_anzeigen" name="entf_kreatur"
                                                              readonly="readonly"/>
            <div id="entf_schieber"></div>
       </div>
</div>
```

sichtungen_end.html

```js
$( "#entf_schieber" ).slider({
                value:0,
                min:0,
                max:500,
                step: 1,
                slide: function( event, ui ) {
                        $( "#entfernung".val( ui.value);  )
                }
});
```

meine_skripts.js

> Gewicht der Kreatur (in kg):
>
> Startwert sollte 0 sein.
>
> Minimalgewicht sollte 0 sein.
>
> Maximalgewicht sollte 5.000 sein.
>
> Verwenden Sie eine Rasterweite von 5 Kilo.

> Höhe der Kreatur (in cm):
>
> Startwert sollte 0 sein.
>
> Minimale Höhe sollte 0 sein.
>
> Maximale Höhe sollte 500 sein.
>
> Verwenden Sie ein Intervall von 20 Zentimetern.

```html
<h3>Gewicht der Kreatur (in kg.):</h3>
    <input  type="text" id="gewicht" class="nur_anzeigen" name="gew_kreatur"
                                                readonly="readonly"/>
            <div id="schieber_gewicht"></div>

<h3>Höhe der Kreatur (in cm):</h3>
    <input  type="text" id="hoehe" class="nur_anzeigen" name="hoehe_kreatur"
                                                readonly="readonly"/>
            <div id="schieber_hoehe"></div>
```

sichtungen_end.html

```js
$( "#schieber_hoehe" ).slider({
                value:0,
                min:0,
                max:5000,
                step: 5
    slide: function( event, ui ) {
        $( "#hoehe" ).val( ui.value);
    }
});
```

meine_skripts.js

```js
$( "#schieber_gewicht" ).slider({
                value:0,
                min:0,
                max:500,
                step: 20,
        slide: function( event, ui ) {
            $( "#gewicht" ).val( ui.value);
        }
});
```

meine_skripts.js

Probefahrt

PROBEFAHRT

Bauen Sie den Code aus der langen Übung der vorigen Seiten in Ihre Seiten ein. Danach sollten Sie *sichtungen_end.html* im Browser öffnen. Testen Sie die Schieberegler mit der Maus und der Tastatur (die Tasten Links- und Rechtspfeil sollten den Regler um das eingestellte Intervall weiterbewegen).

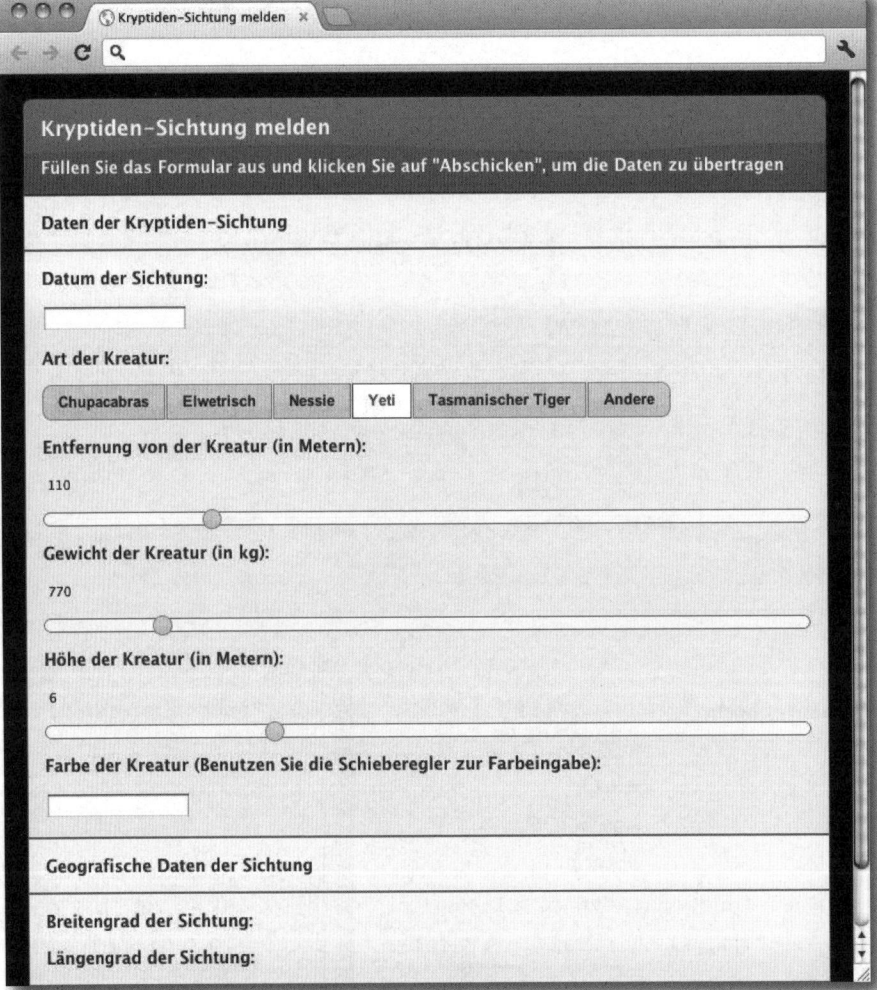

Jetzt können die Benutzer ihre Daten anhand der Schieberegler eingeben, und die Kryptozoologen haben eine bessere Kontrolle über die Qualität der Daten.

Es müssen noch zwei weitere Schieberegler erstellt werden, für den Längen- und den Breitengrad. Dann können Sie einen weiteren Punkt auf Ihrer Checkliste abhaken.

jQuery UI

Aber Breiten- und Längengrad können negative Werte und Nachkommastellen wie 0,00001 haben. Kann das slider-Widget auch mit solchen Zahlen umgehen?

Auch hier kann jQuery UI Ihnen helfen.

Das slider-Widget kann auch mit negativen Zahlen und Nachkommastellen umgehen. Sie können negative Zahlen als Werte und als Maximal- und Minimalangaben verwenden. Im Code unten können Sie das gleich ausprobieren.

Spitzen Sie Ihren Bleistift

Ergänzen Sie den jQuery-Code für die Eingabe des Breiten- und Längengrades. Der Bereich des Schiebereglers für den Breitengrad soll zwischen -90 und 90 liegen. Das Intervall soll 0,00001 betragen. Der Wertebereich des Schiebereglers für den Längengrad soll zwischen -180 und 180 liegen, das Intervall bei 0,00001.

```
................................
              value:0,
        ................
        ................
        ........................
        slide: function( event, ui ) {
              $( " ................ " ).val( ui.value);
        }
});


................................................
              value:0,
        ................
        ................
        ........................
        slide: function( event, ui ) {
              $( " ................ " ).val( ui.value);
        }
});
```

meine_skripts.js

Lösung

Spitzen Sie Ihren Bleistift
Lösung

Ergänzen Sie den jQuery-Code für die Eingabe des Breiten- und Längengrades. Der Bereich des Schiebereglers für den Breitengrad soll zwischen -90 und 90 liegen. Das Intervall soll 0,00001 betragen. Der Wertebereich des Schiebereglers für den Längengrad soll zwischen -180 und 180 liegen, das Intervall bei 0,00001.

```javascript
$( "#schieber_breite" ).slider({
                value:0,
                min: -90,
                max: 90,
                step: 0.00001,
                slide: function( event, ui ) {
                        $( "breitengrad" ).val( ui.value);
                }
});

$( "#schieber_laenge" ).slider({
                value:0,
                min: -180,
                max: 180,
                step: 0.00001,
                slide: function( event, ui ) {
                        $( "laengengrad" ).val( ui.value);
                }
});
```

meine_skripts.js

Damit haben Sie schon eine Reihe von Punkten auf der Checkliste abgehakt.

- ☑ 1. Das Datum einer Sichtung soll mithilfe eines grafischen Kalender-Widgets ausgewählt werden können.
- ☑ 2. Gestalten Sie ansprechendere Radio-Buttons, mit denen die Art der Kreatur ausgewählt werden kann.
- ☑ 3. Erstellen Sie eine Reihe von Schiebereglern zur Eingabe der Entfernung von der Kreatur, ihres Gewichts, ihrer Höhe und des Längen- und Breitengrades.

Was kommt jetzt? Der nächste Schritt besteht darin, den Kryptozoologen eine Möglichkeit zu schaffen, anhand von Schiebereglern die Farbe der gesichteten Kreatur einzugeben. Es soll jeweils einen Regler für die Farben Rot, Grün und Blau geben.

- ☐ 4. Erstellen Sie einen Farbmischer für die Eingabe der Farbe der Kreatur.

Computer mischen Farben aus Rot, Grün und Blau

Die Werte für Rot, Grün und Blau haben ein Minimum von 0 und einen Maximalwert von 255. Haben alle Farben den Minimalwert 0, erhalten Sie Schwarz. Stehen alle Farben auf dem Maximalwert 255, ist das Ergebnis Weiß.

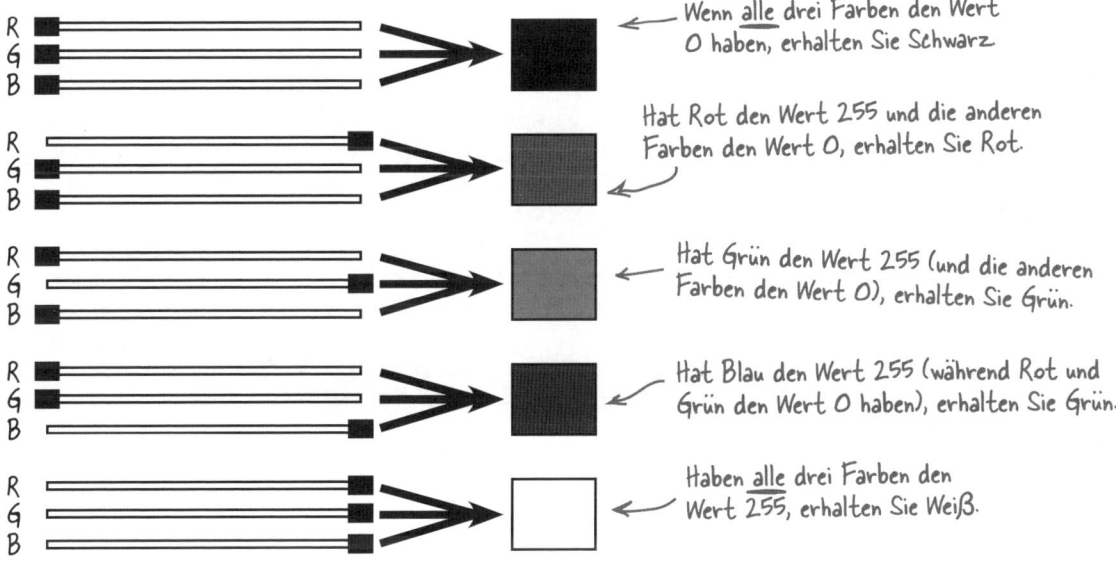

Ihre Schieberegler sollen das auch tun

Es werden also drei verschiedene Schieberegler gebraucht: einer für Rot, einer für Grün und einer für Blau. Danach kombinieren Sie die Werte der einzelnen Schieber, um daraus die Farbe zu mischen. Wir wollen sehen, welche Funktionen dafür nötig sind.

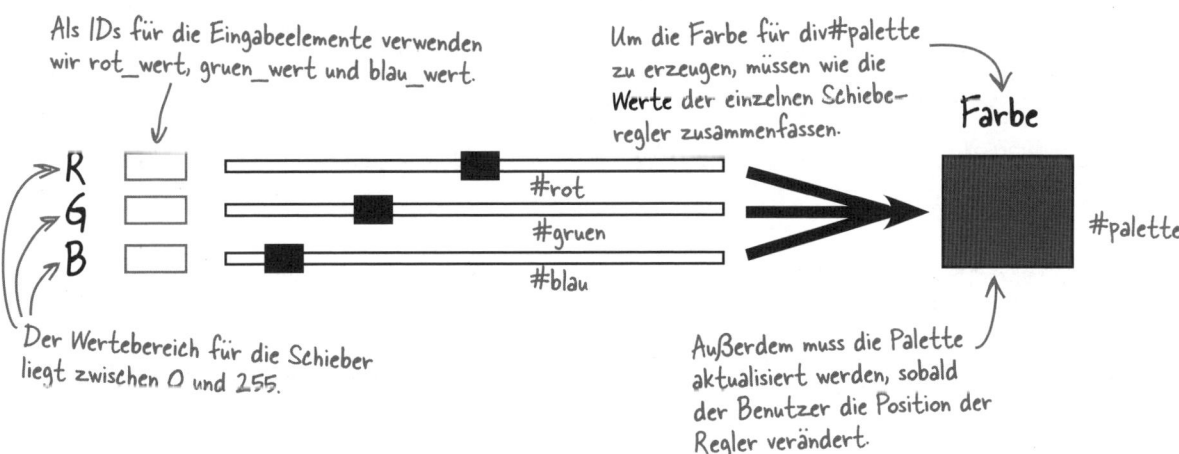

Code-Fertiggericht

Fügen Sie den hervorgehobenen Code in die Dateien *sichtungen_end.html* und *form.css* ein. Damit werden sie für die Darstellung vorbereitet.

```css
//Stile für den Farbwähler
  #entf_schieber, #schieber_gewicht, #schieber_hoehe {
  margin-bottom:14px;
  }
  #palette {
     width: 75px;
     hoehe: 75px;
     background-image: none;
  }

#rot .ui-slider-range { background: #ef2929; }
#rot .ui-slider-handle { border-color: #ef2929; }

#gruen .ui-slider-range { background: #8ae234; }
#gruen .ui-slider-handle { border-color: #8ae234; }

#blau .ui-slider-range { background: #729fcf; }
#blau .ui-slider-handle { border-color: #729fcf; }
```

Über einen ID-Selektor werden die grundlegenden Stile für die Palette definiert.

Mit diesen Stildefinitionen werden die Farben der einzelnen Schieberegler definiert.

form.css

```html
<h3>Farbe der Kreatur (Eingabe über die Schieberegler):</h3>
Farbe (hexadezimal):<input type="text" class="nur_anzeigen" name="farbe_kreatur" id="farb_wert" readonly="readonly"/><br /><br />
   <div id="palette" class="ui-widget-content ui-corner-all"></div>

Rot:<input type="text" class="nur_anzeigen" name="farbe_kreatur" id="rot_wert" readonly="readonly"/>
   <div id="rot"></div>

Grün:<input type="text" class="nur_anzeigen" name="farbe_kreatur" id="gruen_wert" readonly="readonly"/>
   <div id="gruen"></div>

Blau:<input type="text" class="nur_anzeigen" name="farbe_kreatur" id="blau_wert" readonly="readonly"/>
   <div id="blau"></div>
```

Das Eingabefeld für den hexadezimalen Farbwert

Das div-Element für die Farbpalette

Das div-Element für den roten Schieberegler

Das div-Element für den grünen Schieberegler

Das div-Element für den blauen Schieberegler

sichtungen_end.html

jQuery UI

Spitzen Sie Ihren Bleistift

Das Skript unten richtet die Schieberegler für die Farben Rot, Grün und Blau ein. Lesen Sie die einzelnen Zeilen und überlegen Sie sich auf Grundlage Ihres Wissens über jQuery und jQuery UI, was hier getan werden muss. Danach schreiben Sie auf, was der Code Ihrer Meinung nach tut. Wenn Sie sich bei einer Zeile nicht ganz sicher sind, ist es vollkommen okay, auch mal zu raten. Eine Zeile haben wir schon für Sie erledigt.

```
$( "#rot, #gruen, #blau" ).slider({          ...........................................
    orientation: "horizontal",
    range: "min",                             Legt fest, dass nur ein »Griff« angezeigt wird. Der Wert muss größer als das Minimum sein.
    max: 255,
    value: 127,                               ...........................................
    slide: palette_aktualisieren,
    change: palette_aktualisieren             ...........................................
});
```

Es gibt keine Dummen Fragen

F: Warum liegt jQuery UI so viel CSS-Code bei?

A: Das Tolle an jQuery UI ist, dass die Entwickler bereits die komplexen CSS-Stile für Sie geschrieben haben. Sie müssen es also nicht mehr selbst tun. Weitere Informationen zu CSS finden Sie in der CSS-Datei für das jQuery UI-Paket unter *jquery-ui-1.8.18.custom/css/sunny/jquery-ui-1.8.18.custom.css*. Mehr über die CSS-Klassen finden Sie in der jQuery UI-Dokumentation unter *http://jqueryui.com/docs/Theming/API*.

F: Sie haben gesagt, ich kann auch mein eigenes Theme für jQuery UI schreiben. Wie geht das?

A: Am einfachsten können Sie dafür den Themengenerator (»theme roller«) von jQuery UI verwenden. Rufen Sie dafür zunächst die folgende Adresse in Ihrem Browser auf:

http://jqueryui.com/themeroller/

Danach klicken Sie auf den Tab »Roll your own«. Hier können Sie eigene Schriften, Farben, Schattenwürfe und Vieles mehr definieren. Ihre Änderungen werden sofort auf die verschiedenen UI-Elemente übertragen.

Hat das Theme das gewünschte Aussehen, klicken Sie einfach auf den Button »Download Theme«. Sie werden dann auf die Seite »Build Your Download« weitergeleitet, auf der Sie sich Ihr eigenes jQuery UI-Paket zusammenstellen können. Wenn Sie das Theme später weiterbearbeiten wollen, legen Sie einfach ein Lesezeichen für die Seite »Build Your Download« an.

F: Ich verstehe die Interaktions-Widgets nicht. Wofür kann ich die verwenden?

A: Mithilfe von Interaktionen können Sie interaktive Funktionen erstellen, die man sonst nur in Desktop-Applikationen findet.

Mithilfe der Widgets aus der Kategorie Draggable können Sie beispielsweise dafür sorgen, dass Elemente durch Ziehen und Loslassen (»Drag and Drop«) bewegt werden können.

Anhand der Kategorie Droppable können Sie Widgets erstellen, die als Ziel für Elemente dienen, die per Ziehen und Loslassen verschoben werden.

Über die Kategorie Resizable können Sie Elemente durch Ziehen an den Ecken und Kanten skalierbar machen.

Durch die Kategorie Selectable werden Elemente auswählbar, wie die Dateien auf Ihrem Desktop.

Widgets der Kategorie Sortable können interaktiv vom Benutzer in eine neue Reihenfolge gebracht werden.

Sie sind hier ▸ **401**

Lösung

Lösung

Das Skript unten richtet die Schieberegler für die Farben Rot, Grün und Blau ein. Lesen Sie die einzelnen Zeilen und überlegen Sie sich auf Grundlage Ihres Wissens über jQuery und jQuery UI, was hier getan werden muss. Danach schreiben Sie auf, was der Code Ihrer Meinung nach tut. Wenn Sie sich bei einer Zeile nicht ganz sicher sind, ist es vollkommen okay, auch mal zu raten. Hier kommt unsere Lösung.

```
$( "#rot, #gruen, #blau" ).slider({        Stellt die div-Elemente für die einzelnen Farben als Schieberegler dar.
        orientation: "horizontal",          Legt fest, dass die Schieberegler horizontal angezeigt werden sollen.
        range: "min",                        Legt fest, dass nur ein »Griff« angezeigt wird. Der Wert muss größer als das Minimum sein.
        max: 255,                            Legt den Maximalwert auf 255 fest, damit die Farbe richtig definiert werden kann.
        value: 127,                          Definiert den Startwert, damit der Schieberegler ungefähr in der Mitte positioniert ist.
        slide: palette_aktualisieren,        Ruft die Funktion palette_aktualisieren auf, wenn der Benutzer den Schieberegler bewegt.
        change: palette_aktualisieren        Ruft die Funktion auf, wenn einer der Werte verändert wird.
});
```

Die Funktion palette_aktualisieren erstellen

Um den Farbwähler fertigzustellen, benötigen wir eine JavaScript-Funktion, mit der die Palette eingerichtet und aktualisiert werden kann. Hier sehen Sie eine Rumpfversion der Funktion. Daneben stehen einige Fragen, die Sie klären sollten, bevor Sie die fehlenden Teile ergänzen.

```
function palette_aktualisieren() {
    var rot = ???          ⎫
    var gruen = ???        ⎬  Wie kommen die Werte der einzelnen Schieberegler in diese Variablen?
    var blau = ???         ⎭
    var mein_rgb = ???     ← Wir müssen die einzelnen Werte zu einem RGB-Wert kombinieren, damit die Palette funktioniert.
    $( "#palette" ).???;   ← Mit welcher jQuery-Methode können wir die Farbe der Palette festlegen?
    $( "#rot_wert" ).val(rot );       ⎫
    $( "#blau_wert" ).val( blau);     ⎬  Hier gibt es keine großen Fragen. Wir können einfach die jQuery-Methode
    $( "#gruen_wert" ).val( gruen);   ⎪  val benutzen, um die Eingabefelder mit den Werten zu aktualisieren,
    $( "#farb_wert" ).val(mein_rgb);  ⎭  die beim Bewegen der Schieberegler erzeugt werden. Auf diese Weise weiß der Benutzer, welche Werte er gerade eingegeben hat.
}
```

Wir wissen schon, wie wir die Werte der Schieberegler auslesen können. Aber wie können wir daraus die Farbe der Palette erzeugen? Brauchen wir hier nicht zusätzlichen Code für die Erstellung einer hexadezimalen Webfarbe?

Gut aufgepasst! Wir *könnten* eine Funktion für die Umwandlung von dezimalen in hexadezimale Werte schreiben. Oder wir benutzen die von den Schiebereglern erzeugten Werte direkt.

Vergessen Sie nicht, dass wir den Wert der CSS-Eigenschaft background-color auch so angeben können:

```
                          R   G   B
                          ↓   ↓   ↓
background-color:rgb(255,0,255)
```

Das ist aber nur ein Tipp für eine der Fragen. Um die gesamte Funktion zu schreiben, ist etwas mehr Gehirnjogging angesagt.

Ergänzen Sie die leeren Codezeilen, um die Funktion palette_aktualisieren fertigzustellen.

```
function palette_aktualisieren() {
    var rot = ........................................................
    var gruen = ......................................................
    var blau = .......................................................
    var mein_rgb = ...................................................
    $( "#palette" ).................................. ;
    $( "#rot_wert" ).val(rot );
    $( "#blau_wert" ).val( blau);
    $( "#gruen_wert" ).val( gruen);
    $( "#farb_wert" ).val(mein_rgb);
}
```

Lösung

LÖSUNG ZUR ÜBUNG

Ergänzen Sie die leeren Codezeilen, um die Funktion `palette_aktualisieren` fertigzustellen.

```
function palette_aktualisieren() {
        var rot =    $( "#rot" ).slider( "value" );
        var gruen =  $( "#gruen" ).slider( "value" );
        var blau =   $( "#blau" ).slider( "value" );
        var mein_rgb = "rgb(" + rot + "," + gruen + "," + blau + ")";
        $( "#palette" ).$( "#palette" ).css( "background-color", my_rgb );
        $( "#rot_wert" ).val(rot );
        $( "#blau_wert" ).val( blau);
        $( "#gruen_wert" ).val( gruen);
        $( "#farb_wert" ).val(mein_rgb);
}
```

Durch die Kombination der RGB-Werte in dieser Variablen ...

... können wir den CSS-Code aus den kombinierten Werten der drei Farben erzeugen.

CODE-FERTIGGERICHT

Ergänzen Sie Ihre *meine_skripts.js*-Datei um den Code für die Farbwähler und die Funktion `palette_aktualisieren` von den vorigen Seiten. Bauen Sie auch die untenstehenden Zeilen ein. Sie sorgen dafür, dass die `palette_aktualisieren`-Funktion beim Laden der Seite ausgeführt wird. Dadurch erhält die Palette bereits zu Beginn eine Farbe, anstatt leer dargestellt zu werden.

```
$( "#rot" ).slider( "value", 127 );
$( "#gruen" ).slider( "value", 127 );
$( "#blau" ).slider( "value", 127 );
```

PROBEFAHRT

Öffnen Sie *sichtungen_end.html* im Browser. Überprüfen Sie, ob die Schieberegler mit Maus und Tastatur richtig funktionieren (die Tasten Links- und Rechtspfeil sollten den Regler um das festgelegte Intervall weiterbewegen).

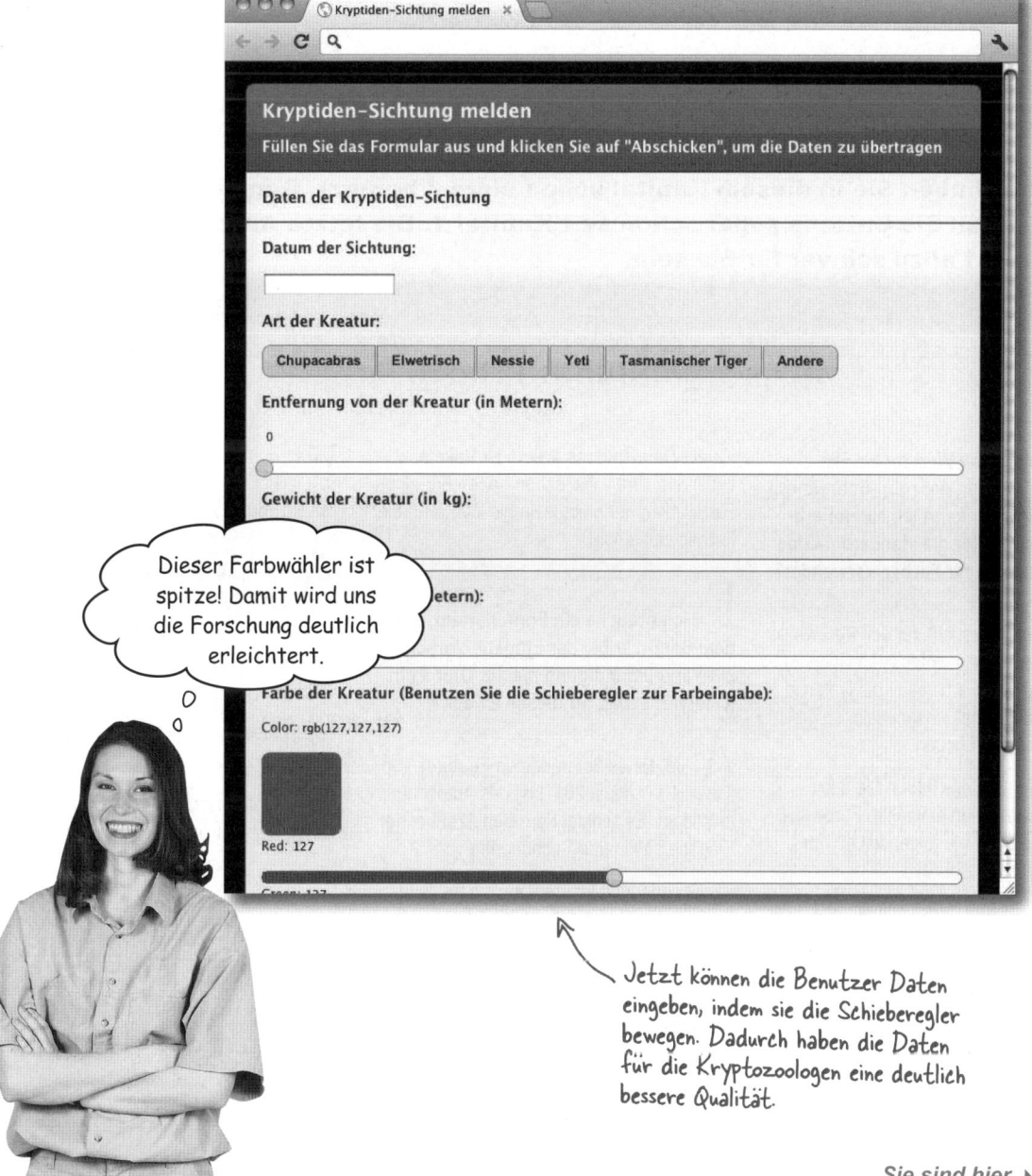

Dieser Farbwähler ist spitze! Damit wird uns die Forschung deutlich erleichtert.

Jetzt können die Benutzer Daten eingeben, indem sie die Schieberegler bewegen. Dadurch haben die Daten für die Kryptozoologen eine deutlich bessere Qualität.

Ein letzter Button

Und noch etwas ...

Eine Aufgabe auf der Checkliste müssen wir noch abhaken:

☑ 1. Das Datum einer Sichtung soll mithilfe eines grafischen Kalender-Widgets ausgewählt werden können.

☑ 2. Gestalten Sie ansprechendere Radio-Buttons, mit denen die Art der Kreatur ausgewählt werden kann.

☑ 3. Erstellen Sie eine Reihe von Schiebereglern zur Eingabe der Entfernung von der Kreatur, ihres Gewichts, ihrer Höhe sowie des Längen- und Breitengrads.

☑ 4. Erstellen Sie einen Farbmischer für die Eingabe der Farbe der Kreatur.

☐ 5. Gestalten Sie einen ansprechenderen »Abschicken«-Button für das Sichtungsformular.

Buttons haben Sie in diesem Kapitel schon einmal benutzt. Genau genommen verwenden Sie Buttons sogar schon seit Kapitel 1. Die letzte Aufgabe sollte also nicht allzu schwer für Sie sein.

Es gibt keine Dummen Fragen

F: Wir haben den Wert für background-color in der rgb()-Schreibweise angegeben. Wir kann ich einen Farbwähler erstellen, der die standardmäßige Hex-Schreibweise für Farben verwendet?

A: Wir haben versucht, für den Farbwähler den elegantesten und einfachsten Code zu benutzen. Soll der Farbwähler die Daten in hexadizmalen Format einsammeln, so gibt es auch dafür eine Lösung.

Auf der jQuery UI-Seite finden Sie den Beispielcode für einen einfachen Farbwähler. Rufen Sie dafür die folgende URL im Browser auf:

http://jqueryui.com/demos/slider/#colorpicker

Klicken Sie auf den Link »View Source« unterhalb des Demo-Farbwählers. Wählen Sie den HTML-, CSS- und jQuery-Code im Textfeld aus und speichern Sie ihn in einem neuen Dokument. Stellen Sie sicher, dass das neue Dokument die nötigen CSS- und jQuery-Dateien Ihres jQuery UI-Pakets einbindet. Und voilà, schon haben Sie einen Farbwähler, der hexadezimale Werte für die Farben verwendet.

F: Ich brauche ein Formularfeld, das dem Benutzer bei der Eingabe Vorschläge zur Vervollständigung macht. Gibt es in jQuery UI etwas für diesen Zweck?

A: Ja. Eines der neuesten Features von jQuery UI (August 2011) ist das Autocomplete-Widget. Es schlägt dem Benutzer bei der Eingabe bestimmte Suchbegriffe vor.

Die Suchbegriffe können aus einem JavaScript-Array stammen, von einer URL oder von einer Callback-Funktion, die die Daten wie in den Kapiteln 8 und 9 beschrieben per Ajax von einem Server holt. Weitere Informationen zu diesem Widget finden Sie auf der Demoseite für jQuery UI unter der Adresse

http://jqueryui.com/demos/autocomplete/.

F: Gibt es in jQuery UI Möglichkeiten, ein Formular zu validieren?

A: Nein, leider nicht. jQuery UI stellt keine Formularvalidierung bereit. Allerdings gibt es ein Plugin, das für diesen Zweck ganz gut geeignet ist. Sie finden es unter dieser Adresse:

http://bassistance.de/jquery-plugins/jquery-plugin-validation/

Weitere Informationen zu diesem Plugin finden Sie auch in Anhang i.

jQuery UI

> Moment mal! Wir haben Buttons zwar schon seit Kapitel 1 benutzt, hier handelt es sich aber um einen jQuery UI-Button und ein HTML-Formularelement.

Das ist richtig.

Wir haben die `click`-Methode aus jQuery und die `button`-Methode aus jQuery UI benutzt. Die *Auswahl von Formularelementen* (z. B. Eingabefelder, Submit-Buttons usw.) haben wir dagegen kaum behandelt. Hier eine kleine Anleitung:

Punkt für Punkt

- `$(":input")` = Alle `input`-Elemente auswählen

- `$(":text")` = Alle `input`-Elemente vom Typ `text` auswählen

- `$(":radio")` = Alle `input`-Elemente vom Typ `radio` auswählen

- `$(":checkbox")` = Alle `input`-Elemente vom Typ `checkbox` auswählen

- `$(":submit")` = Alle `input`-Elemente vom Typ `submit` auswählen

- `$(":reset")` = Alle `input`-Elemente vom Typ `reset` auswählen

- `$(":checked")` = Alle `input`-Elemente auswählen, die angekreuzt sind (Checkboxen)

- `$(":selected")` = Alle `input`-Elemente auswählen, die ausgewählt (selected) sind

- `$(":enabled")` = Alle `input`-Elemente auswählen, die aktiviert (enabled) sind

- `$(":disabled")` = Alle `input`-Elemente auswählen, die deaktiviert (disabled) sind

- `$(":password")` = Alle `input`-Elemente für die Passworteingabe auswählen

Übung

Schreiben Sie die Zeile Code, die *meine_skripts.js* hinzugefügt werden muss, um den einfachen HTML-Button in einen jQuery-Button zu verwandeln, der zu Ihrem Theme passt.

....

Sie sind hier ▸

Lösung

LÖSUNG ZUR ÜBUNG

Bauen Sie diese Codezeile in Ihre *meine_skripts.js*-Datei. Danach sollten Sie das Formular testen, indem Sie *sichtungen_end.html* im Browser öffnen.

```
$( "button:submit" ).button();
```

BONUS ÜBUNG

Ihr Formular sieht sehr gut aus, aber es *verschickt* bis jetzt noch keine Daten. Alles, was Sie dafür wissen müssen, haben Sie allerdings schon in Kapitel 9 gelernt. Nehmen Sie sich ein wenig Zeit, um darüber nachzudenken, wie Sie dieses Formular wirklich benutzbar machen können.

Im *end*-Ordner für dieses Kapitel finden Sie den nötigen Code, um die Sache in Laufen zu bringen: *sichtungen.html*, *service.php* und *sichtungen.sql*. Sie müssen zwar noch ein paar Dinge selbst erledigen, aber darum geht es als Webentwickler doch, oder? Wir haben die Ajax- und JSON-Methoden aus Kapitel 9 schon eingebaut, damit das gerade erstellte Formular tatsächlich auch Daten verschicken kann.

Sie müssen hier vollkommen selbstständig arbeiten (also das SQL-Skript *sichtungen.sql* ausführen, die Datenbank mit den nötigen Feldern aus dem Skript anlegen und die Ajax- bzw. JSON-Methoden zur Datei *meine_skripts.js* hinzufügen.) Außerdem müssen Sie die Datenbank mit ein paar Einträgen füllen, bevor Sie mit Kapitel 11 weitermachen. Falls Sie etwas Nachhilfe in MySQL, PHP oder Ajax brauchen, können Sie jederzeit noch einmal in den Kapiteln 8 und 9 nachlesen.

Für diese Übung gibt es keine Lösung. Bei Problemen können Sie aber jederzeit unter der Adresse www.headfirstlabs.com im Forum für dieses Buch vorbeischauen, um mit den Autoren und anderen Leser darüber zu sprechen.

Ihr jQuery-Werkzeugkasten

Damit haben Sie Kapitel 10 in der Tasche und Ihren Werkzeugkasten um jQuery UI erweitert.

jQuery UI

Eine offizielle jQuery-Bibliothek, die drei Haupt-Plugintypen bereitstellt: Effekte, Interaktionen und Widgets.

Widget

Ein ein in sich abschlossener Website-Baustein, der Ihre Web-App mit zusätzlicher Funktionalität versieht

Erspart eine Menge Programmierzeit und Komplexität. Erstellt benutzbare und bedarfsgerechte Elemente einer Benutzerschnittstelle.

Button-Widget

Stellt eine button-Methode bereit, mit der ansprechende Formularelemente (z. B. Submit-Buttons, Radio-Buttons und Checkboxen) erstellt werden können.

Datepicker-Widget

Die datepicker-Methode weist den JS-Interpreter an, bei Bedarf aus HTML und CSS einen Datumswähler mit der nötigen Interaktivität zu erstellen.

Enthält außerdem eine Menge anpassbarer Optionen.

Schieberegler

UI-Elemente, die Benutzer über die Maus oder mit der Tastatur bewegen können, um bestimmte Daten einzugeben.

Besitzt fünf Event-Handler zum Verbinden der Schieberegler mit Eingabeelementen des Formulars: create, start, slide, change und stop.

11 jQuery und APIs

Objekte, nichts als Objekte!

Selbst ein talentierter Entwickler wie Sie kann nicht alles alleine machen ... Wir haben gesehen, wie wir jQuery-Plugins wie jQuery UI oder die Tab-Navigation in unsere Seiten einbinden können, um Webapplikationen zu verbessern. Die nächste Entwicklungsstufe besteht darin, Werkzeuge aus dem Internet und Informationen von Größen wie Google, Twitter oder Yahoo! zu verwenden. Dafür brauchen wir aber etwas ... mehr. Diese Firmen stellen ihre Dienste über APIs (application programming interfaces, Programmierschnittstellen) zur Verfügung, die Sie auf Ihrer Seite nutzen können. In diesem Kapitel werden wir uns mit einigen Grundlagen der Arbeit mit APIs befassen. Als Beispiel benutzen wir die beliebte Google Maps API.

*Klassen*treffen

Wo ist Nessie?

Dr. Pattersby und Dr. Gimli wollen ihre Website um zusätzliche coole Features erweitern. Meinen Sie, Sie schaffen das?

Absender: **Dr. Gimli [gimli@cryptozoolologists.org]**
Betreff **Noch mehr Updates für unsere Website**

Hallo Leute,

vielen Dank, dass Ihr uns geholfen habt, unsere Website benutzerfreundlicher zu machen. Das Sammeln der Daten ist deutlich einfacher geworden und die Besucherzahlen sind auch gestiegen. Wir freuen uns über die vielen neuen Informationen, mit denen wir jetzt arbeiten können.

Wir wurden mehrfach gebeten, die Informationen für die breite Masse leichter zugänglich zu machen. Viele Leute sind an den Sichtungsdaten interessiert. Wir suchen daher eine Möglichkeit, zu zeigen, was wir gesammelt haben.

Hier ist eine Liste der Dinge, die wir brauchen:

1) Es soll möglich sein, eine einzelne Sichtung auszuwählen und die zugehörigen Informationen anzuzeigen. Neben den Informationen über den Kryptiden sollen die Angaben zu Längen- und Breitengrad auf einer Google Maps-Karte angezeigt werden.

2) Der auf der Karte angezeigte Fundort sollte anklickbar sein, um weitere Informationen über die Sichtung anzuzeigen.

3) Es wäre gut, wenn man den Typ des Kryptiden aus einer Liste auswählen und dann alle Kreaturen dieses Typs in unserer Datenbank anzeigen könnte. Außerdem sollen alle Kreaturen eines Typs auf einer Google Maps-Karte dargestellt werden. So können wir herausfinden, an welchen Orten sich die Sichtungen häufen. Am besten sollten diese Punkte, genau wie die Liste der Kreaturen, anklickbar sein, damit die Benutzer die Einzelheiten zu den Sichtungen anzeigen können.

Das ist hoffentlich nicht zu viel verlangt, nachdem wir die Informationen ja schon alle gespeichert haben, oder?

Wir freuen uns auf eine Rückmeldung!

--
Dr. Gimli und Dr. Pattersby
  cryptozoologists.org

jQuery und APIs

Jim, Frank, Joe

Das sollte nicht zu schwer sein. Sieht aus, als ob die Kryptodoktoren nur ein paar Kleinigkeiten brauchen.

Joe: Meinst Du die Google Maps-Karte, die wir erstellen sollen?

Frank: Ja, genau, sollte kein Problem sein …

Jim: Kein Problem? Die wollen eine komplette Google Maps-Karte!

Frank: Genau.

Jim: Für jede Kryptidensichtung ein eigener Punkt auf der Karte. Und die Punkte sollen auch noch anklickbar sein, um mehr Informationen anzuzeigen …

Frank: Ja. Und ich glaube, ich weiß auch schon, wie.

Jim: Und eine spezielle Klickfunktion in der Liste, die mit den Sichtungspunkten interagiert und Pop-ups für »Weitere Informationen« auf der Karte anzeigt.

Frank: Ja, ähm, da weiß ich auch nicht so genau, wie das gehen soll.

Joe: Keine Sorge. Das klappt schon. Die Betreiber von Google Maps stellen eine API zur Verfügung, mit der wir die Aufgabe lösen können.

Jim: AP was?

Frank: API. Das ist die Abkürzung für *Application Programming Interface*, also eine Programmierschnittstelle. Damit können wir einige Werkzeuge von Google, Twitter, Facebook und Konsorten auf unseren eigenen Websites benutzen.

Jim: Das klingt ziemlich cool. Aber bekommen wir damit all die Pop-ups und die anderen Sachen, die auf der Karte erscheinen sollen?

Joe: Zumindest *sollten* wir das. Vielleicht sollten wir uns die Google Maps-API einmal genauer ansehen, um zu sehen, wie sie funktioniert.

Sie sind hier ▶   413

API *von innen*

Die Google Maps-API

Für jede API, die Sie nutzen möchten, gibt es Onlinedokumentationen und Beispielcode. Das folgende Beispiel finden Sie unter *http://code.google.com/apis/maps*.

```
var map;
function initialisieren() {
  var myLatlng = new google.maps.LatLng(40.720721,-74.005966);
  var myOptions = {
    zoom: 13,
    center: myLatlng,
    mapTypeId: google.maps.MapTypeId.ROADMAP
  }
  map = new google.maps.Map(document.getElementById("karten_container"), myOptions);

  google.maps.event.addListener(map, 'zoom_changed', function() {
    setTimeout(moveToNewYork, 3000);
  });

  var marker = new google.maps.Marker({
      position: myLatlng,
      map: map,
      title:"Hello World!"
  });
  google.maps.event.addListener(marker, 'click', function() {
    map.setZoom(8);
  });
}

function moveToNewYork() {
  var NewYork = new google.maps.LatLng(45.526585, -122.642612);
  map.setCenter(NewYork);
}
```

Okay. Ein paar Variablen und Funktionen erkenne ich. Aber was sind all die anderen Sachen?

Das ist Code von Google.

Das ist gar nicht so schlimm, wie es aussieht. Lassen Sie uns den Code etwas näher betrachten.

APIs verwenden Objekte

In Kapitel 6 haben wir unsere eigenen Objekte erstellt. Sie besaßen Eigenschaften und Methoden, um ganz nach Bedarf Informationen zu speichern und abzurufen. Viele Firmen erstellen API-Objekte, über die wir mit den zur Verfügung gestellten Daten arbeiten. Falls Sie eine kleine Gedächtnisstütze benötigen, können Sie jederzeit zurückblättern und sich noch einmal mit Objekten und ihrer Funktionsweise vertraut machen.

Variablen deklarieren

Die Variable einem neuen Google LatLng-Objekt zuweisen

Die Variable map als neues Google Maps-Objekt definieren

```
var map;
var myLatlng = new google.maps.LatLng(40.720721,-74.005966);
var myOptions = {
    zoom: 13,
    center: myLatlng,
    mapTypeId: google.maps.MapTypeId.ROADMAP
}
map = new google.maps.Map(document.getElementById("karten_container"), myOptions);

google.maps.event.addListener(map, 'zoom_changed', function() {
    setTimeout(moveToNewYork, 3000);
});
```

Ein Array zum Speichern einiger Optionen für die Karte anlegen

Geografische Breite und Länge als Parmeter an das Objekt übergeben

Das Objekt anweisen, das Element mit der ID karten_container zu verwenden

Ein Event Listener für die Google Maps-Karte

Eine Variable als Marker-Objekt definieren

Werte als Parameter übergeben

```
var marker = new google.maps.Marker({
    position: myLatlng,
    map: map,
    title:"Hello World!"
});

function moveToNewYork() {
    var NewYork = new google.maps.LatLng(45.526585, -122.642612);
    map.setCenter(NewYork);
}
```

Das oben deklarierte LatLng-Objekt

Das oben deklarierte map-Objekt

Eine Funktion für den Aufruf von weiterem Google-Code deklarieren

Ein neues LatLng-Objekt erzeugen

Der Karte mitteilen, wo sie zentriert werden soll

Nur *Objekte benutzen?*

Heißt das, APIs benutzen für alle Aufgaben Objekte? Und warum sollten wir Objekte von anderen Leuten benutzen?

Weil dadurch alles schneller geht.

Wie wir bereits in Kapitel 6 gesehen haben, ist die Speicherung von Daten in Objekten deutlich vielseitiger. Sie können Objekte verwenden, um *mehrere Daten* für eine bestimmte Sache zu speichern. Eine API besteht im Prinzip nur aus einer Reihe von Objekt*konstruktoren*, mit denen Sie Ihre eigenen Instanzen der Objekte anderer Leute anlegen können. Sobald Sie Ihre eigene Instanz des Objekts haben, können Sie sämtliche Eigenschaften und Methoden in Ihrem Code verwenden, die mit dem Objekt verbunden sind.

Die Schwierigkeiten, eine für alle benutzbare Kartenapplikation zu schaffen, sind ziemlich groß. Durch die Verwendung von Objekten in seiner API kann Google Objekte mit vielen verschiedenen Methoden und Eigenschaften für die große Zahl verschiedener Elemente erstellen, die für die Erzeugung einer interaktiven Karten nötig sind.

Wie Sie im Code auf der vorigen Seite sehen, besitzt das `map`-Objekt die Eigenschaften `zoom`, `center` und `mapTypeId`, sowie noch einige mehr, die wir hier nicht gezeigt haben. Das Objekt besitzt außerdem Methoden wie das hier gezeigte `setCenter`.

 Erstellen Sie eine neue Datei mit dem Namen *einzel_anzeige.html* und speichern Sie diese im Projektordner für dieses Kapitel.

```
<!DOCTYPE html>
<html>
   <head>
      <title>Kryptidensichtungen anzeigen</title>
      <link type="text/css" href="css/formular.css" rel="stylesheet"/>
      <link type="text/css" href="jquery-ui-1.8.16.custom/css/sunny/jquery-ui-1.8.16.custom.css" />
   </head>
   <body>
      <div class="ui-widget-header ui-corner-top abstandhalter">
         <h2>Kryptidensichtungen anzeigen</h2>
      </div>
      <div class="ui-widget-content abstandhalter">
         <div id="karten_container"></div>           ← Einen Platz für die Darstellung der Karte definieren
      </div>
      <script src="http://maps.google.com/maps/api/js?sensor=false"></script>   ← Die Google Maps API einbinden
      <script src="js/jquery-1.6.2.min.js"></script>   ← Die jQuery-Bibliothek einbinden
      <script src="js/karten.js"></script>
   </body>                      ← Eine neue karten.js-Datei einbinden
</html>
```

einzel_anzeige.html

Eine Google Maps-Karte in eine Seite einbinden

Erstellen Sie zunächst eine Kopie aller Dateien vom Ende des letzten Kapitels. Wir werden sie in dieser Lösung weiterbenutzen, damit wir nicht wieder ganz von vorn anfangen müssen. Durch diesen Code und die neue Datei *einzel_anzeige.html* bekommen wir zwei neue Sachen:

- Ein div-Element mit der ID `karten_container`
- Den Code für die Google Maps-API durch das Hinzufügen der Zeile `<script type="text/javascript" src="http://maps.google.com/maps/api/js?sensor=false"></script>`

Um eine Google Maps-Karte in Ihre Seite zu integrieren, brauchen Sie eine *karten.js*-Datei. In diese fügen Sie eine Funktion ein, die den API-Code aufruft, um die Karte auf Ihrer Seite zu erstellen und anzuzeigen.

jQuery-Codemagneten

Bringen Sie die Magneten in die richtige Reihenfolge, um eine Funktion mit dem Namen `initialisieren` zu erstellen. Diese Funktion erzeugt dann anhand einiger im Code definierter Parameter eine neue Instanz des `map`-Objekts von Google Maps. Das neue `map`-Objekt wird daraufhin auf das HTML-Element mit der ID `karten_container` angewandt. Aktualisieren Sie außerdem die Datei *formular.css* mit ein paar Stildefinitionen für den Container, der die Karte enthält.

Magneten: `map;` `float` `zoom` `HYBRID`

```
#karten_container {
    _____ :left;
    height: 450px;
    width: _____
}
```
formular.css

```
$(document).ready._____ {
    var _____
    function _____ {
        var latlng = new google.maps.LatLng._____;
        var mapOpts = {
            _____: 13,
            center: latlng,
            mapTypeId: google.maps.MapTypeId._____
        };
        map = _____google.maps.Map(document.getElementById(_____), mapOpts);
    }
    initialisieren();
});
```
karten.js

Magneten: `(45.519098,-122.672138)` `initialisieren()` `"karten_container"` `new` `450px;` `(function()`

jQuery-Codemagneten: Lösung

Bringen Sie die Magneten in die richtige Reihenfolge, um eine Funktion mit dem Namen `initialisieren` zu erstellen. Diese Funktion erzeugt dann anhand einiger im Code definierter Parameter eine neue Instanz des `map`-Objekts von Google Maps. Das neue `map`-Objekt wird daraufhin auf das HTML-Element mit der ID `karten_container` angewandt. Aktualisieren Sie außerdem die Datei *formular.css* mit ein paar Stildefinitionen für den Container, der die Karte enthält.

```css
#karten_container {
    float:left;
    height: 450px;
    width: 450px;
}
```

formular.css

```javascript
$(document).ready(function() {
    var map;
    function initialisieren() {
        var latlng = new google.maps.LatLng(45.519098,-122.672138);
        var mapOpts = {
            zoom: 13,
            center: latlng,
            mapTypeId: google.maps.MapTypeId.HYBRID
        };
        map = new google.maps.Map(document.getElementById("karten_container"), mapOpts);
    }
    initialisieren();
});
```

karten.js

Es gibt keine Dummen Fragen

F: Was machen das `LatLng`-Objekt und die `mapOpts`-Eigenschaft?

A: Nähere Informationen zu den Objekten und Methoden der API und anderem finden Sie unter *http://code.google.com/apis/maps/documentation/javascript/reference.html*. Auf dieser Website finden Sie Codebeispiele und weitere Details zu den verschiedenen Objekten und Methoden, die für die Benutzung der Google Maps-API gebraucht werden.

F: Gibt es Alternativen zu Google Maps für die Erstellung von Karten?

A: Selbstverständlich! Da Google Maps aber momentan am beliebtesten ist, benutzen wir es hier. Andere Firmen wie Yahoo!, Microsoft, MapQuest und OpenLayers stellen ebenfalls APIs zur Verfügung.

jQuery und APIs

PROBEFAHRT

Bauen Sie die mit den Magneten erstellte `initialisieren`-Funktion in die Datei *karten.js* ein. Stellen Sie außerdem sicher, dass *karten.js* in *einzel_anzeige.html* eingebunden wird. Sie sollten Ihren Code von einem Webserver aus ausführen. Die URLs müssen also mit *http://* anstelle von *file://* beginnen.

Die Erstellung der Karte war gar nicht so schwer. Allerdings sehe ich noch keine Kryptidendaten. Die müssen wir aus der Datenbank holen, richtig?

Genau.

In Kapitel 9 haben Sie erfahren, wie Sie mit jQuery, Ajax, JSON und MySQL Informationen aus einer Datenbank abfragen können. Auch wenn die Liste der eingesetzten Technologien recht lang ist, entsprach das Ergebnis genau unseren Erwartungen. Wir wollen sehen, wie wir dieses Wissen für die aktuelle Situation weiterverwenden können.

Sie sind hier ▶

Ein paar alte Freunde

JSON-Daten mit PHP und SQL erzeugen

In Kapitel 9 haben Sie erfahren, wie Sie mit einer SQL-SELECT-Anweisung die gewünschten Informationen aus einer Datenbank auslesen können. Außerdem haben wir Ihnen gezeigt, wie die Daten in der PHP-Datei in ein JSON-Objekt umgewandelt wurden, das per Ajax angefordert wurde.

Um per PHP ein JSON-Objekt zu erzeugen, können wir einfach die Funktion json_encode verwenden. Übergeben Sie der Funktion ein Array als Parameter, erhalten Sie die Daten JSON-kodiert zurück und jQuery kann sie weiterverarbeiten.

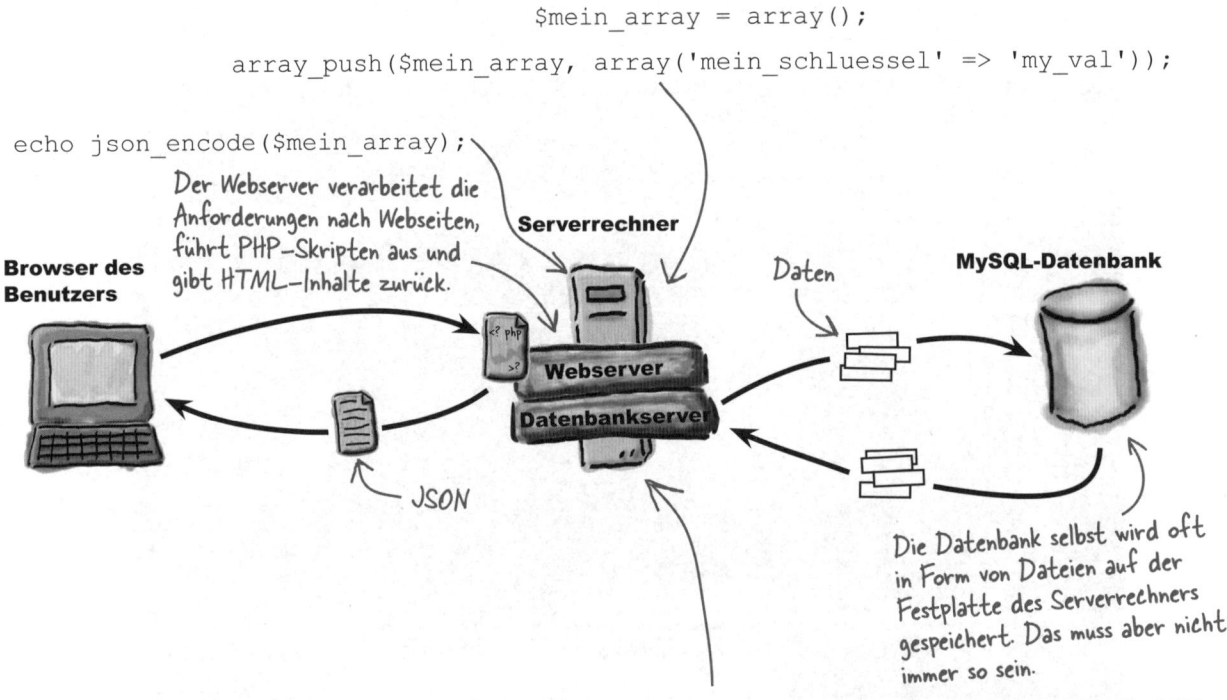

Den PHP- und SQL-Code für dieses Kapitel haben wir bereits für Sie geschrieben. Solange Sie mit der MySQL-Datenbank aus Kapitel 10 arbeiten, können Sie direkt loslegen. Den übrigen SQL- und PHP-Code, den Sie natürlich auch auf Ihrem eigenen Server ausprobieren können, finden Sie in den Downloads für dieses Kapitel. Die nötigen Dateien befinden sich unter http://thinkjquery.com/chapter11/end/service.zip.

jQuery und APIs

Bringen Sie die Magneten in die richtige Reihenfolge, um die Dateien *einzel_anzeige.html*, *formular.css* und *karten.js* zu aktualisieren. Die Daten sollen per JSON vom Server abgefragt und auf dem Bildschirm angezeigt werden. Erweitern Sie die HTML-Datei um ein div- und ein ul-Element, in die die Daten eingefügt werden. Geben Sie die nötigen CSS-Regeln für die Darstellung der Liste an und definieren Sie eine Funktion für Datenabfrage per JSON und das Einfügen eines Kryptiden in die Liste.

```
function alle_sichtungen_abfragen(){
    $.getJSON("service.php?action=alle_sichtungen_abfragen",_____ {
        if (_____length > 0) {
            $("#sichtungs_liste")_____;
            _____(json.sichtungen,function() {
                var info = 'Datum: ' + this['date'] + ', Typ: ' + this['type'];
                var $li = $("<li />");
                _____
                $li.addClass(_____);
                $li.attr('id', this['id']) ;
                $li.appendTo(_____);
            });
        }
    });
}
```

karten.js

Magnets: `"karten_container"` `"sichtungen"` `json.sichtungen.` `li.sichtungen:hover {` `$li.html(info);`

```
#sichtung_navigation{
    float:left;
}
ul#sichtungs_liste{
    width:150px;
    padding:0px;
    margin:0px;
}
li.sichtungen {
    padding:4px;
    background:#7B7382;
    border:1px #000 solid;
    color:#fff;
    _____
}
_____
    background:#eee;
    color:#000;
}
```

formular.css

```
<div class="ui-widget-content abstandhalter">
    <div id=_____></div>
    <div id="sichtung_navigation">
        <ul id=_____>
        </ul>
    </div>
</div>
```

einzel_anzeige.html

Magnets: `.empty()` `$.each` `list-style:none;` `"sichtungs_liste"` `"#sichtungs_liste"` `function(json)`

jQuery-, HTML- und CSS-Codemagneten: Lösung

Bringen Sie die Magneten in die richtige Reihenfolge, um die Dateien *einzel_anzeige.html*, *formular.css* und *karten.js* zu aktualisieren. Die Daten sollen per JSON vom Server abgefragt und auf dem Bildschirm angezeigt werden. Erweitern Sie die HTML-Datei um ein `div`- und ein `ul`-Element, in die die Daten eingefügt werden. Geben Sie die nötigen CSS-Regeln für die Darstellung der Liste an und definieren Sie eine Funktion für Datenabfrage per JSON und das Einfügen eines Kryptiden in die Liste.

karten.js
```javascript
function alle_sichtungen_abfragen(){
    $.getJSON("service.php?action=alle_sichtungen_abfragen", function(json) {
        if ( json.sichtungen.length > 0) {
            $("#sichtungs_liste").empty();
            $.each (json.sichtungen,function() {
                var info = 'Datum: ' + this['date'] + ', Typ: ' + this['type'];
                var $li = $("<li />");
                $li.html(info);
                $li.addClass( "sichtungen" );
                $li.attr('id', this['id']) ;
                $li.appendTo( "#sichtungs_liste" );
            });
        }
    });
}
```

einzel_anzeige.html
```html
<div class="ui-widget-content abstandhalter">
    <div id= "karten_container" ></div>
    <div id="sichtung_navigation">
        <ul id= "sichtungs_liste" >
        </ul>
    </div>
</div>
```

formular.css
```css
#sichtung_navigation{
    float:left;
}
ul#sichtungs_liste{
    width:150px;
    padding:0px;
    margin:0px;
}
li.sichtungen {
    padding:4px;
    background:#7B7382;
    border:1px #000 solid;
    color:#fff;
    list-style:none;
}
li.sichtungen:hover {
    background:#eee;
    color:#000;
}
```

jQuery und APIs

PROBEFAHRT

Erweitern Sie die Datei *karten.js* um die gerade erstellte Funktion `alle_sichtungen_abfragen`. Bauen Sie außerdem am Ende der `initialisieren`-Funktion einen Aufruf der neuen Funktion ein. Danach sollten Sie *einzel_anzeige.html* im Browser öffnen. Wir gehen davon aus, dass Sie Ihrer Datenbank am Ende von Kapitel 10 bereits einige Kreaturen hinzugefügt haben. Falls nicht, sollten Sie das jetzt tun. Denken Sie daran, den Code vom Webserver auszuführen. Die URL sollte also anstelle von *file://* mit *http://* beginnen.

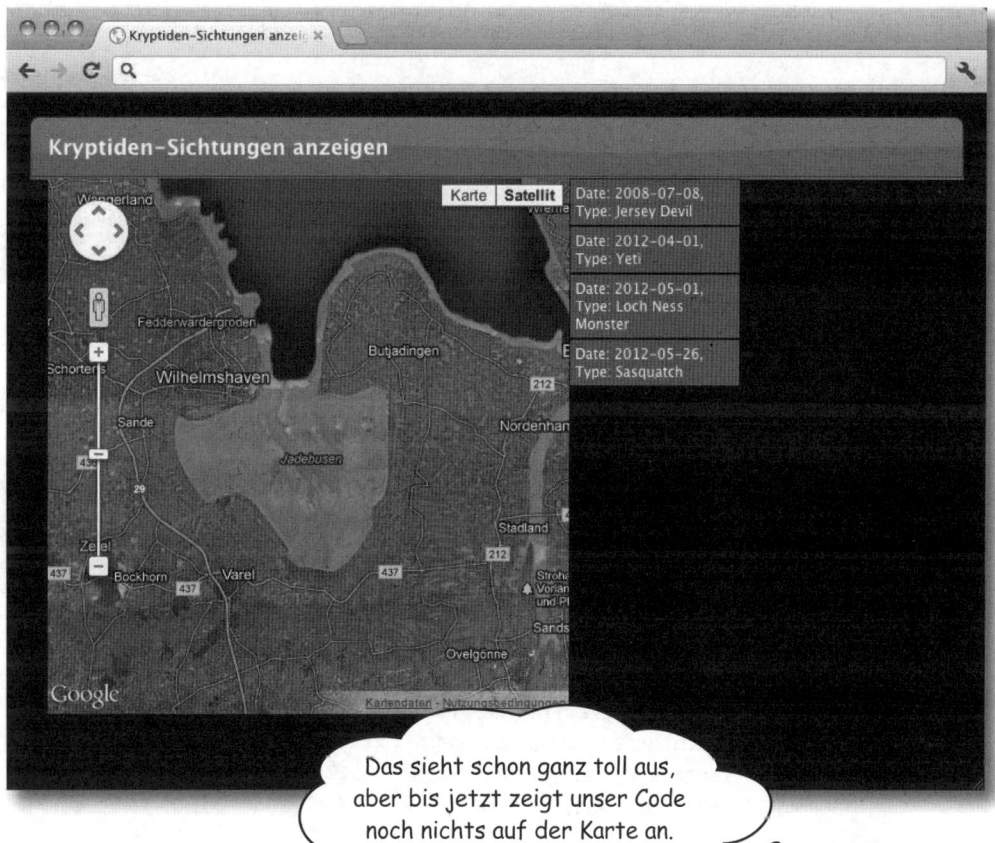

Das sieht schon ganz toll aus, aber bis jetzt zeigt unser Code noch nichts auf der Karte an.

Richtig. Wir müssen die Kryptidendaten noch auf der Karte anzeigen.

Google Maps stellt dafür eine recht einfache Methode zur Verfügung. Die wollen wir uns einmal genauer ansehen.

Setzen Sie Ihre Marke

Punkte auf der Karte markieren

Wenn es darum geht, bestimmte Orte auf einer Karte anzuzeigen, hat Google es wirklich drauf. Allerdings werden die Punkte hier als *Marker* bezeichnet. Genau wie alles andere in der Google Maps-API sind auch Marker als Objekte mit eigenen Methoden und Eigenschaften definiert.

Ein neues LatLng-Objekt mit der Google Maps-API definieren

Die tatsächlichen Werte für Breiten- und Längengrad als Parameter übergeben

```
var myLatLng = new google.maps.LatLng(45.519098,-122.672138);
```

Ein Objekt mit dem Namen mein_marker als Instanz des Google Marker-Ojekts definieren

Den Konstruktor für das Google Marker-Objekt aufrufen

```
var mein_marker = new google.maps.Marker({
    position: myLatlng,
    map: map,
    title:"Hallo, ich bin ein Marker. Kennen wir uns?"
});
```

Das zuvor definierte LatLng-Objekt als Parameter

Ein vordefiniertes map-Objekt. Das kennen wir schon von den vorigen Seiten.

Argumente übergeben, um einige Eigenschaften des mein_marker-Objekts festzuelgen

Hier sehen Sie, wie die Position des Markers definiert wird, welcher Karte er hinzugefügt werden soll und mit welcher Beschriftung er versehen werden soll.

Hallo! Ich bin ein Marker. Freut mich, dass Sie mich bemarkt, Verzeihung, be*merkt* haben. Sie haben mich sicher schon einmal gesehen, oder?

jQuery und APIs

Spitzen Sie Ihren Bleistift

Erweitern Sie die Funktion `alle_sichtungen_abfragen` um einen click-Event-Listener für den neuen Listeneintrag, *bevor* dieser zur Liste hinzugefügt wird. Das click-Event sollte eine neue Funktion namens `einzelne_sichtung_abfragen` aufrufen. Als einziger Parameter wird der Funktion die ID der angeklickten Sichtung übergeben. Daraufhin sollte die Funktion die Informationen zur angeklickten Sichtung laden und anhand der Eigenschaften latitude und longitude als Marker auf der Karte anzeigen.

```
function alle_sichtungen_abfragen(){
   $.getJSON("service.php?action=alle_sichtungen_abfragen", function(json) {
      if (json.sichtungen.length > 0) {
         $("#sichtungs_liste").empty();
         $.each(json.sichtungen,function() {
            var info = 'Datum: ' + this['date'] + ', Typ: ' + this['type'];
            var $li = $("<li />");
            $li.html(info);
            $li.addClass("sichtungen");
            $li.attr('id', this['id']) ;
            $li.click(function(){
                   _____ this['id'] );
            });
            $li.appendTo("#sichtungs_liste");
         });
      }
   });
}
function einzelne_sichtung_abfragen(_____){
   $.getJSON("service.php?action=einzelne_sichtung_abfragen&id="+id, function(json) {
      if (json.sichtungen.length > 0) {
      _____
            var loc = new google.maps.LatLng(this['lat'], this['long']);
            var mein_marker = new google.maps_____({
                   _____loc,
               map: map,
               title:this['type']
            });
            _____setCenter(loc, 20);
      });
   }
   });
}
```

karten.js

Lösung

Nachdem Sie den Code vervollständigt haben, sind die Listeneinträge anklickbar. Die Daten zum angeklickten Kryptiden werden bei Bedarf geladen und auf der Karte angezeigt.

```javascript
function alle_sichtungen_abfragen(){
   $.getJSON("service.php?action=alle_sichtungen_abfragen", function(json) {
      if (json.sichtungen.length > 0) {
         $("#sichtungs_liste").empty();
         $.each(json.sichtungen,function() {
            var info = 'Datum: ' + this['date'] + ', Typ: ' + this['type'];
            var $li = $("<li />");
            $li.html(info);
            $li.addClass("sichtungen");
            $li.attr('id', this['id']) ;
            $li.click(function(){
               einzelne_sichtung_abfragen(this['id'] );
            });
            $li.appendTo("#sichtungs_liste");
         });
      }
   });
}

function einzelne_sichtung_abfragen(id){
   $.getJSON("service.php?action=einzelne_sichtung_abfragen&id="+id, function(json) {
      if (json.sichtungen.length > 0) {
         $.each(json.sichtungen,function() {
            var loc = new google.maps.LatLng(this['lat'], this['long']);
            var mein_marker = new google.maps.Marker({
               position:loc,
               map: map,
               title:this['type']
            });
            map.setCenter(loc, 20);
         });
      }
   });
}
```

karten.js

jQuery und APIs

PROBEFAHRT

Aktualisieren Sie Ihre Datei *karten.js* mit den gerade erstellten Funktionen `alle_sichtungen_abfragen` und `einzelne_sichtung_abfragen`. Danach öffnen Sie *einzel_anzeige.html* im Browser. Die URL sollte auch hier mit *http://* beginnen.

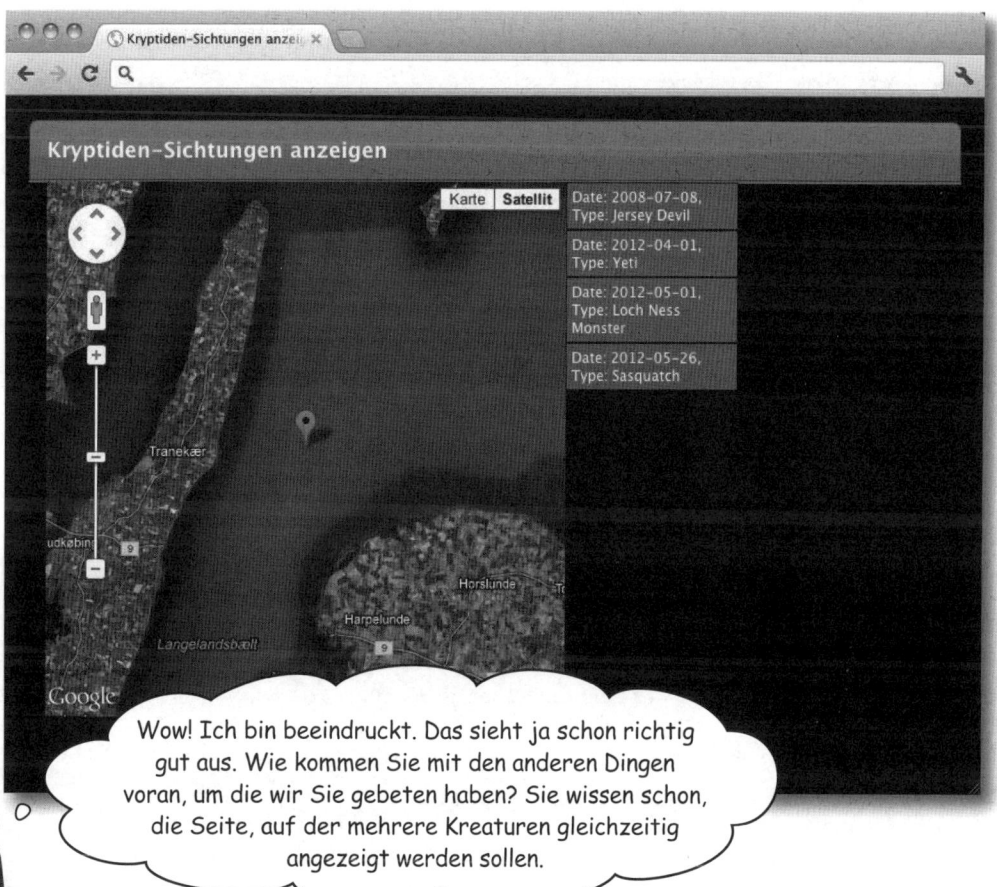

> Wow! Ich bin beeindruckt. Das sieht ja schon richtig gut aus. Wie kommen Sie mit den anderen Dingen voran, um die wir Sie gebeten haben? Sie wissen schon, die Seite, auf der mehrere Kreaturen gleichzeitig angezeigt werden sollen.

Die beiden ersten Anforderungen haben Sie bereits erfüllt. Wir wollen uns jetzt mit dem dritten Wunsch der Wissenschaftler beschäftigen.

> 3) Es wäre gut, wenn man den Typ des Kryptiden aus einer Liste auswählen und dann alle Kreaturen dieses Typs in unserer Datenbank anzeigen könnte. Außerdem sollen alle Kreaturen eines Typs auf einer Google Maps-Karte dargestellt werden. So können wir herausfinden, an welchen Orten sich die Sichtungen häufen. Am besten sollten diese Punkte, genau wie die Liste der Kreaturen, anklickbar sein, damit die Benutzer die Einzelheiten zu den Sichtungen anzeigen können.

Kreaturen-Dropdown, *ofenfrisch*

Checkliste für mehrere Kreaturen

Folgende Schritte sind nötig, um auch die letzte Aufgabe zu lösen.

1. Ein Drop-down-Menü mit den möglichen Kreaturen (aus der Datenbank)
2. Bei Auswahl eines Eintrags aus dem Drop-down-Menü eine Liste der Kreaturen des gewählten Type von der Datenbank abfragen
3. Alle von der Datenbank zurückgegebenen Kreaturen auf der Karte anzeigen
4. Sowohl die Listeneinträge als auch die Marker auf der Karte sollen anklickbar sein, damit Besucher sich weitere Informationen auf der Karte anzeigen lassen können.

Code-Fertiggericht

Erstellen Sie eine neue Seite mit dem Namen *typ_anzeigen.html* und speichern Sie sie im selben Verzeichnis wie die übrigen HTML-Dateien für dieses Projekt. Auf dieser Seite soll der Benutzer aus den verschiedenen Kreaturtypen einen auswählen können. Als Resultat sollen danach alle Sichtungen dieses Typs auf der Karte angezeigt werden. Struktur und Stildefinitionen der neuen Seite sind der alten Seite bis auf das neue Element mit der ID `typen_liste` sehr ähnlich.

```html
<!DOCTYPE html>
<html>
   <head>
      <title>Kryptidensichtungen anzeigen</title>
      <link type="text/css" href="css/formular.css" rel="stylesheet" />
      <link type="text/css" href="jquery-ui-1.8.16.custom/css/sunny/jquery-ui-1.8.16.custom.css"/>
   </head>
   <body>
      <div class="ui-widget-header ui-corner-top abstandhalter">
         <h2>Kryptidensichtungen anzeigen</h2>
      </div>
      <div class="ui-widget-content abstandhalter">
         <div id="karten_container"></div>
         <div id="sichtung_navigation">         ← Ein Drop-down-Menü mit den
            <select id="typen_liste">             verschiedenen Kreaturtypen erstellen
               <option value="">-- Bitte auswählen --</option>
            </select>
            <ul id="sichtungs_liste"></ul>
         </div>
      </div>
                                      ← Die Google Maps-API einbinden
      <script src="http://maps.google.com/maps/api/js?sensor=false"></script>
      <script src="js/jquery-1.6.2.min.js"></script>
      <script src="js/karten.js"></script>
   </body>            ↑                           ↑
</html>       Unsere karten.js-Datei einbinden   Die jQuery-Bibliothek
                                                 einbinden
```

typ_anzeigen.html

jQuery-Codemagneten

Bringen Sie die Magneten in die richtige Reihenfolge, um die Funktion `alle_typen_abfragen` fertigzustellen. Diese Funktion ruft ihrerseits die Datei *service.php* auf (die dem Download für dieses Kapitel beiliegt), um eine Liste der verschiedenen Kreaturtypen aus der Datenbank abzurufen. Die Typen sollten dann dem Drop-down-Menü mit der ID `typen_liste` hinzugefügt werden. Erstellen Sie auch einen Event-Listener für das Drop-down-Menü, der auf das `change`-Event reagiert und dann den gewählten Wert anhand einer Warnmeldung ausgibt. Da wir die Datei *karten.js* für beide HTML-Dateien benutzen, muss die `initialisieren`-Funktion erweitert werden. Sie muss überprüfen, ob das Drop-down-Menü existiert, und in diesem Fall die Funktion `alle_typen_abfragen` aufrufen. Gibt es kein Menü, soll stattdessen die Funktion `alle_sichtungen_abfragen` aufgerufen werden.

```
function initialisieren(){
  .
  .
map = new google.maps.Map(document.getElementById(_____), mapOpts);
   if ( $('#typen_liste').length ) {

      _____

   }else{

      _____

   }
}
function alle_typen_abfragen(){
   $.getJSON("service.php?action=sichtungs_typen_abfragen", function(json_types) {
      if (_____creature_types.length > 0) {
         $.each(json_types.creature_types,_____
            var info = this['type'];
            var $li = _____
            $li.html(info);
            $li_____("#typen_liste");
         });
      }
   });
}
_____change(function() {
   if($(this).val() != ""){
      alert( $(this).val() );
   }
});
```

Magnete:
- `$("<option />");`
- `alle_sichtungen_abfragen();`
- `alle_typen_abfragen();`
- `"karten_container"`
- `json_types.`
- `.appendTo`
- `function() {`
- `$('#typen_liste').`

karten.js

jQuery-Codemagneten-Lösung

jQuery-Codemagneten: Lösung

Damit haben Sie ein mit der Karte verbundenes Drop-down-Menü, eine Funktion zum Abfragen der Informationen aus der Datenbank (im JSON-Format) für den gewählten Kreaturtyp und eine Warnmeldung, die angezeigt, welcher Typ ausgewählt wurde.

```
function initialisieren(){
    .
    .
    .
    map = new google.maps.Map(document.getElementById( "karten_container" ), mapOpts);
        if ( $('#typen_liste').length ) {
            alle_typen_abfragen();
        }else{
            alle_sichtungen_abfragen();
        }
}
function alle_typen_abfragen(){
    $.getJSON("service.php?action=sichtungs_typen_abfragen", function(json_types) {
        if ( json_types. creature_types.length > 0) {
            $.each(json_types.creature_types, function() {
                var info = this['type'];
                var $li = $("<option />");
                $li.html(info);
                $li .appendTo ("#typen_liste");
            });
        }
    });
}

$('#typen_liste'). change(function() {
    if($(this).val() != ""){
        alert( $(this).val() );
    }
});
```

- Benutzen Sie length-Eigenschaft, um zu testen, ob die Liste ein Element enthält.
- Die Kreaturtypen per JSON und PHP aus der Datenbank abfragen
- Den Text für den Listeneintrag in der Auswahlliste festlegen
- Der Liste eine neue Auswahlmöglichkeit hinzufügen
- Event-Listener für das change-Event in der Liste installieren
- Der Wert des ausgewählten Listeneintrags

karten.js

jQuery und APIs

PROBEFAHRT

Aktualisieren Sie die Datei *karten.js* mit der Funktion `alle_typen_abfragen` und dem Event-Listener für das `change`-Event zur Drop-down-Liste. Aktualisieren Sie außerdem die Funktion `initialisieren` mit dieser neuen Logik. Öffnen Sie dann *typ_anzeigen.html* im Browser, wieder unter Verwendung von *http://*.

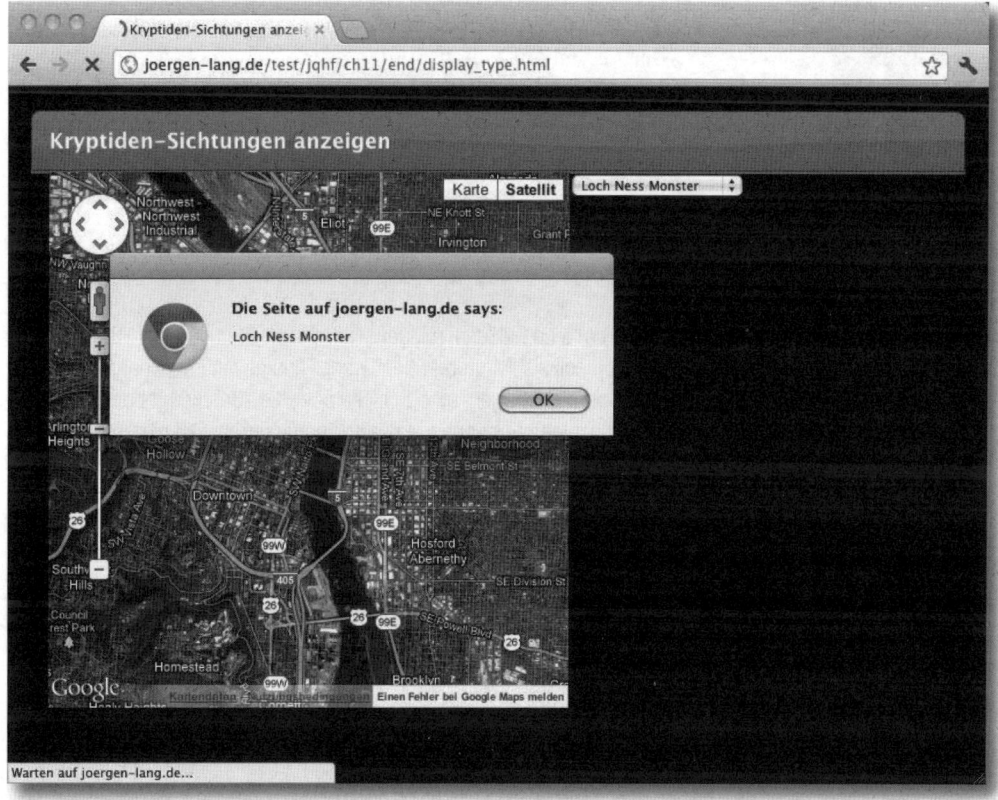

Jetzt geht es Schlag auf Schlag! Die Karte ist in Rekordzeit fertig geworden! Es ist Zeit, ein paar Anforderungen von der Checkliste zu streichen.

1. ~~Ein Drop-down-Menü mit den möglichen Kreaturen (aus der Datenbank)~~
2. ~~Bei Auswahl eines Eintrags aus dem Drop-down-Menü eine Liste der Kreaturen des gewählten Type von der Datenbank abfragen~~
3. Alle von der Datenbank zurückgegebenen Kreaturen auf der Karte anzeigen
4. Sowohl die Listeneinträge als auch die Marker auf der Karte sollen anklickbar sein, damit Besucher sich weitere Informationen auf der Karte anzeigen lassen können.

Sie sind hier ▶ 431

Nicht so *schnell*

> Hey, nicht so schnell! Wenn ich einen Eintrag aus der Liste auswähle, werden keine Kreaturen angezeigt, sondern nur die Warnmeldung. Ich glaube, der zweite Punkt auf der Liste ist noch nicht ganz fertig.

Erwischt!

Wir müssen den Code erweitern, damit die Informationen aus der Datenbank geholt werden, wenn sich die Liste ändert, anstatt nur den Kreaturtyp in der Warnmeldung anzeigen.

Erst *dann* können wir diesen Punkt auf der Liste abhaken. Und wenn wir schon dabei sind, können wir vermutlich den dritten Punkt gleich mitbearbeiten. Krempeln Sie die Ärmel hoch – jetzt bauen wir die Einzelteile zusammen.

Lange Übung

Ergänzen Sie die fehlenden Codezeilen, um eine Funktion mit dem Namen `sichtungen_nach_typ_abfragen` zu erstellen. Dieser Funktion soll als Parameter der Typ der ausgewählten Kreatur übergeben werden. Die Funktion sollte die Daten im JSON-Format abfragen, eine Schleife über die zurückgegebenen Kreaturen ausführen (falls es welche gibt) und die einzelnen Fundorte auf der Karte markieren. Definieren Sie außerdem zwei zusätzliche globale Variablen: ein Array mit dem Namen `marker_array` und ein neues Google Maps-LatLngBounds-Objekt mit dem Namen `kartenausschnitt`. Erstellen Sie zudem eine Funktion, die eventuell schon auf der Karte angezeigte Marker entfernt, bevor beim Ändern der Liste neue Markierungen hinzugefügt werden.

```
var marker_array = [];
var kartenausschnitt = new google.maps_____;
function sichtungen_nach_typ_abfragen(type){
   $.getJSON("service.php?action=sichtungen_nach_typ_abfragen&type="+type,
function(json) {
      if (_____sichtungen.length > 0) {
         $('#sichtungs_liste').empty();
         $.each(json.sichtungen,function() {
            var loc = new google.maps_____(this['lat'], this['long']);
            var opts = {
               map: map,
               position:_____
            };
```

```
                        var
marker = new google.maps_____(opts);
           marker_array.push(_____);
           var $li = $("<li />");
           $li.html('Datum: ' + this['date'] + ', Typ: ' + this['type']);
           $li_____("sichtungen");
           $li.appendTo("#sichtungs_liste");
           kartenausschnitt.extend(loc);
        });
        map.fitBounds(kartenausschnitt);
     }
   });
}
$('#typen_liste').change(function() {
   if($(this).val() != ""){
      overlays_loechen();
      _____( $(this).val() );
   }
});
function _____ {
   if (marker_array) {
      for (i in marker_array) {
         marker_array[i].setMap(null);
      }
      marker_array.length = 0;
      kartenausschnitt = null;
      kartenausschnitt = new_____LatLngBounds();
   }
}
```

karten.js

Lösung

Lange Übung Lösung

Durch die beiden neuen globalen Variablen und ein paar anderen Google Maps-Funktionen ist es jetzt möglich, Marker hinzuzufügen und zu entfernen, wenn die Liste verändert wird. Werden neue Marker auf der Karte platziert, wird auch das `marker_array` entsprechend aktualisiert und verwendet, um den Kartenausschnitt anzupassen. Auf diese Weise kann die Karte anhand der Funktion `fitBounds` automatisch ein- und ausgezoomt werden. Die jetzt bei jeder Änderung der Liste aufgerufene Funktion `sichtungen_nach_typ_abfragen` fügt der Karte neue Marker hinzu und erweitert die Liste der Kreaturen auf der Seite.

```javascript
var marker_array = [];
var kartenausschnitt = new google.maps.LatLngBounds();   // Ein neues LatLngBounds-Objekt
function sichtungen_nach_typ_abfragen(type){
  $.getJSON("service.php?action=sichtungen_nach_typ_abfragen&type="+type,
function(json) {                                          // Daten mit JSON abfragen
    if (json.sichtungen.length > 0) {
      $('#sichtungs_liste').empty();
      $.each(json.sichtungen,function() {
        var loc = new google.maps.LatLng(this['lat'], this['long']);
        var opts = {
          map: map,
          position: loc
        };
                                                          // Für jeden Sichtungsort
                                                          // einen neuen Marker auf
                                                          // der Karte platzieren
        var marker = new google.maps.Marker(opts);
        marker_array.push(marker);
        var $li = $("<li />");
        $li.html('Datum: ' + this['date'] + ', Typ: ' + this['type']);
        $li.addClass("sichtungen");
        $li.appendTo("#sichtungs_liste");
        kartenausschnitt.extend(loc);                     // Das kartenausschnitt-
                                                          // Objekt mit den aktuellen
                                                          // Werten für Breiten- und
                                                          // Längengrad versorgen
      });
      map.fitBounds(kartenausschnitt);
    }
                                                          // Das map-Objekt anweisen, mithilfe unseres
                                                          // Kartenausschnitts so weit ein- bzw. auszuzoomen,
                                                          // dass alle Marker auf der Karte sichtbar sind
  });
}
```

jQuery und APIs

```
$('#typen_liste').change(function()    {Vor dem Hinzufügen neuer Marker
   if($(this).val() != ""){             alle bereits vorhandenen Marker
      overlays_loeschen();              von der Karte entfernen
      sichtungen_nach_typ_abfragen ( $(this).val() );
   }
});                                                  Den Wert der Liste als Parameter
function overlays_loechen()                          an die Funktion sichtungen_nach_
   if (marker_array) {                               typ_abfragen übergeben
      for (i in marker_array) {
         marker_array[i].setMap(null);
      }                                     Einen Marker von der
      marker_array.length = 0;              Karte entfernen
      kartenausschnitt = null;
      kartenausschnitt = new google.maps.LatLngBounds();
   }                                                    Auch die Variable
}                                                       kartenausschnitt
                                                        zurücksetzen
```

karten.js

Freak-Futter

Wir haben hier eine Funktion namens `overlays_loeschen` eingebaut. Sie entfernt alle bereits vorhandenen Marker von der Karte, bevor neue hinzugefügt werden. Google bezeichnet alles, was einer Basiskarte hinzugefügt wird, als *Overlay*. Das können beispielsweise Objekte vom Typ **Marker**, **Line**, **Polyline** oder **Polygon** sein. (Es gibt aber noch viel mehr Arten von Overlays.)

*Probe*fahrt

PROBEFAHRT

Aktualisieren Sie die Datei *karten.js* mit dem gerade erstellten Code. Danach können Sie *typ_anzeigen.html* in Ihrem Browser öffnen und die Kreaturen nach Typ aus der Liste auswählen.

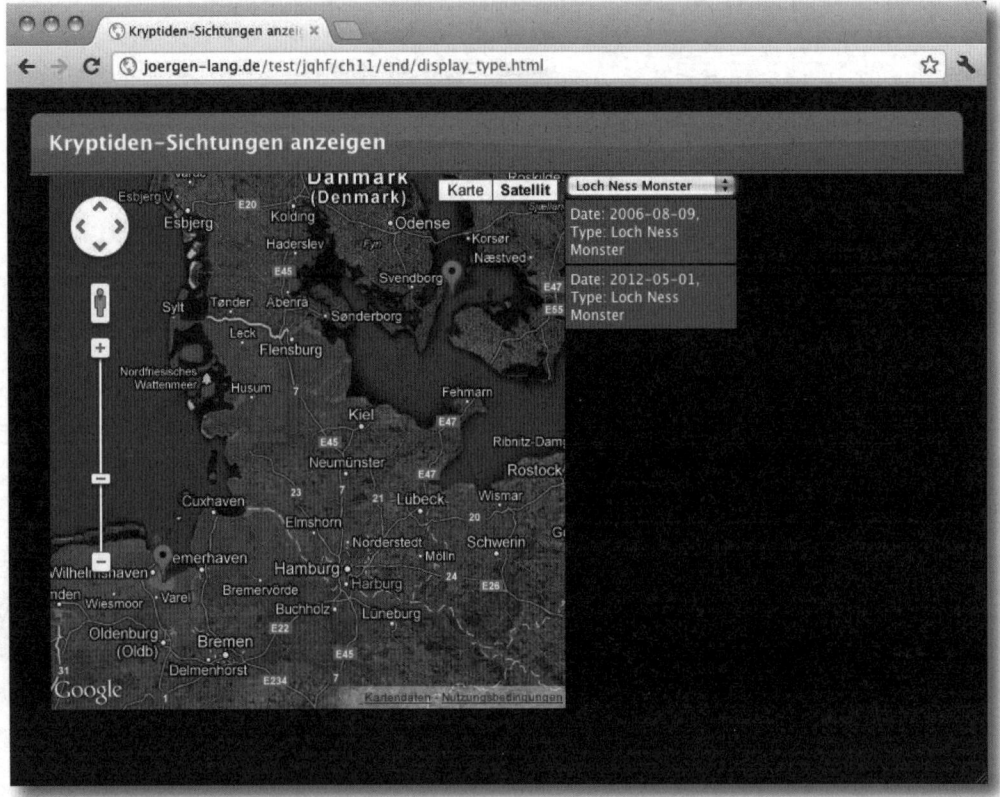

1. ~~Ein Drop-down-Menü mit den möglichen Kreaturen (aus der Datenbank)~~
2. ~~Bei Auswahl eines Eintrags aus dem Drop-down-Menü eine Liste der Kreaturen des gewählten Typs von der Datenbank abfragen~~
3. ~~Alle von der Datenbank zurückgegebenen Kreaturen auf der Karte anzeigen~~
4. Sowohl die Listeneinträge als auch die Marker auf der Karte sollen anklickbar sein, damit Besucher sich weitere Informationen auf der Karte anzeigen lassen können.

Fast fertig ... nur noch ein Punkt abzuarbeiten!

jQuery und APIs

KOPF-NUSS

Sie wissen bereits, wie Sie Elemente mit jQuery anklickbar machen können. Wie kann Ihnen das dabei helfen, auch die letzte Anforderung auf der Checkliste zu erfüllen?

Es gibt keine Dummen Fragen

F: Kann ich die Google Maps-API kostenlos auf meiner Website nutzen?

A: Ja. Google stellt die API kostenlos zur privaten und geschäftlichen Nutzung zur Verfügung, sofern Sie sich an die Geschäftsbedingungen (»Terms of Service«) halten.

F: Ich bin mir nicht sicher, ob das für mich zutrifft. Wo kann ich die Geschäftsbedingungen einsehen?

A: Die Geschäftsbedingungen für die Google Maps-API finden Sie unter *https://developers.google.com/maps/terms?hl=de-DE*.

F: Deckt die Google Maps-API die ganze Welt ab?

A: Nicht ganz, aber sie ist nah dran. Es gibt nur ein paar Länder, die nicht abgedeckt sind. Ein Liste der Länder finden Sie auf der Website der Google Maps-API.

F: Kann ich Karten mit der Google Maps-API auch auf Mobilgeräten darstellen?

A: Ja, das ist möglich. Beim Schreiben dieses Buches hatte die API die Versionsnummer 3. Sie wurde so entwickelt, dass sie auch auf Mobilgeräten funktioniert, die JavaScript unterstützen.

F: Ich würde aber lieber eine App schreiben. Ist die Google Maps-API trotzdem etwas für mich?

A: Wenn Sie für iOS oder Android entwickeln, ist die Antwort Ja. Google stellt spezielle Frameworks für beide Plattformen zur Verfügung, die Sie zur App-Entwicklung benutzen können. Für andere mobile Plattformen gibt es dagegen noch kein Framework, und Sie müssen den gleichen Code benutzen wie auch für Ihre Website.

F: Die Vollversion von Google Maps hat einen Routenplaner. Kann ich den auch mit der API nutzen?

A: Nein, das geht mit dieser API nicht. Aber es gibt eine andere API mit dem Namen Google Directions API, die Sie für die Routenplanung einsetzen können.

F: Wie sieht es aus, wenn ich Orte auf der Karte nach Adresse finden möchte?

A: In der Szene nennt man das *Geocoding*. Dafür gibt es eine weitere API von Google, die Geocoding API. Beide gerade genannten APIs gehören zur Familie der Google Maps-APIs. Ein weiterer Vorteil liegt darin, dass von Google angeforderte Daten im Ihnen bereits bekannten JSON-Format zurückgegeben werden.

F: Welche Dinge gehören noch zur Familie der Google Maps-API?

A: Sowohl die Directions- als auch die Geocoding-API gehören zur Untergruppe mit dem Namen Maps API Web Service. Zu ihr gehören außerdem die Distance API (Entfernung), die Elevation API (Höhe) und die Places API (Orte).

F: Gibt es noch mehr?

A: Ja. Für Browser, die keine vollständige JavaScript-Unterstützung besitzen, gibt es außerdem noch die Static Maps API. Des Weiteren gibt es die Maps API for Flash und sogar eine Earth API, mit der ein Google Earth-Betrachtungsprogramm in Ihre Seite integriert wird. Damit können Sie dreidimensionale Bilder der Erde anzeigen, virtuelle Touren unternehmen und auf das Gelände zeichnen. Für die Google Earth API muss allerdings das Google Earth-Plugin installiert sein.

F: Gibt es die APIs auch für andere Sprachen neben JavaScript?

A: Ja. Es stehen zahllose APIs zur Verfügung. Einige gibt es kostenlos, andere müssen lizensiert gekauft werden. Wenn Sie eine bestimmte Funktion nicht selbst schreiben möchten, stehen die Chancen gut, dass es bereits eine API dafür gibt.

Sie sind hier ▶ 437

Noch etwas zum Klicken

Karten-Events abfangen

Wir sind fast am Ende. Sie haben eine Menge jQuery- und JavaScript-Events kennengelernt, mit denen Sie Ihre Webapplikationen noch interessanter und interaktiver machen können. Da die Google Maps-API komplett in (ziemlich guten und effizientem) JavaScript geschrieben ist, kann auch sie die Fähigkeit des Browsers nutzen, auf Events zu »lauschen« und entsprechend zu reagieren.

Nicht alle Browser handhaben Events auf die gleiche Weise. Daher stellen sowohl jQuery als auch die Google Maps-API eigene Möglichkeiten und Funktionen zum Erstellen von Event-Listenern bereit. So kann im Falle von Google Maps die API kontrollieren, wie die Event-Listener zur Seite hinzugefügt werden. Im Folgenden soll ein Event-Listener für **click**-Events angelegt werden, der bei Bedarf ein Google Maps-Infofenster (auch *InfoWindow* genannt) erstellt:

Eine Variable mit dem anzuzeigenden Inhalt definieren

```
var anzeigetext = "Das hier ist ein InfoWindow.";
```

Eine Instanz des Google Maps-InfoWindow-Objekts anlegen

```
var infofenster = new google.maps.InfoWindow({
    content: anzeigetext
});
```
Der content-Eigenschaft des InfoWindow-Objekts wird der Inhalt der Variablen anzeigetext zugewiesen.

Die Karte anweisen, auf click-Events unseres marker-Objekts zu lauschen

```
google.maps.event.addListener(mein_marker, 'click', function() {
    infofenster.open(map,mein_marker);
});
```

Diesen Code ausführen, wenn der Marker angeklickt wurde (ein Pop-up-Fenster auf der Karte öffnen)

> ## Freak-Futter
>
> In der Google Maps-API besitzen fast alle Objekttypen (**Map**, **Marker**, **Line**, **InfoWindow**, **TrafficOverlay**, **Polygon** und andere) ihre eigenen Events. Aber: Selbst wenn die Events der verschiedenen Objekte den gleichen **Namen** haben, können sich die **Parameter** trotzdem unterscheiden! Um Probleme zu vermeiden, sollten Sie im Zweifel auf jeden Fall die Dokumentation für das gewünschte Objekt konsultieren.

jQuery und APIs

Spitzen Sie Ihren Bleistift

Ergänzen Sie die fehlenden Codezeilen, um die Funktion `sichtungen_nach_typ_abfragen` zu vervollständigen. Sowohl die Marker als auch die Listeneinträge sollen mit passenden click-Funktionen ausgestattet werden. Legen Sie außerdem eine globale Variable mit den Namen `info_window` an. Sie soll eine neue Instanz des Google Maps-`InfoWindow`-Objekts enthalten. Als Wert für die content-Eigenschaft soll standardmäßig ein leerer String verwendet werden.

```
var info_window = new google.maps_____({content: ''});
function_____(type){
  $.getJSON("_____ action=sichtungen_nach_typ_abfragen&type="+type, function(json) {
    if (json.sichtungen.length > 0) {
      $('#sichtungs_liste').empty();
      $.each(json.sichtungen,function() {
        var info = 'Entfernung: ' + this[_____] + '<br>' + ' Höhe: ' + this['height'];
        info += ', Gewicht: ' + this['weight'] + ', Farbe: ' + this['color'] + '<br>';
        info += 'Breitengrad: ' + this['lat'] + ', Längengrad: ' + this[_____];
        var loc = new _____(this['lat'], this['long']);
        var opts = {
          map: map,
          position:_____
        };
        var marker = new google.maps _____(opts);
        marker_array.push(marker);
        google.maps.event_____(marker, 'click', function() {
          info_window.content = info;
          info_window.open(map, marker);
        });
        var $li = $("<li />");
        $li.html('Datum: ' + this['date'] + ', Typ: ' + this['type']);
        $li.addClass("sichtungen");
        $li_____ (function(){
          info_window.content = info;
          info_window.open(map, _____);
        });
        $li.appendTo("#sichtungs_liste");
        _____ extend(loc);
      });
      map _____ (kartenausschnitt);
    }
  });
}
```

karten.js

Lösung

Jetzt ist die Funktion sichtungen_nach_typ_abfragen in der Lage, Daten in der Liste und auf der Karte anzuzeigen. Außerdem sind die Marker auf der Karte und die Listeneinträge jetzt anklickbar.

```
var info_window = new google.maps.InfoWindow({content: ''});
function sichtungen_nach_typ_abfragen(type) {
  $.getJSON("service.php?action=sichtungen_nach_typ_abfragen&type="+type, function(json) {
    if (json.sichtungen.length > 0) {
      $('#sichtungs_liste').empty();
      $.each(json.sichtungen,function() {
        var info = 'Entfernung: ' + this['distance'] + '<br>' + ' Höhe: ' + this['height'];
        info += ', Gewicht: ' + this['weight'] + ', Farbe: ' + this['color'] + '<br>';
        info += 'Breitengrad: ' + this['lat'] + ', Längengrad: ' + this['long'];
        var loc = new google.maps.LatLng(this['lat'], this['long']);
        var opts = {
          map: map,
          position: loc
        };
        var marker = new google.maps.Marker(opts);
        marker_array.push(marker);
        google.maps.event.addListener(marker, 'click', function() {     // Die Marker auf der Karte
          info_window.content = info;                                   // mit einem Event-Listener
          info_window.open(map, marker);                                // für click-Events versehen
        });
        var $li = $("<li />");
        $li.html('Datum: ' + this['date'] + ', Typ: ' + this['type']);
        $li.addClass("sichtungen");
        $li.click(function(){                        // Die Listeneinträge mit einem
          info_window.content = info;                // Event-Listener ausstatten,
          info_window.open(map, marker);             // um das Informationsfenster
        });                                          // auf der Karte zu öffnen
        $li.appendTo("#sichtungs_liste");
        kartenausschnitt.extend(loc);
      });
      map.fitBounds.(kartenausschnitt);
    }
  });
}
```

karten.js

PROBEFAHRT

Erweitern Sie Ihre Datei *karten.js* um den auf der vorigen Seite erstellten Code. Öffnen Sie die Seite *typ_anzeigen.html* in Ihrem Browser und wählen Sie eine Kreatur aus der Liste aus. Klicken Sie auf die Marker, um sich zusätzliche Informationen zur gewählten Kreatur anzeigen zu lassen.

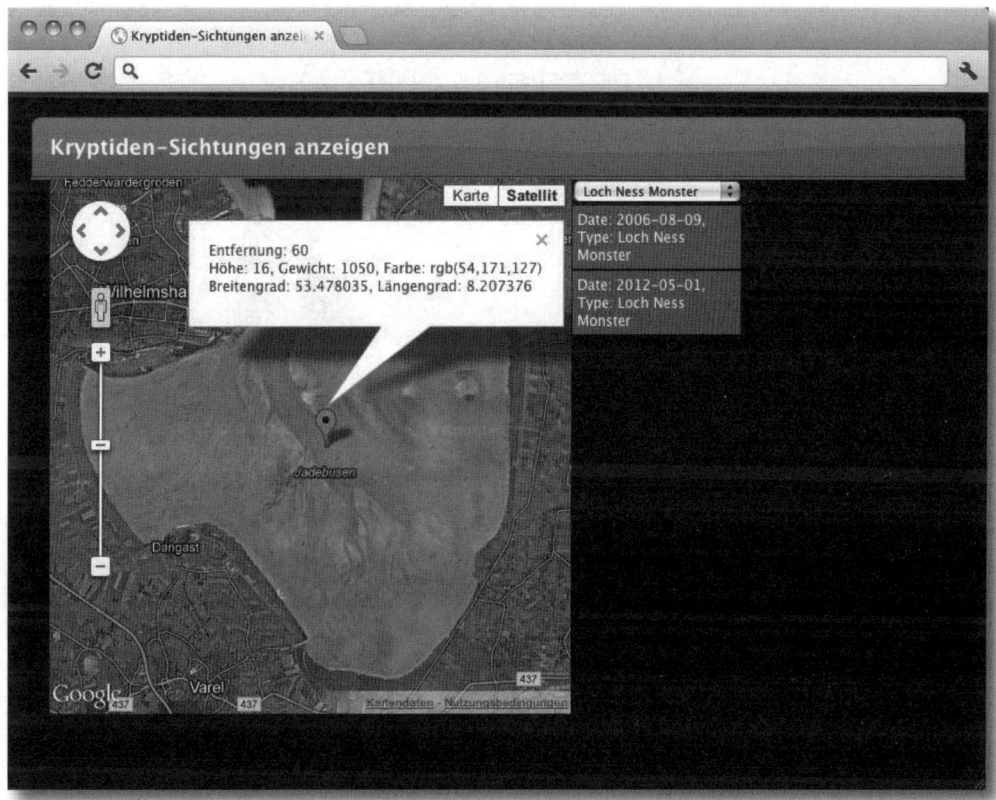

1. ~~Ein Drop-down-Menü mit den möglichen Kreaturen (aus der Datenbank)~~
2. ~~Bei Auswahl eines Eintrags aus dem Drop-down-Menü eine Liste der Kreaturen des gewählten Typs von der Datenbank abfragen~~
3. ~~Alle von der Datenbank zurückgegebenen Kreaturen auf der Karte anzeigen~~
4. ~~Sowohl die Listeneinträge als auch die Marker auf der Karte sollen anklickbar sein, damit Besucher sich weitere Informationen auf der Karte anzeigen lassen können~~

Jetzt sind Sie ein jQuery-Rockstar

Sie haben es geschafft!

Auf nur wenigen Seiten haben Sie eine voll funktionsfähige Website erstellt. Dabei haben Sie Code aus mehreren unterschiedlichen Sprachen eingesetzt, namentlich PHP, SQL, JavaScript und jQuery. Außerdem haben Sie die Google Maps-API mit Ajax und JSON verbunden, um ziemlich komplexe Daten darzustellen. Das war keine Kleinigkeit!

jQuery und APIs

API-Kreuzworträtsel

So, und jetzt dürfen Sie sich wieder zurücklehnen und Ihre linke Gehirnhälfte arbeiten lassen. Es handelt sich um ein schlichtes Kreuzworträtsel. Sämtliche Lösungswörter stammen aus diesem Kapitel.

Waagerecht

2. Sobald Sie eine Instanz des API-Objekts erzeugt haben, können Sie sämtliche mit diesem Objekt verbundenen Eigenschaften und _____ in Ihrem Code verwenden.
4. Diese jQuery-Methode haben wir verwendet, um mit Hilfe von JSON und PHP Daten aus der Sichtungs-Datenbank auszulesen.
5. Google Maps API-Objekt mit den folgenden Eigenschaften: zoom, center und mapTypeId.
8. Eine API besteht aus einer Reihe von Objekt-_____, mit denen Sie eigenen Instanzen der vom Anbieter bereitgestellten Objekte erstellen können.
9. Google Maps API-Objekt, das auf ein Klick-Event auf einen Marker wartet: google.maps.event._____.
10. Programmiersprache, in der die in Kapitel 11 verwendete Google Maps API geschrieben ist.

Senkrecht

1. Der in diesem Kapitel verwendete jQuery-Event-Listener. Ändern sich die Daten in diesem Feld, wird der Listener ausgelöst.
2. Um die Google Maps API in Ihre Webseite einzubinden, verwenden Sie dieses script-Tag: <script src="http://____.____.____maps/api/js?sensor=false"></script>.
3. Der Google Maps API-Objektkonstruktor, dem Sie den Breiten- und Längengrad als Parameter übergeben können.
6. Der Code für einen Google Maps API-Konstruktor, mit dem Sie einen Punkt auf einer Google Map definieren können: new google.maps._____().
7. API = Application Programming _____.

API-Kreuzworträtsel-Lösung

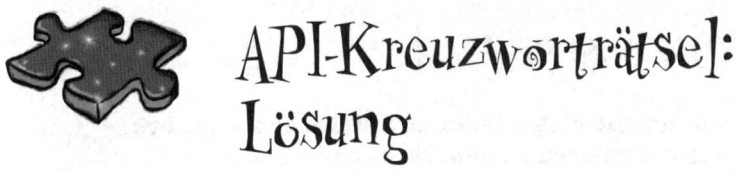

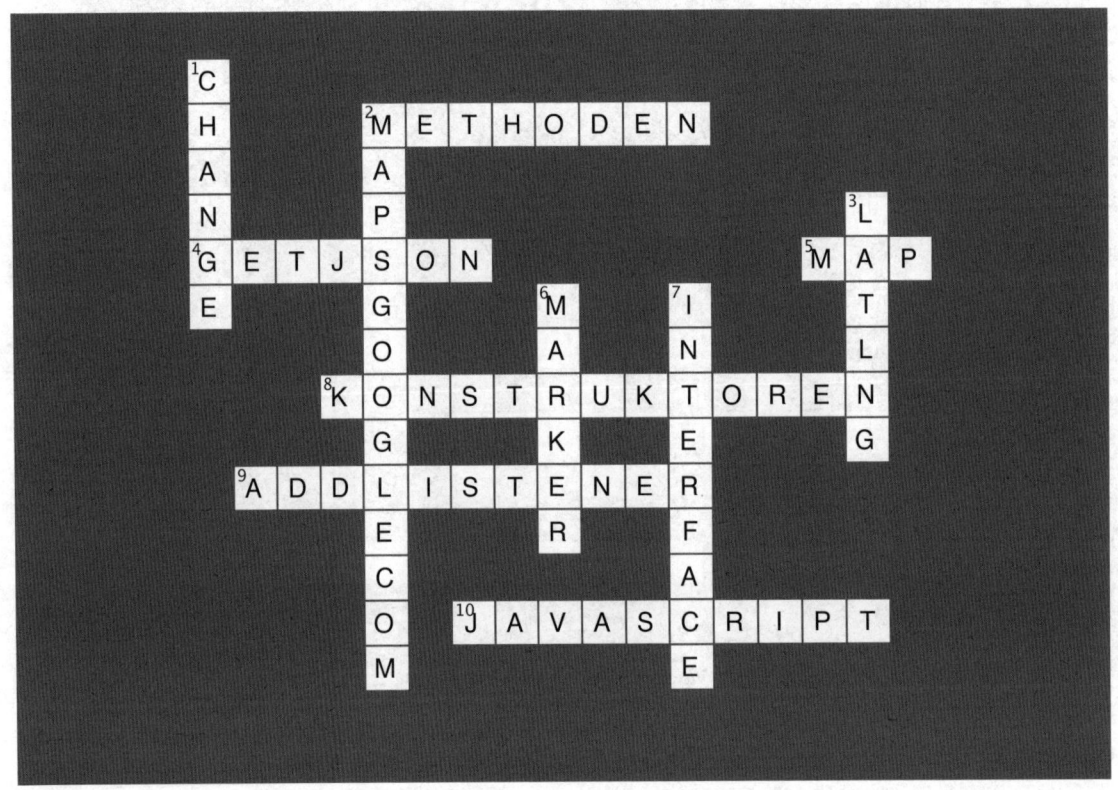

jQuery und *APIs*

Ihr jQuery-API-Werkzeugkasten

Damit haben Sie auch Kapitel 11 in der Tasche. Jetzt wissen Sie, wie Sie jQuery und APIs (sowie JavaScript, PHP, MySQL, Ajax und JSON) gemeinsam nutzen können.

APIs

Programmierschnittstellen (Application Programming Interfaces) bestehen im Prinzip einfach aus Code, den andere Leute (oder Firmen) bereitstellen und durch den Sie deren Daten, Objekte und andere Dienste mitbenutzen können.

APIs stellen eine Reihe von Objektkonstruktoren zur Verfügung, mit denen Sie eigene Instanzen anderer Objekte anlegen können. Sobald die Instanz erzeugt ist, können Sie sämtliche zum Objekt gehörigen Eigenschaften und Methoden in Ihrem Code verwenden.

Sie sind hier ▸

Hoffentlich sehen wir uns schon bald wieder

Muss i denn...

Schön, dass Sie uns in jQueryville besucht haben!

Schade, dass Sie uns schon verlassen. Aber Sie haben jetzt alle Fähigkeiten, um Ihre eigenen jQuery-basierten Websites zu erstellen. Und wir sind sicher, dass Ihnen das deutlich lieber ist, als hier noch länger herumzuhängen. Es hat uns Spaß gemacht, Ihnen die Welt von jQuery zu zeigen. Wenn Sie wollen, können Sie uns über die Head First Labs eine Nachricht schicken oder über Ihre coole neue Site berichten. Die Adresse lautet

http://headfirstlabs.com.

Anhang I: Übrig gebliebenes

Die zehn wichtigsten Dinge
(die wir nicht behandelt haben)

Trotz aller vorangegangenen Ausführungen konnten wir nicht alles behandeln. Es gibt noch jede Menge weiterer schöner Sachen in jQuery und JavaScript, die einfach nicht mehr in dieses Buch gepasst haben. Wir möchten Ihnen hier zumindest davon erzählen, um Sie auf die anderen Facetten von jQuery vorzubereiten, die Ihnen unterwegs noch begegnen können.

Alles!

#1. Alle Bestandteile der jQuery-Bibliothek

Wie Sie sicherlich schon gemerkt haben, ist jQuery sehr umfangreich. Wir haben versucht, die wichtigsten Dinge abzudecken, die man als jQuery-Neuling braucht. Mit diesem Wissen ausgerüstet, können Sie sich mit dem Rest der Bibliothek beschäftigen.

jQuery-Methoden

- .add()
- .addClass()
- .after()
- jQuery.ajax()
- .ajaxComplete()
- .ajaxError()
- jQuery.ajaxPrefilter()
- .ajaxSend()
- jQuery.ajaxSetup()
- .ajaxStart()
- .ajaxStop()
- .ajaxSuccess()
- .andSelf()
- .animate()
- .append()
- .appendTo()
- .attr()
- .before()
- .bind()
- .blur()
- jQuery.browser
- .change()
- .children()
- .clearQueue()
- .click()
- .clone()
- .closest()
- jQuery.contains()
- .contents()
- .context
- .css()
- jQuery.cssHooks
- .data()
- jQuery.data()
- .dblclick()
- deferred.always()
- deferred.done()
- deferred.fail()
- deferred.isRejected()
- deferred.isResolved()
- deferred.pipe()
- deferred.promise()
- deferred.reject()
- deferred.rejectWith()
- deferred.resolve()
- deferred.resolveWith()
- deferred.then()
- .delay()
- .delegate()
- .dequeue()
- jQuery.dequeue()
- .detach()
- .die()
- jQuery.each()
- .each()
- .empty()
- .end()
- .eq()
- .error()
- jQuery.error
- event.currentTarget
- event.data
- event.isDefaultPrevented()
- event.isImmediatePropagationStopped()
- event.isPropagationStopped()
- event.namespace
- event.pageX
- event.pageY
- event.preventDefault()
- event.relatedTarget
- event.result
- event.stopImmediatePropagation()
- event.stopPropagation()
- event.target
- event.timeStamp
- event.type
- event.which
- jQuery.extend()
- .fadeIn()
- .fadeOut()
- .fadeTo()
- .fadeToggle()
- .filter()
- .find()
- .first()
- .focus()
- .focusin()
- .focusout()
- jQuery.fx.interval
- jQuery.fx.off
- jQuery.get()
- .get()
- jQuery.getJSON()
- jQuery.getScript()
- jQuery.globalEval()
- jQuery.grep()
- .has()
- .hasClass()
- jQuery.hasData()
- .height()
- .hide()
- jQuery.holdReady()
- .hover()
- .html()
- jQuery.inArray()
- .index()
- .innerHeight()
- .innerWidth()
- .insertAfter()
- .insertBefore()

#1. Alle Bestandteile der jQuery-Bibliothek (Fortsetzung)

jQuery-Methoden (Fortsetzung)

.is()
jQuery.isArray()
jQuery.isEmptyObject()
jQuery.isFunction()
jQuery.isPlainObject()
jQuery.isWindow()
jQuery.isXMLDoc()
jQuery()
.jquery
.keydown()
.keypress()
.keyup()
.last()
.length
.live()
.load()
.load()
jQuery.makeArray()
.map()
jQuery.map()
jQuery.merge()
.mousedown()
.mouseenter()
.mouseleave()
.mousemove()
.mouseout()
.mouseover()
.mouseup()
.next()
.nextAll()
.nextUntil()
jQuery.noConflict()
jQuery.noop()
.not()
jQuery.now()
.offset()
.offsetParent()
.one()
.outerHeight()
.outerWidth()

jQuery.param()
.parent()
.parents()
.parentsUntil()
jQuery.parseJSON
jQuery.parseXML()
.position()
jQuery.post()
.prepend()
.prependTo()
.prev()
.prevAll()
.prevUntil()
.promise()
.prop()
jQuery.proxy()
.pushStack()
.queue()
jQuery.queue()
.ready()
.remove()
.removeAttr()
.removeClass()
.removeData()
jQuery.removeData()
.removeProp()
.replaceAll()
.replaceWith()
.resize()
.scroll()
.scrollLeft()
.scrollTop()
.select()
.serialize()
.serializeArray()
.show()
.siblings()
.size()
.slice()
.slideDown()

.slideToggle()
.slideUp()
.stop()
jQuery.sub()
.submit()
jQuery.support
.text()
.toArray()
.toggle()
.toggle()
.toggleClass()
.trigger()
.triggerHandler()
jQuery.trim()
jQuery.type()
.unbind()
.undelegate()
jQuery.unique()
.unload()
.unwrap()
.val()
jQuery.when()
.width()
.wrap()
.wrapAll()
.wrapInner()

Alles!

#1. Alle Bestandteile der jQuery-Bibliothek (Fortsetzung)

jQuery-Selektoren

```
"Alles"-Selektor ("*")
"Attribut enthält Präfix"-Selektor [name|="wert"]
"Attribut enthält"-Selektor [name*="wert"]
"Attribut enthält Wort"-Selektor [name~="wert"]
"Attribut endet mit"-Selektor [name$="wert"]
"Attribut ist"-Selektor [name="wert"]
"Attribut ist nicht"-Selektor [name!="wert"]
"Attribut beginnt mit"-Selektor [name^="wert"]
:animated-Selektor
:button-Selektor
:checkbox-Selektor
:checked-Selektor
Kind-Selektor ("Elternelement > Kindelement")
Klassen-Selektor (".class")
:contains()-Selektor
Nachkommen-Selektor ("Vorfahr Nachkomme")
:disabled-Selektor
Element-Selektor ("Element")
:empty-Selektor
:enabled-Selektor
:eq()-Selektor
:even-Selektor
:file-Selektor
:first-child-Selektor
:first-Selektor
:focus-Selektor
:gt()-Selektor
"Hat Attribut"-Selektor [name]
:has()-Selektor
:header-Selektor
:hidden-Selektor
ID-Selektor ("#id")
:image-Selektor
:input-Selektor
:last-child-Selektor
:last-Selektor
:lt()-Selektor
"Mehrere Attribute"-Selektor [name="wert"][name2="wert2"]
gruppierte Selektoren ("selector1,-Selector2,-SelektorN")
"Nächster Nachbar"-Selektor ("voriger + nächster")
"Nächstes Geschwisterelement"-Selektor ("voriger ~ geschwister")
:not()-Selektor
:nth-child()-Selektor
:odd-Selektor
:only-child-Selektor
:parent-Selektor
:password-Selektor
:radio-Selektor
:reset-Selektor
:selected-Selektor
:submit-Selektor
:text-Selektor
:visible-Selektor
```

#2. jQuery-CDNs

CDNs (*Content Delivery Networks* oder auch *Content Distribution Networks*, Netzwerke zum Verteilen von Inhalten), sind große Servernetzwerke, die auf die Speicherung und Auslieferung von Informationen (Daten, Software, API-Code, Mediendateien, Videos usw.) spezialisiert sind, um leicht über das Web darauf zugreifen zu können. Jeder Serverknoten enthält eine Kopie der bereitgestellten Daten. Wenn diese Knoten in einem Netzwerk, z. B. dem Internet, strategisch günstig platziert werden, kann das die Geschwindigkeit erhöhen, mit der die Daten an die Benutzer ausgeliefert werden. Windows Azure und Amazon CloudFront sind Beispiele für herkömmliche CDNs.

Viele große Firmen halten in ihren CDNs Kopien von jQuery zur freien Verfügung vor. Unten finden Sie eine Liste mit Links zu CDN-basierten Kopien von jQuery, die Sie per "Hotlink" in Ihre Dateien einbinden können:

- **Google Ajax API CDN**
  - *http://ajax.googleapis.com/ajax/libs/jquery/1.7.1/jquery.min.js*

- **Microsoft CDN**
  - *http://ajax.aspnetcdn.com/ajax/jQuery/jquery-1.7.1.min.js*

- **jQuery CDN (via Media Temple)**
  - *http://code.jquery.com/jquery-1.7.1.min.js* (Minimierte Version)
  - *http://code.jquery.com/jquery-1.7.1.js* (Quellversion)

Anstatt jQuery auf Ihrem eigenen Server vorzuhalten, reicht es aus, die gewünschte Version in Ihrer jQuery-Applikation per `<link>`-Tag einzubinden.

Die noConflict-Methode

#3. Der jQuery-Namensraum: Die noConflict-Methode

Viele JavaScript-Bibliothken benutzen, genau wie jQuery, das Dollarzeichen ($) für Funktions- oder Variablennamen. In jQuery ist $ einfach ein Alias für die jQuery-Methode, das heißt, die Funktionalität kann auch ohne die Verwendung von $ genutzt werden. Müssen wir neben jQuery andere JavaScript-Bibliotheken einbinden, können wir die Methode $.noConflict aufrufen, um die Kontrolle über $ an die andere Bibliothek zurückzugeben.

```
<script type="text/javascript" src="andere_bibliothek.js"></script>
<script type="text/javascript" src="jquery.js"></script>
<script type="text/javascript">
    $.noConflict();
    // Code, der die $-Notation der anderen Bibliothek nutzt, steht hier.
</script>
```

Diese Technik ist besonders effektiv, wenn sie zusammen mit der Fähigkeit der .ready-Methode genutzt wird, das jQuery-Objekt mit einem Alias zu versehen. Dadurch können wir $ zum Beispiel in Callback-Funktionen nutzen, die an .ready übergeben werden, ohne Angst vor zukünftigen Konflikten haben zu müssen.

```
<script type="text/javascript" src="andere_bibliothek.js"></script>
<script type="text/javascript" src="jquery.js"></script>
<script type="text/javascript">
    $.noConflict();
    jQuery(document).ready(function($) {
        // Code, der jQuerys $ verwendet, kann hier stehen.
    });
    // Code, der die $-Notation der anderen Bibliothek nutzt, kann hier stehen.
</script>
```

Dieses Verfahren kann nötig werden, wenn Sie andere JavaScript-Bibliotheken parallel zu jQuery einsetzen möchten, die $ als Referenz benutzen. Wenn Sie ausschließlich jQuery in Ihren Seiten verwenden, ist dieses Vorgehen **nicht** nötig, und auch nicht, wenn Sie mehrere jQuery-Plugins einbinden.

#4. jQuery-Code debuggen

Besonders (aber nicht nur), wenn Sie an einem großen Projekt mit vielen verschiedenen Objekten, Includes oder APIs arbeiten, ist es äußerst sinnvoll, Ihren Code zu debuggen. Oftmals müssen Sie wissen, welchen Inhalt ein zurückgegebenes Objekt oder eine Variable hat. Gleichzeitig wollen Sie dafür aber nicht jedes Mal eine Warnmeldung erstellen, um sich alle Eigenschaften eines Objekts anzeigen zu lassen.

Und da kommen verschiedene Debugging-Plugins ins Spiel. Sie können Ihnen helfen, den Inhalt von Objekten zu untersuchen, damit Sie mitverfolgen können, wenn sich die Eigenschaftswerte im Laufe der Zeit ändern. Sie können auch beobachten, wie ein Objekt sich im Laufe der Zeit verändert oder ob es versehentlich leere Werte erhält. Besonders, wenn Sie versuchen, Fehler im JavaScript- oder jQuery-Code zu finden, kann diese Möglichkeit sehr hilfreich sein.

Zwei Debugging-Plugins finden wir beim Programmieren in JavaScript und jQuery besonders hilfreich: Dump und VariableDebugger.

> *http://plugins.jquery.com/project/Dump* (um den Inhalt von Objekten zu untersuchen)
> *http://plugins.jquery.com/project/VariableDebugger* (so ähnlich, zeigt die Informationen aber in einem Pop-up-Fenster an)

Die Plugins werden ständig weiterentwickelt. Außerdem gibt es noch eine Reihe weiterer Plugins, die Sie möglicherweise hilfreicher finden als die hier vorgestellten. Eine Sammlung finden Sie beispielsweise, wenn Sie auf der jQuery-Plugin-Seite (*http://plugins.jquery.com/*) nach "debug" suchen.

Für alles andere gibt es natürlich auch immer noch die Browserwerkzeuge, die wir in diesem Buch verwendet haben.

#5. Fortgeschrittene Animationen: Queues

In jQuery wird die Verkettung von Funktionen ("**Queues**" oder auch "Warteschlangen") in erster Linie für Animationen eingesetzt. Sie können aber auch für andere Zwecke genutzt werden.
Intern werden diese Funktionen nach dem Prinzip "First in, first out" (FIFO) **elementweise in einem Array** als jQuery-Daten gespeichert. Durch den Auruf von .queue können Sie **eine Funktion zur Kette hinzufügen**. Indem Sie sie mit dequeue. aufrufen, können Sie sie wieder aus der Kette entfernen.

Jedes jQuery-Element kann **beliebig viele Funktionsketten** besitzen. In den meisten Applikationen wird jedoch nur eine Kette (mit dem Namen **fx**) verwendet. Anhand von Ketten können Sie **asynchron eine Reihe von Aktionen** für ein Element ausführen lassen, ohne dass das die Ausführung des Programms blockiert. Ein typisches Beispiel wäre der Aufruf mehrerer Animationsmethoden für ein Element, zum Beispiel so:

```
$('#mein_element').slideUp().fadeIn();
```

Wenn diese Anweisung ausgeführt wird, beginnt das Element sofort mit einer Slide-Animation. Der Einblendeffekt (fadeIn) befindet sich in der fx-"Warteschlange" (daher das englische Wort "queue") und wird aufgerufen, sobald der Slide-Effekt beendet ist.

Über die .queue-Methode können Sie die Funktionskette außerdem **direkt manipulieren**. Der Aufruf von .queue ist besonders nützlich: Damit können Sie der Warteschlange am Ende eine neue Funktion hinzufügen.

Das funktioniert so ähnlich, als würden Sie einer Callback-Funktion eine Animationsmethode zuweisen, wobei die Callback-Funktion jedoch nicht zur Laufzeit der Animation angegeben werden muss.

```
$('#mein_element').slideUp();
$('#mein_element').queue(function() {
    alert('Animation beendet.');
    $(this).dequeue();
});
```

Das entspricht dem hier:

```
$('#mein_element').slideUp(function() {
    alert('Animation beendet.');
});
```

Beachten Sie: Wenn Sie der Kette per .queue eine Funktion hinzufügen, muss die Funktion per .dequeue wieder entfernt werden, bevor die nächste Funktion der Kette ausgeführt wird.

In jQuery 1.4 wird die aufgerufene Funktion als erstes Argument an eine andere Funktion übergeben. Wird die zweite Funktion aufgerufen, wird automatisch .dequeue aufgerufen und die Kette läuft weiter. Das könnte man beispielsweise so benutzen:

```
$("#test").queue(function(next) {
    // Irgendwas tun ...
    next();
});
```

Die Standard-"Queue" in jQuery ist fx. Sie wird beispielsweise von der .animate-Methode und anderen Funktionen aufgerufen, die diese Methode standardmäßig benutzen. HINWEIS: Wenn Sie eine eigene Funktionskette verwenden, müssen Sie die Funktionen manuell per .dequeue entfernen. Sie werden nicht automatisch starten wie bei fx.

#6. Formulareingaben auf Gültigkeit überprüfen

Ein *sehr* wichtiges Thema, für das kein Platz mehr war, ist die **Überprüfung von Formulareingaben** auf der Seite von **Client bzw. Browser** mithilfe von jQuery. In den Kapiteln 9 und 10 haben Sie gesehen, wie die **serverseitige Validierung** mit PHP aussehen kann, bevor die Informationen in einer Datenbank gespeichert werden. Das ist ebenfalls sehr wichtig und mehr als nur empfehlenswert. Schon eine fehlerhafte `INSERT`-Anweisung kann mehr von Ihren Daten preisgeben, als Ihnen lieb ist.

Und damit zurück zur clientseitigen Validierung …

Für die Validierung von Formulareingaben gibt es eine Vielzahl von Plugins. Einer unserer Favoriten ist das pasenderweise "validation" genannte Plugin, das Sie unter folgender Adresse finden können:

http://docs.jquery.com/Plugins/validation.

Mithilfe dieses Plugins können Sie für jedes Formularelement eine **Reihe von Regeln** definieren. Dadurch können Sie die Validierung an Ihre Bedürfnisse anpassen und ggf. **unerwünschte Daten herausfiltern**. Dazu gehören die Definition von **Minimal- und Maximalwerten**, die Überprüfung auf **erforderliche** Felder, Tests auf die **Gültigkeit von E-Mail-Adressen** und Vieles mehr. Hier einige Beispiele von der jQuery-Website:

Definiert zwei Elemente (name und email) als erforderlich (hier über die Abkürzung einer gemeinsamen Regel). Gleichzeitig wird die E-Mail-Adresse (über eine weitere Objekteigenschaft) auf Gültigkeit überprüft.

```
$(".selector").validate({
    rules: {
        // einfache Regel, konvertiert zu {required:true}
        name: "required",
        // zusammengefasste Regel
        email: {
            required: true,
            email: true
        }
    }
});
```

Definiert ein Element als erforderlich (`required`) und legt eine minimale Länge von zwei Zeichen fest. Zudem wird für beide Regeln eine spezielle Nachricht definiert.

```
$("#myinput").rules("add", {
    required: true,
    minlength: 2,
    messages: {
        required: "Erforderliche Eingabe",
        minlength: jQuery.format("Bitte geben Sie mindestens {0} Zeichen ein.")
    }
});
```

#7. jQuery UI-Effekte

Die jQuery UI-Effektbibliothek enthält einige **zusätzliche Animationen**, die in der regulären jQuery-Bibliothek nicht zur Verfügung stehen. Sie lassen sich in **drei Funktionsgruppen** unterteilen:

❶ Farbanimationen

Farbanimationen erweitern die `animate`-Funktion um die Möglichkeit, Farben zu animieren. Das wird besonders häufig für den Wechsel von einer CSS-Klasse zu einer anderen genutzt. Die Farben der folgenden CSS-Eigenschaften können animiert werden:

```
backgroundColor
borderBottomColor
borderLeftColor
borderRightColor
borderTopColor
color
outlineColor
```

❷ Klassenübergänge (transitions)

Klassenübergänge erweitern die Basis-API für Klassen um die Fähigkeit, zwei CSS-Klassen mit einem fließenden Übergang zu versehen. Dafür werden die folgenden jQuery-Methoden von jQuery UI so modifiziert, dass zusätzlich die unten stehenden Parameter übergeben werden können: `speed`, `easing` (optional) und `callback`.

`addClass(name_der_css_klasse)`
 Fügt den ausgewählten Elementen die angegebene(n) Klasse(n) hinzu.
`removeClass(name_der_css_klasse)`
 Entfernt die angegebene(n) Klasse(n) von den ausgewählten Elementen.
`toggleClass(name_der_css_klasse)`
 Fügt einem oder mehreren Elementen die angegebene Klasse hinzu, wenn diese nicht vorhanden ist, bzw. entfernt sie, wenn sie bereits vorhanden ist.
`switchClass(aktuelle_klasse, neue_klasse)`
 Ermöglicht einen fließenden Übergang von einer Klasse zu einer anderen.

❸ Fortgeschrittene Easing-Funktionen

Die Möglichkeit, die Animation im Verlauf zu verlangsamen oder zu beschleunigen (Easing), ist bereits in den Kern der jQuery UI-Effekte integriert. Dabei handelt es sich um eine Portierung der von Robert Penners geschriebenen Easing-Funktionen, die ursprünglich in ActionScript für Flash programmiert waren. Bei den Funktionen handelt es sich um eine Reihe mathematischer Gleichungen, die die Animation von Objekten sanfter und genauer machen sollen. Hier eine Liste der möglichen Easing-Funktionen:

`linear`	`easeInQuart`	`easeInExpo`	`easeInBack`
`swing`	`easeOutQuart`	`easeOutExpo`	`easeOutBack`
`jswing`	`easeInOutQuart`	`easeInOutExpo`	`easeInOutBack`
`easeInQuad`	`easeInQuint`	`easeInCirc`	`easeInBounce`
`easeOutQuad`	`easeOutQuint`	`easeOutCirc`	`easeOutBounce`
`easeInOutQuad`	`easeInOutQuint`	`easeInOutCirc`	`easeInOutBounce`
`easeInCubic`	`easeInSine`	`easeInElastic`	
`easeOutCubic`	`easeOutSine`	`easeOutElastic`	
`easeInOutCubic`	`easeInOutSine`	`easeInOutElastic`	

#8. Eigene jQuery-Plugins schreiben

Die **Erweiterung von jQuery mithilfe von Plugins** kann sehr leistungsfähig sein. Durch das Auslagern komplexer Funktionen in Plugins können Sie sich und Ihren Freunden eine Menge Entwicklungszeit sparen.

Anstatt an dieser Stelle einen langen Text über die Erstellung von Plugins zu schreiben, möchten wir Sie in diesem Fall an die Experten von jQuery weiterreichen. Unter folgender Adresse finden Sie eine umfangreiche und lehrreiche Anleitung:

http://docs.jquery.com/Plugins/Authoring

Die folgende Liste ist eine Zusammenfassung der wichtigsten Punkte, die Sie bei der Entwicklung eigener jQuery-Plugins beachten sollten:

- Bauen Sie Ihr Plugin immer nach folgendem Schema auf: `(function($){ // Hier steht der Plugin-Code })(jQuery);`

- Verwenden Sie keine redundanten `this`-Schlüsselwörter im Geltungsbereich des Plugin-Codes.

- Damit die Plugin-Funktion mit anderen Funktionen verkettet werden kann, sollten Sie immer das Schlüsselwort `this` zurückgeben, sofern es keinen speziellen Rückgabewert gibt.

- Anstelle einer lange Reihe von Argumenten sollten Sie die Einstellungen für Ihr Plugin besser als Objektliteral übergeben, das die Grundeinstellungen des Plugins erweitert.

- Überladen Sie das `jQuery.fn`-Objekt nicht mit mehr als einem Namensraum pro Plugin.

- Verwenden Sie für Ihre Methoden, Events und Daten immer einen eigenen Namensraum.

- `jQuery.fn` wird wie "jQuery effin" ausgesprochen.

#9. Fortgeschrittenes JavaScript: Closures

Closures sind innerhalb von **JavaScript** ein ziemlich komplexes Thema, das es übrigens fast in den Haupttext dieses Buches geschafft hätte. Auch wenn das nicht geklappt hat, halten wir Closures für wichtig genug, sie hier zumindest zu erwähnen.

Wenn Sie das Konzept einmal verstanden haben, sind Closures gar nicht so schwer zu verstehen. Eine detaillierte technische Beschreibung kann dagegen schnell zu Verwirrung führen.

Zunächst eine mögliche Definition (bzw. zwei):

- **Eine Closure ist eine lokale Variable für eine Funktion, die auch nach Beendigung der Funktion "weiterlebt".**

- **Immer wenn Sie das Schlüsselwort** `function` **innerhalb einer anderen Funktion sehen, hat die innere Funktion Zugriff auf die Variablen der äußeren Funktion.**

Verrückt, was?

Closures beziehen sich vollständig auf den **Geltungsbereich** von Variablen und Objekten. Der Geltungsbereich bestimmt, wo Objekte, Variablen und Funktionen **erstellt werden, wo sie zugänglich sind** und in welchem **Kontext** sie aufgerufen werden. Grundsätzlich können Objekte, Variablen und Funktionen entweder mit einem **lokalen** oder mit einem **globalen** Geltungsbereich definiert werden.

Lokaler Geltungsbereich: Der lokale Geltungsbereich liegt vor, wenn etwas in einem bestimmten Codeabschnitt definiert wird, beispielsweise innerhalb einer Funktion.

Globaler Geltungsbereich: Im Gegensatz zum lokalen Geltungsbereich sind global definierte Dinge an beliebiger Stelle im Code zugänglich.

Sehen Sie sich dazu den folgenden Beispielcode an:

```
function funktion1(x) {
     var tmp = 3;
     function funktion2(y) {
          alert(x + y + (++tmp));
     }
     funktion2(10);
}
funktion1(2);
```

#9. Fortgeschrittenes JavaScript: Closures (Fortsetzung)

Hier wird die Variable `tmp` in einem **lokalen** Geltungsbereich definiert. Dadurch gibt die Warnmeldung immer den Wert 16 aus, weil `funktion2` sowohl auf den Wert von `x` als auch auf die in `func1` definierte Variable `tmp` zugreifen kann. Das ist jedoch **keine Closure**. Bei einer Closure wird der Wert der inneren Funktion zurückgegeben. Die innere Funktion "umschließt" vor dem Beenden die Variablen von `funktion1`.

Nehmen wir nun folgendes Beispiel:

```
function funktion1(x) {
    var tmp = 3;
    return function (y) {
        alert(x + y + (++tmp));
    }
}
var funktion2 = funktion1(2);   // funktion2 ist jetzt eine Closure.
funktion2(10);
```

Auch hier wird `tmp` im **lokalen Geltungsbereich** definiert, während sich `funktion2` im **globalen Geltungsbereich** befindet. Die Warnmeldung in der oben gezeigten Funktion gibt also den Wert 16 aus, weil `funktion2` immer noch auf `x` und `tmp` zugreifen kann, obwohl sie sich selbst nicht mehr innerhalb des Geltungsbereichs befindet.

Da `tmp` innerhalb der Closure von `funktion2` aber immer noch "am Leben" ist, wird auch ihr Wert bei jedem Aufruf von `funktion2` inkrementiert.

Es können auch mehrere Closure-Funktionen erstellt werden. Das geht entweder durch die Rückgabe einer Liste mit Closures oder indem Sie die Closures globalen Variablen zuweisen. Dabei beziehen sich alle Closures auf das gleiche `x` und das gleiche `tmp`; es werden keinen eigenen Kopien der Variablen angelegt.

#10. Templates

jQuery-Templates befinden sich immer noch Betastadium. Allerdings werden sie Ihnen in Zukunft dabei helfen, eine flexiblere Website mit wenig HTML- und jQuery-Code zu erstellen. Mit Templates können Sie **Daten an verschiedene Template-Markup-Elemente** binden. Auf diese Weise können Sie das gleiche Markup für die Darstellung verwandter Daten verwenden.

Einen Überblick über den aktuellen Entwicklungsstand und weitere Informationen finden Sie hier unter *http://api.jquery.com/category/plugins/templates/*.

Anhang II: Eine Entwicklungsumgebung einrichten

Bereit für große Zeiten

Sie brauchen einen Ort, an dem Sie Ihre neuen PHP-Fähigkeiten ausprobieren können, ohne Ihre Daten im Web preiszugeben. Es ist prinzipiell eine gute Idee, Ihre PHP-Applikation an einem sicheren Ort zu entwickeln, bevor sie auf die (WW)Welt losgelassen wird. In diesem Anhang finden Sie eine Anleitung zur Installation eines Webservers sowie von MySQL und PHP, damit Sie einen sicheren Ort zum Üben und Arbeiten haben.

Eine PHP-Entwicklungsumgebung einrichten

Bevor Sie Ihre fertige jQuery/AJAX-Applikation ins Netz stellen können, muss sie erst einmal entwickelt werden. Auf keinen Fall sollten Sie Ihre Applikation für alle zugänglich im Web entwickeln. Stattdessen können Sie **die nötige Software auch lokal installieren und damit Ihre Applikation erstellen und testen, bevor sie online gestellt wird**. Um PHP- und MySQL-Applikationen auf dem eigenen Computer zu entwickeln und zu testen, werden drei Softwarebausteine benötigt:

1. ein Webserver
2. PHP
3. ein MySQL-Datenbankserver

PHP ist kein Server, sondern eine Reihe von Regeln, anhand derer Ihr Webserver PHP-Code interpretieren kann. Web- und Datenbankserver sind Programme, die auf einem Computer ausgeführt werden.

Vergessen Sie nicht, dass wir hier Ihren **lokalen Computer** als Webserver für die PHP-Entwicklung einrichten. Früher oder später soll die Applikation jedoch auf einem Webserver liegen, der **über das Internet erreichbar** ist, damit sie auch tatsächlich erreichbar und benutzbar ist.

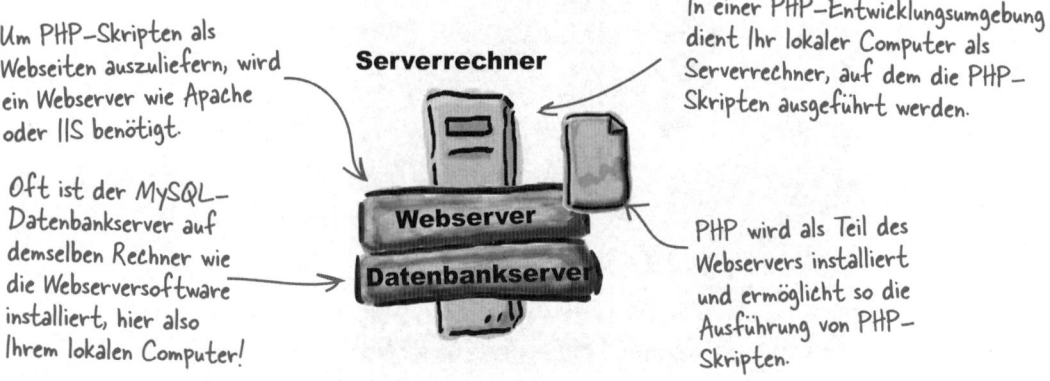

Herausfinden, was schon vorhanden ist

Bevor Sie versuchen, Teile des PHP-Entwicklungspuzzles zu installieren, sollten Sie herausfinden, was davon bereits auf Ihrem Rechner installiert ist. Im Folgenden wollen wir sehen, wie das geht.

Je nachdem, welches Betriebssystem Sie verwenden, können sich die vorhandenen Installationen stark unterscheiden. Während die meisten Windows-Rechner keinen Webserver enthalten, ist Apache bei Mac OS X standardmäßig vorinstalliert.

HINWEIS: Dieser Anhang behandelt Windows XP, Windows Vista, Windows 7 und Windows Server 2003/2008. Mac OS X wird ab Version 10.3 unterstützt.

Eine Entwicklungsumgebung einrichten

Haben Sie einen Webserver?

Wenn Sie einen neueren PC oder Mac benutzen, ist vermutlich schon ein Webserver installiert. Um das für Ihr System zu bestätigen, geben Sie die URL `http://localhost` in das Adressfeld Ihres Browsers ein. Wenn Sie eine Startseite sehen, können Sie davon ausgehen, dass auf Ihrem System bereits ein Webserver läuft. (Auf dem Mac müssen Sie den Webserver möglicherweise erst unter Systemeinstellungen -> Sharing -> Webfreigabe aktivieren.)

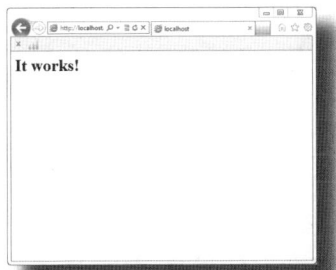

Wenn auf Ihrem Mac- oder Windows-Rechner der Apache-Webserver installiert ist, sieht das etwa so aus wie hier.

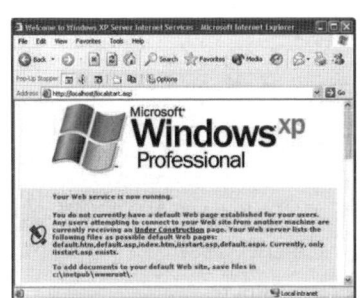

Ist auf Ihrem Windows-Rechner der Webserver IIS installiert, sieht die Startseite etwa so aus.

Ist PHP installiert? Welche Version?

Wenn Sie bereits einen Webserver haben, können Sie auf einfache Weise testen, ob PHP installiert ist und welche Version verwendet wird. Erstellen Sie dazu ein neues Skript mit dem Namen *info.php* und fügen Sie die folgende Zeile ein:

```
<?php phpinfo(); ?>
```

Speichern Sie diese Datei in dem Verzeichnis, das Ihr Webserver für Webseiten benutzt. Unter Windows ist das typischerweise

C:\inetpub\wwwroot (für IIS)

oder

C:\Program Files (x86)\Apache Software Foundation\Apache2.2\htdocs (für Apache)

Auf dem Mac lautet der Verzeichnisname normalerweise so:

/Users/ihr_benutzername/sites/

Wenn Sie versuchen, die Datei durch die Eingabe der Adresse `http://localhost/info.php` zu öffnen, sollte die Anzeige bei einer vorhandenen PHP-Installation etwa so aussehen:

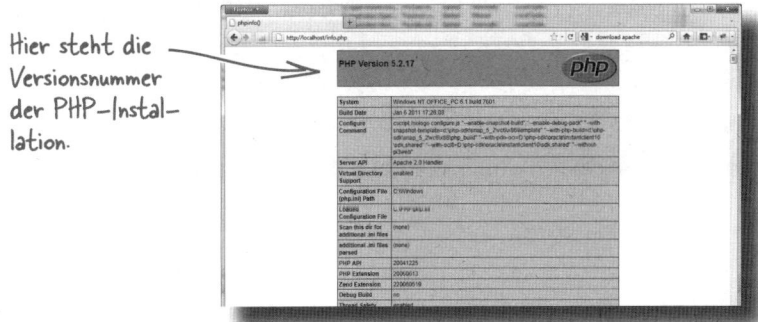

Hier steht die Versionsnummer der PHP-Installation.

Sie sind hier ▸ 463

Ihre MySQL-Version *checken*

Ist MySQL installiert? Welche Version?

Um unter Windows herauszufinden, ob MySQL installiert ist, klicken Sie mit der rechten Maustaste auf die Windows-Taskleiste. Wählen Sie nun den **Task Manager** und dort den Reiter **Dienste**. In Windows 7 bekommen Sie weitere Informationen durch einen Klick auf den Dienste-Button.

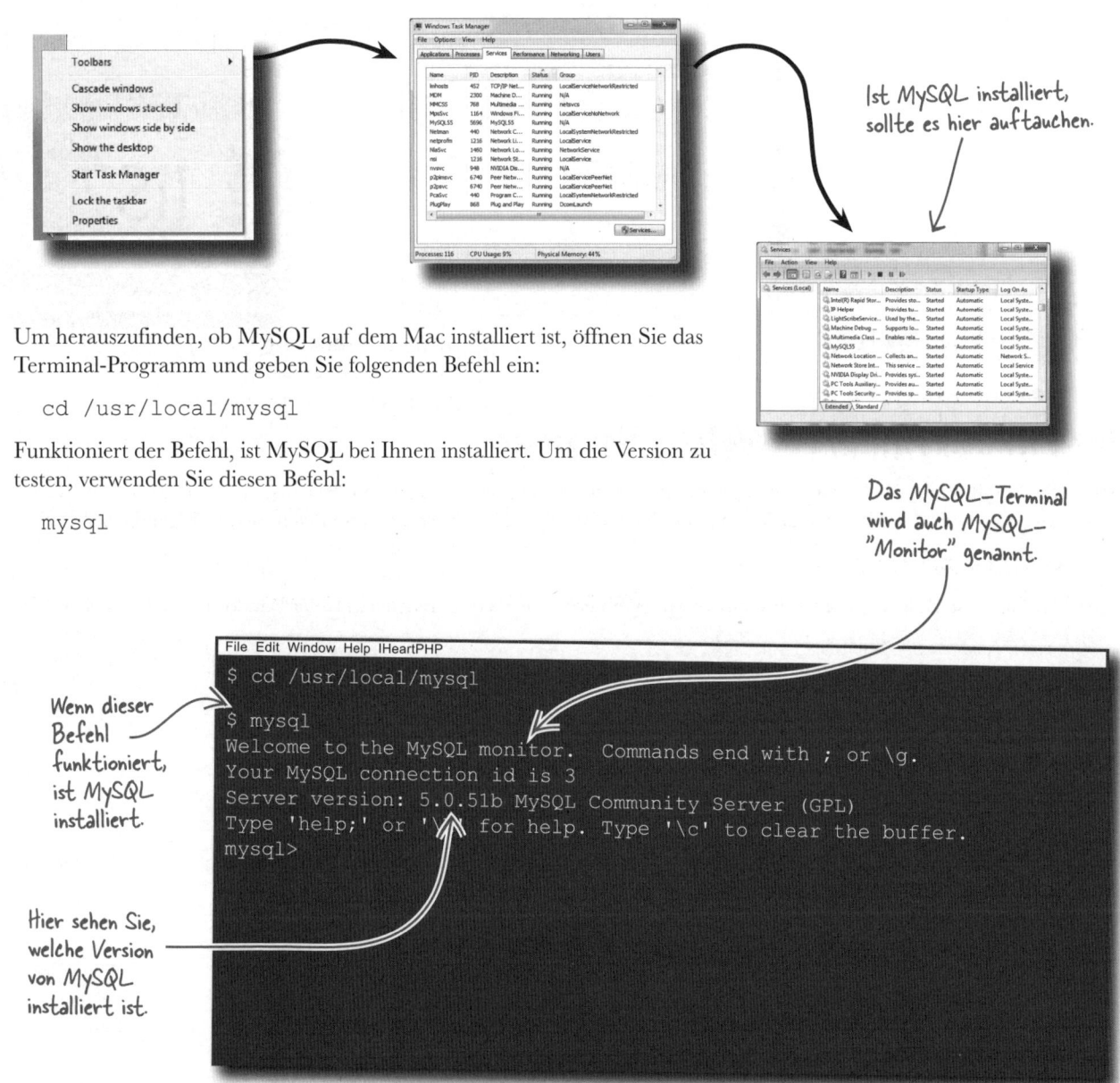

Ist MySQL installiert, sollte es hier auftauchen.

Um herauszufinden, ob MySQL auf dem Mac installiert ist, öffnen Sie das Terminal-Programm und geben Sie folgenden Befehl ein:

```
cd /usr/local/mysql
```

Funktioniert der Befehl, ist MySQL bei Ihnen installiert. Um die Version zu testen, verwenden Sie diesen Befehl:

```
mysql
```

Das MySQL-Terminal wird auch MySQL-"Monitor" genannt.

Wenn dieser Befehl funktioniert, ist MySQL installiert.

```
$ cd /usr/local/mysql
$ mysql
Welcome to the MySQL monitor.  Commands end with ; or \g.
Your MySQL connection id is 3
Server version: 5.0.51b MySQL Community Server (GPL)
Type 'help;' or '\h' for help. Type '\c' to clear the buffer.
mysql>
```

Hier sehen Sie, welche Version von MySQL installiert ist.

Den Webserver starten

Je nachdem, welche Windows-Version Sie benutzen, können Sie den Microsoft Internet Information Server (IIS) oder den kostenlosen Open Source-Webserver Apache herunterladen. Wenn Sie einen Webserver für den Mac brauchen, sollten Sie vermutlich Apache verwenden, schließlich ist er bereits installiert. Es folgt ein kleiner Überblick über die Installation von Apache unter Windows.

Rufen Sie die Website *http://httpd.apache.org/download.cgi* in Ihrem Browser auf.

Wenn Sie unter Windows arbeiten, empfehlen wir Ihnen, für die Installation die Datei *apache_2.2.22-win32-x86-no_ssl.msi* herunterzuladen. Nach dem Download können Sie die Installation von Apache durch einen Doppelklick starten.

Laden Sie diese Version herunter. Durch einen Doppelklick auf die Datei wird die Installation gestartet.

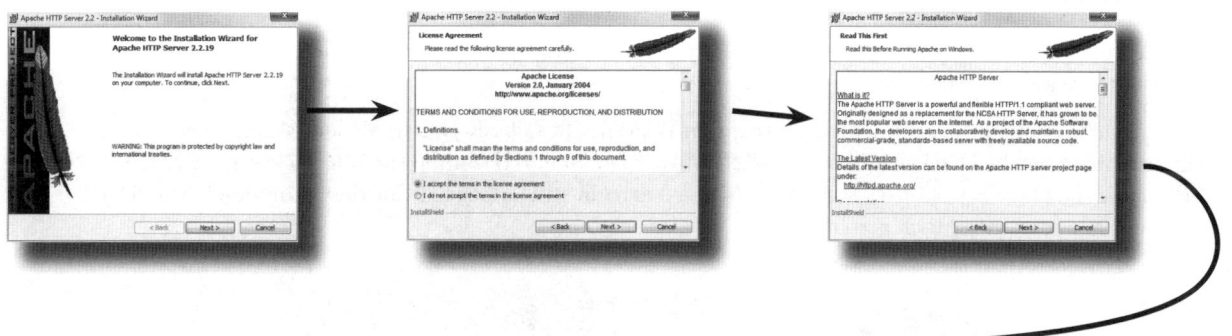

Im nächsten Schritt sehen Sie den Installationsassistenten. Die meisten Anweisungen sind nicht schwer, und Sie können die Standardeinstellungen übernehmen.

Wählen Sie die Domain, in der sich Ihr Computer befindet. Haben Sie keine Domain, verwenden Sie `localhost`.

Am besten wählen Sie hier die Option "typical installation".

Normalerweise können Sie das Standardverzeichnis für die Installation der Software verwenden.

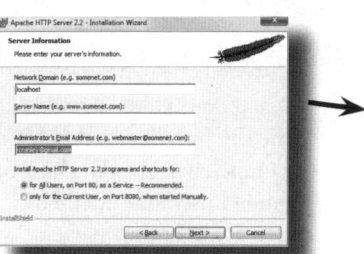
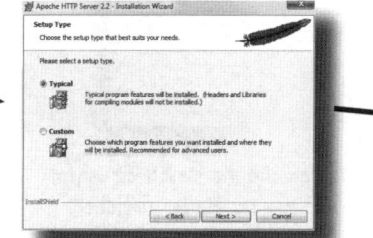
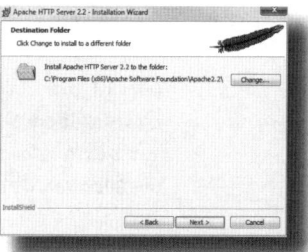

Apache-Installation ... Fortsetzung

Sie sind fast schon fertig. Klicken Sie auf **Install** und warten Sie etwa eine Minute, bis die Installation fertiggestellt ist. Das wär's.

Ihr Webserver ist so eingerichtet, dass er beim Hochfahren des Computers automatisch startet. Unter **Systemsteuerung** → **Verwaltung** → **Dienste** können Sie den Server aber auch manuell starten und anhalten. Sie finden die Einstellungen unter dem Eintrag **Apache2.2**.

Sollte diese Anleitung für Sie nicht funktioniert haben, versuchen Sie es noch einmal oder geben Sie in der Suchmaschine Ihrer Wahl den Suchbegriff »Apache unter Windows installieren« ein.

PHP installieren

Rufen Sie in Ihrem Browser die Adresse *http://www.php.net/downloads.php* oder *http://windows.php.net/download/* auf, sofern Sie Windows benutzen.

Wie bei Apache empfehlen wir Ihnen, den passenden Windows-Installer herunterzuladen. Wenn Sie mit Apache arbeiten, wählen Sie die Datei *php-5.2.17-Win32-VC6-x86.msi*. Soll PHP stattdessen mit IIS genutzt werden, brauchen Sie die Datei *php-5.3.6-Win32-VC9-x86.msi*. Nach einem Doppelklick auf die heruntergeladene Datei wird die Installation automatisch gestartet.

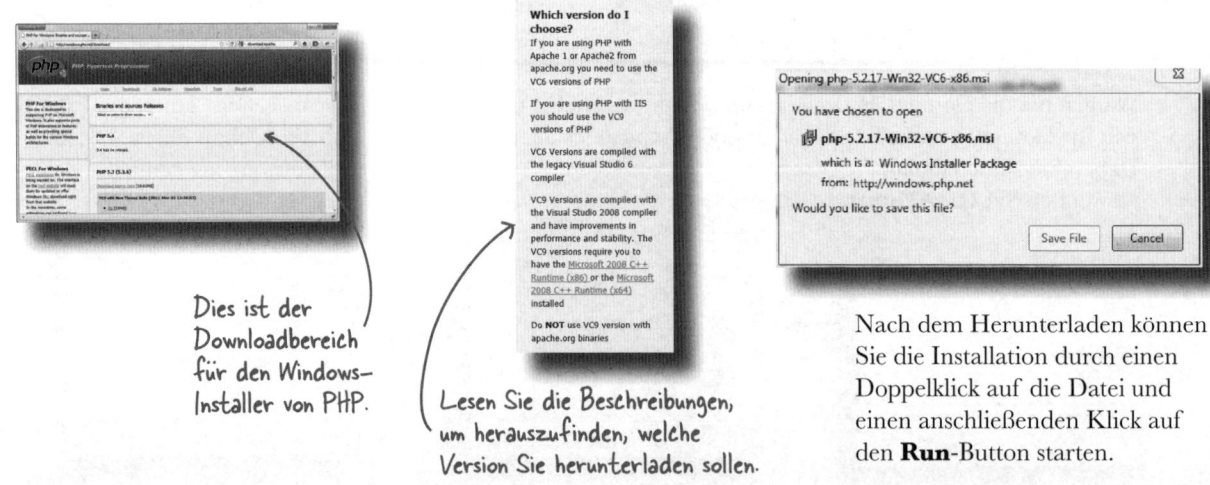

Nach dem Herunterladen können Sie die Installation durch einen Doppelklick auf die Datei und einen anschließenden Klick auf den **Run**-Button starten.

Eine Entwicklungsumgebung einrichten

PHP-Installationsschritte

Beginnen wir mit der grundsätzlichen Einrichtung.

Akzeptieren Sie die Lizenzbestimmungen, um fortzufahren.

Der Standard-Installationsordner ist meistens eine gute Wahl. Das ist aber nicht obligatorisch. In unserem Beispiel verwenden wir den Pfad *C:\PHP*.

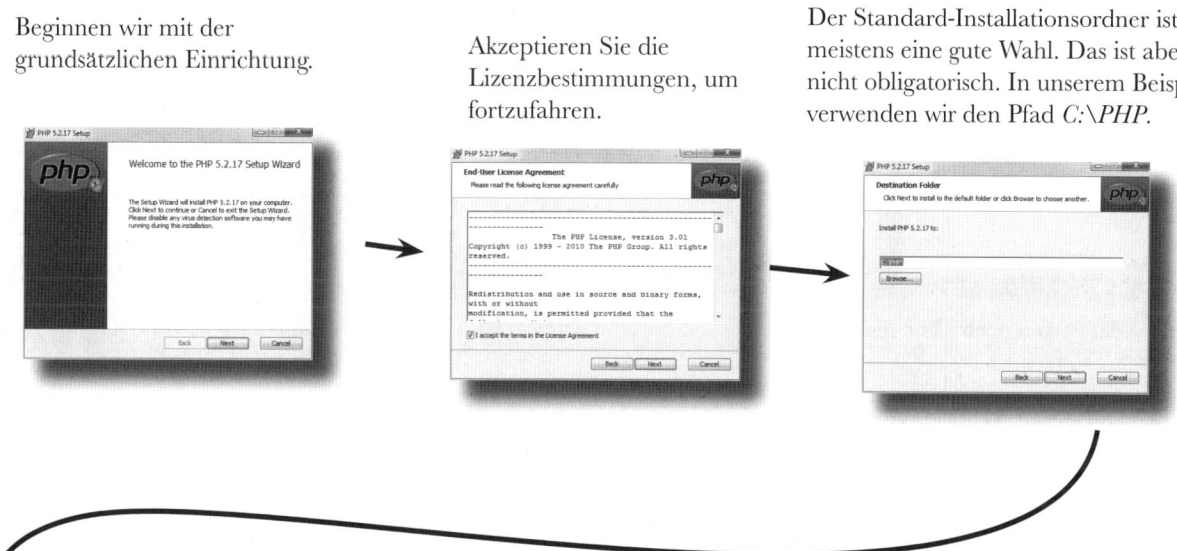

Wenn Sie dieses Fenster sehen, müssen Sie aufpassen. Wenn Sie Apache verwenden, müssen Sie hier die richtige Version auswählen. Benutzen Sie IIS, werden Sie wahrscheinlich das IISAPI-Modul verwenden wollen. Was hier angegeben werden muss, hängt davon ab, für welchen Webserver Sie sich entschieden haben. In unserem Beispiel verwenden wir Apache 2.2. Der Pfad zum Server muss im folgenden Fenster angegeben werden.

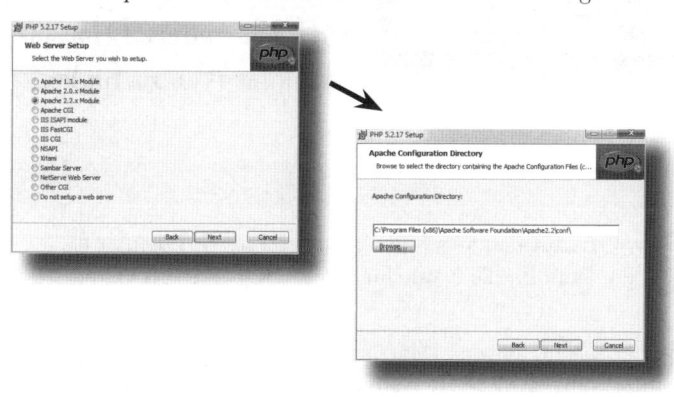

Das nächste Fenster hat ebenfalls seine Tücken. Hier müssen Sie scrollen und unter **Extensions** den Eintrag **MySQL** auswählen. Dadurch können Sie die in PHP integrierten PHP MySQL-Funktionen nutzen, die auch in diesem Buch zum Einsatz kommen.

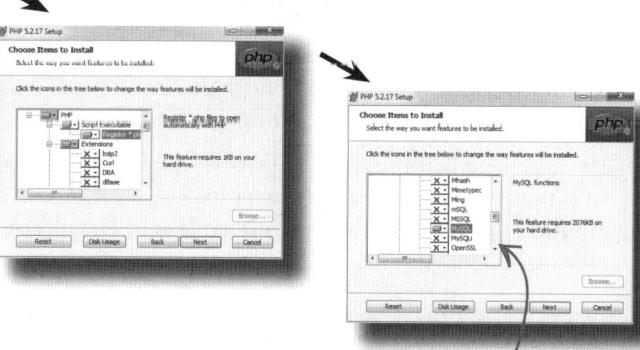

Scrollen Sie bis zum Punkt Extensions, klicken Sie auf MySQL und wählen Sie "Entire feature".

Sie sind hier ▸ **467**

PHP auf Windows installieren

PHP-Installationsschritte, Fortsetzung

Das war's. Klicken Sie nun auf **Install** und dann auf **Done**, um das Installationsprogramm zu beenden.

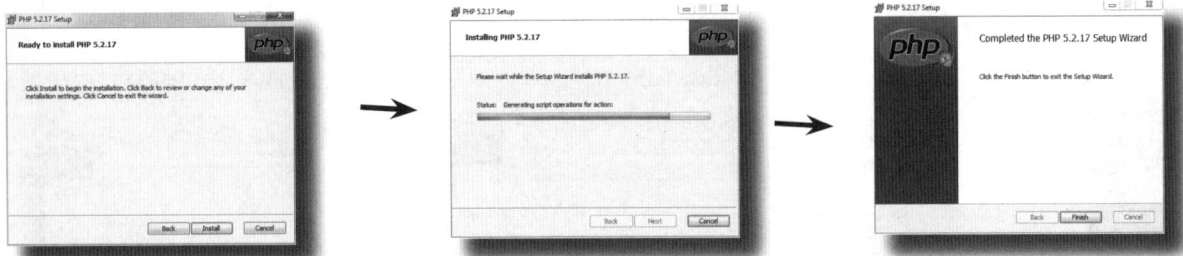

Falls Sie das vorhin noch nicht getan haben, erstellen Sie jetzt ein neues Skript mit dem Namen *info.php* und folgendem Inhalt:

    <?php phpinfo(); ?>

Speichern Sie diese Datei im Verzeichnis, das Server für Webdokumente verwendet. Unter Windows ist das normalerweise

C:\inetpub\wwwroot (für IIS)

oder

C:\Program Files (x86)\Apache Software Foundation\Apache2.2\htdocs (für Apache)

Auf dem Mac sieht der Pfad etwa so aus:

/Users/ihr_benutzername/sites/

Geben Sie nun die folgende Adresse in Ihrem Browser ein, um die Datei zu öffnen: `http://localhost/info.php`, Wenn PHP installiert ist, sollte das Browserfenster jetzt ungefähr so aussehen:

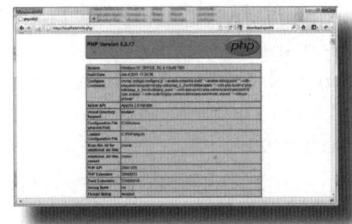

Wenn diese Anleitung bei Ihnen nicht funktioniert hat, probieren Sie es noch einmal oder verwenden Sie "PHP Apache [oder IIS] Installation" als Suchbegriff, um weitere Informationen im Web zu finden.

MySQL installieren

Anleitung und Fehlersuche

Für eine vollständige Entwicklungsumgebung fehlt uns noch MySQL. Auf den folgenden Seiten zeigen wir Ihnen, wie Sie diesen Datenbankserver herunterladen und installieren können. Der offzielle Name für das MySQL-RDBMS lautet heutzutage übrigens **MySQL Community Server**.

Die folgenden Schritte zeigen Ihnen, wie Sie MySQL unter Windows und auf dem Mac installieren können. Diese Anleitung ist keinesfalls als Ersatz für die ausgezeichnete Anleitung auf der MySQL-Website gedacht. **Nehmen Sie sich auf jeden Fall die Zeit, sie zu lesen!** Detaillierte Hilfestellungen und eine Anleitung zur Fehlersuche finden Sie unter dieser Adresse:

Verwenden Sie Version 5.5 oder neuer.

    http://dev.mysql.com/doc/refman/5.5/en/windows-installation.html

Vermutlich gefällt Ihnen auch der MySQL-Abfragebrowser. Anstatt die Konsole zu benutzen, können Sie Ihre SQL-Befehle hier über ein grafisches Benutzerprogramm eingeben und sich die Antworten anzeigen lassen.

Eine Entwicklungsumgebung einrichten

Arbeitsschritte zur Installation von MySQL unter Windows

❶ Gehen Sie zur Adresse

http://dev.mysql.com/downloads/

und klicken Sie auf den Downloadbutton **MySQL Installer (Windows)**.

❷ Wählen Sie **Microsoft Windows** aus der Liste aus.

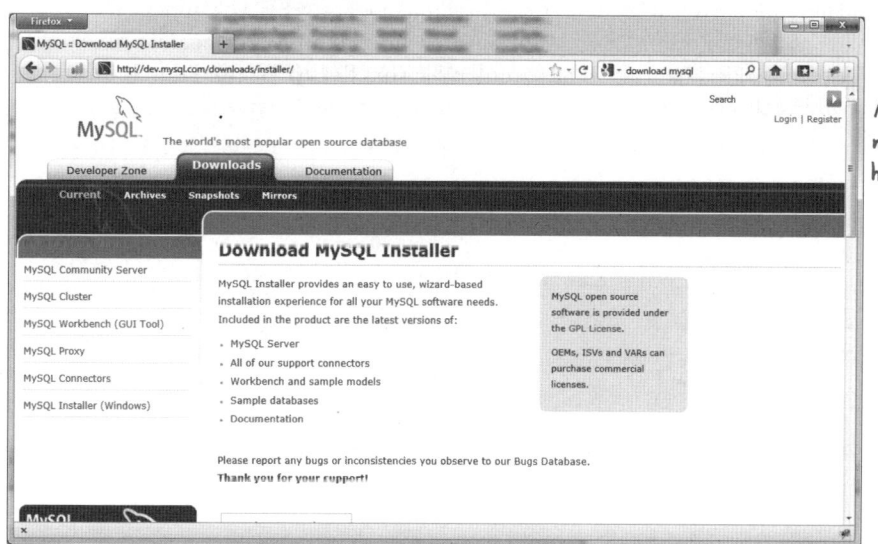

Möglicherweise müssen Sie etwas herunterscrollen.

MySQL unter Windows

Laden Sie den Installer herunter

❸ Wählen Sie **Windows(x86, 32-bit), MSI Installer** aus der Liste.

Der oberste Eintrag!

Verwenden Sie Version 5.5.13 oder neuer.

Klicken Sie auf **No thanks, just take me to the downloads!**, es sei denn, Sie haben bereits ein Benutzerkonto oder möchten einfach keines anlegen.

Mit der Registrierung fortfahren.

❹ Hier sehen Sie eine Liste mit Orten, von denen Sie sich die gewünschte MySQL-Version herunterladen können. Wählen Sie den Ort, der Ihnen geografisch am nächsten liegt.

❺ Nachdem Herunterladen der Datei öffnen Sie sie mit einem Rechtsklick und wählen "Run as Administrator", um das Installationsprogramm zu starten, falls Sie Windows UAC installiert haben. Ab hier werden Sie vom **Setup Wizard** durch die einzelnen Installationsschritte geleitet. Klicken Sie nun auf **Next**.

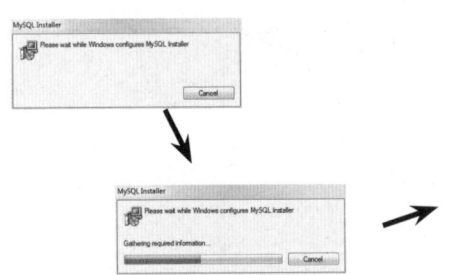

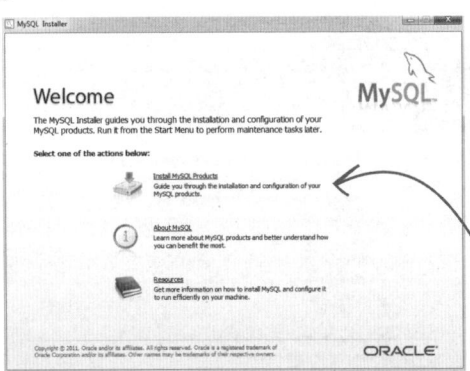

Wenn der Setup Wizard-Dialog angezeigt wird, klicken Sie auf den Button Install MySQL Products.

Eine Entwicklungsumgebung einrichten

Wählen Sie einen Zielordner aus

6 Lesen Sie die Lizenzbestimmungen, stimmen Sie zu und klicken Sie dann auf **Next**.

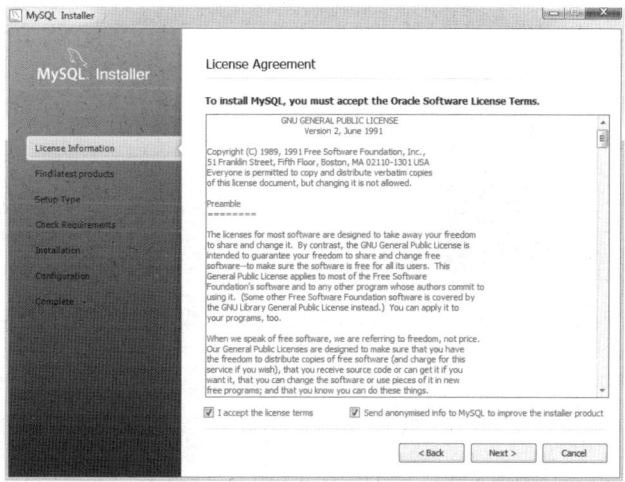

7 Der nächste Schritt ist eine automatische Aktualisierung, um sicherzustellen, dass Sie auch die neueste Version installieren. Sie können diesen Schritt überspringen, indem Sie die Checkbox Skip ankreuzen. Im Allgemeinen gilt es aber als gute Praxis, sicherzustellen, dass Ihre Programme auf dem neuesten Stand sind. Wenn die Aktualisierung abgeschlossen ist, klicken Sie auf **Next**, um die Installation fortzusetzen.

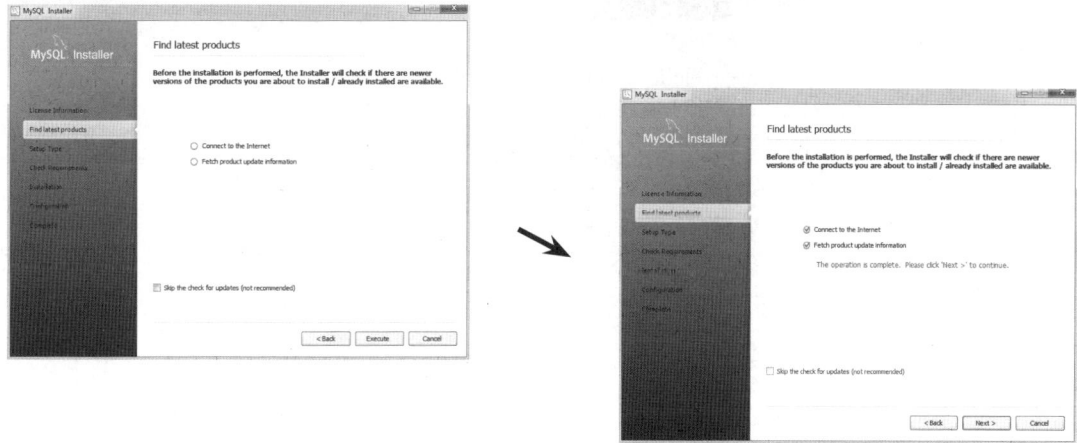

Sie sind hier ▸ 471

MySQL unter Windows

⑧ In diesem Schritt wählen Sie die Art der Installation aus. Für Ihre Zwecke ist **Developer Default** die perfekte Wahl. Die voreingestellten Installationspfade sollten Sie möglichst nicht ändern. Weiter geht es mit einem weiteren Klick auf **Next**.

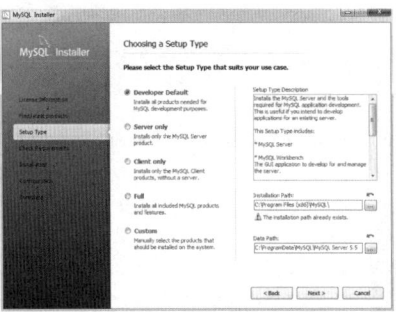

⑨ Als Nächstes untersucht das Installationsprogramm die Kompatibiltät mit dem Microsoft .NET Framework 4 Client Profile. Das ist nötig, um das Programm MySQL Workbench ausführen zu können. Ist dieses Framework bei Ihnen nicht installiert, können Sie es sich unter *http://update.microsoft.com/* herunterladen.

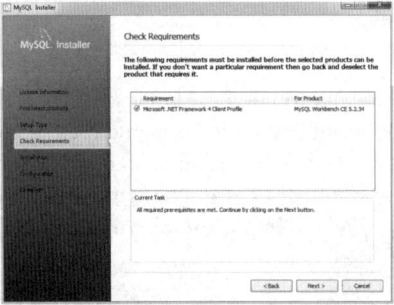

⑩ Das folgende Fenster zeigt an, welche Bestandteile installiert werden sollen. Klicken Sie auf **Execute**, um die Installation zu starten.

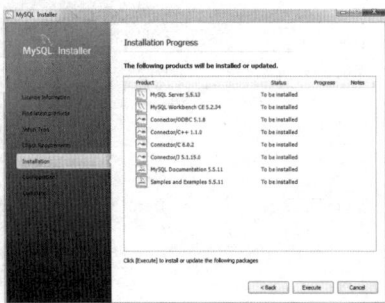

Eine Entwicklungsumgebung einrichten

11 Wenn angezeigt wird, dass alle Dienste erfolgreich installiert wurden, klicken Sie auf **Next**, um sich die Konfigurationsoptionen für den MySQL-Dienst anzeigen zu lassen. Wählen Sie hier **Developer Machine** und klicken Sie erneut auf **Next**.

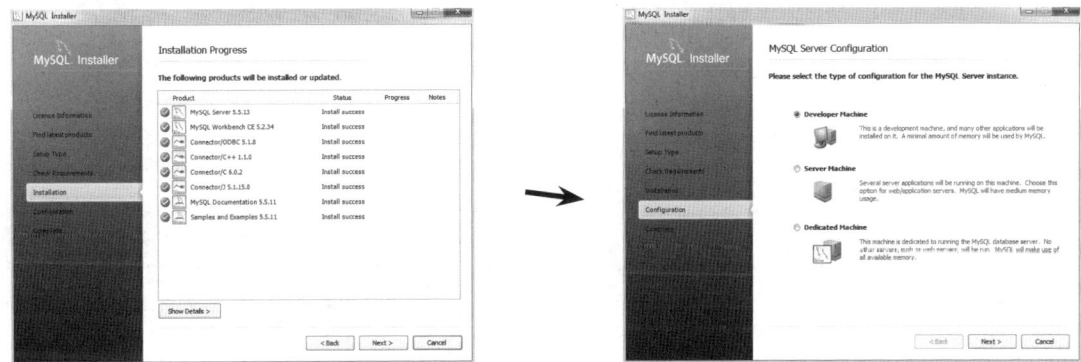

12 Stellen Sie sicher, dass die Optionen **Enable TCP/IP Networking** und **Create Windows Service** ausgewählt sind, und ändern Sie voreingestellten Werte nicht. Geben Sie in die Textfelder am unteren Ende des Fensters ein Passwort für den MySQL-root-Benutzer ein und klicken Sie auf **Next**.

13 Die Installation sollte nun vollständig sein. Falls sie nicht automatisch startet, öffnen Sie über **Start → Alle Programme → MySQL** das Programm MySQL Workbench und starten Sie MySQL manuell.

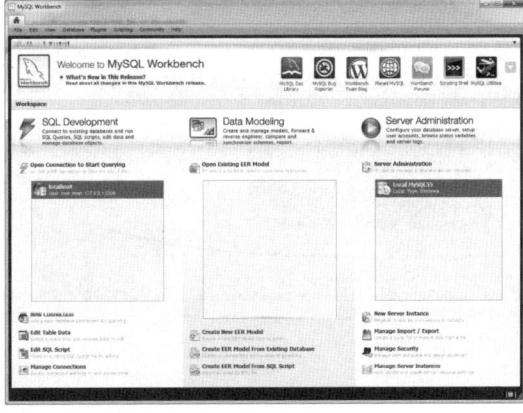

Sie sind hier ▸ **473**

PHP unter Mac OS X einrichten

Auf Macs mit OS X in der Version 10.5 oder höher (Leopard) liegt PHP standardmäßig bei, ist aber noch nicht aktiviert. Damit PHP funktioniert, müssen Sie die Hauptkonfigurationsdatei für Apache öffnen und in einer Codezeile das Kommentarzeichen entfernen. Die Datei heißt *http.conf* und ist im Installationsordner von Apache versteckt.

Öffnen Sie die Datei mit dem Texteditor Ihrer Wahl und suchen Sie die folgende Zeile:

```
#LoadModule php5_module        libexec/apache2/libphp5.so
```

Entfernen Sie das Doppelkreuz (#) und starten Sie den Server neu, damit PHP aktiviert wird. Diese Datei gehört dem Benutzer "root", Sie müssen also Ihr Passwort eingeben, um sie ändern zu können. Möglicherweise wollen Sie auch die Datei *php.ini* für die Benutzung mit Apache anpassen. Detaillierte Informationen hierzu finden Sie unter

http://foundationphp.com/tutorials/php_leopard.php.

MySQL unter Mac OS X installieren

Wenn Sie Mac OS X Server einsetzen, sollte bereits eine Version von MySQL installiert sein.

Bevor Sie die folgenden Schritte ausführen, sollten Sie daher testen, ob MySQL schon bei Ihnen vorhanden ist. Falls ja, können Sie mit dem Programm *Applications/Server/MySQL Manager* darauf zugreifen.

 Rufen Sie die folgende Adresse in Ihrem Browser auf:
http://dev.mysql.com/downloads/

und klicken Sie auf den **MySQL Community Server**-Link.

Für diese Anleitung verwenden wir die 32-Bit-Version. Stellen Sie sicher, dass Sie die für Ihr Betriebssytem geeignete Version herunterladen.

Sie müssen etwas scrollen.

Eine Entwicklungsumgebung einrichten

❷ Klicken Sie auf den Button **Mac OS X v10.6 (x86, 32-bit), DMG Archive**, um das Installationsprogramm herunterzuladen.

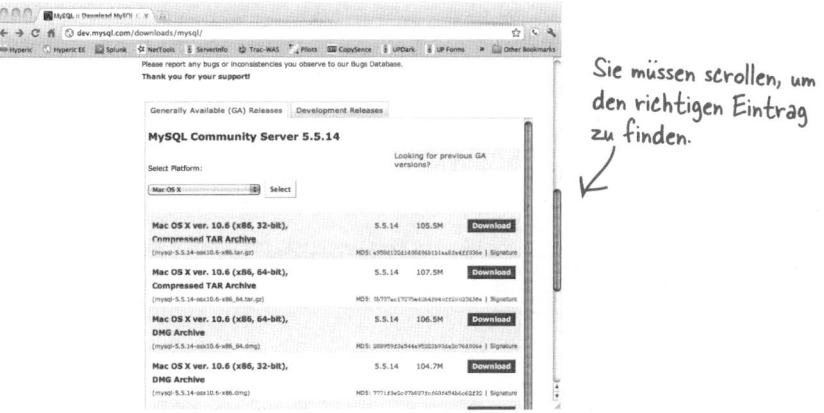

Sie müssen scrollen, um den richtigen Eintrag zu finden.

❸ Klicken Sie auf **No thanks, just take me to the downloads!,** falls Sie kein Benutzerkonto anlegen möchten oder schon eines besitzen.

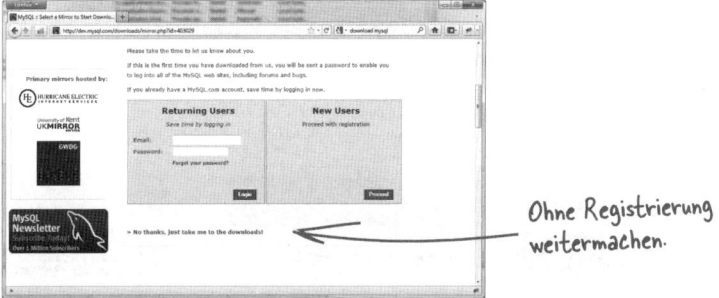

Ohne Registrierung weitermachen.

Wählen eine Mirror-Website in Ihrer Nähe.

Sie sind hier ▶ **475**

MySQL unter Mac OS X

Laden Sie das passende Installationsprogramm herunter

❹ Rufen Sie diese Adresse erneut auf:

http://dev.mysql.com/downloads/

Klicken Sie dann auf **MySQL Workbench** (GUI tool).

Sofern Sie kein Benutzerkonto brauchen oder bereits eines haben, klicken Sie erneut auf **No thanks, just take me to the downloads!** und wählen Sie nochmals eine passende Mirror-Website aus.

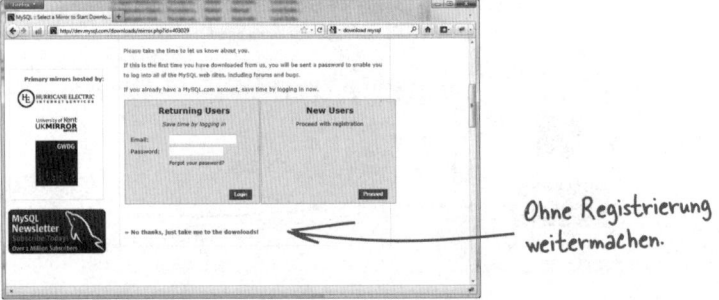

Ohne Registrierung weitermachen.

❺ Wenn beide Dateien heruntergeladen sind, doppelklicken Sie die Datei *mysql-5.5.14-osx10.6-x86.dmg*, um den Installer zu mounten. Danach doppelklicken Sie die Datei *mysql-5.5.14-osx10.6-x86.pkg*, um den Installationsvorgang zu starten.

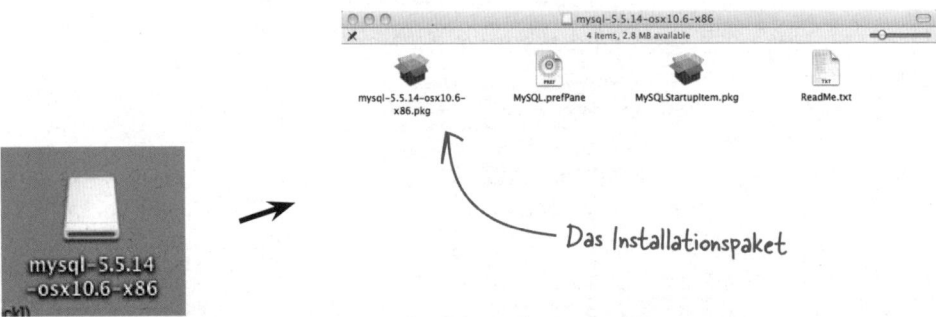

Das Installationspaket

476   Anhang ii

Eine Entwicklungsumgebung einrichten

Das Installationspaket ausführen

❻ Nach dem Doppelklick sollte das Installationsprogramm automatisch starten. Klicken Sie auf **Next**, um die **Readme**-Datei anzuzeigen, und danach auf **Continue**, um auf die Seite mit den **Lizenzbestimmungen** zu gelangen.

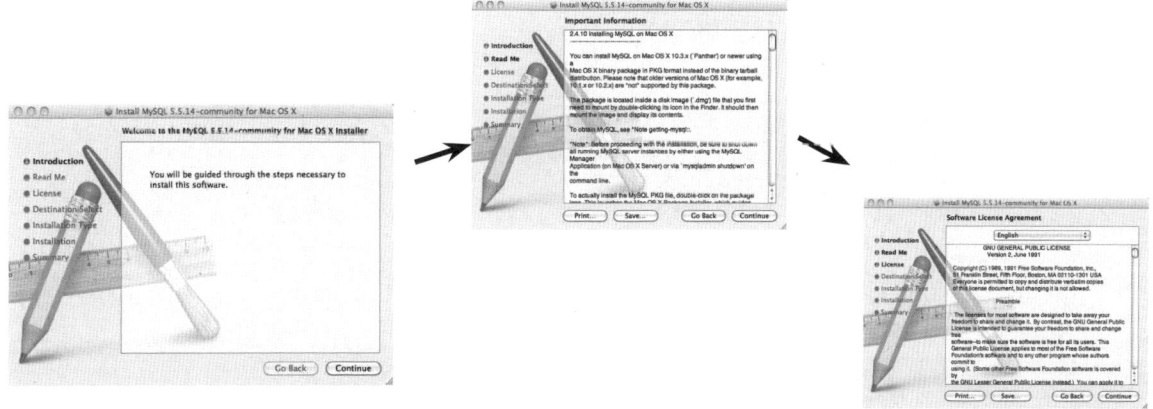

Der folgende Schritt zeigt die Lizenzbestimmungen für MySQL an. Wenn Sie mit den Bestimmungen einverstanden sind, klicken Sie auf **Continue** und dann auf **Agree**. Ein weiterer Klick auf **Continue** beginnt die Standardinstallation.

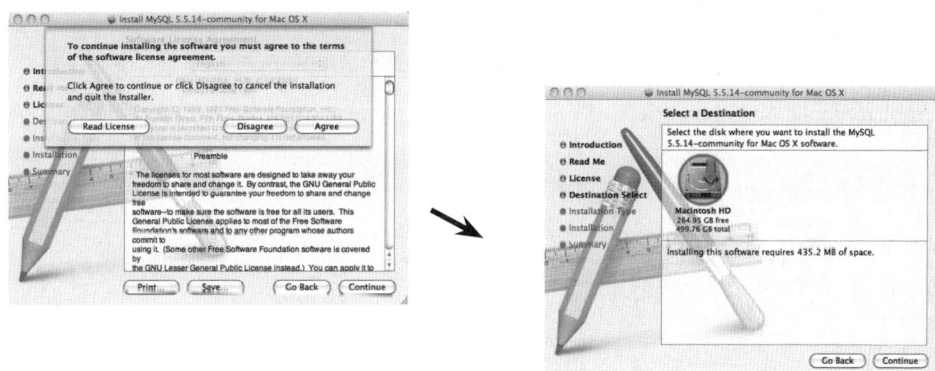

Sie sind hier ▸ **477**

MySQL unter Mac OS X

8 Klicken Sie auf **Install**, geben Sie den Benutzernamen und das Passwort des Admin-Benutzers ein und klicken Sie dann auf **OK**, um die Installation zu beginnen.

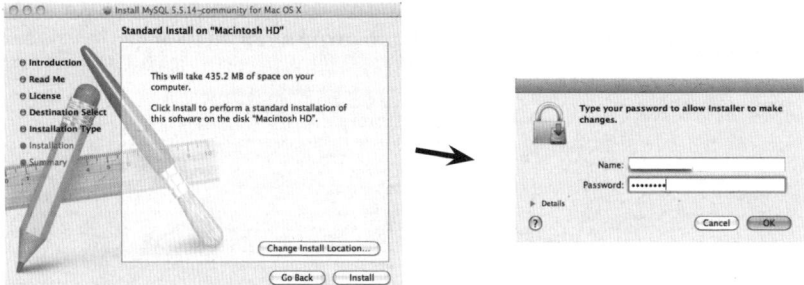

Die Installation sollte jetzt automatisch ablaufen. Am Ende sehen Sie die folgende Erfolgsmeldung.

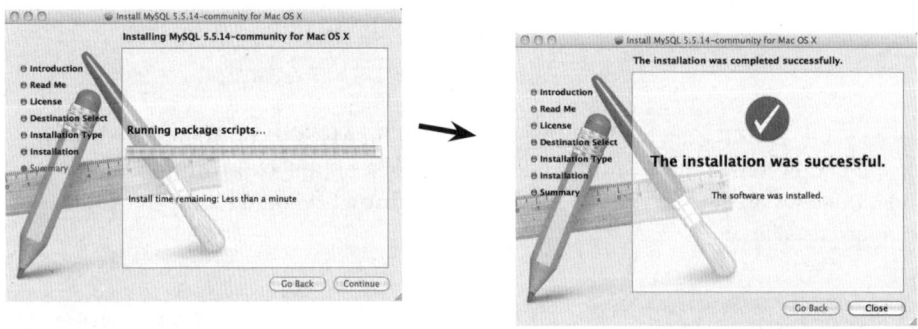

9 Wiederholen Sie die oben beschriebenen Schritte für die Datei *MySQLStartupItem.pkg* file.

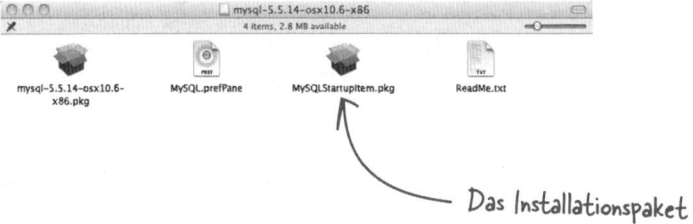

Das Installationspaket

Eine Entwicklungsumgebung einrichten

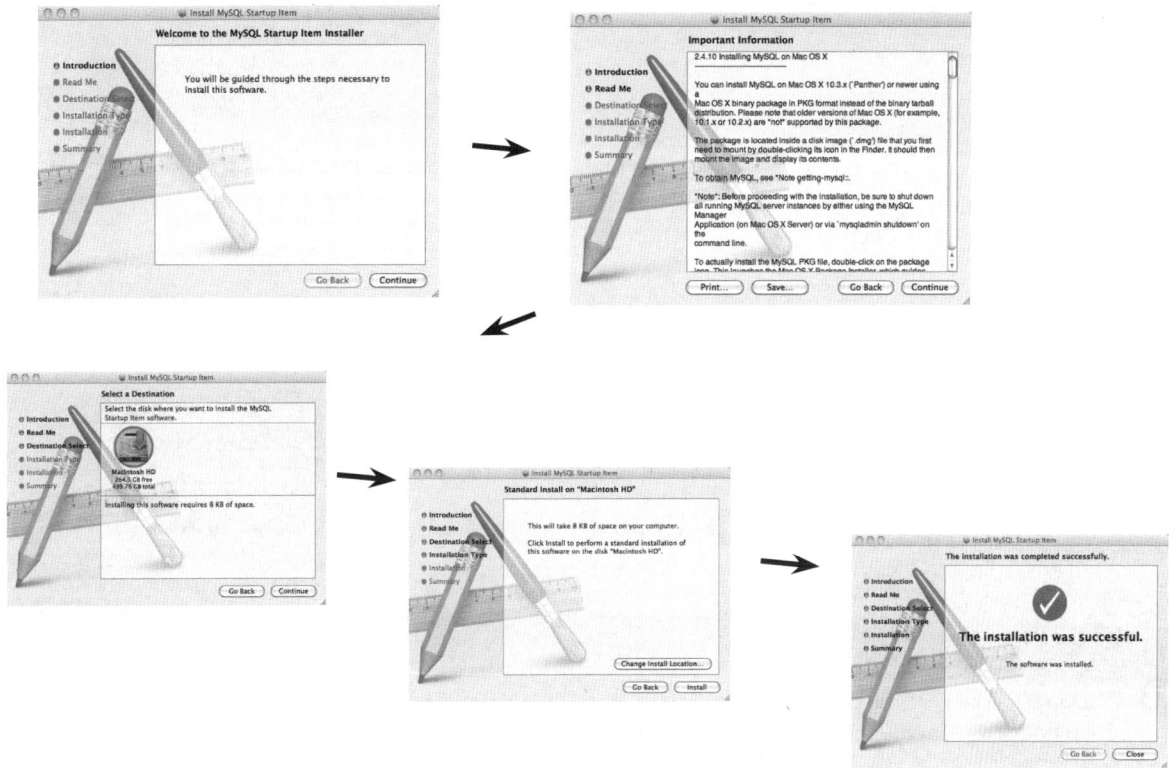

10 Doppelklicken Sie die Datei **MySQL.prefPane**, die sich ebenfalls in *mysql-5.5.14-osx10.6-x86.dmg*, befindet, um die Systemeinstellung für MySQL zu installieren. Danach klicken Sie auf **Start MySQL Server**, um MySQL zu starten.

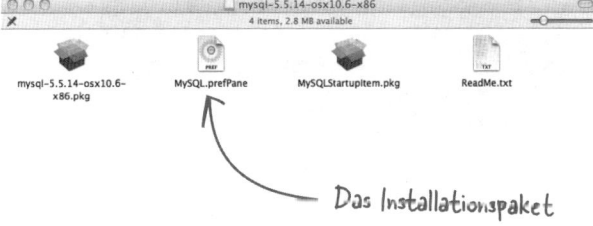

Das Installationspaket

Sie sind hier ▸ **479**

MySQL unter Mac OS X

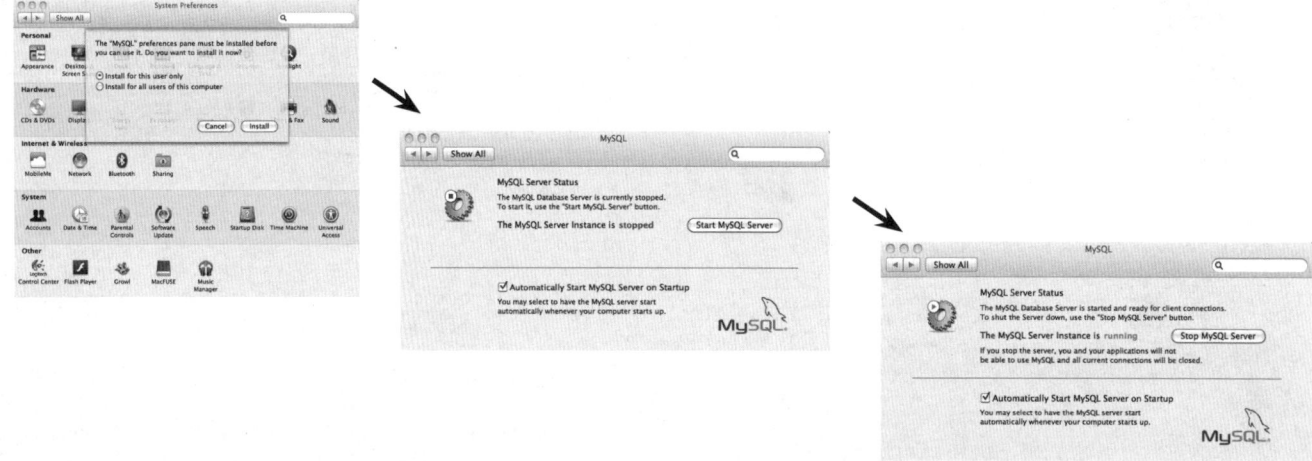

⑪ Doppelklicken Sie die ebenfalls heruntergeladene Datei *mysql-workbench-gpl-5.2.34.osx-i686.dmg*, um die Installation für das MySQL Workbench-Werkzeug zu starten.

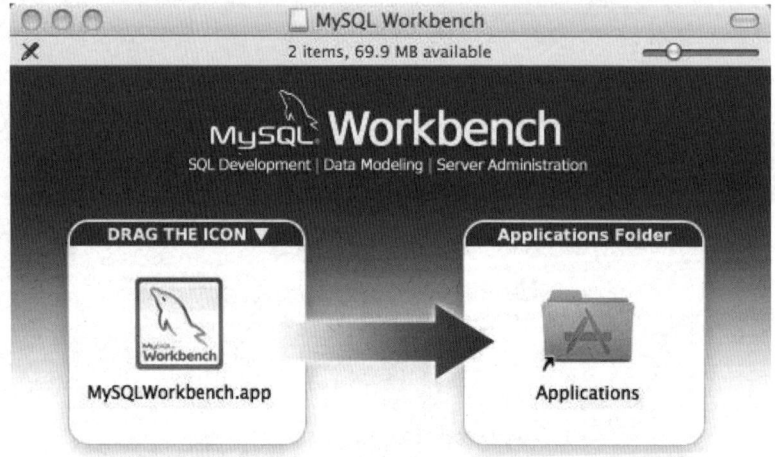

Ziehen Sie die Datei *MySQLWorkbench.app* in Ihren *Programme*-Ordner.

Danach können Sie das Programm wie gewohnt öffnen und ausführen.

Eine Entwicklungsumgebung einrichten

12 Verwenden den Bereich **Server Administration**, um sicherzustellen, dass der Server auch läuft. Ist dieser Bereich leer, klicken Sie auf **New Server Instance** und wählen Sie Ihren laufenden Server aus.

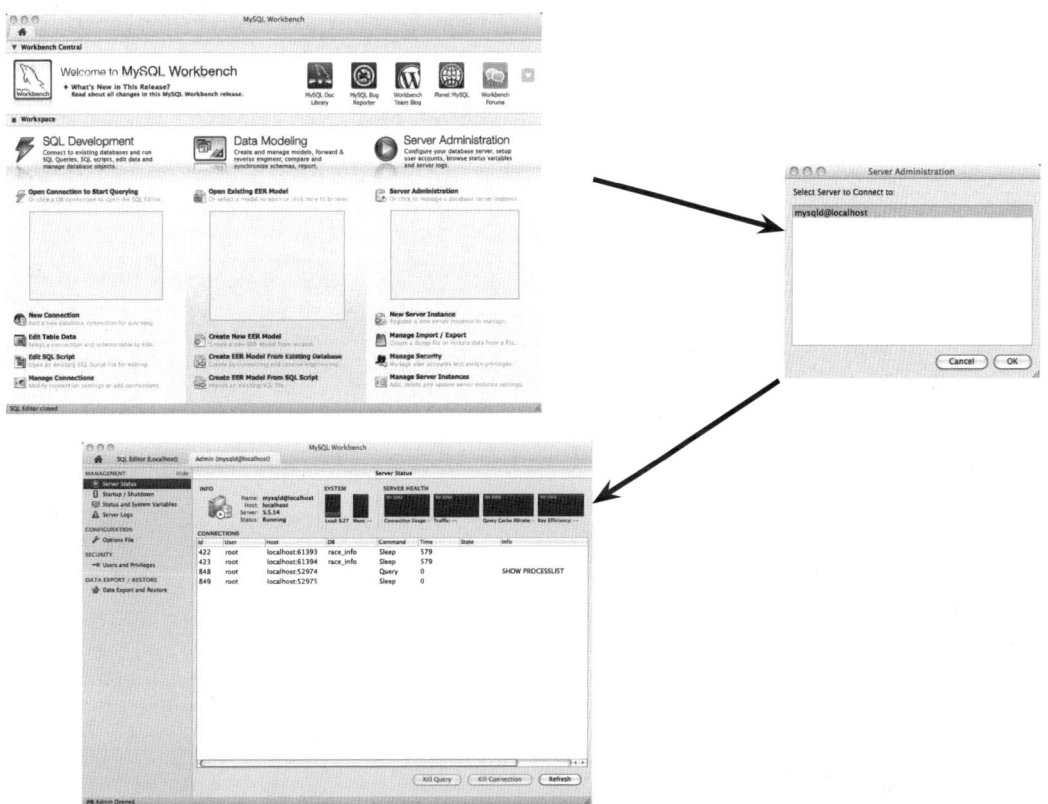

13 Stellen Sie im Bereich SQL Development durch einen Klick auf **New Connection** eine neue Verbindung zu Ihrem Server her und füllen Sie die Textfelder im folgenden Fenster aus. Danach können Sie die neue Verbindung per Doppelklick öffnen.

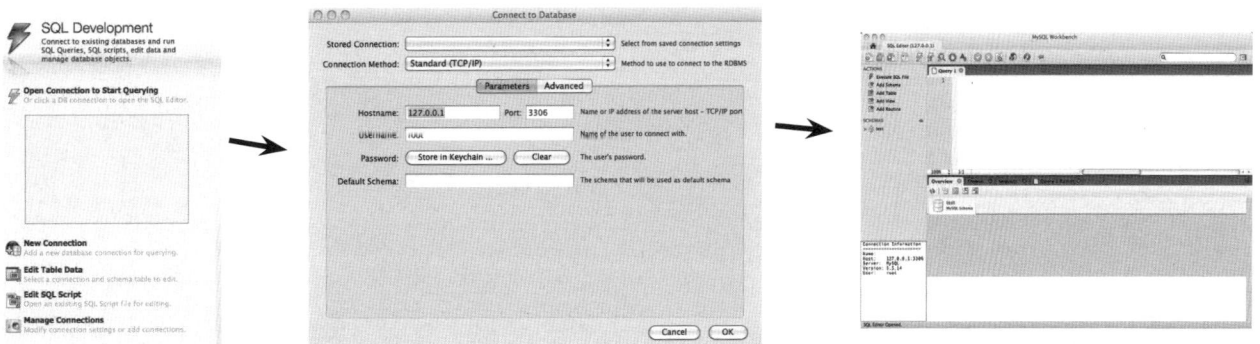

Weitere Informationen und Hilfe zu MySQL und MySQL Workbench finden Sie unter *http://dev.mysql.com/doc/*.

Sie sind hier ▸ **481**

Index

Symbole

$.contains()-Methode 114
.bind()-Methode 91
.js-Dateiendung 96
.live()-Methode 91
.trigger()-Methode 91
<select>-Tag (HTML) 328
$ (Dollarzeichen)
   als Abkürzung für jQuery-Funktion 12, 19, 33
   für PHP-Variablen 352
   und Arraynamen 151
   zum Speichern von-Elementen 150
$_GET[ ] assoziatives Array 331
$_POST[ ] assoziatives Array 331
$_POST-Objekt 342
$_POST-Variable 369
$(this)-Selektor 63–64, 74, 88
&& (and)-Operator 240
{ } (geschweifte Klammern)
   für Codeblock 25, 42
   für Funktionsblock 101
   für Schleifen 230
. (Punkt)-Operator 221. *Siehe auch* . (Punkt)
== (Gleichheits-Operator) 109, 240
   und if-Anweisung 239
= (Gleichheitszeichen), um Variablen Werte zuzuweisen
   56, 105, 207
=== (Identitäts-Operator) 240
> (größer als)-Operator 240
>= (größer als oder gleich)-Operator 240
(Doppelkreuz)
   für CSS-ID 13
   für id-Selektor 49

!= (Ungleichheit)-Operator 240
<= (kleiner oder gleich)-Operator 240
! (Verneinung)-Operator 240
-=-Operator 207
*=-Operator 207
/=-Operator 207
+=-Operator 207
=>-Operator, in PHP 353
|| (ODER)-Operator 240
( ) (runde Klammern), für click-Methode 42
. (Punkt)
   zum Trennen von Selektor und Methode 25
   zur Kennzeichnung von CSS-Klassen 13, 48
<?php und ?>-Tags 343, 352, 369
+ (Plus), zum Verketten 57
" " (Anführungszeichen)
   für Text oder HTML-Werte 57
   für Selektoren 15
; (Semikolon)
   zum Beenden von jQuery-Anweisung 16, 25
   zum Beenden von PHP-Anweisung 315, 352
[ ] (eckige Klammern)
   für Arrays 225
   für Index von Arrayeinträgen 226
   in PHP-Funktion 315

A

a-Element. *Siehe* Anker-Element (HTML)
Abfragen 15
Accordion-Widget 378
active-Zustand von a (Anker)-Element 21
addClass()-Methode 117, 118, 172
Additions-Operator (+=) 207
after()-Methode 159, 160

Ajax (Asynchronous JavaScript and XML) 291, 296–298, 324, 420
    Komponenten 298
    wann benutzen 300
    zum Laden von Informationen 320
AJAX_aufrufe_starten()-Funktion 311–312, 322, 356, 358
ajax()-Methode (jQuery) 296, 304
    getXMLRacers-Funktionenaufruf 307
    Parameter 304
    testen 305
    timeout-Einstellungen in 312
Aktionen
    von Formularen 329
    wiederholen 229–230
aktuelle Position
    Bewegung relativ zu 280
    festlegen 276
aktuelle_zeit_ajax()-Funktion 317–318
aktuelle_zeit()-Funktion 295
    Aufruf 295
alert-Funktion 42, 45, 50
    für click-Event 80
    zum Überprüfen von discount-Variable 58
alle_sichtungen_abfragen()-Funktion 422, 423, 429–430
    click-Event-Listener hinzufügen 425–426
alle_typen_abfragen()-Funktion 429–430
Amazon CloudFront 451
Anführungszeichen (" ")
    für Selektoren 15
    für Text oder HTML-Werte 57
Anhängen (concatenation) 57
    testen 72
animate()-Methode 182, 208, 214
    Einschränkungen 200
    in Skript integrieren 209
    mit relativen Bewegungen 208
    selbst erstellte Effekte mit 199
    Syntax 201
    zeitgesteuerte Stiländerungen 202–204
Animation abschalten, Option für 208

Animation
    Farbe 208, 456
    Methoden-Ketten zum Kombinieren 193
    Option zum Deaktivieren 208
    Plugins für 376
    von Elementen 188
    Warteschlangen (queues) für 454
Anker-Element (HTML)
    verschachteltes Bild 22
    Zustände 21
anklickbare Tabs, Plugin zur Umwandlung von ul-Liste in 293
anklickbares div-Element 24
anonyme Funktionen 101, 102
Ansichtsbereich (Viewport), Browser 7
Apache Webserver 462
    unter Windows installieren 465–466
API (Application Programming Interfaces) 411, 413, 445
    Google Maps. *Siehe auch* Google Maps
        Beispielcode 414
    verwendete Objekte 415–416
append()-Methode 59, 74, 237
appendTo()-Methode 237
Apple Safari 84
    Layout-Engine 182
Argumente 106, 114
arithmetische Operatoren 207
Array leeren, JavaScript für 246
array_push()-Funktion (PHP) 354
Arraylänge, auf Null setzen 246
Arrays 91, 151–152, 167, 174, 218, 252
    Blackjack-Daten in 225–228
    each()-Methode zum Iterieren über 168
    Elemente finden in 172
    Elemente hinzufügen und aktualisieren 227–228
    Elemente speichern in 150, 152
    erstellen 354
    Existenz von Variablen in 232
    Inhalt ausgeben 353
    JavaScript zum Ausleeren 246
    Länge auf Null setzen 246

PHP-Regeln für 353
Zugriff 226
ASC-Schlüsselwort (SQL) 345
assoziatives Arrays 331, 353
    in JSON-kodierten String konvertieren 361
    zu einem Array kombinieren 354
asynchrone Browser 300
Auswahl
    alle Elemente einer Seite 60
    Filtermethoden zum Eingrenzen von 161–164
    input-Elemente in HTML-Formular 407
    von Elementen mit traversal-Methoden 141–144
Autocomplete-Widget 378, 406

B

background-color-Eigenschaft (CSS) 403
Bedingungslogik 108, 109–111, 122, 239, 280
    für Läuferliste 362
    Operatoren für Entscheidungsprozess 240–242
    PHP-Regeln für 353
    zum Deaktivieren von zeitgesteuerten Events 320–322
before()-Methode 159–160
benannte Funktions
    als Event-Handler 103
    im Vergleich mit Funktionsdeklarationen 102
Benutzeranforderungen, ermitteln 37–38
Benutzerschnittstelle. *Siehe auch* Formulare; jQuery UI
    slider-Widget zur Kontrolle von nummerischen Eingaben 390–398
Bewegen im DOM 140–144, 174
Bewegungs-Effekte
    mit animate()-Methode 199
    relativ zur aktuellen Position 280
Beziehungen von Elementen, und Bewegung im DOM-Baum 141–146
Bibliotheken
    jQuery
        einbinden 40
        Ordner für 93–95
    PHP 344
bilderrahmen div-Element 24

Bilder
    Anzeige basierend auf Spielergebnis 250
    div-Element für 40
    Eigenschaften zur Erstellung von Pfad zu 234
    unsichtbar 181
Bildschirmausgabe, PHP-Code für 353
Bit to Byte-Rennen (Projekt)
    AJAX_aufrufe_starten-Funktion 311–312
    anfängliches Erscheinungsbild 293–295
    Anforderungen 292, 326
    testen 305, 363
    XML_laeufer_finden-Funktion 307–308
        testen 309
        wiederholte Aufrufe 312
Blackjack-Applikation 216–250
    Array für Kartenstapel 227–228
    Arrays zum Organisieren der Daten 225–228
    Code 233–234
    end()-Funktion 250
    Funktionen für Event-Listener 243–244
    hand-Objekt 237–238
    HTML- und CSS-Code 236
    mehr Spannung erzeugen 250–251
    Neustart-Möglichkeit für neues Spiel 245–248
    Regeln 216, 238
    Seite einrichten 222
Blind-Effekt 378
Blitz-Effekt 187
    Bild ausblenden-Effekt 192
    Fehlersuche 254–255
    Skript um Funktionen erweitern für 197
    testen 269
blitze_anhalten()-Funktion 266, 268
blitze_starten()-Funktion 266, 268
Blocklevel-Element 50
blur()-Methode 256
body-Element (HTML) 8
break-Anweisung, für Schleifen 237
Browser-Layout-Engine 182
Browsercache 96
Browserkriege 84
Browser
    Ajax für Datenübergabe an 298
    asynchron 300

Events 82
   Listener 79
   JavaScript-Interpreter in 5
   onblur und onfocus zum Antworten auf 259
   Seite testen mit mehreren 29
   und PHP 341
   und window-Objekt 256
   Viewport 7
   Webseiten-Anzeige 7
button-Elemente 16, 79
button-Widget 386, 410
Button-Widgets gruppieren 386
buttonset()-Methode (jQuery UI) 386
Buttons
   für interaktive Speisekarte 133–134
      Aktionen 135–138
      mit Stilen versehen 386–389

C

Callback-Funktion, slide-Event verbunden mit 391
CDN (Content Delivery Networks) 451
children()-Methode 140, 141, 144
   filter-Methode und 162
Chrome Developer 71
clearInputs()-Funktion 333
clearInterval()-Methode 258, 263, 264, 310
clearOverlays()-Funktion 435
clearTimeout()-Methode 258, 263, 310
click-Event 42, 79
   Anzahl beschränken 184
   Benutzer auf eins beschränken 78
   für Monstermacher 182–184
   Handler-Funktion in 104
   testen 88–89
   zu Seiten hinzufügen 45
click-Event-Listener
   zum Senden von Formulardaten 333–334
   zur alle_sichtungen_abfragen()-Funktion hinzufügen 425–426
click-verwandte-Funktionen, kombinieren 270–272
clickMe-div-Element, Stildefinitionen für 24
clientseitige Validierung 455

clientseitiges JavaScript/jQuery 19
clip-Eigenschaft (CSS) 180
closest-Methode 148
Closures 458–459
code_finden-Funktion 119–120
   testen 121
Codeblock, { } (geschweifte Klammern) für 25, 42
contains-Methode 111
Content Delivery Networks (CDN) 451
CREATE DATABASE-Anweisung (SQL) 336
CREATE TABLE-Anweisung (SQL) 336
CREATE USER-Anweisung (SQL) 336
CSS (Cascading Style Sheets) 4
   background-color-Eigenschaft 403
   Dateibeispiel für Seiten-Tabs 294
   Eigenschaften 13, 188
   Einschränkungen 3
   im Vergleich mit DOM-Schreibweise 208
   in jQuery UI 401
   jQuery UI-Themes und 379
   Link zu jQuery UI-Datei 381
   Methoden zum Ändern 115–116
CSS-ID 13
CSS-Klasse 13, 48, 119
CSS-Selektoren 13
   im Vergleich mit jQuery-Selektor 14, 51
   in jQuery-Funktion 12
current-Eigenschaft, Einfluss von animate() und 205

D

Date-Objekt (JavaScript) 295
date()-Funktion (PHP) 315–316
Datei, für jQuery-Code 93–95
Daten »säubern« mit PHP 364–366
Daten 57
   Ajax, zum Versenden in strukturiertem Format 298
   an Server senden 333–334
   Arrays zum Speichern 151–152
   aus Webseite auslesen 328–330
   MySQL-Datenbank zum Speichern 335
   Objekte zum Speichern 218

PHP für Zugriff auf 341, 347–349
säubern und validieren in PHP 364–366
von Server abfragen 325
vor dem Versand an Server formatieren 332
zu Google Maps hinzufügen 423–426

Daten formatieren
PHP für 354
vor Versand an den Server 332

Datenbank. *Siehe auch* MySQL-Datenbank
Daten einfügen mit PHP 331
Verbindung mit PHP 343

Datenbankabfrage 359

Datenbankserver 335

Datenstrukturen 218

datepicker()-Methode 382

Datumsauswahl 410
für Formular 381
mit Optionen anpassen 383
testen 385

db_connection()-Funktion (PHP) 347–349, 357, 359

deal()-Funktion 234

Deklaration für XML 299

deklarierte Funktion 101, 103
im Vergleich mit benannten Funktionsausdrücken 102

delay()-Methode 263, 264, 310

dequeue()-Methode 454

detach()-Methode
im Vergleich mit remove() 136–138
testen für interaktives Menü 153

Dezimalzahlen für slider-Widget 397

die-Befehl (PHP) 343

display-Eigenschaft (CSS) 188
von img-Element 22

Distance-API (Google Maps) 437

div-Element (HTML) 8, 39–40, 178, 179, 181
Aktion für bestimmte 47–49
anklickbar 24, 45, 182–184
anklickbare Tabs zur Anzeige von 293
click-Event für 42

für Bilder 40
für Google Map 416
für Gruppe von Radiobuttons 386
für Inhalt von Tabs 295
left-Eigenschaft 206

Divisions-Operator (/=) 207

do...while-Schleifen 229, 234, 237
Syntax 230

document-Eigenschaft von window-Objekt 258

document-Objekt 284

Document-Objekt Model (DOM) 7, 8
bewegen in 140–144, 174
Elemente erstellen und Events hinzufügen 81
HTML-Inhalt einfügen 159–160
im Vergleich mit CSS-Schreibweise 208
jQuery und 9–11, 19
manipulieren 174
und ausgewählte Elemente 149
Web-Speisekarte, Struktur 126–129

Dokumentstruktur, HTML und 4

Dollarzeichen ($)
als Abkürzung für jQuery-Funktion 12, 15, 19, 33
for-Variable storing-Elements 150
für PHP-Variablen 352
und Arraynamen 151

DOM untersuchen, Werkzeuge 71

DOM. *Siehe* Document-Objekt Model (DOM)

Domain, für Apache-Installation 465

Doppelkreuz (#)
für CSS id 13
für id-Selektor 49

Draggable-Widgets 401

Dropdown-Liste in HTML-Formular 328

Droppable-Interaktion 378

Droppable-Widget 401

Dump-Plugin, Debugging mit 453

dynamische Webseiten
aktualisieren 296
mit PHP erstellen 314

E

each()-Methode 91, 92, 114, 168
    über Arrayelemente iterieren mit 362
    und find()-Methode 306
    und this-Schlüsselwort 172
Earth API 437
easing-Funktionen 456
echo-Befehl (PHP) 315, 342, 353, 369
eckige Klammern ([ ])
    für Arrays 225
    für Index von Arrayelementen 226
    in PHP-Funktion 315
Effekt-Plugins 376
Effekt-Warteschlange (queue) 454
Effekte in jQuery UI 456
eigene Funktionen 100
    optimieren 290
    zurücksetzen 283–285
Eigenschaften
    animate()-Methode zum Ändern 201
    von Objekten 218, 219
        Zugriff 221
    Wert zuweisen 224
    zum Erstellen von Pfad zu Bild 234
Einer-zu-viele-Ersetzung 158, 165–166
einfügen
    Daten in Datenbank, PHP für 331
    HTML-Inhalte in DOM 159–160
Einträge wiederherstellen, in interaktive Speisekarte 146–152, 163–170
einzelne_sichtung_afragen()-Funktion 425–426
Element-Selektor 13, 14
Elemente absolut bewegen 206
Elemente absolut positionieren 180
Elemente animieren, position-Eigenschaft und 181
Elemente
    absolute im Vergleich mit relativer Bewegung 206
    alle auf einer Seite auswählen 60
    animieren 188
    Beziehung und Bewegung im DOM 141–146

Blocklevel 50
Events binden an 81, 85
id-Selektor für einzelne 49
Index für Listeneinträge 110
Inhalt entfernen 148
length-Eigenschaft zum Überprüfen auf Existenz 430
mit anderem Element umgeben 172
Positionierung, absolut oder relativ 180
Reihenfolge beim Hinzufügen oder Entfernen 68
relative Bewegung of 207
replaceWith()-Methode zum Ändern 154–158
speichern
    in Array 152, 167
    in Variablen 149–150
    über mehrere iterieren 90
    um Event-Listener erweitern 80
    von Seiten entfernen 66
Elevation-API (Google Maps) 437
else if-Anweisung 239
else if-Klausel (PHP) 353
else-Anweisung 109, 239
else-Klausel (PHP) 353
Elternselektor 67
empty-Methode 148, 246
empty()-Funktion (PHP) 364
end-Parameter, von slice-Methode 172
end()-Funktion, für Blackjack 250
Endlosschleifen 255
Enkel-Element, auswählen 67
Entwickler
    jQuery-Version für, im Vergleich mit Produktionsversion 19
    Plugin von 374
Entwicklungsumgebung einrichten xxxii–xxxiii, 461–482
    MySQL-Datenbank
        für Installation überprüfen 464
        unter Mac OS X installieren 474–482
        unter Windows installieren 468–473
    PHP 462–463
        installieren 466–468
    Webserver 465–466
eq()-Methode 161

Ersetzung
- Einer-zu-einem 165–166
- Einer-zu-viele oder viele-zu-einem 158

Event-Handler
- benannte Funktionen als 103
- für Slider-Widget 391

Event-Listener 79, 85, 87
- Funktion für 243–244
- hinter den Kulissen 80

Events 79, 122
- an Elemente binden 81, 85
- auslösen 82–83, 91
- entfernen 86
- Entwicklungsgeschichte 84–85
- Funktionen in 83
- verschiedene Arten von 83
- zeitgesteuert 310
- zeitgesteuerte, Deaktivierung 320–322

Events an Elemente binden 81, 85

Events auslösen 82–83, 91

Events entfernen 86

Explode-Effekt 378

eXtensible Markup Language. *Siehe* XML (eXtensible Markup Language)

F

Fade-Effekte 192, 214

fade-Methoden 27–28, 33

fadeIn()-Methode
- in Methodenkette 193, 196
- Parameter für 192

fadeOut()-Methode 189
- in Methodenkette 193, 196

fadeTo()-Methode 189

fail-Funktion (PHP) 357, 365

Farbe
- Animation von 208, 456
- jQuery zum Ändern von Hintergrund 16

Farbmischer
- palette_aktualisieren-Funktion 402–404
- Schieberegler für 399–402, 406

Fehlersuche für Blitz-Effekt 254–255

Fehler
- in XML, und Fehler in der Seite 327
- Rückgabe vom Server 312

Felder in HTML-Formular, versteckt 329, 364

Fenster, ohne Fokus und laufende Funktionen 255

filter()-Methode 162

Filtermethoden 161–164, 174

find()-Methode 172, 306, 361

Firebug für Firefox 71
- Net-Tab 305

Firefox (Mozilla) 84, 265

first()-Methode 161

Flash, erstellen von Web-Applikation ohne 176

floor()-Methode 71

focus()-Methode 256

Fokus
- Änderung, und ausgeführte Funktionen 255
- Fenster mit 256

font-Eigenschaften (CSS) 200

for-Schleife 229, 234
- in PHP 352
- Syntax 230

for…in-Schleife 237

foreach-Schleife (PHP) 352

form-Element (HTML) 328–330
- Buttons in 386
- Eingabeelemente auswählen 407
- HTTP GET- oder POST-Methoden 331

Formular-Events 82

Formulare 328–330
- automatische Vervollständigung, Vorschläge 406
- Daten misstrauen 364
- Planung 373–374
- Validierung 406, 455

Fortgeschrittene Easing-Funktionen 456

frequenz_zeigen()-Methode 317–318

FROM-Schlüsselwort (SQL) 345

function-Schlüsselwort 101, 194, 220, 224
- innerhalb einer anderen Funktion, und Variablenzugriff 458

Funktion zur Mustersuche mit regulären Ausdrücken 364

Funktionen 79, 100–108, 122, 148
    anonym 101, 102
    ausführen, Fokusänderung und 255
    benannt, als Event-Handler 103
    deklarieren 101, 103
        im Vergleich mit benanntem Funktionsausdruck 102
    eigene
        optimieren 290
        zurücksetzen 283–285
    erstellen 101
    für click-Event 42
    für click-Events, kombinieren 270–272
    in Events 83
    innerhalb von each()-Methode 168
    Länge von Codezeilen 308
    Rückgabewert für 107, 114
    selbst-referenzierend 311–312
    sich selbst aufrufend (rekursiv) 194
    Syntax 101
    Variable für Rückgabewert 232
    Variablen übergeben an 106
    wiederholt aufrufen 312
    zeitgesteuert für wiederholtes Ausführen 194

Funktionen ausführen, Fokus-Änderung und 255

Funktionsausdruck 101, 103

Fußteil einer Webseite 317

G

Gecko Layoutengine 182

Geltungsbereich, global oder lokal 458

Geocoding API 437

geschweifte Klammern ({ })
    für Codeblock 25, 42
    für Funktionsblock 101
    für Schleifen 230

Geschwindigkeit von fadeIn 27

gesicht_bewegen-Funktion 271–272

GET-Daten, von ajax()-Methode 304

GET-Methode
    für Ajax 320
    für HTTP, zum Senden von Daten an Server 331

getJSON()-Methode 320, 351, 358, 369

getScript()-Methode für Ajax 320

Getter 276

Gleichheits-Operator (==) 109, 240
    und if-Anweisung 239

Gleichheitszeichen (=), als Zuweisungsoperator 56, 105, 207

globaler Geltungsbereich 458

Google Ajax API CDN 451

Google Chrome 84, 265
    Entwicklerwerkzeuge 305
    Layoutengine 182
    und jQuery 148

Google Directions-API 437

Google Earth Plugin 437

Google Maps
    Beispielcode 414
    Daten hinzufügen 423–426
    Dokumentation 418, 438
    Event-Listener 438
    Geschäftsbedingungen 437
    in Webseite einbinden 417–418
    Marker 424
    Overlays 435
    testen 419

Graphiken. *Siehe* Bilder

Groß- und Kleinschreibung, Unterscheidung zwischen
    bei Funktionsnamen 102
    bei Variablennamen 60
    bei XML-Tags 327

größer-als-Operator (>) 240

größer-oder-gleich-Operator (>=) 240

H

Handler-Funktionen 83

head-Element (HTML) 8

height-Eigenschaft (CSS) 190, 214

Herunterladen
    IIS (Internet Information Server) 465
    jQuery UI 379
    MySQL-Installer 470
        für Mac 476
    parallel, per Skript verhindern 50

Hervorheben bei hover 115–116
hidden, Wert für overflow-Eigenschaft (CSS) 180
hide-Effekt, verlangsamen 196
hide()-Methode 188
Hilfsfunktionen 276
Hilfsmethoden
    für Ajax in jQuery 320
    zum Binden von Elementen 81
Hintergrundfarbe, ändern 16
history-Eigenschaft des window-Objekts 258
hit()-Funktion 234
hover-Event, hinzufügen 117–118
hover-Zustand, für Anker (a)-Element 21
html-Element 8
HTML-String, in jQuery-Funktion 12
HTML. *Siehe auch* Document-Objekt Model (DOM)
    Einschränkungen 3
    für slider-Widget 391
    Inhalt ins DOM einfügen 159–160
    jQuery-Code trennen von 97–98
    mit Daten mischen 57
    PHP und 352
    Tags innerhalb von Variablen 57
    und Dokumentstruktur 4
    XML und 299
htmlspecialchars()-Funktion (PHP) 364

I

id-Selektor 13, 14, 49
    mit Nachkommen-Selektoren kombinieren 67
Identitäts-Operator (===) 240
IDs
    in CSS 13
    und Selektoren 52–54
    zur Angabe von div-Element für Aktion 47
idTab-Plugin 293
if-Anweisung 109–111, 239
    == (Gleichheits-Operator) und 239
    ternärer Operator als Alternative 244
if-Anweisung (PHP) 353

IIS (Internet Information Server) 462
    herunterladen 465
img-Element (HTML) 8
    display-Eigenschaft 22
    in anchor-Element 22
    in Ansichtsbereich verschieben 26
    verschachteln 178
inArray()-Methode 231, 232
Index von Element 110, 114
    in Arrays 151, 168, 226
    in Schleifen 230
    und eq()-Methode 161
index-Variable, für each-Funktion 172
info.php-Skript 463
Informationen laden, mit Ajax 320
initialisieren()-Funktion 417–418
input-Elemente (HTML) 328
    Datumswähler für 381
    in Formular auswählen 407
insert-Anweisung (SQL) 338–340
Installation
    Apache unter Windows 465–466
    MySQL Datenbankserver
        unter Mac OS X 474–482
        unter Windows 468–473
    PHP 466–468
Interaktions-Plugins 376, 401
interaktive Speisekarte 124–138
    Buttons 133–134
        Aktionen 135–138
    Einträge wiederherstellen 146–152, 163–170
    Menü zurücksetzen-Button 160
    testen 139
Interaktivität 2
    Beispiel 20–30
Internet Explorer (Microsoft) 84, 265
    Layoutengine 182
Iteration 90. *Siehe auch* Schleifen

J

JavaScript 5
    Array leeren 246
    Dateien einbinden 295

für Datumswähler 381
im Vergleich mit PHP 355
Interpreter
    und Animationen 188, 202
    und DOM 190
jQuery und 9, 19
JSON und 355
Namen von Schlüsselwörtern und Variablen 60
Objekte 252
und Ajax 298
Variablen 56
window-Objekt 284, 290
    zur Kontrolle zeitgesteuerter Effekte 256–259
jQuery 4, 5
; (Semikolon) zum Beenden von Anweisung 16, 25
aus CDN einbinden 451
Code debuggen 453
Code von HTML trennen 93–95, 97–98
für slider-Widget 391
im Vergleich mit JavaScript 19
Methoden 448–449
Produktions- und Entwicklerversion im Vergleich 19
Selektoren 13, 15, 33, 450
    im Vergleich mit CSS-Selektoren 14, 51
Übersetzung 16–18
und DOM 9–11
und JSON 351, 355
Web-Ressourcen zu 84
jQuery CDN 451
jQuery UI 371, 410
CSS in 401
Download-Seite 379
Effekte 456
Effekte testen 376
hinter den Kulissen 382
Paketinhalt 380
Plugins 374, 376
    anpassbare Optionen für Widgets 383–384
    button-Widget 386
    slider widget 390–398
Themes 379
    erstellen 401
jQuery-Bibliothek
einbinden 40
Ordner für 93–95
jQuery-Code debuggen 453

jQuery-Funktion
    $ (Dollarzeichen) für Abkürzung 12, 15, 19, 33
    Inhalt 12
jQuery-Namensraum, noConflict()-Methode 452
jQuery-Plugins, Erstellung 457
jQuery-Wrapper 12
jquery.com-Website 83
JSON (JavaScript Object Notation) 224, 325, 350–351, 369
    jQuery und 351, 355
    mit SQL und PHP 420–422
json_encode()-Funktion (PHP) 354, 358, 361, 369, 420

K

Kalender, für Dateneingabe 373
kartenwert_gesamt-Methode 242
Kindselektor 67
Klassen-Übergänge 456
Klassenselektor 13, 14, 48
    mit Nachfahren-Selektor kombinieren 67
Klassen
    für interaktives Menü 130
    in CSS 13, 48, 119
    maximale Anzahl 60
    Namensbeschränkungen 60
    und Selektoren 52–54
    zur Angabe von div-Element für Aktion 47
kleiner oder gleich (<=)-Operator 240
KML (Keyhole Markup Language) 300
Kommentare 45
    in CSS 294
Kryptiden-Sichtungen, Formular für. *Siehe* Sichtungs-Formular

L

Laden des Dokuments, Events für 82
Ladezeit von Seiten, beschleunigen 50
laeufer_db_abfragen()-Funktion 356–360, 358
    zum Lesen von JSON-Objekt 361–362
Längengrad, Schieberegler für 397–398

last()-Methode 161
LatLng-Objekt (Google) 415, 418
    definieren 424
left-Eigenschaft, von div-Element 206
length-Eigenschaft
    von Array 225
    zum Überprüfung auf Existenz von Elementen 430
Lerdorf, Rasmus 355
li-Element (HTML) 8
    in ungeordneter Liste ersetzen 155–156
    Klasse zuweisen 131–132
li-Elemente in ungeordneter Liste ersetzen 155–156
Link zu jQuery UI CSS-Datei 381
Listen
    mit Elementen, Index für 110
    ungeordnet 128–129
localhost 348, 463
logische Operatoren 240–242
lokale Dateien, für Webseiten im Vergleich mit Webserver 341
lokaler Geltungsbereich 458

M

Mac OS
    XInstallationsstatus von MySQL ermitteln 464
    MySQL installieren unter 474–482
    PHP aktivieren 474
    Standard-Webserver 462
map_canvas-Element 417–418
map-Events, lauschen auf 438
map-Objekt
    Eigenschaften und Methoden 416
    Instanz erzeugen 417, 418
mapOpts-Eigenschaft 418
MapQuest 418
Marker-Objekt (Google) 424
Markup-Sprachen 299
Maus-Events 82
max-Option für slider Widget 390
Methoden verketten 142

Methoden
    für CSS-Änderungen 115–116
    statisch 114
    verketten 142
        um Effekte zu kombinieren 193
    von Objekten 219
Microsoft .NET Framework 4 Client Profile 472
Microsoft CDN 451
Microsoft IIS (Internet Information Server) 462
    herunterladen 465
Microsoft Internet Explorer 84, 265
    Layoutengine 182
Microsoft, Karten 418
Millisekunden, festlegen für Ausblenden-Effekt 192
min-Option für slider-Widget 390
Mobilgeräte, Karten auf 437
Monstermacher
    Blitz-Effekt 187
        Fehlersuche 254–255
        testen 269
    click-Event 182–184
    Layout und Positionierung 178–180
    Projektvorlage 177
    selbst erstellte Effekte 199
    testen 273, 286
    Zufallsfunktion nachträglich einbauen 274–277
        testen 278–280
mouseenter-Event 117
mouseleave-Event 117
Mozilla Firefox 84, 265
Multiplikations-Operator (*=) 207
MySQL 369
MySQL Community Server 468
MySQL Workbench 336, 337, 472
    öffnen 473
    SELECT-Anweisung zur Anzeige von Resultset 346
mysql_connect-Funktion (PHP) 343
MySQL-Abfragebrowser 468
MySQL-Datenbankserver 462
    Anleitung zur Fehlersuche 468
    auf Installation überprüfen 464
    Installation

unter Mac OS X 474
unter Windows 468–473
Zielordner für 471
Installationsprogramm herunterladen 470
MySQL-Datenbank
verwalten 344
zum Speichern von Daten 335
MySQL-Funktionen (PHP) 467

N

Nachfahren-Selektoren 67
Nachrichten
anhängen bei Erzeugung 57
append()-Methode zum Einfügen von 59
dem Benutzer anzeigen 55–60
entfernen 66
name-Eigenschaft von window-Objekt 258
Namensraum 457
Namen
$ für Array 151
von Funktionen 101, 102
von Klassen 60
von Variablen 56, 60, 105
Negation (!)-Operator 240
negative Zahlen, für slider-Widget 397
Netscape Navigator 84
neu laden, Webseiten ändern ohne 4
new-Schlüsselwort 220
zur Erstellung von Arrays 225
new()-Methode 221
next()-Methode 140, 141
in Methodenkette 142
noConflict()-Methode 452
not()-Methode 162

O

Objekt-Instanzen 220
erzeugen 221
Objekt-Konstruktor 220
Objekte 84, 218–221
API, Verwendung 415–416

Einmal-, im Vergleich mit wiederverwendbaren 224
Erstellung 219
wiederverwendbar 220
interagieren mit 221
ODER (||)-Operator 240
onblur Event-Handler von window-Objekt (JavaScript) 256, 258, 259, 266
testen 259–260
onfocusevent Event-Handler von window-Objekt (JavaScript) 256, 258, 259, 266
testen 259–260
OOXML (Office Open XML) 300
opacity-Eigenschaft (CSS) 189, 214
OpenLayers, Karten-API 418
Optimierung von eigenen Funktionen 290
option-Element (HTML), für Dropdown-Listen 328
ORDER BY-Schlüsselwort (SQL) 345
Ordner, für jQuery-Bibliothek 93–95
orientation-Option für slider-Widget 390
overflow-Eigenschaft 180
Overlays in Google Maps 435

P

p (Absatz)-Element (HTML) 8, 16
click-Event für 42
enthaltenen HTML-Code verändern 9
Paket-Installationsprogramm, für MySQL für Mac 477–479
palette_aktualisieren()-Funktion (JavaScript), für Farbmischer 402–404
Parallele Downloads, Blockierung durch Skript 50
Parameter 106, 114, 197
parent()-Methode 140, 141, 145, 148
in Methodenkette 142
parents()-Methode 148
filter-Methoden und 162
Penners, Robert 456
PHP (PHP: Hypertext Processor) 314, 324, 369
auf Mac OS X aktivieren 474
Ausgabe formatieren 354
Bibliotheken 344

Datenüberprüfung und -validierung 364–366
Entwicklungsumgebung 462–463
für Datenzugriff 341, 347–349
für Verbindung zu Datenbank 343
im Vergleich mit JavaScript 355
Installation 466–468
    Bibliotheken auswählen 343
    Überprüfen auf 463
JSON mit SQL und 420–422
MySQL-Funktionen 467
Regeln 352–353
zum Einfügen von Daten in Datenbank 331

PHPMyAdmin 344

Places-API (Google Maps) 437

Planung 178

Plugins 302, 376
    debuggen 453
    erstellen 457
    konfigurieren 293

Pluszeichen (+), zum Anhängen 57

Popup-Fenster für alert-Anweisung 42

Position von Elementen
    absolut oder relativ 180
    setzen von aktueller 276

position-Eigenschaft (CSS) 182
    von animate-Element 181

POST-Daten
    ajax()-Methode für 304
    auf Webserver 342

POST-Methode 333
    für HTTP, zum Senden von Daten an den Server 331
    in Ajax 320

preg_match-Funktion (PHP) 364

prev()-Methode 140, 141

print_r()-Befehl 353

print-Befehl (PHP) 353

Produktionsversion von jQuery, im Vergleich mit Entwicklerversion 19

Progressbar-Widget 378

Projektstruktur 96

Projekt
    Anforderungen feststellen 37–38

Planung 178
Struktur 96

Puff-Effekt 378

Punkt (.)-Operator 221. *Siehe auch* Punkt (.)

Punkt (.)-Schreibweise
    für JSON-Objekt 350
    zum Auslesen von Eigenschaften 218

Punkt (.)
    zum Trennen von Selektor und Methode 25
    zur Markierung einer CSS-Klasse 13, 48

R

rabatt-Variable
    Anzeige testen 61–63, 64
    Test auf korrektes Anhängen von 72

Rabattcode
    eigene Funktion zur Überprüfung 112
    testen 121

Radiobuttons, div-Element für Gruppe 386

random()-Methode 71

RDBMS (Relational Database Management Systems) 335

ready()-Methode 184–185, 452

relative Bewegung von Elementen 206, 207
    zu aktueller Position 280

relative Positionierung von Elementen 180

remove()-Methode 74, 92
    Fehlersuche 71
    für Nachricht 66
    im Vergleich mit detach() 136–138
    in Methodenkette 142
    Reihenfolge der Aufrufe und 68, 70

removeClass-Methode 117

replaceWith()-Methode 154–158, 165–166
    Einschränkungen 158

reset()-Funktion 283–285

Resig, John 19

Resizable-Widget 378, 401

Resultset für SELECT-Anweisung 345, 346

return-Schlüsselwort 107

RSS (RDF Site Summary) 300

RSS (Real Simple Syndication) 300
Rückgabewert von Funktionen 114
    Variable für 232
runde Klammern, für click-Methode 42

S

Safari (Apple) 84
    Layoutengine 182
Same-Origin Policy, und Ajax-Aufrufe 305
scalable-Objekt, Resizable-Widget für 401
scale-Effekte, mit animate()-Methode 199
Schleife initialisieren 229
Schleifen 229–230, 252
    each()-Methode für 168
        und Array-Elemente 362
    endlos 255
    in PHP 352
    Syntax 230
    Typen 237
    Variablen deklarieren in 230
    zum Verändern mehrerer Elemente 9, 90
Schlüssel-Wert-Paare
    für HTTP GET 331
    in PHP 353
Schlüssel/Wert-Paare, für JSON 350
Schlüsselwörter in JavaScript, und Variablennamen 60
script-Element (HTML) 4, 45
    für Google Maps API-Code 417
    für jQuery UI 381
    für Link auf Skript-Datei 93
    Ort im Dokument 50
selbstausführende Funktionen 102
selbstreferenzierende Funktionen 311–312
SELECT-Anweisung (SQL) 345–346
    WHERE-Klausel 348
Selectable-Widget 401
Selektor-Engine für jQuery 9
Selektoren 33, 74, 130, 148
    . (Punkt) zum Trennen von Methode 25
    $ (this) 63–64
    CSS im Vergleich mit jQuery 51
    für Datumswähler 382

    in jQuery 13, 450
    Nachkommen 67
Semikolon (;)
    zum Beenden von jQuery-Anweisung 16, 25
    zum Beenden von PHP-Zeile 315, 352
serialize()-Methode 332
serializeArray()-Methode 332, 369
Server. *Siehe auch* Webserver
    CDN und 451
    Datenbank 335
    Formatierung von Daten vor Versand an 332
    Versand von Daten 329, 333–334
    zurückgegebene Fehler 312
serverseitige Sprachen 19, 314
setInterval()-Methode (JavaScript) 258, 263, 264, 265, 290, 310
    Browser-Variationen 265
setTimeout()-Methode (JavaScript) 196, 198, 255, 258, 263, 264, 290, 310, 312
    Verarbeitung durch Browser 265
show()-Methode 188
siblings-Methode 148
Sichtbarkeit von img-Element 22
sichtungen_nach_typ_abfragen()-Funktion 432–435, 439–440
Sichtungs-Formular 372–374
    Checkliste für mehrere Kreaturen 428
    Code 384
    Datumswähler für 381
    Google Map 412–413
    Projekt-Checkliste 380
    sichtungen_nach_typ_abfragen()-Funktion 432–435
    testen 389, 405, 427, 431
Skripte
    Ordner für 93
    um animate()-Funktionen erweitern 209
    um Blitz-Effektfunktionen erweitern 197
    und Änderungen an der Webseite 5–6
slice()-Methode 162, 172
slide-Effekte 214
    und Höhe von Elementen 190
slideDown()-Methode 26, 190

slider-Widget 410
    für Längen- und Breitengrad 397–398
    Inkrementierung testen 396
    negative und dezimale Zahlen 397
    Planung 373
    zum Mischen von Farben 399–402
    zur Kontrolle von Zahleneingaben 390–398
slideToggle()-Methode 26, 28, 190
slideUp()-Methode 190
    für Bilder 26, 52
SOAP (Simple Object Access Protocol) 300
Sortable-Widgets 378, 401
Spalten in SQL-Datenbank 338
span-Element (HTML) 317–318
    Bedingungslogik zum Verstecken 109–110
span-Element verbergen, Bedingungslogik für 109–110
Speichern, von Elementen in Array 152
Speicherplatz anlegen 56
Speisekarten. *Siehe* interaktive Speisekarte
Sprachen
    Markup 299
    serverseitig 19, 314
SQL (Structured Query Language) 335, 369. *Siehe auch* MySQL
    für Datenbanktabelle und Benutzereinrichtung 336–337
    INSERT-Anweisung 338–340
    JSON mit PHP und 420–422
    SELECT zum Auslesen von Daten 345–346
    Verbindung testen 344
Standardeinrichtung für Entwickler bei MySQL-Installation 472
Standards für Browser 84
Start-Parameter, von slice-Methode 172
Static Maps-API (Google Maps) 437
statische Methoden 114
statische Webseiten 3
step-Option für slider-Widget 390
Stildefinitionen 23
    class oder ID und 60
stop-Methode 208

submit()-Listener 333
Subtraktions-Operator (-=) 207
success-Funktion 357
SVG (Scalable Vector Graphics) 300
switch-Methode 244

T

Tabellen in MySQL-Datenbanken 335
Tags in XML 299
Task Manager, Dienste-Tab 464
Tastatur-Events 82
Templates für jQuery 459
Terminator 148
ternärer Operator 244
Test-Bedingung in Schleifen 229
testen
    Bit to Byte-Rennen, Projekt 305
    Blitz-Effekt 269
    click-Event 46, 88–89
    Datumswähler 385
    detach()-Methode für interaktive Speisekarte 153
    Formular für Kryptiden-Sichtungen 389, 405
    Google Maps API 419
    interaktive Speisekarte 139
    Monstermacher Web-Applikation 286
    onfocus- und onblur-Event-Handler 259–260
    rabatt-Variable anzeigen 61–63, 64
    slider-Widget inkrementieren 396
    SQL-Datenbankverbindung 344
    Webseite in verschiedenen Browsern 29
    XML_laeufer_finden-Funktion 309
    Zufallszahl an rabatt-Variable anhängen 72
Text-Effekte 200
Texteingabefeld in HTML-Formular 328
Themes in jQuery UI 379, 380
    erstellen 401
this-Schlüsselwort 63, 168, 209
    each()-Methode und 172
    Herkunft 71
    Plugins und 457
Timeout()-Methode 194

Timeout
 in ajax()-Aufruf definieren 312
 Intervall 255
Timer für Animationen 202
timer-Methoden 263–265, 310
 von window-Objekt 256
title-Element (HTML) 8
toggle()-Methode 188, 196
Transparenz von HTML-Elementen 27
Trident Layoutengine 182

U

ul-Element (HTML) 8
 Plugin zum Umwandeln in anklickbare Tabs 293
UML (Unified Modeling Language), Diagramm 219, 223–224
unbenannte Funktionen 101
unbind-Befehl 86
UND (&&)-Operator 240
Undefined Index-Fehler 226
undefined-Wert, Rückgabe von Funktion 114
ungeordnete Liste 128–129. *Siehe auch* ul-Element (HTML)
 Einträgen eine Klasse zuweisen 131–132
 li-Element ersetzen in 155–156
 Methodenkette zum Bewegen in 142
Ungleich-Operator (!=) 240
Ungleichheits-Operator (!=) 240
Unsichtbarkeit, CSS für 22, 181

V

val()-Methode 391
Validierung
 Daten in PHP 364–366
 Formulare 406, 455
var-Schlüsselwort 56, 105, 219
VariableDebugger Plugin 453

Variablen 56, 148
 als Rückgabewert von Funktionen 232
 an Funktion übergeben 106
 deklarieren 186
  in Schleifen 230
 function-Schlüsselwort innerhalb einer anderen Funktion und 458
 für clearInterval()-Methode 264
 im Vergleich zu Arrays 218
 in anonymen Funktionen 102
 in Arrays 225, 232
 in Funktionen 105
 in PHP 352
 Namensbeschränkungen 60
 Referenzierung 57
 Werte zuweisen 207
 Zähler für Arrayverarbeitung 168
 zum Speichern von Elementen 149–150
Variablen an Funktion übergeben 106
Variablen deklarieren 56, 186
 in Schleife 230
Variablen referenzieren 57
Vergleichsoperatoren 240–242
 in PHP 353
verschachtelte Elements 15
verschachteltes Bild, in anchor-Element 22
verstecktes HTML-Formularfeld 329, 364
visuelle Effekte, Beispiel 20–30
visuelle Eigenschaften von Elementen 188

W

W3C (World Wide Web Consortium) 19
Warteschlangen für Animationen 454
Web-Applikationen, ohne Flash erstellen 176
Web-Ressourcen zu jQuery 84
Webbrowser 2
Webkit Browser, Layoutengine 182
Webseiten
 Anforderung durch Browser 3
 Auslieferung durch Webserver im Vergleich mit lokalen Dateien 341

Browserdarstellung 7
Daten übernehmen mit 328–330
durch XML-Fehler unbrauchbar 327
dynamisch, mit PHP erstellen 314
dynamische Aktualisierung 296
Fußteil 317
Google Maps einbinden 417–418
in mehreren Browsern testen 29
nur neue Daten aktualisieren 297
PHP zum Schreiben in 315
Skripte zum Ändern von 5–6
statisch 3
Tabs
    Beispiel für CSS-Datei 294
    hinzufügen 329–330
um Meldungen erweitern 60
verändern, ohne Seite neu zu laden 4
versteckte Struktur 8
zeitgesteuerte Events für 310
    deaktivieren 320–322

Webserver
    Daten per POST senden an 342
    Einrichtung 465–466
    für PHP-Skripte 341
    für Webseiten, im Vergleich zu lokalen Dateien 341
    lokaler Computer als 462
    testen auf Installation 463

Werte vergleichen 244
Wert
    für Objekt-Eigenschaft 218
    Option für slider-Widget 390
WHERE-Klausel in SQL SELECT-Anweisung 348
while-Schleife 237, 359
    in PHP 352
Widget-Plugins 376, 110
    anpassbare Optionen 383–384
    für Interaktionen 401
wiederholte Aktionen 229–230
    zeitgesteuerte Funktion für 194
wiederholte Funktionsaufrufe 312
wiederverwendbare Objekte
    erstellen 220, 223–224
    im Vergleich mit Einmal-Objekten 224

window-Objekt (JavaScript) 284, 290
    für zeitgesteuerte Kontrolle von Effekte 256–259
Windows Azure 451
World Wide Web Consortium (W3C) 19
Wurzelknoten in XML 299

X

XHTML 300
XML (eXtensible Markup Language) 298, 299–300, 324
    Daten auflisten 305
    Daten parsen 306
    Deklaration 299
    Fehlermeldungen 327
    Server für Datenspeicherung 305
    vs. JSON 350
XML_laeufer_finden-Funktion 307
    testen 309
    wiederholte Aufrufe 312
XMLHttpRequest-Objekt 312

Y

Yahoo! 418

Z

Zahlen
    in Einstellungen für CSS-Eigenschaften, animate()-Methode und 200
    slider-Widget für Kontrolle von Eingaben 390–398
Zähler, für Array-Bearbeitung 168
zeitgesteuerte Effekte, window-Objekt für Steuerung 256 259
zeitgesteuerte Events
    deaktivieren 320–322
    erstellen 310
zeitgesteuerte Funktionen 290
    für wiederholte Aktionen 194
Zeitzone, für PHP date-Funktion 315
zufällige animation in Monstermacher-Applikation 275–277

Der *Index*

zufallszahl_erzeugen()-Funktion 120, 231, 234, 276, 277, 280
    erstellen 108

zufallszahl_erzeugen()-Funktion 277, 281–282, 285

Zufallszahlen-Generator-Funktion 112

Zufallszahl
    Anhängen an rabatt-Variable testen 72
    Variable zum Speichern 57–58

Zuweisungs-Operator, = (Gleichheitszeichen) als 207